사회복지총서

아동복지론

정익중 · 오정수 공저

Child Welfare

학지사

머리말

'아동복지론'이라는 도서명으로 네 번째 출간이다. 저자들의 책이 서울대학교 사회복지연구소 '사회복지 총서'에 포함되면서 새로운 마음으로 다시 준비하였다. 초판을 집필한 후 벌써 10년이 훌쩍 넘었다. 10년이면 강산이 변하듯 아동복지를 둘러싼 환경도 급속하게 변해 왔는데 아동복지는 그에 걸맞게 변화하고 있는지 의심이 된다. 그러나 분명한 것은 『아동복지론』을 집필하면서 저자들도 이 책과 함께 성장하고 있다는 점이다. 초판과는 많이 달라진 생각으로 책을 집필하며 완성하였다. 합리적 체벌을 주장하다가 체벌 금지로 돌아섰고, 해외입양이 불가피하다는 입장에서 해외입양 반대로 입장을 바꾸었으며, 성인중심적 돌봄 및 보호 시각에서 권리기반의 아동중심적 시각으로 변화하였다. 그러나 해를 거듭할수록 정답에 더 가까워지며 분명해지기보다 다양한 가능성을 생각하면서 더 흔들리게 된다. 아는 것이 많아지기보다 모르는 것이 더 많아진다. 이 세상엔 모르는 것이 더 많다는 사실 앞에 자신이 알고 있는 것이 얼마나 소박한 것인지를 깨닫고 겸손해진다. 그것이 우리가 끝까지 세상을 이해하기 위해 노력해야 하는 이유일 것이다. 또한 연구는 지적 호기심에 기반하여 인간의 이타적 삶을 실현하는 한 가지 방법이라는 사실을 알고 있으므로 이 길을 계속 갈 것이다. 이제 다시 신발끈을 조여 맨다.

아동복지에 변화가 없었던 것은 아니다. 『아동복지론』을 처음 집필할 때부터 주장하였던 아동수당이 마침내 도입되었고, 아동정책에 대한 종합적인 수행과 아동복지 관련 사업의 효과적인 추진을 위해 중앙아동보호전문기관, 중앙가정위탁지원센터, 드림스타트사업지원단, 지역아동센터중앙지원단, 아동자립지원단, 중앙입양원, 실종아동전문기관 등으로 독립 운영되고 있던 아동복지서비스 지원업무가 아동권리보장원으로 통합되었다. 시 · 군 · 구에 아동학대전담공무원이 배치되면서 아동학대 조사의 공공화도 추진되고 있다. 책의 각 장에서 논의되던 것이 하나씩 정책화되는 모습을 목격하면서 많은 책임감과 두려움을 느끼게 된다.

여전히 세계 최저의 출산율을 유지하고 있는 현실에서, 잊어버릴 만하면 끔찍한 아동학대 사건이 일어난다. 최근의 '정인이 사건'은 국민 모두에게 트라우마를 안겼다. 아동학대 사건이 발생한 때마다 언론은 열심히 보도하였고, 온 국민은 분노하였으며, 정부는 전수조사를 하고 종합대책을 마련하였다. 그러나 금세 식어 버린 관심으로 인해 양육문화는 변하지 않았고 인프라는 충분히 갖추어지지 못하였다. 다행히 「민법」 제915조 징계권 조항을 삭제한 「민법」 개정안이 2021년 1월 8일 국회를 통과하였다. 1979년 스웨덴에서 처음 체벌을 금지한 이후, 전 세계 60여 개국가에서 학교는 물론 집에서도 체벌이 금지되었다. 우리나라도 징계권 조항의 삭제로 이 대열에 동참한 것이다. 하지만 지금까지의 경험으로 보면 법 개정만으로는 변화가 쉽지 않다. 이것을 시작으로 우리의 문화가 함께 바뀌어야 한다. 살아온 대로 살고, 해 온 대로 하면서 문제를 해결할 수는 없다. 잘못된 문화와 맞서 싸우고, 무관심을 행동으로 실천해야 세상이 조금이라도 바뀔 것이다. 역사학자 에릭 홉스봄의 표현대로 "세상은 결코 저절로 좋아지지 않는다".

『아동복지론』이 그러한 변화와 함께하기 바란다. 이를 위해 새로운 정책 및 입법의 변화를 담고, 미래지향적 아동복지의 방향을 제시하고자 하였다. 매년 변화하는 통계수치와 도표는 삭제하고, 필요한 경우 직접 찾아볼 수 있는 출처와 주요 수치만 제시하였다. 매번 수정하고 보완해도 여전히 부족한 부분이 많지만, 교재로 사용해 주신 전국의 아동복지 관련 교수님들과 학생들께 진심으로 감사의 마음을 전한다. 직접 수정 의견을 주신 독자들 덕분에 조금 더 나은 책이 될 수 있었다. 또한 현장의 최일선에서 일하시는 분들 덕분에 이번 책의 집필에서도 좀 더 상세한 현황을 반영하고 현장의 생생한 목소리를 추가할 수 있었다. 이 자리를 빌려 다시 한번 현장의 노고에 감사드린다.

이 책의 출간을 위해 변함없는 관심과 지원을 하여 주신 학지사 김진환 사장님과 편집과 제작을 위해 수고해 주신 관계자 여러분께도 깊은 감사를 드린다.

2021년 2월

정익중 · 오정수

차례

제1부

아동복지의 기초

제1장

주요 개념들: 아동, 가정, 사회, 아동복지

제1절 21세기의 새로운 사회환경

한국사회는 20세기 후반에 고도의 경제성장을 경험하였고, 지속되는 산업화와 경제성장 속에서 전통적인 가족제도가 해체되면서 핵가족의 증가, 여성취업의 증가와 아울러 새로운 가족구조의 변화를 가져왔다. 이러한 전통적인 가족구조의 해체와 변화는 여성의 아동양육 기능을 보조하는 보육서비스 등과 가족의 보호를 받지 못하여 사회적 보호가 필요한 아동을 위한 다양한 시설과 서비스에 대한 수요를 증대시켰다.

한편, 21세기에 들어선 최근에는 아동을 둘러싼 사회환경이 복합적이고 다양한 형태로 변화하고 있다. 저출산고령사회가 도래하고 있고, 부부와 자녀 중심의 핵가족 외에도 다양한 형태의 가족이 나타나고 있으며, 사회양극화와 위기가정의 증가, 아동학대와 방임 등 아동문제의 증가, 다문화사회의 도래에 의한 인종적 · 문화적 다양성의 증가 등 새로운 사회환경이 아동과 가족복지의 영역에 도전을 주고 있다.

특히 저출산고령사회의 도래, 가족구조의 변화와 관련된 사회 변동, 아동양육에 관한 사회적 가치관의 변화, 사회양극화와 위기가정의 상황이 새로운 아동문제의 원천을 형성하면서 아동복지에 대한 다양한 사회적 수요를 창출하고 있다.

1. 저출산고령사회의 도래

1) 저출산의 진행

우리나라의 저출산고령화의 현상은 매우 급속하게 진행되어 왔다. 적정한 인구규모 유지에 필요한 대체출산율(2.1명)을 감안할 때, 1983년에 이미 합계출산율(2.08)이 인구대체수준 이하로 하락하였고, 지난 2000년 이후 20여 년간 저출산 현상이 지속되었다. 특히 외환위기를 경험한 이후 2001년부터는 초저출산 사회로 진입하였고, 2005년도에 합계출산율이 1.08명으로 최저점에 이른 이후 2010년 1.22명, 2015년 1.24명으로 약간 회복하는 추세에 있었으나 2018년 0.98명, 2020년 0.92명으로 1명 이하로 하락하였다. 우리나라가 속한 OECD 국가인 일본(1.41명, 2015년), 미국(1.88명, 2015년), 프랑스(1.98명, 2015년), 독일(1.43명, 2015년), 이스라엘(3.04명,

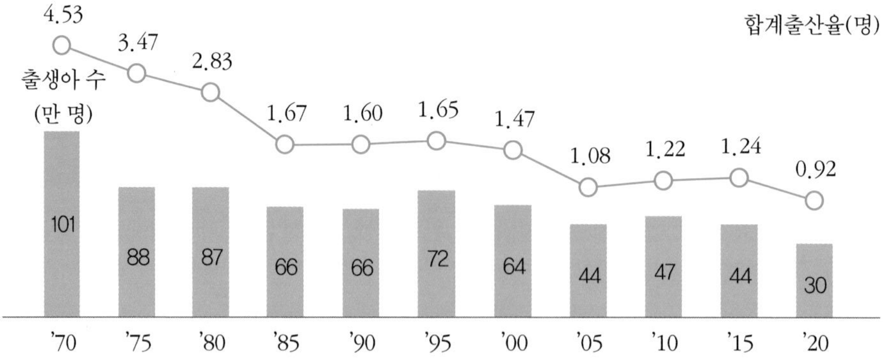

그림 1-1 합계출산율 및 출생아 수 추이

- 합계출산율: 가임여성(14~49세) 1명이 평생 출산하는 평균 자녀 수
- 대체출산율: 인구규모 유지에 필요한 출산율, 2.1명
- 초 저출산 사회: 합계출산율이 1.3명 이하인 사회

출처: 통계청(각 연도); 대한민국정부(2006).

2015년), 멕시코(2.29, 2015년) 등보다 낮아 세계적으로 가장 낮은 출산율을 보이고 있다.

저출산의 원인은 사회적 환경과 가치관의 변화에 따라 청년층의 결혼연령이 상승하고, 자녀출산을 기피하기 때문이다. 특히 결혼연령의 상승과 출산자녀 수의 감소는 ① 소득 및 고용의 불안정, ② 일과 가정의 양립 곤란, ③ 자녀양육비 부담 증가 등 복합적 요인에 기인한 것으로 분석되고 있다(대한민국정부, 2006).

첫째, 25~34세의 청년층이 처한 불안정한 고용여건은 결혼과 출산의 연기로 이어져 저출산의 문제를 더욱 심화시키는 요인이 되고 있다. 경제적 불안정의 심화는 교육과 취업준비기간의 연장을 가져오는 사회적 요인과 맞물려 초혼연령을 상승시켰다. 우리나라 여성의 초혼연령은 1990년에 24.9세에서 2010년에는 28.9세, 2019년 30.6세로 상승하였고, 2019년 첫째아 출산연령도 32.2세로 나타났다. 둘째, 여성 취업에 대한 가정, 기업, 사회의 인식과 고용환경이 미흡하여 많은 여성이 일과 결혼 또는 일과 출산 중 하나를 선택해야 하는 상황에서 자아성취 욕구가 큰 청년층 여성들이 결혼을 연기하거나 출산을 중단하게 되는 것이다. 셋째, 보육시설 등 육아지원 인프라가 부족하고 서비스의 질적 수준이 기대에 미치지 못하며, 보육비용과 함께 사교육비 등 자녀양육 비용부담이 증가하는 것도 저출산의 중요한 원인이 되고 있다.

동시에 평균수명의 연장으로 인구고령화가 빠르게 진행되어 통계청(2010)의 장래인구특별추계에 의하면, 65세 이상의 노인인구는 2010년도 전체인구의 11.3%를 차지하였고, 인구고령화율은 2015년에 12.9%에서 2030년에는 24.1%에 이를 것으로 추계되고 있다.

이와 같은 저출산고령사회의 도래가 가져오는 사회경제적 파급효과는 생산가능인구의 감소, 평균근로연령의 상승, 저축소비투자의 위축 등에 따른 경제활력의 저하와 국가경쟁력 약화를 초래할 전망이어서 이에 대비한 적극적인 국가대책이 요구되고 있다.

한국사회의 성장잠재력과 국가발전의 동력은 우수한 인적 자원에 기반을 두고 있다는 점을 감안할 때, 미래사회에서 높은 수준의 인적 자원을 유지하고 개발하기 위해서는 가임여성의 출산력 회복을 통한 적정한 아동인구의 유지와 국가발전의 동력을 확보하는 인구의 잠재능력 계발이 무엇보다도 중요하다. 특히 아동정책과 아동복지서비스는 이러한 인구대책과 국가발전전략 차원에서 강화되어야 할 것이다. 따라서 저출산고령사회의 진행에 대응하여 아동인구를 보다 효율적으로 육성하기 위한 다양한 지원과 대책은 향후 한국사회의 매우 중요한 국가적 과제가 되고 있다.

2) 여성취업의 증가

최근 한국사회의 가장 현저한 변화로는 여성취업 인력의 급속한 증가를 들 수 있다. 한국여성의 경제활동 참가율은 1960년의 26.8%에서 1980년에 42.8%, 1990년에 47.0%, 2000년에 48.8%, 2005년에 50.1%, 2010년에 49.6%, 2015년에 51.9%, 2019년 53.5%로서 지속적으로 증가하였으며(통계청, e-나라지표, 2020), 21세기에도 지속적으로 증가하는 추세에 있다. 자녀를 둔 어머니가 취업하는 모성취업의 경향은 세계적인 추세이며, 우리나라에서도 일반적인 생활양식으로 되어 가고 있다. 특히 기혼여성은 노동시장에서 빠르게 성장하는 집단이기도 하다. 이러한 변화의 원인에는 가족의 생계를 유지하고 소득수준을 향상시키고자 하는 경제적 동기와 아울러 여성의 일과 사회진출에 대한 의식의 변화가 반영되어 있다. 또한 양성평등을 지향하는 여성운동의 활발한 전개도 취업에 대한 성차별을 철폐하고 여성에게 새로운 직업과 사회참여 기회를 갖도록 격려함으로써 여성취업을 증대시키고 있다.

그러나 여성의 취업과 사회진출은 사회변화의 불가피한 현상이기도 하지만, 가정에서 모성의 빈자리가 아동양육과 아동발달상에 결함을 가져오기도 한다는 점에서 여성의 취업으로 인하여 초래되는 건전한 아동양육의 문제는 미래사회에 주어진 커다란 과제로 대두하고 있다. 따라서 여성의 일과 가정을 양립할 수 있는 사회적 환경을 조성하는 것이 국가의 주요 정책과제가 되었으며, 이를 위하여 일·생활균형지역추진단, 육아휴직급여 지원, 출산육아기 고용지원금, 출산육아기 대체인력지원금, 직장어린이집 활성화 등 다양한 지원정책을 시행하고 있다(고용노동부, 2020).

2. 가족구조의 변화

1) 핵가족화

아동의 삶에 영향을 미치는 주요한 사회적 요인의 하나는 핵가족화의 경향이다. 20세기 후반 산업화가 진전됨에 따라 많은 젊은이는 토지 중심의 대가족 생활양식에서 벗어나 부모-자녀 중심의 핵가족으로 이행할 수밖에 없었다. 부모와 미혼 자녀로 구성된 가구를 핵가족이라 할 때, 전체 가구 구성 중 핵가족의 비율은 지속적으로 증가하였다. 더욱이 정부의 출산억제정책에 따른 성공적 가족계획사업 실시로 가족규모가 크게 축소되어 우리나라 가구의 평균가구원 수는 1975년 5.0명에서 1990년 3.7명, 2000년 3.12명, 2010년 2.69명, 2015년 2.53명, 2019년 2.39명으로 감소하였다(통계청, 2020).

우리나라 인구정책의 변천과정을 살펴보면, 1961년에서 1990년대 초반은 출산억제정책기로서 경제개발5개년계획 수립과정에서 인구증가억제정책을 추진하고 '적게 낳아 잘 기르자.'(1960년대), '딸 아들 구별 말고 둘만 낳아 잘 기르자.'(1970년대), '잘 기른 딸 하나 열 아들 안 부럽다.'(1980년대) 등의 슬로건으로 가족계획을 추진하는 범국민운동을 전개하였다. 1990년대 후반 이후는 인구자질향상정책기로서 종전의 인구증가억제정책을 인구자질 및 복지증진정책으로 전환하였다. 21세기에 진입한 현재는 심각한 저출산 현상에 대응하여 출산력을 복원하는 새로운 인구정책으로 나아가고 있다.

핵가족화의 경향은 가족 내 육아기능을 약화시키고 있다. 특히 1인가구의 비중은 2000년의 15.5%에서 2019년 30.2%로 증가하였다(통계청, 2020). 이러한 가구구조의 변화와 가족원 수와 자녀 수의 감소로 형제자매 간 상호 돌봄을 제공하는 정서가 결여되고 조부모나 친척 등이 손자녀를 돌볼 수 있는 경우도 드물게 되었다. 핵가족에서 형제자매나 조부모와의 다양한 관계를 경험하지 못하고 부모만의 양육과 지도를 받고 자라는 아동은 대가족에서의 아동보다 정서적으로 미성숙하고 사회성의 발달이 낮을 가능성이 높다. 이러한 관점에서 핵가족화의 진행은 가족의 아동양육 기능의 약화를 초래하게 되며 아동문제의 원천이 될 수도 있다.

2) 이혼과 가족해체

아동문제를 초래하는 또 하나의 요인은 이혼으로 인한 가족해체의 증가다. 한국인의 결혼건수에 대한 이혼건수의 비율은 1970년의 4.4%에서 1980년에는 5.9%, 1990년 11.4%, 2000년 35.9%, 2010년 35.8%, 2019년 46.3%에 달하여 계속적으로 증가하는 추세다. 이혼의 원인으로는 결혼에 대한 가치관의 변화, 여성의 경제활동 증대, 도덕과 윤리적 기준의 완화, 보다 관대해진 이혼법, 배우자의 부정, 경제적 어려움 등이 있다. 부모의 이혼이 아동에 미치는 영향은 아동양육의 책임과 역할에 혼란을 초래하며, 이러한 상황에서 안정된 가정에서의 건강한 아동발달이 어려워진다. 이혼은 부부 당사자들의 정신건강과 안정된 가정생활을 위협할 뿐 아니라 자녀들에게도 불안, 갈등, 상실감 등 정신적인 스트레스와 생활상의 어려움을 겪게 한다. 아동이 부모의 불화나 이혼에서 받은 마음의 상처와 고통은 아동의 성격형성과 자아상에 부정적인 영향을 미치게 된다.

3) 다양한 가족형태의 출현

최근 우리 사회에 나타난 가족구조 변화에서 또 하나의 현상은 다양한 가족형태의 출현이다. 2019년 인구주택총조사결과(통계청, 2020)에 의하면, 평균가구원 수가 감소하는 가운데 1인 가구, 2인 가구, 여성가구 수의 증가가 최근에 높게 나타나고 있다. 이러한 현상은 가족의 해체나 위기로 보기보다는 새로운 가족형태의 출현으로 보는 것이 타당하다. 배우자의 사별이나 이혼으로 인한 한부모가족, 조손가족, 동거가족, 공동생활가족 등 다양한 가족형태가 출현함으로써 전통적인 가족의 개념에 변화가 나타나고 있다. 또한 2019년도 혼혈인 자녀, 외국인 배우자 등 다문화 가구원이 있는 가구의 비율도 전체가구의 1.7%, 가구원은 총인구의 2.1%로 나타나고 있다(통계청, 2020).

2004년도에 제정된 「건강가정기본법」에서는 혼인, 혈연, 입양에 의한 사회의 기본단위를 가족으로 규정하고 있어서 우리 사회에 존재하는 새로운 형태의 다양한 가족유형에 대하여 '비건강가족'이라는 부정적인 인식을 가져올 수 있다는 비판도

표 1-1 가구원 수별 가구분포 및 평균가구원 수: 1975~2019년

연도	일반가구 (천 가구)	가구원 수별 가구분포(%)						평균 가구원 수 (명)
		1인 가구	2인 가구	3인 가구	4인 가구	5인 가구	6인 가구 이상	
1975	6,648	4.2	8.3	12.3	16.1	18.3	40.7	5.0
1980	7,969	4.8	10.5	14.5	20.3	20.0	29.8	4.5
1985	9,571	6.9	12.3	16.5	25.3	19.5	19.5	4.1
1990	11,355	9.0	13.8	19.1	29.5	18.8	9.8	3.7
1995	12,958	12.7	16.9	20.3	31.7	12.9	5.5	3.3
2000	14,312	15.5	19.1	20.9	31.1	10.1	3.3	3.1
2005	15,887	20.0	22.2	20.9	27.0	7.7	2.3	2.9
2010	17,339	23.9	24.3	21.3	22.5	8.1		2.69
2015	19,110	27.2	26.1	21.5	18.8	6.4		2.53
2019	20,343	30.2	27.8	20.7	16.2	5.0		2.39

출처: 통계청, 인구주택총조사(각 연도).

제기되고 있다. 따라서 새롭게 출현하고 있는 다양한 가족형태에 적합한 지원과 서비스를 제공하기 위하여 가족의 개념에 대한 검토와 건강한 가정을 위한 지원을 확대할 필요가 있다.

다양한 가족형태와 관련하여 아동의 삶에 심각한 영향을 미치는 가족은 한부모가족이다. 모자가족의 경우 과거에는 경제적으로 자녀양육이 어려운 빈곤문제가 일차적 지원의 대상이었으나 현재는 어머니의 취업과 사회활동으로 인한 아동양육이 일차적인 문제가 되고 있다. 모자가족의 어머니는 가사나 육아의 기능수행 외에 경제적 부양책임이 가중됨으로써 정신적 압박과 스트레스에 노출되기 쉽다. 이러한 역할의 과부담은 긴장의 연속으로 나타나 아동에게 매우 부정적으로 영향을 미칠 수 있다. 특히 정서적 불안과 상실감, 자녀의 양육과 교육문제, 자녀들이 동일시할 대상 상실 등 여러 가지 문제들이 나타날 수 있다. 또한 최근에는 이혼으로 인한 모의 가출, 사망 등으로 부자가족의 문제도 다수 발생하고 있다. 부자가족은 아동의 양육에 더 심각한 문제가 발생할 가능성을 내포하고 있다. 최근에 증가하고

있는 아동방임과 학대는 이러한 다양한 가족형태의 출현과 깊은 관련이 있는 것으로 분석되고 있어서 이와 같은 새로운 형태의 가족을 위한 아동보호의 예방적 체계 구축과 아동양육의 적극적인 대책이 필요하게 되었다.

3. 사회양극화와 위기가정의 아동

1) 사회양극화

1997년 말 외환위기와 IMF 관리체제를 경험한 이후 우리 사회에서 발생한 경제 사회적 위기는 새로운 사회문제와 함께 아동복지에 대한 사회적 요구를 발생시키고 있다. 대량실업과 절대빈곤의 증가, 빈곤과 실직으로 인한 가정불화와 가정해체 등의 사회문제들이 폭발적으로 증가하게 되었다.

이러한 경제사회적 위기는 1960년대 이후부터 2000년에 이르기까지 한국의 지속적인 경제성장 시기에는 경험하지 못하였던 것으로서 커다란 사회적 충격이 되었다. 그러나 이러한 위기는 글로벌 경제(global economy)와 자본주의 경제구조에 의하여 사회양극화라는 현상으로 고착되어 가고 있다. 외환위기 이후 한국사회는 노동시장구조의 양극화가 진행되고 있고, 이는 고용구조와 소득분배의 양극화로 나타나고 있다. 소득의 양극화는 단순한 빈곤층의 증가에 그치지 않고 빈곤의 세대 간 이전과 저소득층의 경제적 · 사회적 · 문화적 고립이라는 사회적 배제(social exclusion)를 강화하는 위험을 안고 있다.

사회양극화의 문제는 동시에 위기가정의 양산을 가져오며, 위기가정은 아동양육의 문제를 안고 있다. 경제사회적 위기의 국면에서 가장 어려움을 당하는 계층은 사회적 취약계층이며, 특히 아동이 취약한 위치에 있게 된다. 실직과 저소득, 이에 따라 발생되는 가족문제, 가정해체로 인하여 아동이 가정으로부터 적절한 보호를 받지 못하고 사회적 위험에 노출되고 방치되거나 일부 아동은 가정에서 분리되어 아동복지시설에 입소하게 된다. 경제위기 이후에 나타난 실업과 저성장, 사회양극화의 새로운 사회변화 속에서 발생하는 가족문제와 아동문제는 이에 대한 적극적인 사회적 대응을 요청하고 있다.

2) 위기가정의 아동

최근 들어 부모의 사망, 부 사망 후 모의 가출 또는 부모의 행방불명, 이혼 등으로 부모 없는 아동들만으로 구성된 가구세대가 출현하고 있다. 부모가 없는 소년소녀가정세대는 매년 조금씩 증가해 왔으며, 정부는 이들 소년소녀가정세대에 대하여 생활보호 차원의 경제적 지원을 하고, 어린이재단 등 민간단체에서도 후원결연사업 등 여러 가지 사업을 통해 이들을 지원하고 있다. 아동은 가정에서 적절한 양육과 보호를 받아야 한다는 관점에서 볼 때 보호자가 없는 소년소녀가정세대를 사회적으로 방치하는 것은 적절하지 못하다는 관점에서 소년소녀가정은 2006년 이후 가정위탁으로 전환되어 정부의 지원을 받고 있다. 부모로부터 정상적인 양육을 받지 못하는 아동의 보호는 아동양육의 사회보장체계의 구축을 비롯한 아동복지의 주요 과제이다.

미혼모와 그 자녀의 문제도 위기가정 아동의 관점에서 중요한 대상이다. 서구의 개방적인 성문화의 도입과 가치관의 변화로 청소년의 무분별한 혼전 성관계, 성폭력에 의한 성관계가 증가하면서 미혼모의 수가 증가하고 있다. 성개방의 사회변화 추세에 비추어 앞으로도 더욱 증가할 전망이다. 미혼모는 사회적 은닉성이란 특성으로 인하여 그 실태를 정확하게 파악하기가 어려운 실정이다. 미혼모의 발생은 미혼모 자신뿐 아니라 가정, 사회, 국가에 심각한 부정적인 영향을 미치게 된다. 미혼모는 아이와 관련하여 그의 모성역할에 현실적 어려움을 경험하게 된다. 특히 아동양육을 위한 재정적 지원, 즉 생활비, 의료비, 주거 장소 및 법적 보호 등이 필요하다. 미혼모의 자녀에 대한 적절한 사회적 서비스는 물론 미혼모가 가정과 학업에 복귀하거나 직장에 취업하여 안정적인 사회생활을 할 수 있도록 사회적 인식을 전환하고 사회복지적 개입과 제도적 대책이 제공되어야 할 것이다.

또한 재난에 의하여 가족의 부양 · 양육 · 보호 · 교육 등 가족기능이 현저하게 저하된 경우 원활한 가족기능을 수행하는 데에 긴급하게 필요한 범위에서 「건강가정기본법」에 의하여 위기가족 긴급지원이 이루어지고 있다.

이와 같은 사회환경의 변화 외에도 아동의 삶에 영향을 미치는 사회현상은 아동양육에 관한 사회적 가치관의 변화를 들 수 있다. 부모의 자녀에 대한 책임과 역할에 있어 과거에는 부모가 자녀의 보다 나은 삶과 지위 향상을 위하여 자신의 삶을 희생하고 헌신하였으나 오늘날에는 지난 세대에 비하여 부모의 태도가 덜 희생적이며 자녀지향적 가치보다는 부부 또는 자기지향적인 가치가 지배적인 경향이 되어 가고 있다. 이혼 등 여러 가지 원인으로 인한 가족해체의 위기상황에서 아동이 부모로부터 적절한 양육을 받지 못하고 방치되는 사례가 다수 발생하고 있다. 이러한 새로운 가치관과 태도는 아동양육에 대한 국가 또는 사회적 차원의 보호와 책임을 증대시키고 있다.

4. 아동권리 인식의 지체와 행복에서 소외

1) 아동권리 인식의 지체

우리나라는 경제사회 발전과 함께 정치적 · 사회적 시민의식의 성장이 이루어져 왔지만 아동권리에 대한 인식은 상대적으로 지체되어 있다. 전통적으로 아동을 부모의 소유물로 보는 가치관이 지속되고 있고 가정과 사회에서 아동의 권리가 무시되는 경우가 많다. 또한 아동을 양육비 부담 등의 이유로 자녀의 출산과 양육을 부정적으로 보는 젊은 세대의 자기중심적 사고 경향이 강하다.

2) 경쟁의 심화와 현재 행복에서 소외

우리나라는 학력에 따른 임금격차가 크고 미래사회에 대한 불확실성으로 인하여 아동들이 지나친 학력경쟁에 내몰리는 것이 현실이다. 이러한 환경 속에서 아동은 놀고 싶을 때 놀지 못하고 쉬고 싶을 때 쉬지 못하며 밤늦게까지 공부해야 하는 지나친 경쟁적인 환경에서 살아가고 있다. 과도한 경쟁은 학업 스트레스, 수면, 운동, 여가 시간의 부족, 또래관계의 결핍을 가져오며, 아동은 현재의 행복에서 소외되어 아동의 삶의 만족도가 저하되고 있고, 아동 자살률 또한 높게 나타나고 있는 것이다. 아동종합실태조사에 의하면, 우리나라 아동은 삶의 만족도에서 2019년 현재 OECD 28개 국가 중 최하위를 기록하고 있는 실정이다(제2차 아동정책기본계획, 2020).

제2절 아동과 가정, 사회

1. 아동에 대한 이해

가정에서 태어나 부모의 돌봄과 사랑을 받으면서 한 사람의 사회구성원으로 성장해 나가는 아동의 삶에서 가정은 매우 중요한 삶의 터전이다.

아동에 대한 이해는 인간의 존엄성과 가정의 중요성에 대한 이해에서부터 출발한다. 남녀의 결혼과 가정을 통한 자녀의 출산은 창조자의 일반은총과 축복이며 인류사회의 가장 근본이 되는 질서다. 인간은 최초의 사회제도라고 할 수 있는 가정을 이루고 자녀를 출산하고 양육함으로써 이 땅에서 세대를 이어 지속적으로 생명과 축복된 삶을 살아갈 수 있는 복을 누리게 되었다. 나아가 아동이 갖는 천부적 인권의 존엄성과 가정에서 누리는 미래세대의 계승자로서 지위는 아동을 건전하게 양육함으로써 아동에게 이 땅에서 인간으로서 삶의 가치를 궁극적으로 실현하려는 목적의식을 갖게 한다.

이와 같은 아동에 대한 이해는 아동은 누구인가, 아동에게 무엇이 잘못되어 있는가, 아동을 위한 문제해결책은 무엇인가로 이어지는 다음과 같은 인식의 틀에서 이루어질 수 있다.

첫째, "아동은 누구인가?"라는 기본적인 물음에 대해서는 아동은 천부적 인권과 존엄성을 기반으로 부모를 비롯한 가족구성원과 주변 사람들의 사랑과 보호, 상호교제를 필요로 하는 관계적인 존재임을 확인해야 한다. 아동과 주변 사람들의 상호작용은 이들이 속해 있는 사회의 가치관과 행동규범을 전수하고 받아들이는 과정인 사회화의 기능을 수행하며, 아동의 성장과 발달단계에 따라 그 상호작용의 범위가 확대된다. 아동의 건전한 성장과 발달은 건강한 가정과 사회적 관계를 기반으로 이루어지며, 건강한 사회를 유지하는 근본이 된다.

둘째, "아동에게 무엇이 잘못되어 있는가?"라는 물음에 대해서는 아동의 빈곤과 박탈, 억압을 비롯한 여러 가지 아동문제가 사회악이고 잘못된 것이며, 인간존재와 삶의 목적에 반하는 것임을 확인해야 한다. 인간의 이기심과 악은 아동을 문제상황에 몰아넣고 방치시키며, 인간의 존엄성과 고귀한 가치로부터 분리시킨다. 현대사회에서 발생하고 있는 아동의 빈곤, 아동학대, 가족해체로 인한 양육문제, 경쟁적 학습, 학교폭력, 부적응과 비행의 문제 등 아동이 경험하는 고통과 문제는 이러한 관점에서 이해될 수 있다.

셋째, "아동을 위한 문제해결책은 무엇인가?"라는 물음에 대하여 아동문제의 해결책은 아동을 향한 다음의 목적을 받아들이는 것에서 출발한다. 인간 존재와 삶의 목적은 선하며, 아동을 사회적인 악으로부터 구원하고 치유하며, 온전한 존엄성을 지닌 인간으로 성장하게 하여 인권과 삶의 가치를 실현하는 것이다.

이러한 아동에 관한 세계관은 아동복지를 실천하는 실천가에게 매우 중요한 준거틀이 될 수 있으며, 아동을 이해하고, 아동문제를 해석하고 아동복지서비스를 제공하는 실천과정에서 창의적으로 적용되어야 한다. 아동에 대한 바른 이해와 관점은 아동에 대한 잘못된 인식, 태도와 사회적 관습과 제도를 개선하고 건강한 아동양육과 사회발전을 위한 기초가 되기 때문이다.

2. 아동의 개념

아동은 보는 관점에 따라 어른의 작은 형태, 꾸밈없는 천진난만한 존재 또는 생리적 충동과 욕구가 강한 존재로 다양하게 표현되고 있지만, 아동에 관하여 사회적으로 합의된 일반적인 개념을 살펴보면, 신체적 · 정신적으로 성장하는 과정에 있는 사람을 아동이라고 부를 수 있다.

아동의 연령 구분의 기준은 법률의 규정을 따르는 것이 일반적이다. 그러나 아동의 정의는 법률에 따라 다소 차이가 있다. 유엔아동권리협약에서 아동의 정의는 "아동에게 적용되는 법에 의하여 보다 조기에 성인연령에 달하지 아니하는 한 18세 미만의 모든 사람"을 의미한다. 우리나라 「아동복지법」 제2조에서도 "아동이라 함은 18세 미만인 사람"으로 규정하고 있다. 「입양특례법」 제2조에서도 아동이란 "18세 미만인 사람"이라고 규정하고 있다. 「한부모가족지원법」에서도 "아동이란 모 또는 부에 의하여 양육되는 18세 미만의 자녀"로 정의하고 있다. 「실종아동 등의 보호 및 지원에 관한 법률」에서는 "18세 미만 아동"을 지원대상으로 규정하고 있다.

아동과 관련된 개념으로 미성년, 소년, 청소년, 영유아 등의 연령은 관련법령의 목적과 취지에 따라 다소 다르게 규정되고 있다. 「민법」에서는 사람은 19세로 성년에 이르게 된다고 하여 "만 19세 미만의 사람"을 미성년이라고 규정하고 있고, 「소년법」에서는 "19세 미만인 사람"을 소년이라고 규정하고 있다. 그리고 「청소년기본법」 제2조에서는 청소년을 "9세 이상 24세 이하인 사람"으로 규정하고 다만, 다른 법률에서 청소년에 대한 적용을 달리할 필요가 있는 경우에는 따로 정할 수 있다고 하였으며, 「청소년보호법」에서 청소년은 "만 19세 미만인 사람"으로 규정하였다. 또한 「영유아보육법」에서는 "6세 미만의 취학전 아동"을 영유아라고 정의하고 있다.

이와 같이 「아동복지법」상의 아동의 연령, 「민법」상의 미성년의 연령, 「청소년기본법」, 「청소년보호법」의 청소년의 연령은 법의 취지와 목적에 따라 다소 상이하게 정의되고 있음을 볼 수 있다. 이 책에서 아동이란 "18세 미만의 사람"으로서 유엔아동권리협약과 「아동복지법」의 정의를 사용하고자 한다.

표 1-2 아동과 관련된 연령의 정의

법령	개념	연령의 정의
유엔아동권리협약	아동	18세 미만
아동복지법	아동	18세 미만
입양특례법	아동	18세 미만
한부모가족지원법	아동	18세 미만
실종아동 등의 보호 및 지원에 관한 법률	아동 등	18세 미만
청소년기본법	청소년	9세 이상 24세 이하
청소년보호법	청소년	19세 미만
민법	미성년	19세 미만
영유아보호법	영유아	6세 미만
소년법	소년	19세 미만

3. 아동과 가정, 사회의 관계

아동과 가정 그리고 사회와의 관계는 아동이 성장함에 따라 상호작용하는 대상과 범위가 달라진다. [그림 1-2]에서와 같이, 영아기(0~2세)의 아동은 부모를 중심으로 하는 가족구성원과의 관계를 갖지만, 유아기(2~6세)에는 가족구성원과의 관계 외에도 또래와의 관계를 가지며 아동기(6~12세)에는 학교와 이웃의 또래와 친구, 이웃과의 관계를 가지며 상호작용의 범위를 확대시켜 나간다.

아동양육에 있어 부모를 포함한 가족의 기능과 역할은 아무리 강조해도 지나치지 않을 만큼 중요하다. 그러나 자녀의 보호와 양육, 사회화, 교육 등 아동을 위한 가족의 기능은 사회의 발전에 따라 점차 약화되었고 일부 기능이 보육시설이나 교육기관 등 다른 사회제도들에 의하여 수행되고 있다. 아동양육의 책임에 있어서도 가족의 책임으로부터 사회의 책임으로 책임의 주체가 확대되거나 변화하고 있다. 과거에는 아동양육의 책임이 전적으로 부모와 가정의 책임으로 인식되었으나 현대복지국가에서는 아동양육의 책임을 국가와 사회의 책임으로 인식하게 되었다. 우리나라 「아동복지법」 제4조에서도 아동의 안전 · 건강 및 복지 증진을 위하여 아동과 그 보호자 및 가정을 지원하기 위한 국가와 지방자치단체의 책무를 규정하였다. 이에 따라 보호가 필요한 아동을 위한 아동복지시설의 운영과 서비스가 국가와 사회의 비용으로 이루어지고 있을 뿐만 아니라 일반가정에서 아동의 보호와 양육, 교육을 위해서도 각종 사회적 지원과 사회복지서비스의 제공이 이루어지고 있다.

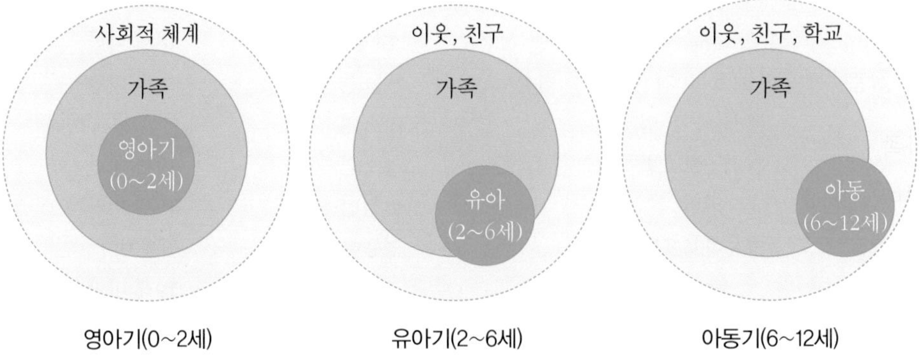

그림 1-2 아동발달단계에 따른 아동, 가족, 사회의 상호작용

출처: 아산사회복지사업재단(1997), p. 81.

「아동복지법」 제4조(국가와 지방자치단체의 책무) ① 국가와 지방자치단체는 아동의 안전 · 건강 및 복지 증진을 위하여 아동과 그 보호자 및 가정을 지원하기 위한 정책을 수립 · 시행하여야 한다. ② 국가와 지방자치단체는 보호대상아동 및 지원대상아동의 권익을 증진하기 위한 정책을 수립 · 시행하여야 한다. ③ 국가와 지방자치단체는 아동이 태어난 가정에서 성장할 수 있도록 지원하고, 아동이 태어난 가정에서 성장할 수 없을 때에는 가정과 유사한 환경에서 성장할 수 있도록 조치하며, 아동을 가정에서 분리하여 보호할 경우에는 신속히 가정으로 복귀할 수 있도록 지원하여야 한다. ④ 국가와 지방자치단체는 장애아동의 권익을 보호하기 위하여 필요한 시책을 강구하여야 한다. ⑤ 국가와 지방자치단체는 아동이 자신 또는 부모의 성별, 연령, 종교, 사회적 신분, 재산, 장애유무, 출생지역 또는 인종 등에 따른 어떠한 종류의 차별도 받지 아니하도록 필요한 시책을 강구하여야 한다. ⑥ 국가와 지방자치단체는 「아동의 권리에 관한 협약」에서 규정한 아동의 권리 및 복지 증진 등을 위하여 필요한 시책을 수립 · 시행하고, 이에 필요한 교육과 홍보를 하여야 한다. ⑦ 국가와 지방자치단체는 아동의 보호자가 아동을 행복하고 안전하게 양육하기 위하여 필요한 교육을 지원하여야 한다.

4. 가정과 국가의 책임

전통적으로 아동에 대한 친족부양의 책임을 강조하여 온 사회에서 아동의 양육을 위하여 국가나 사회의 개입이 요청되는 특별한 상황을 제외하고는 아동양육은 가족이 일차적인 책임을 지며 국가가 아동양육의 문제에 개입하지 않는 것이 일반적이었다. 가족관계나 아동양육의 영역은 변화가 더디게 일어나는 보수적인 경향을 띤다. 우리나라에서도 가족법의 개정, 호주제도의 폐지와 같은 사례에서 볼 수 있었던 것처럼, 가족과 국가 간의 관계에서 일어나는 중요한 정책의 변화는 사회적 논란과 여론의 분열을 가져오기도 한다. 그러나 새로운 사회환경의 변화로 인하여 국가가 가족의 문제에 개입하는 것이 필요하다는 사회적 인식과 관점의 변화가 나타날 수 있다(Downs et al., 2004: 17).

첫째, 가족의 역기능이 심화되어 사회를 유지하는 기본적인 사회적 단위인 가족이 붕괴되고 있다는 사회적 인식이 확대되면 이러한 인식의 변화가 나타난다. 아동양육에서 부모의 책임과 역할이 제대로 수행되지 못하는 경우 불가피하게 국가의 책임과 역할이 강화되어야 하며, 이러한 인식이 국가의 책임과 역할을 강화하는 사회정책에 반영된다. 보다 능동적인 가족정책의 도입을 주장하는 입장은 자녀에 대한 부모의 사랑과 책임, 부모-자녀관계의 중요성을 약화시키지 않으면서도 아동과 가족복지를 실현하는 데 국가의 능동적인 책임과 역할을 강조하게 된다.

둘째, 모든 국가의 정책이 가족의 삶에 직접적으로 또는 간접적으로 영향을 미치게 된다는 점을 인식하게 됨으로써 국가개입을 위한 관점의 변화가 나타나게 된다. 국가와 가족 간의 관계에 대한 포괄적인 인식은 모든 법률과 제도를 실행하는 국가정책의 실행에 앞서 가족의 삶에 미치는 정책 영향 평가의 중요성에 관심을 갖게 한다. 국가는 가족의 삶에 미치는 정책의 영향을 사전에 평가함으로써 사회의 기본 단위로서 가족의 안정성을 향상시킬 수 있다.

셋째, 아동복지에 대한 국가와 가족의 책임에서 균형을 찾는 작업은 모든 분야의 사회정책에서 이루어지며, 사회이념과 정책환경의 변화가 영향을 미친다. 20세기 후반에는 사회정책의 분야에서 대체로 국가의 책임이 확대되어 왔으나 이러한 경향은 사회적 환경과 이념의 변화라는 새로운 방향으로 전환되기도 한다. 신자유주의 이념의 배경 가운데 진행된 1996년 미국의 복지개혁에서 저소득가정의 부양아동에 대한 지원프로그램이 부모의 노동과 가족의 책임을 강조하는 방향으로 전환된 것(AFDC가 TANF로 전환)은 빈곤의 원인에 대하여 개인의 책임을 강조하는 가치와 이념의 영향이 반영된 것이다.

제3절 아동의 특성과 욕구

1. 아동의 특성

아동은 온전한 인간으로서 성장과 발달이 이루어지며, 아동의 중요한 특성은 의존성, 성숙, 욕구, 민감성, 적응성이다(장인협, 오정수, 2000).

첫째, 아동은 생명의 유지와 신체적 · 지적 · 사회적 발달을 위하여 부모를 비롯한 보호자의 사랑과 관심에 의존하게 된다.

둘째, 아동은 미성숙한 단계에서 성숙한 단계로 나아가며, 발달단계에 적절하게 자신의 생활상황을 대처해 가면서 필요한 이해력과 신체적 · 정신적 기능과 능력을 발전시켜 나간다.

셋째, 아동은 생명을 유지하기 위한 인간본능의 생리적 욕구와 정신적 · 심리적 욕구가 동시에 충족되어야 한다. 아동은 가정에서 사랑을 받고, 또래아동들과 어울리고 인정받고 싶어 하며, 새로운 경험을 하고자 하는 욕구가 있다.

넷째, 아동의 감정과 정서는 매우 예민하여 욕구나 열망에 대한 즉각적인 만족을 원하며 가족이나 친구와의 관계에서도 민감하다.

다섯째, 아동은 가정으로부터 점차 또래집단, 학교, 지역사회, 직업집단과 같은 사회공동체에 속하여 사회적 인간으로서 성장해 가며, 아동의 성장을 위해서는 이러한 집단에의 적응을 절대적으로 필요로 한다. 아동발달의 특성에 관하여는 제4장에서 구체적으로 학습할 것이다.

2. 아동의 욕구

아동의 욕구를 올바르게 이해하는 것은 아동복지를 실현하기 위한 필수적인 요건이다. 아동의 세계는 유아기로부터 사춘기에 이르는 아동발달단계에 따른 독특한 욕구를 갖는다. 아동의 욕구를 파악하기 위해서는 아동의 발달단계의 욕구, 부모의 양육능력에 관련된 욕구, 가족과 환경요인에 관련된 욕구를 이해하는 것이 요구된다.

- 발달단계의 욕구: 아동기에는 여러 가지 차원의 욕구가 동시에 충족되어 발달이 일어난다. 각 발달단계별 욕구(developmental needs)가 성공적으로 충족될 때 아동복지의 적정한 발달과업이 성취될 수 있다. 아동발달의 주요 과업은 정서 및 행동발달, 보건, 교육, 자아정체감, 가족 및 사회적 관계, 사회적 표현, 자기돌봄 기술 등을 포함한다.

표 1-3 아동발달단계의 욕구

발달단계	욕구
유아기 (infancy)	보호자에 대한 애착 언어 환경으로부터 자아의 분리 자아통제와 순응
아동중기 (middle childhood)	학교에의 적응(출석, 적절한 행동) 학업성취(읽기, 쓰기, 수학) 또래집단과의 관계(수용, 관계 형성) 규칙에 따른 행동(도덕적 · 사회적 행동)
사춘기 (adolescence)	제2학령기로 성공적 전환 학업성취(교육적 성취를 위한 기술의 학습) 과외활동에의 참여(스포츠, 음악, 클럽) 동성 및 이성 간 친구관계의 형성 자아정체감의 형성

출처: Horwath (2001).

- 부모의 양육능력: 아동의 욕구를 사정하는 기준에는 이러한 아동의 개별적인 발달단계의 욕구 외에도 부모의 양육능력(parenting capacity)에 대한 고려가 필요하다. 아동의 욕구에 반응하는 부모의 양육능력에는 기본적 돌봄, 안전의 보장, 정서적 따뜻함, 자극, 지도, 안정성 등이 포함된다. 이러한 부모의 양육능력은 아동의 발달단계에 따라 차별적으로 적용된다.
- 가족과 환경 요인: 아동을 둘러싼 가족과 환경 요인(family & environmental factor)은 다음의 사항을 포함한다. 가족기능 및 가족력, 확대가족의 범위, 주거, 고용, 소득, 가족의 통합성, 지역사회자원 등이다.

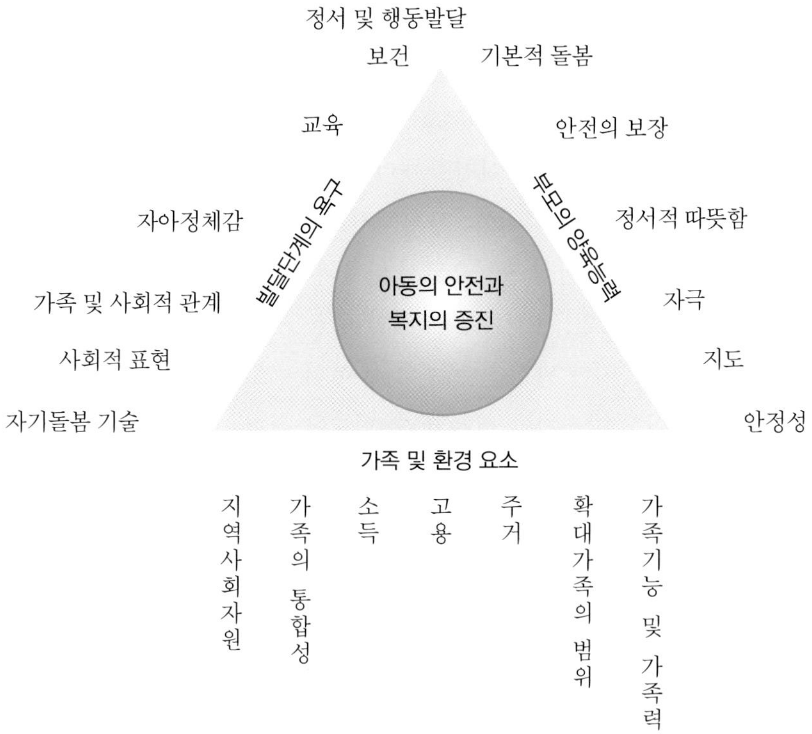

그림 1-3 아동욕구의 사정

출처: Department of Health (2000), p. 17.

제4절 아동복지와 관련 개념

1. 아동을 위한 프로그램과 서비스로서 정의

아동복지란 아동을 위한 이념적 목표인 아동의 복지증진과 그것을 향한 실천적 활동을 포함하는 개념으로 사용된다. 미국에서 발간된『사회사업사전』에 의하면, 아동복지(child welfare)란 개념은 다음의 의미를 내포하고 있다. ① 아동의 건전한 발달과 보호를 향한 이념(ideology), ② 아동들에게 혜택을 주기 위한 사회복지 프로그램(program), ③ 아동들을 위하여 제공되는 인간서비스(human service)의 한 부분을 의미한다. 다시 말하면, 아동복지란 아동들의 복지라는 이념을 함축하고 있으며, 아울러 아동을 위한 프로그램이나 서비스의 실천적 활동까지를 포함하는 개념으로서 의미를 갖고 있다(Barker, 1987: 24).

아동의 복지를 위한 사회적 실천활동이라는 맥락에서 프리들랜더와 에입트(Friedlander & Apte)도 그들의 저서 『사회복지 입문(Introduction to Social Welfare)』(1980)에서 아동복지를 사회적 활동으로서 다음과 같이 정의하였다.

"아동복지는 빈곤, 방임, 유기, 질병, 결함 등을 지닌 아동 혹은 환경에 적응하지 못하는 비행아동들에만 관심을 두는 것이 아니며 모든 아동이 신체적 · 지적 · 정서적 발달에 있어서 안전하고 행복할 수 있도록 위험으로부터 지키고 보호하기 위하여 공공과 민간기관에서 실시하는 사회적 · 경제적 · 보건적 제반 활동이다." (Friedlander & Apte, 1980)

2. 잔여적 개념과 제도적 개념의 정의

아동복지에 대한 정의는 국가나 사회적 상황의 이념에 따라 차이가 있으며, 사회적 변화에 따라 아동복지의 정의가 다소 변화하기도 한다. 잔여적 개념과 제도적 개념은 이러한 상황과 이념의 차이를 반영한다.

미국의 아동복지학자 카두신(Kadushin)은 그의 저서 『아동복지서비스(Child Welfare Services)』(1974)에서 아동복지를 잔여적 의미의 사회적 서비스의 한 형태로 정의하고 있다. 복지에 대한 개인과 가족의 책임을 강조하는 미국사회의 가치관이 반영된 정의다.

"아동복지는 부모가 아동양육의 책임을 충족시킬 수 없거나 또는 그 지역사회가 아동과 가족이 요구하는 보호와 자원을 제공할 수 없을 때, 아동이나 청소년에 대하여 제공되는 사회적 서비스와 관련되어 있다. 따라서 아동복지서비스는 부모들이 그 역할수행에 어려움을 겪고 있는 기능들을 지지, 보조 혹은 대리하거나, 현존의 사회제도를 수정하거나 새로운 제도를 조직함으로써 아동과 그 가족의 조건을 향상시키는 것을 목표로 한다."(Kadushin, 1974).

한편 메이어(Meyer)는 『아동복지 핸드북(Handbook of Child Welfare)』(1985)에서

아동복지를 사회체계의 한 부분이면서 사회제도이며, 사회복지 전문직의 한 분야로 정의하고 있다.

> "아동복지는 지속적인 사회체계의 하나로서, 아동의 복지를 증진시키기 위한 사회제도이며 하나의 전문직으로서 사회사업의 한 분야다."(Meyer, 1985)

아동복지의 상위개념으로서 사회복지의 개념은 고착된 개념으로 존재한 것이 아니라 시대적 상황이나 사회이념에 따라 변화해 왔다. 특히 산업화 이후의 사회복지는 가족이나 시장기구의 역할에 부수적인 잔여적 개념이 아니라 다른 사회제도와 동등한 위치의 독립된 사회제도적 의미로 받아들이는 것이 일반적인 추세가 되었다. 따라서 아동복지의 정의는 잔여적 의미보다는 제도적 의미로 받아들이는 것이 사회복지 개념의 일반적인 발전과 일치한다.

3. 아동복지 관련 개념

아동복지를 아동의 복지증진을 위한 사회제도로서 이해할 때, 아동복지와 관련된 다양한 개념이 아동복지의 하위개념으로 사용되고 있다.

1) 아동복지서비스

서구에서는 아동서비스(child service)로 보편화되어 있지만, 우리나라에서는 대체로 아동복지서비스(child welfare service)로 번역되어 사용되는 개념이다. 아동복지서비스 또는 아동서비스는 아동복지 관련 문헌에서 가장 보편적으로 사용되는 용어로서 아동의 복지를 증진시키기 위한 다양한 서비스를 포함한다. (학대)아동보호서비스, 보육서비스, 방과후서비스, 위탁보호서비스, 입양서비스, 시설보호서비스 등은 이러한 아동복지서비스의 다양한 형태다. 아동복지서비스는 아동복지전문가에 의한 개입과 대면적 접촉이 이루어지는 인간서비스로서의 특성을 갖고 있다.

2) 아동지원(아동양육비 지원)

아동지원(child support)은 엄밀한 의미로는 아동양육비 지원으로 번역되며, 아동양육비 지원은 한부모와 생활하고 있는 아동의 양육을 위하여 지원되는 현금소득의 이전을 의미한다. 이러한 아동양육비 지원이 이루어지는 상황은 부모의 이혼, 별거, 혼외 출생 등으로 발생하며, 법원의 판결에 따라 아동과 함께 거주하지 않는 부모 중 한편에 의하여 사적으로 소득이전(income transfer)이 이루어지거나 정부가 공적으로 아동양육비 지원을 행하기도 한다(NASW, 1995: 417). 우리나라에서는 사적이전으로서 아동양육비 지원은 「가사소송법」에서 규정하고 있다. 아동양육비 지원은 현금의 형태로 소득이전이 이루어지는 것을 의미하기 때문에 전문가를 비롯한 대인적 접촉과 개입에 의하여 이루어지는 인간서비스로서의 아동복지서비스와는 성격이 구별되는 아동복지의 형태다.

한편, 정부에 의하여 공적으로 모든 국민이나 저소득가정을 대상으로 아동에 대한 소득지원이 이루어지는 경우에는 사회보장의 형태로 소득지원이 이루어지기 때문에 부모의 이혼 등 요인에 의하여 아동양육비 지원이 이루어지는 조건과는 다르다. 이 경우에는 아동수당(child benefit) 또는 가족수당(family allowance)이라고 칭한다(제9장 아동빈곤과 소득보장 참조).

3) 아동돌봄

아동돌봄(child care)의 개념은 아동의 발달과 생명을 유지하기 위하여 필요한 일상적인 욕구를 충족시키는 돌봄 형태의 양육과 관리를 의미한다. 일반적인 의미의 아동돌봄은 가정에서 부모나 보호자에 의한 모든 양육활동이 포함되지만, 여기에서 언급되는 아동돌봄은 집단형태의 생활단위나 시설에서 아동의 신체적 보호, 치료적 보호, 생활습관 관리와 교육, 응급조치, 시설의 관리 등을 포함하는 활동이다(Barker, 1987: 23). 다시 말하면, 아동돌봄은 가정과 다양한 형태의 아동시설에서 이루어지는 전반적인 아동돌봄의 활동이다.

4) 학대아동보호

한편, 아동돌봄 개념과 간혹 혼란을 일으키는 아동보호(child protective) 서비스는 학대받는 아동을 위한 서비스로서 해당 아동을 위한 법적 · 사회적 · 의료적 · 시설보호서비스 등을 의미한다. 영어로 표현하면 'child care service'와 'child protective service'는 엄연히 구별되지만, 우리말로 표현할 때 동일하게 아동보호서비스로 번역되어 혼란을 가져올 수 있다. 따라서 'child care service'는 아동돌봄서비스로, 'child protective service'는 학대아동보호서비스로 번역함으로써 대상을 구별하여 용어를 사용하는 것이 바람직하다고 판단된다.

토론 및 연구 주제

1. 아동복지의 대부분은 부모의 역할이 아닐까? 안정된 가정생활, 경제적 안정, 유해한 것으로부터 보호, 보건 및 의료보호, 교육, 놀이 등을 부모가 없는 아이들에게 해 주는 것이 아동복지일까? 부모가 제 역할을 할 수 있도록 하는 것도 아동복지일까? 제대로 역할을 수행하지 않는 부모에게 하도록 강제하는 것일까? 제대로 역할하지 않는 부모를 대신해야 하는 것일까? 국가의 역할은 어디까지이고, 부모의 역할까지도 국가가 대신해야 하는 것인지 생각해 보자.

2. 아동에 대한 정의는 서로의 입장에 따라 차이를 보이고 있는데 각자가 생각하고 있는 아동에 대한 정의, 아동복지의 개념이 얼마나 비슷하고 얼마나 다른지 토론해 보자.

제2장

아동권리

제1절 아동권리사상의 발전

아동의 권리보장은 아동복지 실현의 전제가 되는 핵심과제이며, 인권으로서 아동권리의 인식과 아동복지의 실현은 밀접한 상호관계를 갖고 있다. 역사적인 관점에서 보면, 근대사회에 이르기까지 아동의 권리는 보호를 받지 못하거나 매우 소극적으로 보호되어 왔으며, 모든 아동을 온전한 인격적 존엄성과 권리를 지닌 존재로서 가치를 인식하고 보호하지는 못하였다. 근대사회 이후 인권사상이 발전한 서구사회에서도 아동의 권리사상은 20세기에 들어와 확립되었으며, 비로소 아동복지의 이념과 실천의 기초로서 강조되고 있다. 과거에는 부모나 사회와의 관계에서 종속적인 존재에 지나지 않았던 아동들이 이제는 독립된 인간으로서의 기본적 권리의 주체가 되어야 한다는 사상이 발전하게 된 것이다. 다시 말하면, 아동은 수동적인 보호의 대상에서 능동적인 권리의 주체라는 사상으로 발전하게 되었으며, 자선이나 박애에 의한 소극적인 보호에서 권리와 책임에 의한 적극적인 복지가 요청된 것이다.

아동권리선언의 선구는 1922년 영국의 국제아동기금단체연합이 발표한 세계아동헌장으로서, 이 땅에 생명을 부여받은 모든 아동이 그들의 신체적 · 심리적 · 정신적 행복을 위해 필요한 요소를 보장받아야 함을 세계를 향해 선포하였다. 이것이 뒷받침되어 1924년 제네바에서 개최된 국제연맹 회의에서는 제네바선언 5개항이 채택되었다. 국제연맹 회의에서 채택된 제네바선언 5개항의 내용은 다음과 같다(장인협, 오정수, 2000).

> ① 어린이에게 신체적으로 정신적으로 정상적인 발달을 위해 요구되는 모든 수단을 강구해야 한다. ② 굶주린 어린이에게 먹을 것을, 병든 어린이에게 치료의 혜택을, 지능 발달이 뒤늦은 어린이에게는 도움을, 불량한 어린이에게는 감화를, 고아와 부랑아에게는 주거를 마련하여 보호해 주어야 한다. ③ 위기에 직면하였을 때, 최우선적으로 어린이를 구해야 한다. ④ 어린이에게 장래 설계를 세울 수 있는 지위로 이끌며 어린이는 모든 종류의 착취에서 보호를 받을 수 있어야 한다. ⑤ 어린이에게 자기의 능력은 인류동포에게 봉사하기 위한 것이라는 자각을 주며 교육을 해야 한다.

이상의 5개항에서 제1항은 아동의 생존권 보장, 제2항은 아동보호의 접근방법, 제3항은 아동보호의 최우선 원칙, 제4항은 자립과 착취에서의 보호, 제5항은 아동육성의 궁극적 목표를 제시하고 있다.

제네바선언은 그 후 1959년 유엔총회에서 10개 조항으로 확대되었으며, 각 국가는 이런 사상에 입각하여 아동복지서비스와 프로그램을 전개하게 되었다. 유엔아동권리선언 10개 조항의 내용은 다음과 같다.

> ① 인종, 피부색, 성, 언어, 종교, 정치적 견해, 국가적 또는 사회적 출신, 재산, 문벌, 기타의 지위로 인하여 차별받는 일이 없이 이들의 권리가 부여되어야 한다. ② 아동은 특별한 보호를 받으며 또한 건전하며 정상적인 방법 및 자유와 존엄의 상태하에서 신체적, 지능적, 도덕적, 정서적 및 사회적으로 성장할 수 있는 기회나 혜택이 법률과 기타의 수단으로써 제공되어야 한다. 이 목적을 위해 법률을 제정함에 있어 아동의 최선의 이익에 대하여 최대한 고려해야 한다.

③ 아동은 이름과 국적을 가질 권리를 가진다. ④ 아동은 사회보장의 혜택을 받을 권리를 가진다. ⑤ 신체적, 정신적 또는 사회적으로 장애가 있는 아동은 그 특수 사정에 의해 필요한 특별한 치료, 교육 및 보호를 제공받을 권리를 가진다. ⑥ 아동은 가능한 한 양친의 사랑과 책임하에 또한 어떠한 경우에도 애정과 도덕적 및 물리적 보장이 있는 환경하에서 양육되어야 한다. ⑦ 아동은 교육을 받을 권리를 가진다. ⑧ 아동은 우선 보호와 혜택을 받을 권리를 가진다. ⑨ 아동은 방임이나 학대 및 착취 등으로부터 보호받을 권리를 가진다. ⑩ 아동은 인종적, 종교적, 기타의 형태에 의한 차별을 조장할 우려가 있는 관습으로부터 보호받을 권리를 가진다.

유엔아동권리선언 10개 조항이 제정된 이후 1979년에 유엔아동권리선언 20주년을 기념하여 유엔은 이 해를 '세계어린이의 해'로 정하고, 단순한 선언적 권리에서 나아가 실천적 구속력을 가진 세계아동의 권리에 관한 국제협약의 필요에 따라 국제협약의 제정안이 폴란드 정부에 의해 제출되었다. 이후 10년 동안의 준비 작업을 통해 국제협약이 마련되었으며, 마침내 1989년 10월에 유엔총회의 승인과 20개 국가들의 비준을 받아 1990년 9월 2일 효력이 발생하게 되었다. 우리나라는 이 협약에 서명하고 1991년 11월 20일에 비준서를 유엔에 기탁함으로써 1991년 12월 20일부터 아동권리에 관한 국제협약(Convention on the Right of the Child)의 당사국이 되었다. 현재 우리나라는 유엔의 회원국으로서 모든 아동의 인권보장을 위한 국제협약에 호응하여 법적 · 제도적 · 행정적 조치를 취하고 국제적인 차원의 아동권리와 복지증진 노력에 보조를 맞추고 있다. 우리나라는 1994년, 1999년에 아동 인권상황을 보고서로 제출하였으며, 국내 NGO에서도 2002년에 별도 보고서를 제출하였다. 유엔아동권리위원회는 국가보고서와 NGO보고서를 심사하여 2003년 1월 15일 대한민국에 대한 유엔아동권리위원회의 권고의견을 채택하였다. 이후 대한민국의 제3 · 4차 국가보고서는 2008년에 제출되었으며, 유엔아동권리위원회는 2011년 9월에 이 보고서를 심사하여 10월 7일 한국정부에 대한 권고안을 채택하였다. 2017년 12월에는 유엔아동권리위원회에 제5 · 6차 국가보고서를 제출하였으며, 유엔아동권리위원회는 2019년 10월에 한국정부에 대한 권고안을 채택하였다.

제2절 아동권리의 기본요소와 원칙

아동복지 활동은 우선 아동권리의 기본요소에 대한 충분한 인식이 필요하다. 아동의 권리는 자연법에 의한 보편적 인권이며, 세계인권선언에 기초하고, 유엔아동권리협약과 각국의 아동복지 법령에는 아동권리의 기본요소가 명시적으로 표현되고 있다. 그리고 이를 실현하기 위한 정책과 실천활동의 일반원칙으로서 무차별의 원칙, 아동이익 최우선의 원칙, 아동생명, 생존과 발달 보장의 원칙, 아동 의사존중의 원칙이 유엔아동권리협약에 반영되어 있다.

1. 인권으로서 아동권리

아동권리는 인간의 보편적 권리로서 인권의 개념에 기반을 두고 있다. 1948년 12월 10일 유엔이 채택한 세계인권선언(Universal Declaration of Human Rights)에 의하면, 전문과 1, 2조는 인간의 존엄성, 제3조~제19조까지 시민적 권리, 제20조~제26조까지 정치적 · 사회적 · 경제적 권리, 제27조~제28조까지 공동체적 유대를 언급하고 있다. 세계인권선언이 추구하는 가치는 생명, 자유, 평등, 정의, 연대책임, 사회적 책임, 점진적 변화와 평화, 인류와 자연의 관계를 포함한다(이혜원, 2006). 이러한 세계인권선언의 정신과 가치는 이후 1966년에 유엔이 제정한 경제적 · 사회적 · 문화적 권리에 관한 협약(International Covenant on Economic Social and Cultural Rights: A협약 또는 사회권협약)과 시민적 · 정치적 권리에 관한 협약(International Covenant on Civil and Political Rights: B협약 또는 자유권협약)으로 세계인권선언에 법적 강제력을 부여하기 위한 협약으로 구체화되었고, 아울러 이 협약들은 아동, 국제난민, 장애인 등 다양한 인구대상을 위한 개별 권리협약의 기초가 되었다. 유엔아동권리협약도 이러한 세계인권선언과 국제협약의 정신을 구체적으로 구현하는 국제법적인 제도적 장치다.

2. 아동권리의 기본요소

1) 수동적 권리와 능동적 권리

아동권리는 아동의 특성을 고려하여 수동적 권리와 능동적 권리의 특성을 동시에 갖는다(이혜원, 2006: 142-145).

- 수동적 권리: 아동은 기본적으로 천부의 보편적 인권을 누릴 수 있는 존재이며 성인과 동일한 인권을 가진다. 그러나 아동은 성인의 보호를 필요로 하는 의존적인 존재이므로 부모와 가족, 사회, 국가의 보호와 양육에 의하여 성장하고 발달한다. 그러므로 아동의 권리는 보호와 양육을 제공하는 주체의 의식과 행동에 따라 수동적으로 보호되는 특성을 가지고 있다.
- 능동적 권리: 아동권리는 수동적 권리의 특성을 가지면서도 동시에 인권은 인간의 자율적 판단과 참여를 기초로 한다는 점에서 아동권리도 능동적 권리로서의 요소를 갖는다. 능동적 권리로서 아동권리는 아동이 권리의 주체로서 자신의 삶에 영향을 미치는 사안에 대하여 자신의 의견을 표현하고 주장하고, 결정하며, 참여할 수 있는 권리를 갖는다는 특성을 가지고 있다.

2) 생존, 보호, 발달, 참여의 권리

아동권리의 기본요소에는 생존권, 보호권, 발달권, 참여권의 네 가지 요소가 있다.

- 생존권(Right to Survival): 적절한 생활수준을 누릴 권리, 안전한 주거지에서 살아갈 권리, 충분한 영양을 섭취하고 기본적인 보건서비스를 받을 권리 등 기본적인 삶을 누리는 데 필요한 권리
- 보호권(Right to Protection): 모든 형태의 학대와 방임, 차별, 폭력, 고문, 징집, 부당한 형사처벌, 과도한 노동, 약물과 성폭력 등 어린이에게 유해한 것으로부터 보호받을 권리

- 발달권(Right to Development): 잠재능력을 최대한 발휘하는 데 필요한 권리. 교육받을 권리, 여가를 즐길 권리, 문화생활을 하고 정보를 얻을 권리, 생각과 양심과 종교의 자유를 누릴 수 있는 권리
- 참여권(Right to Participation): 자신의 생활에 영향을 주는 일에 대해 의견을 말하고 존중받을 권리. 표현의 자유, 양심과 종교의 자유, 평화로운 방법으로 모임을 자유롭게 열 수 있는 권리, 사생활을 보호받을 권리, 유익한 정보를 얻을 권리

그리고 아동권리의 개념은 제공(Provision), 보호(Protection), 참여(Participation)라는 '3P 개념'으로 설명되기도 한다(장인협, 오정수, 2000: 45). 즉, 아동권리의 기본요소에는 아동의 욕구충족에 필요한 자원의 제공, 유해한 환경과 착취 및 학대로부터의 보호, 자신의 삶에 능동적인 참여의 개념을 담고 있다.

- 제공의 개념: 아동이 필요로 하는 욕구의 충족, 인적 · 물적 자원의 제공과 이것을 사용할 권리다. 아동권리란 아동의 욕구와 관심을 인정하고 충족해 주고자 하는 사회적 의지의 표명이다. 아동권리협약은 아동의 기본적 욕구를 체계적으로 서술하고 이의 충족을 보장한 것이다. 일반아동에 대한 성명, 국적 등 시민적 권리와 자유의 제공, 건전한 가정환경, 기초보건과 복지, 교육, 여가, 문화 활동의 기회제공과 보호가 필요한 아동에 대한 대안의 양육체계와 특별보호조치의 제공 등이 이 개념에 포함된다.
- 보호의 개념: 특별히 보호를 받아야 하는 아동의 보호 개념은 난민아동, 무력분쟁상의 아동을 포함하여 법적 분쟁상황이나 착취상황으로부터 보호를 받아야 한다는 것이다. 법적 분쟁상의 아동은 범죄행위로 인하여 소년형사소송 중의 아동이나 자유가 박탈된 아동에 대한 보호와 지원이 이루어져야 하며, 착취상황의 아동은 법적으로 금지된 노동으로 인한 경제적 착취, 육체적 · 정신적 학대와 성적 착취로부터 보호받을 권리가 있다.
- 참여의 개념: 아동이 자신의 삶에 중요한 영향을 미치는 결정에 대하여 알고 능동적으로 참여할 수 있는 권리다. 아동의 동의가 필요한 의사결정에는 친권 상실, 이혼, 입양 등에 아동의 의사가 존중되어야 하며, 정보접근권도 이에 포함된다.

제3절 유엔아동권리협약

1. 유엔아동권리협약의 구성

유엔아동권리협약은 아동의 정의, 일반원칙, 자유권적 권리, 사회권적 권리, 협약의 이행방법 등의 내용으로 구성되어 있다.

표 2-1 유엔아동권리협약의 구성

구분	내용	해당 조항
아동의 정의	18세 미만	제1조
일반원칙	무차별, 아동이익 최우선, 아동 생명, 생존과 발달 보장, 아동 의사존중	제2조, 제3조, 제6조, 제12조
자유권적 권리	성명권, 국적, 신분보존, 표현 · 사상 · 양심 · 종교의 자유, 정보접근권	제7조, 제8조, 제13~17조, 제37조
사회권적 권리	가정생활과 대안양육	제5조, 제9조, 제11조, 제18~21조, 제25조, 제27조, 제29조
	기초보건과 복지	제16조, 제18조, 제23~24조, 제26~27조
	교육, 여가, 문화	제28~29조, 제31조
	특별보호조치	제22조, 제32조, 제34~40조
협약의 이행방법	당사국, 위원회의 의무	제4조, 제42조, 제44~46조

출처: Horwath (2001).

2. 유엔아동권리협약의 일반원칙

유엔아동권리협약에 반영되어 있는 일반원칙은 무차별의 원칙, 아동이익 최우선의 원칙, 아동 생명, 생존과 발달 보장의 원칙, 아동 의사존중의 원칙이며, 이러한 원칙을 다음과 같이 규정하였다.

1) 무차별의 원칙

(국제협약 제2조) 당사국은 아동을 인종, 피부색, 성별, 언어, 종교, 정치적 의견, 민족적 · 인종적 또는 사회적 출신, 재산, 무능력, 출생 또는 기타의 신분에 관계없이 그리고 어떠한 종류의 차별함 없이 협약에 규정된 권리를 존중하고 각 아동에게 보장하여야 한다. 국가는 모든 형태의 차별이나 처벌로부터 아동이 보호되도록 보장하는 모든 적절한 조치를 취하여야 한다.

2) 아동이익 최우선의 원칙

(국제협약 제3조) 공공 또는 민간 사회복지기관, 법원, 행정당국 또는 입법기관 등에 의하여 실시되는 아동에 관한 모든 활동에 있어서 아동의 최상의 이익이 최우선적으로 고려되어야 한다. 국가는 아동복지에 필요한 보호와 배려를 아동에게 보장하고 이를 위하여 모든 적절한 입법적 · 행정적 조치를 취하여야 한다.

3) 아동 생명, 생존과 발달 보장의 원칙

(국제협약 제6조) 당사국은 모든 아동이 생명에 관한 고유의 권리를 가지고 있음을 인정하며, 가능한 한 최대한도로 아동의 생존과 발달을 보장하여야 한다.

4) 아동 의사존중과 참여의 원칙

(국제협약 제12조) 당사국은 자신의 견해를 형성할 능력이 있는 아동에 대하여 본인에게 영향을 미치는 모든 문제에 있어서 자신의 견해를 자연스럽게 표시할 권리를 보장하며, 아동의 견해에 대하여는 아동의 연령과 성숙도에 따라 정당한 비중이 부여되어야 한다.

3. 자유권적 권리와 사회권적 권리

유엔아동권리협약의 내용에는 아동권리협약의 일반원칙에 기초하여 자유권적 권리와 사회권적 권리의 보장이 다음과 같이 제시되어 있다. 자유권적 권리는 시민적 권리와 자유에 관한 내용을 포함하고 있으며, 사회권적 권리는 가정환경과 대안양육, 기초보건과 복지, 교육, 여가, 문화활동, 특별보호조치 등 아동의 삶의 질을 보장하는 구체적인 내용을 포함하고 있다. 이러한 자유권적 권리와 사회권적 권리는 1966년에 유엔이 채택한 자유권협약(B협약)과 사회권협약(A협약)의 권리를 반영한 것이다. 아동권리협약의 자유권적 권리는 자유권협약의 정신을, 사회권적 권리는 사회권협약의 정신을 구현한 것으로 평가된다.

1) 자유권적 권리의 보장

(1) 성명권과 국적취득권, 부모로부터 양육받을 권리

(국제협약 제7조) 아동은 출생 후 즉시 신고되어야 하며, 출생 시부터 성명권과 국적취득권을 가지며, 가능한 한 자신의 부모를 알고 부모에 의하여 양육받을 권리를 가진다.

(2) 신분 보존의 권리

(국제협약 제8조) 당사국은 위법한 간섭을 받지 아니하고 국적, 성명 및 가족관계를 포함하여 법률에서 인정한 신분을 보존할 수 있는 아동의 권리를 존중한다.

(3) 표현의 자유

(국제협약 제13조) 아동은 표현의 자유를 가진다. 이 권리는 구두, 필기 또는 인쇄, 예술의 형태 또는 아동이 선택하는 기타의 매체를 통하여 모든 종류의 정보와 사상을 국경에 관계없이 추구하고 접수하며 전달하는 자유를 포함한다.

(4) 사상, 양심, 종교의 자유

(국제협약 제14조) 당사국은 아동의 사상, 양심 및 종교의 자유에 대한 권리를 존중하여야 한다.

(5) 결사와 집회의 자유

(국제협약 제15조) 당사국은 아동의 결사의 자유와 평화적 집회의 자유에 대한 권리를 인정한다.

(6) 사생활의 보호

(국제협약 제16조) 어떠한 아동도 사생활, 가족, 가정 또는 통신에 대하여 자의적이거나 위법적인 간섭을 받지 아니하며 또한 명예나 신망에 대한 위법적인 공격을 받지 아니한다.

(7) 정보접근권

(국제협약 제17조) 당사국은 대중매체가 수행하는 중요한 기능을 인정하며, 아동이 다양한 국내적 및 국제적 정보원으로부터 정보와 자료, 특히 아동의 사회적 · 정신적 · 도덕적 복지와 신체적 · 정신적 건강의 향상을 목적으로 하는 정보와 자료에 대한 접근권을 가지도록 보장하여야 한다.

2) 사회권적 권리의 보장

(1) 정상적 가정생활을 누릴 수 있는 권리

(국제협약 제9조) 당사국은 아동이 그의 의사에 반하여 그의 부모로부터 분리되지 않도록 보장해야 한다고 규정하고 있다. 단, 책임 있는 해당기관이, 아동이 그의 부모와 떨어져 있는 것이 그 아동의 최적의 생존을 보장한다고 판단하였을 때 합법적인 절차에 따른 사법심사를 거쳐 이를 실행할 수 있다. 그러나 이러한 경우에도 정상적인 환경하에서 그들의 부모와의 개인적인 관계 및 접촉을 할 수 있도록 아동의 권리를 존중해야 한다.

(2) 사회보장 혜택의 권리

(국제협약 제26조) 당사국은 모든 아동에 대해 사회보험을 포함한 사회보장제도의 혜택을 누릴 권리를 인정하고 국법에 위배되지 않는 범위 내에서 이 권리의 충분한 실행을 위해 필요한 방법을 강구해야 한다. 경제적 불안정으로 아동의 최소한의 욕구가 충족되지 않을 경우 아동의 신체적 · 지적 · 정서적 발달에 장애를 초래하게 된다. 사회보장은 돌발적인 경제적 불안에 대한 대비책으로 제도적 장치를 마련하여 아동의 권리를 보장하는 것이다.

(3) 보건과 의료적 서비스를 받을 권리

(국제협약 제24조) 당사국은 아동이 최상의 건강상태를 향유할 수 있는 권리 및 질병치료나 건강회복을 촉진할 수 있는 권리를 인정해야 하며, 의료보호제도를 누릴 수 있는 권리를 보장하여야 함을 규정하고 있다. 이러한 권리가 보장됨으로써 아동의 사망률을 감소시킬 수 있으며 알맞은 영양식과 깨끗한 물과 공기를 제공하여 질병과 영양실조를 예방할 수 있다. 그리고 임산부에 대한 적절한 출산 전후의 건강보호를 제공해야 한다.

(4) 교육을 받을 권리

(국제협약 제28조) 당사국은 아동의 교육받을 권리를 인정하며, 기회균등의 기초 위에서 이 권리를 달성하기 위하여 무료의 초등교육, 일반교육과 직업교육을 포함한 다양한 형태의 중등교육, 고등교육을 장려하는 조치를 취하여야 한다.

(5) 적절한 여가, 오락 및 문화적 생활을 누릴 수 있는 권리

(국제협약 제31조) 당사국은 아동이 각자의 연령에 적합한 오락활동이나 놀이에 참여하여 문화생활이나 예술활동에 자유롭게 참여할 수 있는 아동의 권리를 인정하며, 아동에게 문화, 예술, 오락 및 여가활동을 위한 적절하고 균등한 기회의 제공을 장려하여야 한다.

(6) 방임이나 학대 및 착취로부터 보호받을 권리

(국제협약 제32조) 당사국은 경제적 착취 및 아동의 교육에 방해되거나 아동의 건강이나 신체적 · 정신적 · 도덕적 · 사회적 발달에 유해한 어떠한 노동이라도 그 수행으로부터 보호받아야 하는 아동의 권리를 인정하고, 이의 실행을 위한 입법적 · 행정적 · 사회적 · 교육적 조치를 포함한 모든 조치를 취하여야 한다. 또한 제33조는 마약과 향정신성 물질의 불법적 사용으로부터 아동을 보호해야 하며, 제34조는 모든 형태의 성적 착취와 성적 학대로부터 아동을 보호해야 함을 규정하고 있다.

(7) 장애아동이 특별한 보호를 받을 권리

(국제협약 제23조) 정신적 또는 신체적 장애아동에게도 인간적인 존엄성을 보장하여 자립을 촉진하며 적극적 사회참여를 조장하는 여건 속에서 충분히 품위 있는 생활을 누려야 함을 인정하고, 당사국은 장애아동이 특별한 보호를 받을 권리를 인정하며, 당사국은 아동의 여건과 부모나 다른 아동양육자의 사정에 적합한 지원이 활용 가능한 재원의 범위 안에서 이를 받을 만한 아동과 그의 양육 책임자에게 제공될 것을 장려하고 보장하여야 한다.

4. 유엔아동권리협약의 의의

유엔아동권리협약은 각 국가의 아동복지 법령, 정책, 서비스와의 관계에서도 그 의의와 영향력이 매우 큰 것으로서, 그중 몇 가지 의의를 살펴보면 다음과 같다(장인협, 오정수, 2000).

첫째, 권리협약의 내용이 과거의 어떠한 선언이나 헌장보다도 포괄적이며 구체적이라는 점이다. 즉, 권리협약은 전문과 54개조로 이루어져 있고, 일반원칙, 자유권적 권리, 사회권적 권리, 협약의 이행방법을 구체적으로 명시하고 있다.

둘째, 권리협약은 아동권리에 대한 선언의 단계에서 이행의 구속력을 갖는 국가간 협약의 단계로 도약하는 발전의 계기를 만들어 주었다. 국제협약은 선언을 보충하는 국가 간의 합의된 약속으로서 아동권리의 구체적인 실천대책을 촉구하고 있어서 의의가 매우 크다. 특히 1966년 유엔이 제정한 사회권협약과 자유권협약의 정신을 아동권리에 대하여 구체적으로 적용한 개별 협약이다.

셋째, 각 국가의 아동과 관련된 제반 법률 또는 아동정책과 사회복지서비스에 관한 내용들을 개선하고 보완할 수 있는 준거틀을 마련해 주었다. 유엔아동권리협약은 유엔아동권리위원회가 각 국가의 정기적인 국가보고서에 대한 권고사항을 채택함으로써 각 국가의 아동정책과 제도, 서비스 발전의 이정표가 되고 있다.

넷째, 국제협약은 지구공동체 의식의 조성에 기여하고 있다. 즉, 국제협약은 평화, 자유 그리고 복지라는 인류 공동의 목표 추구의 일환이라는 점에서 그 의의가 매우 크다. 변화와 발전의 궁극적인 목표는 인류에 대한 복지 실현에 있는 것이다. 아동권리의 존중과 보장을 위한 활동에는 부모와 가족, 사회, 국가의 공동 노력과 적극적인 참여가 요구되며, 이는 나아가 아름답고 평화로운 지구공동체 형성에 기여하는 길이다.

제4절 유엔아동권리협약과 이행과제

1. 2003년 유엔아동권리위원회 권고사항과 이행성과

2003년 유엔아동권리위원회의 한국정부에 대한 권고가 전달된 이후 한국정부의 이행성과는 다음과 같이 진행되었다.

1) 아동의 부모면접교섭권 등 아동권리협약 유보조항 철회

1991년 협약 비준 시 국내법 저촉으로 유보한 아동면접권 등 유보조항의 철회를 위하여 주무부처인 법무부 등과 협의하여 부모에게만 인정되던 면접교섭권을 부모-자녀에게 상호 인정될 수 있도록「민법」개정(2007)이 이루어졌다.

2) 「민법」상 혼인적령의 남녀 차이 지적 및 시정 권고

「민법」상 남녀 혼인 가능연령을 남자 18세, 여자 16세로 달리 규정하고 있어서, 남녀차별 시정 및 아동이익 최우선의 원칙에 의거하여 남녀 모두 약혼 및 혼인연령을 18세로 일치되도록 「민법」을 개정(2007)하였다.

3) 아동정책 조정과 협약 모니터링을 위한 상설중앙기구 설치

거시적 정책비전 없이 각 부처에서 산발적으로 추진되던 아동정책의 효율적 추진을 위해 별도의 아동정책조정기구로서 국무총리 소속 아동정책조정위원회를 신설하여 각 부처 아동정책을 총괄하고 아동권리협약 이행상황 모니터링 업무를 수행하였다. 그리고 2006년에 한국보건사회연구원에 아동권리모니터링센터를 설치하였으며, 2012년부터는 독립된 민간기관으로 한국아동권리모니터링센터를 운영하고 있다.

4) 아동견해 존중을 위한 입법조치 및 협약에 대한 정보 제공

아동이 의견을 피력할 수 있는 제도적 장치 미흡 및 부모, 교육자, 판사, 일반인 등에 대한 아동권리협약 교육 프로그램 개발이나 홍보가 미흡하였다. 아동에 대한 보호조치를 취할 때 아동의 의견을 물을 수 있도록 「아동복지법」을 개정하였고(2004), 아동권리협약 모니터링 및 홍보를 강화하였다.

5) 가정, 학교 등에서의 체벌 금지

아동체벌을 원칙적으로 금지하고 있으나 아동체벌에 대한 사회적 인식 부족으로 교육적 목적의 체벌이 일부 허용되고 있는 상황이다. 교육청과 아동보호전문기관 간에 업무협약 체결, 교사 대상 아동권리교육 확대 등 학교 내 아동권리 침해사례에 대한 모니터링을 강화하였다. 교사, 학부모 등을 대상으로 하는 아동권리 캠페인 등을 통해 체벌금지에 대한 사회적 공감대를 형성하였다.

6) 저소득 아동 대상 무료이용 등 공공보건의료기능 강화

취약한 공공보건의료 기반을 강화하기 위하여 6세 미만 아동의 본인부담금을 면제하고 의료급여특례아동을 확대하는 등 아동에 대한 국가의료지원 규모를 확대하였다.

7) 18세 미만 어린이에 대한 권리지표 개발 및 통계 수집 확보

통계 체계가 아동권리협약 전 항목에 걸쳐 수집되지 못하고 있다. 『아동백서』를 발간하여 40개 주요 아동지표(Key Indicators) 마련 및 아동발달단계별 조기개입, 양육프로그램 개발 등 중장기 아동정책을 추진하였다.

2. 2011년 유엔아동권리위원회의 권고사항과 이행성과

유엔아동권리위원회가 한국정부가 제출한 제3,4차 국가보고서에 대하여 채택한 권고사항(2011년)의 주요 내용은 다음과 같다(보건복지부, 각 연도). 위원회의 권고안은 대한민국의 법적·제도적 조치를 평가하면서 「입양특례법」과 「민법」의 개정, 「초중등교육법」 시행령 개정, 「자살예방 및 생명존중문화 조성을 위한 법률」 제정, 「가사소송법」 개정, 「장애아동복지지원법」 제정, 「아동복지법」 개정, 「다문화가족지원법」 개정 등의 조치를 환영하였다. 동시에 권고안은 한국의 발전수준과 국제적 지위의 향상에 따라 과거에 비하여 광범위하고 높은 수준의 아동권리 실현을 촉구하고 있다.

1) 일반이행 조치

- 대한민국이 이행하지 않은 이전의 권고사항, 특히 국가인권위원회 내 아동권

리 분과위원회의 설립, 체벌의 전면적인 금지, 아동이 겪는 스트레스를 줄이기 위한 교육정책의 검토와 관련된 사항을 처리하기 위한 조치를 취할 것을 촉구하였다.

- 입양이 주무당국의 소관이며 아동이익 최우선의 원칙을 최대한 고려하도록 보장한다는 협약 제21조(a)항에 대한 유보의 철회, 즉 국가에 의한 입양허가제의 시행을 권고하였다. 권고에 따라 2017년 「아동복지법」의 개정으로 입양허가제가 도입되었다.
- 정부부처 간 정책조정의 개선을 위하여 아동정책조정위원회를 강화하거나, 필요한 권한과 충분한 인적 · 기술적 · 재정적 자원을 확보한 적절한 관련 기구를 수립할 것을 권고하였다.
- 협약의 전 부분을 다루는 아동 관련 국가행동계획을 채택하고 이를 위해 충분한 인적 · 기술적 · 재정적 자원 및 감시체계를 제공할 것을 권고하였다. 이에 따라 2015년부터 제1차 아동정책기본계획(2015~2019), 제2차 아동정책기본계획(2020~2024)이 수립되었다.
- 대한민국의 높은 경제발전 정도 및 OECD 수준에 걸맞도록 협약이행을 위해 배정된 재원수준을 증가하고, 아동을 위한 재원의 배분 및 사용을 추적하는 체제를 도입하여 아동을 위한 투자의 가시성을 제공하도록 권고하였다.

2) 일반원칙

아동권리에 관한 일반원칙의 준수를 다음과 같이 권고하였다.

- 무차별의 원칙: 「차별금지법」을 신속히 제정하고, 취약계층 및 소수집단 아동에 대한 차별적 태도의 근절과 예방, 청소년 미혼모에 대한 충분한 지원을 제공해야 한다.
- 아동이익 최우선의 원칙: 아동에게 영향을 미치는 법률, 행정, 사법절차 및 모든 정책, 프로그램 및 사업에 있어 아동이익 최우선의 원칙이 적절히 통합되도록 노력을 강화해야 한다.

- 아동 생명, 생존과 발달 보장의 원칙: 아동의 가정 내에서 그리고 교육제도하에서 아동의 자살위험 요인에 관한 연구를 실시하고, 연구결과는 구체적인 정책 및 제도적 · 행정적 방안 이행을 이끌어 가는 것이어야 한다.
- 아동 의사존중의 원칙: 아동이 자신의 견해를 표출할 권리를 보장하고 아동에게 영향을 주는 모든 결정과정에 그들의 의견이 고려되도록 법 개정을 고려해야 한다.

3) 시민권과 자유

- 부모의 법적 지위 또는 출신에 관계없이 모든 아동의 출생이 신고되도록 조치할 것을 촉구하고, 출생신고에 아동의 생물학적 부모가 정확히 명시되도록 보장할 것을 촉구하였다.
- 가정, 학교 및 모든 기관에서 체벌을 명백히 금지하도록 관련 법률과 규정을 개정하라는 국가인권위원회의 권고를 이행하라고 촉구하였다.

4) 사회권과 보건, 복지, 문화활동

- 대안양육시설 내 아동학대 관련 진정접수, 조사 및 기소제도의 보장, 학대피해자의 진정절차, 상담, 진료, 회복지원서비스를 이용할 수 있도록 하고, 아동이 부모를 찾거나 연락을 유지할 수 있도록 충분히 지원할 것을 권고하였다.
- 해외입양제도가 협약 제21조를 포함한 협약의 원칙과 조항에 완전히 합치될 수 있도록 법안을 개정하고, 해외입양제도를 포함한 모든 입양이 사법적 감독과 규제를 담당할 중앙기구의 허가에 따라 이루어지도록 촉구하였다. 입양과정에서 나이와 성숙도를 고려하여 아동의 견해에 적절한 중요성을 부과하며 아동이익 최우선의 원칙이 중요한 고려사항이 되도록 하라고 권고하였다. 청소년 미혼모의 동의가 있어야만 그들의 자녀를 입양 보낼 수 있도록 할 것을 권고하였다.
- 모든 장애아동에 대한 적절한 지원, 장애아동의 교육욕구를 충분히 충족시킬 수

있도록 교육여건을 개선하고 통합교육을 받을 수 있도록 하라고 권고하였다.

- 저소득가정이 무상으로 의료체계에 접근할 수 있도록 공공 의료시설체계를 구축하라고 권고하였다.
- 아동 우울증 및 자살의 근본원인에 대한 철저한 조사에 기반하여 아동정신건강관리정책을 개발하도록 권고하였다.
- 담배, 알코올, 인터넷 중독이 야기할 수 있는 건강상의 위험에 대한 인식을 제기하기 위하여 언론 등을 통해 정보 및 교육캠페인을 늘릴 것을 권고하였다.
- 현 교육 및 관련 시험제도에 대한 평가, 사교육에 대한 의존과 불평등을 해결할 수 있도록 공교육의 강화, 여가, 문화 및 오락 활동에 대한 아동권리의 보장을 권고하였다.
- 망명, 난민희망자를 포함하여 대한민국에서 태어난 모든 아동의 등록과 이들에 대한 사회적 지원, 교육에 대한 접근을 보장할 것을 촉구하였다.
- 불법체류자 자녀를 포함하여 이주아동의 교육에 대한 접근, 실질적 교육을 보장하는 정책과 전략을 개발하고 채택할 것을 권고하였다.
- 아동성폭력 예방을 위한 조치, 여성과 아동에 대한 인신매매의 예방 억제 및 처벌을 위한 의정서의 비준을 촉구하였다.

5) 국제인권조약의 비준

대한민국이 아동권리의 실현을 더욱 강화하도록, 모든 이주노동자와 그 가족의 권리보호에 관한 국제협약과 강제실종으로부터 모든 사람을 보호하기 위한 국제협약 등 주요 인권조약에 가입할 것을 권고하였다.

3. 2019년 유엔아동권리위원회의 권고사항과 이행과제

대한민국 정부는 2011년 이후 국내 아동권리 분야의 성과와 한계 등을 담은 제5·6차 국가보고서를 2017년 12월 유엔아동권리위원회에 제출하였다. 이후 2019년 9월 18~19일 보건복지부·교육부·외교부·법무부 등 관계부처로 구성된 정부

대표단이 스위스 제네바에서 열린 유엔아동권리위원회에 참석해 위원들로부터 제 5 · 6차 국가보고서에 대한 심의를 받았다. 유엔아동권리위원회는 2019년 10월 심의에 대한 최종 견해를 통해 우리나라가 거둔 의미 있는 아동 관련 정책 성과들을 확인하면서도 개선이 필요한 여러 사항에 대해 권고 등의 형태로 의견을 제시하였다.

유엔아동권리위원회는 난민법 제정(2012), 아동학대처벌법 제정(2014) 및 학대방지 예산의 확대, 입양허가제 도입 등에 따른 관련 유보조항 철회(2017), 아동수당 도입(2018), 아동정책 영향평가체계 수립(2019), 아동 성범죄의 처벌 강화, 남성 육아휴직 및 한부모가정 지원 확대 등에 대해 매우 고무적이라고 하는 등 그간 우리나라의 정책적 노력에 대해 긍정적으로 평가하였다.

반면, 유엔아동권리위원회는 다음의 사항에 대한 우려의 의견을 제시하였다.

- 아동 관련 예산 규모가 국내총생산(GDP)에 비해 여전히 낮은 점
- 경제적으로 소외된 아동 · 장애아동 · 이주아동 등이 차별을 경험하고 있는 점
- 높은 아동 자살률과 가정 내 아동학대 발생률
- 지나치게 경쟁을 부추기는 교육 환경
- 형사 미성년자 연령을 만 13세 미만으로 낮추려는 제안

그리고 유엔아동권리위원회는 아동 관련 예산의 증액, 아동 자살의 근본 원인을 제거하기 위한 노력 강화, 모든 체벌의 명시적 금지, 교육 시스템 경쟁완화, 형사 미성년자 연령의 만 14세 미만 유지 등을 주문했다. 그 외에 가습기 살균제 피해자들을 위한 충분한 구제 · 배상, 보편적 아동등록제의 도입, 베이비박스 금지와 그 대안으로 익명 출산제의 검토, 성매매 연관 아동에 대한 보호 처분 폐지 및 피해자 대우 아동의 이민자 수용소 구금 금지, 이주아동에 대한 자료수집 및 지원 강화 등을 권고하였다.

이번 최종 견해에 대한 우리나라의 후속조치 등을 담은 제7차 국가보고서는 2024년 12월까지 유엔아동권리위원회에 제출해야 한다.

아동권리의 국제적 기준에 비추어 보면, 우리나라의 아동복지 현실에는 개선되어야 할 과제가 많이 남아 있다. 특히 경쟁적 교육환경 속에서 아동이 경험하는 스

트레스 방지와 자살예방을 위한 교육정책의 개혁, 사교육에 대한 의존과 불평등을 해결할 수 있도록 공교육의 강화, 한국의 높은 경제발전 정도 및 OECD 수준에 걸맞도록 아동에 대한 국가 재정투자 확대 등의 정책과제를 남겨 두고 있다.

토론 및 연구 주제

1. 아동들을 바르게 가르치고 인도하기 위해서 그동안 학교에서나 가정에서 체벌을 많이 해 온 것이 사실이다. 하지만 체벌에 대한 반대의 목소리가 커지고 있는 지금, 우리 아이들에게 진정으로 필요한 것이 무엇인지에 대한 고민을 해야 할 때다. 유엔아동권리위원회에서 주장하는 대로 체벌을 명백히 금지해야 한다고 생각하는가? 아니면 심한 체벌은 금지해야 하지만 어느 정도의 사랑의 매는 허용해야 한다고 생각하는가? 그리고 체벌 이외에 다른 대안이나 방법은 없는지 생각해 보자.

2. 초·중·고등학생을 대상으로 무상교육을 실시하고 있다. 그러나 다양한 사유로 홈스쿨링을 하는 학생들이 늘어나고 있다. 그러나 교육당국은 홈스쿨링이 아동의 사회적 경험을 박탈하고 아동의 교육받을 권리를 침해할 소지가 있어서 이를 인정하지 않고 있다. 이에 사회의 인식도 홈스쿨링을 하는 학생에 대하여 어떤 문제가 있어서 홈스쿨링을 하는 것으로 보고 있는 것이 사실이다. 하지만 헌법 10조에 규정된 인간으로서의 존엄과 행복추구권을 보장한다는 차원에서 학력으로 인정하는 방안을 검토 중이라고 한다. 홈스쿨링 제도를 인정해 주어야 하는가? 인정을 해 준다면 교육부에서는 어떤 측면을 관리해야 하는지 생각해 보자.

제3장

아동복지의 발달과 주요국의 아동복지

제1절 선진국의 아동복지 발달

영미를 비롯한 서구사회에서 아동복지의 발달은 산업혁명의 시작과 더불어 자본주의 제도가 탄생한 시기에 이루어졌다. 산업혁명에 의해 사회적 이동성의 증대, 노인, 아동 및 기타 구호가 필요한 사회적 약자에 대한 보호의 문제 등 여러 가지 사회문제가 등장하기 시작하였다. 빈곤은 개인적 요인에서 발생하기보다는 사회구조의 변화에 따르는 사회적 요인에서 비롯된다는 사상이 대두되어 빈곤에 대한 개입이 종전의 종교적 자선에서 사회적 · 국가적 책임이라는 수준으로 발전하게 되었다. 이에 따라 영국에서 처음으로 국가가 책임을 지는 「빈민법」이 탄생하게 되었고, 이 법에 의하여 빈곤아동들이 국가의 보호를 받기 시작하였다.

사회경제적 배경으로는 봉건제도가 붕괴되어 감에 따라 영주가 자기 영민의 복지에 대해 더 이상 책임을 질 수 없게 되었으며, 교구의 책임으로 이루어지던 구제도 교회의 부족한 자원으로 삶의 터전을 잃은 대다수의 사람을 보호한다는 것은 도

저히 불가능하였다. 1601년 영국의 「엘리자베스 빈민법(Elizabethan Poor Law)」은 이러한 사회적 배경과 국가적 책임의 인식에서 제정되었으며, 일반 빈민들뿐만 아니라 보호가 필요한 아동에 대한 개입을 규정하여 아동복지제도의 기원을 이루었다고 평가할 수 있다.

그러나 아동문제에 관한 사회적 인식은 아직 미분화된 상태에 있었으며 다른 인구대상층의 문제와 함께 포괄적으로 취급되고 있었다. 산업혁명이 일어나기 이전인 18세기까지 서구에서는 영국의 「빈민법」의 전통에 따라 구빈원에 의한 원내구호, 도제제도 및 원외구호가 동시에 행해졌다. 즉, 근로능력이 있는 사람에게는 재가구호를 금지시켰고, 근로능력이 없는 사람에 대해서만 구빈원에 수용하여 보호하였다. 이에 따라 구호대상자들에 대한 보호의 수준은 극히 낮았고 그들의 사회적 지위를 저하시킬 뿐만 아니라 사회질서 유지 차원의 사회통제를 강화하고 있었다. 아동문제는 이러한 구호대상자의 빈곤문제와 같은 맥락에서 인식되고 있었고 빈민, 노인, 장애인 등 다른 인구대상층과 분리된 아동의 특성에 대한 인식이 없었다. 질병의 감염과 높은 사망률 등 구빈원의 혼합수용으로 인한 온갖 문제들은 아동문제에 대한 인식의 부재에 원인이 있었다.

18세기까지 이러한 낙후된 인식하에 있었던 서구사회의 아동문제는 19세기 이후 산업혁명의 급속한 진전과 산업화·도시화로 인한 광범위한 사회문제의 발생과 더불어, 더 이상 다른 인구대상의 문제와 동일한 차원에서 해결될 수 없음을 인식하게 되었다. 이러한 사회적 상황과 인식의 변화 속에서 아동문제는 우선 집단적인 수용보호의 비효율성에 대한 비판이 집중되었다. 19세기 중반 이후 집단수용시설에서의 높은 사망률 등 아동의 건강과 복지에 미치는 나쁜 영향이 사회적으로 인식되기 시작하였으며, 사회의 유력인사, 민간단체 등이 아동을 집단수용으로부터 보호하려는 운동을 전개하였다(Zietz, 1969: 60).

그리하여 19세기 동안 아동시설은 혼합수용 형태에서 아동중심의 전용시설로 발전했다. 그러나 아직 전문적인 측면의 발전은 가져오지 못하고 있었다. 또한 19세기의 아동시설들은 아동을 장기간 수용하는 경향이 있었는데, 이것은 공공학교 교육체계가 광범위하게 확립되지 못하여 수용시설이 아동에게 적절한 교육을 제공하는 수단으로 간주되었기 때문이다.

한편, 민간차원의 아동시설의 증가와 함께 19세기 후반부터 미국에서는 구빈원으로부터 아동을 구출하는 운동의 하나로서 위탁가정운동이 전개되었다. 1853년에 뉴욕에서 설립된 아동구호협회(Children's Aid Society)는 위탁가정 서비스를 실시한 최초의 기관으로서 위탁가정 프로그램의 모델이 되었다. 위탁가정운동은 구빈원의 혼합수용보호와 대규모 집단수용보호의 폐단에 대한 인도주의적 비판에서 출발하였다. 그러나 이 운동의 초기에는 아동에게 의식주와 자립의 기회를 제공해 줄 가정을 찾아 연결해 주는 과업에만 전념하였으며, 아동의 욕구에 따라 선별적으로 위탁가정을 선택하는 경우보다 위탁가정의 필요에 따라 위탁가정보호가 결정되는 경우가 많았다.

19세기에 아동문제에 관한 또 다른 이슈는 아동의 노동문제였다. 산업혁명하에서 아동의 노동은 기계제 생산양식의 도입으로 도제제도에 의한 아동노동이 사라지게 되었으나, 아동의 고용은 면방직 공업에 필요한 값싼 노동력을 공급하는 주요 수단으로 간주되어 아동노동이 계속 행해졌다. 공장에 고용되어 장시간 노동을 해야 하는 아동 이외에도 상업이나 가사노동에서 혹사당하는 경우나 신체에 위험을 주는 열악한 노동조건 속에서 혹사당하는 경우가 많았다. 공장에 고용되는 아동들은 자연스레 교육의 기회를 박탈당하여, 교육기회의 제공이란 측면에서 19세기 초기에 아동노동에 대한 법적인 규제 조치를 취하기 시작하였다. 19세기 후반부터는 아동노동의 부정적인 영향이 사회의 여러 집단에 영향과 파문을 일으키게 되어 아동노동을 금지하는 사회운동과 입법조치가 이루어지게 되었다.

이상과 같이 산업혁명이라는 대변혁의 시기로 특징지어지는 근대사회는 아동복지의 발전과정에서 몇 가지 중요한 의미가 있다. 우선 「빈민법」이 제정됨으로써 국가의 책임하에 아동을 보호하게 된 것을 가장 중요한 역사적 사실로서 인정하지 않을 수 없다. 또 하나의 의의는 근대사회에 들어오면서 민간이 주도하는 자발적인 아동보호사업이 전개되어 종전의 비합리적인 혼합수용보호에서 분리수용보호와 가정위탁제도가 실시되는 등 점차 아동중심의 독립된 형태로 발전하게 되었다는 점이다. 이것은 아동문제에 대한 사회적 인식이 분화되고 이에 따라 아동복지의 개입방법도 분화되어 다양한 형태로 발전하는 추세를 보여 주는 것이다. 그리고 19세기 후반으로 오면서 아동복지의 측면에서 두 가지 큰 흐름을 발견할 수 있는데, 그

것은 하나의 독립된 생애기로서 아동기에 대한 관심의 점증, 그리고 아동인권사상의 확대다. 앞에서 언급한 바와 같이, 19세기 후반 이후에 발달하기 시작한 위탁가정보호와 전문아동시설은 아동의 성장 및 발달의 역동성과 각 아동의 특성과 욕구의 독특성에 대한 인식이 진전함에 따라 이루어진 결과다.

20세기에 접어들면서 아동의 권리사상, 권리로서의 아동복지사상이 더욱 강조되었다. 1909년에 개최된 아동복지에 대한 미국의 백악관회의는 아동문제의 이슈를 전국적인 관심으로 제기하였다(Compton, 1980: 360). 이어서 1930년의 제3차 백악관회의에서는 19개 조에 이르는 아동헌장을 채택, 발표하여 전인적인 아동관, 아동의 인격존중, 가정과 아동의 불가분성, 중앙과 지방에 아동복지기관의 설치, 아동전문 사회복지사의 채용 등을 규정하여 아동복지의 전문화에 획기적인 계기를 마련하였다.

20세기에 접어들면서 위탁가정과 아동시설은 아동을 보호하는 가장 발전된 형태로서 지배적인 위치를 차지하였다. 20세기 초반에 이 두 가지 제도의 상대적인 장점에 관한 논란이 제기되기도 하였으나, 두 제도가 아동복지의 향상을 위해 효과적으로 협력하고 조정되어야 한다는 것이 일반적인 결론이었다. 20세기 중반 이후 위탁가정보호와 아동시설은 아동의 개별적인 욕구에 맞게 보다 효과적으로 대처할 수 있도록 발전하고 있다. 즉, 대규모 아동시설은 가정형태의 소규모 시설로 발전하고 있으며, 소규모 집단가정이 위탁가정과 시설의 특성을 동시에 갖추어 개발되고 있으며, 장애아동의 욕구를 충족시키기 위해 특별위탁가정이 개발되고 있다.

한편, 또 다른 아동문제의 이슈인 아동노동에 대해서도 20세기 이후에 새로운 인식과 조치가 이루어지게 되었다. 앞에서 언급한 바와 같이, 20세기는 아동복지의 역사에 있어 전문화를 촉구한 시기다. 특히 1930년대 이후 사회사업의 전문화는 아동문제를 해결하는 접근방법에 전문화를 촉진하였다. 아동의 욕구에 맞게 개발된 수용시설, 소규모의 집단위탁가정보호, 장애아동을 위한 특별수용시설과 특별위탁가정보호의 개발이 이루어졌다. 아동복지서비스에는 크게 재가형태의 지지적 서비스, 부모의 역할을 대신해 주는 보조적 서비스, 대리적 서비스 등이 발전하였다. 지지적 서비스로는 개별지도, 집단프로그램 및 가족치료가 개발되었고, 보조적 서비스로는 영유아보육서비스, 학대아동을 위한 강제보호서비스가 개발되었으며,

대리적 서비스로는 입양, 가정위탁 등 다양한 전문서비스가 개발되었다. 또한 아동복지를 실천하는 전문가가 대학의 학사 또는 석사과정에서 양성되어 아동복지 실천분야의 전문가로 활동하고 있다(NASW, 1995).

이상과 같이 아동문제는 산업화의 진전으로 다른 인구대상층의 문제에서 분화되어 인식되었으며 현대로 오면서 아동문제에 대한 인식과 아동복지의 개입형태도 다양성과 전문성이 강화되었음을 알 수 있다. 그리고 아동복지서비스의 발전을 요약해 보면, 첫째 집단적 수용보호로부터 소규모의 수용보호로, 둘째 시설보호 중심에서 가정중심의 보호와 지역사회에 의한 보호의 강조로, 셋째 포괄적인 서비스로부터 분화된 다양한 서비스로, 넷째 비전문적 서비스로부터 전문적 서비스로 발전하였다. 외국의 아동복지 역사를 연구하는 것은 이러한 아동복지 발전의 경험이 우리의 아동복지 현실에 주는 의미를 찾는 것이다. 이러한 점에서 서구의 아동복지 발달과정은 우리나라의 아동문제와 아동복지의 현실을 분석하고 발전의 방향을 모색함에 함의가 있다.

다음에서는 20세기 중반 이후 현대사회에서 영미의 아동복지 발달의 특징과 주요국의 아동복지제도를 살펴본다.

1. 영국의 아동복지 발달

제2차 세계대전 이후 영국 아동정책의 출발은 1946년 커티스위원회의 보고서와 1948년「아동법」에 의하여 이루어지게 되었다. 정부는 정상적인 가정생활을 박탈당한 아동들에 대한 보호를 향상시키기 위하여 이를 검토하기 위한 커티스위원회(Curtis Committee)를 임명하였다. 이 위원회의 보고서는 1948년에 제정된「아동법(Children Act)」의 기초가 되었으며, 지방정부 행정체계에서 아동국(Children's Department)의 설치를 가져왔다. 커티스보고서(1946)의 주요 원칙은 다음의 내용, 즉 보호받은 아동을 친부모에게로 회복시키는 것, 수용시설보다는 탈시설(boarding out)을 강조하는 것, 입양에 대한 강조 등을 포함하고 있었다. 가능한 한 보호아동을 친부모에게 복귀시키는 것을 임무로 하는 지방정부 아동국은 새로운 서비스에서 가족 케이스워크의 중요성을 강조하였다. 이 법에서의 중요한 변화는 보호를 받는 아동을 지역사회의 다른 일반아동과 같은 권리를 지닌 한 개인으로서 존중하게 되었다는 것이었으며, 이것은 1834년 이후 전통으로 내려온 「개정구빈법(Poor Law Amendment)」에 의한 열등처우(less eligibility)의 원칙을 제거하는 의미를 갖고 있었다(Hendrick, 2005: 44). 이 법은 의심할 여지없이 영국의 아동복지입법의 중요한 이정표가 되었을 뿐 아니라, 전후 영국 복지국가체계의 근간이 된 일련의 다른 입법체계들, 즉 「국민보건서비스법」(1946), 「국민보험법」(1946), 「가족수당법」(1945) 등과 같은 연속선상에서 의미를 지니게 되었다.

1948년 「아동법」의 제정으로 아동보호서비스가 제공되면서 아동복지는 보호가 필요한 아동의 보호(care)뿐 아니라 예방(prevention)의 중요성이 부각되었다. 이러한 예방적 접근은 1963년 「아동 및 청소년법」의 제정에 의하여 비로소 이루어지게 되었다. 1963년의 법에 의하여 지방정부는 예방적 접근을 통한 아동복지 증진의 임무를 갖게 되었다. 이것은 비행을 다루는 전략과 아동방임을 다루는 전략을 결합함으로써 이루어졌다. 이에 앞서 1960년에 발표된 잉글비 보고서(Ingleby Report, 1960)는 청소년비행의 문제를 주요 관심사항으로 다루었으며, 보고서의 주요 권고사항이 1963년의 입법에 반영되었다. 이 보고서는 비행과 박탈을 다룸에 있어 비행행정의 처벌(punishment) 모델이 아닌 치료(treatment) 모델에 강조점을 두었다. 특히 사회복지서비스가 사법부의 법정활동과 협력함으로써 사회복지가 재판의 소송과정에 침투하게 하는 효과를 가져왔다. 그리고 이 법은 1948년 「아동법」의 초점이 가족에 대한 지원을 제공하는 것에 있다는 것을 확인하였다. 따라서 아동복지에서 가족서비스에 대한 길이 열리게 되었으며, 이것은 1970년의 「지방정부 사회서비스법」에 의하여 기존의 아동국이 새로이 설치된 통합적 사회복지서비스 행정체계인 사회서비스국(Social Service Department)에 통합됨으로써 실현되었다.

이에 따라 1969년의 「아동 및 청소년법」은 가족지향적 접근에 기초하고 있었으며, 보다 복지지향적인 사법절차를 통하여 비행의 치료에 초점을 두었다. 비행아동은 소년법정에서 기소되기보다는 가능하면 자신의 집에서 처분을 받았다. 이러한 조치의 목적은 범죄에 대한 기소를 복지적 보호절차로 대체하여 법정에 출석하는 비행자의 수를 감소시키는 것이었으며, 법정은 최후의 수단이 되었다.

한편, 1960년대 말에 아동학대가 새로운 문제로 부각되었다. 당시 아동의 신체적 학대는 학대하는 부모의 특성으로서 개인의 병리에 의하여 초래되는 것으로 이해되었다. 그러나 1970년대에 파튼(Nigel Parton)과 같은 학자들이 사회적 구조분석에 의한 새로운 이해의 가능성을 제시하면서 상황이 변화하기 시작하였다. 그에 의하면, 아동학대는 사회적 불평등 및 빈곤과 관련되어 있다고 보았다. 따라서 개인적 병리에 초점을 맞춘 의료모델은 가족의 사회경제적 위치를 무시하는 것이다. 반면에 하딩(Harding, 1991) 등은 출생가족을 방어하는 입장이 아동학대의 심각성을 경시하는 것이라고 비판하였다. 이에 대하여 파튼은 그의 초기 저작의 한계를 인정하고 아동학대에 대한 사회구조적 이해는 불완전한 것이라고 언급하였다.

아동학대에 대한 언론과 전문가의 관심은 의붓아버지에 의하여 살해된 아동 콜웰(Maria Colwell)의 죽음에 관한 청문회 보고서와 함께 폭발적으로 나타났다. 이 사건에 대한 관심은 도덕적 공황(panic) 상태로 표현될 만큼 심각하게 부각되었으며, 아동학대는 영국의 보편적 사회 가치에 대한 위협으로 간주되었다. 청문회 보고서는 콜웰을 보호하지 못한 아동보호 시스템에 대하여 비판하였을 뿐 아니라 혈연관계를 중시하는 아동보호 사회복지사들의 출생가족 유지 원칙에 대하여도 비판하였다. 이에 따라 1970년대 후반에 국가개입주의(paternalism)가 다시 도입되었으며, 아동을 가족으로부터 보호하는 조치와 대체보호를 강조하게 되었다. 이러한 분위기는 1975년의 「아동법」 개정에 반영되었으며, 아동의 복지를 최우선에 두는 원칙이 마련되었다.

1980년대는 아동보호정책과 국가의 사법권 간에 오랜 긴장이 해소된 시기였다. 하딩은 이 시기를 국가개입주의 관점과 가족중심적 출생부모의 관점이 모두 존재하며, 자유방임과 아동자유의 관점이 약간의 영향을 미친 시기라고 보았다. 점차 부모와 국가 간의 새로운 파트너십에 대한 요구가 증가하였으며, 이 시기 영국의 아동정책은 국가개입주의, 가족보호, 아동권리, 자유방임 등을 반영하는 실용주의적 관점이 불편한 연합관계를 형성한 것으로 기술되고 있다. 하딩은 1989년의 새로운 「아동법」에서 국가개입주의 관점과 출생가정의 권리를 방어하는 관점이 가장 두드러지게 나타나는 것으로 보고 있다. 또 다른 입장에서 프리먼(Freeman)은 비개입주의 관점이 두드러진 것으로 보기도 한다. 이러한 논쟁에도, 이 법에서는 '부모의 책임' '아동과 가족의 지원' '파트너십' 등이 강조되고 있다. 새로이 도입된 가장 근본적인 개념은 '부모의 권리와 의무'라는 개념을 대신하여 도입된 '부모의 책임'이다. 가족에 대한 새로운 강조 외에도 이 법은 가족원조 명령, 교육 슈퍼비전 명령, 위기보호 병령, 아동사정 멍령 등 새로운 명령(Order)들을 도입하였다. 아동의 욕구가 법적으로 규정되었으며, 아동은 그들의 이해관계에 영향을 미치는 절차에 합법적인 참여가 보장되었다. 그리고 구금, 보호와 통제와 같은 낡은 개념들이 폐지되었다.

1989년의 「아동법」은 제정 당시 현 시대의 가장 포괄적이고 획기적인 아동보호 입법으로 평가되었으며, 현재까지 영국 아동정책의 근간이 되고 있다. 이 법은 학령전 보육, 아동보호, 아동을 위한 지방정부의 서비스, 이혼 또는 감호 과정의 아동보호, 장애아동의 보호, 장기입원아동과 학습장애아동의 보호 등을 포괄하고 있다. 이 법의 주요 원칙은 다음과 같다(FWA, 2000).

- 아동의 복지는 최우선으로 고려되어야 한다.
- 아동은 자신의 가정에서 최선으로 양육될 수 있으며, 절대적으로 필요한 경우에만 가정으로부터 격리되어야 한다.
- 아동에 관한 결정은 지체 없이 이루어져야 하며, 필요한 경우에는 법원의 개입 없이 이루어져야 한다.
- 지방정부는 아동 및 그들의 부모와의 협력하에 업무를 수행하여야 한다.
- 부모는 법원의 소송과 명령 등 아동에 관한 결정과정에서 발언권을 가진다.
- 부모는 아동을 다른 사람이 돌볼 경우를 포함하여 아동에 대한 책임을 진다.
- 지방정부는 다른 사람이 아동을 돌볼 경우에도 가족이 아동과 접촉을 유지할 수 있도록 도와야 한다.
- 아동과 가족에 대한 서비스는 인종, 지역, 문화, 언어, 장애를 고려하여야 한다.

2. 미국의 아동복지 발달

미국의 아동복지 관련 법률은 광대한 청사진하에서 체계적으로 제정된 것이 아니라, 변화하는 시대적 요구와 사회적 상황에 따라서 논의되고 제정되었다. 미국은

1900년대에 들어오면서 시설보호에서 벗어나기 시작하였고, 아동중심의 국가개입주의에서 현재는 가족중심의 가족보호 단계로 접어들고 있으며, 이런 경향에 맞추어 법들이 제 · 개정되어 왔다. 국가개입주의는 19세기 말에서 20세기 초까지 아동복지 이슈에 대한 국가개입이 확대되는 과정에서 발달한 관점으로 아동보호를 위해서 국가에서 광범위하게 개입할 수 있다는 입장이었다. 친부모의 보호가 항상 최선일 수는 없으며 경우에 따라서는 친부모가 아동에게 심각한 해를 초래할 수도 있다. 따라서 일정 수준에 미치지 못하는 부모는 공권력에 의해 처벌할 수 있다는 입장이다. 아동에게 최선의 보호를 제공하는 것이 부모의 의무이지만 이러한 의무가 충족되지 못하면 아동을 다른 양육의 장으로 옮기는 국가역할이 정당화된다. 반면, 가족보호 관점은 경우에 따라서 국가의 개입이 정당화되지만 이러한 개입은 아동의 출생가정을 유지하고 보호하는 지지적인 형태이어야 한다는 입장이다. 생물학적 가정은 아동과 부모 모두에게 중요하며 가능한 한 유지되어야 한다고 생각한다. 아동을 가정에서 분리시키는 것은 문제의 해결이 아니라 아동복지에 해악을 가져온다는 입장이다. 따라서 대리보호는 최후의 수단으로 강구되어야 한다. 끝내 대리보호가 제공되었더라도 분리된 가족과 재결합하는 것에 초점을 둔다.

미국은 정부가 국민의 개인생활(privacy)에 개입하지 않아야 한다는 원칙과 각 주정부의 자율권을 강화한다는 원칙을 고수해 왔다. 또한 미국은 사회복지에서 사적 분야가 주요 기능을 수행하며 공적 분야에서는 재원, 정책 감독만을 담당함으로써 다른 나라와 구별되는 특성을 가지고 있다.

1) 문제 중심적 접근

미국의 아동복지는 오랫동안 제도적 구성이나 문제 접근에 있어서 예방적 노력보다는 문제 발생 후 사후개입 차원에서 이루어지는 문제 중심적 접근틀을 가지고 있었고, 보완적 · 부분적 성격을 띠고 있었다. 예를 들면, 아동학대방임법안은 어떤 가정이 아동을 보호하는 데 위험하다고 판정된 경우, 잠정적으로 위탁보호를 통한 분리 수용 및 양육을 실시하여 가족중심적 접근과 배치되는 조치를 취하게 되는데, 이에 막대한 국가적 비용이 소요되었다. 하지만 이 조치로 인해 파생될 수 있는 역효과에 대한 사전 연구가 이루어지지도 않았고, 보다 근본적인 사회 · 문화 · 경제 구조에 대한 해결책도 찾지 못하였다. 이렇게 그때그때의 주요한 문제가 사회적인 관심을 불러일으키고 그 반응으로써 어떤 정책이나 프로그램을 개발하거나 수정 · 보완하는 역사적인 과정을 미국의 아동복지 차원에서 볼 수 있다.

2) 보호대상아동을 중심으로 한 범주화된 서비스

미국은 각기 다른 욕구를 가진 보호대상아동의 유형에 따라 범주화된 서비스 체계를 구성하고 있다. 또한 각 분야의 범주화된 서비스는 전문화의 과정을 밟아 간다. 클라이언트로서의 아동이 가진 문제는 단일하기보다 복합적인 경우가 많으므로, 이러한 전문화가 복합적 욕구를 가진 수요자에게 긍정적인 것이 되려면 반드시 연계를 전제로 하는 것이어야 한다. 하지만 전문주의 때문에 전문화가 진행될수록 욕구에 대한 총체적인 접근에서 취약해질 수 있다. 우리나라의 경우 이러한 범주화된 서비스 간의 단절성과 중복성의 문제가 심각하여 서비스 간의 역할 분담과 조정, 상호 연계가 원활히 이루어지고 있지 않다. 하지만 미국의 경우 최근 전국적으로 과거의 기관 중심의 사업 운영을 관리적인 행정체제로 일원화시켜 사례관리의 틀 안에 묶어 통합적으로 행정체제화하였다. 이로 인해 정부의 프로그램과 여러 기관이 연계 체제 속에 놓이게 되었다.

3) 다양한 편차의 존재

미국정부는 연방정부, 주정부 및 지방자치단체하에 입법, 행정 및 사법의 삼권분리 체제를 적용한다. 또한 아동복지에 관여되고 있는 전문 분야에도 다면적 개입형태(예방, 치료, 재활)를 가지고 있다. 그러므로 아동복지 관련 법안의 시행에 있어서 예산 편성, 집행, 관리 및 평가에 이르기까지 여러 단위 체제의 관여와 협조가 불가피하고 한계성 구분이 모호하며 지역단위에 따라 자원 지원 및 시행상의 양적 · 질적 편차를 피할 수 없다. 그 일례로, 지방자치단체의 예산 편성의 우선순위에 따라 한 주(州) 내에서도 지역에 따라 장애아동에게 부여되는 혜택은 천차만별이다. 분야에 따라서는 국민총생산과 재정능력의 수준, 복지수요 등을 종합적으로 고려하여 복지수준의 최소기준(national minimum)을 마련하고 있는데, 재정여건이나 지역주민의 사회적 합의에 따라 어떤 지역은 최소기준만 충족하는 반면, 어떤 지역은 매우 다양한 서비스가 제공되고 있다.

3. 주요국의 아동복지제도

사회복지제도와 서비스는 각 국가의 역사적 배경과 시간적 변화의 산물일 뿐 아니라 일정한 시간의 범위 안에서도 이념, 정치, 경제, 사회 환경의 영향을 받아 국가마다 고유한 정체성과 차별성을 지니게 된다. 한편, 각 국가의 사회복지제도와 서비스는 국가 간 상호 영향을 미치기도 하며 어느 정도 일정한 방향으로 수렴현상을 보이는 것으로 평가되기도 한다. 아동복지제도와 서비스도 이와 같아서 역사적 · 공간적 차이가 제도의 변화와 차이를 가져오기도 하며, 어느 정도 국가 간 유사한 제도와 서비스의 수렴현상을 보이기도 한다. 여기에서는 미국, 영국, 일본의 아동복지 법률체계, 아동복지서비스, 아동복지 전달체계를 전체적으로 조망한다.

1) 아동복지 법률체계

미국의 아동복지 관련 법률은 시대적 상황의 변화에 따라 그리고 주정부에 따라 입법이 임기응변적으로 이루어졌다. 따라서 하나의 전체적이고 일관된 법률체계가 존재하지 않으며, 전체아동을 대상으로 하는 기본법의 성격을 가진 하나의 통일된 아동복지 법률이 없다. 법률의 제정과정도 중앙정부에 의하여 주도되기보다는 주정부와 민간기관이나 시민단체가 서비스를 공급하는 주체로서 그 역할을 주도하였다. 아동복지에 관련된 연방정부의 법률에는 「아동학대예방 및 치료법」(1974), 「청소년비행예방법」(1974), 「장애아동교육법」(1975), 「인디언아동복지법」(1978), 「입양부조 및 아동복지법」(1980), 「가족부조법」(1990), 「가정위탁독립법」(1999) 등이 있으나 주정부별로 다양한 법률체계가 존재한다.

영국의 아동복지 법률체계는 1946년의 아동법을 개정한 1989년의 「아동법」을 근간으로 한 통합적인 체계이며, 「아동법」과 몇 개의 관련 법률로 구성되어 있다. 관련 법률로는 1991년의 「아동부조법」이 있으며, 입양관련 법률로서 1976년에 제정된 「입양법」과 그 개정법률인 2002년의 「입양 및 아동법」이 있다. 1989년에 제정된 「아동법」은 이전의 아동 관련 법체계를 대체하였으며, 지방정부에 아동을 보호하고 지원하는 권한과 의무를 부여하였다. 「아동법」에는 아동을 가족과 함께 보호하거나 또는 가족으로부터 격리하여 보호하는 조치, 가정위탁, 보육(daycare), 시설보호에서 이루어지는 보호와 감독에 관한 조치 등을 포함함으로써 아동복지의 기본법으로서의 기능을 갖고 있다. 특별법으로는 입양에 관하여 2002년에 제정된 별도의 법률인 「입양법」이 있다. 그리고 소득보장의 체계로서 아동수당을 위한 별도의 법률이 있으며, 「아동부조법」은 이혼 또는 별거 중인 부모의 아동을 위한 부양을 위하여 1991년에 제정되었다.

일본의 아동복지 법률체계는 아동복지에 직접 관련되어 있는 법률로서 기본법의 성격을 가진 「아동복지법」(1946)을 기반으로 하고 있다. 「아동복지법」은 총칙, 아동복지 조치와 보장, 사업과 시설, 비용, 잡칙, 부칙 등 총 6장으로 구성되어 있다. 그 외 아동에 관한 직접적 법률은 「아동부양수당법」 「특별아동부양수당 등의 지급에 관한 법률」 「모자 및 과부복지법」 「모자보건법」 「아동수당법」이 있으며, 이들을 '아동복지 6법'이라고 부른다. 이들 외에도 「아동학대방지법」(2000)이 별도로 제정되었으며, 「육아개호휴업법」 「소년법」 등이 있고, 사회복지 일반, 교육, 노동, 사법, 보건의료 · 공중위생 등에 관한 법률이 연계되어 있다.

앞에서 살펴본 바와 같이, 영국과 일본은 아동복지에 관한 사항을 총괄하는 기본법으로서 「아동복지법」이 존재하는 반면, 미국은 기본법적인 성격의 아동복지법이 없이 개별 서비스로 분산되어 있고 지역별로 차이가 있다. 소득보장에 관한 법률로서 아동수당이나 특별아동수당에 관한 법률은 영국과 일본의 경우 별도로 제정되어 있다. 세 국가 모두 입양에 관한 법률을 별도로 제정하고 있다. 그리고 미국과 일본은 아동학대에 관한 법률을 별도로 제정하고 있는 반면, 영국에서는 학대아동보호에 관한 내용이 「아동법」 안에 포함되어 있다.

2) 아동복지서비스

미국의 아동복지정책에서 소득보장정책은 전체아동보다는 저소득가정의 아동보호에 초점을 두고 있다. 특히 1990년대 이후 과거의 AFDC, 긴급부조 등을 통합한 요보호가정 일시부조를 위한 정액보조금제도(TANF)를 시행하고 있다. 아동을 위한 소득보장의 특징은 보편적인 제도로서 아동수당이 없으며, 아동양육과 관련된 세금공제 프로그램이 발달하였고, 현물지원이 많다는 것이다. 이러한 특징은 노동의욕 고취와 관련되어 있다. 즉, 보편적 프로그램은 빈곤층의 의존 의식을 강화시킨다고 보기 때문에 보편적인 아동수당제도가 존재하지 않는다. 그리고 개인주의와 자유주의적 시장논리를 복지와 연결시키고자 하는 미국 복지정책의 이념적 지향을 반영하고 있다. 현물지원이 많다는 점은 미국의 산업구조적 특징과 빈곤층에 대한 불신이 결합되어 나타난 형태로서 현물을 지급하여 과잉생산물의 소비를 촉진하면서 동시에 빈곤층이 현금을 생활비 이외 다른 곳에 전용하는 것을 막기 위한 것이다.

가정위탁은 부모의 학대나 방임 등의 이유로 인해 부모와 격리된 아동들이 다시 부나 모와 재결합할 수 있을 때까지 혹은 친권이 포기된 아동들의 입양가정을 기다리는 동안, 혹은 친권이 포기된 아동 중에서 입양가정을 찾기가 힘든 특별한 욕구를 지닌 아동들이 위탁가정에서 양육 · 보호되고 있다. 미국의 위탁가정 종류는 친인척위탁과 일반위탁으로 나뉘어 있다. 입양정책은 영구적 배치(permanent placement)에 대한 관심이 늘어나면서 입양을 적극 강조하고 있으며, 특히 장애아동이나 연장아동, 특별한 욕구를 가진 아동 등 입양되기 어려운 조건을 가진 아동들의 입양을 위해 특별 보조금을 지급하며 범정부적으로 나서고 있다.

시설보호의 경우 정원이 25명 이상인 공립아동시설에 대해서는 연방보조금의 지급을 중단하는 등 시설의 소규모화를 적극 추진하였다. 또한 시설전환을 추진하였는데, 이는 일반 수용시설은 감소하는 대신 특수한 욕구를 지닌 아동의 치료에 초점을 두어 정서장애아 시설, 청소년교호 시설 등의 시설이 늘어나는 현상을 말한다. 아동안전정책에 있어 미국은 가정, 학교, 공공장소, 교통사고, 환경오염, 유괴, 식품, 아동용품 등 아동의 안전을 저해할 수 있는 모든 요소에 법적인 규제를 가해서 다양한 위험으로부터 아동을 보호할 수 있도록 제도적 장치를 설치해 놓고 있다. 즉, 식품의약청, 교통안전국, 보건 및 대인사회서비스부, 법무부와 같은 정부기관 산하에 별도의 아동보호 전담 부서를 제정해 감독과 통제를 할 수 있도록 전문화된 체제를 갖추고 있다.

영국의 아동복지정책에서 소득보장은 전체아동에 대한 보편적 아동수당을 지급하며, 아동과 거주하는 한부모에게 아동보조를 지급한다. 아동보호는 지방정부 사회서비스국이 부모가 아동을 돌볼 수 없는 경우 혹은 아동학대나 아동방임의 증가가 있는 경우에 아동보호를 위한 조치를 취하며, 위탁보호, 아동홈 입소, 입양 등의 서비스를 제공한다. 가정위탁은 장기위탁, 단기위탁으로 구분되며, 가끔 입양으로 옮겨가기 위한 중간 조치로 이용되기도 한다. 아동학대의 사례가 보고되면, 모니터링, 가정복지센터의 상담, 전문기관에 의뢰 등 조치가 이루어지며 특별히 위험에 처한 아동은 부모의 동의를 통하여 또는 법원의 보호명령에 의하여 보호조치를 받는다. 영국의 수용보호는 최후의 보호형태로서 행동장애나 정서장애 아동을 보호하는 경우가 많으며, 보호시설의 형태는 지역사회홈, 등록 아동홈, 비영리 아동홈 등이 있다.

지역사회 일반아동을 위한 서비스로는 다양한 형태의 보육시설이 발달되어 있으며, 최근에는 저소득 취약지역을 중심으로 Sure Start 프로그램에 의하여 지방정부, 민간시설, 지역사회가 연계된 통합적 지역아동복지서비스가 제공되고 있다. Sure Start는 조기교육과 방과후교육, 아동보육, 건강, 가정지원서비스를 제공하며, 취약지역의 0~16세의 모든 아동을 포괄적으로 대상으로 하고 있다. 지역의 아동복지관(children's center)은 서비스 제공의 허브로서 지역사회의 공공기관, 민간기관과 자원을 연계하여 통합적으로 제공하고 있다.

일본의 아동복지정책에서 소득보장에서는 보편적 아동수당제도를 시행하고 있다. 아동복지사업은 제공되는 서비스의 대상(요보호아동, 장애아동, 한부모가정아동, 일반가정아동)에 따라 아동자립지원사업, 장애아동지원사업, 한부모가정아동지원사업, 일반아동육성사업으로 구분되어 추진되고 있다. 요보호아동사업은 아동자립지원사업으로 불리며, 시설보호, 가정위탁 등이 제공된다. 학대사례에 대한 보다 전문적인 개입을 위한 법적 권한이 아동상담소장에게 부여되어 있기 때문에, 학대받는 아동보호는 기초 행정기관에 신고한 대부분의 사례들이 사회복지사무소를 경유하여 아동상담소에 의뢰된다.

장애아동지원사업은 지체부자유, 시각장애, 청각장애 등 신체장애 또는 정신장애가 있는 아동을 지원하기 위한 사업으로서 장애가 없는 사람들과 같은 생활을 영위할 수 있도록 경제적 급여(특별아동부양수당 등)를 제공함은 물론 신체적 · 정신적 장애를 최소화하고 사회적 핸디캡을 제거하여 사회적 재활을 최대화하기 위하여 시설입소 또는 통원에 의한 보호, 치료, 교육, 훈련 등을 제공하는 등 각종 사회복지서비스가 지원되고 있다. 한부모가정아동지원사업은 「아동부양수당법」에 의한 경제적 지원, 취업자립지원, 양육가정생활지원 등이 제공된다. 일반아동 육성사업은 모자보건사업, 보육사업 등이 포함되어 있다.

앞서 살펴본 바와 같이, 아동을 위한 소득보장에서 영국은 전체아동을 위한 보편적 아동수당제도를 일본은 보편적 아동수당제도를 시행하고 있는 반면, 미국은 아동수당제도가 없이 저소득가정의 아동보호를 위한 정액보조금제도를 시행하고 있다. 보호가 필요한 아동보호에 있어 미국과 영국은 아동복지정책의 초점이 학대아동보호, 가정위탁, 입양 서비스를 제공하며, 장애아동과 행동문제를 지닌 아동들에게 시설보호를 제공한다는 점에서 유사하다. 한편, 일본의 아동보호는 시설보호와 가정위탁이 아동자립지원사업으로 시행되고 있고, 학대아동보호사업, 장애아동지원사업, 한부모가정아동지원사업 등도 시행되고 있다. 일반아동보호는 미국과 영국, 일본에서 보육사업이 아동복지정책의 핵심사업이 되고 있고, 지역사회 저소득계층 아동을 지원하기 위하여 미국에서는 1960대 이후 Head Start, 영국에서는 1990년대 이후 Sure Start 프로그램이 시행되고 있다.

3) 아동복지 전달체계

미국 아동복지서비스는 연방정부의 보건 및 대인서비스부(Department of Health and Human Services: DHHS)의 아동가족국(Administration for Children and Families: ACF)에서 관장하고 있다. 아동가족국(ACF)에서는 입양, 위탁보호, 아동학대 및 방임, 보육 및 헤드스타트(Head Start), 소득부조 등 공법이 규정한 아동과 가족을 보호하기 위한 복지서비스를 책임지고 있다. 아동가족국은 헤드스타트국, 아동국, 가족 및 청소년서비스국, 아동보육국으로 나뉘어 있다. 이 중 아동국은 아동복지, 가정위탁, 입양, 가족보존 및 지원 서비스를 담당한다. 그러나 주요 서비스 내용, 전달 방법과 체계는 주정부에 맡겨 관장하게 하는 것이 특징이다.

미국 연방정부의 아동 및 가족복지 주무 행정체계는 미국 50개 주를 지역적으로 10개 구역으로 나누어 행정적인 관할을 한다. 그 예로 10구역(region 10)은 알래스카주, 아이다호주, 오리건주, 워싱턴주를 포함하고 있다. 각 구역의 지역사무소는 이 지역의 해당 주들이 긴밀한 협조체계를 유지할 수 있도록 조정적 역할을 수행한다. 아동복지서비스는 지역사무소 내 아동가족국에서 이루어진다. 연방정부 예산은 총괄보조금(block grant)의 형태로 지역사무소를 통해 주정부에 전달된다.

영국에서 중앙정부의 아동복지의 행정관할은 보건부(Department of Health)이며, 아동수당의 행정관할은 사회보장부(Department of Social Security)다. 특히 보건부는 모든 보건서비스와 대인사회서비스 행정에 관한 정책을 결정하고 정책을 수행하는 역할을 한다. 아동복지를 포함하는 대인사회서비스 행정에 대한 통제와 감독은 보건부에서 수행하지만, 서비스 제공의 실제적인 책임과 집행은 지방정부에 의하여 이루어진다. 지방정부 사회서비스국은 아동과 가족, 노인, 장애인 등 다양한 인구대상을 위한 대인 지원, 재가보호, 주간보호센터와 주거보호 등의 서비스를 제공한다.

지역사회복지 행정체계의 중심이 되는 사회서비스국(Social Service Department)의 조직은 1993년 「지역사회보호법(Community Care Act)」의 시행으로 대대적인 변화를 가져왔다. 기존의 사회서비스국이 서비스 대상인구별 조직이라면, 새로운 조직은 서비스 제공, 구매와 커미션, 관리운영이라는 새로운 기능분류에 의하여 기능별로 재조직되었다. 이러한 조직의 구성에 의해 별도의 아동담당조직은 아동보호, 현장서비스, 실천기준과 관리 등의 부서로 구성되어 있다.

일본에서 아동복지를 담당하는 중앙정부의 부서는 고용균등 · 아동가정국이며, 지방정부인 도 · 도 · 부 · 현은 시 · 정 · 촌을 포괄하는 광역의 지방공공단체로서 광역에 걸치는 사항, 전국 통일적인 행정을 필요로 하는 사항, 시 · 정 · 촌에 관한 연락조정 등을 담당하는 기관이다. 아동복지 업무에 있어서 지방정부인 도 · 도 · 부 · 현은 아동복지사업 기획, 예산조치, 아동복지시설의 인가 및 지도감독, 아동상담소 · 사회복지사무소 · 보건소의 설치운영, 시 · 정 · 촌에 대하여 필요한 원조, 아동가정상담 가운데 전문성이 높은 업무에의 대응 등을 수행하고 있다.

이와 같이 미국은 연방정부의 아동가족국 산하에 아동관련 부서가 조직되어 있고, 지방은 10개 구역으로 나뉘어 각 구역의 지역사무소는 이 지역의 해당 주들과 긴밀한 협조체계 유지, 민간기관과 연계 서비스를 제공한다. 영국은 중앙정부의 보건부가 사회서비스를 관할하며, 지방정부의 사회서비스국에서 아동보호서비스를 구매 혹은 제공하며, 이는 공공 혹은 민간 서비스를 포함한다. 일본은 중앙정부의 고용균등·아동가정국이 아동관련 서비스를 관장하며, 지방의 도·도·부·현은 아동복지사업의 기획, 예산조치, 아동복지시설의 인가 및 지도감독, 아동상담소·사회복지사무소·보건소의 설치운영, 시·정·촌에 대하여 필요한 원조를 제공한다. 따라서 3개 국가 모두 지방정부 차원의 독립된 공공부문의 사무소가 설치되어 아동보호를 위한 공적 조치와 서비스를 제공하는 전달체계를 가지고 있다.

다음의 〈표 3-1〉은 미국, 영국, 일본의 아동복지 법률체계, 정책내용, 전달체계를 비교한 것이다.

표 3-1 주요 선진국 아동복지제도의 비교

	미국	영국	일본
법률체계	• 기본법이 없음. 주별로 다양한 법률체계 • 아동보호에 관한 다양한 서비스는 각각 별도의 법률에 의하여 규정함	• 기본법이 있음 • 기본법 내에 다양한 보육, 가정위탁, 시설보호, 장애아동보호, 학대아동보호 등 아동보호서비스를 포함함 • 아동수당, 입양 등은 별도의 법률로 규정함	• 기본법이 있음 • 아동수당, 아동부양수당, 아동학대예방 등 별도의 법률로 규정함
정책내용	• 소득보장: 저소득가정의 아동보호를 위한 정액보조금제도(TANF) • 아동보호: 영구배치를 목표한 입양, 가정위탁, 시설보호, 학대아동 보호 • 일반아동보호: 보육, 아동안전, Head Start	• 소득보장: 보편적 아동수당 외 조세감액, 아동부조 등 • 아동보호: 가정위탁, 학대아동보호, 입양, 시설보호 • 일반아동보호: 보육, Sure Start	• 소득보장: 소득수준과 부양친족 수에 따른 차등지급 • 아동보호: 아동자립지원사업, 장애아동지원사업, 한부모가정아동지원사업 • 일반아동보호: 모자보건사업, 보육사업

전달체계	• 연방정부의 보건 및 대인서비스부의 아동가족국이 담당. 아동가족국은 헤드스타트국, 아동국, 가족 및 청소년서비스국, 아동보육국으로 구성됨 • 지방은 10개 구역으로 나뉘어 각 구역의 지역사무소는 이 지역의 해당 주들과 긴밀한 협조 체계 유지, 민간기관과 연계 서비스 제공	• 중앙정부의 보건부가 사회서비스 담당하며, 아동수당은 사회보장부가 담당함 • 지방정부의 사회서비스국에서 아동보호서비스 구매 혹은 제공, 공공 혹은 민간서비스	• 중앙정부의 고용균등 · 아동가정국 • 지방의 도 · 도 · 부 · 현은 아동복지사업 기획, 예산조치, 아동복지시설의 인가 및 지도감독, 아동상담소 · 사회복지사무소 · 보건소의 설치운영, 시 · 정 · 촌에 대하여 필요한 원조, 아동가정상담 가운데 전문성이 높은 업무에의 대응

출처: Horwath (2001).

제2절 한국의 아동복지 발달

한국의 아동복지 발달은 한국사회가 겪어 온 역사와 사회변동의 과정을 따라 아동복지 사상, 서비스의 형태, 내용과 우선순위 등에서 많은 변화를 경험하였다.

1. 전통사회와 근대사회의 아동복지

우리나라 전통사회에서 아동문제에 대한 개입은 삼국시대부터 고아와 자연재해로 인한 기아, 부모의 보호를 받지 못하고 떠돌아다니는 걸식아동을 대상으로 하여 이루어졌다. 고아는 홀아비, 과부, 독거노인과 함께 네 부류의 빈궁한 백성으로서 구제의 대상이었으며, 국가는 친족이 부양하지 못하는 이러한 고아에 대한 구제를 시행하였다. 조선시대 아동구제의 근거가 된 법전으로 자휼전칙에 의하면, 10세까지의 고아에 대하여 먹을 것과 입을 것을 한시적으로 제공하는 등 국가의 구제를 규정하였다. 그리고 민간차원에서도 고아가 노비나 양자로 수양되는 것이 허용되었다. 민간이 고아를 자식, 노비로 수양할 때에 관청에서는 수양증빙문서를 만들어 주거나 수양인이 가난하여 충분한 양육이 어려운 경우 식량을 보조하였다(아산사회복지사업재단, 1997: 215). 그러나 전통사회에서는 오늘날의 시설보호와 같은 체계적인 개입의 형태가 존재하지 않았다.

근대적 의미의 아동보호는 조선시대 말에 서구로부터 도입되었다. 수용시설에 의한 아동보호의 방법이 서양 선교사에 의하여 전해진 것이다. 파리외방선교회가 설립한 조선영해회는 1854년대에 고아원을 설립하였으며, 1888년에는 종로의 수녀원 부속건물에 고아원을 설립하여 아동을 양육하였다. 그리고 개신교 선교사들에 의한 고아원의 설립은 교육사업과 관련되어 있었다. 1886년 미국북장로교 선교사 언더우드는 고아들을 모아 예수학당, 구세학당을 시작하였고, 1892년 영국성공회 선교사 랜디스는 인천에 고아학원을 설립하였으며, 1923년에 구세군은 서대문 밖에 고아원을 설립하였다(아산사회복지사업재단, 1997: 218). 서양 선교사들에 의하여 처음으로 도입된 시설보호는 이후 우리나라 아동복지 역사에서 수용시설 중심의 아동복지 발전에 큰 영향을 미친 것으로 평가된다.

그리고 20세기 초에 일제강점기의 시대적 상황에서 아동들에게 선각자를 중심으로 아동애호사상이 발전하였다. 소파 방정환(1899~1931)은 아동문학가로서뿐 아니라 아동애호가, 사회운동가로서 활동하였다. 마해송(1905~1966), 강소천(1915~1963)은 아동문학가로서 창작동화, 동요를 발표하고 아동문예 육성과 대한민국어린이헌장(1957년)을 기초하는 데 기여하였다. 윤석중(1911~2003)은 동요 창작과 노래 보급에 기여하였다. 이와 같은 아동문학, 출판, 음악활동은 현대적 의미의 아동애호사상의 발전에 큰 기여를 하였다.

2. 현대사회의 아동복지

해방 이후 현대사회의 아동복지 변천과정은 사회적 이념과 복지의 특성을 기준으로 1945~1950년대까지의 사회구호 단계(해방 이후부터 1960년), 선별주의 아동보호 단계(1960년대부터 1980년), 보편주의 아동복지 단계(1980년대 이후부터 현재)로 구분할 수 있다.

1) 사회구호 단계

해방 이후 한국전쟁은 수많은 전쟁고아와 기아, 미아의 문제를 발생시켰고, 이러한 사회적 조건과 절대빈곤의 상황하에서 아동복지는 응급구호적 차원에서 이루어졌으며, 더욱이 아동보호에 관한 국가의 개입과 입법 근거가 미비하였다. 국가책임에 의한 사회적 보호가 미비한 가운데 많은 민간 외국원조기관이 국내에 들어와 활동하였다. 기독교아동복리회(C.C.F., 한국어린이재단, 어린이재단으로 명칭 변경), 양친회, 선명회(한국월드비전으로 명칭 변경) 등은 대표적인 외원단체로서 외원에 의한 아동보호사업을 전개하였으며, 외원기관이 철수한 이후에도 한국 아동복지사업의 중심에서 전문적 사회복지 지식과 기술의 도입에 기여하였다.

한국전쟁 이후 전쟁고아를 수용하기 위해 민간의 독지가와 외국원조기관들이 지원하여 설립된 수용시설 중심의 아동보호사업은 1950년대에 급속하게 증가하였고, 1960년에 아동복지시설은 472개로서 전체 사회복지시설 592개의 약 80%에 달하였으며, 최근까지 아동복지사업의 중심을 차지하고 있다. 따라서 1950년대까지의 아동복지는 국가책임의 원칙이나 전문화된 아동서비스의 제공을 기할 수 없었으며, 민간자원과 해외원조에 의존하여 빈곤계층과 보호대상 아동을 중심으로 하는 사회구호적인 형태로 운영되었다. 또한 전쟁 직후부터 고아의 해외입양이 시작되었으며, 많은 아동이 미국과 유럽의 각국으로 입양되었다.

2) 선별주의 아동보호 단계

1960년대 초에는 「생활보호법」과 「아동복리법」이 제정되어 보호대상 아동문제에 대한 국가책임의 원칙이 처음으로 제도화되었다. 「생활보호법」과 「아동복리법」은 가족책임의 원칙 위에서 가족이 붕괴되거나 부양능력이 없는 가정이나 아동에 대해서만 국가가 지원을 하는 선별주의 원칙을 확립하였다. 그리고 이 시기는 국가주도 경제개발계획의 추진에 의한 산업화가 진행되었고, 선성장 후분배란 국가발전의 논리를 따라 사회복지에 대한 재정투자가 경제부문에 비하여 상대적으로 억제되었다. 아동복지시설의 수와 수용아동의 수는 1960년대에도 계속 증가하였지만,

1967년에 568개 시설, 수용아동 65,212명을 고비로 1970년대 이후에는 점차 감소하는 추세를 보였다. 그러나 시설수용보호사업은 여전히 아동복지의 주류를 이루고 있었다. 1970년대를 고비로 하여 외원단체가 철수하면서 아동복지시설의 운영이 국가의 책임하에 이루어졌으며, 아동복지시설의 운영은 비로소 1950~1960년대의 외원 중심의 운영에서 탈피하여 국가 중심의 운영체제로 전환되었다. 1970년대까지 국가개입을 최소화하는 선별주의적 복지정책이 지속되었으나 외원기관의 철수와 사업축소로 아동보호에 대한 국가개입이 불가피하게 된 환경의 변화는 아동복지의 새로운 정책전환을 가져오는 계기가 되었다. 재정적인 측면에서 1960년대까지 외원이 여전히 아동복지시설 운영재원 구성의 50%를 넘고 있었으나, 1970년대부터 외원단체의 점진적인 철수에 따라 상대적으로 국가재정보조가 증가하기 시작하였다. 그리고 입양과 가정위탁보호, 보육서비스의 확대가 정책적으로 장려되었다. 산업화와 경제성장으로 인한 여성취업인구의 증가에 따라 보육시설과 서비스가 증가하였다. 국내와 해외입양사업이 확대되었으나 국내입양의 어려움으로 국내입양 아동의 증가는 정체된 반면, 해외입양 아동은 계속 증가하였다. 그러나 1970년대 말까지 우리나라의 아동복지는 일반아동을 대상으로 한 보편주의 단계로 발전하지는 못하였고, 대체로 보호대상아동을 중심으로 선별주의 원칙에 기초한 잔여적 형태의 복지로 평가된다.

3) 보편주의 아동복지 단계

(1) 아동복지 보편적 확충기(1981~1999년)

「아동복리법」을 개정하여 입법된 「아동복지법」(1981)은 전체 아동을 대상으로 보편주의에 입각한 아동복지서비스의 전문화와 다양화를 지향하였다는 점에서 그 의의를 갖고 있다. 또한 여성경제활동 참가의 확대와 모성취업의 증가에 따른 보육수요의 확대에 의하여 1991년에 제정된 「영유아보육법」은 보호대상아동뿐만 아니라 일반아동의 보육서비스 확대에 기초한 보편주의적 아동복지서비스의 확충을 목표로 하고 있다는 점에서 아동복지 이념의 변화를 보여 주는 주요 입법이다.

이와 함께 보호대상아동의 문제해결을 위한 개입으로 가정위탁 시범사업이 이루어지고 결연사업이 확대되어 지금까지 수용시설 중심의 아동보호로부터 아동복지서비스의 다양화를 지향하였다.

(2) 아동복지서비스 발전기(2000년 이후)

이 시기는 아동안전이란 목표를 2000년 개정 「아동복지법」에 공식화하였고, 그동안 발전되어 온 다양한 아동복지서비스와 전달체계를 하나의 입법으로 정비하고 체계화하였다(보건복지70년사편찬위원회, 2015: 132).

21세기에 진입한 최근에는 저출산 경향이 더욱 심화되고 여성의 노동시장 참여가 확대되어 저출산을 극복하고 일과 자녀양육을 병행할 수 있도록 아동양육을 지원하는 것이 국가적 과제로 대두하여 모든 아동을 대상으로 출산에서 양육에 이르기까지 국가적 차원의 개입과 재정지원의 필요성이 증대하고 있다.

이러한 사회적 환경의 변화와 추세는 아동복지를 더욱 보편주의 원칙에 기초한 제도로 발전시켜 나가고 있으며, 모든 아동에 대한 보편적 보육이 도입되었다. 또한 보호대상아동에 대한 다양환 서비스와 전달체계가 확립되고 있다. 2000년 개정 「아동복지법」 이후 2012년 개정 「아동복지법」까지 가정위탁지원센터, 아동보호전문기관, 실종아동전문기관, 지역아동센터, 드림스타트센터, 중앙입양원 등 다양한 서비스 전달체계가 제도적으로 확립되었다. 2019년에는 중앙정부 차원에서 아동관련 서비스를 총괄하는 아동권리보장원이 설립되었다.

표 3-2 아동복지의 발전방향

구분	발전방향
보호의 이념	사회구호 → 선별주의 → 보편주의
책임의 주체	가족책임 → 국가책임
보호의 형태	시설보호 → 가정과 지역사회 보호
보호시설의 크기	집단적 대규모 수용보호 → 소규모 수용보호
다양성	단순한 수용보호 → 다양한 형태의 분화된 서비스
전문성	비전문적 서비스 → 전문화된 서비스
보호대상	일부 보호대상아동 → 전체아동

이러한 변천과정에서 한국의 아동복지는 시설수용보호, 입양, 영유아보육, 아동결연, 가정위탁, 지역사회아동보호 등의 서비스로 그 형태가 형성되어 왔다. 이와 함께 과거 아동복지의 주류를 형성하였던 시설수용보호의 중요성은 점차 퇴조하고 가정과 지역사회 중심의 가족지원서비스, 국내입양, 가정위탁, 방과후 보호, 지역사회아동보호 등 지역사회 내의 다양한 아동복지서비스의 의의와 중요성이 강조되어 왔으며, 아동발달지원서비스가 도입되었다.

또한 사회변동과정에서 아동학대, 장애아동의 발생, 학교부적응, 학교폭력과 청소년비행, 컴퓨터와 스마트폰 중독, 미혼모와 아동의 문제, 가정해체와 결손가정의 증가 등 사회문제가 대두하였다. 이에 따라 학대아동에 대한 강제보호서비스, 장애아동서비스, 학교사회복지서비스, 방과후 아동보호, 결식아동보호, 지역사회 아동통합서비스 등도 새롭게 부각되고 있는 아동복지의 분야가 되었다.

이와 같이 한국의 아동복지는 해방 이후 현재까지 사회구호 단계에서 선별주의 아동보호 단계를 거쳐 보편주의 아동복지 단계로 변화하여 왔으며, 보호대상의 보편화, 서비스의 다양화와 전문화의 방향으로 발전하였다.

제3절 아동복지 발달에 영향을 미친 요인

아동복지의 관심 대상이 된 아동문제는 인류의 역사와 더불어 존재해 왔다. 그러나 전문적 의미의 아동복지의 출현은 지난 1세기 정도의 짧은 기간에 이루어졌다. 이 절에서는 아동복지가 제도화되기 이전에는 아동의 문제들이 어떻게 다루어졌으며, 아동복지의 발달을 가져온 요인이 무엇인가를 살펴보고자 한다. 카두신에 의하면, 아동복지의 발달은 인도주의 이념과 사상의 발전, 경제적 · 정치적 변화, 아동기의 발견, 사회제도의 전문적 분화, 과학적 지식의 진보, 가족과 아동의 지위 변화, 아동의 인구학적 변화, 아동의 법적 지위 향상에 의하여 이루어졌다(Kadushin, 1974; 장인협, 오정수, 2000).

1. 인도주의 이념과 사상의 발전

역사적으로 아동문제 해결의 한 가지 대책은 가능한 한 그 문제의 원천을 미봉하고자 하는 것으로 전근대적인 방법의 피임이나 유기, 유산을 들 수 있다. 원시적 피임방법은 기계적이었고 사회적으로도 용인되었다. 고대 희랍사회에서는 일차적으로 피임이나 이차적 유산이 실패했을 경우에 아동문제의 원초적인 해소방법으로 유아살해를 기도하였는데, 이 방법은 사회적으로 용납되었고 때에 따라서는 강제성을 띠기도 하였다. 이러한 유아살해는 직접적인 방법 대신에 간접적인 방법으로서 유기(abandonment)가 지배적이었다. 유기의 방법을 살펴보면 아동을 돌볼 수 없는 부모가 그 아동을 양육할 수 있는 집 앞에 갖다 놓거나, 로마사회에서는 시체안치소 부근에 버려두면 상인들이 데려가 노예로 교육시키거나 여아인 경우에는 인신매매를 행하였다.

영국에서도 18세기에 이르기까지 유아의 유기는 빈번하였고 아무런 비판도 받지 않고 모든 계층에서 용인되었다. 프랑스의 경우는 가장 비참한 모습으로 부모들에 의한 유아의 도매식 유기가 있었다. 부모의 빈곤이 극도에 달할 경우 출산 즉시 자녀를 매매하는 일이 허용되었으며 나중에 그 아이를 다시 사들일 수 있도록 하였다. 식량 사정이 어려운 원시사회에서는 유산과 유기를 당연시하였으며, 이것을 인구와 자원 간의 균형 회복의 수단으로 간주하기도 하였다. 부모 결손의 경우도 유아의 유기가 아동문제 해결의 한 방편이 되었다. 유아출산 시 모가 사망하면 아기도 같이 죽임을 당하였는데, 호주와 말레이반도의 한 부족과 캐나다 인디언 부족 중에서도 어머니가 사망하면 어린이를 어머니의 가슴에 안기게 해서 함께 매장하는 풍속이 있었다. 사생아는 유기의 대상 중에서도 으뜸이었다. 결혼을 통하지 않은 혼외 자녀의 출산은 수치를 수반함은 물론, 그 자녀의 양육에도 많은 어려움이 있었다. 특히 근친이나 미혼모 아기의 출산은 사회문제가 되기 때문에 유기의 방편이 채택될 수밖에 없었다. 기형, 장애아동도 유기의 대상이 되었다. 아마존 강 지역의 인디언들은 모든 아동의 출산 시에 생존능력을 시험하기 위해 흐르는 냇물에 넣어 장애나 약체아동은 건져 내지 않았다고 한다. 이러한 관습은 고대 그리스와 로마사회에서도 행해졌다.

이와 같은 여러 가지 형태의 피임, 유산, 아동유기는 사회사상이나 이념의 발전과 변화로 인하여 점차 감소하였다. 그 대표적인 이념으로서 인도주의 이념과 기독교 사상을 들 수 있고, 이들의 등장으로 과거의 아동문제 해결방법의 부당함과 아동생명의 경시가 곧 범죄임을 인식하게 된 것이다. 따라서 아동복지는 이러한 인도주의 이념과 사상에 기초하여 발전된 사회제도의 하나다.

2. 경제적 · 정치적 변화

역사적으로 경제적 상황이 좋지 못한 시대에는 아동에 대한 보호를 실현하기가 어려웠다. 서구의 경우 경제적 어려움이 있는 시기에는 아동의 유기나 방임의 사건들이 빈번하게 발생하였음을 찾아볼 수 있다. 그러나 18세기 이후 제1차 산업혁명은 사회의 생산능력을 증대시켰고, 따라서 많은 요보호아동을 보호할 수 있는 경제적 부양능력을 증대하게 하였다. 그리하여 일반아동뿐만 아니라 신체장애아동, 정신장애아동, 부모의 보호를 받지 못하는 요보호아동을 사회적으로 지원하고 보호할 수 있게 되었다.

정치적 요인으로는 아동의 복지문제를 다루기 위해 지역사회가 지원하는 서비스의 필요성을 증대시킨 점이다. 20세기 이후 현대국가에서는 투표권 등 시민적 권리가 모든 국민에게 부여되어 있기 때문에 정치적으로도 이러한 시민적 요구를 수용하게 된다. 또한 아동복지는 아동의 욕구를 충족시킴으로써 장차 나타날 수 있는 사회적 비용을 감소시킬 수 있는 제도로 발전하였다. 사회가 아동과 청소년문제에 대비하지 못할 때에는 비행의 증가뿐 아니라 신체적 · 정신적 장애의 발생을 증대시킴으로써 사회문제를 발생하게 된다. 이와 같이 아동복지는 경제적인 부양능력의 향상과 정치적으로 시민적 권리의 확대로 제도화될 필요가 있게 되었다.

3. 아동기의 발견

인간의 평균수명이 40세를 넘을 수 없었던 시대에는 독립된 아동기가 존재하지 않았다. 당시에는 어려서부터 신체적 · 정신적으로 성인의 역할과 책임을 수행하여 아동들이 이미 노동에 참여하기도 하였다. 생물학적 차이 때문에 아동이 성인과 다르다는 것은 분명하지만 아동기는 지나가 버리는 짧은 기간으로 간주되었던 것이다. 따라서 아동이나 아동기에 대한 사회적 관심은 적었으며, 아동기는 성인기의 일부로 인식되었던 것이다.

아동에 대한 관심이 산업화와 경제발전과 상호관계가 있는 것과 같이 현대교육의 발전과 아동복지의 이념 간에도 관계가 있다. 중요하고 의미있는 생애의 주기로서 아동기에 대한 견해는 공식적이고 고도화된 아동교육체계의 필요성을 증대시켰으며, 이러한 점이 또한 아동기의 중요성에 대한 인식을 강화하였다. 그리하여 오늘날은 생애주기에서 아동기가 다른 인생주기와는 달리 독특한 특성을 지닌 시기라는 인식이 널리 받아들여지게 되었고, 아동복지는 아동기에 대한 올바른 인식의 변화에 따라 발전하게 되었다.

4. 사회제도의 전문적 분화

아동복지의 발전을 가져온 또 다른 요인은 사회제도의 전문적 분화이다. 고대의 농경사회에서는 사람들이 작은 촌락에서 세대를 이어 함께 생활하며 친숙한 이웃으로 살았다. 먼 친척까지 포함하는 확대가족은 물론이고 부모가 자기 역할과 의무를 다하지 못하여 유기하는 경우의 아동들에 대하여도 보호와 양육을 맡아 하는 상호부조의 미덕을 가지고 있었다. 이와 같이 아동문제는 친족과 이웃의 상호부조에 의하여 해결되었다. 현재까지도 개발도상국가에서는 이웃과 친족 간의 상호부조가 아동 양육과 보호의 원천이 되고 있다. 과거에는 이러한 경우에 부모가 없는 고아는 존재하였지만 사회조직으로서 수용시설은 존재하지 않았다.

한편, 중세사회 이후 사회구성원 상호 간 권리와 의무가 따르는 공식적 상호부조체계가 마련되면서 부모 중 어느 일방이나 쌍방이 자녀양육의 의무를 감당하지 못하는 경우에는 그 아동을 보호할 책임을 사회조직이 감당하게 되었다. 이와 같이 전통사회의 친척, 이웃 등 제1차 집단의 책임에서 점차적으로 상조조직, 교회, 직업조직, 공공단체, 전문기관 등으로 제도적인 차원으로 사회적 기능이 분화되어 오늘에 이르고 있다.

이와 같이 아동복지의 실현을 위한 사회적 기능이 분화되어 왔으며, 사회적 분업으로 사회제도적인 차원에서 전문지식과 기술을 활용할 수 있는 아동복지 전문인력과 아동복지 시설, 기관의 활동이 나타나게 되었다.

5. 과학과 지식의 진보

과학과 지식의 진보는 아동복지의 학문과 전문직을 발전시키는 데 크게 기여하였다. 과학의 발달은 부모는 물론 아동문제에 관여하는 사람들에게 지금까지의 전통적이고 맹목적인 보호가 아닌 아동에 관한 과학적 지식과 기술에 기초한 보호방법을 활용하게 하였다. 아동발달과 아동문제에 대한 과학적 관심은 아동연구에 많은 성과를 가져왔고 그 연구결과의 축적으로 아동발달과 아동기의 중요성에 대한 사회적 인식이 높아지게 되었다. 과학과 지식의 발전을 통하여 인간생애의 중요 시기인 아동기에 적절하게 대처할 수 있는 방안을 모색할 수 있었으며, 점진적으로 오늘날의 아동복지가 발전할 수 있는 기반이 되었다.

6. 가족과 아동의 지위 변화

가족은 그 구성원들의 기본적 욕구를 충족시키는 사회적 단위이며, 아동의 지위는 가족의 지위와 밀접하게 관련되어 있다. 역사를 거슬러 올라가 볼 때, 가족의 사회적 지위는 인정받지 못하였으며 오히려 다른 사회조직, 즉 교회, 학교, 직업집단, 정치조직과 국가 등이 우위를 차지하고 있었다. 따라서 상대적으로 가족의 지위는 약화될 수밖에 없었고, 또한 아동의 지위도 경시당하는 상황이었다. 그러나 가정이 인간생활에서 중심이며 특히 아동들에게 가장 중요한 안식처로 인식되기 시작하면서 다른 사회체계들이 가족에 연계되어야 한다는 인식으로 전환되었다. 핵가족화는 이러한 경향을 가속화시켰으며, 우리나라의 경우도 대가족제도하의 노인중시 사상이 핵가족화로 인하여 점차 아동에 대한 관심으로 전환되었다. 이와 같이 가족체계 내에서 낮은 지위를 차지하고 있었던 아동에 대한 인식의 향상으로 아동이 직면하고 있는 다양한 문제에 대응하기 위하여 아동복지의 제도와 서비스가 발전하게 되었다.

7. 아동인구의 변화

아동문제에 영향을 미치는 또 하나의 요인은 출산율과 사망률의 변화다. 과거에는 많은 아동이 태어났지만 이에 못지않게 다수의 아동이 어린 나이에 사망하였다. 더욱이 가족제도가 성인 중심적이었던 사회에서 아동의 출산과 양육이 준비되지 않은 상황에서 이루어지는 경우가 많고, 또한 의료기술의 수준이 낮아 아동의 질병과 전염병에 대해서도 효과적으로 대처하지 못하였다. 이러한 상황 속에서 아동을 가진 부모는 물론 사회적으로도 아동인구에 대한 대응을 충분하게 하지 못하였다. 그러나 오늘날에는 공공위생과 보건, 의료의 발전이 이루어지면서 아동의 사망률이 현저하게 감소되었다. 그리고 준비되지 않은 출산으로부터 양육 가능한 계획된 출산의 경향으로 진전되고 있다. 이와 같이 보건의료의 발전과 계획출산을 통해 아동이 존엄한 인격적 존재로서 건강하게 성장할 수 있는 환경이 마련됨으로써 아동복지가 발전하게 되었다.

8. 아동의 법적 지위 향상

아동에 관한 17세기의 한 문헌에 의하면, “어린이는 진정한 의미에서 동물도 아니고 진정한 인간도 아니다.”라고 하여 그 지위의 비천함을 보여 주고 있다. 고대 서구사회의 법체계에 있어서 아동의 권리는 거의 인정을 받지 못하였다. 로마시대에는 아동에 대한 권한을 전적으로 아버지에게 부여하였으며, 초기 게르만 법률에서도 아버지의 권한하에 권위적인 통제를 받게 되어 있었다. 오늘날은 대부분의 국가에서 아동인권이 법적으로 보장되어 아버지의 강압적 통제를 허용하지 않고 극단의 경우 부모의 자녀양육에 대한 권리를 박탈하기도 한다. 이러한 아동의 법적 권리는 선진국에 국한되지 않고 지구상의 모든 아동에게 보장되어야 한다는 관점에서 1989년에는 유엔아동권리협약을 제정하기에 이르렀다. 그리하여 각국에서 헌법이나 아동에 관련된 법률과 아동정책에서 아동의 권리와 복지가 보장되었다.

토론 및 연구 주제

1. 우리나라의 아동복지 발달에서는 외원기관의 역할이 컸던 것으로 보인다. 이러한 외원기관이 우리나라 아동복지의 발달에 어떠한 영향을 끼쳤다고 생각하는가? 국제사회의 아동복지 측면에서 우리의 역할은 무엇인지 생각해 보자.

2. 주요 선진국의 아동복지제도와 우리나라 아동복지제도의 발달에서 공통점과 차이점을 토론해 보자.

제4장

아동의 특성과 아동발달이론

제1절 아동발달의 특성

1. 아동발달의 일반적 특성

아동발달은 매우 복잡한 과정이지만 무작위로 일어나는 과정이 아니라 일정한 규칙에 따라 질서정연하게 진행된다. 아동발달의 이러한 특성은 모든 아동에게 적용되는 일반적 규칙이며, 이는 신체뿐만 아니라 인지, 성격 및 사회적 발달에까지 적용된다.

1) 방향성

아동발달의 속도는 아동마다 다를 수 있지만 발달의 순서는 일정하다. 첫째, 상부에서 하부로 진행된다. 즉, 머리 부분이 팔다리 부분보다 먼저 발달한다. 운동능력도 이 순서로 발달되는데, 아기는 먼저 머리와 목의 근육을 조절한 후 그다음 팔과 복부를 움직이고, 제일 나중에 다리로 걸을 수 있는 것이다. 둘째, 중추에서 말초로 진행된다. 아동은 신체의 중심에 가까운 팔을 움직이다가 차차 손목, 손가락을 움직일 수 있게 된다.

2) 연속성과 다양성

아동발달은 그 속도가 일정치 않아 느릴 수도, 빠를 수도 있지만 도중에 멈추지 않고 연속적이다. 그러므로 발달이 매우 느리고 혹은 정지한 것처럼 보이는 동안에도 다음 단계의 발달을 위한 준비가 진행되고 있는 것이다. 일반적으로 발달속도는 출생 초기에 빠르다가 후기에 접어들면 대단히 느려진다. 또한 신체 각 부분의 발달속도도 각기 다르다. 두뇌는 2세에 80% 정도까지 급속한 발달을 보이나 그 후에는 거의 변화를 보이지 않는다. 반면, 생식기관은 다른 기관과 달리 생의 초반부에는 거의 변화가 없다가 청소년기에 들어서 급격하게 발달한다.

3) 유전과 환경의 상호작용

아동발달이 유전에 기인하는 것인지, 환경에 의한 것인지에 대해 과거부터 끊임없는 논쟁이 있어 왔지만 오늘날에는 부모에게 받은 유전과 외부에서 받은 환경작용에 의해 발달하는 것으로 밝혀졌다. 유전적 소질이 잠재해 있더라도 환경자극이 없다면 발달하지 못하며, 이와 반대로 유전적 준비가 되어 있지 않고 환경자극만 주어져도 발달하지 못한다. 즉, 정상적인 발성기관을 갖고 태어난 인간이라 할지라도 인간과의 접촉이 없다면 말을 못하게 되며 아무리 인간과 접촉을 하더라도 유전적 결함을 갖고 있다면 말을 할 수 없는 것이다. 이와 같이 발달은 유전과 환경의 상호작용 결과로써 이루어진다.

4) 개별성

각각의 아동은 독특하며 똑같은 아동은 없다. 발달의 순서는 일정하지만 최종적으로 이루어진 발달의 정도, 발달의 속도 그리고 종결 시기는 개인마다 다르다. 신체적으로나 정신적으로나 출생에서부터 빠른 속도로 성장하는 아동이 있는 반면, 그 속도가 느린 아동들도 있다. 따라서 각 아동을 정확하고 완전하게 묘사하기 위해서는 수백만 가지의 다른 설명이 필요하다. 그러나 아동 개개인을 독립시켜 설명할 필요는 없다. 왜냐하면, 각 아동은 독특하면서도 많은 유사점을 가지고 있기 때문이다.

5) 분화와 통합과정

아동발달은 일반적인 것에서 특수한 것으로 분화되고, 분화된 단순한 특수행동은 다시 통합되어 새롭고 한층 복잡한 형태로 진행된다. 예를 들어, 세분화된 운동이 나타나기 전에는 몸 전체를 움직여야만 잡을 수 있지만, 조금 자라게 되면 팔과 손을 사용하여 잡게 된다. 이런 발달의 방향은 신체뿐만 아니라 정서, 인지 등에도 적용된다. 예를 들면, 아동은 행복하다는 것을 처음에는 몸 전체로 표현하지만 점차 얼굴의 미소로 표현하게 된다.

6) 상호관련성

아동발달의 여러 측면은 서로 밀접하게 관련되어 있다. 한 측면의 문제는 다른 측면에 영향을 준다. 지적 발달이 뛰어나면 건강, 체격, 사회성 등에서도 뛰어난 것이 일반적 경향이다. 이러한 각 측면의 상호의존 관계를 발달의 전체성이라고 한다. 신체, 인지, 사회성, 정서, 언어 등 각 발달의 측면은 배타적이거나 독립적으로 발달하는 것이 아니라 서로 밀접한 관계가 있다.

7) 기초성

아동기는 성인기의 기초가 형성되는 기간이다. 아동발달에서 겪게 되는 모든 경험은 성인기 행동의 여러 특성을 결정하는 원인이 된다. 우리의 속담에 "세 살 버릇이 여든까지 간다."는 말은 곧 서너 살 때의 모든 경험이 일생 동안을 특징지을 수 있을 정도로 강력할 뿐만 아니라, 인생의 말기로 보는 팔순까지의 기초를 형성한다는 뜻으로 해석될 수 있다. 예를 들면, 출생 시부터 약 4세까지는 지능의 50%, 약 8세까지는 약 80% 정도가 발달하고, 만 6세까지는 인간성격의 기틀이 거의 형성된다는 학설은 아동발달을 촉진하거나 저해하는 초기 환경의 중요성을 강조하는 근거가 된다. 이 기초성 때문에 어릴 때 강하게 박힌 인식을 후에 만회하거나 고치는 것이 매우 어려운 것이다. 그러나 세 살 버릇도 노력만 하면 여든이 되기 전에 고칠 수 있다. 아동의 발전 가능성을 믿자. 아동은 자신의 습관을 고칠 수 있는 시간을 충분히 갖고 있다. 이러한 성인의 믿음이 뒷받침될 때 아동은 실제로 변화할 수 있는 것이다.

8) 적기성

아동발달은 어느 시기에나 가능한 것은 아니다. 가장 쉽게 이루어지는 최적의 시기가 있는데 이러한 시기를 결정적 시기(critical period)라고 한다. 이 시기를 놓치게 되면 어떤 발달이든지 정상적인 수준을 유지하기 힘들다. 인간의 발달에는 최적기가 있다고 밝혀지고 있으며, 이 최적기는 신체발달, 인지발달, 성격발달, 도덕 및 사회성 발달 등 모든 측면의 발달에서 제각기 서로 다르다고 보고되고 있다. 이를테면, 언어발달의 최적기는 생후 4년 정도라고 보고 있다. 그런데 이 시기에 아기에게 언어자극이 부족하거나 왜곡된 언어자극이 제공되는 환경에 있게 되면, 언어발달의 지체를 경험하게 되고, 이후 언어와 관련된 사회화에 막대한 지장을 초래하게 된다. 또한 피아제는 인간의 인지발달과정에서 0~2세 시기는 아기가 풍부한 감각 자극과 동작의 발달로써 지적 경험을 하는 첫 단계라고 보았다. 그러므로 이 시기의 아기에겐 색깔이나 소리, 모양 등 시각 또는 촉각과 같은 다양한 감각적 경험과 여러 가지 신체적 동작 경험을 제공하는 것이 효과적인 발달을 돕는 것이라고

하였다. 따라서 만약 이 시기에 이런 경험을 제공받지 못한 아기가 그 이후의 시기에 이런 경험을 제공받으면 인지발달에 있어서 지연현상을 보일 수도 있다. 반면에 부모가 성급하게 0~2세의 영아에게 수의 개념이나 글자 읽기나 쓰기 등을 가르친다면 이 역시 발달을 촉진하기보다는 역효과를 초래하게 된다.

바바로사의 실험

독일의 황제였던 프리드리히 바바로사는 아주 특이한 실험을 하였다. 그는 인간이 태어날 때 지니고 있는 언어가 무엇인지 알고 싶었다. 그래서 갓 태어난 아기들에게 최고의 조건을 갖춘 환경을 주었고 다른 환경으로부터 격리시켜 키웠다. 그러나 유모들에게 아기뿐 아니라 서로 얘기를 나누는 것도 금지시켜 아기들이 말을 한마디도 듣지 못하도록 하였다. 황제 바바로사는 아기들이 자라서 두 살 반이 되면 입을 열고 자신이 갖고 태어난 말을 하리라 믿었다. 그는 이것으로 인간이 갖고 태어나는 언어가 어떤 것인지를 알 것이라 믿었다. 그러나 아쉽게도 그 뜻은 이루어지지 않았다. 아기들이 모두 첫 돌이 되기 전에 죽었기 때문이다. 아기들은 살아가는 데 반드시 필요한 것 외에는 웃는 얼굴을 보거나 즐거운 노래 소리도 듣지 못하였고 한 번도 귀여움을 받지 못하였다. 바바로사는 실험이 실패하였다고 인정하였다. 그러나 이 실험은 한 가지를 가르쳐 주었다. 인간이 갖고 태어나는 언어는 바로 감정의 언어라는 것이다.

9) 누적성

인간의 성장발달에 어떤 결손이 생기면 그 결손은 다음 시기의 발달에 부정적인 영향을 미치며, 적절한 개입을 하지 않으면 이 결손이 계속 누적되어 보다 심각한 결손으로 나타날 수 있다. 이를 누적성이라고 한다. 예컨대, 수유기에는 기본적 신뢰감이나 불신감이 형성되는데, 이 시기에 어머니와 아기 사이에 불신감이 형성되면 이후 대부분의 인간관계에 계속적으로 그 영향이 파급된다. 다시 말하면, 모자관계의 불신감은 부모, 형제 등 가족관계나 또래 및 이웃관계 그리고 직장사회에서의 상사와 동료와의 관계에까지도 확산될 정도로 파급효과가 크다. 또한 아동기의 학교학습에서 어떠한 학습결손이 생기면 이 결손에 의해 학습동기가 저하되고, 계속적으로 반복되면 마치 눈덩이처럼 누적되는 것이다. 이러한 누적성은 신체적·지적·사회적·정서적인 모든 발달영역에 적용된다.

10) 불가역성

인간의 특성은 주로 인간의 초기인 아동기에 그 기초가 형성되고, 또한 급속한 발달이 이루어진다. 그러므로 어떤 특정한 인간 특성이 급속히 발달하는 최적기를 놓치게 되면 그 시기 이후에 이를 보완하거나 교정하기가 매우 힘들게 된다. 이렇게 최적기를 놓쳐서 거의 회복 불가능한 기제를 발달의 불가역성이라고 한다. 예를 들면, 인간의 지능은 4세 정도까지 약 50%가 발달되는 것으로 밝혀져 있다. 그러나 어떤 이유로 4세까지 적절한 지적 자극이 부족한 환경에서 성장하게 되는 아동은 지적 발달이 지체되기 쉽다. 그리고 그 이후에 아무리 풍요한 지적 환경을 제공한다고 해도 완전한 회복이 어렵다는 발달의 성격이 곧 불가역성이다. 이런 불가역성은 지적 발달뿐 아니라, 신체적·정서적·성격적 발달 및 기타 여러 발달영역에서도 나타난다. 누적성으로 인해 한 단계에서 잘한 것 또는 잘못한 것이 다음 단계에 영향을 미치지만, 불가역성 때문에 후 단계에 잘한다고 해서 그것이 전 단계의 잘못에 영향을 주거나 이를 교정·보충하는 데에는 한계가 있다는 것이다. 예컨대, 0~6세 동안 영양 불충분으로 체격이 빈약해졌을 경우, 그 후 7~17세 동안 잘 먹어도 체중은 보충하기 쉬우나 신장은 보충하기 어렵다. 신장은 체중보다 불가역성이 심하다.

2. 아동발달상의 문제를 보는 바람직한 관점

초보 사회복지사들이 가장 어려워하는 과제 중의 하나는 아동에게 어떤 것이 정상이고, 어떤 것이 정상이 아닌지를 구별해 내는 것이다. 아동의 발달 상태는 같은 연령대의 아이들과 비교하였을 때도 개인차가 크게 나타날 수 있고, 개인 내에서도 차이가 나타날 수 있다. 개인 내에서 발달의 차이가 난다는 것은 신체적·인지적·정서적·사회적 영역에서의 발달속도가 다르다는 것을 의미한다(Neubauer, 1996).

물론 환경적 요인과 유전적 요인이 이런 개인차에 영향을 준다(Silva, 1996). 사회복지사들은 정상 범주의 행동과 사고 반응뿐만 아니라 정상 범주에서 벗어난 행동, 사고 반응에 대해서도 세밀하게 주의를 기울여야 된다(Neubauer, 1996).

또한 아동의 문제를 그 아동이 문제인 것으로 이해하여 문제아동으로 단정하게 되면 그 아동을 부정적인 시각으로 바라보게 되고, 이 때문에 아동의 문제가 오히려 악화되어 버리는 위험성이 있다. 그러므로 아동의 어떠한 행동이나 태도에 대해서도 그 아동의 특성을 긍정적인 관점에서 바라보면서 아동의 적응 유연성을 향상시키도록 도와주어야 한다. 덧붙여 아동의 문제를 이해하는 데 바람직한 관점을 몇 가지 제시하고자 한다(현정환, 2003).

1) 아동의 문제행동은 무엇인가를 전하려고 하는 메시지를 담고 있다

어떤 해당 증세를 치료하면 문제가 해결될 수 있다고 생각하지만, 그 증상의 배후에는 그 아동이 그렇게밖에 할 수 없는 갈등이나 욕구 불만이 있는 경우가 많다. 그래서 표면상의 증상에만 초점을 맞추고 그 배후에 있는 문제의 해결을 소홀히 하는 경우, 해당 문제행동은 개선되었지만 또 다른 문제행동으로 표출되는 경우가 적지 않다. 예를 들면, 야뇨증을 치료하였더니 그다음에는 틱장애가 나타나는 경우가 있다. 그러므로 아동이 자신의 문제행동을 통해 성인에게 무엇을 전하려고 하는지에 대한 세심한 관심이 필요하다.

2) 아동의 문제는 성장과제를 포함하고 있다

아동은 발달과정에서 끝없이 새로운 발달과제에 직면하면서 성장해 나간다. 이 과정에서 때로는 환경에 대해 부적응 행동을 보이기도 하고 일상적 모습과는 다른 행동을 보이기도 하지만, 이런 행동이 발달과정에서 생성되는 환경에 대한 자연스런 반응인지를 명확히 해야 한다. 예를 들어, 평소에는 밤중에 울지 않았던 아이가 유치원이나 어린이집을 다니고부터는 잠잘 때 우는 행동이 많아지는 경우가 있다. 이는 유아가 유치원이나 보육시설에서의 적응이라고 하는 새로운 과제에 직면하면서 밤중에 우는 행동을 통하여 자신의 스트레스를 견뎌 내고 있는 것이다. 이처럼 아동의 문제를 문제행동이라는 고정적인 시각으로 바라볼 것이 아니라, 성장과정 중에 있는 아동의 발달과제라고 하는 역동적 관점에서 이해하는 것이 중요하다. 아동의 문제를 발달과제라고 하는 시각에서 바라보게 되면 아동의 성숙 정도를 파악하면서 현 상태를 긍정적으로 이해하는 것부터 문제행동에 대한 접근을 시작하게 된다. 이런 관점에서 접근하면 아동의 문제행동은 아동을 일시적으로는 힘들게 만들지만, 이를 통해 아동 자신의 발달을 촉진시키는 계기가 될 수 있다는 사실을 알 수 있다.

3) 아동의 문제는 아동을 둘러싼 인간관계의 문제를 반영하고 있다

아동의 문제행동은 '아동'의 문제가 아니다. 문제행동의 표출은 아동이 주위 사람들과 좋은 관계를 발전시켜 나갈 수 없는 상황을 상징적으로 말해 주고 있다. 유아기에 아동은 부모나 형제 등과의 관계가 상당히 밀접하기 때문에 만일 이들과의 관계에서 어떤 문제가 생기면 스트레스를 받고 문제행동을 보이기도 한다. 그래서 문제행동의 표출 이면에는 주변 환경과의 관계를 발전시켜 나갈 수 없는 문제상황이 존재하는 것이며, 아동의 문제행동은 단지 그 문제상황의 대변자에 지나지 않는 것이다. 그러므로 아동의 문제행동을 '아동'이 문제가 아니라, 아동을 둘러싼 인적·물적 환경과의 관계성 문제로 이해하는 것이 중요하다. 아이의 행동을 '문제'라고 이해하였을 때, 우리는 문제가 되는 그 행동만을 보고 있다고 할 수 있다. 그러나 아동이 처해 있는 상황으로 눈을 돌리면 주변 환경과 문제가 되는 행동과의 관계성을 파악할 수 있다. 이를 통하여 행동만을 바꾸려는 노력이 아니라, 배경 역할을 하고 있는 상황을 변화시킴으로써 문제행동에 대한 새로운 접근이 가능해진다. 결국 아동의 문제행동에 대한 이해와 접근은 부모의 양육태도만이 아니라, 가족 전체의 인간관계를 파악하여 전체적 역동성을 생각하는 관점에서 접근하는 것이 중요하다고 할 수 있다.

게젤의 준거(Gesell's norms)

이는 준거(norms)에 해당하는 표준치와 자기 아이와의 근소한 수치 차이가 부모들의 고통을 유발하는 현상이다. 게젤 박사는 단지 자신이 관찰한 것을 사실대로 말하였을 뿐인데, 책을 접한 부모들이 성장과정에서 하루나 한 달 정도 늦은 아기들을 열등하다고 착각하였기 때문에 사태가 악화된 것이다. 어떤 부모가 책에서 갓난아이는 생후 몇 개월에 혼자 똑바로 앉아 있을 수 있게 된다는 것을 읽었다고 하자. 만약 자기의 아이가 지정된 그 시점까지 혼자 똑바로 앉아 있지 못한다면 그 부모는 틀림없이 자기 아이가 뭔가 비정상적인 아이일 것이라는 결론을 내릴 것이다. 통계이론상으로는 그 시기까지 전체의 절반에 해당하는 엄청나게 많은 어린 아기가 혼자 똑바로 앉아 있을 수 없으니, 상당히 많은 부모가 이 때문에 고민에 빠졌을 것이다. 물론 수학적으로 말하면 나머지 절반의 부모들은 자기 아이들이 '정상아'라고 기뻐할 것이니 확률은 절반인 셈이다. 그러나 문제는 이 불행한 부모들이 자기 아이들을 그 표준이 되는 준거로부터 더 이상 뒤처지지 않게 하기 위해 억지로 이에 맞추려고 하는 것이며, 이로부터 엉뚱한 피해가 발생하게 된다. 만일 준거나 평균값 이외에 분포의 범위를 동시에 첨가하였다면 이러한 무수한 오해를 대부분 막을 수 있었을 것이다. 분포의 범위에 대한 정보를 부모에게 알려 주었다면 자신의 아들, 딸들이 정상적인 기준을 중심으로 하는 분포 범위 안에 들어가 있음을 알고 준거로부터 벗어나는 약간의 수치에는 그렇게 걱정하지 않을 것이기 때문이다.

제2절 아동발달에 대한 쟁점

1. 연속성 대 비연속성

아동발달을 비약적이라고 생각하느냐, 점진적이라고 생각하느냐에 따라 단계이론과 비단계이론으로 나눌 수 있다. 단계이론은 비연속(discontinuity)이론으로도 불리며, 이는 변형된 새로운 체계가 우세하게 두드러져서 기능적으로 기존의 체계들이 변형된 새로운 체계 속으로 포함되어 버릴 때, 하나의 새로운 단계가 출현하게 되는 것이다. 그러므로 새로운 발달단계는 서서히 나타나는 것이 아니라 어느 특정 시기에 갑자기 나타난다. 따라서 이전 단계와 후기 단계 간에는 발달상의 간격이 있게 된다는 것이다. 이러한 주장은 토머스 쿤(Thomas Kuhn)의 '과학혁명의 구조'의 논리와 유사하다. 토머스 쿤에 의하면 과학이란 다음과 같은 과정을 거치며 변화하게 된다. 정상과학 → 이상 현상 → 위기 → 혁명 → 새로운 정상과학. 즉, 어떠한 이론(이론 A)에 의하여 과학이론이 계속하여 발전하다가 설명할 수 없는 현상이 나타나거나 그 시대의 패러다임(paradigm)과 일치하지 않을 때, 위기를 겪게 되고 이것을 대치할 만한 새로운 시대의 패러다임에 일치하는 이론(이론 B)이 나오면 그 이론을 받아들이게 된다는 것이다. 이러한 혁명은 결코 누적적이거나 점진적인 변화가 아니라 혁명적이고 또 질적으로 차별화된 전혀 새로운 형태로의 발전이라는 것이다. 단계이론가들은 아동발달이 이러한 양상을 보인다고 주장한다. 이와 같은 견해를 갖는 학자들로는 프로이트(Freud), 에릭슨(Erikson), 피아제(Piaget), 콜버그(Kohlberg) 등을 들 수 있다. 이들에 의하면 인간발달은 어느 국면에서나 분명하게 구분되는 단계를 보이면서 단계적으로 진행된다는 것이다.

반면, 행동주의적 입장을 취하는 학자들은 단계이론에 대해 반론을 제기하면서 비단계이론(연속이론)을 주장하고 있다. 이들에 의하면, 인간의 행동발달은 기본적으로 자극과 반응의 결합으로 이루어지는 조건형성의 결과이므로, 어느 시기나 특정 연령단계에 이르면 지금까지 없었던 새로운 행동특징이나 새로운 체계가 돌연히 나타나는 것이 아니라 서서히 점진적으로 이루어진다는 것이다. 이들은 실증적 · 경험적 연구에서 얻어진 발달곡선이 연령의 어느 단계에서도 단계이론가들이 주장하는 것과 같이 급격한 차이를 보이는 것이 아니라 점진적인 상승 혹은 하강을 보인다고 주장한다.

2. 본성 대 양육

본성(nature)이냐 양육(nurture)이냐 하는 문제는 아직도 타협이 요원한 논란 중 하나다. 과연 인간의 마음이나 행동은 유전자에 의해 타고나는 것일까, 경험이나 문화에 의해 후천적으로 형성되는 것일까? 고전적 질문에 대한 대답은 시대에 따라 크게 달라졌다. 한 세기 전만 해도 대답은 '인간은 타고난다.'는 쪽으로 기울었다. 당시 백인 남성에게 '흑인과 아시아인, 여성은 열등하게 태어난다.'는 생물학의 주장은 제국주의의 식민지 지배를 정당화하는 명분이었다. 20세기 중반 이후 저울추는 '인간은 후천적으로 만들어진다.'는 쪽으로 기울었다. 차별받는 흑인과 여성의 권익을 보호하기 위해 '남녀와 흑백 인종이 모두 똑같이 태어났다.'는 과학적 뒷받침은 절실하였다. 게놈 지도가 만들어지는 21세기에 저울추는 다시 '타고난다.'는 쪽으로 기울고 있다.

생물학적 결정론의 다른 이름인 우생학은 20세기에 접어들면서 미국에서 인기가 높았다. 우생학은 범죄, 빈곤 및 사회악에 대한 특효약으로 미국의 지배층을 사로잡았다. 환경보다는 유전이 인간행동을 좌우한다고 전제하면, 하층민을 생물학적 열등자로 몰아붙여 그들에게 사회문제의 모든 책임을 전가시킴으로써 상류층의 기득권을 수호할 수 있었기 때문이다. 하지만 우생학은 1950년대에 완전히 숨을 죽인다. 히틀러의 유대인 대량학살에 충격을 받은 행동과학자들은 환경결정론을 지지하면서 유전과 행동 사이의 연결고리를 찾는 작업을 포기하였다. 본성과 양육 논쟁에서 양육 쪽이 일방적인 승리를 거둔 셈이다. 사회과학자들은 본성(nature)보다는 양육(nurture)에 더 큰 영향을 받고 있다. 왜냐하면, 그들은 인간의 타고난 본성에 대한 믿음이 온갖 불평등이나 차별을 정당화해 주는 근거라고 보기 때문이다. 현대 행동주의의 창시자인 존 왓슨(John Watson)은 이렇게까지 주장하였다. "내게 건강한 아이들 열두 명을 주고 내가 규정한 세계에서 키울 수 있도록 허락해 달라. 그러면 나는 그들 중의 누구라도 그 아이의 능력이나 기호, 적성과는 상관없이 의사, 법률가, 예술가, 상인, 심지어는 거지나 도둑으로도 만들 수 있다." 왓슨의 주장은 어느 정도 과장된 것이다. 하지만 아이들의 성장을 위해 적절한 환경이 아주 중요하다는 이런 주장 덕분에 사회안전망이나 헤드스타트(Head Start) 등과 같은 사회 프로그램이 만들어지게 되었다. 아동들은 환경에 따라 쉽게 바뀔 수 있으므로 환경을 개선하는 것이 좋은 사회를 만드는 최선의 길이라고 생각되었던 것이다.

하지만 요즘은 환경보다는 유전의 영향을 강조하는 견해가 우세한 편이다. 1990년부터 시작된 인간 게놈 프로젝트(1990~2003)가 완성됨에 따라 본성과 양육 논쟁에서 저울추가 본성 쪽으로 기울면서 생물학적 결정론이 더욱 강화되었다. 특히 인간

게놈의 유전자에는 엄청난 양의 정보가 담겨 있으며, 특정 유전자가 인지, 언어, 개성의 여러 측면에 구체적으로 연결된다는 것을 보여 주는 사례가 갈수록 늘어나고 있다. 개인의 기질과 성격은 생애 초기에 출현해 일생 동안 상당히 일관되게 유지된다. 최근의 연구는 성격과 지능 모두 어린이의 가정환경으로부터 거의 영향을 받지 않거나 어떤 영향도 받지 않음을 보여 준다. '떨어져 자란 일란성 쌍둥이는 함께 자란 이란성 쌍둥이보다 비슷하다.' '출생 직후 헤어진 형제는 함께 자란 입양형제보다 비슷하다.' '함께 자란 형제와 어릴 적 헤어진 형제 사이에는 별 차이가 없다.' 등 그간 생물학과 심리학의 결론은 '인간이 가진 특성의 대부분은 유전된다.'는 것이었다. 심지어 니코틴과 알코올 의존성, 이혼 가능성 등도 유전되었다. 반면 부모의 양육 태도는 아이의 인성과 성격, 지능 형성에 놀라울 만큼 아무런 영향도 끼치지 못하였다. 폭력 역시 후천적으로 습득한 것이 아니라 유전적 설계의 일부인 것이다. 폭력적 성향이 있는 개인은 충동적이고 지능이 낮고 쉽게 화를 내는 등 뚜렷한 특징이 있으며 이는 대체로 유전된다.

'유전자 결정론'은 인간의 신체, 행동, 심지어 운명마저도 유전자에 의해서 전적으로 결정된다는 견해다. 이는 환경적 자극 없이도 유전자에 의해서 인간의 모든 특성이 결정된다는 모순에 빠지게 된다. 반면, '환경 결정론'은 인간이 어떤 유전자들을 갖고 있는가와 상관없이 환경에 의해 표현형이 산출된다는 것이다. 그러나 오늘날 이러한 두 극단론을 믿는 학자는 거의 없다. 오히려 유전자와 환경이 상호작용하여 특정한 표현형을 산출해 낸다는 이론이 입증된 지 오래다. 즉, 특정 행동을 산출하려면 유전체와 환경이라는 두 변수를 모두 고려하면서 두 변수 간의 상호작용이 어떤 방식으로 진행되는가에 관한 것이다. 본성 대 양육 논쟁은 앞으로도 치열하게 전개될 가능성이 많다. 하지만 유전과 환경 중 무엇이 더 인간의 행동에 우세한 영향을 미치는가를 따지는 일은 부질없는 짓일지도 모른다. 본성과 양육 둘 다 아동발달에 필수적인 요인이기 때문이다.

공산주의와 나치즘: 본성 대 양육 논쟁

공산주의와 나치즘은 20세기에 인류를 개조하려 했지만 대량학살의 범죄를 저지르며 자멸하였다. 또한 두 독재체제는 본성 대 양육 논쟁에서 가장 극단적인 사례로 손꼽힌다. 공산주의의 사회개조론은 양육을, 나치즘의 생물학적 결정론은 본성을 옹호하는 이데올로기이기 때문이다. 공산주의자는 생물학에 입각한 인간 본성 개념을 적대시한다. 마르크스는 "인간이 환경을 만드는 만큼 환경도 인간을 만든다."고 말한다. 따라서 공산주의자들은 사회환경을 바꾸는 데 혈안이 되었지만 그들의 혁명은 실패한 것으로 판명되었다. 한편, 나치즘은 인간 본성의 생물학적 개념을 악용한 사례다. 히틀러는 열등한 민족을 없애는 것은 자연의 지혜라고 주장하였다. 나치정권은 1933년 집권한 뒤 열두 해 동안 유럽 점령지역에서 유대인, 집시 수백만 명이나 살육하였다.

3. 능동적 존재 대 수동적 존재

아동은 환경을 다루고 선택하며 결정하는 능동적인 존재인가 아니면 일방적으로 환경에 영향을 받는 수동적인 존재인가라는 상반된 입장이 존재한다. 아동을 수동적인 존재로만 인정한다면 아동발달의 모든 책임을 주변 환경, 특히 주양육자의 책임으로 돌릴 수밖에 없을 것이다. 그러나 실제 동일한 부모 슬하에서도 또는 동일한 환경에서도 차별적인 발달이 존재하는 것이 사실이고, 아동 스스로의 능동적인 선택과 자질이 환경의 영향을 촉진 또는 완충시킨다. 아동이 환경에 따라 상당 부분 영향을 받는 것은 사실이지만 환경을 조성하는 데에도 능동적인 역할과 책임을 갖는다는 것이다(공계순 외, 2006).

제3절 아동발달의 이론

대부분의 현대 발달학자는 인간발달을 전체적으로 적절하게 설명하는 단일 이론이 없다는 것에 동의하며, 각각의 다양한 이론이 인간의 발달과정을 이해하는 데

상이하게 공헌하는 점을 강조한다.

1. 프로이트의 정신분석이론

프로이트에 따르면 어린이는 태어나면서부터 다섯 살까지 약 5년 동안 구분이 뚜렷한 일련의 단계를 거치며, 이때가 성격 형성에 결정적인 시기라고 주장한다. 프로이트는 성격이 세 가지 구조 원초아(id), 자아(ego), 초자아(superego)로 구성된다고 보았다. 원초아(id)는 성격의 무의식적인 부분으로 본능과 충동의 원천으로 기본 욕구의 저장고이고 성격의 기초가 된다. 내적 또는 외적 자극에 의해 이 부분의 에너지가 증가하게 되면 긴장이 유발된다. 이때 원초아는 즉각적인 긴장 감소를 추구하게 되며 현실성이나 도덕성을 전혀 고려하지 않고 즉각적인 자기만족을 추구하게 된다. 이러한 경향성을 쾌락의 원리(pleasure principle)라 한다. 프로이트는 원초아의 충동을 주로 성적 본능(libido)과 공격성으로 보았다.

자아(ego)는 원초아로부터 분화된 것으로서 외부세계에 바람직하지 않은 결과를 초래하지 않으면서 동시에 원초아의 충동을 만족시키는 행동을 선택하는 역할을 한다. 즉, 자아는 원초아와 초자아를 동시에 부분적으로 만족시키려는 현실의 원리(reality principle)에 의해서 작용한다.

초자아(superego)는 성격의 도덕적 측면이다. 초자아는 쾌락보다는 자기통제의 형태로 완벽을 지향하고, 현실보다는 이상을 강조한다. 초자아는 도덕과 가치관을 포함하는데 일반적으로 양심으로 생각할 수 있다. 초자아의 일부는 사회의 도덕률이나 금기로 구성되고 일부는 부모에게서 받은 도덕교육을 토대로 형성된 사회의 도덕관념에 기반한다. 즉, 초자아는 외부세계의 대변자다. 따라서 초자아는 사회적 원리(social principle)를 따른다고 볼 수 있다.

원초아, 자아, 초자아 세 구조의 에너지 보유량에 따라 성격의 특질이 결정된다. 원초아가 에너지를 장악하는 사람은 성격이 충동적이기 쉽고, 초자아가 에너지를 장악하는 사람은 이상적 · 도덕적 측면이 강하다. 프로이트는 원초아와 초자아가 언제나 끊임없는 갈등 상태에 있으며 자아는 이것을 조정하려 한다고 가정한다. 원초아, 자아, 초자아의 균형이 성격 발달에 중요하다.

태어나서부터 5세까지의 결정적인 시기를 어떻게 보내느냐에 따라 긴장발산을 추구하는 원초아와 이 충동을 억제하는 초자아 간의 상호작용과 자아의 갈등조정 능력이 달라진다. 프로이트의 발달단계는 각각 신체의 특정한 부분의 반응 형태에 따라 정의될 수 있다. 갓 태어나서 1세까지의 첫 단계는 입이 주요 부분이 되는 구순기, 구강기이며, 이 시기가 지나면 배변훈련을 하는 시기로 이른바 항문기라는 시기가 3세까지 지속된다. 그다음은 성기관이 주요 기관이 되는 생식기기, 남근기가 시작되는데 이와 같은 구강기, 항문기, 생식기기를 가르켜 생식전기, 성기전기라 한다. 그리고 그다음은 12세까지 고요한 시기로서의 잠복기이고, 12세 이후 생식기로 넘어간다.

1) 구강기

구강기(출생~1세)는 입으로부터 생겨나는 쾌락을 추구하는 단계로, 먹고, 빨고, 삼키고, 내뱉고, 씹고, 깨무는 모든 것을 말한다. 이 시기에 주로 나타나는 의존성은 나중에 자아가 발달해도 일생을 통해 지속되는 경향이 있으며 불안을 느낄 때마다 그 모습을 드러내는 경우가 많다. 의존 현상의 극단적 형태는 자궁으로 되돌아가고 싶어 하는 것이라 한다. 그러나 구강기 후반에 이유(젖을 떼는 것)로 인한 욕구불만 때문에 어머니에게 애정과 우호적인 태도를 갖는 동시에 적대적이고 파괴적인 태도를 갖게 된다. 이때 유아는 최초로 양가감정을 경험하게 된다.

2) 항문기

항문기(1~3세)의 대소변 훈련을 통해 아동은 처음으로 본능적 충동이 외부의 규제를 받는 것을 경험하게 된다. 대소변 훈련 시 유아는 즉각적인 만족을 구할 것인지 혹은 만족을 늦출 것인지를 갈등한다. 주로 아동은 항문의 긴장을 풀어서 생기는 쾌감을 뒤로 미루는 법을 배워야 한다. 이 경우 부모가 너무 강압적으로 대소변 훈련을 시키게 되면 아동의 개성이나 가치를 형성하는 데 역효과를 가져오게 될지 모른다. 아동이 원하지 않을 때에 억압된 상태에서 변을 보게 하면 고집이 세고 인색하게 될 것이다. 반대로 부모가 아동에게 칭찬을 통해 훈련을 시킨다면 그 아동은 변을 보는 행위가 중요한 행위라는 생각을 갖게 되며 이러한 생각은 창조력과 생산력의 밑바탕이 된다.

3) 생식기기, 남근기

생식기기(3~5세) 동안 성적 충동과 공격성이 성기의 기능과 더불어 중시된다. 이 시기의 아동은 이성의 부모에게 성적 관심을 갖게 되면서 동성의 부모에게 성적 동일시를 하므로 남자아이는 남자답게 굴고 여자아이는 여자답게 행동하려고 애쓴다.

3~5세 아동의 행동은 대부분 오이디푸스 콤플렉스(Oedipus complex)의 작용에 의해 특징지어진다. 오이디푸스 콤플렉스는 이성인 부모에 대한 사랑과 동성인 부모에 대한 적대시라고 할 수 있다. 오이디푸스 콤플렉스는 남자아이에게 분명하게 드러나게 되는데, 특히 어머니의 애정을 독차지하려는 열망과 아버지에 대한 원망은 아버지와의 갈등을 초래하게 된다. 남자아이는 그의 강력한 경쟁자인 아버지가 그를 해치려고 한다는 생각에 두려움에 싸이게 된다. 그의 두려움의 초점은 성기에 집중되는데 그것은 성기가 성적 쾌락 감정의 원천이 되기 때문이다. 그는 아버지가 자기의 성기를 제거시킬까 봐 두려워한다. 이러한 거세에 대한 두려움을 거세불안(castration anxiety)이라고 한다. 이 거세불안은 어머니에 대한 성적 욕망과 아버지에 대한 적개심을 억제시킨다. 이러한 오이디푸스 콤플렉스의 억제는 초자아를 발달시키는 요인이 된다. 전 단계인 항문기에서는 외적인 금지에 대항하여 자신을 방어했지만 남근기에는 내적인 금지에 대항하여 자신을 방어한다.

한편, 여자아이가 아버지를 좋아하고 어머니를 싫어하는 경향을 엘렉트라 콤플렉스(Electra complex)라고 부른다. 여자아이의 경우에는 남근선망(penis envy)으로 이 시기의 발달을 설명하나 남자아이에 비해 그 설명이 불분명하다. 남근선망이란 여아가 자신의 성기에 대해 만족하지 못하고 남근에 대해 적극적인 소망을 갖는 것을 말한다. 이러한 거세불안과 남근선망과의 차이가 양성 간의 여러 가지 심리적 차이의 기본이 되는 것으로 알려져 있다.

4) 잠복기

구강기, 항문기, 생식기기를 가리켜 생식전기, 성기전기라 한다. 그리고 그다음은 12세까지 고요한 시기로서의 잠복기이고 12세 이후 생식기로 넘어간다. 잠복기에는 원초아가 약해지고 자아와 초자아는 강력해진다. 이 시기 리비도의 지향 대상은 친구, 특히 동성의 친구에게로 향하고 동일시의 대상도 주로 친구가 된다. 잠복기 아동의 에너지는 지적인 활동, 운동, 친구와의 우정 등에 집중된다.

5) 생식기

각 개인이 자기 몸에 자극을 주거나 조종함으로써 만족을 얻기 때문에 생식전기는 자기애의 특성이 강하다. 그러나 사춘기(생식기) 동안 이러한 자기애의 일부는 대상이 바뀌어 애타적인 동기로 다른 사람들을 사랑하기 시작한다. 이러한 과정을 통해 인간은 쾌락을 추구하는 자기애적 유아에서 사회화된 현실적인 성인으로 변천해 나가게 된다. 이러한 생식기의 가장 중요한 생리학적 기능은 재생산의 기능이다. 프로이트는 성격의 성장단계를 다섯 단계로 구분하였지만, 한 단계에서 다른 단계로 넘어갈 때 뚜렷한 어떤 분기점이 있다거나 과도기를 거치게 되는 것은 아니다. 성격은 앞에서 말한 다섯 단계를 바탕으로 하여 최종적으로 형성된다. 만약 어느 한 단계에서의 만족이 지나치게 부족하거나 과도하면 아동은 그 단계에 고착되고 다음 단계로의 발달적 이행이 어려워진다.

2. 에릭슨의 심리사회이론

에릭슨은 일생 동안 인간이 여러 단계의 심리사회적 위기를 경험하게 되는데 그 위기의 결과로 성격이 발달하는 것으로 보았다. 다시 말해서, 에릭슨의 이론은 사회가 개인에 미치는 영향과 개인이 심리사회적 위기를 극복하면서 '나는 누구인가?' '내가 무엇을 해야 하는가?'에 대한 답을 발견하는 과정에 초점을 두고 있다. 따라서 그의 이론은 자아기능을 강조하는 반면, 무의식에는 거의 관심이 없었다.

에릭슨은 스스로를 정신분석적 사고의 주류라고 주장하지만 그의 심리사회이론은 세 가지 측면에서 근본적으로 프로이트의 정신분석학과 구분된다(서봉연, 2007). 첫째, 인간의 행동과 기능의 기초로 원초아보다 자아를 강조하였다. 둘째, 가족상황 속에서 개인과 그 부모의 관계뿐 아니라 그 가족이 위치한 역사적 · 문화적 상황 속의 사회적 관계에 관심을 가졌다. 개인의 성장에 문화가 기여하는 것에 주목하였다. 사회가 양육의 패턴을 전수하고 교육기회를 제공하며 성욕, 친밀, 일에 대한 가치와 태도를 전달한다고 보았다. 셋째, 삶의 심리적 위험을 극복할 수 있는 인간능력에 관심을 기울였다. 프로이트는 충동을 극복하는 초자아의 능력을 중시하였지만 에릭슨은 모든 개인적 · 사회적 위기가 성장을 이끄는 요소를 제공한다고 보았다.

프로이트의 단계이론은 신체부위에 지나치게 초점을 맞추고 있다. 그러나 에릭슨은 중요한 것은 신체부위가 아니라 외부세계와 상호작용하는 신체의 양식임을 지적하며 프로이트의 단계보다 더 일반성을 부여하였다. 에릭슨은 프로이트의 구강기가 구강 부위가 아니라 외부세계와 상호작용하는 구강 양식임을 보여 주었다. 첫 번째의 우세한 양식은 함입인데, 이는 입뿐만 아니라 다른 모든 감각기관을 통해서 받아들이려는 경향을 포함한다. 항문이 아니라 보유와 배설, 성기가 아니라 관입(진입)—타인의 공간으로의 진입, 호기심에 의해 미지의 세계로의 진입 등이라는 것이다.

에릭슨은 인간의 전 생애 발달단계를 심리사회적 관점에서 여덟 단계로 구분하고 있다. 각각의 발달단계에서 그 나름의 중심적인 과제가 존재하기 때문에 다음 단계로 잘 진행되기 위해서는 적어도 그러한 과제가 단계마다 잘 해결되어야 한다고 보고 있다. 여기서는 아동기에 해당하는 여덟 단계 중 네 단계를 살펴보도록 하겠다. 심리사회적 갈등은 개인이 단계마다 사회환경의 요구에 적응하기 위해 심리적 노력을 해야 하기 때문에 일어난다. 각 단계에서 내포하는 심리사회적 위기는 긍정적 요소와 부정적 요소를 모두 다 포함한다. 즉, 각 단계의 갈등은 심리기능의 연속선상에서 존재하는 것이다. 사실상 연속선의 양극단은 비현실적이다. 예를 들어, 어떤 아동도 완전한 신뢰감 또는 완전한 불신감을 갖고 있지는 않다. 유아기의 갈등이 만족스럽게 해결되면 기본적으로 신뢰감 같은 긍정적 요소가 자아에 반영되어, 보다 건전한 발달이 보장된다. 반대로 유아기의 갈등이 불만스럽게 해결되면, 자아발달은 손상을 받게 되고 불신 같은 부정적 요소가 자아에 크게 반영된다.

1) 유아기(기본적 신뢰감 대 불신감)

건강한 성격의 가장 기본적 요소 중의 하나가 신뢰감인데 자신과 다른 사람에 대한 신뢰감은 생후 1년 동안 발달한다. 출생 후 1년 동안 유아는 생을 신뢰할지 혹은 불신할지 결정짓는 위기를 겪는다. 그 위기의 해결책은 부모, 특히 어머니에게 크게 의존한다. 신뢰감을 갖게 해 주는 상황은 다양하지만 대개 적절한 시각에 음식물을 제공받는 것과 같은 생리적 욕구의 만족, 돌보는 사람으로부터 보호와 사랑을 받고 있음을 느끼게 되는 심리적 안정, 그리고 자신의 신체가 뜻대로 움직여진다는 신체적 만족 등에서 비롯된다고 할 수 있다. 불신감은 어머니의 행동이 전혀 예측할 수 없고 믿을 수 없으며 필요할 때 어머니가 옆에 없을 것이라는 느낌에서 싹튼다. 다시 말해 자녀를 양육하는 데 다양한 양육방식을 시도하는 부모, 부모역할에 자신감이 부족한 부모, 지배적 문화와 갈등을 일으키는 가치관을 가진 부모는 그 모호성이 자녀에게도 감지되기 때문에 유아에게 불신감을 준다. 신뢰감은 심리적으로 건강한 사람을 만들며 다른 사람과의 유대감과 애착을 형성하는 데 필수적이다. 그러나 건전한 성장이 전적으로 신뢰감만으로 이루어지지는 않는다. 에릭슨은 건전한 성장발달이 신뢰와 불신의 적절한 비율로부터 온다고 하였다. 실제로 어느 정도의 불신은 누구나 무엇이나 믿어서는 안되는 험한 현실세계에 적응하는 데 유용한 도움을 줄 수 있다.

2) 초기 아동기(자율성 대 수치심과 회의)

생후 1년간 신뢰감이 확고히 형성된 이후 약 2년간(1~3세)은 아동의 많은 에너지가 자기 스스로의 마음과 의지를 지닌 인간임을 확인하는 데 집중된다. 따라서 이 시기의 가장 중심적인 과제는 자율성의 문제로서, 이는 바로 독자적 인간으로서의 의식인 동시에 다른 사람들의 도움과 지도를 활용할 수 있다는 의식이기도 하다.

제 발로 서고 손을 사용하는 능력이 발달하면서 아동은 스스로 외부세계를 탐색하기 시작하고 자율성을 획득하게 되며 이에 따라 부모와 아동 간의 통제를 둘러싼 갈등이 치열해진다. 아동은 '나'와 '너'를 구분하며, '내가' '내 것'과 같은 자기세계를 분명히 한다. 강하고 고집스러운 '아니야'의 반복이 시작된다. 부모가 아동의 의사를 묵살하지 않으면서 사회적으로 기대되는 행동을 배우게 하면, 아동은 자율성을 상실하지 않으면서도 사회적 규제에 잘 적응하게 된다. 이 단계에서 내리는 통제는 꼭 필요한 경우에 한해야 하고 일관성이 있어야 하며, 외부의 통제는 확고하게 확신을 주는 것이어야 한다. 이 확고함은 배변훈련에서 보유할 것인지 배설할 것인지를 모르는 혼란으로부터 유아를 분별 있게 보호해 준다. 그러나 아동이 미성숙한 상태에서 외부통제가 너무 빨리 또는 너무 엄격하게 가해져서 아동에게서 자유선택으로 배변과 다른 기능을 스스로 통제할 기회를 박탈하면, 아동은 자신의 통제능력이 미약하고 외부의 압력자를 통제할 수 없다는 무력감으로 수치심(다른 사람의 눈에 자신이 좋게 보이지 않는다)과 회의(자신이 강하지 못하기 때문에 다른 사람이 자신을 통제할 수 있다고 깨닫는다)를 갖게 되고 전 단계로 퇴행하는 수가 있다. 아동을 현명하게 지도하기 위해서는 분별없이 수치심을 자극해서는 안 되며, 아동들의 반항적 행동을 완전히 묵살하거나 스스로 행동하려는 노력을 조롱해서는 안 된다. 또한 아동이 스스로 근본적으로 가치 있는 존재임을 의심하게 해서는 안 된다.

3) 중기 아동기(자발성 대 죄의식)

그동안 독자적 권리를 지닌 인간으로서의 확신도 생겼고 그러한 느낌을 일정 기간 누려 온 아동은 4~5세가 되면 이제는 무엇을 할 수 있을까를 탐색하고 싶어 한다. 그리하여 어른들의 활동을 세심하게 관찰하여 모방하고자 애쓰며 참여하고 싶어 한다. 이때는 대단한 창의성, 진취성, 상상력을 보이는 시기이며 학습의욕이 왕성하고 호기심도 많아지는 시기다. 질투와 경쟁심도 최고조에 달하며 이 과정에서 불가피하게 경험하는 실패가 체념, 죄책감, 불안을 낳는다. 이 시기 자발성의 주도자인 양심이 확립되는데 아동기의 양심은 흑백논리적이다. 그러므로 과도하게 처벌하거나 무시하면 아동은 자신의 자발적이고 주도적 행동에 자신감을 잃고 죄의식을 갖게 된다. 죄의식이 강한 아동은 스스로를 무가치하다고 생각하므로 체념,

의존하게 되고 목표를 수립, 추구하려는 목적의식이나 용기가 없다. 아동의 건전한 인격발달을 위해서는 진취성과 상상력을 보일 때 활동의 여지를 많이 주고 격려를 많이 해 주는 것이 매우 중요하다.

4) 후기 아동기, 학령기(근면성 대 열등감)

네 번째 단계는 6세에서 11세까지로 모든 문화에서 이 단계의 아동은 체계적인 교육을 받는다. 이 시기에 아동은 세상을 살아가는 데 필요한 인지적·사회적 기술을 학습한다. 따라서 사회의 생산적 성원이 되기 위한 근면성이 발달하는데, 아동의 주변환경이 지지적이면 근면성이 발달하기 쉽다. 이 단계의 위험은 부적절감과 열등감의 발달이다. 만일 아동이 공부와 기술 혹은 동료들 사이에서의 자기 위치에 절망한다면 공부에 대한 동일시와 동료에 대한 동일시가 방해받는다. 주로 학습에 실패한다든지 과제를 수행할 능력이 없을 때 열등감이 생긴다. 때로는 전 단계의 오이디푸스적 갈등을 제대로 해결하지 못해 아버지와 자신을 비교하거나 어머니와 자신을 비교하여 그 비교가 열등감을 일으키기 때문에 자신감이 없을 수 있다. 열등감은 아동이 자신의 무능력이나 하찮음을 지각하면서 생기지만 열등감을 조장하는 사회적·문화적 요소들도 근면성 발달을 방해한다. 아동은 그의 사회적 가치를 결정하는 것이 자신의 능력이나 의지보다 부모의 배경, 사는 지역, 의복의 가격이라고 느끼기 시작하면 상처를 받아서 열등감이 생기기 쉽다.

근면성은 다른 사람들과 함께 일하는 것을 의미하기 때문에 이 단계는 사회적으로 가장 결정적인 단계가 된다. 이 단계를 성공적으로 극복하면 개인적으로나 사회적으로나 의미 있는 목표를 추구하면서 자신감을 갖는 반면, 이 단계의 실패는 무력감을 낳는다.

3. 피아제의 인지발달이론

피아제의 이론이 인지발달 연구에 기여한 공헌은 크게 두 가지로 요약될 수 있다. 첫째는 피아제가 처음으로 아동을 능동적인 학습자로 규정하였다는 점이다.

기존의 전통적인 학습이론에서는 아동을 피동적인 존재로 보았으며, 발달이란 환경에 대한 수동적인 반응이나 점진적인 축적으로 간주되어 왔다. 그러나 피아제는 아주 대조적으로 아동을 끊임없이 정보를 저장하고, 선택하고, 해석하는 자로 묘사하고 있다. 둘째, 예리하고 독특한 통찰력으로 면밀한 관찰을 통해 인지구조의 발생과 그 발달과정을 처음으로 설득력 있게 설명하였다. 피아제는 지금 우리가 가지고 있는 인지발달의 여러 측면의 지식들에 대해 기본적인 이해의 기반을 제공해 주었다.

피아제는 지능을 기능적인 측면과 구조적인 측면으로 분리하여 설명하고 있다(장인협, 오정수, 2000). 따라서 그가 말하는 인지발달은 기능적인 면과 구조적인 면의 발달이라는 두 가지 측면을 동시에 의미한다. 기능적 측면에서의 인지발달이란 유기체가 환경과의 상호작용에서 이루어 가는 적응과정이며, 이 과정은 다시 인지적 동화와 인지적 조절이라는 하위과정을 통해서 이루어진다. 먼저 인지적 동화란 아동이 자신이 가지고 있는 이해의 틀에 맞추어 대상을 해석하고 받아들이는 것을 말한다. 예를 들어, 아동이 '네 발 달리고 침 흘리는 짐승은 개'라고 하는 나름대로의 이해의 틀을 가지고 있다고 하자. 이 아동은 네 발 달리고 침 흘리는 짐승만 보면 자신의 이해의 틀에 맞추어 개라고 인지한다. 그러나 새로이 직면한 대상물이 기존의 이해의 틀로서는 해석되지 않을 때, 이 이해의 틀은 변용되어야 한다. '네 발 달리고 침 흘리지만 뿔이 있고 덩치가 훨씬 크면 소'라고 바꾸어 인지해야 한다. 이와 같이 이해의 틀을 변용해 가는 과정을 인지적 조절이라 한다.

피아제는 인지발달의 구조적인 면도 설명하였다. 아동이 가지고 있는 반응의 틀을 도식이나 구조라고 표현하는데 이것은 아동이 생래적으로 갖고 태어나는 것이 아니라 환경과의 접촉을 통해 반복되는 행동과 경험에서 생성되는 것이라고 한다. 예를 들면, 빨기 반사라든지, 잡기 반사 등을 반복하는 가운데 빨기 도식 또는 잡기 도식 등을 형성하게 된다. 이 도식은 반복되는 행동을 통해 점차 분화되고 또 다른 도식들과 통합되어 수많은 도식과 복합적인 고차원의 도식이 획득된다. 도식의 사용은 아동이 성장함에 따라 감각운동적 차원을 넘어 개념적 차원까지 확대되어 간다. 피아제는 인지발달이 질적 차이에 의해 단계가 구분된다고 주장하면서 네 단계, 즉 감각운동기, 전조작기, 구체적 조작기, 형식적 조작기로 나누어 설명하였다.

1) 감각운동기

감각운동기(sensorimotor stage)는 출생 후 약 2세에 이르는 시기로서, 이 단계에서는 반사활동을 통하여 외부세계와 접촉하면서 감각운동적 지능을 발달시킨다. 이 기간 동안 아동은 점진적으로 자신의 감각과 지각을 신체동작과 협응시키는 능력을 발달시킨다. 출생 직후 1개월 정도는 단순하고 선천적인 반사활동에 국한되어 있으나 반사활동을 반복하는 가운데 감각운동적 도식을 형성하게 된다. 그리하여 첫돌쯤 되면 반사활동이 보다 더 쉽게 의도적으로 통제되고 조절되며 1세 반경에는 시행착오를 통해서 문제를 해결한다. 그러다가 이 단계가 끝날 무렵에는 아주 초보적이나마 개념적 사고가 시작된다. 감각운동기의 아동은 자신이 직면하는 외부의 대상과 자신을 구별하지 못한다. 따라서 이 단계의 중요한 발달과업은 대상의 획득이다. 이 단계를 잘 넘기게 되면 모델 없는 모방도 가능해지며 자신과 대상을 분리할 수 있게 된다. 그리고 어떤 대상이 시야에서 사라지더라도 그 대상이 자기와는 독립적으로 계속 존재한다는 대상영속성(object permanence) 개념이 획득된다.

2) 전조작기

약 2세에서 7세에 걸치는 전조작기(preoperational stage)의 특징은 언어의 획득, 상징 사용의 증가, 그리고 제한된 논리적 사고 등이다. 이 단계의 중요한 발달과업은 상징의 획득이고 이 단계에서 가장 중요한 것은 언어를 사용하기 시작하고 언어능력이 발달하는 것이다. 2세경부터 아동은 사물 대신에 상징으로 사물을 표상하는 단어를 사용하기 시작하며, 이때 아동의 말은 대부분 한 단어로 이루어진 것이다. 점점 그 능력이 확대되어 4세의 전형적인 아동은 언어활동에 자신을 갖게 된다. 이때에는 대부분의 문법을 쓸 수 있으며, 남의 말을 듣고 이해할 수 있다. 이렇게 빠른 상징적 표상(언어)의 발달은 이 단계에 이루어질 개념 형성이 빨리 이루어지도록 도와주는 기능을 갖는다. 이 단계에서 언어와 사고의 관계는 매우 중요하며, 피아제에 의하면 지적 활동의 기초는 언어의 발달보다 앞서 진화한다고 설명한다. 언어는 사물과 사건에 대한 표상의 한 형태이므로, 언어를 포함하는 사고는 감각운동적 사고의 직접적인 활동한계로부터 벗어난다. 이로 말미암아 인지활동은 속도와 범위에서 빠르게 발달하게 된다.

아동은 성인들처럼 이야기하기 시작하지만 성인처럼 사고하지는 않는다. 이 단계 사고의 특성은 아동의 발달에는 필수적이지만 논리적인 발달에는 장애가 되는데, 이러한 특성으로는 자기중심성(egocentrism), 변환(transformation), 중심화(centuration), 가역성(reversibility), 비보존 등이 있다(장인협, 오정수, 2000).

(1) 자기중심성

피아제는 전조작기 아동의 행동과 사고를 자기중심성(egocentrism)이라고 특징지었는데, 자기중심성은 타인의 관점이나 지각이 자신의 것과 다르다는 것을 평가하는 데 실패하는 것을 말한다. 예를 들어, 이 시기의 아동은 자신에게 재미있는 어린이 프로그램이 왜 어른들에게는 재미없는지를 이해하지 못한다. 혹은 자신의 눈을 가리면 타인이 자신을 볼 수 없다고 주장한다. 아동은 모두 자신과 같은 방법으로 생각하고 행동하는 줄로 안다. 아동의 이러한 자기중심적 사고는 어떤 의도를 지닌 것은 아니며, 따라서 그것을 해결하려고 하지 않으며 문제 삼지도 않는다. 그의 언어활동도 타인과의 정보교환이 아닌 비사회적 성격을 띠게 된다. 이러한 사고는 전조작기에 반드시 나타나지만, 이는 이 동안의 인지적 구조의 발달을 제한하는 작용을 한다. 아동은 자신의 사고와 행위에 대해 의문을 갖지 못하기 때문에 조절을 통한 도식의 변화는 일어나기 힘들다.

(2) 변환

이 단계의 또 다른 특징은 변환에 유의할 능력이 없다는 점이다. 아동은 계속적으로 변화하는 계열적 상태를 관찰하는 데 한 상태들에만 집중한다. 다시 말해, 원래의 상태에서 결과적인 나중의 상태로 옮아가는 변환의 과정에 주의를 집중하는 것이 아니라, 변환이 일어나는 순간적인 상태에만 주의를 모은다. 그는 '특수한 지각적 사실'에서 또 다른 '특수한 지각적 사실'로 옮겨 가지만, 일련의 사실들을 처음과 끝의 관계로 통합하지는 못한다. 따라서 그의 사고는 연역적도 귀납적도 아닌 비약적이다.

(3) 중심화

중심화란 아동에게 시각적 자극이 있을 때 그것의 한정된 지각 측면에 주의를 고정시키는 것을 의미한다. 아동은 아직 자극의 모든 측면을 탐색할 수 없으며, 대체로 시각적 평가를 중심으로 인지적 평가를 행하는 경향을 나타낸다. 6~7세가 넘으면 사고에서 지각과 인지는 중심화 경향을 차츰 벗어나게 된다.

(4) 가역성

가역성이란 사고가 최초로 출발한 곳으로 되돌아가는 현상을 의미한다. 이 단계의 아동이 지니는 사고는 비가역적이다. 8개의 동전으로 같은 길이로 이은 두 줄을 만들어 보인다면 그는 어느 줄이나 같은 수의 동전이 꿰어 있다는 것을 인정할 것이다. 그러나 다음으로 어느 한 줄을 길게 늘이면, 그는 '어느 줄이나 동전이 똑같다.'고 하지 않을 것이다. 여기서 아동은 길이를 늘이는 활동을 가역할 수 없다는 사실을 발견할 수 있다. 따라서 이 단계의 아동은 시각적인 변화에 대해 가역성을 잃어버림을 알 수 있다.

(5) 비보존

보존(conservation)이란 물질의 양이 형태나 위치의 변화에 관계없이 똑같다는 도식화다. 전형적인 실험을 예로 들면, 처음 두 개의 같은 컵에 각각 같은 양의 물을 채운다. 그런 다음 그중 한 개의 컵에 든 물을 길이가 더 길고 가느다란 컵에 모두 옮겨 붓는다. 이때 전조작기의 아동은 수면이 높은 쪽의 물이 더 많다고 대답한다. 이것은 이 단계의 아동이 시각적 인상에만 의존하여 사고하기 때문에 컵의 모양이 달라져도 그 속의 물의 양은 변함이 없다는 사실, 양의 보존개념을 가지고 있지 않다는 사실을 보여 주는 것이다. 이 단계의 아동에게는 보존성이 결여되어 있으며, 전조작기가 끝날 무렵에 약간의 보존성이 발달한다.

3) 구체적 조작기

구체적 조작기(concrete operational stage)는 7~11세까지 지속되며, 이 단계에 접

어들면 양, 무게, 부피 등의 보존개념을 이해하게 되고 자아중심성을 탈피하여 타인의 관점을 이해할 수 있게 된다. 구체적 조작기의 목표는 현실의 획득, 가정과 사실을 구분하는 능력의 획득이다. 이 단계의 아동은 특정한 조작들을 수행할 수 있다. 이 단계를 구체적이라 하는 이유는 조작의 대부분을 직접적 경험을 통해 획득하기 때문이다. 이전에 나타나던 일면적 사고에서 다면적 사고로 이행되어 가고, 다소 체계적인 사고가 가능하게 되지만 이는 아직 구체적인 대상에만 국한된다. 다시 말하면, 구체적인 대상이 없는 추상적인 문제에 관해서는 체계적인 사고를 전개하지 못한다. 현실세계의 구속성에서 탈피하지 못하는 단계다. 이 단계 아동의 추리과정은 논리적이다. 이제 지각에 얽매이지 않고 인지적·논리적 결정을 내리게 된다.

(1) 자기중심성과 사회화

구체적 조작기의 아동은 전조작기에서와는 달리 자기중심성을 탈피하게 되는데, 그는 사람마다 다른 결론을 내릴 수 있다는 것을 알게 되며, 따라서 자신의 사고에 대해 타당성을 추구하게 된다. 또한 이 시기에는 아동의 언어도 자기중심성을 벗어나며, 대화를 통해서 정보를 교환하고 다른 사람의 입장에서 말하는 것을 배운다. 비로소 자기중심적인 경향에서 벗어나 사회적 존재로서의 기능을 하게 된다.

(2) 중심화의 변환

전조작기 아동의 사고와는 달리, 이 시기에는 아동의 사고가 어떠한 곳에 집착하는 중심화 경향에서 벗어난다. 이때의 아동의 사고는 사물이 지닌 여러 가지 특성을 고려하게 된다. 또한 전조작기의 아동은 변환의 연속적인 단계에 주의를 기울일 줄 몰라 변환문제에 실패한다. 즉, 그 단계의 아동은 변환의 각 단계가 연속적인 단계로부터 독립된 것으로 보기 때문에 변환에 주의를 기울이지 못한다. 그러나 구체적 조작기의 아동은 변환의 기능적 이해력을 갖게 된다. 따라서 그는 변환에 관한 문제를 해결할 수도 있고, 연속적인 단계들 사이의 관계를 의식하고 이해할 수도 있다.

(3) 가역성과 보존

전조작적 사고기에서 아동은 가역성이 없었는 데 비하여, 구체적 조작기에서는 가역성을 지니게 된다. 이와 함께 보존 기능의 발달을 돕는 능력, 즉 탈중심화와 변환 추구와 조작의 가역 등이 나타난다. 그리하여 7~8세가 되면 수 보존을, 9~10세경에는 질량 보존을, 11~12세경에는 부피 보존을 이해할 수 있게 된다.

이 시기는 보존 개념을 획득하였기 때문에 동일성, 보상성, 역조작의 사고가 가능하다. 더 붓거나 덜지 않았으므로 액체의 양은 같다고 대답하는 것이 동일성의 논리다. '이 컵은 긴 반면, 저 컵은 넓다. 따라서 액체의 양은 같다.'고 말하는 것은 보상성의 논리다. 이것을 전의 컵에다 그대로 다시 부을 수 있기 때문에 두 컵의 액체 양은 같다고 말하는 것은 역조작의 논리다. 또한 이 시기의 아동은 사물을 일정한 속성에 따라 분류하고, 일련의 사물들을 크기, 부피, 무게 등으로 서열화하는 능력을 갖고 있다.

4) 형식적 조작기

11세 이후의 시기가 형식적 조작기(formal operational stage)에 속한다. 형식적 조작기의 목표는 사고의 획득이다. 이 단계는 세 가지 점에서 전 단계와 구분된다. 첫째, 가설적이고 연역적인 추리를 한다. 연역적 사고는 그 출발점이 현실성보다는 가능성에서 시작한다. 이 전 단계에서는 경험적이고 귀납적인 추리를 한다. 구체적 조작기의 아동은 단지 하나의 명제와 그 명제가 지칭하는 경험적인 현실 간의 사실적 관계에만 주목하는 데 비해 형식적 조작기의 아동은 그와 병행해서 혹은 그 대신에 하나의 명제와 다른 명제 간의 논리적 관계에 대해서도 주목할 수 있게 된다. 둘째, 종합적 · 조합적 분석능력을 가지고 있다. 구체적 조작기의 아동처럼 시행착오적 접근방법이 아니라 체계적으로 가능한 조합을 차례로 시도하는 것이다. 셋째, 추상적 사고를 한다. 삶의 의미를 음미하고 사회적인 규범과 가치관을 이해하며, 예술품이 상징하는 것을 안다.

이 기간에 아동의 인지구조는 성숙한 수준에 이른다. 사실상 이 뒤로는 인지구조의 구조적 개선이 거의 일어나지 않으며, 따라서 이 단계에서 비로소 성인과 비슷한 사고를 할 수 있게 된다. 동화와 조절은 여전히 생활과정에서 계속 일어나면서 도식의 변화를 가져온다. 하지만 이 기간이 지난 뒤에 일어나는 사고능력의 변화는 논리적 조작과 구조에 대해 질적인 것이 아닌 양적인 것이다. 이후에는 사고방식이 개선되지 않는 반면, 사고의 내용과 기능은 끊임없이 개선된다.

4. 행동주의이론

파블로프(Pavlov), 스키너(Skinner), 밴듀라(Bandura) 및 시어즈(Sears) 등은 행동주의이론을 통해 인간의 행동 현상과 발달을 설명하고 있다. 같은 행동주의이론에 입각해 있으면서도 보는 맥락에 따라 차이가 있으므로 간략히 그 내용을 고찰해 보기로 한다(장인협, 오정수, 2000).

1) 고전적 조건형성

(1) 파블로프의 고전적 조건형성

러시아의 생리학자 파블로프(1849~1936)는 개의 위액이나 타액 등 소화관에 관한 생리학 연구를 하던 중에 고전적 조건형성 또는 반응적 조건형성(respondent conditioning)의 현상을 발견하였다. 그는 개의 입속에 산성의 용액을 주입하는 데에 시험관을 사용하였는데, 개는 시험관만 보고도 타액을 흘리는 것을 관찰할 수 있었다. 맛이 신 산성 용액을 입속에 넣으면 타액이 나오는 것은 당연한 것으로 생각되지만, 시험관만 보고서도 타액을 흘린다는 것은 이상한 일이었다. 더욱이 시험관뿐만 아니라 개에게 매일 먹이를 주고 돌보아 주는 사육자의 발소리만 들어도 타액을 흘리는 것을 볼 수 있었다. 파블로프는 이처럼 개의 조건형성에 의한 타액분비의 양을 정확히 측정하는 장치를 고안해 내어 일정한 속도로 메트로놈(Metronome)을 울리며 그와 동시에 개의 입에 음식을 주는 실험을 수차 반복하였다. 그렇게 하였더니 개는 메트로놈의 소리만 들어도 타액을 흘리게 되었다. 음식을 개의 입속에 넣으면(무조건자극) 타액이 나온다(무조건반사)는 것은 당연한 생리적 반응이다. 이에 반해 메트로놈의 소리는 원래 타액과는 하등의 관계가 없는 것

(중립자극)이다. 그런데 이 메트로놈의 음(音)과 음식을 시간적으로 접근케 하여 거의 동시에 개에게 주는 것을 반복하면, 타액과는 전혀 관계가 없는 메트로놈의 음으로 타액이 나오게 된다(조건반응). 이런 경우 메트로놈의 음(조건자극)이 시간적인 접근으로써 타액을 흘리게 하는 자극이 된다.

(2) 고전적 조건형성의 실제

고전적 조건형성이란 일정한 자극에 의해 선천적으로 유발되는 반사를 처음에는 그것과 아무런 관계가 없던 중립자극과 연합시킴으로써 이 중립자극이 선천적인 반사반응을 유발하게 되는 것이라 하겠다.

고전적 조건형성의 원리를 유아에게 적용시켜 연구한 사람이 왓슨(Watson)이다. 처음에는 흰쥐에 대해서 아무런 공포도 느끼지 않던 유아에게 흰쥐를 보여 주는 동시에 큰 소리를 냈더니, 이런 경험을 몇 번 하고 난 유아는 흰쥐만 보아도 놀라 울면서 피하려고 애를 썼다고 한다. 이것은 곧 중립자극이던 흰쥐에 대해서 놀라는 반응(즉, 조건반응)이 결부됨으로써 조건형성이 된 것을 의미하는 것이다. 이와 같은 방법을 역으로 이용하면, 흰쥐에 대해서 공포를 느끼던 유아에게 공포를 느끼지 않도록 할 수 있다. 왓슨의 견해에 따르면, 아동이 성장함에 따라 그들의 정서적 반응은 고전적 조건형성을 통하여 많이 습득된다고 한다.

2) 스키너의 조작적 조건형성

(1) 조작적 조건형성의 의의

인간의 행동 중에는 반사반응으로서 자동적으로 일어나거나 본인의 의지와는 관계없이 일어나는 반응적 행동도 있지만, 일상생활 중에는 행동 후에 어떤 일이 일어났느냐라는 결과에 의해서 영향을 받는 조작적(operant) 행동의 경우가 훨씬 더 많다. 즉, 파블로프와 왓슨이 반사적 행동의 조건형성을 연구한 데 반하여, 스키너를 비롯한 일부 학습이론가들은 반사적 반응이 아닌 유기체 스스로가 조작하는 행동으로 이루어지는 조건형성을 연구하였다. 이것이 유명한 스키너의 조작적 조건형성(operant conditioning)의 원리인 것이다.

스키너는 자신이 고안한 조그만 상자에 흰쥐를 넣어, 그 안에서는 쥐가 마음대로 돌아다닐 수 있도록 하였다. 상자의 한쪽 벽에는 지렛대를 장치하여, 만약 쥐가 이것을 누르게 되면 자동적으로 먹이가 나오도록 하였다. 처음에는 쥐가 이리저리 움직이다가 우연히 지렛대를 누르게 되고, 그러면 먹이가 나오도록 장치를 해 두었더니 이러한 시행을 거듭하면서(즉, 시간이 갈수록) 쥐가 지렛대를 누르는 횟수가 증가하게 되었다. 이와 같은 실험에서 볼 때, 유기체는 스스로 어떤 반응을 하게 되며, 그 반응이 긍정적인 결과, 즉 보상을 가져오게 되면 나중에도 그와 같이 반응할 확률이 높아진다.

그러나 실제 고전적(respondent) 그리고 조작적(operant) 조건형성을 그렇게 간단하게 구별하기에는 어려운 점이 많다. 어떠한 행동이 고전적 조건형성에 의해 일어나더라도 그 행동의 유지는 조작적 조건형성에 의해 이루어지고 있기 때문이다. 그러나 이들 양자 간의 가장 큰 차이는 고전적 조건형성에서는 반응이 일어나기 전의 자극이 문제인 데 대해서 조작적 조건형성은 행동이 일어난 후의 결과를 중요시한다는 점이다.

(2) 조작적 조건형성의 실제

어떤 유치원에서 언제나 선생님에게 매달려 같은 또래의 아이들과 잘 놀지 않는 원아가 있다. 이 유치원에 나오는 보육 전공의 선생님이 관찰해 보니 1시간 중에서 다른 또래들과 접촉하는 시간은 모두 합쳐도 겨우 5분 정도였다. 이를 교정하기 위하여, 이 원아가 다른 아이들과 가까이 있거나 함께 있을 때, 선생님이 그에게 다가가서 칭찬하며 방긋이 웃어 주고 어깨나 머리를 쓰다듬어 주면서 관심을 표명하였다. 반면에 선생님이나 실습생의 곁에 왔을 때에는 무관심하였다. 그러니까 이 원아는 선생님과 접촉하는 횟수는 줄어들었으며 그날의 끝 무렵에 가서는 1시간 중 25분 정도를 다른 또래들과 놀게 되었다. 그리고 3일째에는 그 원아가 다른 또래들과 놀고 있을 때만 칭찬하거나 관심을 표명하였다. 마침내는 1시간 중 40분 정도로 다른 또래들과 함께 놀았다. 즉, 이 원아의 경우, 말로써 착하다고 하거나 선생님이 가까이하는 등의 신체적인 접촉에 의한 관심을 통해서 또래들과 함께하는 일이 많아지고 선생님과 함께 지내는 시간을 줄였다. 이와 같은 접근법을 조작적 조건형성

자발적으로 하고 싶어서 하는 일에 보상을 주면 어떻게 될까?

연구자들은 그림 그리기로 보상의 효과를 알아보았다. 놀랍게도 아무 보상도 받지 않은 집단의 아이들은 보상 전 처음 측정하였던 수준과 같은 시간 동안 그림을 그렸지만 보상을 받은 집단의 아이들은 자발적으로 그린 시간의 반 정도밖에 그림을 그리지 않았다. 보상이 그림 그리는 시간을 절반 정도 단축시킨 것이다. 보상이 어떤 역할을 해서 그림 그리는 시간을 감소시킨 것인가? 내가 좋아서 하고 있는 일에 대해서 다른 사람이 개입하게 되면 그 행위가 다른 사람의 인정이나 보상 때문에 하는 것으로 해석되며 이런 해석은 곧바로 그 일에 대한 내재적 흥미를 감소시키는 역할을 하게 된다. 그래서 효행상이나 선행상은 바람직하지 않으며, 이런 상을 줄 때는 심사숙고해야 한다.

출처: 박천식(2000).

이라고 하며 '조작적'이라는 것은 그 사람이 환경에 대해 스스로의 의지대로 작용함을 말한다. 즉, 이러한 이론은 행동 형성조건을 이해할 뿐 아니라 문제행동을 수정하는 데도 크게 기여하고 있는 것이다.

이처럼 스키너는 대부분의 인간행동이 내적 충동보다 외적 자극에 의해 동기화된다고 보았다. 즉, 인간행동이 그 결과에 의해, 보상과 처벌을 통하여 유지된다고 본다. 스키너의 관점에서 인간은 기계적 존재라고 할 수 있고 모든 인간행동은 법칙적으로 결정되고 예측 가능하며 통제될 수 있다. 스키너는 인간의 인지적 기능을 전혀 고려하지 않았으며 무의식, 자아, 내면적 동기 등으로 인간행동을 설명하는 것을 거부해 행동에 대한 과학적 분석을 위해서는 경험적 실증이 불가능한 것들을 연구할 필요가 없다고 주장하였다. 그는 또한 어떤 행동이 유전적 소인에 의한 것이라 해도 이것이 행동의 예측에는 유용하나 조작이 불가능하므로 실험적 분석이나 통제에는 무가치하기 때문에 유전적 설명은 쓸모없다고 주장하였다. 따라서 스키너의 학문적 관심은 인간행동 중 조작이 가능한 행동에 한정되었다.

행동주의적 학습이론은 신체적 · 심리적 발달에서 아동의 환경이 얼마나 중요한지에 관한 사회복지 부문의 지식기반이 되었다. 행동수정요법처럼 사회복지의 목표 중 하나가 바람직한 행동을 증가시키고 바람직하지 않은 행동을 완화 혹은 소멸시켜서 사람들이 적절하게 행동하도록 원조하는 것이라 할 때 행동주의 학습이론의 사회복지실천 면에서의 기여는 상당하다.

3) 밴듀라의 사회학습이론

앞의 두 가지 학습이론은 유기체가 직접 행동함으로써 학습이 이루어진다고 주장하는 반면, 밴듀라나 시어즈 등은 사회적 상황에서 타인들의 행동을 관찰함으로써 그러한 행동을 본받는 학습이 이루어진다고 주장한다.

우리는 누군가가 하는 일을 단지 바라보기만 해도 어느새 그 행동이 몸에 배기 쉽다. 어린이들이 TV를 보기만 해도 그 속에 나오는 여러 행동을 쉽게 재연하는 것을 얼마든지 볼 수 있다. 어른들의 흉내를 잘 낸다고 하는 것은 바로 이런 관찰학습의 결과로 볼 수 있다. 즉, 어떤 표본을 보기만 해도 새로운 행동을 몸에 익힐 뿐만 아니라 지금까지 배워 익힌 행동을 바꿀 수도 있는 것이다. 그러나 여기서 뚜렷이 구별해야 할 점은 보고 배운다고 하는 것과 그 배운 것을 실행에 옮긴다는 것은 별개의 문제라는 것이다. 관찰학습이 필요한 것은 어떤 행동을 보고 이해하고 인지한다는 점 때문이다. 그러나 그것을 다시 행동에 옮기는 것은 그 행동의 결과가 어떠해야 할 것인가 하는 주위의 관심 여하에 따라 결정될 수 있다.

밴듀라는 두 집단의 행동들을 선정하여, 한 집단에는 다른 사람이 사람 모양의 인형에게 공격적인 행동을 하는 영상을 보여 주고, 다른 집단에게는 공격적인 행동이 없는 중립적인 영상을 보여 주었다. 그 결과, 공격적인 장면을 본 집단의 아동들은 그것을 보지 않은 집단의 아동들에 비하여 훨씬 더 공격적인 행동을 많이 하는 것을 발견할 수 있었다. 이와 같은 결과를 놓고 밴듀라는 인간의 학습과정은 직접적인 강화(reinforcement)에 의한 경험을 통하여 학습되는 행동도 있지만, 타인의 행동을 관찰하고 이를 모방함으로써 새로운 행동을 학습할 수 있다고 주장하였다. 이러한 학습은 일상적인 사회학습에서 이루어지기 때문에 이를 사회학습이론이라고 한다.

밴듀라는 외부자극이 대부분의 인간행동을 통제한다는 스키너의 가정을 비판하면서 스키너의 행동주의 이론이 스스로 계기를 만들고 자기강화를 가능하게 하는 인간의 능력인 인지능력을 고려하지 않은 점에 대한 반론을 제기하였다. 밴듀라는 강화가 많은 인간행동을 통제할 수는 있으나 절대적으로 통제하지 못하며, 강화의 효과는 행동과 그 결과 간의 관계에 대한 인간의 의식, 인지능력에 의해 좌우된다고 주장하였다. 사회학습은 기본적으로 역시 강화이론에 토대를 두고 있지만 아동이 자신의 행동에 대해 직접적인 강화를 받지 않더라도 다른 아동이 보상이나 벌을 받는 것을 관찰함으로써 간접적으로 강화를 받기 때문에 학습이 이루어지는 것이라고 설명한다. 그래서 이러한 관찰학습(observational learning)을 대리학습이라 하기도 한다.

밴듀라는 관찰학습을 효과적으로 활용하기 위해 다음의 다섯 가지 원칙을 들고 있다.

표 4-1 아동발달의 쟁점에 따른 아동발달 이론 요약

이론	연속성 대 비연속성	본성 대 양육	능동적 존재 대 수동적 존재
프로이트의 정신분석이론, 에릭슨의 심리사회이론	비연속성: 심리성적 발달이나 심리사회 발달 단계를 강조한다.	본성과 양육 모두: 생물학적인 힘(본성)이 심리성적 단계와 심리사회적 위기를 촉진한다. 또한 부모의 양육행동이 이러한 단계들의 결과에 영향을 준다.	능동적: 아동은 선천적으로 본능에 따라 움직인다.
피아제의 인지발달이론	비연속성: 질적으로 구분되는 인지 단계의 불변적 순서를 강조한다.	본성과 양육 모두: 아동은 환경에 적응하려는 선천적인 욕구(본성)를 가진다. 또한 욕구는 적응적 도전을 제공하는 자극적 환경에 따라 발달하기도 한다.	능동적: 아동은 자신, 타인, 그리고 자신들이 적응하는 환경에 대해서 보다 정교한 이해를 능동적으로 구축한다.
행동주의이론	연속성: 학습된 반응의 점진적인 발달을 강조한다.	양육: 생물학적 영향보다는 양육이라는 환경적 영향이 발달과정을 결정하는 것이다.	수동적: 아동은 환경에 따라 수동적으로 움직인다.

출처: 공계순 외(2006)의 표(p. 80)를 재구성.

- 바람직한 행동을 여러 사람에게 가능한 한 몇 번씩 모범을 보인다.
- 모방하는 내용은 쉬운 것, 간단한 것부터 시작하여 점차 어려운 것, 복잡한 것으로 옮겨간다.
- 각각의 단계에 따라서 말로써 설명하고 지도함이 중요하다.
- 가르치는 내용에 따라서 시각화를 통하여 가르칠 뿐만 아니라 문자 그대로 손발을 움직이면서 가르치는 것이 효과적이다.
- 그리고 단계별로 잘하면 칭찬해 주는 일을 잊어서는 안 된다.

토론 및 연구 주제

1. 많은 부모가 한글도 제대로 깨치지 못한 아이에게 비싼 사교육비를 써 가며 영어교육을 시키고 있다. 교육이라는 이름의 폭력으로 생각될 만큼 과도한 교육열로 아동들이 스트레스를 받고 있다. 이러한 조기영어교육의 장단점에 대해서 토의해 보자.

2. 프로이트의 정신분석이론에 따르면 3~5세까지 오이디푸스 콤플렉스의 작용에 의해서 자기동일시 대상을 찾게 되고 초자아의 발달이 이루어진다고 한다. 그렇다면 한부모가정의 아동들이 겪게 될 어려움에 대해서 생각해 보고 이 시기에 부모님의 재혼을 통해서 새로운 부모를 만나게 되었을 때, 아동기의 심리적인 안정, 동일시 대상의 발견이라는 측면에서는 어떠한 부정적인 면과 긍정적인 면을 가져올 수 있는지 생각해 보자.

3. 아동의 특정한 행동들은 병리적인 것이 아니라 연령이나 발달 과업상의 특성상 나타날 수 있으며 각 개인에 따라서도 많은 차이를 보일 수 있다. 문제행동 여부를 판단할 때, 조기 발견 시 좀 더 빠르게 행동의 고착화를 막아 해결할 수 있다는 장점이 있을 수 있으나 성급한 판단은 오히려 아이에게 자책 또는 수치심을 느끼게 하여 부정적인 영향을 끼칠 수 있다. 그렇다면 이러한 문제행동 기준을 보편화하여 아이들의 행동 특성에 적용시키는 것이 가능한지 여부와 그 판단 시기의 적절성에 대해서 토론해 보자.

제2부

아동복지의 원리와 방법

제5장

아동복지의 실천원리

제1절 아동복지의 기본전제

아동복지의 기본전제는 국내외 학자에 따라 다음의 〈표 5-1〉과 같이 다양한 형태로 제시되고 있다. 여기에서는 장인협과 오정수(2000)의 모형을 기초로 제시하였다.

아동복지 실천의 기본전제는 안정된 가정환경, 소득과 주거의 보장, 건강과 의료보호, 교육기회와 복지서비스의 제공, 유해노동과 환경으로부터 보호, 건전한 놀이의 제공 등이다.

표 5-1 아동복지의 기본전제

Frederickson(1957)	사회사업백과사전(1965)	장인협, 오정수(2000)	이순형 외(2006)
부모의 계몽	가족생활	안정된 가정생활	부모 및 가정
가정생활	부모의 보호	경제적 안정	교육 및 훈련
보건	적절한 가정경제 · 주거	보건 및 의료보호	보건 및 의료
경제적 안정	건강과 의료보호	교육	놀이 및 여가
종교	교육	노동	노동 및 피착취
교육	유희나 교우	오락	특수보호
놀이	윤리적 표준	특수보호	
착취에서의 해방	이념과 가치		
특별서비스	교육적 · 직업적 지도		
	법적 보호		

1. 안정된 가정환경

아동에게 안정된 가정환경의 중요성은 매우 중요한 최우선의 기본전제다. 우리나라의 「아동복지법」에서도 아동은 완전하고 조화로운 인격발달을 위하여 안정된 가정환경에서 행복하게 자라나야 하며(제3조), 보호자는 아동을 가정 안에서 그의 성장시기에 맞추어 건강하고 안전하게 양육하여야 한다(제4조)고 규정하고 있다. 가정은 사회구성의 기본단위이며 아동의 건전한 성장, 발달의 기본 토대를 이루고 있으므로 아동들의 가정생활의 안정이나 가족기능의 강화가 아동복지 실현의 가장 중요한 기초로서 인식되고 있다. 아동은 부모와 가정을 일차적 매개체로 하여 그 사회에 필요한 기본적인 일상생활의 습관이나 행동 및 가치판단의 기준을 학습하면서 점차 또래집단, 친구, 이웃, 학교, 직장, 일반사회로 뻗어 나가 독립적인 사회적 인간으로 성장해 나간다. 또한 가정에서의 아동양육은 아동의 본능적 욕구충족에 온갖 관심과 보호와 정성을 기울이는 어머니의 사랑으로 이루어지며, 이러한 아동과 어머니의 관계는 아동의 인격발달과 인간관계 형성의 기반이 된다. 따라서 가정에서 부모나 보호자가 영유아의 영양, 수면 등 적절하고 안정된 보육환경을 제공하는 일이 매우 중요하다. 가정양육에서 유의해야 할 것은 극단의 사랑이나 과잉보호의 경우와 극단의 방임과 무관심의 경우다. 부모는 아동이 건강한 인격을 형성할 수 있는 관계와 사랑을 제공함으로써 자녀로 하여금 창조적이고 독립적인 인간으로 성장할 수 있는 길을 열어 주어야 한다.

그러나 오늘날의 사회현상은 아동에게 이처럼 중요한 안정된 가정환경의 기회를 박탈하고 있다. 이것은 현대사회의 변화하는 환경의 새로운 도전 앞에 가족이 구조적 취약성을 노출하고 있는 사실에 그 원인이 있으며, 점차 증대하고 있는 가족의 위기와 해체 현상은 건전한 아동복지 실현의 기반을 위협하고 있다. 가정은 인류문명의 소산 중 가장 아름답고 고귀한 것이다. 따라서 긴급한 상황이나 불가피한 경우를 제외하고는 아동을 부모로부터 이탈시켜서는 안 되며, 모든 아동이 안정된 가정환경을 통하여 성장 발달해야 할 것이다. 그리고 가정환경의 안정과 기능 강화를 위해서는 친부모에 대한 교육이나 서비스를 제공하고, 가족문제 해결을 위하여 아동과 부모가 접근할 수 있는 가족상담 서비스를 확충하여야 한다. 아동이 불가피하게 가정을 벗어나는 경우에도 가정적인 형태의 보호를 제공하는 대체가정서비스인 가정위탁이나 입양이 바람직하며, 가정에서의 보호가 아닌 시설보호서비스를 제공하는 경우에도 가정과 유사한 형태의 생활환경과 분위기를 제공하는 공동생활가정제도가 바람직하다.

2. 소득과 주거의 보장

아동의 건전한 육성을 위해서는 안정된 경제생활과 주거생활의 보장이 요구된다. 아동의 건전한 발달을 위해서는 가정에서 생활에 필요한 최소한의 물질적 욕구가 충족되어야 한다. 아동의 기본적 욕구인 의식주의 해결은 그들의 신체적 · 정신적 발달에 필수적인 요소이기 때문이다. 빈곤과 경제적 불안정은 최소한의 아동의 욕구를 충족하지 못하게 하여 이들의 건전한 성장 발달에 장애를 초래하고, 교육과 문화적 경험의 기회마저 박탈하여 아동의 지적 발달과 정서적 발달을 저해한다. 경제적으로 안정된 생활을 누리지 못하는 빈곤가정의 아동은 아동양육 환경상의 박탈이나 결함을 경험하게 되며 이것은 나아가 아동학대나 방임, 비행 등의 사회문제와 행동문제를 초래하기도 한다.

빈곤이 아동에게 미치는 영향을 구체적으로 살펴보면, 빈곤가정의 아동은 우선 신체적으로 영양의 부족이 초래되며, 영양이 부족한 아동은 건강상태가 좋지 않다. 정서적인 측면에서는 심리적 박탈과 불안감을 갖게 되고 대인관계와 인격형성에 부정적인 영향을 미치게 된다. 교육기회와 문화적 경험의 기회의 측면에서도 빈곤가정의 아동은 박탈을 경험한다. 빈곤아동은 다양한 학습과 문화적 경험의 기회를 갖지 못하여 지적 자극이 부족하고, 이것은 아동의 인지능력의 향상과 학습능력의 발달에 부정적인 영향을 미치게 된다.

아동빈곤의 문제를 해결하고 경제적 안정을 제공하기 위한 대책으로는 빈곤가정과 위탁가정 아동을 지원하는 기초생활보장제도, 저소득층을 위한 각종 소득공제제도, 7세 미만 모든 아동에게 지원하는 보편적 아동수당제도, 아동양육비 지원, 저소득 가정의 아동을 위한 무료급식, 건강진단, 방과후교육 등의 급여와 서비스가 있다.

3. 건강과 의료보호

아동복지의 기본전제는 아동의 건강과 의료보호다. 유엔아동권리협약 제24조에서는 아동이 최상의 건강수준을 향유하고 질병의 치료와 건강의 회복을 위한 시설을 사용할 수 있는 권리를 인정하고 있다. 당사국은 이를 위하여 유아와 아동의 사망률을 감소시키기 위한 조치, 기초건강관리의 발전에 중점을 두면서 모든 아동에게 필요한 의료지원과 건강관리의 제공을 보장하는 조치, 질병과 영양실조를 퇴치하기 위한 조치, 산모를 위하여 출산 전후의 적절한 건강관리를 보장하는 조치 등을 규정하고 있다.

「아동복지법」에는 아동의 건강과 안전을 위한 보호자의 책임, 국가의 책임을 규정하고 있고, 「모자보건법」과 「저출산 · 고령사회기본법」에는 모성의 생명과 건강을 보호하고 자녀의 출산과 양육을 도모하기 위하여 모성의 의무, 국가와 지방자치단체의 책임을 규정하고 있다. 「국민건강보험법」에 의한 건강보험제도에서도 아동의 출산과 양육의 어려움을 해소하여 출산친화적 환경을 조성하기 위하여 임신 · 출산 진료비 지원, 출산장려금 지원, 산모 · 신생아 건강관리 등이 지원되고 있다. 이것은 아동에 대한 건강투자를 확대하여 아동기의 건강을 향상시키는 제도적 장치로서 의의가 있다.

4. 교육기회와 복지서비스의 제공

아동은 성장 발달단계에 따라 적절한 교육을 받음으로써 자기완성과 가치를 실현할 수 있다. 만약 이러한 교육기회가 박탈되거나 거절되는 경우에는 아동 자신의 욕구 좌절은 물론 부모나 사회에 대해서도 많은 부담을 안겨 주게 될 것이다. 모든 아동이 어려서부터 학교와 관계를 갖게 되는데, 학교는 단순히 지식을 전달하는 기능뿐만 아니라 아동의 전인격적 성장을 위한 교육의 장이다. 따라서 아동의 권리 중에 교육을 받을 권리는 으뜸이 되어야 한다. 「헌법」 제27조에 명시되어 있는 바와 같이, 모든 국민은 능력에 따라 균등하게 교육을 받을 권리를 가진다. 적어도 초·중등교육은 의무적이며 무상으로 받아야 하며, 일정한 연령에 도달하는 아동은 모두 정규교육을 받아야 한다. 유엔아동권리협약 제28조에서도 초등교육은 의무적이며 모든 사람에게 무료로 제공되어야 하며, 일반교육 및 직업교육을 포함한 여러 형태의 중등교육의 발전을 장려하고, 국가는 이에 대한 아동의 이용 및 접근이 가능하도록 재정적 지원을 제공하도록 규정하고 있다.

초등교육과 중등교육의 기회 제공과 함께 최근에는 유아교육의 중요성이 강조되고 있다. 특히 조기교육의 성과는 저소득지역, 농어촌지역의 어린이들에게서 잘 나타나고 있다. 빈곤하거나 불우한 환경에서 교육의 기회를 누리지 못하고 자란 어린이들은 성인이 되어서도 빈곤에서 탈피하지 못하는 빈곤의 악순환을 경험하게 되는 것이다. 저소득지역의 열악한 환경에서 살아가는 아동을 대상으로 1960년대부터 실시된 미국의 헤드 스타트(Head Start) 프로그램은 빈곤의 악순환을 극복하기 위한 정책적 목적으로 시도되었다. 그리고 영국의 슈어 스타트(Sure Start), 호주의 페어 스타트(Fair Start) 프로그램도 저소득지역 아동을 위한 국가적 차원의 대책으로 시행되고 있다. 우리나라의 경우도 2000년대 이후 저소득지역의 빈곤아동을 위하여 민간차원에서 교육, 복지, 건강 서비스를 결합한 위 스타트(WE Start) 프로그램이 시행되고 있고, 공공차원에서는 드림스타트 프로그램이 도입되어 시행되고 있다.

5. 유해노동과 환경으로부터 보호

아동복지의 기본전제는 모든 아동은 노동이나 유해한 환경에서 보호되어야 한다는 것이다. 산업혁명 이래로 아동이나 부녀자에게 노동을 강요하게 되었다. 그 원인을 살펴보면, 아동의 임금은 성인에 비해 낮아서 생산비를 줄일 수 있으므로 자본가들이 연소자를 고용하였으며, 아동은 성인에 비해 복종적이고 약한 점을 들 수 있다. 이러한 연소노동은 결과적으로 아동의 발달을 저해하고, 건강을 위태롭게 하며, 지능발달과 장애를 초래하며, 인격발달에 부정적인 영향을 미치게 된다. 따라서 우리나라「근로기준법」은 15세 미만자는 근로자로 사용하지 못하며, 여자와 18세 미만자는 도덕상 또는 보건상 유해, 위험한 사업에 사용하지 못하며, 15세 이상 18세 미만자의 근로시간은 1일에 7시간, 일주일에 42시간을 초과하지 못한다고 규정하였다.「아동복지법」제17조에는 아동에게 음행을 시키거나 음행을 매개하는 행위, 장애를 가진 아동을 공중에 관람시키는 행위, 아동에게 구걸을 시키거나 아동을 이용하여 구걸하는 행위, 공중의 오락 또는 흥행을 목적으로 아동의 건강 또는 안전에 유해한 곡예를 시키는 행위를 금지하고 있다.

이와 같이 아동의 유해노동으로부터 보호를 법률로 규정하는 것은 아동발달의 관점에서 아동에게 교육과 놀이의 기회를 충분히 보장하고 정상적인 성장 발달을 도모하고자 하는 정신에서 나온 것으로 볼 수 있다. 아동이 불가피하게 취업해야 할 경우에는 아동의 연령, 능력 등을 충분히 고려해야 하며, 또한 취업과 함께 아동의 욕구를 충족해 줄 수 있는 교육이나 복지대책이 수반되어야 할 것이다.

6. 건전한 놀이의 제공

모든 아동에게는 성장에 도움이 되는 지적 관심과 신체적 활동을 추구하고, 자기충족감을 줄 수 있는 놀이기회를 갖도록 해야 한다. 아동의 놀이는 필수적인 것이며 놀이를 통하여 사회화 과정을 경험하며 대인관계의 기술을 습득한다. 또한 놀이는 욕구나 감정 발산을 충족시키며 신체적 · 정신적으로 건전하게 성장할 수 있는 촉진제가 되는 것이다. 아동에게 놀이가 갖는 가치는 다음과 같다. 첫째, 신체적 ·

정서적 및 사회적 성장 발달에 기여하며, 둘째, 아동에게 생활경험을 제공하고, 셋째, 성장 후의 사회생활에 대한 준비와 훈련을 하게 된다. 따라서 아동에게는 가족 구성원 이외에 또래집단의 아동과 놀이활동을 할 수 있는 기회가 주어져야 한다. 학업을 중시하는 우리나라의 경쟁적 교육환경 속에서도 최근에는 제2차 아동정책 기본계획(2020~2024)에 아동의 진정한 행복을 위하여 놀이와 학습의 균형과 건전한 놀이의 시간을 보장해야 한다는 반성이 나타나고 있다.

제2절 아동복지서비스의 목표

아동복지서비스는 아동복지실천을 위한 미션(mission)으로서 다음과 같은 목표를 갖는다. Pecora 등(2000: 9~13)은 아동복지서비스의 목표를 아동의 안전(safety), 연속성(permanence), 아동의 복지(child well-being), 가정의 복지(family well-being)로 제시하고 있다.

목표 1 아동의 안전

아동복지서비스의 가장 일차적인 목표는 아동학대나 유기 및 모든 위해한 환경으로부터 보호하고 안전하게 양육하는 것이다. 구체적인 결과목표 측면에서는 아동이 학대를 받지 않으며, 동시에 가정도 최소한의 양육기준을 수행할 수 있도록 안전하게 보호하는 것이다.

아동복지 분야의 사회복지사들은 이러한 목표하에서 아동이 안전한 환경에서 생활할 권리를 갖고 있으며 모든 학대나 유기로부터 보호를 받아야 한다는 철학적·윤리적 기초를 갖고 활동하게 된다.

목표 2 연속성

국가나 사회복지기관이 아동을 학대나 위험한 상황으로부터 보호하고자 할 때 아동의 안전만을 고려하는 것은 충분하지 않으며, 안정된 가족관계의 유대에 대한 욕구를 고려해야 한다. 아동을 일시적인 가정위탁이나 공공기관의 보호 아래 두기보다는 아동이 안정되고 영구적인 가정에서 성장할 수 있도록 조치를 취하여야 한다. 이에 아동은 전적으로 헌신하여 돌볼 수 있는 부모를 필요로 한다. 지속적인 사랑과 보호를 제공하는 부모(생물학적 부모나 위탁부모)를 갖지 못하고, 여러 위탁가정을 옮겨 다니거나 아동보호시설에서 장기간 보호를 받는 것은 아동의 건전한 자아상에 손상을 주기도 한다. 연속성을 지니면서 영구적인 가정을 갖는 것은 아동의 소속감을 증진시키고 아동에게 미래에 대한 확신을 갖고 살아갈 수 있게 하며, 아동기나 사춘기의 어려움을 보다 잘 극복할 수 있는 힘을 준다.

목표 3 아동의 복지

아동의 복지를 구현한다는 목표는 아동이 기본적 욕구가 충족되고 지속적인 양육과 지원, 자극을 제공하는 환경 속에서 성장할 수 있는 기회를 갖는 것이다. 아동복지서비스 체계가 제공할 수 있는 지원이 한계가 있음에도, 아동복지서비스는 아동에게 정상적인 발달을 가능하게 할 최소한의 기회와 정서적인 필요를 공급하는 양육의 최소 기준을 향상시켜야 한다.

목표 4 가정의 복지

가족의 복지를 구현한다는 목표는 가족이 아동을 돌볼 수 있는 능력을 갖게 하고 기본적인 아동발달, 건강, 교육, 주거 및 사회적 · 영적 · 문화적 욕구를 충족시키게 하는 것이다. 아동복지 분야의 사회복지사는 가족에게 이러한 서비스를 공급하고 아동을 양육하는 부모의 역할을 지지하고 증진할 책임이 있다.

제3절 아동복지서비스의 실천원칙

아동복지서비스의 실천은 아동과 가족, 국가의 역할과 책임에 대한 사회적 인식과 가치를 기초로 다음과 같은 일련의 원칙에 따라 수행된다. 다운즈 등(Downs et al., 2004)은 아동복지서비스의 실천에 적용하는 다음과 같은 네 가지 실천원칙을 제시하고 있다. 이러한 실천원칙은 아동복지 실천현장에서 단계적으로 적용되어야 한다.

제1원칙 안전하고 영구적인 가정이 아동을 위한 가장 최선의 환경이다.

아동은 의존적이고 미성숙한 존재로서 생존과 번영을 위하여 외부의 보살핌, 보호 그리고 지도가 필요한 존재이며, 미래에 사회에서 필요한 역할을 수행하기 위하여 사회화를 통하여 점진적으로 그 역할을 학습해 나간다. 아동이 보살핌과 보호를 받고 사회화를 이루어 가는 이러한 성장과 발달과정에서 안전하고 영구적인 가정은 최선의 환경을 제공한다. 아동의 욕구는 지속적인 양육, 지지 및 자극을 제공하는 환경에서 성장 발달할 기회를 갖는 것이며, 가정은 보살핌을 제공하는 보호자와의 안정된 관계를 제공하는 최선의 장이다.

우리나라의 「아동복지법」 제4조에서도 이러한 원칙을 다음과 같이 규정하고 있다.

> 국가와 지방자치단체는 아동이 태어난 가정에서 성장할 수 있도록 지원하고, 아동이 태어난 가정에서 성장할 수 없을 때에는 가정과 유사한 환경에서 성장할 수 있도록 조치하며, 아동을 가정에서 분리하여 보호할 경우에는 신속히 가정으로 복귀할 수 있도록 지원하여야 한다.

제2원칙 아동은 신체적 · 정서적 · 성적 학대로부터 자유롭고 안전한 환경에서 성장하여야 한다.

아동은 음식, 의복, 주거 등 기본적인 욕구를 충족시키기 위하여 사랑을 제공하는 보호자와의 관계 속에서 안전하게 자라야 한다.

우리나라의 「아동복지법」 제5조에서도 이러한 원칙을 다음과 같이 규정하고 있다.

아동의 보호자는 아동에게 신체적 고통이나 폭언 등의 정신적 고통을 가하여서는 아니 된다.

아동의 가정이 이러한 안전한 환경을 제공할 능력을 상실했을 경우, 제1원칙과 제2원칙이 충돌하는 상황이 발생한다.

제3원칙 아동의 욕구가 가족에 의하여 충족될 수 있을 때, 아동복지서비스는 가족의 기능을 강화하고 지지하여야 한다.

제3원칙은 제1원칙과 제2원칙이 충돌하는 상황에서 이러한 딜레마를 해결하기 위한 실천원칙이다. 즉, 아동의 욕구가 가족에 의하여 충족될 수 있는 한, 서비스는 가족의 기능을 강화하고 지지하여야 한다. 서비스는 아동을 가족으로부터 분리하지 않고 가족의 연속성을 유지하는 동시에, 가족은 지역사회로부터 적절한 소득보장, 의료보호, 주거에의 접근 등 아동양육을 위한 적절한 환경을 제공받을 자격이 있다.

우리나라의 「아동복지법」 제37조에서는 이러한 원칙을 다음과 같이 규정하고 있다.

국가와 지방자치단체는 아동의 건강한 성장과 발달을 도모하기 위하여 대통령령으로 정하는 바에 따라 아동의 성장 및 복지 여건이 취약한 가정을 선정하여 그 가정의 지원대상아동과 가족을 대상으로 보건, 복지, 보호, 교육, 치료 등을 종합적으로 지원하는 통합서비스를 실시한다.

제4원칙 아동을 배치하는 결정은 가족의 연속성에 대한 아동의 욕구를 존중하여야 한다.

만약 아동이 가족으로부터 불가피하게 분리되어야 하는 경우, 아동을 배치(placement)하는 결정을 하게 된다.

우리나라의 「아동복지법」 제14조는 이 원칙을 다음과 같이 규정하고 있다.

시 · 도지사 또는 시장 · 군수 · 구청장은 제1항 제1호 및 제2호의 보호조치(상담, 가정에서의 보호양육 조치)가 적합하지 아니한 보호대상아동에 대하여 제1항 제3호부터 제6호까지의 보호조치(가정위탁, 아동복지시설 입소, 치료기관 입소, 입양)를 할 수 있다.

이러한 경우, 아동을 출생가정 외부에 배치하는 서비스는 가족에 대한 아동의 정서적인 애착(attachment)과 연속성(continuity)을 유지하는 데 서비스의 초점을 두어야 한다. 혈연관계는 이러한 연속성을 유지하는 데 중요한 역할을 한다. 아동을 생물학적 부모로부터 분리시킬 때, 아동을 그들이 알고 있는 친척에게 보내는 것, 위탁가정에 형제자매와 함께 거주하게 하는 것, 아동을 친구나 교사, 친척 등 가까운 관계의 사람들과 접촉을 유지하게 하는 것, 시설보호의 아동에게 부모와의 접촉을 유지하는 것 등이 이러한 가족의 연속성을 고려한 조치다. 입양을 통하여 영구적인 대체가정에 배치를 하는 경우에도 공개입양의 방법으로 생물학적 부모와 관계를 유지하게 하는 것이 바람직한 아동복지서비스의 방법이다.

이러한 아동복지서비스의 실천원칙들은 미국을 비롯한 선진국에서 학대아동보호, 가정위탁, 입양 등의 서비스에서 경험적으로 검증되어 왔으며, 아동복지서비스 실천현장에서 적용되어 활용되고 있다.

한편, 미국의 The Casey Outcomes and Decision-Making Project(1998)에서는 아동복지서비스의 원칙으로 다음과 같은 7가지 사항을 제시하였다. ① 아동의 안전과 가족의 지지, ② 아동과 가족의 복리, ③ 가족에 대한 지역사회 지원, ④ 가족중심적 서비스, ⑤ 문화다양성의 능력, ⑥ 책임성과 적시성, ⑦ 시스템과 자원의 조정이다.

① 아동의 안전과 가족의 지지: 가족구성원과 함께 거주하는 안전하고 영구적인 가정은 아동의 성장을 위한 최선의 장소다.

② 아동과 가족의 복리: 아동의 복리란 아동의 기본적 욕구가 충족되어야 하며 아동이 지속적인 양육, 지지, 자극을 제공하는 환경 속에서 성장 발달할 기회를 가져야 한다는 것이다. 가족의 복리란 가족은 아동을 돌볼 능력을 갖고 있으며 아동의 발달, 교육, 사회, 문화, 보건 및 주거 욕구를 충족시켜야 한다는 것이다. 아동을 위한 가족의 복지를 지원하는 것이 아동복지기관의 주요 목표다.

③ 가족에 대한 지역사회 지원: 지역사회는 가족이 아동을 위한 안전한 양육환경을 제공하도록 직업, 주거 및 지역사회 기반의 예방적이고 가족지지적인 서비스를 제공해야 한다.

④ 가족중심적 서비스: 아동을 위하여 주요한 결정을 하고 그들의 욕구를 충족시키는 서비스를 계획함에 있어 가족은 아동양육 지원체계의 핵심적인 파트너가 되어야 한다.
⑤ 문화다양성의 능력: 다문화사회 속에서 아동의 문화적 차이와 다양성을 이해하고 지원하는 서비스 체계를 구축해야 한다.
⑥ 책임성과 적시성: 잘 조직된 서비스 전달체계, 서비스 수행기준에 대한 책임성, 적시의 서비스 시간계획은 아동을 보호하고 가족을 강화하는 활동에 핵심이다.
⑦ 시스템과 자원의 조정: 서비스와 지원활동을 조정하는 공식적 노력은 다양한 기관에서 제공되는 서비스의 응집력을 향상시킨다.

제4절 아동복지서비스의 분류

아동복지서비스는 그 분류의 기준에 따라 다음의 몇 가지로 나누어 볼 수 있다. 첫째, 서비스가 전달되는 장소를 기준으로 분류하면 가정 내 서비스와 가정 외 서비스로 양분할 수 있다. 둘째, 서비스가 갖고 있는 기능을 중심으로 분류하면 지지적 서비스, 보조적 서비스, 대리적 서비스로 분류할 수 있다. 셋째, 가족의 욕구에

표 5-2 아동복지서비스의 분류

분류기준	가정 ↤ 분류의 연속성 ↦ 시설			
서비스가 제공되는 장소	가정 내 서비스	가정 외 서비스		
서비스의 기능	보조적 서비스	지지적 서비스	대리적 서비스	
방어선의 위치	제1차 방어선 (출생가정)		제2차 방어선 (대리가정)	제3차 방어선 (주거시설)
서비스의 내용	가사지원서비스, 보육서비스	개별지도, 집단지도, 가족치료	가정위탁, 입양	주거시설

출처: 장인협, 오정수(2000), p. 131.

따라 분류할 수 있다. 넷째, 가정이 아동을 위한 일차적인 서비스의 중심임을 강조하여 아동의 기본적인 생리적 · 심리적 · 사회적 욕구가 충족되지 못하거나 부모-자녀 간의 관계에서 역할수행에 장애가 있는 경우의 아동복지서비스가 수행하는 방어선(line of defence)의 위치에 따라 제1차 방어선, 제2차 방어선, 제3차 방어선으로 서비스를 분류하기도 한다.

1. 서비스 제공 장소에 의한 분류

서비스 제공 장소에 따른 이 개념은 아동복지서비스의 분류에서 가장 전통적이고 일반적인 방법으로 보편적으로 사용되고 있다(장인협, 오정수, 2000).

1) 가정 내 서비스

가정 내 서비스(in-home service)는 아동이 부모를 비롯한 가족구성원과 함께 생활하면서 필요한 양육과 서비스를 제공받는 경우다. 가정 내 서비스는 아동의 양육에서 가장 핵심적인 위치와 중요성을 지니고 있다는 점에서 아동복지서비스에서 강조되고 있다. 우리나라의 「아동복지법」 제3조(기본이념)에서 언급한 바와 같이, 아동은 완전하고 조화로운 인격발달을 위하여 안정된 가정환경에서 행복하게 자라나야 한다는 아동복지의 기본이념과 아동복지를 실현함에 있어 강조되는 가정중심의 보호원칙에 비추어 볼 때, 가정 내 양육과 서비스의 중요성은 아무리 강조해도 지나치지 않다.

2) 가정 외 서비스

가정 외 서비스(out-of-home service)는 아동이 자신이 거주하는 가정과 가정 밖의 서비스 제공 장소 간에 내왕하면서 보호나 서비스를 받는 경우, 그리고 자신의 출생가정을 떠나서 일시적으로 또는 장기적으로 보호시설이나 다른 위탁가정 등에 거주하면서 양육이나 서비스를 제공받는 경우를 모두 포함한다. 아동의 보호에 있어 안정된 가정생활과 가정중심의 보호원칙의 중요성에도 불구하고, 가정이 해체되거나 아동의 특별한 욕구를 충족시키기 위하여 불가피하게 가정을 떠나 보호를 받아야 하는 경우가 발생한다. 이러한 경우 가정 외 서비스를 부정적인 관점에서 보기보다는 적극적인 선택(positive choice)으로서 아동의 복지를 위한 최선의 대안으로 제공하여야 한다.

2. 가족의 욕구수준에 따른 분류

가족의 욕구수준에 따라 아동복지서비스는 다음과 같이 분류된다. 이 분류체계는 미국의 아동보호기금이란 단체에 의하여 개발되었다(Children's Defence Fund, 1993; Shireman, 2003). [그림 5-1]은 가족 욕구수준에 따른 서비스의 피라미드 형태의 연속성을 보여 준다. 피라미드의 맨 아래로 갈수록 욕구수준은 낮으나 대상자가 많아지며, 피라미드의 위로 올라갈수록 욕구수준은 높고 대상자는 적어진다.

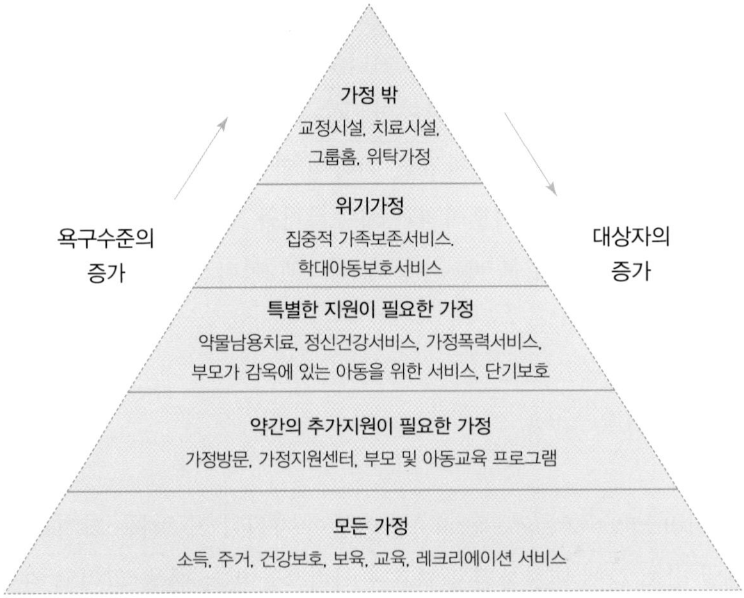

그림 5-1 가족의 욕구수준에 따른 아동복지서비스

출처: Shireman (2003), p. 129.

1) 모든 가정을 위한 서비스

피라미드의 가장 아래에 위치한 모든 가정을 위한 서비스는 모든 가정의 아동을 위한 보편적인 서비스이며, 적절한 소득, 주거, 건강보호, 보육, 교육, 여가 서비스가 포함된다.

2) 약간의 추가지원이 필요한 가정을 위한 서비스

약간의 추가지원 서비스에는 가정방문 프로그램, 가정지원센터의 서비스, 부모 및 아동교육 프로그램을 포함한다.

3) 특별한 지원이 필요한 가정을 위한 서비스

특별한 지원이 필요한 가정을 위한 서비스에는 약물남용치료서비스, 정신건강서비스, 단기보호서비스, 가정폭력서비스, 부모가 감옥에 있는 아동을 위한 서비스 등이 포함된다.

4) 위기가정을 위한 서비스

위기가정 서비스는 욕구수준이 상당히 높은 단계로서 집중적 가족보존서비스, 학대아동보호서비스 등이 포함된다.

5) 가정 밖의 서비스

아동이 자신의 가정에서 보호받지 못하는 상황이 오면, 아동은 자신의 가정을 떠나 외부의 가정이나 시설에서 보호를 받는다. 가정을 떠난 외부 서비스에는 비행아동을 위한 교정시설, 치료시설, 그룹홈, 위탁가정 등이 포함된다.

3. 서비스의 기능에 의한 분류

이 분류는 카두신이 제시한 것으로 아동양육을 위한 가정의 역할에 대하여 아동복지서비스가 어떠한 기능을 지니는가에 따라 지지적 서비스, 보조적 서비스, 대리적 서비스로 구분하였다(Kadushin, 1974).

1) 지지적 서비스

지지적 서비스(supportive service)는 부모와 아동의 관계에서 일어나는 문제를 해결할 수 있도록 부모나 가족의 기능을 지원하고 능력을 강화시켜 주는 서비스다. 지지적 서비스는 다른 서비스와는 달리 아동들이 자신의 가정에 머물러 생활하면서 받을 수 있는 서비스다. 이러한 서비스를 제공함에 있어서 서비스의 기능은 부모나 아동의 역할을 대신해 주는 것이 아니라, 가족구조나 구성원의 역할을 침해하지 아니하고, 다만 외부에서 가족 내부의 역할과 기능이 제대로 수행될 수 있도록 지원해 주는 역할을 한다. 지지적 서비스의 목표는 가족구성원의 사회적 기능을 향상시킴으로써 가족의 해체 위험을 감소시키는 것이다.

지지적 서비스가 필요한 상황은 일반적으로 아동의 양부모가 함께 생활하고, 부모의 역할을 효과적으로 수행할 의사와 능력이 있지만 부모-자녀 간의 갈등이나 부부갈등의 결과 부모-자녀 관계에 어려움이 있는 경우다. 지지적 서비스를 제공하는 과정에서 부모-자녀 관계의 역기능이 있더라도 서비스는 가족의 구조를 손상시키지 않고 가족구성원의 역할과 기능을 대신하지 않는다. 서비스는 가족구조의 외부에서 머무르면서 도움을 제공하게 된다. 이러한 지지적 서비스를 제공하는 주요 기관에는 가족서비스기관과 아동상담기관이 있으며, 가족구성원에 대한 개별지도와 집단서비스, 가족치료 등의 접근방법이 활용된다.

2) 보조적 서비스

지지적 서비스는 가족서비스를 제공하는 사회복지기관이나 아동상담소 등에서 아동문제에 대하여 부모들이 자신의 역할을 잘 수행할 수 있도록 그들을 강화시킴으로써 아동복지를 실행하는 것이라고 할 수 있다. 따라서 이들 서비스는 가정 외부에서 이루어진다. 반면에 보조적 서비스(supplementary service)는 아동이 가정 내에서 생활하게 지원하면서, 부모들이 가진 역할의 일부를 대신 수행하는 서비스다. 아동양육을 위한 부모의 역할이 일시적으로 충족되지 못할 때 이러한 보조적 서비스가 필요하게 된다. 부모의 일차적인 역할은 아동을 양육하고 건강하게 보호하는 일이다. 이러한 역할은 현금소득을 필요로 하며 부모는 경제적인 활동을 통하여 소득을 마련하여야 한다. 그러나 부모의 사망, 질병, 장애, 실업 등의 예기치 않은 상황은 가족의 역할을 대신해 줄 사회적 장치가 필요하게 된다. 보조적 서비스는 이와 같이 가족의 적절한 역할수행이 어려움을 당하는 경우에 아동의 욕구를 충족시키는 사회적 장치로서 의미가 있다.

보조적 서비스에는 빈곤가정을 지원하는 소득보장(income maintenance)으로서 현금급여 또는 아동수당, 일하는 어머니를 도와주는 보육서비스(day care), 부모가 질병이나 부재중일 때 아동의 집안일을 도와주는 가사지원(homemaker) 서비스 등이 포함된다.

3) 대리적 서비스

대리적 서비스(substitute service)란 부모가 아닌 제삼자가 부모 역할의 전부를 대신하는 경우다. 이러한 급격한 양육 역할의 변화는 아동의 출생가정이 기능을 상실하여 아동에게 필요한 최소한의 양육활동과 돌봄을 제공할 수 없게 된 경우가 발생하기 때문이다. 따라서 아동은 자신의 가정을 완전히 떠나서 다른 가족이나 대리양육자, 생활시설 등에 의하여 일시적으로 혹은 장기적으로 보호를 받게 된다. 여기에는 가정위탁, 입양, 집단시설보호 등의 서비스가 포함된다.

4. 방어선의 위치에 의한 분류

방어선의 개념은 앞에서의 카두신의 저서 『아동복지서비스』(1974)에서도 부분적으로 제시된 바 있으며, 카두신은 지지적 서비스를 1차 방어선, 보조적 서비스를 2차 방어선, 대리적 서비스를 3차 방어선의 개념으로 인식하였다.

한편, 주커만(Zuckerman)은 그의 저서 『아동복지』(1983)에서 다음과 같은 방어선의 개념에 의해 아동복지서비스를 체계적으로 분류하였다(Zuckerman, 1983: 26-31). 주커만은 지지적 서비스와 보조적 서비스의 대부분을 제1차 방어선(The First Line of Defence)으로 보았으며, 대리적 서비스 중 가정 형태의 서비스를 제공하는 가정위탁과 입양을 제2차 방어선(The Second Line of Defence), 집단보호서비스를 제3차 방어선(The Third Line of Defence)으로 구분하였다.

1) 제1차 방어선으로서 가정 내 서비스

가정은 아동에게 일차적인 방어선으로서의 기능을 수행한다. 그러나 가정이 아동의 기본적인 욕구를 충족하지 못할 위험에 처하거나 부모-자녀의 역할관계에 장애가 있을 경우, 가정의 사회적 기능을 회복, 유지, 강화함으로써 제1차 방어선으로서의 역할을 수행해야 한다. 가정에서 생활하는 아동과 가족을 위한 서비스로는 지역사회의 기관에서 제공하는 아동상담이나 가족복지서비스 등이 대표적이다.

2) 제2차 방어선으로서 대리가정서비스

가정이 정상적인 기능을 충분히 수행하지 못하면 아동에게 출생가정의 역할을 대신할 수 있는 다른 보호의 장이 요구된다. 이러한 경우, 가능한 한 가정과 유사한 자연스러운 보호의 장으로서 대리가정을 마련해 주는 것이 가장 바람직하다. 이러한 주장은 Goldstein, Freud 그리고 Solnit(1973)에 의하여 제안된 것으로 최소침해대안(the least detrimental alternative)의 원칙이라고 불린다. 이 원칙은 가정의 기능수행에 장애가 있을 경우, 아동에게 가장 적절한 형태의 보호와 서비스가 무엇인가를 결정하는 기준으로 널리 수용되고 있다. 이 원칙이 제시하는 서비스의 목표는 아동의 삶과 가정에 대하여 제한적인 요소를 최소한도로 줄이는 것이다. 따라서 구조화된 주거시설에 비하여 덜 구속적이고, 가정생활의 환경에 근접하며, 지역사회에 자유롭게 접근할 수 있는 보호의 장으로서 대리가정이 제안되는 것이다. 대리가정서비스의 대표적인 형태로는 가정위탁과 입양 서비스를 들 수 있다.

3) 제3차 방어선으로서 집단보호(생활시설)서비스

그룹홈이나 주거시설에 의한 서비스는 앞서 언급한 최소침해대안의 원칙에 따라 아동의 욕구가 출생가정이나 대리가정에 의하여 충족될 수 없는 경우에 한하여 집단적인 보호를 제공하는 것이다. 또래집단과의 관계가 중요한 요소인 집단적인 생활환경이 필요한 아동, 특수한 욕구를 가진 장애아동에게 이러한 집단적 주거환경에 의한 서비스가 제공된다. 집단보호는 6~12명의 아동을 수용한 소규모 집단가정에서부터 대규모 수용시설에 이르기까지 규모와 형태가 다양하다. 어떤 가정은 직원이 대리부모의 역할을 수행함으로써 가정의 형태로 운영되기도 한다. 또한 정서적인 장애를 지닌 아동이나 가정에서 행동장애를 일으킨 아동을 위하여 치료적인 기능을 수행하는 시설도 있다. 대부분의 집단보호 프로그램은 공공 또는 민간복지기관에 의하여 운영되며 공공재원의 지원을 받는다.

토론 및 연구 주제

1. 정신지체, 정신장애아동이나 신체장애아동이 아동 특성의 구분 없이 비장애아동들과 일반학교에 다니는 것이 아동의 입장에서 더 좋은 교육환경인지 아니면 아동의 문제 및 특성을 고려해서 그 특성에 맞는 특수교육을 받는 것이 아동에게 더 좋은 교육환경인지 토론해 보자.

2. 호기심과 모방 심리가 가장 왕성한 아동들에게 TV는 부정적이든 긍정적이든 지대한 영향을 미치고 있다. TV가 아동의 성장과 발달에 미치는 영향에 대해 생각해 보고, 아동들에게 미치는 악영향을 없애기 위해 TV는 어떻게 변화해야 할지 토론해 보자.

제6장

아동을 위한 사회복지실천방법

사회복지실천론, 실천기술론에서 학습했던 많은 내용이 아동복지 사회복지실천에 사용될 수 있을 것이다. 이러한 방법과 기술이 아동이라는 대상을 중심으로 행해지는 것이다. 이때 가장 흔한 오류는 아동에게 성인의 모델과 기법을 그대로 적용하는 것이다. 대부분의 사회복지실천모델과 기법은 상대적으로 안정화되고 구조화된 성격과 자아를 가지고 있는 성인을 대상으로 하여 개발된 경우가 많다. 그러나 아동기의 가장 큰 특징은 성격이 성장하거나 변화 상태에 있고 자아가 미성숙한 것이다. 이렇게 방어기제가 기본적으로 연약하고 인지능력이 떨어지고 분노가 쉽게 일어나고 초자아가 제한적일 때 아동대상 사회복지실천은 어떻게 변해야 하는가? 사회복지실천을 아동을 대상으로 할 때 먼저 클라이언트로서 아동이 가지는 속성에 대해 파악하는 것이 중요하다.

제1절 아동복지실천의 맥락

1. 클라이언트로서의 아동의 특성

아동은 작은 어른이 아니라 고유의 독특한 특성과 욕구를 지닌 인격적 존재다. 따라서 클라이언트로서 아동과의 활동은 특별한 성격을 지닌다.

1) 발달과정에 있다

아동은 동적인 발달단계에 있으며 외부의 영향에 민감하다. 아동의 특정한 행동은 병리적인 일탈이 아니라 발달과업이나 발달과정상의 특성으로 보아야 한다. 예를 들어, 오줌싸기를 성인이 하면 일탈이지만 아동이 하면 일종의 퇴행행동으로 동생 혹은 부모와의 관계회복을 위한 발달과업상의 특성일 수 있다. 따라서 사정단계에서 아동은 발달단계상 어디에 위치하고 있는가, 아동에게 요구되는 발달과업은 무엇인가, 이러한 과업을 아동은 어떻게 대처하고 있는가 등을 파악한다. 아동은 아직 발달과정에 있기 때문에 문제에 대한 개입에 있어서는 현재 상태의 모습에서 장래의 원만한 발달 가능성의 모습을 그리면서 개입의 목표와 계획을 세워야 한다. 그리고 아동문제 가운데는 발달과정에서 일어나는 일시적 혼란에 의한 경우도 드물지 않다. 예를 들어, 부모의 말을 듣지 않는 아동의 행동이 성격상의 결함이라는 측면보다는 반항이라고 하는 건강한 발달적 특징에 기인하는 경우를 생각할 수 있다. 그러므로 문제행동이 어느 정도 심각한가 하는 그 아동의 임상적 문제에 대한 판단은 발달적 관점에서 보아야 하며, 개입 목표를 바탕으로 한 개입 계획을 세울 때도 이런 발달적 이해에서 출발해야 할 것이다(현정환, 2003).

2) 행동언어로 의사소통한다

아동은 어휘력이 떨어지기 때문에 언어보다 행동언어로 의사소통하는 특성을 지닌다. 아동은 느낌을 행동으로 표시하고 즉각적으로 반응하며, 놀이를 현실로 간주한다. 놀이가 아동 활동의 많은 부분을 차지하기 때문에 아동복지 사회복지사는 아동들과 잘 노는 사람(player)이 되어야 하고 상담실은 아동들의 놀이터(playground)가 되어야 한다. 아동의 관점을 배우고 아동의 반응을 세밀하게 관찰해야 한다. 사정도구의 사용에서도 어렵지 않은 용어를 사용한다든지 옆에서 자세히 설명해 준다든지 이러한 노력이 필요하다. 아동은 느낌을 행동으로 표시하고 즉각적으로 반응한다. 놀이를 현실로 간주하여 현실과 환상 사이의 경계가 명확하지 않은 경우가 많다. 심리적 갈등이 성인과 같이 억압되어 나타나기보다 표면에 나타나는 경우가 많다. 행동언어를 통해 믿음의 관계, 신뢰의 관계를 형성하고 공식적이고 딱딱한 면접절차를 피하고 비언어적인 도구를 사용하여 자연스럽게 진행한다.

3) 부모에게 의존하고 있다

아동은 부모 또는 부모의 기능을 대행하는 성인의 양육을 받으며 성장하고 있다. 그러므로 부모의 양육사와 현재의 양육태도, 부모의 성격이나 성장배경, 그리고 자녀와의 관계 등의 내용은 아동 문제행동의 원인을 생각할 때 중요한 참고자료가 된다. 또한 아동 문제행동의 개입이라는 측면에서 부모와의 협력 체제를 어떻게 만들어 나갈 것인가를 생각할 때에도 중요한 자료가 된다. 아동은 부모나 기타 보호자에게 의존적이어서 아동을 위한 사회복지실천은 부모나 기타 보호자와의 활동을 서비스의 일부로 포함하게 된다. 중요한 과업 중의 하나는 가족역동(dynamics)을 이해하고 수정시키는 것이다. 진행되는 상황을 부모가 이해해야 할 필요가 있을 때는 부모와 아동이 함께하는 만남을 통해 이루어질 수 있다.

4) 또래관계가 중요하다

아동의 대표적 활동 중 하나는 놀이를 매개로 하는 또래관계다. 유치원 · 보육시설이나 학교도 또래관계의 장이 되지만 동네 친구들과의 관계도 중요하다. 아동의 문제행동은 또래와의 상호작용 형태와 밀접한 관련이 있다. 난폭한 행동이나 자폐증적 · 사회적 문제행동은 물론이고 틱장애 등과 같은 신경증적 행동도 또래와의 관계와 상호 관련이 있는 경우가 많다. 그러므로 아동에 대한 개입에 있어서는 또래관계를 조정하여 적절한 또래관계가 형성되도록 개입하는 것이 직간접적으로 문제의 개선으로 연결되는 경우가 의외로 많다.

5) 미성숙 상태에 있다

아동의 자아는 연약하고 미개발 상태에 있다. 아동은 지금의 전문적 관계가 영구화 · 영속화될 것이라 생각하는 경향이 있으므로 그에 따른 사정, 개입, 종료계획을 세우는 것이 중요하다. 또한 장기기억이 성숙되기 전에는 기억의 비연속성이 있을 수 있다. 기억이 연속되어 존재하기보다 기억이 조각조각 끊겨서 남는다. 어떤 경우 이런 것조차 기억 못하는지 의심되는 경우도 있고, 이런 것까지 기억하나 하며 놀라는 경우도 생긴다. 하지만 감정상의 큰 변화가 있었던 경우 기억을 잘하기도 하고, 과장해서 기억하기도 한다. 예를 들어, 부모가 부부싸움을 했다거나 크게 맞았던 사건들은 잘 기억된다. 때로는 아동이 거짓말을 하기도 한다. 아동들이 거짓말을 하는 것은 때론 공상과 현실을 구분하지 못하는 것일 수 있고, 부모나 선생의 관심을 끌기 위해 과장이나 비약 또는 있지도 않은 사실을 꾸미는 경우도 있다. 과도한 스트레스 상황을 도피하기 위해 거짓말을 하기도 하고 때론 강력한 소원이나 요구가 있을 경우 거짓말을 하기도 한다. 아이의 말만 믿고 판단을 내리는 것은 때로는 위험할 수 있다.

6) 비자발적인 클라이언트인 경우가 많다

사회복지사의 관심이 되는 아동은 행동상의 문제를 지니고 비자발적인 클라이언트로서 오기 때문에 아동의 문제와 상황에 비추어 치료자, 교사, 중재자, 대변가 등 다양한 사회복지사의 역할이 요구된다(Maluccio, 1995: 445). 비자발적인 클라이언트의 특성으로 쉽게 관계 종료를 가져오기 쉽고 초기 저항이 심할 수 있다. 개입에의 참여의지나 문제인식이 없을 수 있기 때문에 개입의 효력이 늦게 미칠 수 있다. 개입과 같은 스트레스와 불안을 일으키는 상황이나 장소에서 벗어나려 한다. 아동에게 여기에 온 이유를 솔직하고 쉽게 설명해 준다. 끊임없는 질문으로 아동을 심문하지 않도록 한다. 전문적인 원조관계에서 진행되는 일은 비밀유지가 된다는 사실을 아동이 알 필요가 있다. 비밀보장이 지켜지기 힘든 예외적인 경우, 예컨대 사회복지사가 상담 중 학대를 발견하여 보고하거나 위기 개입을 위한 외부 전문가를 요청할 수도 있지만, 이러한 경우에도 아동이나 부모에게 설명해서 동의를 구하는 것이 좋다. 이러한 경우를 제외하고는 상담 내용이 확실히 비밀보장이 된다는 것을 아동에게 말해 주어야 한다. 예컨대, '네가 말해도 좋다고 하지 않는 한 어떠한 것도 다른 사람에게 말하지 않겠다.'라고 안심시킬 필요가 있다.

아동들이 보이는 초기 저항의 표출방법은 성인과 다소 상이하다. 아동의 저항은 말하기를 거부하고, 문제가 없다고 부정하며, 쓸데없는 주제를 말하는 것으로 표현되기도 한다. 때로 눈을 마주치지 않고, 약속시간을 어기고, 부정적인 몸짓이나 적대적인 표정이나 행동을 보이기도 하며 책상 뒤에 숨기도 한다. 이 외에도 아동들은 매우 다양한 방식으로 자신의 저항을 표현하게 된다. 유능한 사회복지사라면 아동이 처음 기관을 방문할 때 갖게 되는 두려움, 걱정 및 질문 등을 전적으로 이해해야 한다. 상담과정에 아동을 참여시키기 위해서는 무엇보다 아동 스스로의 동기와 흥미를 유발하고 유지하는 노력이 필수적이며, 이를 위해 해당 아동의 발달수준도 반드시 고려해야 할 것이다.

2. 사회복지사의 행동목록

이러한 클라이언트로서의 아동 특성을 바탕으로 한 아동 대상 사회복지사의 행동목록은 다음과 같다.

- 아동과 따뜻하고 친근한 관계를 발달시킨다. 좋은 친밀감은 가능한 빨리 확립해야 한다.
- 아동을 있는 그대로 정확하게 받아들인다.
- 아동이 자신의 감정을 완전히 표현할 수 있는 자유로움을 느끼도록 하기 위해

관계에서 허용적인 분위기를 만든다.

- 아동이 던지는 단서에 반응적이고 공감적이다. 성인들은 언어를 통해서 단서를 많이 제공하는 데 반해, 아동은 비언어적인 측면을 통해 단서를 많이 제공하기 때문에 뛰어난 관찰자가 되어야 한다.
- 아동에게 집중적이고 독점적인 관심을 둔다.
- 회기를 자발적이고 유연하게 유지하고, 회기를 활기차고 낙관적이고 긍정적이고 건전한 방향으로 유지시키고자 시도한다.
- 아동이 자신을 좋아하는가에 구애받지 않고 회기를 이끈다. 아동이 움직이기 시작한 후가 아니라 움직이기 전에 아동의 저항적 행동을 예상하면서, 아동의 행동에 반응하기보다는 반응을 주도한다.
- 아동이 관계에서 지켜야 할 필수적인 한계를 확립한다. 과도한 불안이나 과잉행동을 줄이고 방지하여 안전사고에 유의한다. 사회복지사는 아동을 다룰 때 상담 시간에 필수적인 규칙, 즉 행동의 한계를 정하고 그래야 하는 이유와 그렇게 하지 않았을 때의 결과를 아동에게 알려 줘야 한다. 잘못된 행동은 적절하게 제지함으로써 바로잡는 것이 바람직하다. 그러나 아동이 받아들이기 힘든 제한과 규칙 등을 무리하게 적용함으로써 아동으로 하여금 상담을 통해 너무 많은 것을 포기하고 잃어버려야 한다는 오해를 하지 않도록 해야 한다. 이러한 오해를 예방하기 위해서는 아동이 선택할 수 있는 기회를 주는 것이 좋다. 예컨대, 초기에 상담실에 자신의 장난감을 가지고 와서 노는 아동에게 집에서 가지고 놀던 장난감을 가져오지 말도록 무조건 제한하기보다 그 장난감이 아동에게 주는 의미를 이해하고 공감해 주는 것이 더 좋다.
- 아동이 자기 자신을 독특하고, 특별하고, 뛰어나다고 보는 데 도움이 되도록 모든 기회를 이용한다.
- 아동들과 상담할 때 그들의 발달수준을 넘어서서 이끌어가서는 안 된다 (Mahoney, Robinson, & Fewell, 2001). 아동이 단지 장난감이나 그림으로 자신의 감정을 표현하는 수준이라면, 성인을 위한 대화치료법은 사용할 수 없다. 발달적으로 준비가 되어 있지 않은 아동에게 학업적 · 신체적 기술을 촉진시키려고 하는 노력은 오히려 아동의 적절한 발달을 방해하거나 지연시킬 수

있다. 왜냐하면, 아동의 발달상의 준비를 넘어서서 압력을 가했기 때문이다(Lipsky & Gartner, 1995).

3. 아동복지의 원조관계

아동을 아동복지의 원조관계(helping relationship)에 관여시키는 원칙들은 비자발적인 클라이언트로서 성인에 관한 것과 동일하지만, 아동의 연령과 발달상의 위치에 비추어 적용되어야 한다.

초기 만남에서의 목표는 다음의 사항을 포함한다.

- 아동의 신뢰를 얻어 믿음의 관계를 수립하는 것
- 아동의 상황, 욕구 및 문제에 관하여 아동의 관점을 배우는 것
- 사회복지사에 대한 아동의 반응을 관찰하는 것
- 아동의 기능, 특성 및 대응양식에 관한 초기사정
- 잠정적인 활동계약을 수립하는 것

각각의 아동의 상황이 독특하기 때문에 이러한 목표를 달성하기 위한 어떤 정해진 지침은 없으나, 여러 학자가 제시한 다양한 지침에는 다음의 사항이 포함된다.

- 아동으로 하여금 상황을 설정하게 하고 이야기할 수 있도록 한다.
- 아동이 여기에 온 이유를 솔직하고 쉽게 설명해 준다.
- 권리를 지닌 인격적 존재로서 아동의 생각, 느낌, 행동에 초점을 둔다.
- 문화적 · 경제적 · 윤리적 다양성에 민감하게 대처한다.
- 아동과 그 세계에 대한 존중과 아동의 성장능력에 대한 경외감을 표현한다.

- 아동의 자유와 책임의 내용을 설명함으로써 관계를 구조화하고, 아동이 사무실에서 할 수 있는 행동이 무엇인가에 관한 한계를 설정하며, 비밀보장의 형식과 정도를 설정한다.
- 아동의 상황과 잠재능력에 관한 희망을 전한다.
- 아동이 준비되지 않은 상태에서 부모나 기타 성인의 관심영역으로 아동을 몰아가지 않도록 한다.
- 끊임없는 질문으로 아동을 심문하지 않도록 한다.
- 공식적이고 딱딱한 면접절차를 피하고, 비언어적 도구 등을 사용하여 자연스럽게 진행한다.

아동은 사회복지사와의 관계에서 저항을 나타낼 수 있다. 사회복지사는 이러한 저항행동을 부정적인 현상으로 인식하기보다는 아동의 적응노력으로 이해해야 한다. 아동은 자신을 변화시키려는 직접적인 개입노력이 자신의 정체감이나 자아의식에 대한 거부라고 보기 때문에 저항하게 된다. 아동이 변화될 수 있기 위해서는 우선 아동을 수용하고 따뜻하게 품어 줄 수 있어야 한다.

아동과의 원조관계는 종종 주요한 치료적인 수단이 된다. 아동은 그러한 관계를 인위적인 사건이 아닌 현실의 생활경험으로 본다. 가령, 놀이치료에서 아동은 놀이에 관여되어 있는 것이 아니라 삶 자체에 관여되어 있는 것이다.

아동은 원조관계를 통하여 자신을 중요한 존재로 인식하게 되고 부정적인 행동을 점차 감소시킬 수 있게 된다. 사회복지사는 아동에게 민감하게 반응할 필요가 있고 진실한 신뢰감을 유지해야 한다. 치료적 관계를 유지하기 위하여 사회복지사는 비밀보장에 주의를 기울여야 한다. 비밀보장은 절대적인 것은 아니지만 특별히 예외적인 상황 이외에는 원조관계에서 진행되는 일이 비밀유지가 된다는 사실을 아동이 알 필요가 있다. 어떤 사실이 다른 사람에게 알려질 필요가 있는 경우에는 그 결정을 아동과 함께하는 것이 바람직하다. 진행되는 상황을 부모가 이해해야 할 필요가 있을 때에는 부모와 아동이 함께하는 만남을 통하여 이루어질 수 있다.

제2절 아동복지서비스 실천과정과 방법

1. 초기 단계

1) 초기 접수

초기 접수(intake)과정은 클라이언트의 관련 정보를 수집하고, 여러 가지 행정적 서류를 작성하고, 일상적 지침(서비스 정보, 요구사항, 제한점 등) 등을 제공하는 공식적 과정이다. 초기 접수는 클라이언트와 사회복지사 간에 이루어지는 최초의 대면 접촉이다. 이 시기의 가장 중요한 과업은 일차적으로 클라이언트의 문제와 욕구를 파악하고, 아동과 부모의 기대가 본 기관의 목적과 기능에 부합하는 것인가를 확인하는 것이다. 따라서 이 단계에서는 수혜조건(eligibility)이나 경제적 상황도 조사되고 서비스 제공 여부와 형태 등을 결정하는 것이 가장 중요한 과업이다. 또한 최초의 만남이 이루어지는 시기이므로 이 단계에서 초기 저항을 효과적으로 다루면 이후의 실천과정에도 도움이 될 수 있다(공계순 외, 2006).

아동과의 첫 번째 면담에서는 불안감 해소를 위해 덜 민감한 주제에 초점을 맞추는 것이 중요하다. 만일 내담자의 반항 수준이 노골적인 것이 아니라면 학교, 친구들, 애완동물 혹은 여가활동과 같이 덜 민감한 주제에 초점을 맞추면서 면접을 시작한다. 또한 아동이 면접의 목적을 알고 있는지 물으면서 면접을 시작하는 것도 바람직하다. 부모가 말해 주었거나 그 스스로 면접의 목적을 알고 있다면 그로부터 시작하라. 방문의 목적에 대한 내담자의 이해에 관해 질문함으로써 가족역동, 내담자의 자기인식 수준, 그리고 변화에 대한 준비 정도를 알 수 있다. 내담자의 대답은 면접의 다음 단계로 당신을 인도한다. 그러나 상담에 참여하기를 원치 않는 아동의 경우는 초기 저항을 다루면서 시작해야 한다.

(1) 문제 및 욕구 확인

대부분의 아동의 경우 스스로 문제를 파악해서 오는 경우보다는 부모의 강요에 따라 비자발적으로 오거나 아예 부모만 방문하는 경우도 많다. 이러한 경우 부모를 대상으로 면접이 이루어지는 경우가 많으며, 부모의 방문동기와 기대 등을 명료화하는 것이 중요하다(공계순 외, 2006).

초기 접수과정에서는 부모에게 어떠한 이유로 기관에 왔는지(문제), 무엇을 기대하는지(욕구)를 질문하는 것이 좋다. 이러한 질문을 통해서 부모의 아동에 대한 걱정이 적절한 내용과 수준인지, 기관을 통해서 해결될 수 있는지를 가늠할 수 있다. 예컨대, 어떤 부모들은 걱정이 지나치거나 아동발달에 대한 지식이 부족해서 문제시하는 경우도 있다. 배변훈련을 잘 끝내고, 그 이후 한 번도 실수한 적이 없는 아동이 동생이 태어난 후에 소변 가리기를 계속 실수한다면 이는 놀랄 만한 사건이 아니다. 물론 이것은 새로 태어난 동생에 대한 질투의 표현이며 동생이 받고 있는 부모의 관심을 자신에게 돌리려는 시도일 것이다. 그 문제가 비롯된 외부의 스트레스원이 분명하고 포괄적인 발달기준에 근거할 때 충분히 있을 수 있는 정도의 퇴행행동일 경우는 병리적인 관점보다 무엇이 그런 행동을 야기했는지에 초점을 둘 필요가 있다.

(2) 서비스 제공 가능성과 개입 형태 결정

기관에 따라서는 초기 접수상담만을 담당하는 사회복지사가 별도로 있는 경우도 있다. 이러한 경우는 대략적인 욕구와 문제 파악이 간단하게 이루어져서 이후 실제로 개입할 사회복지사와 연결해 주는 다리 역할만 한다. 그러나 한국의 사회복지기관에서는 초기 접수부터 개입, 종결에 이르기까지 동일한 사회복지사가 하는 것이 일반적이다. 이러한 경우 초기 접수과정이 초기 상담과정으로 자연스럽게 연결된다.

그러나 문제의 성격이나 제공받고자 하는 서비스의 내용이 기관의 목적이나 기능에 부합하지 않는 경우도 있다. 이러한 경우는 그 이유를 설명해 주고, 관련된 다른 기관에 대한 정보를 제공하거나 의뢰하게 된다. 의뢰가 형식적으로 이루어지지 않기 위해서는 가능한 구체적이고 적극적으로 정보를 제공해 주는 것이 바람직하다. 예컨대, 단순히 기관명만을 알려 주기보다는 기관의 위치나 담당자 연락처, 클라이언트가 받을 수 있는 서비스 내용 등을 구체적으로 알려 주는 것이 좋다.

(3) 초기 저항 다루기

아동을 원조하는 과정은 저항하거나 주저하는 가족구성원과 초기관계를 형성하는 데서 시작한다. 사회복지사는 도움을 주려는 시도가 거절되고 무시되더라도 도움이 필요한 아동과 그 가족에게 반드시 아웃리치(outreach)해야 한다. 일단 해당 서비스가 제공될 수 있다는 전문적인 판단이 내려지고, 초기 실천국면으로 들어서게 되면 가장 중요하게 대두되는 문제가 클라이언트의 저항이다. 아동의 불안과 저항을 어떻게 다루는 것이 바람직한지가 초기 단계에서 가장 중요한 실천적 과제다. 아동 대상 실천에서 보이는 아동들의 저항 표출방법은 성인과 다소 상이하다. 아동의 저항은 말하기를 거부하고, 문제가 없다고 부정하며, 쓸데없는 주제를 말하는 것으로 표현되기도 한다. 때로 눈을 마주치지 않고, 약속시간을 어기고, 부정적인 몸짓이나 적대적인 표정이나 행동을 보이기도 하며 책상 뒤에 숨기도 한다. 이 외에도 아동들은 매우 다양한 방식으로 자신의 저항을 표현하게 된다(공계순 외, 2006). 유능한 사회복지사라면 아동이 처음 기관을 방문할 때 갖게 되는 두려움, 걱정 및 질문 등을 전적으로 이해해야 한다. 상담과정에 아동을 참여시키기 위해서는 무엇보다 아동 스스로의 동기와 흥미를 유발하고 유지하는 노력이 필수적이며, 이를 위해 해당 아동의 발달수준도 반드시 고려해야 할 것이다.

서비스 수혜 경험 중 일부는 지금까지의 생활과 달라 낯설고 직면 또는 변화를 요구받기도 하여 대상자 측면에서는 불편할 수 있다. 이 때문에 대상자들은 걱정하고 전체 원조과정을 불신할 수 있다. 이러한 것이 클라이언트들이 원조과정에 대해 무관심하거나 저항하는 것처럼 보일 수 있다. 이것이 미리 예상되고 초기과정에서 해결되어야 한다. 비자발적인 대상자와 함께할 때는 협상하는 전략이 유용하다. 이 협상에는 클라이언트가 원하는 것과 사회복지사가 중요하다고 간주하는 것이 짝을 이루도록 해야 한다. 이러한 과정을 통해 클라이언트가 직접 선택할 기회를 제공하면서 스스로 자율성을 느끼게 되고 저항이나 주저함 등이 감소할 수 있다.

비협조적인 클라이언트와 함께하는 것은 사회복지사에게 좌절감과 화를 불러일으키며 이는 자연스런 반응이다. 어려운 클라이언트를 대상으로 하기 위해서 사회복지사는 상당한 인내심과 좌절 극복 노력이 필요하다.

(4) 서비스 과정에 대한 자세한 설명

먼저, 상담 장소를 우호적이고 안락하며 편안하게 만들어야 한다. 또한 아동에게 상담이란 무엇인지와 상담으로부터 무엇을 기대해야 할지를 이해시키는 일은 매우 중요하다. 초기 면접 시 사회복지사는 아동에게 상담과정 및 사회복지사의 기대를 설명해 주어야 한다. 사회복지사는 무엇이든 다 이해하고 수용할 것 같은 사람으로 보이는 것이 중요하지만, 아동을 다룰 때 반드시 상담시간에 필수적인 규칙, 즉 행동의 한계를 정하고 그래야 하는 이유와 그렇게 하지 않았을 때의 결과를 아동에게 알려 줘야 한다. 잘못된 행동은 적절하게 제지함으로써 바로잡는 것이 바람직하다.

사회복지사는 상담내용의 비밀보장에 대해서 알려 주어야 한다. 비밀보장이 지켜지기 힘든 예외적인 경우, 예컨대 상담 중 학대를 발견하여 보고하거나 위기 개입을 위한 외부 전문가를 요청할 수도 있지만 이러한 경우에도 아동이나 부모에게 설명하여 동의를 구하는 것이 좋다. 이러한 경우를 제외하고는 상담내용이 확실히 비밀보장이 된다는 것을 아동이나 부모에게 말해 주어야 한다.

부모는 가족의 욕구에 대한 사회복지사의 판단이나 의견에 동의하지 않을 수 있다. 이 때문에 자기결정을 위한 부모의 권리와 아동 최선의 이익이라는 두 가지 방향 사이에서 흔들릴 수 있다. 아동의 문제가 클수록 사회복지사는 대신 좋은 부모가 되어 아동을 구출하고 싶어 할 수 있다. 하지만 아동도 가족체계의 일원이므로 사회복지사는 반드시 아동의 부모를 서비스계획에 포함시키고 가족전체에 영향을 주려고 노력해야 한다.

2) 서비스 계약

서비스 계약은 사회복지사와 대상자 간의 작업 동맹을 증진시켜 서비스 효과를 높이기 위해 필요하다. 양측 모두 관계에 대해 책임을 진다. 약속 엄수와 같은 과제는 대상자와 사회복지사 모두에게 동일하게 적용된다. 사회복지사는 비밀보장을 약속하고, 대상자는 자기 개방(self disclosure)에 동의한다. 사회복지사는 전문지식과 기술로 문제해결을 원조할 것을 약속하며, 대상자는 원조과정에의 협조를 약속한다. 사회복지사는 대상자에게 서비스 계약에 대해 명시적이고 구체적으로 설명해야 한다. 사회복지사는 아동과 관련된 다른 기관들과 접촉하기 위해서는 그전에 계약서에 아동이나 부모로부터 서명된 동의를 받아야 한다. 아동을 원조하는 것과 직접 관련되지 않은 가족 정보를 다른 기관과 공유하는 것에 주의해야 한다. 개인정보가 공적 영역에 공개되면 클라이언트의 프라이버시는 더 이상 보장되기 어렵고 다른 분야의 전문가들은 비밀보장의 원칙을 반드시 지킬 필요가 없는 경우도 있다. 정보공유를 위해서는 무엇을 얼마만큼 공유할 것인지 결정해야 하며, 이는 모두 클라이언트의 최선의 이익에 기반해야 한다.

2. 욕구사정 및 계획 단계

욕구사정은 클라이언트 문제의 원인과 역동을 파악하기 위한 것이다. 사정은 클라이언트의 문제적 상황에 영향을 미치는 가능한 많은 요인을 찾아 사회복지사가 적절한 개입을 계획, 제안, 실행하는 데 도움이 되기 위한 것이다(Webb, 2011). 클라이언트의 신체적 · 사회적 · 심리적 기능 정도를 파악하고 다양한 생태체계적 사정이 이루어져야 한다. 사정은 사례의 의미, 각 생태체계적 요인들 간의 상관관계를 찾는 사고 과정이고 이는 적절한 개입으로 이어지게 된다. 고위험일수록 좀 더 폭넓은 사정이 요구되고 가족뿐만 아니라 이전 개입기관 등 더 많은 외부 정보원이 요구된다. 이러한 포괄적인 사정정보를 통해 개입의 우선순위와 내용을 결정하는 체계적인 계획이 이루어지게 된다.

사정은 세 가지 중요한 원칙에 기반해야 한다(Webb, 2011). 첫째, 사정과 개입은 일반적으로 동시에 진행된다. 사정이 진행되는 동안 즉각적인 도움을 원하는 클라이언트의 욕구는 보류되어서는 안 된다. 둘째, 사정은 지속적 과정이다. 이미 사정결과보고서가 만들어졌다 하더라도 사정과정이 완전히 끝난 것은 아니다. 셋째, 아동에 대한 사정은 항상 임시적인 것이다. 아동은 날마다, 분마다 변할 수 있으므로 아동사정은 주기적으로 반복되어야 한다.

1) 생태체계적 사정

사회복지현장에서의 아동은 다양한 배경과 문제 및 욕구를 나타내고 있다. 환경 속의 인간(person-in-environment)이라는 관점이 사회복지실천에서 강조되고 있는 점에 비추어 아동의 사회경제적 · 문화적 다양성을 고려한 생태체계적 준거틀 내에서 문제의 사정이 이루어지는 것이 바람직하다. 이러한 준거틀은 아동의 사회적 상황, 아동의 발달과 기능, 아동의 발달, 기능과 사회적 상황 간의 상호작용에 대한 분석을 포함한다.

아동의 사회적 상황에 대한 사정은 가족의 역동성, 사회적 환경, 환경의 요구와 기회 등에 대한 광범위한 이해로부터 시작된다. 아동은 가족 내부의 현실이나 압력에 대하여 반응을 나타낼 수 있다. 가령, 가족 내 부부간의 불화문제가 있는 아동에게는 분리에 대한 두려움이 과장되어 나타난다. 아동은 가족의 갈등이나 긴장의 초점이 될 수 있으며, 아동의 행동이 가족의 문제와 상호작용 형태를 반영하기도 한다. 그리고 가족의 환경과의 상호작용 형태가 아동에게 나타날 수 있다.

아동의 발달과 기능에 대한 사정의 목표는 아동의 성장과 기능에 대한 심층적으로 이해하는 것이다. 사회복지사가 수행해야 할 과제는 다음의 세 가지 질문을 중심으로 이루어진다.

- 아동은 발달단계상 어디에 위치하고 있는가?
- 아동에게 요구되는 발달과업은 무엇인가?
- 이러한 과업에 대하여 아동이 어떻게 대처하고 있는가?

이러한 질문을 수행하는 원칙은 다음과 같다. 첫째, 특정한 발달단계에서 기대되는 것과 관련된 아동의 상황을 이해하는 것이다. 아동은 자신의 연령에 적합한 행동을 보이고 있는가? 아동발달의 측면에서 지체된 부분은 없는가? 아동이 어떤 충격적인 생활사건으로 인하여 퇴행하고 있는가? 이러한 질문을 고려함에 있어 사회문화적 차이 등에 주의를 기울여야 한다. 표면적으로 이상행동으로 보이는 것이

사회문화적 차이를 고려하면 정상적인 경우가 있기 때문이다. 여러 가지 이론들이 제시하고 있는 아동발달의 단계들도 고정된 잣대가 아닌 유연한 지침으로 활용되어야 한다. 둘째, 아동의 독특한 대응방식을 이해하고, 필요한 경우 그것을 강화하거나 수정하는 방법을 이해해야 한다. 셋째, 아동이 그들의 행동을 통하여 전달하는 바가 무엇인가를 분석해야 한다. 아동의 증상은 그들의 적응방식을 반영하고 있다. 가령, 위탁가정의 아동들은 위축, 분노 혹은 기타 행동을 통하여 다른 곳으로 자신이 이동할 것에 대한 불안을 표시한다.

아동의 행동과 발달을 분석하기 위하여 사회복지사는 심리학자, 정신분석가 등에 의한 공식적인 평가를 활용하며, 그 외에도 그림 그리기, 질문지, 놀이, 게임, 그림책 등을 활용하여 아동에 대한 직접적인 면접과 관찰을 보완한다. 진단도구의 선택은 아동발달의 위치, 사회복지사의 일차적 목표에 따라 이루어진다.

아동의 사회적 상황과 발달 간의 상호작용의 사정에서는 다음과 같은 질문이 수행된다. 특정한 특성과 적응양식을 가진 아동이 특정한 상황을 만났을 때 어떠한 일이 발생하는가? 보다 만족스러운 상호작용을 위하여 변화되어야 할 것은 무엇인가? 아동과 가족구성원의 상호작용은 어떠한가? 보다 바람직한 양육환경을 제공하기 위하여 변화되거나 추가로 필요한 사항은 무엇인가? 이러한 질문과 관련된 실천원칙은 다음과 같다.

- 부모와 아동 간의 상호작용에서 일어나는 상황을 분석한다.
- 아동의 욕구를 충족시키는 부모의 능력이 각 발달단계에 따라 달라질 수 있음을 이해한다.
- 아동을 위하여 도움이 되는 환경상의 자원은 무엇인가를 분석한다.
- 아동의 발달과정상의 장애요인은 무엇인가를 분석한다. 가령, 청각이나 시각의 손상이 일정기간 동안 발견되지 않은 채 학습의 문제를 가져올 수 있다.
- 부모 역할의 효과적인 수행을 위하여 필요한 사항이 무엇인가를 분석한다. 가령, 일부 가정에서의 아동의 가정 외 배치는 소득보장, 자조집단활동, 보육서비스 등의 제공으로 예방될 수 있는 경우가 있다.

(1) 심리검사

심리검사는 아동이나 가족의 문제를 진단하고 개입방법을 결정하는 데 적절한 도움을 주기 위한 것이다. 즉, 심리검사 과정을 통해 개인의 세부적인 문제를 알아보고 그 문제의 원인을 탐색하며 그에 따른 해결방법을 결정하는 데 검사가 유용한 자료의 역할을 한다. 심리검사를 선택하는 데 중요한 요인은 의뢰된 문제에 그 검사가 어느 정도 유용한가를 결정하는 것이다. 임상적 평가에서 타당한 검사는 측정하고자 의도하는 것을 정확하게 측정해야 하며 사회복지사에게 유용한 정보를 제공해야 한다. 이러한 과정을 거쳐 사회복지사는 아동을 평가하게 된다.

아동과 가족원의 지원을 위하여 객관적인 근거자료를 요구하는 기관과 협력할 경우 심리검사와 같은 관련 자료를 요청받을 수 있다. 또한 사회복지사는 심리검사 결과를 통해 아동에게 보다 강화되어 접근해야 할 부분이 무엇인지 통찰을 얻기도 한다. 일반적으로 사용되는 심리검사도구들은 성격유형검사(MBTI, MMTIC), 성격종합검사(집-나무-사람 그림검사, 학교생활화, 가족화, 도형그림검사, 문장완성검사, 사회성숙도검사, 로샤카드)와 아동지능검사(KEDI-WISC), 행동평가(ADHD 감별진단척도), 학습장애검사(기초학습능력검사) 등이 사용된다. 이러한 심리검사를 요청받는 대다수의 아동이 해체, 방임, 빈곤가정에서 다양한 어려움에 직면하고 있는 상황임을 고려할 때 심리검사는 부모 및 가정환경의 변화와 함께 아동 성장에 궁극적인 목적이 있다. 따라서 심리검사의 필요성이 논의될 시점부터 부모의 관심과 참여를 이끌어 내는 것은 매우 중요한 과제가 될 수 있다. 또한 무엇보다도 심리검사 결과를 통해 아동의 특성과 상황을 단정적으로 결정짓고 낙인화시키지 않도록 주의하는 것이 가장 중요하다.

(2) 가족관계 및 역동조사

아동들은 자신의 어려움이나 욕구, 문제의 발달이력 등을 효과적으로 표현하기 어려우므로 부모가 가장 중요한 정보원 중의 하나가 된다. 부모로부터 정보를 수집할 때는 가능한 명확하고 구체적으로 하되, 부모에게 비위협적으로 정보를 수집하는 것이 중요하다. 발달이력에 대한 정확한 정보수집은 발달 영역에서 중요한 정보를 제공할 뿐만 아니라 아동의 문제에 대한 부모의 기대와 지각을 알 수 있게 한다.

아동문제를 보다 체계적이고 맥락적으로 파악하고 원조하기 위해 가계도가 활용된다. 가계도를 통해 세대 간 전승되는 독특한 양육방식이나 가족문제를 확인하는 것은 현재의 문제역동을 이해하는 데 도움이 된다. 부모들은 자신의 양육방식이나 원가족으로부터 전승받은 문제에 대한 통찰을 얻을 수도 있고, 아동문제에 부모 자신이 어떻게 기여하고 있는지를 인식할 수 있다.

(3) 다양한 정보원에 대한 조사

정보는 부모뿐만이 아니라 아동으로부터도 반드시 수집되어야 한다. 일반적으로 아동들은 자신의 문제를 설명하는 능력에 어려움이 있기 때문에 별로 유용하지 않다고 생각할 수 있다. 그러나 아동으로부터 수집한 정보는 그 내용의 정확성이나 신뢰성 여부를 떠나 임상적으로 중요한 의미를 갖는다. 아동의 입장에서 문제를 어떻게 지각하는가 하는 것은 궁극적으로 아동 행동을 이해하는 기초가 되고, 결과적으로 개입효과에도 영향을 미치기 때문에 계획을 수립할 때부터도 고려되어야 한다(Bierman, 1983).

정확한 사정을 위해서는 다양한 정보원으로부터 정보를 수집해야 한다. 무엇보다 부모의 정보가 중요하겠지만, 아동은 환경과 사람에 따라 다르게 행동할 수 있음을 간과해서는 안 된다. 따라서 아동에 대한 정보를 오직 한 정보원에게만 의존한다면 그 아동이 보이는 현재의 행동과 다른 장소에서 보이는 아동의 행동을 제대로 이해할 수 없게 된다. 만약 아동이 부모가 아닌 다른 양육자, 예컨대 조부모나 보모 등과 대부분의 시간을 보낸다면 아동에 대한 정보는 주양육자인 조부모나 보모에게 얻는 것이 바람직하고, 추가적으로 부모 면담을 수행해야 할 것이다(박영애 외, 2001). 만약 다양한 정보원으로부터의 정보가 일치하지 않을 경우는 불일치 자체가 중요한 임상적 단서가 되며, 누구의 정보가 보다 일관되며 타당한지를 판단하는 것이 변화의 원동력이나 문제해결의 실마리를 제공하기도 한다.

2) 계획

개입을 위한 아동문제의 사정은 발달의 시각에서 접근해야 한다. 급격한 발달을 경험하는 아동들을 평가할 때 연령에 근거한 포괄적인 발달기준도 중요하지만 아동발달에서의 개인 차이를 인정하는 융통성도 필요하다. 예컨대, 한 살짜리 아이가 걷지 못하는 것은 걱정할 필요가 없다. 사정뿐 아니라 개입계획의 수립 또한 발달론적인 관점에 근거해야 한다. 사회복지 실천이 효과가 있으려면 구체적인 기법이나 방법의 선택이 아동의 인지능력이나 발달단계에 근거해야 하기 때문이다. 예를 들어, 발달단계상 자아중심성을 극복하기에 너무 어린 아동은 다른 사람의 상황을 공감하는 데 어려움이 있다. 따라서 다른 사람의 입장을 이해하거나 그 관점에서 역할을 취할 수 없기 때문에 역할극을 하는 것 자체가 매우 어려울 수 있다(Wadsworth, 1989). 이와 같이 아동발달에 대한 지식은 아동의 초기 사정 단계뿐 아니라 개입의 방향과 방법을 구체적으로 계획하고 실천하는 데도 필수적이라 할 수 있다.

서비스 목표는 포괄적인 사정에 근거해서 설정된다. 사회복지사는 클라이언트가 향상하길 원하는 영역에 대한 인식 정도를 파악하고 이를 전문적 개입목표 속에 포함하길 원한다. 여기에는 단기목표와 장기목표 등이 마련된다. 이러한 계획은 기관의 자원, 연계자원 등과 밀접하게 연결되어야 한다.

3. 개입단계

아동과의 사회복지실천에서 활용되는 주요 접근방법은 심리치료모델, 행동수정모델, 클라이언트중심모델 등이 있다. 놀이치료는 이러한 모델 내에서 일반적으로 많이 활용되며, 이 외에도 인지치료, 가족치료 등의 접근방법이 활용된다. 사회복지사는 하나의 모델을 지속적으로 적용할 수도 있지만, 필요에 따라 다양한 모델을 절충적으로 활용하기도 한다(Maluccio, 1995: 445-447). 개입단계의 자세한 설명은 아동복지서비스 실천방법에서 좀 더 자세히 설명하도록 한다.

1) 개별상담

사회복지사는 아동을 개별적으로 면담하는 경우가 많으므로 개별상담의 기법을 익혀 두어야 한다. 아동이 새로운 장소에서 새로운 얼굴을 보면서 놀라는 것은 매우 자연스러운 첫 반응이다. 아동은 왜 본인이 사회복지사 사무실에 와야 했는지 인지하지 못할 수 있고, 원조과정은 친숙하지 않기 때문에 아동의 언어로 쉽게 원조과정을 설명하여 이해시켜야 한다. 정직과 존중의 태도로 아동을 대하는 것이 효과적인 원조관계의 기반이 될 것이다.

개별상담을 위해서는 아동과 신뢰관계를 형성하는 것이 무엇보다 중요하다. 사회복지사는 진지하고도 관심 있는 태도로 면담에 임하고, 무엇보다도 사회복지사 윤리강령을 준수하는 것이 중요하다. 사회복지사는 아동을 개별적으로 면담할 때에 필요한 정보를 듣고 개입계획을 세우고 종결 때까지 몇 번을 면담할 것인지를 아동과 함께 결정하는 것이 좋다. 사회복지사는 상담 초기에 필요한 관계형성 기술, 자료수집 방법, 상담 중기의 기법, 상담의 종결 등에 각각 필요한 기술을 익혀야 한다. 또한 상담의 기법과 개입계획은 아동이 자발적으로 도움을 청해 온 경우와 비자발적으로 의뢰된 경우에 따라서 매우 다르다.

일반적으로 아동을 개별적으로 면담할 때에 사회복지사는 아동을 돕기 위해서 바람직한 변화를 가져오는 데 목표를 두게 되는데, 이를 위해서 사회복지사는 아동의 정서에 개입할 것인가, 인지를 변화시킬 것인가, 행동에 변화를 가져올 것인가를 결정할 필요가 있다. 아동이 슬픔이나 분노감 등의 감정에 몰입되어 있는 경우에는 정서에 개입하여야 할 것이며, 아동이 옳지 않은 생각 때문에 고통받고 있는 경우에는 인지변화에 목표를 두어야 할 것이며, 아동이 바람직하지 않은 행동에 빠져 있을 경우에는 행동상의 변화를 가져오는 데 목표를 두어야 할 것이다. 이렇게 사회복지사는 아동과의 개별상담 중에 감정, 인지, 행동에 변화를 가져오도록 노력하지만 사회복지사 자신의 내부 갈등이 해결되지 않은 경우에는 상담이 힘들어질 수 있다. 그러므로 내적 성숙을 가지도록 노력하고 역할 모델이 되어야 하며 인내심과 일관성을 유지하는 것이 바람직하다.

아동의 정신건강이 좋지 않은 경우에는 정신건강검사를 실시하여 정서적 · 정신적으로 장애가 발견되면 외부전문가에게 의뢰하여 전문상담과 정신치료, 약물치료 등을 받도록 권해야 한다. 정신건강 검진을 위해서는 아동의 수면장애 여부, 불안의 정도, 우울의 정도, 섭식장애 여부 등을 질문하도록 한다. 또한 DSM-5(정신장애분류)에 의하여 행동장애, 학습장애, 외상후 스트레스장애 등이 발견되는지 검진할 필요가 있다. 특히 외상후 스트레스장애의 증상이 보이는 경우에는 성학대 피해, 위기상황, 폭력이나 범죄피해를 경험했는지의 여부를 판단한 후 보호가 필요한 아동일 경우에는 보호체계를 정하고 법적 의뢰와 의료적 조치를 취하고, 보호가 필요한 대상이 아닌 경우에는 적절한 상담서비스를 제공한다.

2) 가족상담

아동에 대한 교육적 효과를 증진시키기 위해서는 가족의 기능을 무시할 수 없다. 가족 내의 문제는 아동의 정서에 직접적인 영향을 미치며, 그것은 아동의 학업에 그대로 반영된다. 그러므로 사회복지사는 아동과의 첫 번째 면담 이후에 가족을 만날 것인지 결정해야 하며, 이때에 아동과의 협조체계를 구성할 필요가 있다. 아동의 동의나 협조가 없이 가족을 상담하는 일은 바람직하지 않으며, 특히 아동의 연령이 십대일 때에는 아동과의 관계 형성이 필수적이다. 물론 아동이 위기상황에 있거나 입원 치료가 필요하거나 보호자의 결정과 허락이 급히 필요할 경우에는 본인의 허락을 받는 데 시간을 낭비할 수 없으므로 예외다.

특히 비행아동일 경우에는 가정생활에 대해 각별한 주의를 기울일 필요가 있다. 연구에 의하면 행동장애 아동의 부모는 임상적으로 역기능적이거나 병리적이며, 특히 아버지가 알코올 중독자이거나 범법자인 경우가 많다. 또 자녀에 대한 훈육방법이 일률적이지 않고, 지나치게 엄하거나 지나치게 풀어 주는 경향이 있다. 한편, 가족 간의 관계가 부정적이어서 정서적 지지, 온화함, 애정표현, 인정하고 수용해 주는 일 등이 매우 부족하고 의사소통은 비지지적이며, 방어기제를 자주 사용하고 민주적 경향보다는 특정인이 모든 의사를 결정하는 경우가 많다는 연구도 있다. 행동장애 아동의 가정 내에는 부부간의 갈등이 심하며, 집안에서 공격적 모습을 쉽게 볼 수 있었다는 보고도 있다(Kazdin, 1995). 행동장애 아동의 가족이 이와 같은 특성을 지니는 것을 파악한 사회복지사는 가족에 대해 임상적 개입을 하는 것이다. 이때에는 부모교육 프로그램과 가족치료기법을 주로 사용하게 되는데, 부모와 함께 양육태도를 토의하는 부모교육 프로그램과 가족 간의 역기능적 패턴을 고쳐 주는 가족치료 기법을 함께 또는 따로 사용할 수 있다.

사회복지사는 가족치료기법에 대해 훈련받아야 하며 가족치료를 할 경우 가족의 의사소통양식, 역할수행, 가족 간의 관계 등을 모두 파악할 수 있어야 한다. 만약 사회복지사가 본인이 이와 같이 임상기법의 훈련이 부족하다고 느낄 경우에는 아동과 그 가족을 다른 전문가에게 의뢰하여 가족이 적절한 가족치료를 받을 수 있도록 의뢰해야 한다.

부모교육 프로그램은 PET(Parent Effectiveness Training), STEP(Systematic Training for Effective Parenting) 등과 같이 이미 개발되어 있는 기존 방법을 익히는 것도 좋고, 특정 문제를 가진 자녀를 둔 부모들을 모아 집단을 운영하면서 토의하는 시간을 갖는 것도 좋다. 여기에서는 일반적으로 응용할 수 있는 부모교육 프로그램을 간략히 소개하고자 한다. 부모교육 프로그램은 부모에게 자녀를 효과적으로 훈육하는 특정 기법을 알려 주어 자녀와의 상호작용 패턴을 바꿀 수 있도록 유도하는 방법이다. 이 프로그램은 네 가지 순서로 진행된다. 첫째 단계는 부모들을 대상으로 동기부여의 시간을 가지는 단계다. 이때 부모들은 양육태도에 변화를 갖겠다는 의지를 서로 나누게 된다. 둘째 단계는 사회복지사가 부모들에게 자녀의 바람직하지 않은 제반행동을 나열해 보도록 지시하는 단계다. 이때에는 구체적인 행동이 나열됨으로써 추상적으로 '좀 더 나은 아이'가 되었으면 하는 바람보다는 구체적이고 자세한 내용을 나열한다. 셋째 단계는 사회복지사가 부모에게 적절한 훈육 기법을 가르치는 단계다. 넷째 단계는 사회복지사가 부모로 하여금 배운 기법을 연습하고 실천하도록 지속적으로 지지해 주는 단계로서 추후서비스를 포함한다.

이 프로그램의 목표는 부모가 특정 기술을 익히도록 돕는 것이다. 그러나 이 방법은 부모들이 다른 위험요소, 즉 심각한 부부갈등, 사회경제적 어려움, 정신병리적 문제 등을 가질 때는 별로 효과적이지 못하다. 또한 아동의 나이가 십대 후반기일 때에도 부모와 자녀의 행동 양상이 이미 굳어져서 큰 효과가 없다. 사회복지사는 문제양상과 부모의 협조여부, 아동의 연령을 모두 고려하여 적절하게 부모교육 프로그램과 가족치료기법을 사용해야 한다.

3) 집단상담

사회복지사는 아동의 사회성을 높이고자 할 때, 아동이 동료 또래집단의 지지를 필요로 할 때, 아동의 정서적 문제가 집단의 역동성을 통해 변화를 강화시킬 수 있을 때 집단상담을 하게 된다. 또 많은 아동을 단시간 안에 도와주어야 할 때 또는 비슷한 문제를 가진 아동이 동시에 발생했을 때에는 시간의 효율성을 위해서 집단상담을 활용하는 수도 있다. 집단운영은 대화를 주로 사용하는 방식과 프로그램 활용을 주로 사용하는 방식으로 나뉜다. 집단은 또 과업집단, 상담집단, 주제별 집단, 자조집단 등으로 크게 나눌 수 있으며, 과업집단은 일정한 과업을 완성하는 것을 목표로 하는 집단이고, 상담집단은 심리상담을 목표로 하는 집단이며, 주제별 집단은 문제에 따라 주제를 가지고서 운영하는 집단이며, 자조집단은 지도자 없이 아동들끼리 모여 문제에 대해 서로 감정을 나누는 형태로 진행되는 집단이다.

집단은 아동이 좋아하는 특별활동 시간과 함께 짜여짐으로 해서 더욱 흥미를 불러일으킬 수 있는데, 예를 들면 사이코드라마반, 연극반, 자원봉사반, 음악반, 시사토론반 등을 만들어 활동을 먼저 진행한 다음에 활동 중에 아동들이 느꼈던 정서적 주제에 대해 이야기할 기회를 준 후에 본인의 고민과 연결시켜 마음의 상처를 치유해 줄 수 있다. 이 밖에도 프로그램 활동은 게임, 각종 스포츠, 기타 놀이, 작품제작, 게시판 제작, 견학, 야외놀이 등 다양하게 꾸밀 수 있다. 놀이는 문제에 따라 얼마든지 창의적으로 제작할 수 있고 얼마든지 아동의 요구에 맞게 만들 수 있으며, 스포츠 활동을 통해 낮은 자존감이나 낮은 사회성을 향상시킬 수도 있다. 이와 같은 프로그램 활동을 진행할 때에는 지나치게 경쟁을 유발시키기보다는 협동심을 불러일으키도록 유도하는 것이 매우 중요하다.

사회복지사는 상담집단이나 활동 중심의 집단을 운영할 때 몇 가지 방침을 세워야 한다. 우선 집단을 폐쇄형으로 운영할 것인가, 개방형으로 운영할 것인가를 정해야 한다. 폐쇄형 집단은 집단 성원을 미리 선정한 후 집단 운영을 시작하고 그 집단이 일정 기간 지속된 후 종결할 때까지 새로운 회원을 받아들이지 않는 집단을 말한다. 개방형 집단은 문자 그대로 집단을 개방하여 언제든지 새로운 성원이 영입되고 또 언제든지 집단을 그만둘 수도 있는 집단 운영 형태를 말한다. 개방형 집단의 장점은 결국 많은 성원이 참여할 수 있다는 점과 새로 들어온 성원은 기존 구성원들로부터 역할과 기능을 본받을 수 있다는 점, 그리고 집단 전체가 방어기제를 사용하지 않는다는 점 등이다. 그러나 단점은 새로 들어온 구성원이 낯설어하는 점과 구성원에 따라서 치료의 단계가 다르다는 점 등이다. 그러므로 사회복지사가 새로 온 성원을 되도록 빨리 소개하고 기존 성원들의 역할 모델링을 통해 집단 발달에 지장이 없도록 활발한 개입을 해야 한다.

개별상담 대 집단상담

각 사례에 있어서 개별상담을 실시하는 것이 적절한가, 아니면 집단상담이 적절한가 하는 문제는 대개 다음과 같은 기준을 갖고 판단하면 좋을 것이다. 문제의 정도가 심각하고 정서적 문제와 관련이 있는 경우라고 한다면 개별상담이 적절하지만, 그 아동의 사회적 적응의 문제와 관련이 있는 경우라고 한다면 집단상담이 바람직하다. 그리고 개별상담에서 아동의 심리적 상태가 어느 정도 안정되어 보이면 집단놀이로 전환하여 사회복지사의 도움을 토대로 다양한 인간관계의 체험을 풍부하게 경험하도록 하면서 현실생활에서의 행동의 폭을 보다 넓혀 가도록 하는 방법도 생각해 볼 수 있다. 집단생활이 가능한 것도 개인의 역량 중의 하나이기 때문에 집단상담은 신중하게 결정되어야 한다.

4) 위기개입

위기는 정상적인 발달단계의 위기를 비롯하여 정학처분을 받은 경우, 부모의 이혼, 친구의 갑작스러운 사망이나 사고, 신체상해, 임신 등 다양하다. 폭력, 아동학대, 범죄의 희생 등이 또한 위기에 해당된다. 특히 우울증이 깊어져 자살을 시도하려 할 때나 알코올이나 약물남용이 신체적 증상으로 나타나 있을 때, 성학대의 피해자임을 말할 때, 급성 정신질환의 양상을 보일 때 등이 위기상황이며 이때에는 일반상담의 시간과 패턴이 적합하지 않은 경우이므로 사회복지사는 위기개입의 방법을 사용해야 한다.

사회복지사는 위기에 어떻게 대처하는가에 대한 훈련이 되어 있어야 하며, 위기

상황을 경험한 학급, 교사, 직원에 대해 심리정서적 외상과 애도를 표출할 기회를 제공해 주는 위기개입팀을 즉각 출동시키도록 미리 훈련되어야 한다. 예를 들어, 대형참사의 목격자들이 심각한 후유증에 시달리는 것을 방지하기 위해서는 임상가와 함께 회상경험을 말하는 자리를 갖게 하는 것이 매우 바람직하다. 즉, 위기사건을 직접 경험했거나 목격한 사람을 72시간 이내에 한곳에 모아 놓고 감정을 표현하게 하고, 자기가 본 충격적 장면, 회상되는 것, 친구를 잃은 데 대한 감정 등을 털어놓게 함으로써 외상후 스트레스 장애의 심각한 증상이 장기화되는 것을 미연에 방지해야 한다.

5) 지역사회 연계

사회복지사의 주요한 기술은 지역사회의 자원에 의뢰를 하고, 특정한 문제상황을 해결하기 위해 다른 기관과 협력하며, 아동과 부모를 위해 새로운 자원을 개발하는 것이다. 지역사회의 서비스 전달체계는 보건, 아동복지, 직업재활, 교육체계, 정신건강 등의 여러 특수기능으로 구분되어 있다. 이러한 제반 서비스가 분리되어 있지 않고 통합되어 있는 것이 더 바람직하지만, 현실적으로는 전문분야별로 분리된 서비스를 제공하는 경향이 있다. 아동의 문제가 심각할수록 자원을 개발하고 여러 서비스를 조정해 주는 역할이 매우 필요하다. 그렇지 못할 경우 부적절하게 서비스가 겹치면 위험은 더 커지게 되므로 유기적 통합과 서비스를 전달해 주는 전문가가 필요하게 된다.

예를 들어, 아동에 대한 성학대, 신체학대, 의료방임, 교육방임, 영양과 위생에 심각한 문제 등이 발견될 경우에는 사회복지사는 관할지역의 아동보호전문기관에 사례를 의뢰하고 아동학대 전문가와 협의하여, 아동의 환경체계가 개선되도록 조처하여야 한다. 이때에는 법에 위배되는 행위를 저지른 부모에 대한 서비스와 아동에 대한 서비스 중에서 아동보호를 우선해야 하며, 사회복지기관, 부모, 학교 당국, 법률가, 아동보호전문기관의 사회복지사 등 관련 전문가 회의를 가지는 것이 원활한 의사소통과 전문적인 서비스를 제공하는 데 필요하다. 더 나아가 사회복지사 본인이 지역사회의 일원으로서 자원이 되어 주고 지역사회의 다른 자원과 긴밀한 상호협조 체계를 갖추어 서로 도울 수 있도록 연결되어 있어야 한다.

많은 기관이 클라이언트 상황에 대한 전체적인 접근을 하기 어렵고 각각 그 일부분만을 담당하고 있다. 각 기관들이 협소하게 문제에 접근하기 때문에 목표달성하기가 쉽지 않다. 따라서 클라이언트의 문제와 상황에 여러 기관이 개입할 수밖에 없으며 그 때문에 사례조정자나 사례관리자의 역할을 하는 사회복지사가 필요하다. 이러한 조정이 없다면 서비스 간의 통합적인 시너지 효과를 내기 어려울 것이다. 서비스 간의 조정과 연계는 시간과 노력이 많이 들지만 가치 있는 것이며 최종적으로 비용효과적이다.

6) 모니터링

기관의 서비스 제공자나 비공식적 지지망 등과 체계적이고 지속적인 접촉을 통해 클라이언트의 변화나 진전 상황을 점검해야 한다(Webb, 2011). 이를 통해 서비스 제공의 적합성과 개입효과를 확인하게 된다. 이는 전화, 직접 방문, 대면접촉, 사례회의 등을 통해 이루어진다. 현재의 서비스 진행상황이 만족스러운지 여부를 점검하고 서비스 변화가 필요하다면 새로운 재사정이 이루어지기도 한다.

여러 전문가 간의 관계가 한 번 형성되면 그 이후 모니터링 과정은 훨씬 더 쉬워진다. 특히 사례회의를 통해 각 영역이 어떤 역할을 담당해야 하는지 정확하게 이해하고 혼자 너무 많은 역할을 해야 한다는 부담감에서 벗어날 수 있다. 너무 많은 전문가가 관여하다 보면 클라이언트와 가족은 매우 혼란스러울 수 있으므로 각 전문가는 사례관리자의 지침하에 자기 기능과 역할을 정확하게 의사소통해야 한다. 또한 사례 점검을 위한 사례회의는 주기적으로 진행되어야 한다.

4. 종결단계

종결은 초기접수 단계에서 제시되었던 문제나 어려움이 해결되었고 더 이상 개입을 위한 공식적 접촉이 없어도 된다는 것을 의미한다. 그러나 이는 나중에 비슷한 혹은 상이한 문제가 다시 발생하지 않는 것을 보장하는 것은 아니다. 초등학교

2학년 때 문제를 보였던 아동이 종결 이후 나중에 중학교에서 다시 문제를 표출할 수도 있다. 종결은 지금 이 순간 개입의 마지막을 의미하는 것이고 필요한 경우 언제든 다시 개입이 진행될 수 있다. 그래서 이전 서비스 기록이 매우 중요하다.

1) 종결시점

종결은 의도적이고 계획적으로 이루어지기도 하고 다양한 원인으로 갑작스럽게 이루어지기도 한다. 예컨대, 아동의 이사나 담당 사회복지사의 전직 등 다양한 요인이 의도하지 않은 종결을 초래할 수 있다. 그러나 일반적으로 의도된 종결은 문제가 해결된 시점이다. 즉, 사회복지사와 클라이언트가 상담을 통해 성취해야 할 목표를 분명히 정했다면 종결의 시점은 목표가 달성된 때라고 할 수 있다(공계순 외, 2006).

2) 종결에 대한 준비

아동은 사회적 관계와 전문적 관계를 구분하기 어렵기 때문에 아동과의 관계에서 종결하는 것은 쉽지 않다. 개입이 아동 자신에게 돌봄을 제공하고 주의를 기울이던 성인의 충분한 관심을 받는 시기였기 때문에 의도 여부와 무관하게 종결은 아동에게 매우 어려울 수 있다. 아동은 자신에게 관심을 갖고 따뜻한 태도를 보이는 성인에게 애착을 빨리 형성하기 때문이다. 사회복지사와 아동 간의 깊은 신뢰와 우정이 형성되면 어떠한 이유에서건 아동은 자신이 경험한 좋은 관계를 끝내고 싶어하지 않을 것이다(공계순 외, 2006).

따라서 아동에게는 종결이 버려지는 경험이 아니라 아동 자신의 성장과 변화를 의미하는 경험으로 받아들여지도록 재조명해 주어야 한다. 이를 용이하게 하기 위해 아동과 사회복지사는 몇 주 앞서서 종결 날짜에 대해 논의하는 것이 바람직하다. 예컨대, 마지막 3회기 전 정도에 미리 종결을 알려 주고, 사회복지사 스스로는 물론 아동들에게 충분히 준비시키는 것이 좋다. 아동에게 안전한 환경에서 자신의 슬픔을 표현하고 나누도록 허락하는 것이 필요하기 때문이다.

문제가 재발하면 아동이 어떻게 행동할 것인지에 대해 계획을 세우고 이를 미리 연습해 볼 수도 있다. 아동에게 사회복지사가 아직도 관심을 가지고 있는 사람이며, 필요하면 언제든 도움을 줄 수 있음을 알려 주는 것이 좋다. 그러나 가능성도 고려해 보지 않고, 꼭 다시 만날 수 있다고 섣불리 약속하는 것은 바람직하지 않다. 예컨대, 아동이 멀리 이사를 가야 한다거나 다른 이유 등으로 다시 만날 수 없을 경우에 아동을 당장 안심시켜서 종결하기 위해 거짓말을 하는 것은 좋지 않다. 이보다는 솔직하게 이야기해 주고, 상담과정에서 좋았던 것, 즐거웠던 것, 변화했던 것 등을 되새기게 하며, 파티나 간단한 수료식 등을 통해 성취감을 제고해 주는 것이 좋다.

3) 성과평가

전문적 판단에 의해 클라이언트가 더 이상의 서비스가 없어도 충분히 독립적으로 활동할 준비가 되어 있을 때 종결하게 되며, 이는 성과평가를 통해 확인하게 된다. 성과는 클라이언트의 변화와 관련된 내용들이다. 즉, 성과는 클라이언트가 제공된 서비스에 의해 얼마나 영향을 받았는가를 확인하는 것이다. 초기 단계는 주로 클라이언트의 인지적인 변화(예: 담배에 대한 지식습득으로 그 위험성에 대한 인식변화 등)를 대상으로 하며, 중기 단계는 클라이언트의 행동적 변화(예: 담배를 끊는 행동 등)를 대상으로 한다. 끝으로, 장기 단계는 클라이언트의 지위 변화(예: 학교복귀 등)를 대상으로 한다. 성과평가는 클라이언트 삶의 질이 변화할 것으로 예견하는 작업이다. 이때 질적인 변화는 클라이언트의 상태와 지위, 행동, 기능, 태도, 감정 또는 인식을 바람직한 방향으로 변화시키는 것뿐만 아니라, 바람직하지 못한 클라이언트의 상태와 지위, 행동, 기능, 태도, 감정, 인식들에서 멀어지게 하기 위한 활동을 의미한다. 이러한 성과평가의 누적을 통해 증거기반 실천이 될 수 있는 것이다.

제3절 통합적 사례관리

아동복지서비스 실천에서 사례관리 과정의 흐름은 다음의 [그림 6-1]과 같이 이루어진다(박은미, 정익중, 2012).

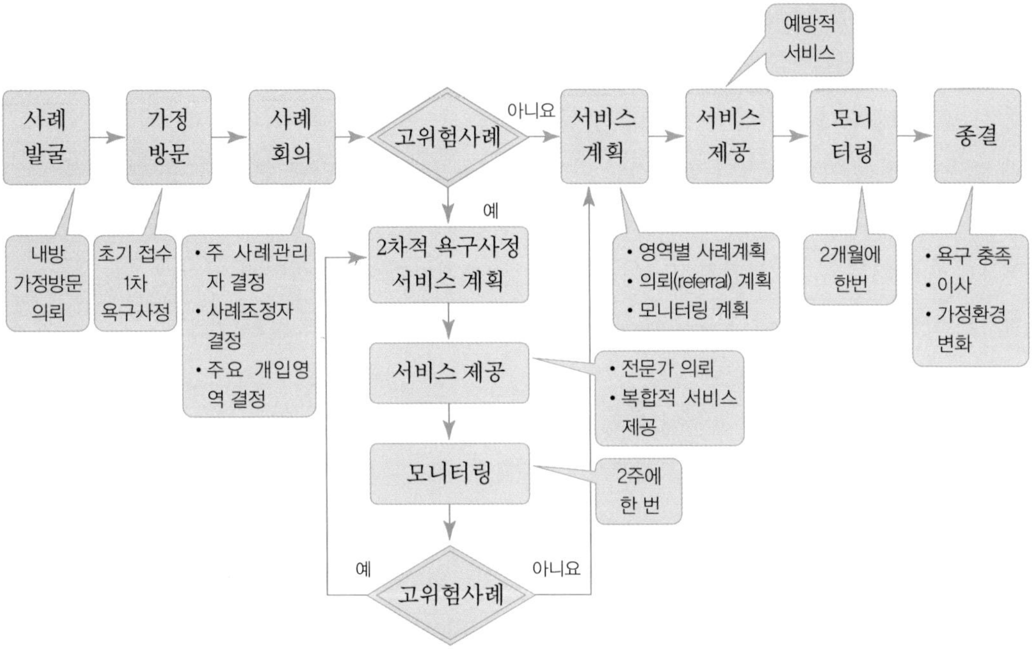

그림 6-1 사례관리 서비스의 과정

출처: 이봉주 외(2004); 정익중 외(2005); 박은미, 정익중(2012).

1. 사례발굴

먼저 병 · 의원(특히 산부인과, 소아과), 보건(지)소의 의사, 간호사, 군청, 읍사무소의 사회복지전담공무원, 학교, 어린이집, 학원의 교사, 종교 기관(교회, 성당, 절 등)의 종사자 등 서비스 제공자에게서 의뢰받는다. 둘째, 이장, 통반장, 부녀회, 학교 앞의 다양한 상인(분식집, 문구점) 등 지역주민들로부터 의뢰받는다. 셋째, 홍보를 통해 서비스 욕구가 있는 아동이나 부모의 자발적 방문을 받는다. 넷째, 지역을 순회하면서 사례조정자의 아웃리치를 통해 도움이 필요한 사례들을 발견할 수도 있다. 아동들이 많이 오가며 생활하여 아동들을 쉽게 만날 수 있는 곳(학교 운동장 및 놀이터, PC방 등)에서 도움이 필요한 아동들을 구별해 낸다. 이는 기존의 서비스체계로부터 소외되어 있는 사각지대의 아동들을 아동복지서비스 체계에 연결할 수 있는 중요한 기회가 될 것이다.

많은 사람이 사회복지서비스와 기관을 향해 직접 도움을 요청하는 것을 어려워한다. 때로는 정보의 부족이나 무지로 인해 사회복지 지원망에서 제외되기도 한다. 빈곤가족은 국민기초생활보장을 통한 지원은 어느 정도 이루어지고 있으나, 보다 집중적이며 통합적인 서비스가 필요함에도 불구하고 적절한 서비스 체계에 접근이 제대로 이루어지지 않는 경우가 많이 있다. 참여자를 직접 찾아가는 실천은 이러한 한계를 극복하는 하나의 대안이 될 수 있다.

도움이 필요한 아동이나 가족을 발견하기 위해 눈여겨보아야 할 점은 아동의 신체다. 아동들이 보여 주는 신체는 아동이 적절한 보살핌을 받고 있는가를 요약적으로 보여 주는 경우가 많다. 보호자의 직접적인 학대나 방임으로 인한 상처들뿐만 아니라 발육부진, 비만 등은 그 가족의 심리적 · 경제적 · 사회적 상태를 보여 준다고 해도 과언이 아니다. 아동들이 보이는 이러한 신체적 어려움들이 가정의 어떠한 요소들과 관련이 있는지를 고려해야 한다. 학대나 방임을 비롯하여 치료하지 못할 정도의 경제적 어려움이 있는 것은 아닌지, 낮은 지적 수준 등으로 중요한 문제로 인식하지 못하고 있는 것은 아닌지를 세심하게 살펴야 한다. 따라서 이러한 신체적 요소들을 잘 관찰하고 간단한 대화를 통해 아동들의 가정 내 상황을 파악할 필요가 있다.

2. 1차 욕구사정 및 등록

접수된 아동들의 문제나 욕구를 가정방문이나 서비스 제공자(기관 담당자) 면접을 통해 대략적으로 파악한다. 이를 사례관리 대상자 선정의 근거 및 사례회의의 자료로 활용한다. 이 과정에서 아동에게 집중적인 사례관리 서비스가 필요한지(고위험사례), 아니면 단일 프로그램이나 서비스로 문제가 해결되는 것인지(저위험사례)를 파악한다. 사례관리 서비스가 필요하다면 부모나 기타 보호자에게 사례관리 서비스의 내용을 알기 쉽게 전달하고 대상자가 이런 서비스를 받기를 원하는지 여부를 승낙받는다. 서비스 수급에 대한 동의가 있으면 사례관리 대상자로 등록한다.

도움이 필요한 아동과 가족이 서비스 수급에 동의한 경우에는 다음 단계로 넘어가겠지만 서비스 수급에 거절한 경우 어떻게 대처하느냐는 매우 중요한 문제다. 일단은 참여자의 의견에 존중하고 서비스 제공을 보류하여야 하며 이후라도 동의 의사가 있다면 연락할 수 있도록 기본 작업을 해 두어야 한다. 예를 들면, '도움이 필요한 경우 언제라도 연락하세요. 기다리겠습니다.' 등의 말을 해 둘 수 있고 명함이나 팸플릿 등을 제공하여 연락처를 남기는 것이 좋다. 그 이후에도 간혹 한 번씩 가정 방문하여 안부를 묻는 것 외에도 그때마다 '뭔가 도울 일이 없을까?' 하는 따뜻한 시선으로 아동과 가정을 살피고 부담을 느끼지 않는 선에서 예비 작업을 해 두면 좋다. 예를 들면, 인사를 자주 하거나 작은 선물을 제공한다든지 하는 활동을 통해서 지속적인 관심을 표현할 수 있다. 이런 활동을 통해 동의하지 않았던 아동과 가족은 사례관리자의 지속적인 관심과 호의 등을 느끼고 마음을 열어 서비스 수급을 받겠다는 결심을 가질 수 있다.

3. 사례회의

사례회의를 통해 주 사례관리자, 사례조정자를 결정한다. 또한 고위험사례 여부를 판정하고 개입의 우선순위를 결정한다. 많은 사람이 대상자에 대한 민감한 정보가 상당히 노출되는 사례회의에 참여하므로 각 참여자들에게 비밀보장에 대해 주의할 것을 요청하고 처음 참석 시 비밀보장 각서를 받는다. 사례기록과 관련 정보의 비밀보호는 사회복지실천윤리에서 가장 기본적인 사항이다. 대부분의 전문가는 이 기록과 정보들이 자신이 속한 기관 외부로 공개되는 것은 매우 조심스럽게 다루고 있다. 하지만 기관 내부 또는 동료들 사이에서는 그리 잘 이루어지지 않고 있다. 기록지나 서류철 등을 자신의 책상 위에 펼쳐 놓은 채 자리를 떠나는 것, 누구나 접근할 수 있는 공개된 곳(공동서류함, 네트워크 되어 있는 컴퓨터 등)에 보관하는 것, 슈퍼비전이나 사례회의 시간이 아닌 때에 공개된 장소(센터 로비나 복도 등)에서 동료들과 큰 목소리로 대상자에 대해 이야기하는 것, 다른 대상자가 들을 수 있는 곳에서 이야기하는 것 등이 쉽게 저지르는 실수라고 할 수 있다.

사례기록과 정보를 외부에 공개해야 하는 경우라면 대상자로부터 동의를 얻어야 하며, 반드시 공문 발송 절차를 따르는 것이 바람직하다. 혹시라도 발생할 수 있는 윤리적 문제를 예방하는 한 방법이다. 또 사례회의와 같은 공식적인 시간 외에는 사례기록과 관련 정보가 다른 사람들에게 노출되지 않도록 세심한 주의를 기울여야만 한다. 사례관리자로서의 전문성을 인정받기 위한 첫 단계는 대상자의 인권을 적극적으로 보호하는 일부터 시작된다고 해도 과언이 아니다.

- 기존사례 점검
  - 달라진 상황은 없는가?
  - 어떤 변화가 나타났는가? 긍정적 또는 부정적?
  - 변화가 나타난 요인은 무엇인가? 새로운 개입방안은 무엇인가?
  - 변화를 유지 확대할 방안은 무엇인가? 개입을 촉진할 자원은?
  - 추가적으로 변화되어야 할 요소는 무엇인가? 이를 촉진할 수 있는 자원은 무엇인가?
- 신규사례 검토
  - 클라이언트의 주 호소 문제와 욕구는 무엇인가?
  - 알아야 될 추가적인 정보는 없는가?
  - 단기, 중기, 장기적 개입목표는 무엇인가?
  - 개입목표를 달성하기 위한 개입 전략은 무엇인가?
  - 클라이언트의 장점은 무엇이며 개입전략에 적극 반영하고 있는가?

4. 2차 욕구사정

고위험사례의 경우 2차 욕구사정에 착수한다. 가족욕구 사정도구와 면접을 통해 사례관리 대상자의 문제 및 상황, 욕구, 자원 등을 다차원적으로 파악하여, 이를 서비스 계획의 자료로 활용하고, 앞으로 이루어질 개입의 효과성 평가의 기초 자료로 활용한다.

아동에 대한 사정

- 발달 및 인성 관련 내용
  - 신체적 건강(신장, 체중, 질병, 입원치료 여부, 장기 병 허약, 치아건강, 시력, 청력, 생리)
  - 발달정도 및 장애여부(신체장애, 발달장애, 학습장애, ADHD, 정서장애 등) 표준화된 검사 활용
  - 인성검사 결과
  - 아동학대 및 방임
  - 현재 이용하고 있는 의료 관련 서비스
- 학습 관련 내용
  - 학습능력(읽기, 쓰기, 말하기, 수학, 외국어 사용 능력, 컴퓨터 사용 능력 등)
  - 현재 이용 중인 서비스(학원, 학습지, 방과 후 교실, 특기적성 교육 프로그램 등)
  - 방과 후 학습문제에 대한 도움(학원, 학습지 교사, 부모, 형제, 친구, 없다 등)
  - 가정에서의 학습조건(조용히 공부할 수 있는 방이 있는가? 사용 가능한 컴퓨터가 있는가? 인터넷이 사용 가능한가? 참고서 등이 있는가? 등)
  - 방과 후 주로 시간을 보내는 사람과 장소
- 학교 및 사회 적응 관련 내용
  - 학교에서의 활동(합창반, 방송반, 미술부 등. 학교 또는 학급차원의 간부 등)
  - 학교적응력(표준화된 척도를 활용하여 조사)
  - 학교 부적응(결석 및 조퇴, 징계, 학교폭력, 집단따돌림, 도벽, 흡연, 음주, 친구관계 등)
  - 참여하고 있는 동아리나 모임(지역아동센터 등의 활용여부, 교회 주일학교 등 참석여부)
- 진로 관련 내용
  - 특기와 취미
  - 좋아하는 과목, 잘하는 과목, 싫어하는 과목, 잘 못하는 과목
  - 진로계획 또는 희망직종(되고 싶은 사람)
  - 적성검사 결과
- 아동 관련 서비스 욕구
- 가용할 수 있는 비공식적 자원

가족에 대한 사정

- 가족원의 상황
  - –주 양육자(부, 모, 조부모, 친척 등)
  - –가족구성원들의 신체적 · 정신적 상태
  - –가족원의 음주문제, 가정폭력문제
  - –현재 이용 중인 서비스(직업재활, 가정도우미, 도시락배달서비스 등)
  - –지역사회와의 교류(거주기간, 이 지역으로 오게 된 계기, 참여하고 있는 지역사회단체, 모임, 이용하고 있는 지역사회기관 등)
- 주 양육자의 양육방법
  - –주 양육자의 훈육방법
  - –주 양육자의 학교 방문 여부 및 교육 관심
  - –주 양육자의 자원봉사활동 참여 여부
- 가족원 관련 서비스 욕구
- 가용할 수 있는 비공식적 자원

5. 서비스 목표 및 계획 수립

서비스 목표와 계획 수립 단계에서는 사정기록지, 사례관리계획을 가지고 대상자의 문제와 욕구를 해결하기 위한 개입방법을 다각적으로 모색한다. 1, 2차 사정단계에서의 자료를 바탕으로 결과기준을 설정하고 대상자와 사례관리자가 함께 목표를 수립한다. 이 단계에서 사례조정자는 대상자가 서비스의 목표와 과정에 분명하게 알고 있는지, 사례관리자가 대상자의 적극적이고 자발적인 의사를 반영하여 서비스를 계획하였는지, 서비스 계획은 일정과 행위가 분명하고 평가 가능한 것인지 등을 점검해야 한다.

아동의 문제나 욕구가 단일 서비스나 예방프로그램에 의해 해결되는 경우는 그에 적합한 서비스를 계획한다. 다양한 서비스를 필요로 하며 집중적 사례관리를 받아야 하는 학령기 아동을 위한 계획에는 가능하다면 아동, 부모, 교사 등을 함께 참여시키는 것이 바람직하다. 교사가 아동에게 직접적으로 서비스를 제공하지 않는다 하더라도 교사를 서비스 계획에 참여시키고 지속적으로 아동의 변화를 모니터링하기 위해 상담하는 것은 교사의 아동에 대한 관심을 증대시키는 효과가 있다.

이 단계에서는 제공될 서비스의 내용, 서비스 제공자, 서비스의 양과 횟수, 시간 및 기간 등을 조정한다. 제공될 사례관리 서비스의 조정이 필요한 경우에는 사례회의를 통하여 내용을 조정한다. 즉, 제공될 서비스의 제공 가능 여부 및 타 전문가의 협조 가능 여부, 타 기관 의뢰 가능 여부 등에 대한 계획 및 논의도 이루어져야 한다. 사례관리 서비스와 관련된 모든 담당자[읍사무소의 사회복지담당공무원, 지역보건(지)소 간호사, 지역아동센터 담당자, 학교의 교사, 학원의 강사 등]가 계획에 함께 참여할 수 있다.

사례관리자는 적절한 의뢰를 위해 지역사회 내는 물론 인접 지역의 주요 서비스 기관에 대한 이해가 필수적이므로 각 기관에 대한 구체적 사항을 지역사회자원 목록에 정리하여 보관한다. 또한 이러한 기관들과 긴밀한 관계를 유지해야 한다.

6. 서비스 실행

사례관리자는 비교적 단순한 문제나 단일 욕구를 가진 다수의 아동을 위한 예방서비스를 개발하고 조정한다. 동시에 집중 서비스를 필요로 하는 대상자에게 아동, 부모, 교사가 함께 동의하고 계약한 계획에 맞도록 학교 내에 필요한 서비스를 개발하거나 지역사회 서비스를 연계한다. 또한 서비스의 부재, 교통편 부족, 참여거부 등의 서비스 전달상의 장애요인들을 확인하고 이의 해결을 위한 방안을 마련한다. 또한 지역사회기관들 간의 예산, 결산 편성방법 및 시기의 차이, 결재라인의 상이 등에서 빚어질 수 있는 문제점도 해결해 나가야 한다.

필요시 사례조정자는 아동이나 부모에게 직접적인 복지서비스를 제공할 수도 있다. 개별상담이나 집단상담, 부모교육 등을 통해 교육자나 상담가로서의 역할을 수행할 수도 있다. 빈곤계층 가정의 아동이나 학부모들에게 프로그램에 대한 참여의욕이나 적극성이 부족할 수 있으므로 지속적으로 프로그램 참여를 동기화시킬 필요가 있다.

대상자들은 대개 한편으로는 변화를 원하면서도 다른 한편으로는 변화에 대한 두려움과 불안을 경험한다. 두려움과 불안의 주요 원인은 지금까지와는 다른 새로운 방식으로 새로운 시도를 해야 한다는 부담감이 가장 크게 작용한다는 데 있다. 따라서 사례관리자는 목표달성을 통해 대상자가 얻을 수 있는 것과 그 과정에서 겪을 수 있는 어려움을 검토해 봄으로써 목표달성에 대한 대상자의 양가감정을 탐색하고 다룰 수 있도록 도와주는 것이 중요하다. 사례관리자가 목표세우기에 급급한 나머지 대상자의 양립하는 감정을 충분히 다루지 않는 경우, 목표달성 과정에서 대상자의 저항이나 적극적이지 못한 태도에 부딪힐 가능성이 높다. 또한 목표달성을 위해서는 걸림돌이 무엇인지 파악하고 이에 대한 현실적으로 대처할 수 있는 준비를 할 필요가 있다.

1) 아동을 위한 서비스

(1) 정서적 지지

정서적 지지란 참여자의 마음을 이해하고 공감해 주는 것이다. "넌 괜찮은 아이야." "넌 참 대단해." "나는 너의 마음을 알아." 등의 말들은 모두 정서적 지지의 언어가 될 수 있다. 원하는 것을 할 수 있도록 돕는 것, 욕구를 표현해 낼 수 있도록 돕는 것, 지금까지 애써 온 것을 인정해 주는 것, 대상자가 하고 싶어 하는 것을 하도록 지원하는 것, 놀이공원에서 시간을 보낼 수 있도록 마련해 주는 것 등은 모두 일상생활에서 찾을 수 있는 정서적 지지의 중요한 내용들이다. 사례관리자가 약속을 지켜 주는 것, 기다려 주는 것 역시 정서적 지지의 모습으로 이를 통해 대상자들은 자신이 소중한 존재라는 메시지를 전달받을 수 있다. 특히 공감해 주기, 자신의 감정을 언어화시키기, 과거 이야기 들어주기, 작은 소원 들어주기, 혼자 하기 어려웠던 것을 함께 해 주기, 일상생활에서 함께하기 등은 정서적 지지에 크게 도움이 되는 좋은 방법이다.

(2) 교육

대상자 안에 내재되어 있는 힘이 원활하게 발휘되어 건강한 생활이 지속될 수 있도록 필요한 기술과 정보를 제공해 주는 것을 교육이라고 말한다. 이와 동시에 대상자가 잘못 가지고 있던 가치나 정보를 바로잡아 주는 것, 대략적으로 알고 있던 사실들을 정확하게 가르쳐 주는 것, 대상자가 이미 잘 수행하고 있는 것을 발견하고 그것이 더 잘될 수 있도록 확대시켜 주는 것, 대상자의 강점을 찾아 강화시켜 주는 것, 그리고 이를 통해 대상자의 성장이 가능하도록 돕는 것 모두 교육의 범주에 들어갈 수 있다. 아동이 발달과정에서 특정 사회기술, 생활기술들을 제공받지 못했음에도 사례관리자는 매우 기초적인 사항이라 생각하고 넘어가는 경우가 발생한다. 당연히 알고 있을 것이라고 생각하지 말고 제공되어야 할 정보와 교육 내용에 대한 눈높이를 대상자의 시각에 맞추는 것이 중요하다.

- 일상생활기술 교육: 특히 빈곤가정 아동들에게는 일상생활기술에 대한 교육이 절실한 경우가 많다. 일반적으로 부모가 아동과 함께 생활하며 가르쳐 주어야 했던 것들이 복합적인 이유로 제공되지 못했기 때문이다. 대화기술, 아동이 학교에서 잘 놀며 친구를 사귈 수 있는 방법들, 옷 갈아 입기 등의 생활관리 교육 등과 같이 여러 가지 환경적 제약으로 부모가 아동에게 전해야 하지만 교육하지 못하고 있던 생활상 학습상의 꼭 필요한 내용들부터 시작하여 한글교육처럼 일상생활에 꼭 필요한 양육자의 기술 습득 교육까지 일상생활기술에 대한 교육들은 매우 다양하다.
- 자기표현기술 교육: 대상 아동에게 대화를 통한 자기표현의 기술을 가르치는 것, 자기옹호 기술을 가르치는 것들은 아동의 원만한 사회관계 형성을 위하여 매우 중요한 부분이다. 성인과 마찬가지로 아동 역시 매우 다양한 감정들을 경험한다. 분노, 짜증, 우울, 실망, 슬픔, 낙담, 의기소침 등은 성인에게도 그렇지만 아동들로 하여금 그것을 어떻게 느끼고 표현해야 할지 당황케 하는 쉽지 않은 감정들이다. 필요한 것은 아동들이 자신의 다양한 감정을 알아차리고 그 감정을 인식하도록 도와주는 것, 부정적이라고 인식되더라도 그 감정을 허용하도록 도와주는 것이다. 이것은 대상자들로 하여금 분노와 같은 부정적 감정을 피하고 그것이 두려워서 왜곡되게 표현하는 대신(자기 자신이나 타인을 해치는 등 간접적으로 감정을 표출하는 것들) 자기 자신이 느낄 수 있도록 도와주는

첫 번째 단계다. 다음 단계로 대상자들은 자신이 처한 상황을 분석하고 직접 그 사람에게 분노 혹은 짜증, 실망 등을 표현할지 아니면 다른 여러 방법으로 은밀히 혹은 돌려서 표현할지를 결정하는 법을 배울 필요가 있다.

- 주의산만 과잉행동 아동을 위한 교육: 가끔 조용하게 앉아 있기 힘들어하고 안절부절못하며 엄청나게 돌아다니고 때때로 매우 큰소리로 말하며 친구들을 때리기도 하는 아동들을 발견할 수 있다. 주의 산만하고 과잉행동을 하는 아동들은 보고 듣고 만지는 것과 같은 지각 능력 전달 장애 등으로 인해 학습능력이 뒤떨어질 수 있다. 또한 이러한 아동들은 약한 관계형성 기술을 가지고 있기 때문에 친구가 없는 경우가 많다. 성인들은 그러한 아동들을 인내심 있게 기다려 주지 못하며 신뢰하지 못하고 호통치며 지지해 주지 못한다. 따라서 일반적으로 이러한 아동들은 낮은 자존감, 낮은 자기 이미지를 가지고 있기 쉽다. 이때 사례관리자는 먼저 심리검사를 통해 명확한 진단을 받게 하는 것이 중요하다. 만약 심각하지 않은 경우라면 아동이 있는 그 자리에서 상담을 시작할 수 있다.

2) 가족을 위한 서비스

(1) 경제적 지원

빈곤하다면 경제적으로 지원하는 것은 매우 중요한 문제다. 국가적으로 빈곤층의 기초적인 생활을 보장해 주는 제도인 국민기초생활보장제도를 이용하도록 안내하고 이러한 업무를 담당하는 읍 · 면 · 동사무소의 사회복지전담공무원과 연계한다. 또는 교회 등 각종 민간단체에서 결연후원이나 지원을 받을 수 있도록 돕는다.

(2) 가족관계 회복

가족의 갈등을 해결하고 관계를 회복하도록 돕기 위해서는 가족의 문제를 해결하기 위한 상담 및 치료 서비스가 도움이 된다. 아동에 대한 부모의 양육방식에 문제가 있다면 부모상담 및 부모교육이 도움이 될 것이다. 사례관리자는 이러한 서비스를 직접 제공하거나 각종 상담실, 기타 사회교육기관 등에 마련되어 있는 서비스를 이용하도록 연계한다.

(3) 아동학대, 가정폭력 관련 서비스 연계

아동학대나 가정폭력의 문제가 있는 경우에 사례관리자는 이를 신고할 의무가 있다. 사례관리자는 아동보호전문기관, 가정폭력상담소 등 관련 기관과 협조를 맺고 서비스를 제공하도록 한다. 어떤 가족은 아동을 학대하고 방임하는 것의 연속으로 서비스에 저항하고 협조하지 않는 경우가 있는데, 이에 법적으로 대응함으로써 가족의 책임과 역할을 고무시키는 효과를 얻을 수 있다. 가정폭력과 아동학대에 대해서는 공식적인 서비스가 마련되어 있으므로 사례관리과정에서 활용하도록 한다.

(4) 특정한 문제 가족구성원을 위한 서비스 연계

가족구성원에게 알코올 중독, 정신장애, 만성질환 등 가족 기능에 심각하게 영향을 미치는 문제가 있어 서비스가 필요한 경우에는 문제에 따라 적합한 서비스를 연계하도록 한다.

(5) 직업훈련, 취업 지원

가족구성원이 기술을 습득하고 자격증을 취득하는 것에 관심이 있다면 관련된 서비스를 제공하고 연계하도록 한다. 직업훈련을 제공하는 기관 가운데는 특성화학교, 특수목적 고등학교, 학력인정 평생교육시설 등의 형태로 학력이 인정되는 경우가 있다. 학력이 인정되지 않는 형태로는 지방자치단체, 한국산업인력공단 등에서 직업전문학교, 직업훈련원 등을 설치하고 있으며, 다양한 직종의 기술훈련을 무료로 제공하고 있다. 그 밖에 사설학원을 이용할 수 있으며 사설학원의 경우에도 고용노동부의 지원을 받아 교육비가 저렴한 곳이 있다. 또한 취업을 하기를 원한다면 적합한 직업을 찾을 수 있도록 돕는다. 구인 · 구직과 관련된 정보는 지역정보지뿐만 아니라 정부기관에서 제공하는 인터넷 사이트를 통해서 얻을 수 있으며 인력은행을 활용할 수도 있다.

(6) 자원봉사자 발굴 및 연계

빈곤아동과 가족의 욕구가 다양함에도 불구하고 서비스가 존재하지 않거나, 서비스 수급자격에 해당되지 않거나, 비용 때문에 서비스를 이용하지 못하는 등 꼭 필요한 서비스를 얻지 못하는 경우가 있다. 이때에는 자원봉사자를 발굴하고 연계하여 활용하는 사례관리자의 역량이 필요하다. 대학생이라면 역할모델, 학습지도 등의 활동을, 일반 성인이라면 음식 서비스, 의복 지원, 일대일 후원 등의 활동을 할 수 있을 것이다. 진료, 법률상담, 심리치료, 집단치료 등 전문적인 영역에 대해서도 관련 전문가를 자원봉사자로 활용할 수 있다. 또한 대도시를 중심으로 활동 중인 여러 사회복지재단과의 접촉을 통해 농어촌에도 활동범위를 넓힐 수 있도록 여러 경로를 통해 협의한다.

7. 점검 및 재사정

실행된 서비스에 대한 주기적인 점검(고위험사례의 경우 2주에 한 번 정도, 저위험사례의 경우 2개월에 한 번 정도)을 통해 대상자에게 제공되는 서비스의 적절성 여부, 서비스가 계획대로 수행되고 있는지 여부 등을 확인해야 한다. 대상자에게 제공되는 전체 서비스 내용은 사례관리자가 사례관리 점검일지에 기록 정리하여 보관한다. 서비스 제공자들은 제공된 서비스의 구체적 내용을 서비스일지에 기록하고 정기적인 사례회의를 통해 다른 전문가들의 조언을 받는다. 서비스 제공자들은 아동들이 적극적으로 프로그램에 참여하지 않거나 이유 없이 불참하는 경우 사례조정자에게 이를 알려 서비스에 변화가 필요한 것인지 검토해 볼 수 있도록 해야 한다. 더불어 학령기 아동의 변화를 검토할 때에는 교사 및 부모 또는 보호자와의 상담도 병행하도록 한다. 특히 학생의 학습이나 학교적응에 대한 변화를 가장 민감하게 감지하고 있는 사람은 교사이므로 교사로부터 정보를 수집하는 것은 중요하다.

이 과정에서 서비스의 내용, 양과 질에 대한 점검하고 대상자의 변화를 측정한다. 사정단계에서 조사된 사례관리 대상자의 생활환경 및 욕구의 변화가 있는지 여부 등에 대한 재사정과 피드백의 적용을 통해 서비스의 조정 등을 결정한다. 저위험사례 중에서 복합적 문제나 다양한 서비스 욕구가 발생하면 다면적 사정을 통해 고위험사례로 전환하여 집중적 사례관리 서비스를 제공할 수 있다.

기록의 원칙

사례를 기록하지 않는다면, 사례관리자는 각 사례의 진행 상황을 기억할 수 없고, 다른 사례관리자 또는 다른 전문가에게 사례의 상황에 대해 정확히 전달할 수 없을 것이다. 사례관리자는 사례 진행과 관련된 주요한 사항들을 최소한의 분량으로 즉시 적는 습관을 갖도록 한다. 사례관리 기록은 서비스를 계획하고 진행하고 점검하는 데 가장 중요한 자료가 된다.

① 꼭 필요한 것만 간결하게 기록한다.
② 상황이 일어난 직후에 기록한다.
③ 기록을 활용하는 사람이 이해할 수 있게 기록한다.
④ 기록을 활용할 사람이 무엇에 관심이 있는지, 무엇을 필요로 하는지 고려하여 기록한다.

8. 성과평가 및 종결

사례관리 대상자에게 적용된 서비스의 효과와 효율성을 평가한다. 성과평가를 통해 서비스를 지속할 것인지 종결할 것인지 결정한다. 이사 등을 통해 서비스를 종결해야 하는 경우, 아직 취약한 상태에 있는 아동이라면 다른 지역사회 기관을 통해 서비스가 지속될 수 있도록 의뢰한다. 종결 후에는 무엇을 목표로 어떤 서비스를 실행할 것인지, 어떤 면을 점검할 것인지 대상자와 함께 사후관리에 대해 구체적으로 계획하도록 한다. 특히 정기적으로 접촉을 하도록 구체적인 일시와 연락방법에 대해 계약을 한다. 대상자가 알아서 도움을 요청할 것이라고 기대하지 않는 것이 좋다. 사례조정자는 종결 내용을 종결 기록지에 기록 정리하여 보관한다.

제4절 놀이치료

성인을 상담할 때는 주로 언어를 통해서 하지만 아동은 언어가 부족하여 자기표현을 충분히 하지 못하기 때문에 놀이를 통해서 하는 경우가 많은데, 이 방법을 일컬어 '놀이치료'라고 부른다. 놀이치료실은 아이의 억눌린 감정을 풀 수 있게 꾸며진 곳이다. 놀이 장난감은 단어이고 놀이는 언어다. 이곳에서 여러 가지 장난감을 창의적으로 가지고 노는 동안에 아이는 자기 안에 축적되었던 부정적인 감정(긴장감, 좌절감, 불안감, 공격성, 공포심, 당혹감, 혼돈감) 등을 서서히 풀고 발산시킬 수 있는 좋은 기회를 갖게 된다. 이런 감정들은 흔히 잠재의식 속에 깊숙이 묻혀 있다가 치료자의 허용적인 분위기와 이해 있는 눈길을 만나면 아이는 방어기제를 풀고 서서히 그것들을 표면에 떠올리고 행동으로 나타냄으로써 자기감정을 직면하고, 조절하고, 해소하는 과정을 경험하게 된다.

결과적으로 아이는 본성을 회복하게 되고 자신감 내지는 자긍심까지도 생기게 되므로 차차 문제행동은 사라지고 정상적인 행동으로 옮겨 가는 과정을 밟게 된다. 치료실에서 아이는 결코 비난받거나 강요당하지 않으므로 마음의 안정을 되찾게 되고 따라서 자기 스스로를 통제하는 일을 하게 되고 거기에서 오는 크나큰 기쁨을 맛보게 된다. 이러한 기쁨은 평화로운 표정과 미소로 표현되기도 하고 때로는 환성을 지르거나 깡충깡충 뛰는 행동으로 표현되기도 한다. 치료실에 처음 들어올 때는 대개 다소 긴장된 표정이지만 나갈 때는 긴장이 풀어질 때가 많다(주정일, 2007).

1. 이론적 배경

인간은 본래 자율적인 본성을 지니고 태어나서 자기를 스스로 다스리는 능력을 발휘하며 성장해 감을 믿는 철학에서 파생한 것이 비지시적 상담(non-directive counselling, 내담자 중심이론, 인간중심적 접근)의 이론이다. 그리고 이런 능력이 성인에게만 있는 것이 아니라 아동에게도 있음을 믿고 적용한 것이 놀이치료(play therapy)다. 전자의 대표적 인물로는 칼 로저스(Carl Rogers)를 들 수 있고 후자의 대표적 인물로는 그의 제자인 버지니아 액슬린(Verginia Axline)을 들 수 있다.

인간은 타인이 그의 감정을 건드리지 않는 한 바른 길을 가고 좋은 일을 하며 타인과 협조적으로 살아갈 본성을 지니고 이 세상에 태어난다고 믿는 것이다. 혹시 가다가 잘못되어 빗나가는 일이 있더라도 옆에서 자기를 이해하고 인정해 주는 사람을 만나게 되면 다시 그 본성을 회복하여 바른길로 들어서려는 노력을 스스로 하게 됨을 믿는 것이다. 사회복지사는 바로 이런 경우에 촉매 역할을 하게 된다(O'Connor, 2000; O'Connor & Bravernan, 2000).

놀이란 자발적이며, 본질적인 동기가 있는 활동이다. 아동들은 놀이를 통해서 좀 더 편안할 수 있고 언어적으로 표현하는 것보다 자신이 창조한 자발적인 놀이를 통해서 좀 더 직접적이고 충분히 그들 스스로를 표현하게 된다. 아동들이 그들의 경험과 감정을 '놀이로 표현하는 것'은 아동들이 할 수 있는 가장 자연적인 자기치유 과정이다. 이와 같이 놀이치료는 심리적 문제를 지닌 클라이언트를 돕기 위해 체계적으로 놀이가 지닌 치료적 힘을 적용시키는 대인관계 과정이며, 치료자와 아동 간의 상호과정 속에서 놀이가 가지고 있는 치료적인 힘을 활용하여 아동의 문제를 완화시키는 것이라고 볼 수 있다. 놀이치료의 궁극적인 목적은 아동이 사회정서적 어려움을 해결하고 잘 발달하고 적응할 수 있도록 돕는 것이다.

1) 놀이의 기능

첫째, 놀이는 자기표현의 자연스러운 수단이다. 놀이는 아동의 상징적 언어이고 아동에게 자연적인 자기치유 과정 속에서 경험과 감정을 표현하는 방법을 제공한다. 또한 놀이는 아동들이 새로운 행동과 역할을 연습하고 감정이입을 개발할 수 있도록 도와준다. 반복적인 놀이활동은 새로운 행동과 역할에 대한 불안과 공포를 감소시킨다.

둘째, 놀이는 유익한 학습의 기능이 있다. 아이들은 놀이를 통해 세상을 배우고 자기 발전을 한다. 아이들은 자신의 모든 감각기관을 이용해서 세상을 직접 보고, 듣고, 만지고, 냄새 맡고, 느낀다. 또한 '왜' '어떻게'의 답을 알기 위해 끝없이 반복하면서 차츰 자신의 지식세계를 넓혀 간다. 성인들이 계속적으로 충분히 다양한 놀이를 자유롭게 할 수 있게만 도와준다면 아동들은 많은 경험을 통해 산지식을 얻고 또 무한한 창의력을 키워 나갈 수 있을 것이다. 또한 놀이는 무엇인가를 탐구하고 완수하는 욕구를 충족시키고, 따라서 자아존중감을 증진시킨다. 능동적인 경험을 할 수 있는 기회의 제공, 공부의 기능(반복적 경험) 놀이는 성인의 평가나 판단에서 벗어나는 것이기 때문에 아동들은 실수를 하는 데 자유롭다.

셋째, 놀이는 감정을 정화시켜 주는 치료적 기능이 있다. 아이들은 놀이를 통해 스트레스를 푼다. 충격적인 경험을 한 경우에는 이를 극복하기 위해 같은 놀이를 반복해서 표출해 냄으로써 스스로 힘든 상황을 극복해 나간다. 예를 들어, 아이들이 병원에 다녀오면 곧바로 인형에게 주사를 놓으면서 병원놀이를 거듭하며 고통스러웠던 경험을 지워 나간다. 아동이 직면하기 어려웠던 감정을 풀어내도록 한다. 적절한 감정표현을 자극함으로써 문제를 해결하고 적응해 나갈 수 있도록 돕는다. 놀이는 아동들이 자기를 표현하고, 민감한 문제를 드러내고, 안전을 얻고, 자기 확신을 증진시키는 자연스러운 방법이다. 성인들은 대화를 통해서 치료(talking cure)되지만 아동은 놀이를 통해서 치료(playing cure)된다.

넷째, 놀이는 아동을 위한 심리치료의 수단이기도 하지만 경험을 재현하여 발달 정도, 성격 특성, 심리적 어려움 등을 이해할 수 있는 진단과 평가 기능도 갖는다. 놀이는 저항을 극복하도록 하고 자연스럽게 아동을 상담가, 사회복지사와 함께 활동하도록 하여 사회복지사와의 관계를 형성하는 데 도움을 준다. 아동이 자신의 걱정, 문제를 표현하는 데 도움을 주고, 사정과정을 도우며, 치유와 성장을 증진시킨다.

다섯째, 놀이는 시행착오에 의해 아이가 세상에 적응하는 것을 배우게 하는 기능이 있다. 아이들은 부모의 기대뿐만 아니라 자기가 살고 있는 사회의 가치체계도 배워야 한다. 그러나 어른의 세계는 아이들에게 너무나 넓고 복잡하고 크게 여겨진다. 그러므로 이에 적응 못하는 아이들에게는 외부세계가 위협적으로 여겨지기까지 한다. 이러한 아이들은 자기만의 아주 작은 놀이세계를 만든다. 놀이세계에서는 실수도 용납되는 너그러움이 있다. 아이들은 놀이세계 속에서 실제 세상에서 되는 것과 안 되는 것을 부딪쳐 보면서 차츰 적응해 간다.

마지막으로, 아동은 놀이를 하면서 사회성과 대인관계 능력을 기른다. 아동들이 가장 좋아하는 놀이 형태인 게임은 대부분 둘 이상이 하므로 차례를 기다리고 양보하고 협동하는 사회적 기술이 없이는 안 된다. 성인과 놀이를 할 때는 성인이 져주기도 하고 또 봐주기도 하지만 또래들끼리는 어림도 없다. 그러므로 이런 게임놀이를 통해 아이들은 사회성을 기르고 내인관계 능력을 키운다. 이런 능력은 후에 성인이 되었을 때 적응하는 데 밑받침이 되는 중요한 능력이다.

그 외의 놀이 기능은 다음과 같다.

- 창조적 사고: 문제해결기술을 자극하여 혁신적인 해결책을 만들어 내도록 한다.
- 은유적 교육: 힘든 현실을 이해하는 데 자신의 상상력을 사용하도록 돕고, 놀이를 통한 은유 사용을 통해 갈등과 공포를 대함으로써 통찰력을 얻는다.
- 애착 형성과 관계 증진: 아동들은 놀이를 통해 유대감을 발달시키고, 긍정적인 치료적 관계를 증진시킨다.
- 동기 유발: 놀이는 재미있기 때문에 내재적으로 동기를 유발시킨다.

이와 같이 놀이는 아이가 전인적으로 발달할 수 있도록 하는 다양한 기능을 갖고 있다. 그런데 요즘은 어찌된 일인지 '놀이' 하면 '게으름' '시간 낭비' '비생산적'이란 단어들과 연관지어 생각하는 경향이 있다. 놀이는 아이에게는 생명과도 같다. 놀지 않는 아이는 아픈 아이일 수밖에 없다. 실컷 논 아이는 마음에 여유가 있고 활기에 넘치며 문제해결 능력도 남보다 더 많이 갖게 된다. 놀이는 허용되어야 하고 권장되어야 한다. 실컷 노는 동안에 지능도 발달하고 사회성도 발휘되고 적응력이 풍부해진다.

2) 놀이치료 접근방법

발달놀이치료, 모래놀이치료, 미술놀이치료, 게임놀이치료, 형제놀이치료, 집단놀이치료 등이 있다. 특히 모래놀이치료나 미술놀이치료의 경우, 언어 사용을 극도로 자제하는 내성적인 아이들에게 적합하고, 특히 가해자가 죽인다고 협박하는 성학대 등의 경우, 공포로 말하지 못하는 경우나 말하는 것에 대해 죄책감을 가지는 경우에 적합하다.

3) 놀이치료 대상아동

전반적으로 발달이 늦은 아이, 자폐 성향이 있는 아이, 언어발달이 늦거나 반향어가 나타나 의사소통이 어려운 아이 등 발달장애가 있는 아동이나 주의산만한 아동, 우울하거나 불안이 있는 아동, 또래관계에 문제가 있는 아동, 공격성, 거짓말, 도벽 등의 행동문제를 보이는 아동, 유아교육기관이나 학교생활에 적응이 안 되는 아동, 눈을 깜빡이는 등의 틱증상이 나타나는 아동, 야뇨증과 유분증의 증상이 나타나는 아동 등 정서장애가 있는 아동이 대상이 된다.

2. 놀이치료의 과정

1) 초기 면접과정

아동이 회기에 오기 전에 행해야 하는 한 가지 과제는 의뢰에 대해서 아동에게 어떻게 말할 것인지에 관해 부모를 도와주는 것이다. 이것은 전화로 이루어지거나 만약 아동이 첫 회기에 가지 않으려고 한다면 부모와 하는 초기 면접에서 이루어질 것이다. 많은 부모는 놀이치료자에게 전화한 의도를 아동에게 말하지 않을 것이다. 그러나 거짓말로 치료적 관계를 시작하는 것은 현명하지 않다. 분명하고 직접적인 방법으로 부모가 아동과 대화하고 시작하는 것이 최선이다(O'Connor, 2000; O'Connor & Bravernan, 2000).

여러분이 대기실에 들어갔을 때, 아동에게 자신을 소개하고 먼저 악수를 청한다. 일단 치료자가 아동의 눈높이로 맞추거나 자연스러운 자세를 취하는 것이 중요한데, 이것은 바닥에 앉거나 무릎을 꿇는 것으로 쉽게 할 수 있다.

비밀보장 문제는 가족에게 중요한 비밀이 있을 때 문제가 된다. 아동이 친아버지라고 믿고 있는 남자가 그렇지 않다는 것을 가족이 전혀 말한 적이 없다는 것을 가정해 보자. 이상적으로 치료사는 맨 먼저 부모가 아동에게 그 사실을 이야기하도록 격려해야 한다. 그러나 부모가 거절한다면 아동에게 이용 가능한 정보가 어떤 것인지를 결정함으로써 그 과정에 대해 부모에게 확실하게 동의를 구하는 것이 현

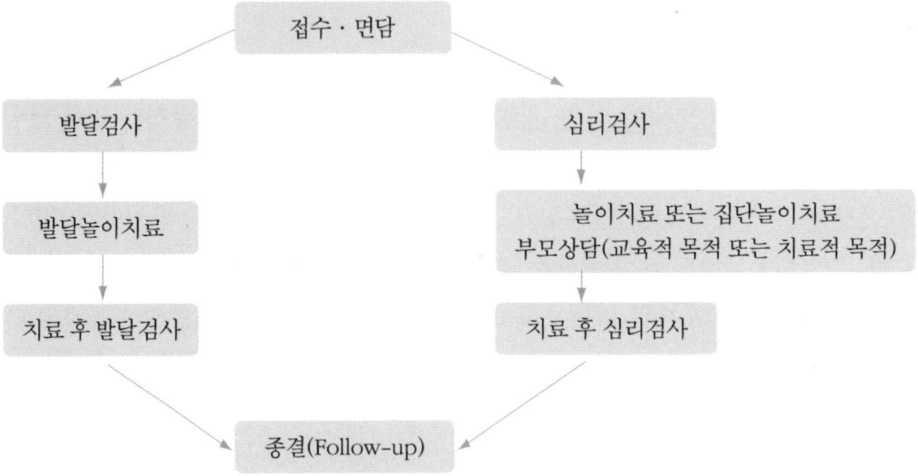

그림 6-2 놀이치료의 과정

명하다. 또한 자녀의 비밀보장의 한계에 대해 부모와 토의하는 것이 중요하다. 대부분의 놀이치료사들은 구체적인 회기의 내용을 부모에게 알리지 않는다. 그 대신 그들은 진행에 관해 보다 일반적인 설명들을 사용하여 부모와 이야기한다.

2) 사정, 치료계획

치료계획의 윤곽을 잡는 것은 가장 어려운 측면 중의 하나다. 치료 이전 과정은 세 단계로 이루어진다(O'Connor, 2000; O'Connor & Bravernan, 2000). 첫째, 치료의 초기면담과 사정단계에서 클라이언트 및 그의 환경에 관한 정보를 수집한다. 둘째, 목표 공식화 단계와 통합단계에서 이론모델에 따라 수집한 자료를 통합하고, 클라이언트의 기능에 대한 가설들과 치료목표를 발전시킨다. 마지막으로, 치료계획 단계인데, 이 단계에서는 두 번째 단계에서 개발된 목표를 클라이언트가 성취하도록 돕기 위해 사용할 전략을 결정한다.

아동의 개별 회기 내용을 결정하는데 먼저 회기를 어떻게 구조화할 것인지를 결정해야 한다.

① 아동이 도구를 마음대로 선택하고 아동이 선택하는 상호작용의 정도를 자유롭게 하면서 회기를 비교적 비구조화할 것인가?
② 소수의 장난감이나 자료만으로 치료자가 상호작용의 정도를 상당히 언급하면서 반쯤 구조화시킬 것인가?
③ 특정 자료들을 구비해서 치료자가 상호작용의 정도를 전적으로 결정하면서 완전 구조화시킬 것인가?

구조화 정도는 전적으로 아동의 발달 수준에 따라 결정될 것이다. 발달 기능이 낮을수록 보다 구조화된 치료를 실시한다. 이러한 사실은 아동의 나이가 어릴수록 성인이 아동과의 상호작용에서 적절한 구조화를 제공하는 데 더 많은 책임이 있다는 것과 일치한다. 또한 얼마나 많은 일을 언어적으로 할 것인지를 결정해야 한다.

① 언어적 표현이 거의 없이 경험적인 기법만 사용할 수 있다. 이 접근은 발달수준이 아주 낮은 아동에게 아주 효과적이다.
② 경험적 기법을 실질적인 언어표현과 동반하는 것으로 사용할 수 있다. 이 접근은 행동표출보다는 말하는 것을 배우려고 애쓰는 발달수준의 아동에게 아주 효과적이다.
③ 치료에서 경험적 요소가 아주 적게 포함된 언어 개입만을 사용할 수 있다. 이 접근은 기능 수준이 높은 아동에게 가장 유효하다.

피드백 회기와 치료계약

부모와의 피드백 회기들은 아동의 치료가 시작되기 전에 놀이치료사와 가족 사이의 마지막 접촉이다. 부모와의 회기에서 수집된 정보를 재검토해야 하고, 통합된 목표 목록 및 목표를 다루기 위해 세운 치료계획을 제시한다. 피드백 회기의 목적은 정확한 치료계획을 세웠다는 것을 부모에게 확신시키는 것이 아니라, 부모가 아동의 치료에 더 많이 관심을 가지고 참여하게 하거나 아동의 치료를 지속하도록 하기 위한 것이다. 반면 많은 놀이치료사들은 부모뿐만 아니라 아동과의 피드백 및 계약 회기를 무시하는 경향이 있다. 특히 아동이 상대적으로 어릴 때는 더욱 그렇다. 부모와의 피드백 회기에서처럼, 아동과의 회기는 아동의 치료과정에 대한 이해를 확실히 증가시킬 수 있다. 윤리적으로 그것은 사전동의에 대한 아동의 준비를 촉진시킨다. 이것은 아동이 치료를 할 것인지 하지 않을 것인지를 결정하는 위치에 있다는 것을 의미하는 것은 아니다. 왜냐하면 치료의 결정은 아동의 일차 양육자로서 부모의 책임이기 때문이다. 그러나 아동이 치료과정과 목표에 대해 어느 정도까지는 협상할 수 있다고 격려되어야 한다. 또한 가능하다면, 성공적인 종결을 위해서 아동은 처음부터 치료적 관계가 영원히 지속되지 않을 것이라는 점을 알고 있어야 한다.

3) 치료

(1) 놀이치료

① 놀이치료실

이상적인 놀이치료실은 아동이 가구에 부딪칠 위험이 없이 신체활동을 할 수 있을 정도로 충분히 크지만 아동이 상실감이나 고립감을 느낄 정도로 크지는 않아야 한다. 최소 놀이실의 크기는 약 3×3m이며, 5×5m보다 크지 않아야 한다(O'Connor, 2000). 만약 아동이 놀이실을 집단으로 사용한다면 확실히 더 넓어야 한다. 4.5×7.5m의 방이 집단활동을 하는 데 좋다. 놀이치료실의 크기는 보통 2~3평 정도이고 그 안에 갖출 수 있는 놀잇감은 대개 다음과 같은 것들이다. 흙 또는 보드라운 모래, 나무토막, 그림물감, 밀가루 반죽이나 점토, 가족을 연상시키는 인형, 봉제동물 인형, 악기류, 텐트와 같이 숨어 들어갈 수 있는 곳, 자동차와 같이 바퀴 있는 장난감, 공작도구(풀, 가위, 색종이 등) 공, 풍선, 뜀틀 등이다. 다양한 연령에 적절한 놀이도구, 재료를 마련해야 한다. 아무리 방이 크다 하더라도 마룻바닥의 반은 리놀륨 타일로 덮고 나머지 반은 카펫을 깔아서 카펫이 더러워지는 것을 걱정하지 않고 한쪽에서 지저분한 활동들을 할 수 있어야 한다. 타일이 깔린 쪽에서는 모래상자, 물놀이, 또는 그림 그리기 및 청소하기와 같은 활동에 아주 유용하다. 카펫이 깔린 쪽에는 표면에 패드가 깔렸으므로 조용한 활동이나 거칠고 구르는 활동을 안전하게 할 수 있다.

② 놀이치료사

치료실에서 가장 중요한 존재는 놀이치료사다(O'Connor, 2000). 놀이치료사는 자기감정을 될수록 개입시키지 않고 중립적 입장에서 놀이를 지켜보며 필요한 최소한의 도움을 주는 역할을 한다. 웬만한 행동은 긍정적인 시선으로 허용하며 미소를 띠우고 바라본다. 가령, 아이가 아빠 인형을 물감 풀은 구정물에 집어넣고 "아빠 빠졌다." 하면 "그렇구나, 아빠가 물에 빠지셨구나." 정도의 반응만 보인다. 아이가 아빠를 꺼내서 전신에 붉은 물감을 칠하고 피투성이가 된 아빠를 연상시키며 "피." 하면 "아빠가 피를 흘리시는구나. 병원에 갈까?" "아니야, 땅에 묻어." 해도 "○○은 아빠를 땅에 묻고 싶구나." 하고 공감해 줌으로써 아이의 마음이 큰 죄의식 없이 치유되는 것을 방조한다. 이렇게 놀고 난 아이는 그날 집에 가면 평소와 달리 아빠 무릎에 접근해 가고 아빠의 턱을 만지면서 "아빠 수염 깎아." 할 수도 있는 것이다(주정일, 2007).

만일 이 아이를 때려서 고치려고 했으면 과연 성공했을까? 꾸짖고 나무란다고 될 일이었을까? 아니 사탕을 주고 달래면 될 일이었을까? 비록 시간은 좀 걸리지만 그 어느 방법보다 가장 확실한 방법은 놀이치료법이라 할 수 있다. 왜냐하면 이것은 외부에서 가해진 압력으로 일시적 치유가 되는 것이 아니라 스스로 감정이 정화됨으로 해서 자연발생적으로 우러나온 자기의 힘에 의해서 치유되는 방법이기 때문이다. 이에 공헌하는 치료사의 역할은 비록 가시적은 아니지만 결코 과소평가될 수 없다. 그러니 만큼 그들은 인간의 심리기제에 관한 해박한 지식과 통찰력을 갖추도록 사전에 훈련되어야 한다.

③ 초기 회기들

처음에는 아동이 낯선 사람과 낯선 환경에서 편안함을 느낄 수 있게 해야 한다. 아동이 치료자와 안전하고 보호적인 관계를 맺기도 전에 아동의 방어가 너무 지나치지 않도록 하기 위해서 이 과정에서는 작업을 거의 하지 않도록 제안했다. 이런 초기 회기에서 아동이 자신의 가장 무섭고 파괴적인 생각이나 감정을 사회복지사가 받아들일 수 있는 능력을 가지고 있다는 것을 확신하며, 이런 식으로 아동이나 사회복지사 어느 쪽도 해를 입지 않는 관계를 형성하는 것이다.

④ 놀이치료의 빈도와 횟수

놀이치료는 일주일에 한 번씩, 한 번에 한 시간 하는 것을 원칙으로 한다. 실제로는 한 아이가 놀고 나간 뒤 다른 아이가 들어오기 전에 방을 정돈해야 하기 때문에 약 50분간 이루어진다. 그렇게 드문드문해서 무슨 효과가 있느냐고 반문하는 사람도 있지만, 그럼에도 거의 모든 경우에 효과가 확인되고 있다. 몇 번이나 다녀야 치료가 끝나는가는 개개인에 따라 다르다. 마음의 상처가 깊었던 아이일수록 혹은 태중에서부터 문제가 있었던 아이일수록 치료 기간이 길어지며 1년 이상 걸리는 경우도 있다. 평균이라는 것이 여기서는 별 의미가 없지만 약 20주 정도로 보아도 될 것이다.

⑤ 협력작업

놀이치료의 과정을 계획하고 수행할 때 아동의 전체 생태체계를 고려해야 한다. 그 초점은 개개 아동에게 수행되는 개입에 맞추어져 있다. 그러나 적어도 아동의 생태체계를 구성하는 다른 체계나 그 밖의 일부 개인들이 개입을 용인해야 한다. 종종 이러한 대부분의 개입은 아동의 부모나 가족에게 향하게 될 것이다. 그러나 그것은 학교와 병원의 직원이나 체계 또는 다양한 사법체계가 될 수도 있다.

(2) 부모상담

아동에 대한 사회복지실천이 효과를 거두기 위해서는 아동에 대한 접근과 함께 가족이나 교사의 협력도 병행되어야 한다. 특히 유아의 경우는 하루의 많은 시간을 부모와 함께 보내기 때문에 유아의 놀이치료에는 부모의 협력이 매우 중요하다. 그래서 놀이치료사가 부모의 협조를 구하기 위해 지도하는 것도 넓은 의미에서의 사회복지실천이라고 할 수 있다. 부모에 대한 이런 상담적 접근에는 지도, 상담, 협의의 심리 요법으로 나눌 수 있다(현정환, 2003).

지도(guidance)란 어떤 특정문제에 직면하여 스스로의 힘으로 해결할 수 없어 고민하는 당사자에게 객관적인 자료를 포함한 정보를 제공하거나 구체적인 해결 방법을 제시하여 당사자의 지적 이해를 통해 당면한 문제를 해결할 수 있도록 도와주는 활동이다. 지도는 당면한 특정 문제의 해결을 위한 지적 정보제공에 목적을 두고 있지만, 상담은 상대방의 인격적 측면까지 접근하여 변화를 시도하기 때문에 특정 문제에 대한 해결에 국한하지 않고 보다 광범위한 문제의 해결도 목표로 한다. 협의의 심리 요법(psychotherapy)은 상담보다 인격의 심층 부분까지 접근하여 인격의 전체적인 변화를 기대하면서 적응성을 높이는 데 그 목적이 있다.

아동의 심리치료에 있어 어머니에 대한 접근도 물론 중요하지만, 아버지에 대한 접근도 무시해서는 안 된다. 대개 3~7세 정도의 유아, 특히 남아들은 자신을 아버지와 동일시하면서 아버지의 행동이나 생각을 그대로 모방하려고 하기 때문에 아버지에 대한 지도나 협조가 요구되는 경우도 많다. 그래서 경우에 따라서는 아동의 상태나 적절한 대응법에 대한 정보를 아버지에게도 제공할 필요가 있다.

특히 정서장애아의 경우는 그 원인이 대개는 조부모, 부모 그리고 형제 등을 포함한 가족구성원 전체의 상호관계에 기인하는 경우가 많다. 그래서 심리임상가인 앵커맨(Ackerman)은 "환자의 나이가 많든 적든, 그 증상이 심하든 약하든 치료사에게 찾아오는 환자는 정서적으로 황폐화된 가족 집단의 밀사이며 그 가족의 스트레스를 표현하고 있기 때문에 가족구성원 전체에 대한 치료적 접근이 필요하다."라고 주장하면서 아동 문제와 가족병리 현상과의 밀접한 관계를 역설하였다. 그래서 그는 아동을 대상으로 한 심리요법에는 일정한 공식이 있는 것은 아니지만 일반적으로 아동을 중심으로 어머니 또는 아버지, 아니면 아동을 제외한 부모를 대상으로 상담함으로써 가족 내의 갈등이나 긴장 상태를 명확히 알 수 있다고 보았다.

가족 요법은 개인 심리 요법과 병행해서 집단 심리 요법의 형태를 취하게 되며, 가족 요법에는 치료사와 가족구성원 전체가 다 같이 만나서 이야기를 나누는 형태의 집단 상담이나 특정의 가족구성원들에 대해서만 상담하는 집단심리요법의 형태가 있을 수 있다. 또는 부모와 자녀를 분리해서 각각 다른 치료사가 상담 치료를 하는 형태도 있을 수 있다.

문제아동에 대한 치료적 접근에서 반드시 부모를 대상으로 한 상담이나 협의의 심리요법이 필요하다고는 볼 수 없으며, 지도만으로도 충분한 경우도 있을 수 있다. 또한 치료나 상담 대상자가 연령적으로 학령기 이상의 경우에는 부모에 대한 접근을 하지 않아도 되는 경우도 가끔씩 볼 수 있다. 그러나 유아를 대상으로 한 심리요법에서는 일상생활에서 일어나고 있는 것을 명확히 파악하고 문제가 되는 행동의 상태나 원인을 이해하고 지도의 효과를 확인하기 위해서는 어떤 형태로든 부모와의 접촉을 반드시 해야 한다.

부모상담의 목적은 다음과 같다(현정환, 2003). 첫째, 치료 관계의 유지다. 아동이 자발적으로 상담사나 놀이치료사를 찾아오는 경우는 드물고 부모의 요구에 의해 상담이나 놀이치료가 시작되는 경우가 일반적이다. 그러므로 아동의 심리상태나 심리요법에 대한 부모의 이해를 통해 상담이나 놀이치료가 완료될 때까지 정기적으로 약속된 시간에 아동을 데리고 오도록 하는 동기를 강화시키는 것이 부모상담의 제1의 목적이라 할 수 있다. 부모 자신이 놀이치료에 대한 불신이나 동요를 하는 경우에는 이런 기분이나 태도가 아동에게도 전달되어 아동이 치료를 거부하는 경우도 있을 수 있다. 이럴 때에는 놀이치료의 필요성을 부모에게 납득시켜서 아동과의 치료 관계를 유지할 수 있도록 해야 한다.

둘째, 정보 수집이다. 일반적으로 놀이치료를 시작하기 전에 자녀에 대해 고민하고 있는 내용이나 자녀의 지금까지의 상태 그리고 부모의 양육 태도와 가족 상황 등에 대한 정보를 토대로 문제 행동에 대해 진단하고, 이에 따른 치료 기법을 적용하게 된다. 또한 부모에 대한 상담도 정기적으로 병행함으로써 진단을 수정하거나 치료 계획을 구체화하기도 한다. 이때 유의할 점은 부모가 자녀의 상태를 객관적으로 이해하여, 이에 대해서 사실 그대로 구체적으로 보고하도록 유도하는 것이다. 놀이치료사는 놀이치료 대상 아동에 대해 부모가 고민하고 있는 특정 문제에 관한 정보뿐만 아니라, 아동의 일상생활 전반에 관한 정보를 얻도록 노력해야 한다. 사실 놀이치료실에서의 행동을 이해하는 데 있어 후자의 정보가 도움이 되는 경우가 흔히 있기 때문이다. 한편, 부모 가운데는 자녀의 행동에서 개선된 부분만을 이야기하거나 부모로서 고민하는 문제에 대해서만 이야기하는 경우가 많다. 이런 경우에는 자녀의 긍정적 측면과 부정적 측면의 양면을 포함한 이야기를 있는 그대로 이야기하도록 유도해야 할 것이다. 부모 가운데는 자녀의 문제를 심리치료사에게 맡김으로써 자신의 노력이나 역할은 끝났다는 의식을 갖고 무엇이든지 놀이치료사에게 의지하려는 사람들이 있다. 부모도 책임감을 느끼도록 유도하여 부모 자신도 자녀의 치료에 능동적으로 참여하고 있다는 의식을 심어 준다.

셋째, 정보 제공이다. 부모상담의 목적에는 아동에 관한 정보를 부모로부터 수집하는 데만 있는 것이 아니라 아동에 관한 정보를 부모에게 제공하는 데도 있다. 즉, 부모로부터 얻은 정보와 치료실 내에서의 아동의 행동을 검토하여 가정에서의 바람직한 환경 조정이나 부모의 대응법에 대해서 구체적인 이야기를 해 줄 수 있다. 대개는 자녀의 문제행동에 대한 진단이 내려지면 부모들은 이에 대한 정확한 이해가 부족한 경우가 많아서 지나치게 절망하거나 반대로 안심해 버리는 경우가 많기 때문에 치료의 초기 장면에서는 진단 결과를 알려 주지 않는 것을 원칙으로 하는 것이 좋다. 그러나 부모가 집요하게 진단명을 알고 싶어 하는 경우에는 아동의 현재 상태에 대해서 이야기하면서 "좀 더 충분한 시간을 두고 여러 가지로 조사하지 않으면 정확한 진단이 어렵습니다."라는 정도로 대응한다. 자녀에 대한 구체적인 대응법을 제시함에 있어 유의할 점은 부모가 용기를 갖고 주체적으로 선택이 가능하도록 조언을 해 주는 데 있다.

넷째, 부모 자신에 대한 심리치료다. 아동의 모든 문제행동의 원인이 부모나 가족의 병리 현상에 기인한다고는 말할 수는 없지만, 부모의 그릇된 양육 태도나 인격 장애에 의한 경우도 드물지 않게 많다. 아동의 문제와 부모의 심리상태는 매우 밀접한 관계가 있을 때에는 부모나 가족구성원을 대상으로 한 상담이나 심리요법을 실시하여, 놀이치료사는 부모 자신이 자신의 문제를 통찰하고 보다 성숙한 인격을 갖추도록 도와주어야 할 것이다.

4) 종료

치료의 종결이 다가오면 아동과 함께 치료를 종결지을 날짜를 정하거나 아동에게 남아 있는 회기의 수를 알린다. 아동의 발달수준이 낮을수록, 치료를 끝낸다는 신호는 보다 더 구체적이어야 한다. 종결에 다가갈수록 회기의 길이를 줄일 수도 있다. 그날이 다가옴에 따라 달력의 그 날짜에 동그라미를 치고, 지나간 날들을 지울 수도 있다. 아니면 아동에게 남은 회기 동안 하루에 한 개씩 사탕을 늘어놓고 매 활동이 끝날 때 사탕을 하나씩 먹게 한다. 아동의 치료가 길면 길수록 종료를 위한 활동들은 더 많아져야 한다. 마지막에 다다를 때마다 마지막 치료 회기의 전부 또는 일부에서, 아동의 성취감을 키워 주는 것과 명확한 종결 축하 행사를 제공하는 것 등이 있다. 이러한 순서에 따라 치료가 끝난 후에도 아동과 계속 연락을 할 것인가에 대한 의문이 있을 것이다. 아동이 방문하거나, 전화하거나, 편지를 쓸 수 있게 해야 하는가? 아동과 치료적이 아닌 접촉이 있을 수 있을까? 대부분의 경우에 치료의 마지막은 마지막이 되어야 한다. 반면에 아동과 양육자는 아동에게 치료가 필요하게 되면 치료로 되돌아올 수 있다고 생각해야 한다. 마지막으로 아동에게 전화번호를 주어서 아동이 필요할 때 치료사에게 연락할 수 있게 하는 것이 바람직하다.

아동 의뢰하기

때때로 필요나 계획에 의해서 클라이언트가 치료가 끝나서 종료하기보다는 다른 치료자 혹은 다른 치료로 이동시키고 싶어 한다. 이 변화의 일부는 치료사 자신의 필요에 의한 것일 수 있지만 아동들의 이익을 위해서 시도된다. 아마도 병, 직업의 변화, 임신 등의 이유로 다른 치료자에게 아동을 이동시켜야 할 때가 있다. 치료관계의 실패 때문에 치료자의 변화가 필요해질 수도 있다. 가족치료이나 집단치료 집단 같이 이들을 치료하기 위한 이동의 대부분은 아동들의 개별목표가 이루어졌을 때 그리고 다른 생태체계의 목표를 소개하고 싶을 때 시도된다.

사례

철수는 열 살 때 극단적인 학교문제 때문에 사회복지관 치료 프로그램에 의뢰되었다. 부모 중에는 면접할 사람이 없었기 때문에 그의 발달사는 주로 기록을 보고 수집하였다. 철수의 친부모 둘 다 알코올중독자였을 것이라는 의심이 들었지만 태어나서 두 살이 될 때까지의 가정생활에 대해서 알려진 것은 아무것도 없었다. 철수가 두 살쯤 되었을 때, 그의 어머니는 유아돌연사증후군(Sudden Infant Death Syndrome)으로 둘째 아기를 잃었다. 그 당시 철수의 어머니는 심각한 우울증에 걸렸고 약 6개월 동안 침대에만 누워 있었다. 철수의 이전 치료자는 어머니가 이 기간 동안에 철수를 학대나 방임했을 것이라고 추측했다. 어머니가 가출한 후 철수는 3년 동안 아버지와 노숙자로 생활했었다. 그 때문에 아동보호전문기관에 의뢰되었고 철수는 심한 방임과 신체적 학대로 판정되어 아버지의 보호에서 벗어났다. 철수는 그 후 몇 군데의 위탁가정을 옮겨 다녔고, 각각의 위탁가정에서 사실상 그의 행동을 다룰 수 없었다. 그는 마침내 치료형 그룹홈으로 옮겨졌고, 그곳에서 치료를 받기 시작했다. 또한 학교에서 철수의 학업은 형편없었다. 열 살이 되었을 때도 거의 읽지 못했고, 심지어 기초 학업능력도 부족했다. 또래관계가 거의 형성되지 않았다.

이 사례를 사정하고 개입계획을 수립하라.

- 어떤 부분의 진단과 치료가 필요한가?
- 어떤 생태체계의 개입이 필요한가?
- 탐색의 과정을 길게 할 것인가, 짧게 할 것인가?
- 개입을 개인 수준에서 할 것인가, 집단 수준에서 할 것인가?
- 개입을 구조화된 형태로 할 것인가, 비구조화된 형태로 할 것인가?
- 치료기간을 길게 할 것인가, 짧게 할 것인가?
- 어떤 부분의 치료나 진단을 의뢰할 것인가?
- 관련 체계에 대한 개입은 어떻게 할 것인가?

토론 및 연구 주제

1. 사정을 위해서 클라이언트와 관계된 모든 부분에 걸쳐 정보를 조사하고 수집한다. 이때 사생활보호 측면과 개입이라는 측면이 대립하게 되는 경우가 많은데, 만약 클라이언트가 사생활보호를 주장하며 개입을 원치 않을 때 어떻게 할지 토론해 보자.

2. 아동복지실천 개입을 하는 데 있어서 좀 더 용이하게 하기 위해 사회복지사는 클라이언트를 유형화시켜 구분하는 경우가 많은데, 이때 나타날 수 있는 문제점에 대해서 논의해 보자.

3. 아동 대상 실천과정에서 초기접수 상담 시에 문제 및 욕구 확인을 할 때 만약 아동과 부모 모두 사회복지사의 개입은 인정했지만 서로 바라는 욕구나 문제로 인식하는 것이 다르다면, 서비스 개입의 목표를 설정할 때 누구의 목표나 문제 인식을 우선적으로 고려해야 할까? 혹은 둘 다 아니라면 제3의 대안은 무엇인지 생각해 보자.

제7장

아동정책

제1절 아동과 가족에 대한 정책의 관점

아동과 가족을 위한 정책은 각 국가의 사회적 상황에 따라 다양한 가치체계와 목표를 가지고 있다. 각각의 관점은 특정한 시기의 아동 및 가족 관련 입법과 정책, 실천에 관련되어 있으며 정책분석에서 가장 중요한 기초가 된다. 아동과 가족 정책의 관점은 학자에 따라 〈표 7-1〉과 같은 다양한 유형으로 분류되고 있다. 다운즈

표 7-1 아동과 가족에 대한 정책의 관점

학자	정책 모형
Downs, Moore, McFadden, Michaud, & Costin(2004)	잔여적-발달적(제도적)
	가족보호-국가개입
Harding(1991)	자유방임-국가개입-가족 및 친권보호-아동해방
Wilensky & Lebeaux(1965)	잔여적-제도적

등(Downs et al., 2004)은 잔여적-발달적(제도적) 모형, 가족보호-국가개입 모형으로 분류하였고, 하딩(Harding, 1991)은 자유방임-국가개입-가족 및 친권보호-아동해방 모형으로 분류하였다. 윌렌스키와 르보(Wilensky & Lebeaux, 1965)는 잔여적-제도적 모형으로 분류하였다.

하딩(1991)의 분류에서 4분법의 폭넓은 스펙트럼을 볼 수 있는데, 네 가지 관점 중 자유방임과 아동해방은 극단적인 관점으로서 자유방임은 19세기까지 서구의 아동정책에서 볼 수 있고, 아동해방은 현재 북유럽 일부 국가의 정책에서 볼 수 있다. 20세기 이후 현대국가의 아동정책은 대체로 가족 및 친권보호와 국가개입의 관점 사이에 위치하고 있다. 이러한 점에서 다운즈 등(2004)의 가족보호-국가개입 관점이 이 두 가지 관점과 일치한다. 다운즈 등(2004)의 잔여적-발달적(제도적) 관점과 윌렌스키와 르보(1965)의 잔여적-제도적 관점도 동일한 분류방법이다. 여기에서는 잔여적 관점과 제도적 관점, 그리고 가족 및 친권보호의 관점과 국가개입의 관점을 중심으로 아동정책상의 함의를 살펴본다.

1. 잔여적 관점과 제도적 관점

윌렌스키와 르보(1965)의 사회복지의 잔여적 개념과 제도적 개념이라는 전통적인 이분법적 분류에 기초하고 있다. 이 개념에 의하면, 잔여적 개념(residual concept)의 가족, 시장기구, 종교, 정치 등 주요 일차적인 사회제도의 기능적 실패를 인정하되, 아동복지는 그 기능을 임시로 보충할 뿐이며, 아동복지 활동이 사회를 유지 · 발전시키는 데 필수적이라는 인식은 존재하지 않는다. 따라서 사회구성원들 중 보호가 필요한 아동들에게 최소한도의 보호를 제공하는 아동복지 활동은 잔여적 · 주변적 · 예외적이며, 안전망(safety-net) 기능을 수행할 뿐이다. 가능하면 가족이나 시장기구와 같은 기존의 일차적인 사회제도들이 제대로 기능해서 아동복지 활동이 필요치 않게 되는 것이 궁극적인 지향이 된다(장인협, 이혜경, 오정수, 2007).

한편, 제도적 개념(institutional concept)의 기존 사회제도의 실패, 즉 시장이나 가족제도의 실패는 임시적인 것이 아니라 피할 수 없고 지속적인 것으로 이해한다. 따라서 사회제도의 하나로서 아동복지는 다른 사회제도와 동등하게 사회를 유지하는 데 필수적인 기능을 수행하며, 그러한 기능이 지속적인 사회활동의 유형으로 조직되고 제도화되는 것이 당연하다고 본다. 아동복지의 필수적인 기능이란 아동 양육을 위한 사회구성원 간의 상호부조로서 이러한 기능은 다른 사회제도가 수행하는 기능과 구별되며 독립적으로 수행된다고 본다.

다운즈 등(2004)은 제도적 관점을 발달적(developmental) 관점으로 제시하였다. 현대사회에서 대부분의 정상적인 가족은 다양한 시기에 따라 공통의 욕구를 지니고 있어서 아동과 가족을 위한 서비스는 사회적 낙인이 없이 쉽게 접근할 수 있도록 예방적이고 지지적이어야 한다. 이러한 서비스는 일부 취약계층의 보호를 위한 것이 아닌 모든 사람에게 가족의 기능을 지지하고 강화하며 향상시키는 사회적 개입을 포함한다. 이러한 사회적 서비스의 개념을 서비스의 대상으로서 클라이언트의 관점보다는 서비스를 사용하는 시민의 관점을 강조하여 칸(Kahn)이 사용한 사회적 효용(social utilities)이라는 개념을 적용할 수 있다. 아동복지 분야에서 잔여적 관점과 발달적 관점의 구분은 예방적 서비스와 치료적 서비스의 구분과 관련된다. 학대아동보호, 위탁가정보호 등의 치료적 서비스는 잔여적 관점의 서비스 범주에 속하는 반면, 아동발달과 가족지원 프로그램과 주간보호 등 예방적 서비스는 발달적 관점의 서비스 범주에 속한다(Downs et al., 2004: 16).

2. 가족 및 친권보호 관점과 국가개입 관점

1) 가족과 친권보호 관점

이 관점은 제2차 세계대전 이후 서구의 복지국가 확대과정에서 발달하였다. 국가의 개입이 정당화되지만 이러한 개입은 아동의 출생가정을 유지하고 보호하는 지지적인 형태여야 한다는 입장이다. 출생가정 또는 생물학적 가정은 아동과 부모 모두에게 중요하며 가능한 한 유지되어야 한다. 가족이 분리되어야 하는 경우에도 가족의 연대는 유지되어야 한다. 국가의 역할은 가정의 연대가 유지되도록 가족을 지지하는 것이다. 또한 아동의 보호가 필요한 원인을 설명함에 있어서는 계급, 빈곤, 박탈 등의 개념이 중요하게 사용된다.

이 관점은 아동을 부모와 분리된 객체로 보는 국가개입의 관점과 구분된다. 국가개입의 관점에서 부모의 양육은 아동의 복지를 위한 기여라는 관점을 지니며 부모의 의무는 중요하지만 부모의 권리는 존중을 받지 못한다. 부모의 양육이 정상적으로 이루어지지 않을 경우 국가는 타인에게 아동을 맡길 수 있으며, 부모-아동의 유대관계가 상대적으로 덜 강조되는 국가개입의 관점과는 다르다.

이 관점은 국가역할의 확대를 주장하지만, 국가는 부모로부터 아동을 분리시켜 대체보호를 제공하는 것이 아니라 그러한 대체보호가 필요하지 않도록 가정에 대한 지지를 제공하는 것이다. 이것은 붕괴 위험에 처한 가정에 대하여 도움을 제공하거나, 자녀를 둔 모든 가정에 대하여 지원하는 보편적인 사회보장의 형태를 취할 수 있다. 이러한 프로그램들은 국가의 역할에 소극적인 입장인 자유방임과는 다르며, 국가는 가정의 역할에 있어 능동적이다. 아동들이 최후의 수단으로 국가의 보호를 받아야 하는 경우에도 아동이 가정으로 다시 돌아올 수 있도록 가정에 대한 지원과 유대관계의 유지에 최선을 다해야 한다. 아동들은 위탁가정의 부모와 생활할 때에도 출생부모와의 관계를 유지할 수 있다. 아동보호에 관한 국가의 정책은 아동이 국가보호하에 들어가는 것을 방지하거나 분리된 가족을 재결합하는 것에 초점을 둔다. 아동을 가정으로부터 분리시키는 것은 문제의 해결이 아니며 아동의 복지에 해악을 초래한다고 본다. 요약하면, 이 관점은 국가의 개입을 지지하지만 강제적인 방법이 아니며, 출생가정을 지지하고, 대체보호는 최후의 수단으로 강구되어야 한다. 그리고 국가가 개입하는 아동보호 문제의 대부분은 빈곤이나 박탈과 관련되어 있다.

- 가족과 친권보호 관점의 한계: 첫째, 국가나 민간기관이 아동을 보호해야 하는 필요성은 부모의 심리적 특성보다는 주로 사회적 박탈과 관련되어 있다. 그러나 경험적으로 보호를 받는 아동들의 가정의 특성은 물질적 빈곤과 사회적 박탈뿐만 아니라 부모의 개인적 특성 문제에 의한 사례가 많아서 물질적 지원만으로는 아동문제가 해결되지 않는다는 것이다. 둘째, 출생가정의 보호를 강조하는 이 입장은 아동학대의 심각성을 지나치게 과소평가하여 아동을 위험에 빠뜨리는 경향이 있다고 비판되고 있다.

- 가족과 친권보호 관점의 정책적 함의: 이 관점의 함의는 부모와 아동에 대한 지지를 강화해야 한다는 점이다. 국가나 지방정부는 가정위탁을 통하여 아동을 분리시키는 대책보다는 취약가정에 대하여 사회보장제도를 통한 가족수당, 아동을 위한 보육, 기타 지지적 사회복지서비스를 강화한다. 그러나 이러한 프로그램의 비용은 정상적인 가정위탁서비스보다 비용이 훨씬 많이 소요될 수 있다는 점에서 비판을 받고 있다. 특히 중앙과 지방정부가 복지재정을 긴축시키는 상황에서는 이 관점의 정책적 함의는 현실성이 적다. 정부가 수사적으로는 가정에 대한 지원을 강조하지만 그것이 물질적 지원이 아닌 가정의 자율성과 가족 내적 책임을 강조하는 한, 그것은 자유방임의 입장인 경우가 많다.

2) 국가개입 관점

이 관점은 서구에서는 19세기까지의 자유방임적 단계를 지나 19세기 말과 20세기 초 아동복지 이슈에 대한 국가개입이 확대되는 과정에서 발달하였다. 여기에서 아동의 보호를 위한 국가의 광범위한 개입은 정당화되지만, 국가의 개입 자체는 권위주의적이며, 생물학적인 가족의 유대는 존중되지 못한다. 생물학적 관계에서 부모의 보호가 부적절하다면 국가의 개입에 의한 양질의 대체보호가 선호된다.

이 관점의 입장은 출생부모의 보호가 항상 최선의 것이 될 수는 없고 심각한 해를 초래할 수도 있으며, 자유방임의 관점보다는 높은 기준을 설정하고 일정한 규범과 기준에 미치지 못하는 부모에게 공권력에 의한 처벌을 가할 수도 있다는 인식에 기초한다. 또한 아동은 사회에서 높은 우선순위를 가진 존재이며, 양질의 보호를 받을 권리가 있고, 적절한 처우를 받지 못하는 경우에는 필요하다면 법적 강제력을 사용하여서라도 보호되어야 한다. 따라서 부모의 권리는 앞의 자유방임의 관점과는 달리 존중되지 못한다. 아동에게 최선의 보호를 제공하는 것이 부모의 의무이지만 이러한 의무가 충족되지 못하면 아동을 다른 양육의 장으로 옮기는 일에 국가의 역할이 정당화된다. 아동의 복지가 최우선이며 성인의 욕구, 이해관계와 권리는 필요하다면 희생될 수 있다. 여기에서 강조되는 아동의 권리는 적절한 양육과 보호라는 관점에서 주장된다. 그러나 아동권리 및 해방의 관점에서 이야기하는 아동의 자기결정의 원리에 의하여 아동의 권리가 존중되는 입장과는 차이가 있다. 왜냐하면, 국가개입 관점에서는 아동이 본질적으로 의존적이고, 힘이 미약하며, 성인의 욕구와는 다른 독특한 욕구를 지니고 있다는 입장을 갖고 있기 때문이다.

- 국가개입 관점의 한계: 이 관점의 한계는 자원의 측면과 시민의 자유 측면에서 다음과 같은 문제가 제기되고 있다. 첫째, 이 관점이 효과적으로 수행되기 위해서는 사회적 자원의 충분한 배려가 필요하다. 그러한 자원은 민간 아동기관으로부터 제공될 수도 있지만 대부분 국가로부터 제공되어야 한다. 법적 조치의 과정, 대체가정이나 시설의 발굴과 배치, 입양가정의 조사 등은 많은 인력과 비용을 수반한다. 아동홈과 같은 주거시설은 비용이 많이 소요되며, 입양가정은 비용 측면에서는 효율적이지만 일부 아동의 사례에는 부적절하며 양부모에 지급되는 양육수당이 주거시설의 비용에 못지않게 클 수도 있다. 따라서 적절한 사회적 자원이 없는 국가개입은 열악한 보호계획과 정책결정, 부적절한 대체보호를 초래하게 된다. 둘째, 국가개입은 시민의 자유를 위협한다. 부적절한 아동보호를 방지하기 위하여 이루어지는 가정과 아동에 대한 개입은 다음과 같은 자유의 침해 문제를 제기한다. 전문가가 아동의 가정을 방문하고 가족에 대한 기록을 유지하며 해당 가정을 낙인화하는 과정이 진행될 수 있다. 기록과 사례회의에서 부모를 배제시키고 반응할 수 있는 기회를 주지 않는 것은 시민의 자유권 침해 문제를 초래한다.
- 국가개입 관점의 정책적 함의: 이 관점의 정책적 함의는 국가가 부모-아동 관계에 개입할 수 있는 강제력을 가져야 한다는 것이다. 이러한 관점은 국가에 의한 강제적 개입의 법적 근거를 확대하는 것을 의미한다. 아동의 복지가 위기상황에 처해 있고 부모가 아동을 위하여 더이상 만족스러운 보호를 제공할 수 없다고 생각될 경우, 부모의 아동에 대한 접근을 봉쇄하는 공권력이 행사될 수 있다.

제2절 아동정책의 유형

아동정책은 아동의 보호와 가족의 유지를 목표로 한다. 그리고 정책은 아동이나 가족의 욕구가 무엇인가에 기초하여 결정된다. 아동정책이 이러한 목표를 달성하기 위해서는 아동복지의 이슈가 명확하게 정의되어야 하며, 나아가 여러 가지 다양한 접근방법이나 서비스 유형이 아동을 보호하는 능력이나 가족관계를 강화하는 능력에 기초하여 분석되어야 한다. 아동복지를 달성하기 위한 정책적 접근방법은 대체로 가족유지 및 지원 정책, 대체가정서비스 정책, 아동보호서비스 정책이 있으며, 이들은 각각 고유한 정책목표를 갖고 있다(장인협, 오정수, 2000).

1. 가족유지 및 지원 정책

아동양육을 지원하는 정책은 소득보장에 의한 방법과 서비스 제공에 의한 방법이 있다. 소득을 보장하는 방법도 보편주의 원칙에 의하여 전체 아동을 대상으로 일정한 급여를 지불하는 방법과 일정한 기준의 선별주의 원칙에 의하여 사회적 취약계층의 아동에게 급여를 제공하는 방법이 있다. 보편주의 원칙에 의한 소득보장 정책은 아동양육이 모든 가정에게 부담이 되며 국가는 이러한 가정의 아동양육 부담을 경감시켜 주는 역할을 수행해야 한다고 본다. 이 정책은 사회적 연대의 가치에 기초하고 있다. 선별주의 원칙에 의한 소득보장정책은 스스로 아동을 부양할 능력이 없는 가정에 대해서만 국가가 그 부담을 경감시킨다는 목표를 갖는다. 이 정책은 사회적 효율성의 가치에 기초하고 있다.

아동양육의 지원 범위에 있어 가족에게 부과되는 아동양육의 비용은 생계비뿐만 아니라 보육, 교육, 의료, 문화활동 등의 비용을 포괄하고 있다는 점을 유의해야 한다. 따라서 아동을 둔 가정에 대한 지원은 의료, 주거, 교육관련 보조 등 다른 형태의 사회보장과 연계되어야 할 필요가 있다. 또한 아동을 위한 소득보장의 특징은 급여가 아동 자신에게 직접 주어지는 것이 아니라 가족 또는 다른 부양의무자나 대리양육자에게 지급된다는 점이다. 이에 따라 아동에 대한 소득지원이 다른 용도로 남용되는가의 여부가 정책적인 쟁점이 되기도 한다.

전 세계 국가 중 아동부양과 가족유지를 위하여 가족수당제도를 실시하는 나라는 OECD 국가 중에는 미국, 터키, 멕시코, 아일랜드를 제외한 모든 국가에서 아동수당 또는 가족수당을 실시하고 있다. 우리나라의 아동지원을 위한 소득보장정책인 아동수당제도가 2018년에 도입되어 시행되고 있다. 사회적 취약계층의 아동에 대한 아동양육의 지원 범위도 기초생활보장에서 정한 지원으로 이루어지고 있다.

서비스를 제공하는 방법은 가족의 기능을 강화시키기 위한 상담과 교육서비스, 문제가 발생한 사례에 대하여 가족관계에 초점을 두는 상담서비스, 집중적인 가족위기서비스가 포함된다.

2. 대체가정서비스 정책

일시적인 대체가정보호로서 가정위탁과 친족보호, 주거시설보호가 있으며, 영구적인 대체가정보호로서는 입양이 있다. 대체가정서비스의 역사적 기원은 부모가 없는 고아를 대상으로 한 보호로서 출발하였으나, 양친이 모두 없는 아동의 비율은 미국의 경우 0.1% 미만이며, 오늘날 서구 복지국가의 대체가정서비스의 목적은 특별한 욕구를 지닌 아동을 위한 보호에 있다.

가정위탁보호는 육체적 · 성적 학대, 유기, 특수한 의료적 요구 등을 지닌 아동들을 대상으로 부모와 떨어져 다른 가정에서 보호를 받는다. 가정위탁은 여러 가지 수준에서 제공될 수 있다. 최근에는 치료 목적의 가정위탁이 복합적인 욕구를 지닌 아동을 위한 집중적 보호방법으로서 그 중요성이 증대하고 있다.

주거시설보호는 지역사회의 그룹홈, 주거치료시설, 재활시설, 비행청소년 교정시설 등 여러 가지 형태의 장에서 제공된다. 가정에서 제공될 수 없는 서비스 욕구를 지닌 정서장애, 행동장애를 지닌 아동들에게 서비스를 제공하며, 아동의 보다 다양한 욕구를 충족시키기 위하여 시설의 형태가 다양화되고 있으며, 종종 아동의 가족을 포함시키기도 한다.

우리나라의 경우에도 한국전쟁을 전후하여 대량 발생한 전쟁고아들을 대상으로 주거시설보호나 입양 등 영구적 대체가정서비스가 확대되었으나 양친 모두가 없는 고아의 비율이 감소함으로써 대체가정서비스의 정책목표도 전환되어야 할 필요성이 증대되고 있다. 우리나라 가정위탁 정책의 목표는 미혼모, 사생아, 기아 등 국내외 입양대상아동의 입양 준비과정으로 아동을 일시적으로 보호하거나 결손가정의 아동을 보호하는 것에 집중해 있고, 주거시설보호의 목표도 결손가정의 아동을 단순 수용보호하는 것에 중심을 두고 있다. 반면, 특수한 욕구를 지닌 아동의 치료나 재활을 위한 가정위탁이나 단기수용시설이 개발되어 있지 못하다. 그러나 과거 아동복지의 주류를 형성하였던 단순 수용보호의 중요성은 점차 감소하고 있으며, 전문적 가정위탁보호와 치료 목적의 시설 등 전문화된 프로그램을 개발하는 다양한 대체가정서비스 정책의 의의와 중요성이 강조되고 있다.

3. 아동보호서비스 정책

아동보호서비스는 아동의 학대와 유기에 대한 대응으로서 최근에 급속하게 그 필요성이 증가하는 추세다. 미국의 경우, 아동보호서비스는 전통적으로 법적으로 아동의 보호에 관한 책임을 지닌 주나 카운티의 공공기관에 의하여 수행되었다. 해당기관은 아동의 유기와 학대사례를 조사하고, 아동이 가정에서 안전하게 보호를 받을 수 있을지 또는 다른 보호의 장으로 옮겨 공공기관의 보호를 받아야 할지를 결정하고, 사법기관과 긴밀하게 협조관계를 가지면서 아동을 위한 보호조치를 취한다.

아동을 부모나 기타 보호자로부터 격리시키기 위해서는 국가의 법률에 의한 공권력의 개입이 요청된다. 강제보호서비스는 아동이 유기되거나 학대받는 사례에 대한 시민이나 사회기관의 신고에 의하여 시작되며, 아동보호기관은 아동에게 적절한 보호를 제공할 수 없는 부모로부터 아동을 분리시키도록 법정에 요청하게 된다.

이러한 강제보호서비스는 아동의 보호와 부모의 친권보호라는 두 가지 목표 중 아동의 보호에 초점을 둔 것이지만, 사회적 관습이나 문화의 차이에 따라 정책의 방향이나 내용이 다를 수 있다. 서구에서는 국가개입과 아동권리의 관점이 발달하면서 아동을 부모로부터 강제적으로 격리시키는 조치가 제도화되어 있다. 그러나 아동을 부모로부터 격리시키는 것이 최선의 정책목표는 아니며, 친권보호의 입장에서 아동과 가족에 대한 서비스와 지원을 강화하여 가능한 한 가족의 기능을 유지해야 한다는 관점이 국가의 공권력 개입에 의한 아동보호의 관점과 대립하고 있다.

한편, 우리나라에서는 아동보호에 관한 가족책임주의와 자유방임적 관점이 지배적이어서 공권력에 의한 개입이 아직까지는 미약한 실정이며, 최근 아동학대의 사례가 증대하고 사회적 쟁점으로 부각되면서 아동학대 방지와 대처를 위한 법적 · 제도적 장치의 강화가 요청되고 있다.

제3절 아동정책의 분석

현행 우리나라 아동정책의 체계는 아동의 권리신장이라는 목표를 중심으로 세 가지 이행과제와 이행과제별 단위과제로 구성되어 있다. 이행과제는 ① 보호아동을 위한 가정 · 사회보호시스템 강화, ② 지역사회중심의 저소득층 아동을 위한 지원체계 강화, ③ 아동권리 모니터링과 아동학대예방 등 아동권익신장을 세부 정책목표로 하고 있다. 또한 단위과제로는, 첫째 가정중심의 아동보호시스템 강화를 위하여 국내 입양의 활성화, 가정위탁제도 및 공동생활가정 확대, 아동복지시설 기능의 다양화를 추진하고 있다. 둘째, 지역사회중심의 저소득아동복지 지원강화를 위하여 지역아동센터 지원확대 활성화, 급식아동대상 확대 및 전달체계 강화, 빈곤아동 청소년 대책 등을 추진하고 있다. 셋째, 아동권리, 아동학대예방 등 아동권익 신장을 위하여 UN 아동권리협약 이행 관련 모니터링, 아동보호종합센터 등 종합적 서비스 제공, 어린이날 행사, 아동복지유공자 포상, 실종아동 지원시스템 강화, 아동권리 안전교육 및 홍보 강화를 추진하고 있다.

현행 아동정책 체계에 대한 평가와 아울러 개혁이 요구되는 점을 분석하면 다음과 같다.

첫째, 과거에 비하여 현행 아동정책의 방향은 보호가 필요한 아동 중심에서 일반아동 중심으로 균형을 추구하고 있다. 그러나 지금까지 아동정책의 실제에 있어서는 보호가 필요한 아동에 일차적인 초점을 두어 왔다. 따라서 21세기 아동정책의 지향점은 보호가 필요한 아동 중심에서 전체일반아동 중심의 방향으로 정책의 우선순위를 이동하여야 할 필요성이 있다. 그리고 전체아동의 권리 측면에서 아동의 행복권을 보장하는 방향으로 아동정책이 추진되어야 한다. 제2차 아동정책기본계획(2020~2024)에서 '아동이 행복한 나라'를 비전으로 정하고 아동권리의 존중과 실현, 아동이 현재 행복을 누릴 수 있는 환경조성을 목표로 정하고 있는 것은 이러한 정책방향을 반영한 것이다.

둘째, 2020년 이후 아동정책의 네 가지 추진전략은 권리주체 아동권리 실현, 건강하고 균형있는 발달 지원, 공정한 출발 국가책임 강화, 코로나19 대응 아동정책 혁신으로 구성되어 있다.

이러한 아동정책의 추진전략에 따라 아동정책의 초점은 보호가 필요한 보호대상 아동, 저소득층 지역사회 아동, 전체 일반아동 등 3자 간의 균형을 유지하기 위하여 저소득층 가정 아동과 전체 일반아동에 관한 정책과 서비스를 보다 적극적으로 개발하고 추진할 필요성이 있다.

셋째, 다양한 아동문제 발생의 가장 기본적인 상황인 빈곤환경을 극복하고 아동문제의 예방을 위한 소득보장체계는 아동정책의 기반이 된다. 그러나 그간의 아동정책은 소득보장의 기반이 취약하였다. 현행 정책에서 빈곤아동을 위한 소득보장은 저소득가구에 대한 국민기초생활보장이 있으며, 일반아동을 위한 소등보장으로는 아동수당법에 의한 아동수당제도가 2018년에 도입되었다. 2020년 현재 아동수당은 7세 미만의 아동을 대상으로 하고 있으며, 선진국의 아동수당제도에 비추어 18세 미만 전체 아동에 대한 아동수당의 확대가 검토되어야 한다.

그리고 이혼이나 사별 등으로 인하여 발생하는 한부모가정이나 미혼모 아동에 대한 양육비 지원이 제도화되어야 할 필요성이 있다. 또한 입양가정과 위탁가정에 지원되는 양육비 지원을 입양아동부양수당, 위탁가정아동부양수당 등으로 제정하여 소득보장의 차원에서 체계적이고 종합적인 지원대책을 수립하는 방안을 검토할 필요가 있다.

넷째, 아동정책의 목표와 단위사업별 세부목표가 보다 구체적으로 제시되어야 한다. 현행 정책의 목표는 정책의 내용을 중심으로 기술되어 있는 경우가 많아서 정책이 추구하는 결과가 명확하게 제시되지 못하고 있다. 따라서 각 정책의 목표는 평가기준으로서 결과에 대한 기술이 이루어져야 할 것이다.

다섯째, 다양한 아동복지 욕구의 확대에 따라 새롭게 형성되고 있는 각종 아동복지 전달체계가 구심점을 갖지 못하고 상호 간의 연계가 이루어지지 못하여 혼란을 가져올 우려가 있다. 특히 아동복지의 욕구를 지닌 대상자와 전달체계 간의 초기 접촉점이 불분명하다. 따라서 아동문제가 발생할 경우, 당사자의 임의의 방법에 의하여 다양한 경로를 통하여 서비스 접촉이 이루어지게 되어 효과적인 초기 사정(assessment)과 의뢰(referral) 체계가 확립되어 있지 못하다. 이러한 관점에서 아동복지 전달체계의 구심이 되는 중심축으로 게이트키퍼(gatekeeper)의 역할을 수행하는 조직을 설립하는 것이 매우 중요한 아동정책의 과제가 되고 있다.

여섯째, 현행 아동정책은 중앙행정부서의 분립으로 장애아동에 대한 서비스, 비행아동에 대한 서비스, 일반아동에 대한 보육서비스가 핵심적인 아동정책 분야임에도 불구하고 정책의 분열현상이 나타나고 있다. 현행 「아동복지법」에는 장애아동의 보호에 관한 법적 근거가 없으며, 비행아동에 대한 보호도 근거가 없다. 장애아동과 비행아동에 대한 보호는 「장애인복지법」과 「청소년보호법」 등에 규정되어 있지만 아동복지 차원의 통합적 접근이 이루어지지 않고 있다. 장애아동의 보호에 있어 「아동복지법」과 「장애인복지법」의 차별화된 역할이 규정되어야 할 것으로 본다. 따라서 이들 대상아동에 대한 정책과 서비스를 통합적 관점의 아동복지 차원에서 추진하는 법적·제도적 개혁이 요구되고 있다.

다음은 과제별 현행 아동복지 정책내용에 대한 분석적 평가다. 내용분석에서 정책의 평가기준은 목표, 급여/서비스 기준, 자격기준, 재정방법, 서비스 전달체계 등으로 구분하여 각각의 기준에 의한 현행 정책의 목표와 내용에 대한 적절성을 분석할 수 있다. 여기에서는 정책목표를 중심으로 주요 정책내용을 평가하였다.

정책분석의 방법

사회정책분석의 방법은 정책과정분석(Process analysis), 정책내용분석(Product analysis), 정책결과분석(Performance analysis) 등이 있다. 이러한 분석방법은 3P로 불린다. 정책과정분석은 정책이 형성되는 정치적 과정과 사회경제적 맥락을 분석하는 방법이며, 정책내용분석은 정책의 구체적인 내용을 분석하며, 정책목표, 대상체계, 급여체계, 전달체계, 재정체계를 분석의 준거틀로 사용한다. 정책결과분석은 정책의 효과나 대상인구에 대한 영향력을 분석하는 방법이다.

1. 보호아동을 위한 가정사회보호시스템 강화

현행 아동복지정책 중 가정보호체계는 입양, 가정위탁보호, 공동생활가정(그룹홈)보호를 중심으로 구성되어 있다(오정수, 2005: 132-135).

1) 입양

입양정책의 목적은 보호자가 없거나 보호자로부터 이탈된 아동에게 안정된 가정을 영구적으로 제공하여 신체적 · 정신적 · 사회적으로 건전하게 성장할 수 있도록 하는 것으로 규정하고 있다. 그러나 일반적인 진술로서 정책목적과 별도로 정책목표에 대한 언급이 미흡하다. 정책목표에 대한 평가기준은 정책의 수행결과여야 한다. 평가기준으로서 정책결과에 대한 관심은 입양의 경우 연속성(permanency)의 목표에 따른 안정적이고 지속적인(permanent and stable) 보호가 이루어질 수 있도록 사후관리에 초점을 두는 것이다. 입양의 영구배치 목표는 성공적인 아동양육을 위하여 다음의 몇 가지 점에서 필수적이다(Pecora et al., 2019: 7-9). 즉, 안정적이고 지속적인 보호는 아동발달에 매우 중요하며, 아동의 양육을 위해 안정적이고 지속적으로 헌신하는 부모 또는 양육자를 필요로 한다. 또한 아동의 소속감과 서비스 결과의 측면에서 서비스를 평가할 수 있는 연속성(permanency)의 목표가 필수적인 것으로 지적되고 있다. 따라서 국내입양의 경우 이러한 정책목표가 불분명하고 국내입양의 실적이 부진하며, 입양서비스의 충분한 사후관리가 이루어지지 않는 것에 대한 재검토가 있어야 하며, 효과적인 배치와 사후관리가 가능하도록 입양서비스 계획과 절차의 서비스 강화, 입양가정 양육비의 지원강화, 국내입양에 대한 국민인식 전환교육 등 다각도의 대책이 필요하다.

2) 가정위탁보호

가정위탁보호의 목적은 보호대상아동을 보호 양육하기를 희망하는 가정에 위탁양육함으로써 가정의 분위기에서 건전한 사회인으로 자랄 수 있도록 하는 것이다.

그러나 정책목표에 대한 관심은 가정위탁이 단순한 대체보호서비스를 제공하는 것이 아니라 위기개입(crisis intervention)과 보호(emergency protection), 가족과의 재결합(reunification)이나 자립(independent living)을 목표로 하는 기본취지에 비추어 (Casey Family Programs, 2003; Pecora et al., 2019: 212), 가정위탁이 입양으로 옮아가는 전 단계로 운영되는 것이 아닌 정상적인 가정위탁의 목표를 중심으로 운영될 수 있도록 정책목표와 의지를 분명하게 하는 것이 필요하다고 본다. 따라서 가정위탁의 표적인구를 입양대상 아동이 아니라 결손가정, 위기가정, 빈곤가정 등의 아동으로 전환하고 있는 것은 적절한 정책방향이다. 위탁보호아동을 기초생활보장 대상자로 선정하여 생계비, 의료비, 교육비 등 급여를 제공하고 있으나 이것은 위탁가정에 대한 아동부양수당의 성격이므로 기초생활보장급여와 양육보조금을 통합하여 '위탁보호아동 부양수당'으로 전환하는 것을 고려할 필요가 있다. 이는 기초생활보장 급여가 주는 사회적 낙인을 제거하고 일반 위탁가정보호를 확대하는 경제적·심리적 인센티브의 효과가 있을 것이다. 또한 가정위탁의 목표를 가족과의 재결합과 독립으로 설정할 때, 가정위탁지원센터의 서비스 내용이 단순한 창구 역할이나 급여제공이 아닌 가족상담과 정서적 지원 등 전문성을 강화하는 목표지향적 서비스에 더 초점을 두게 될 것이다.

3) 아동양육시설보호

현행 아동정책에서 아동양육시설보호의 목적은 도움이 필요한 아동 중 입양, 대리양육, 가정위탁, 소년소녀가정지원 등 가정보호를 할 수 없는 아동을 양육시설에 입소시켜 건전한 사회인으로 육성하는 것이다. 이에 따라 시설보호사업의 목표는 기존 양육시설의 성격을 아동상담, 일시보호, 가정위탁, 입양, 급식, 프로그램 제공 등 지역사회 아동을 위한 종합서비스 시설로의 전환 추진을 기본방향으로 설정하였다. 이러한 아동양육시설보호의 방향설정은 가정중심의 아동양육으로 전환을 선언한 것으로 새로운 아동양육시설보호의 목적에 비추어 매우 적절한 것으로 평가된다.

최근 아동양육시설의 기능이 다양하고 복합적인 형태로 변화되어야 할 필요성이 부각되고 있으며, 따라서 아동양육시설의 목표를 장기보호, 단기보호에 따른 가족과의 재결합, 독립생활, 치료 목적의 보호, 긴급아동양육 등 다양하고 복합적인 목표로 전환할 필요가 있다. 시설보호의 적극적인 선택(positive choice)을 강조한 영국의 와그너(Wagner) 보고서에서도 아동보호시설은 임시보호, 영구배치를 위한 준비, 가족관계의 유지, 보호와 통제, 치료의 제공이 중요한 기능임을 제시한 바 있다(Wagner Report, 1988: 96-97).

「아동복지법」 제52조는 이미 아동복지시설이 아동가정지원사업, 아동주간보호사업, 아동전문상담사업, 학대아동보호사업, 공동생활가정사업, 방과후아동지도사업 등을 실시할 수 있도록 규정하고 있다.

이와 같이 변화하고 있는 목표에 비추어 아동양육시설은 기존의 전통적인 단순수용보호의 목표에 안주하거나 장기아동보호시설로서 인식되는 관행과 폐단을 극복할 필요가 있으며, 시설의 명칭에 있어서도 ○○원보다는 다양한 사업목표를 포함할 수 있는 ○○아동복지센터 등 새로운 명칭으로 변경하는 것이 바람직하다고 판단되며 일부 아동복지시설은 이러한 새로운 명칭을 사용하고 있다. 사업의 목표와 표적대상을 다양화하면 입소자격도 다양하게 개방적으로 규정되어야 하며, 재정방법도 가족의 경제능력을 감안한 공공, 민간, 가족부담을 결합한 다양한 구조로 이루어지도록 하는 것이 바람직하다.

그리고 다양하게 제기되는 지역사회의 아동보호 욕구에 따라 사업목표의 다양성에 기초한 프로그램 설계와 운영의 능력을 향상시킬 수 있는 방안이 모색되어야 할 것이다. 다양한 사업목표에 따른 표준 프로그램의 개발이 학계와 현장전문가를 중심으로 이루어져야 한다. 그리고 시설아동의 대부분의 경우, 부모나 가족이 존재하는 현실에서 가족 및 친척과의 유대는 아동의 가정복귀에 중요한 요인이 된다. 따라서 아동의 가정복귀와 재결합을 유도하기 위한 공개적이고 적극적인 가족연계 프로그램이 개발되어 운영될 필요가 있다.

4) 공동생활가정(그룹홈)보호

공동생활가정(그룹홈)보호의 목적은 보호를 필요로 하는 아동에게 가정과 같은 주거여건과 보호를 제공하는 것이다. 따라서 공동생활가정보호는 가족중심보호가 아닌 지역사회중심보호(커뮤니티케어)에 가깝다고 판단된다. 그리고 공동생활가정보호는 아동양육시설과 대체관계에 있으므로 앞에서 언급된 아동양육시설보호의 목표를 근본적으로 재검토하고 조정하는 작업이 선행되어야 할 것이다.

2. 지역사회중심의 저소득층 아동 지원체계 강화

1) 아동 방과후 돌봄서비스 활성화

지역아동센터 등의 운영을 통한 아동 방과후 돌봄서비스의 목적은 부모의 맞벌이, 한부모 등으로 방과후 나홀로 방치되어 있는 아동청소년의 비행·범죄 노출 사전예방 및 학습부진 해소하고 저소득층 청소년들에게 보충학습·적성교육·급식·상담 등 종합적 돌봄서비스 제공으로 계층 간 양극화 해소 및 사회통합에 기여하는 것이다. 따라서 지역아동센터의 목표는 저소득 부모의 경제활동기반 조성, 아동방임의 방지, 아동의 보호와 교육을 통한 사회적 적응능력 향상이라는 보다 구체적인 목표를 설정할 필요가 있다. 또한 지역아동센터의 영세성을 감안하여 지도교사나 전문가가 필요한 일부 프로그램을 공동으로 운영할 수 있도록 지역연계성을 강화하고 서비스 연계망을 형성하고 공동모금 등 민간자원의 지원을 활용하는 방안을 확대할 필요가 있다. 저소득층 학생 수능공부방 운영은 EBS 수능방송을 시청할 수 있도록 학습공간과 부대장비를 제공하여 균등한 교육기회를 제공하고 빈곤의 대물림을 차단하는 것을 목적으로 하고 있다.

2) 아동급식 지원

아동급식의 목적은 빈곤, 가족해체, 보호자의 실직 가출 등으로 밥을 굶거나 굶을 우려가 있는 아동들이 건강하고 행복하게 자라날 수 있도록 지역실정과 아동의 가정환경과 욕구에 맞는 급식을 효율적으로 제공하는 것이다.

정책의 목표는 아동의 영양과 보건을 위한 아동급식의 최저기본선을 정하고 이를 보장하는 것이어야 한다. 그리고 대상아동을 합리적으로 선정할 수 있는 행정체계를 정립하는 것이 필요하다.

전달체계로는 사회복지전담공무원과 해당학교의 교사가 협력하여 아동의 급식욕구를 사정할 수 있도록 행정적 연계망을 수립하여야 할 것이다. 그리고 현행 정책에서 민관이 참여하는 시 · 군 · 구별 아동급식위원회를 설치 · 운영하고 급식아동지킴이와 급식아동후원회를 자율적으로 운영할 수 있게 하였는데, 이러한 민간전달체계를 공공 전달체계와 연계하여 효율성을 높여야 할 것이다. 그리고 급식 외에도 정서적 지원, 기타 지원이 필요할 경우 지역의 사회복지기관과의 연계망 수립을 필요로 한다.

3) 아동결연사업

아동결연사업의 목적은 시설보호아동, 가정위탁보호아동, 소년소녀가정 등 불우한 아동과 지역사회 이웃과의 결연으로 물질적 · 정서적 지원을 통해 이웃사랑의 사회분위기를 조성하고 불우아동의 건전육성을 도모하는 것이다. 결연사업은 어린이재단, 사회복지공동모금회 등 민간자원 동원이 관건이므로 효과적인 자원개발전략이 필요하다.

3. 아동권리와 아동학대 보호강화

1) 일반아동의 권리보장

우리나라의 아동정책에서 일반아동의 권리보장은 그동안 아동의 보편적 복지확대를 위해 노력하였으나 아동의 행복(삶의 만족도) 수준은 국제비교 시 최하위권에 속하는 등 한계가 있었다. 특히 아동을 보호 · 양육 대상이 아닌 권리주체로 인식하고 아동중심의 정책 추진 필요성이 제기되어 왔다. 아동의 행복 수준을 향상하기 위해서는 복지, 교육, 여가 · 문화, 안전, 사법절차 등 아동정책 전반에 아동중심의 관점을 반영할 필요가 있다.

이에 따라 제2차 아동정책기본계획(2020~2024)에서는 권리주체 아동권리 실현, 건강하고 균형 있는 발달 지원, 공정한 출발 국가책임 강화, 코로나19 대응 아동정책 혁신 등 일반아동 권리향상을 위한 주요 아동정책과제가 제시되었다.

2) 학대아동보호 강화

아동정책에서 아동학대예방사업의 목적은 급증하는 아동학대 문제에 적극적 · 체계적으로 대처하여 아동학대에 대한 국민의식 제고와 더불어 궁극적으로 아동의 건전육성 및 권리증진을 도모하는 것이다. 그러나 이러한 일반목표 외에 피해자의 단순상담을 지양하고 아동의 회복, 가족과의 재통합의 구체적인 목표를 설정하고 목표에 따른 서비스를 구체화하는 세부목표를 설정할 필요가 있다.

아동권리와 학대예방 강화의 정책목표를 달성하기 위해서는 학대아동에 대한 조사와 보호조치를 위하여 공적 집행권한을 수행하여야 하므로 2020년 9월 이후 아동학대전담공무원이 시 · 군 · 구 단위에 배치되고 있는 것은 바람직한 정책방향이다. 또한 학대아동보호는 아동학대의 피해아동뿐 아니라 가해자 모두에게 서비스를 제공하는 상담, 회복, 재통합을 위한 지원체계 구축이 필요하다. 이것은 모든 아동학대와 착취 피해자에게 회복과 재통합을 위한 프로그램과 서비스가 보장되어야 한다.

3) 국제적 아동인권보호

아동인권과 관련하여 외국이주노동자 아동의 교육과 사회보장에 대한 동등한 권리를 인정하는 문제에 대한 정책이 필요하다. 특히 유엔아동권리협약에서 제시된 기본권으로서 아동의 생존권, 보호권, 발달권, 참여권을 보장하는 전향적 정책이 필요할 것으로 보인다.

토론 및 연구 주제

1. 우리나라 아동복지사업 중 민간이 운영하기 어려운 사업은 국가가 직접 운영을 맡고 있고, 민간에서 운영이 가능한 사업은 적극 민간활동으로 위탁하고 소요 재정의 대부분을 국가가 지원하고 있다. 민간의 운영주체에 의존하는 우리나라는 공공의 역할을 강화하기 위하여 각 시 · 도에 사회서비스원을 설립하여 운영하기 시작하였다. 따라서 공공과 민간의 영역에 대한 구분이 있어야 할 것으로 생각되는데, 국가가 직접 운영해야 하는 사업에는 무엇이 있으며, 민간이 운영해야 하는 사업에는 무엇이 있을까? 그 역할 구분의 기준은 무엇인지 토론해 보자.

2. 아동들의 참여권을 존중하여 청소년이나 아동들에게 선거권을 부여하는 것에 대해 어떻게 생각하는가? 부여해야 한다면 그 나이의 제한은 어느 정도가 적정하며, 그러한 이유는 무엇인지 토론해 보자. 또한 아동들이 선거권을 가질 경우 정치적으로 아동복지정책에 어떠한 영향력을 행사하게 될지 생각해 보자.

제8장

아동복지의 법률과 전달체계

제1절 아동복지 법률의 체계

우리나라의 아동복지 법률체계는 「아동복지법」을 기본법으로 하고, 아동복지와 관련된 다수 법률이 일부 아동복지의 하위 영역에서 보완적으로 제정되어 있다. 「아동복지법」이 이 분야의 기본법이지만, 1961년 「아동복리법」이 제정되고, 20년이 지난 1981년 「아동복지법」으로 개정될 당시에는 시설보호를 근간으로 하는 선별주의적 아동복지사업을 중심으로 제정되었다. 이후 사회환경의 변화와 아동복지의 다양한 수요 확대에 따라 「아동복지법」이 부분적으로 개정 · 보완되었기 때문에 기본법으로서의 체계가 갖추어지지 않았고 시설보호사업에 가정위탁사업, 학대아동보호사업 등을 덧붙인 형태로 구성되어 있어서 새로운 체계로 전면적인 개정의 필요성이 제기되어 왔는데, 이러한 「아동복지법」의 전면 개정 필요성에 의하여 2012년 전면 개정되었다. 그리고 현재까지 제정된 아동복지 관련 법률들은 사회복지서비스와 관련되어 있으며, 아동양육과 가정의 소득을 지원하는 「아동수당법」이

2018년에 제정되었다. 이혼이나 별거 부모로부터 양육비를 징수하는 「아동부양법」은 제정되지 않고 있으며, 아동양육비 강제징수는 「가사소송법」에 규정되어 있다.

〈표 8-1〉에 아동복지 법률의 구성체계를 제시하였다. 아동복지 기본법으로 「아동복지법」이 제정되었고, 아동복지 특별법으로서 직접 관련 법률은 「아동수당법」 「영유아보육법」 「한부모가족지원법」 「입양특례법」 「모자보건법」 「실종아동등의 보호 및 지원에 관한 법률」 「장애아동 복지지원법」 「저출산 · 고령사회기본법」 「아동학대범죄의 처벌 등에 관한 특례법」 등이 있으며, 간접 관련 법률로는 「국민기초생활보장법」 「긴급복지지원법」 「청소년 기본법」 「청소년 보호법」 「사회복지사업법」 「소년원법」 「보호관찰법」 「장애인복지법」 등이 있다.

표 8-1 아동복지 법률의 구성체계

법률 구성체계			내용
아동복지 기본법		아동복지법	아동복지에 관한 기본사항
아동복지 특별법	직접 관련 법률	영유아보육법	영유아보육
		한부모가족지원법	한부모가족복지
		입양특례법	입양절차 등
		모자보건법	모자보건
		실종아동보호지원법	실종아동보호
		장애아동 복지지원법	장애아동복지
		아동학대범죄특례법	아동학대 방지
		저출산 · 고령사회기본법	저출산 대책
	간접 관련 법률	국민기초생활보장법	빈곤가장 아동, 소년소녀가정 아동 지원
		긴급복지지원법	위기가정 아동 긴급지원
		청소년 기본법	청소년복지의 기본사항
		청소년 보호법	청소년보호
		사회복지사업법	사회복지사업과 시설운영
		소년원법	비행소년
		보호관찰법	비행청소년 보호관찰
		장애인복지법	장애아동의 복지

제2절 아동복지법

우리나라의 아동복지 기본법은 1961년「아동복리법」이란 이름으로 최초로 제정되었으며,「아동복리법」은 1981년에 일반아동을 대상체계에 포함한 입법으로서「아동복지법」으로 전면 개정되었다. 보호가 필요한 아동을 중심으로 하던 정책에서 벗어나 일반아동들의 건전육성과 복지의 적극적인 추진을 기본정신으로 담게 되었다. 1993년 유엔아동권리협약에의 서명과 1996년 한국의 OECD 가입으로 선진국 수준의 아동안전에 대한 정책적 고려의 필요성에 따라 1998년 하반기부터 개정을 추진하여 아동안전기준의 설정과 아동학대의 예방과 조치를 강화한 내용이 반영된 새로운「아동복지법」을 2000년에 개정하였다. 2011년에 다시「아동복지법」체계를 전면 개정하여 개정된「아동복지법」(법률 제11002호)은 2012년 8월부터 시행하게 되었으며, 이후 수차례 일부 개정되었다.

1. 입법목적과 이념

- 목적: 아동이 건강하게 출생하여 행복하고 안전하게 자랄 수 있도록 아동의 복지를 보장함을 목적으로 한다고 규정하였다(제1조).
- 기본이념: ① 성별, 연령, 종교, 사회적 신분, 재산, 장애유무, 출생지역, 인종 등에 따른 차별금지, ② 안정된 가정환경에서 행복하게 자라나야 할 권리, ③ 아동이익의 최우선 원칙, ④ 아동의 권리보장과 복지증진을 위하여 법에 따른 보호와 지원을 받을 권리를 규정하였다(제2조).
- 정의: 아동(18세 미만인 사람), 아동복지, 보호자, 보호대상아동, 지원대상아동, 가정위탁, 아동학대, 피해아동, 아동복지전담기관, 아동복지시설, 아동복지시설 종사자의 개념을 정의하였다(제3조).
- 책무: 아동복지 실현을 위한 ① 국가와 지방자치단체의 책무(제4조), ② 보호자의 책무, ③ 모든 국민의 책무가 규정되었다(제5조). 그리고 국가와 지방자치

단체의 책무에는 아동권리에 관한 협약에서 규정한 아동의 권리 및 복지 증진 등을 위하여 필요한 시책을 수립시행하고, 이에 필요한 교육과 홍보를 하여야 한다고 규정하였다.

2. 아동에 대한 보호서비스

- 아동정책기본계획의 수립: 보건복지부장관은 아동정책의 효율적인 추진을 위하여 5년마다 아동정책기본계획을 수립하여야 한다(제7조).
- 지방자치단체장의 보호조치(제15조): 시 · 도지사 또는 시장 · 군수 · 구청장은 그 관할구역에서 보호대상아동을 발견하거나 보호자의 의뢰를 받은 때에는 아동의 최상의 이익을 위하여 다음의 보호조치를 하여야 한다.
  ① 전담공무원 또는 아동위원에게 보호대상아동 또는 그 보호자에 대한 상담 · 지도를 수행하게 하는 것.
  ② 보호자 또는 대리양육을 원하는 연고자에 대하여 그 가정에서 보호 · 양육할 수 있도록 필요한 조치를 하는 것.
  ③ 아동의 보호를 희망하는 사람에게 가정위탁하는 것.
  ④ 보호대상아동을 보호조치에 적합한 아동복지시설에 입소시키는 것.
  ⑤ 약물 및 알코올 중독, 정서 · 행동 · 발달장애, 성폭력 · 아동학대 피해 등으로 특수한 치료나 요양 등의 보호를 필요로 하는 아동을 전문치료기관 또는 요양소에 입원 또는 입소시키는 것.
  ⑥ 「입양특례법」에 따른 입양과 관련하여 필요한 조치를 취하는 것.
- 친권상실선고 등의 청구(제18조): ① 시 · 도지사, 시장 · 군수 · 구청장 또는 검사는 아동의 친권자가 그 친권을 남용하거나 현저한 비행이나 아동학대, 기타 친권을 행사할 수 없는 중대한 사유가 있는 경우 법원에 친권행사의 제한 또는 친권상실의 선고를 청구하여야 한다. ② 아동복지시설의 장 및 「초 · 중등교육법」에 따른 학교의 장은 제1항의 사유에 해당하는 경우 시 · 도지사, 시장 · 군수 · 구청장 또는 검사에게 법원에 친권행사의 제한 또는 친권상실의 선고를 청구하도록 요청할 수 있다.

- 아동의 후견인 선임 청구(제19조): 시 · 도지사, 시장 · 군수 · 구청장, 아동복지시설의 장 및 학교의 장은 친권자 또는 후견인이 없는 아동을 발견한 경우 그 복지를 위하여 필요하다고 인정할 때에는 법원에 후견인의 선임을 청구하여야 한다.
- 아동학대의 예방과 방지 의무(제22조), 학생 등에 대한 학대예방 및 지원(제22조의2), 피해아동보호계획의 수입(제22조의4), 아동학대사례전문위원회(제22조의5), 사후관리(제28조), 국가아동학대정보시스템(제28조의2), 피해아동 및 그 가족에 대한 지원(제29조), 아동학대행위자에 대한 상담, 교육, 치료 권고(제29조의2) 등을 규정하였다.

3. 아동에 대한 지원서비스

- 아동안전 및 건강지원을 위하여 안전기준의 설정(제30조), 아동의 안전에 대한 교육(제31조), 아동긴급보호소 지정 및 운영(제34조) 등을 규정하였다.
- 취약계층 아동 통합서비스지원 및 자립지원을 위한 조항으로 취약아동에 대한 통합서비스지원(제37조), 자립지원(제38조), 자립지원전담기관의 설치운영(제40조), 자산형성지원사업(제42조) 등을 규정하였다.

4. 전달체계

- 아동정책조정위원회: 보건복지부장관은 아동정책기본계획을 5년마다 수립하며(제7조), 보건복지부장관과 시 · 도지사는 매년 기본계획에 따라 연도별 아동정책시행계획을 수립 · 시행하여야 한다(제8조). 국무총리 소속으로 아동정책조정위원회를 둔다(제10조). 그리고 시 · 도지사, 시장 · 군수 · 구청장은 그 소속으로 아동복지심의위원회를 둔다(제12조).
- 아동권리보장원: ① 보건복지부장관은 아동정책에 대한 종합적인 수행과 아동복지 관련 사업의 효과적인 추진을 위하여 필요한 정책의 수립을 지원하고 사업평가 등의 업무를 수행할 수 있도록 아동권리보장원을 설립한다(제10조의2).

- 다함께 돌봄서비스 지원: 시 · 도지사 및 시장 · 군수 · 구청장은 초등학교의 정규교육 이외의 시간 동안 돌봄서비스를 실시하기 위하여 다함께돌봄센터를 설치 · 운영할 수 있다(제44조의2).

아동복지시설로 아동보호전문기관, 가정위탁지원센터 등을 규정하였다.

- 학대아동의 치료, 사례관리, 아동학대예방사업을 위한 시 · 도 및 시 · 군 · 구에 아동보호전문기관의 설치와 업무(제45조, 제46조), 시 · 도 및 시 · 군 · 구에 가정위탁지원센터의 설치와 업무(제48조, 제49조)를 규정하였다.
- 아동복지시설의 종류로는 아동양육시설, 아동일시보호시설, 아동보호치료시설, 공동생활가정, 자립지원시설, 아동상담소, 아동전용시설, 지역아동센터, 아동보호전문기관, 가정위탁지원센터, 아동권리보장원(제52조)을 규정하고, 아동복지시설은 각 시설의 고유 목적사업 외에 아동가정지원사업, 아동주간보호사업, 아동전문상담사업, 학대아동보호사업, 공동생활가정사업, 방과후 아동지도사업을 추가로 실시할 수 있도록 하였다.
- 아동복지 인력: 아동복지전담공무원(제13조), 아동위원(제14조), 아동안전보호인력(제33조), 아동복지시설의 종사자(제54조), 종사자의 교육훈련(제55조)을 규정하였다.

5. 재정, 기타

재정에 관하여는 국가와 지방자치단체의 비용보조(제59조), 비용의 징수(제60조), 보조금의 반환명령(제61조), 국유공유재산의 대부(제62조)를 규정하였다. 기타 조사(제66조), 비밀유지의 의무(제65조), 권한의 위임(제68조), 벌칙(제71조) 등이 규정되어 있다.

제3절 아동복지 관련 주요 법률

1. 영유아보육법

1961년 제정된 「아동복리법」에서 자녀들로 인하여 일을 할 수 없어 생활에 지장을 받거나 질병, 기타 사정으로 인하여 가정에서 보호할 수 없는 아동들을 대상으로 그들을 위탁받아 낮 동안 보호하는 탁아시설이 규정되었다. 그러나 탁아시설은 보호에만 중점을 두어 교육 프로그램이 결여되어 있다는 지적에 따라 1982년에 「유아교육진흥법」이 제정되었으며, 이 법의 제정을 계기로 내무부 관장의 새마을유아원이 설치되었다. 1989년 9월 19일 「아동복지법시행령」 개정에 의하여 탁아시설의 조항을 삽입하였다. 그러나 「아동복지법」에 의한 탁아시설은 운영의 주체가 법인에 한정되는 제한이 있고, 다양한 탁아시설의 관할 부서가 내무부, 노동부, 교육부, 보건복지부 등으로 다원화되어 있어 효율적인 사업추진에 장애가 되어 왔다. 이에 따라 보육사업의 체계화와 효율적인 추진을 위하여 하나의 독립된 법률체계하에서 보건복지부가 관장하는 운영체계로 전환하는 것을 골자로 1991년 1월 14일에 「영유아보육법」을 제정하게 되었다. 영유아보육 업무는 「정부조직법」의 개정에 따라 2004년 여성가족부가 관장하였으며, 2008년부터 보건복지가족부, 2010년부터 다시 보건복지부의 관장으로 변경되었다.

1) 입법목적과 이념

- 목적: 영유아의 심신을 보호하고 건전하게 교육하여 건강한 사회 구성원으로 육성함과 아울러 보호자의 경제적 · 사회적 활동이 원활하게 이루어지도록 함으로써 영유아 및 가정의 복지 증진에 이바지함을 목적으로 한다(제1조).
- 보육이념: ① 영유아 이익의 최우선 원칙, ② 안전하고 쾌적한 환경, ③ 차별금지의 원칙을 규정하였다(제3조).
- 책임: ① 모든 국민의 영유아 보육의 책임, ② 국가와 지방자치단체, 학부모의

책임, 재원확보 노력, ③ 시장 · 군수 · 구청장의 적정한 어린이집 확보의 책임을 규정, ④ 국가와 지방자치단체의 보육교직원의 양성 및 근로여건 개선노력을 규정하였다(제4조).

- 용어: 영유아, 보육, 어린이집, 보호자, 보육교직원의 개념을 정의하였다(제2조).

2) 보호조치 및 복지서비스

- 보육계획의 수립 및 시행: 중앙정부, 시 · 도지사 및 시장 · 군수 · 구청장은 보육계획을 수립 · 시행하여야 한다(제11조).
- 어린이집의 설치: 국가 및 지방자치단체의 국공립어린이집 설치(제12조), 특별자치도지사 · 시장 · 군수 · 구청장의 인가에 의한 그 외 보육시설의 설치(제13조), 직장어린이집의 설치(제14조)에 관하여 규정하였다.
- 어린이집의 운영, 건강 · 영양 및 안전: 어린이집의 운영기준(제24조), 보육시간의 구분(제24조의2), 어린이집 운영위원회(제25조), 부모모니터링단(제25조의2), 취약보육의 우선실시(제26조), 시간제보육서비스(제26조의2), 어린이집의 이용대상(제27조), 보육의 우선제공(제28조), 보육과정(제29조), 어린이집 생활기록(제29조의2), 어린이집평가(제30조)를 규정하였다. 건강영양 및 안전에 관하여 건강관리 및 응급조치(제31조), 치료 및 예방조치(제32조), 급식관리(제33조)를 규정하였다.

3) 전달체계

- 보육서비스 전달체계상의 조직: 국무총리 소속의 보육정책조정위원회(제5조), 중앙보육정책위원회 및 시 · 도 및 시 · 군 · 구의 지방보육정책위원회(제6조), 육아종합지원센터(제7조), 한국보육진흥원(제8조), 어린이집의 종류(제10조)를 규정하였으며, 어린이집의 종류는 국공립어린이집, 사회복지법인어린이집, 법인단체등어린이집, 직장어린이집, 가정어린이집, 협동어린이집, 민간어린이집이다(제10조).

• 보육교직원: 보육교직원의 배치, 직무, 임면, 결격사유, 원장과 보육교사의 자격, 자격증교부, 보수교육에 관한 사항을 규정하였다(제3장 제17조~제23조).

4) 재정 및 기타

무상보육(제34조), 어린이집이나 유치원을 이용하지 않는 영유아에 대한 양육수당(제34조의2), 보육서비스 이용권(제34조의3), 비용지원의 신청, 사업주의 비용부담, 보육료 등의 수납, 세제지원 등을 규정하였다(제6장 제34조~제40조). 기타 지도와 감독에 관한 사항(제7장)을 규정하였다.

2. 한부모가족지원법

핵가족화 등 사회적 여건의 변화에 따라 배우자의 사별·이혼·유기·별거, 기타 여러 가지 사유로 배우자가 없거나 배우자가 있어도 정신장애 또는 신체장애로 인하여 장기간 근로능력을 상실함으로써 여성이 가계의 책임을 지고 살아가는 모자가정에 대한 사회적 대책의 필요성이 높아지게 되었다. 특히 저소득 모자가정이 당면하고 있는 경제적 곤란, 자녀양육과 교육 등의 문제에 대하여 국가적 차원의 지원 대책으로서 모자가정의 생활안정과 복지를 증진하고, 나아가 모자가정이 건강하고 문화적인 생활을 누릴 수 있도록 1989년에 「모자복지법」이 제정되었다. 남성이 세대주인 부자가정에 대해서도 동일한 지원을 위하여 2002년 12월에 「모·부자복지법」으로 개정되었고, 최근 「한부모가족지원법」으로 명칭이 변경 개정되었다.

1) 입법목적과 이념

• 목적: 이 법은 한부모가족이 안정적인 가족 기능을 유지하고 자립할 수 있도록 지원함으로써 한부모가족의 생활 안정과 복지 증진에 이바지함을 목적으로 하고 있다(제1조).
• 이념: ① 한부모가족의 모(母) 또는 부(父)는 임신과 출산 및 양육을 사유로 합

리적인 이유 없이 교육 · 고용 등에서 차별을 받지 아니한다. ② 한부모가족의 모 또는 부와 아동은 한부모가족 관련 정책결정과정에 참여할 권리가 있다. ③ 한부모가족의 모 또는 부와 아동은 그가 가지고 있는 자산과 노동능력 등을 최대한으로 활용하여 자립과 생활 향상을 위하여 노력하여야 한다.

- 국가 등의 책임: 한부모가족의 복지증진, 권익의 보호를 위한 국가와 지방자치단체의 책임, 일반국민의 협력을 규정하였다(제2조).
- 용어: 모 · 부, 한부모가족, 모자가족, 부자가족, 아동, 지원기관, 한부모가족복지단체를 정의하였다(제4조).

2) 보호조치 및 복지급여와 서비스

- 복지급여와 서비스의 내용: 보호대상자의 조사보고(제10조), 복지급여의 신청(제11조), 복지급여 내용(제12조), 복지자금 대여(제13조), 고용의 촉진 및 고용지원연계(제14조), 공공시설 내 매점 및 시설설치(제15조), 시설 우선이용(제16조), 가족지원서비스, 청소년한부모에 대한 교육지원, 자녀양육비 이행지원(제17조), 국민주택의 분양 및 임대(제18조) 등을 규정하였다. 제12조에 의한 복지급여의 내용은 생계비, 아동교육지원비, 아동양육비 등이다.

3) 전달체계

- 한부모가족복지시설로는 모자가족복지시설, 부자가족복지시설, 미혼모자가족복지시설, 일시지원복지시설, 한부모가족복지상담소가 있다(제19조).
- 운영과 전문인력: 시설의 설치 · 운영기준, 시설종사자의 자격과 직무는 대통령령으로 정하도록 하였다(제20조).

4) 재정 및 기타

국가 또는 지방자치단체는 한부모가족복지사업에 소요되는 비용을 보조할 수 있다(제25조).

기타 심사청구(제28조), 벌칙(제29조) 등을 규정하였다.

3. 입양특례법

아동양육을 위한 최상의 환경은 가정이라는 관점에서 부모를 잃은 아동은 가능한 한 법적 입양을 통하여 대리가정에서 양육될 필요가 있다. 1961년에 입양을 위한 최초의「고아입양특례법」이 제정되었으며, 이 법은 6 · 25(한국전쟁)로 인한 고아와 부모의 유기로 인한 아동을 외국인에게 양자로 입양함에 따른 요건과 절차를 규정하였다. 이후 국외입양과 함께 국내입양도 동시에 권장해야 한다는 사회적 인식이 증대함에 따라 1976년 12월 31일「입양촉진 및 절차에 관한 특례법」으로 개정되었으며, 2011년 8월 4일「입양특례법」으로 전면 개정되어 2012년 8월 5일부터 시행되고 있다.

1) 입법목적과 이념

- 목적: 이 법은 요보호아동의 입양(入養)에 관한 요건 및 절차 등에 대한 특례와 지원에 필요한 사항을 정함으로써 양자(養子)가 되는 아동의 권익과 복지를 증진하는 것을 목적으로 한다(제1조).
- 이념과 책임: 아동의 권리, 국가와 지방자치단체의 책임, 국민의 협력을 규정하였다.
  ① 모든 아동은 그가 태어난 가정에서 건강하게 자라야 한다.
  ② 국가와 지방자치단체는 아동이 그가 태어난 가정에서 건강하게 자랄 수 있도록 지원하고 태어난 가정에서 자라기 곤란한 아동에게는 건강하게 자랄 수 있는 다른 가정을 제공하기 위하여 필요한 조치와 지원을 하여야 한다.
  ③ 모든 국민은 입양아동이 건강하게 자랄 수 있도록 협력하여야 한다.
  ④ 국가와 지방자치단체는 건전한 입양문화를 조성하고 요보호아동의 국내입양을 활성화하며, 아동이 입양 후의 가정생활에 원만하게 적응할 수 있도

록 하는 등 입양아동의 권익과 복지 증진을 위하여 다음 각 호의 사항을 실시하여야 한다. 입양촉진을 위한 국가와 지방자치단체의 책임, 일반국민의 협력을 규정하였다(제3조).

- 입양의 원칙으로 아동 이익의 최우선 원칙을 규정하였다(제4조).
- 정의: 아동, 요보호아동, 입양아동, 부양의무자를 정의하였다(제2조).

2) 보호조치 및 복지 서비스

- 입양의 요건과 효력(제2장): 양자될 자격(제9조), 양친이 될 자격(제10조), 가정법원의 허가(제11조), 입양의 동의(제12조), 입양동의의 요건(제13조), 입양의 효과(제14조), 파양(제17조), 국내에서의 입양(제18조), 외국에서의 국외입양(제19조), 사후서비스 제공(제25조)에 관하여 규정하였다.
- 입양아동 등에 대한 복지지원(제4장): 아동의 인도(제31조), 요보호아동의 발생예방(제33조), 사회복지서비스 제공(제34조), 양육보조금의 지급(제35조)에 관하여 규정하였다.
- 정보공개, 벌칙 등: 입양정보의 공개(제36조), 비밀유지의 의무(제37조), 지도 · 감독(제38조), 벌칙(제44조) 등을 규정하였다.

3) 전달체계

- 입양기관 및 중앙입양원(제3장): 입양기관에 대한 보건복지부장관의 허가(제20조), 입양기관의 의무(제21조), 입양기관의 장의 후견직무(제22조), 사후서비스의 제공(제25조), 중앙입양원의 설립(제26조)를 규정하였다.

4) 재정 및 기타

입양기관의 입양알선에 소요되는 비용의 수납(제32조), 국가 및 지방자치단체의 양육수당, 의료비, 아동교육지원비, 양육보조금의 지급(제35조), 입양기관 운영비 및 가정위탁보호비용의 보조(제35조), 입양기관에 대한 지도 · 감독(제38조), 「민법」과의 관계(제42조), 벌칙(제44조) 등을 규정하였다.

4. 아동수당법

「아동수당법」은 2018년 3월에 제정되어 9월 1일부터 시행되었으며, 2019년 9월 1일부터 0세부터 만 7세 미만(0~83개월)의 아동에게 월 10만 원씩 지급함으로써, 아동의 건강한 성장 환경을 조성하여 아동의 기본적 권리와 복지 증진에 기여하기 위해 도입하였다.

1) 입법목적과 이념

- 목적: 이 법은 아동에게 아동수당을 지급하여 아동 양육에 따른 경제적 부담을 경감하고 건강한 성장 환경을 조성함으로써 아동의 기본적 권리와 복지를 증진함을 목적으로 한다(제1조).
- 국가 등의 책무: ① 국가와 지방자치단체는 아동수당이 아동 양육에 따른 경제적 부담을 경감하고 아동의 건강한 성장 환경을 조성하는 데 필요한 수준이 되도록 최대한 노력하여야 한다. ② 국가와 지방자치단체는 제1항에 따라 필요한 비용을 부담할 수 있도록 재원을 조성하여야 한다. ③ 보호자는 아동의 기본적 권리와 복지 증진을 위하여 아동수당을 사용하여야 한다(제3조).

2) 보호조치 및 복지 서비스

- 지급대상과 지급액: 아동수당은 7세 미만의 아동에게 매월 10만 원을 지급한다(제4조).
- 지급신청: 아동수당을 지급받으려는 보호자 또는 보건복지부령으로 정하는 보호자의 대리인(이하 "보호자 등"이라 한다)은 특별자치시장 · 특별자치도지사 · 시장 · 군수 · 구청장에게 아동수당의 지급을 신청할 수 있다(제6조).

3) 전달체계

- 아동수당의 지급결정: ① 특별자치시장 · 특별자치도지사 · 시장 · 군수 · 구청장은 제7조에 따른 조사 · 질문 등을 거쳐 아동수당 수급권의 발생 · 변경 · 상실에 관한 사항을 확인하고, 아동수당의 지급 여부 등을 결정한다. ② 특별자치시장 · 특별자치도지사 · 시장 · 군수 · 구청장은 제1항에 따른 결정을 한 경우에는 서면 또는 전자적 방법으로 그 결정 내용과 이유를 구체적으로 밝혀 아동수당 지급신청자에게 지체 없이 통지하여야 한다(제9조).

4) 재정 및 기타

아동수당의 재정은 국가와 지방자치단체가 필요한 비용을 부담할 수 있도록 재원을 조성하여야 한다(제2조).

5. 모자보건법

모자보건은 미래사회 인구의 질을 결정하는 요인이 되며 국민보건상에서도 중요한 위치를 차지하고 있다. 저출산 고령사회에서 건강한 자녀의 출산을 통한 출산력 증대를 위하여 국가적 지원이 필요하며 모성의 생명과 건강을 보호함에 이바지한다. 법 조항 안에 임신중절수술 허용 범위의 한계에 대한 논란이 있다. 1973년에 제정되었으며, 1986년 5월 10일 전면 개정되고 이후 수차례 일부 개정되었다.

1) 입법목적과 이념

- 목적: 이 법은 모성(母性) 및 영유아의 생명과 건강을 보호하고 건전한 자녀의 출산과 양육을 도모함으로써 국민보건 향상에 이바지함을 목적으로 한다(제1조).
- 책임: 모성과 영유아의 건강을 유지증진하기 위한 국가와 지방자치단체의 책임을 규정하였다(제3조).

- 의무: 모성의 임신 · 분만 · 수유 등에 관한 의무, 영유아의 친권자, 후견인, 기타 보호자의 의무를 규정하였다(제4조).
- 용어: 임산부, 영유아, 신생아, 미숙아, 선천성이상아, 인공임신중절수술, 모자보건사업, 가족계획사업, 모자보건요원, 산후조리업, 산후조리원을 정의하였다(제2조).

2) 보호조치 및 복지 서비스

- 보호조치: 임산부의 신고(제8조), 모자보건수첩의 발급(제9조), 임산부 · 영유아 · 미숙아 등의 건강관리, 모유수유시설의 설치(제10조), 난임 극복 지원사업(제11조), 인공임신중절수술의 허용한계(제14조) 등을 규정하였다.

3) 전달체계

- 전달체계의 조직과 운영: 모자보건심의회(제6조), 모자보건기구의 설치(제7조)를 규정하였다. 산후조리업의 신고(제15조), 인구보건복지협회(제16조의3)를 규정하였다.
- 산후조리업자에 대한 감염예방 등에 관한 교육을 규정하였다(제15조의6).

4) 재정 및 기타

경비보조(제21조), 국유재산의 무상대부(제22조), 권한의 위임(제25조), 벌칙(제26조) 등을 규정하였다.

6. 실종아동 등의 보호 및 지원에 관한 법률

매년 수천 명의 실종아동과 장애실종자가 발생하고, 실종아동 등의 귀가가 장기화되면서 가정해체 등 심각한 사회문제가 초래되고 있다. 「실종아동보호지원법」은 아동 등의 실종으로 인한 본인 및 그 가족의 신체적 · 정신적 · 경제적 고통을 제거하고, 가정해체에 따른 사회적 · 국가적 손실을 방지하기 위하여, 아동 등의 실종예방과 실종아동 등의 복귀 및 복귀 후 지원 등을 위하여, 국가차원에서 체계적이고 효율적인 실종아동 관련 시스템을 마련하기 위하여 2005년 5월 31일 제정되었으며, 2011년 8월에 개정되었다.

1) 입법목적과 이념

- 목적: 이 법은 실종아동 등의 발생을 예방하고 조속한 발견과 복귀를 도모하며 복귀 후의 사회 적응을 지원함으로써 실종아동등과 가정의 복지증진에 이바지함을 목적으로 한다(제1조).
- 책임: 실종아동 등의 발생예방, 조속한 발견복귀와 복귀 후 사회생활의 적응을 위한 국가(보건복지부장관, 경찰청장, 아동정책조정위원회)의 책임을 규정하였다(제3조).
- 용어: 아동, 실종아동, 보호자, 보호시설, 유전자검사, 유전정보, 신상정보를 정의하였다(제2조).

2) 보호조치 및 복지 서비스

- 보호조치: 신고의무(제6조), 신상카드 제출(제6조), 미신고 보호행위의 금지(제7조), 지문등 정보의 등록관리(제7조의3), 수색 및 수사의 실시(제9조), 출입 · 조사(제10조), 유전자검사의 실시(제11조), 유전자정보의 목적 외 사용금지(제12조), 유전자검사기록의 열람(제14조) 등을 규정하였다.
- 정보연계시스템 등의 구축운영: 보건복지부장관은 실종아동 등을 신속하게 발견하기 위하여 전문기관 · 경찰청 · 지방자치단체 · 보호시설 등과의 협력체계 및 정보네트워크를 구축 · 운영하여야 한다(제8조).

3) 전달체계

- 전달체계의 조직: 아동권리보장원에의 실종아동관련 업무위탁(제5조), 관계기관의 협조(제16조)를 규정하였다.

4) 재정 및 기타

신상정보의 목적 외 이용금지(제15조), 벌칙(제18조), 과태료 등을 규정하였다.

제4절 아동복지 전달체계

아동복지에 관한 국가의 정책은 국가와 지방자치단체, 민간조직의 전달체계를 통하여 집행되어 대상자에게 급여나 서비스가 제공된다. 아동복지행정은 급여 또는 서비스를 효율적으로 대상자에게 전달하기 위하여 어떠한 조직과 인력을 통해서 실천할 것인가의 전략을 선택하는 것이며, 아동복지 분야의 공공과 민간 조직들이 필요한 사업을 계획하여 실천에 옮기는 체계적인 활동이다. 이러한 활동에는 아동복지를 실현하기 위하여 공공과 민간의 조직에 의한 전달체계의 형성과 효율적인 운영이 필수적이다.

「아동복지법」 제4조에 의하면, ① 국가와 지방자치단체는 아동의 건강과 복지증진에 노력하여야 하며, 이를 위한 시책을 시행하여야 한다. ② 아동의 보호자는 아동을 가정 안에서 그의 성장시기에 맞추어 건강하고 안전하게 양육하여야 한다. ③ 모든 국민은 아동의 권익과 안전을 존중하여야 하며, 아동을 건강하게 양육하여야 한다. 따라서 아동복지의 실천주체는 국가, 지방자치단체, 민간 기관 · 단체 · 시설 또는 지역주민이 포함된다. 국가는 아동을 건전하게 육성할 정책개발과 추진의 책임을 지며, 지방자치단체는 국가의 정책에 호응하여 아동들의 욕구충족이나 문제해결을 도모하며, 민간 기관 · 단체 · 시설이나 지역주민은 아동권리사상과 상부상조의 정신에 입각하여 자발적으로 아동들을 보호하는 책임을 지는 주체가 되는 것이다.

우리나라 아동복지의 전달체계를 공공조직과 민간조직, 전달체계의 문제점과 발전과제를 중심으로 살펴본다.

1. 아동복지의 공공조직과 민간조직

1) 공공조직

아동복지 전달체계상의 공공조직은 중앙정부 각 부처의 아동정책 및 아동권리 증진의 기본방향, 아동정책의 개선과 예산지원, 아동정책 관련 중앙부처 간 협조 사항, 아동관련 국제조약의 이행과 평가, 조정을 위하여 2004년 국무총리 아동정책조정위원회가 설치되었다. 아동복지공공행정은 보건복지부를 중심으로 시 · 도, 시 · 군 · 구, 읍 · 면 · 동의 사회복지행정체계로 연결된다. 시 · 도, 시 · 군 · 구에는 아동복지심의위원회를 두어 연도별 아동정책시행계획에 관한 사항, 아동의 보호조치, 퇴소조치, 친권행사의 제한이나 친권상실 선고 청구, 후견인의 선임이나 변경 청구, 지원대상아동의 선정과 지원에 관한 사항을 심의한다(「아동복지법」 제12조). 행정조직으로는 아동보육 및 아동복지 담당부서가 있으며, 읍 · 면 · 동에는 사회복지전담공무원이 일선아동복지행정을 담당한다. 우리나라의 아동복지 공공조직은 전담기구가 없어 매우 미약한 상황이지만 일부 시 · 도 단위에 공공의 아동복지 전담기구로 아동복지센터 또는 아동보호센터가 설치되어 있는 경우도 있다(서울특별시아동복지센터, 부산광역시아동보호종합센터).

한편, 2019년 7월 이후 아동정책의 종합적인 수행과 학대아동보호, 드림스타트를 통한 아동통합사례관리, 아동자립지원, 입양지원, 실종아동지원사업 등 아동복지 관련 사업의 효과적인 추진을 위하여 필요한 정책을 수립하고 사업평가 등의 업무를 수행할 수 있도록 아동권리보장원이 설립되어 출범하였다.

2) 민간조직

아동복지 전달체계의 민간조직으로는 아동복지시설(생활시설, 이용시설), 어린이

표 8-2 아동복지 민간조직

아동복지 민간조직		시설의 종류/내용
아동복지 시설	생활시설	아동양육시설, 아동일시보호시설, 아동보호치료시설, 자립지원시설, 공동생활가정
	이용시설	아동상담소, 아동전용시설, 지역아동센터
어린이집		국 · 공립어린이집, 사회복지법인어린이집, 법인단체등어린이집, 직장어린이집, 가정어린이집, 부모협동어린이집, 민간어린이집
아동보호전문기관		지방 아동보호전문기관(시 · 도 또는 소규모 단위)
입양기관		국외입양기관, 국내입양기관
가정위탁지원센터		지방 가정위탁지원센터(시 · 도 또는 소규모 단위)
실종아동전문기관		실종아동전문기관

집, 아동보호전문기관, 입양기관, 가정위탁지원센터, 실종아동전문기관 등이 설치되어 각 영역의 전문 아동서비스를 제공하고 있으며, 지역의 종합사회복지관에서 아동복지서비스를 제공하기도 한다.

2. 아동복지 전달체계의 문제점

우리나라 아동복지 전달체계의 문제점은 아동복지서비스의 중심축 부재, 아동보호조치의 공공성 부재, 사법기관과의 협력체계 부재 등이다(오정수 외, 2005).

1) 아동복지서비스의 중심축 부재

현행 아동복지 전달체계의 가장 핵심적인 문제점은 다양한 전달체계의 구심점이 되는 중심축이 부재하다는 점이다. 보호대상아동에게는 양육시설, 공공아동복지센터, 아동보호센터, 아동보호전문기관, 가정위탁지원센터, 입양기관 등 다양한 채널을 통하여 보호신청이 산발적으로 접수되어 서비스가 제공되고 있으나, 시 · 도 단위에서 종합적인 체계가 마련되어 있지 않아 보호대상아동이 발견되었을 경

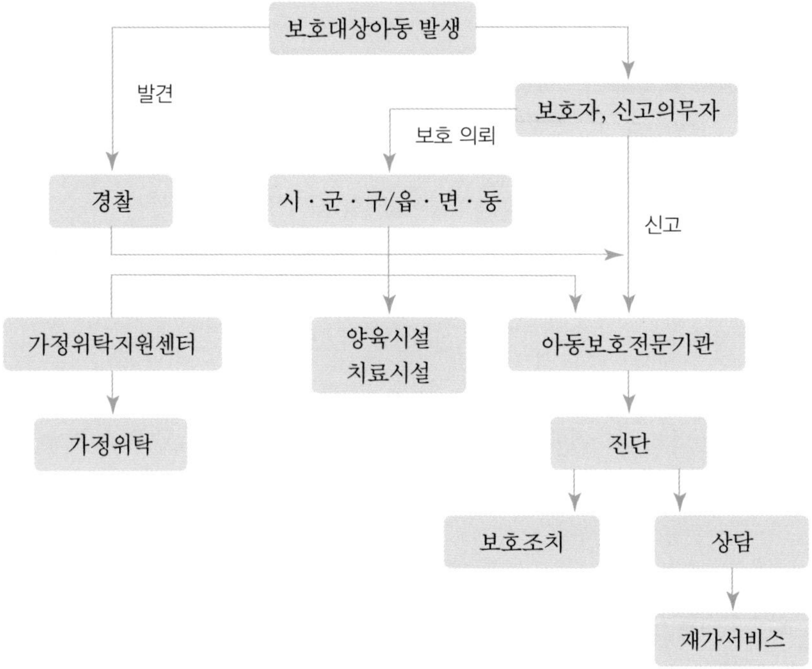

그림 8-1 현행 아동복지 전달체계의 구조

우 적절한 대응이 신속하게 이루어지지 못하고 있다. 즉, 보호대상아동이 발생하였을 경우, 초기의 접수창구가 통일되어 있지 않아서 읍 · 면 · 동 행정복지센터(주민센터), 아동보호전문기관, 아동양육시설, 입양기관 등에 보호신청이 연결되면 각각의 기관, 시설은 각자의 업무처리 지침에 따라 독자적으로 처리하고 있다. 더욱이 최근에 아동복지에 대한 사회적 욕구가 다양하게 발생하면서 다양한 전달체계가 새롭게 마련되고 있으나 이러한 체계들 간의 연계가 형성되어 있지 않다. 가정위탁지원센터, 드림스타트센터, 지역아동센터, 건강가정지원센터, 공동생활가정 등이 아동복지 전달체계로서 새롭게 형성되고 있다.

그러므로 시 · 도와 시 · 군 · 구 단위에서 아동복지 전달체계의 중심축으로서 보호대상아동에 대한 초기의 접수신청과 진단이 통합적으로 이루어질 수 있도록 하며, 기존의 아동복지 전달체계와 새롭게 형성되고 있는 아동복지 전달체계가 상호간에 어떠한 연계와 협력의 시스템을 구축할 것인가는 매우 중요한 정책과제가 되어 있다. 이러한 아동복지 전달체계 간의 협력과 연계체계에서 중심축을 형성할 수 있는 조직을 지정하고, 전문적인 상담과 사정, 의뢰 및 평가를 수행할 수 있는 조직과 인력 시스템을 갖추는 것이 핵심적인 정책과제이다.

2) 아동보호조치의 공공성 부재

「아동복지법」 제15조에 의하면, 지역사회에서 발생하는 보호가 필요한 아동에 대한 보호와 조치는 시·도지사 또는 시장, 군수, 구청장에 의하여 이루어지도록 되어 있다. 이에 따라 보호가 필요한 아동에 대한 입양, 가정위탁, 시설입소 등의 조치는 공공부문으로서 지방자치단체와 공공아동복지센터의 아동복지담당공무원의 업무 소관이다. 그러나 지방자치단체의 조직개편으로 공공아동상담소를 공공아동복지센터와 아동보호센터로 운영하고 있는 서울특별시와 부산광역시를 제외하고는 공공아동상담소가 지방자치단체의 행정기관으로 흡수되었다. 더욱이 시·군·구의 아동복지담당공무원은 1명 정도이며 다른 업무와 중복적으로 수행하고 있는 상황에서 지역의 아동보호와 조치에 관한 질적 서비스를 기대하기 어려운 실정이다(신혜령, 2004: 20).

그러나 부실한 공공 아동복지행정의 상황에도 불구하고 지역아동센터, 가정위탁지원센터, 건강가정지원센터, 드림스타트센터 등 새로운 전달체계가 난립되고 있으며, 대부분의 아동복지 업무를 민간기관에 위탁하는 조치가 이루어졌다. 이러한 민간 전달체계의 난립과 업무위탁은 아동복지 업무의 공공성을 약화시키고, 공공과 민간의 역할과 책임의 혼란, 업무연계와 협력체계의 부족을 초래하게 되었다.

3) 사법기관과의 협력체계 부재

아동에 대한 보호조치는 아동복지기관의 업무범위를 넘어 사법기관의 조치가 요구되기도 한다. 아동학대 사례의 발생으로 인하여 부모의 친권을 제한하는 조치, 이혼소송으로 인하여 발생하는 아동에 대한 보호조치는 법률적 심판과 조치가 아동복지적 차원의 고려와 동시에 이루어져야 한다. 경찰에 의한 보호조치, 가정법원에 의한 재판과 법률서비스 등은 아동복지와 사법서비스가 함께 수행되는 대표적인 경우다.

따라서 「아동복지법」에서는 아동보호명령 등 이러한 사법기관에 의한 보호조치가 보다 명확하게 규정되어야 한다. 사법기관은 단순한 법률적 판단과 심판을 넘어 아동복지 차원에서 아동을 보호하고 서비스를 제공할 수 있는 제도적 기반을 마련하여야 할 것이다.

3. 새로운 전달체계의 발전과제

앞서 제시한 현행 아동복지 전달체계의 문제점을 해결하기 위하여 다음과 같은 발전과제가 제시되고 있다(오정수 외, 2005).

1) 아동복지서비스의 중심축과 네트워크 형성

새로운 전달체계는 아동복지서비스를 제공하는 다양한 전달체계의 중심축을 형성하고 이를 공사의 기관, 시설, 자원을 아우르는 네트워크를 형성하는 방향으로 발전되어야 한다. 한국의 아동정책에 관한 조사결과(오정수 외, 2005)를 분석한 바에 따르면, 21세기 아동복지 전달체계의 중심축을 구축하는 기준으로 서비스의 통합성(45.1%), 접근 가능성(22.2%), 전문성(18.8%) 등의 순서로 응답되었다. 이러한 결과는 전달체계의 통합성을 가져오는 중심축의 형성이 매우 중요한 과제임을 반영하고 있다.

2) 아동보호조치의 공공성 확보

새로운 전달체계는 아동보호조치의 공공성을 담보하는 방향으로 발전되어야 한다. 앞의 조사결과에 따르면, 아동복지 전달체계의 중심축으로서 사회복지사무소가 가장 높은 비율로 응답되고 있다. 이는 공공성을 갖고 있는 시 · 군 · 구 단위의 사회복지사무소가 앞으로 아동복지 영역에서 수행해야 할 역할을 분명히 보여 준다고 할 수 있다. 사회복지사무소는 현재 시범사업이 진행되고 있으므로 그 평가결과에 따라 설치가 추진될 것으로 보인다. 만약 사회복지사무소가 확대되지 않는 경우에는 공공성을 담보할 수 있는 공공아동상담소(아동복지센터)를 중심으로 하거나 민간기관에 이를 위탁하는 경우에는 아동보호조치의 공공성이 충분히 확보될 수 있도록 제도적 · 행정적 보완조치가 절실히 요구된다고 하겠다.

3) 사법기관과의 협력체계 구축

새로운 전달체계는 필요한 경우, 경찰과 가정법원을 포함한 사법기관과의 협력체계를 보다 강화하는 방향으로 발전되어야 한다. 아동의 권리와 안전이 심각하게 침해를 받고 있는 사례의 경우, 아동을 물리적으로 격리하여 보호하거나 친권을 제한할 필요가 있다. 이러한 경우 경찰의 개입이나 가정법원의 심판에 의한 보호명령이 필요하게 되므로 21세기 아동정책에서는 이들 사법기관과의 협력체계가 법적 · 제도적으로 보완되어야 할 것이다.

토론 및 연구 주제

타이완 의회는 이혼율 감소를 위한 특단의 조치로 「가정교육법」을 제정하였다고 한다. 급증하는 이혼을 줄이려면 결혼의 의미와 가족에 대한 책임감 등을 가르치는 게 시급하며 결혼하려면 남녀 모두 지자체에서 실시하는 '행복한 가정 만들기' 교육을 4시간 이상 이수하도록 하였다. 가정교육을 법으로까지 제정한 것은 어떻게 해서든 가정붕괴를 막아 보려는 노력의 일환일 것이다. 가정교육을 법으로 강제화시킨 것에 대해 어떻게 생각하는가? 긍정적인 의도이지만 법으로 이러한 사생활까지 규제하는 것이 바람직한지에 대해 토론해 보자.

제3부

아동복지의 실천분야

제9장

아동빈곤과 소득보장

제1절 아동빈곤의 문제

빈곤은 인간사회의 가장 대표적인 사회문제로서 어느 시대, 어느 국가에서나 빈곤문제는 상존한다. 특히 부모의 보호와 양육에 의존할 수밖에 없는 아동은 빈곤의 영향을 가장 직접적으로 받게 되는 취약한 위치에 있다. 빈곤가정의 구성원인 아동의 생활환경은 가정, 학교, 지역사회의 환경과 밀접하게 관련되어 있고, 빈곤문제는 그 자체로서 아동의 양육환경상의 박탈이나 결함이라는 속성을 가지고 있다. 그리고 빈곤은 부모세대 빈곤의 만성화와 자녀세대로의 대물림 현상을 초래하고, 신체발달과 인지발달을 저해하며, 행동장애와 반사회적 행동을 초래하기도 한다. 빈곤이 아동과 가족에 미치는 부정적인 파급효과로 인하여 빈곤에 대한 국가적인 차원에서의 체계적인 정책수행과 실천적 개입이 요구된다.

1. 빈곤과 아동발달

1) 빈곤의 개념

빈곤은 인간사회에서 가장 오래되고 심각한 사회문제 중의 하나이다. 우리나라의 경우 빈곤문제는 급속한 경제성장의 과정에서 사회적 주목을 받지 못하였지만, 1997년 IMF 경제위기와 2008년 금융위기를 계기로 사회적 관심이 높아지면서 주목을 받게 되었다.

빈곤은 시간과 사회, 사람에 따라 다르게 사용되는 불명확한 개념으로, 빈곤의 개념은 객관적으로 결정한 절대적 최저한도보다 적게 가지거나 주어진 사회의 다른 사람들보다 적게 가지는 것, 또는 자신이 충분히 갖고 있지 않다고 느끼는 것으로 구분된다(김태성, 손병돈, 2016). 이러한 구분은 절대적 빈곤과 상대적 빈곤, 그리고 주관적 빈곤의 개념으로 설명할 수 있다.

전통적으로 빈곤은 '최소한의 인간다운 생활에 필요한 물질적 자원(소득)의 부족상태'의 절대적 빈곤으로 정의되어 왔다. 곧, 생필품을 구할 수 있는 경제적 능력이 빈곤 여부를 정하는 기준이었다. 초창기에는 이렇게 절대적 빈곤 개념을 통해 인간다운 생활이 가능한 자원의 절대적 기준을 정하고 그 이하를 빈곤으로 정의하였으나, 이는 차차 상대적 빈곤 개념으로 그 논의를 보완해 왔다. 즉, 현대 사회에서 가장 보편적인 기준이라고 할 수 있는 상대적 빈곤은 특정 사회의 구성원 대다수가 누리는 생활 수준에 못 미치는 수준을 의미하는데(김태성, 손병돈, 2016), OECD에서는 중위소득의 50%를 빈곤선으로 하여 상대적 빈곤을 측정한다. 하지만 상대적 빈곤 개념도 기준의 상대성이란 측면에서 차별성이 있을 뿐 기본적으로는 생활에 필요한 자원의 부족이라는 절대적 빈곤의 변별기준과는 다를 바가 없다. 따라서 빈곤에 대한 이런 정의로는 충분한 교육기회나 쾌적한 환경에 대한 욕구 미충족 등을 다룰 수 없었기 때문에 주관적 빈곤의 개념이 등장하였다. 주관적 빈곤은 앞서 설명한 절대적 또는 상대적 빈곤에 존재하는 객관적인 기준이 아니라, 사람들이 빈곤으로 간주하는 합의적 수준으로 결정하는 개념이다(김태성, 손병돈, 2016). 이는 전통적 빈곤 개념 외에도 삶의 질이라는 개념을 포함한 것이지만, 이 역시 기본적으로는 화폐의 구매력으로 치환될 수 있는 개념으로, 최근의 빈곤 현상을 충분하게 설명하기엔 한계가 있다.

한편, 빈곤은 심리적 · 정서적 부적응과 의욕상실 경향을 강하게 드러내는데, 최근의 빈곤양상을 이해하기 위해서는 물질적 자원이 있느냐 없느냐 하는 문제보다도 각종 자원에 접근할 수 있는 '기회'와 '의지'에 주목할 필요가 있다. 이에 따라 최근 들어 빈곤을 물질적 자원의 결핍이라는 측면에서 사람들의 생활 전반으로 확장하여 사회적 박탈과 사회적 배제의 개념으로도 논의하고 있다. 사회적 박탈은 "개인, 가족, 집단이 자기가 속한 사회에서 널리 인정되는 음식, 의복, 집안의 문화시설, 주거조건과 그 부대시설 등의 물리적 자원을 누리지 못하고, 보통 사람들이 경험하는 노동, 교육, 오락, 사회관계 및 사회활동에 참여할 수 없는 경우"(Townsend, 1979; 김태성, 손병돈, 2016에서 재인용)를 의미한다. '경제적인 측면만이 아니라, 문화적 · 정치적 · 사회적 소외와 배제 현상에 초점을 맞추어 주류사회로부터 단절된 상황'을 빈곤으로 정의하는 사회적 배제는 사회적 박탈과 유사하지만 동태적 과정을 강조하는 개념으로, 사회의 주류질서 혹은 도덕적 토대로부터 점차 유리되는 과정에 초점을 맞춘다. 나아가 사회적 배제를 시민으로서의 시민적 · 정치적 · 사회적 권리의 부인 또는 실현되지 않은 상태라고 하여, 사회적 배제를 권리의 관점에서 새롭게 접근하였다. 즉, 사회적 배제는 빈곤을 경제적 문제에 국한하지 않고 다차원적 불리함으로 확대하는 것으로, 저소득과 경제적 결핍과 함께 교육 · 주거 · 보건의 배제, 가족해체, 사회주류와의 관계망 단절, 문화적 · 심리적 단절을 아우르는 개념이라 할 수 있다(김안나 외, 2008).

빈곤율(headcount ratio)은 빈곤선 이하의 소득(혹은 지출)을 가지는 사람이나 가구를 전체 인구(혹은 가구)수로 나눈 값을 의미하며, 우리나라에서는 매년 가계금융복지조사 자료를 통해 빈곤율을 측정하여 발표하고 있다. 2018년 우리나라의 시장소득 기준 상대적 빈곤율(중위 50% 기준)은 21.0%이고, 아동 빈곤율은 13.1%로 나타났다(소득보장정책연구실, 2019). 우리나라의 아동빈곤율은 점차 낮아지는 추세인데, 이는 맞벌이 부부의 증가로 소득 하위계층의 시장소득이 증가함과 동시에 소득이 낮은 계층에서 아동가구 비율과 아동 수가 감소하였기 때문으로 보인다(강지영, 2020; 정은희 외, 2018). 즉, 아동가구의 상대적 소득 상승, 아동가구에 대한 사회적

이전의 빈곤 감소 효과 증가, 그리고 빈곤이 예기되는 청년가구의 결혼 · 출산 감소 등을 그 이유로 꼽을 수 있다(여유진 외, 2017). 특히 자녀를 낳으면 빈곤에 빠질 수 있는 청년가구의 결혼과 출산 포기는 우리 사회의 비극적 단면을 보여 주고 있다.

우리나라에서 절대빈곤층이 차상위 계층 이상으로 상승하여 실질적으로 빈곤을 벗어나는 소득계층이동, 즉 '빈곤탈출률'은 약 6%에 불과하다(김대일, 2004; 윤성주, 2018). 또한 지난 10여 년 동안 소득이동성은 지속적으로 하락하여 소득구조의 고착화 현상이 지속되어 왔는데(성명재, 2018), 이는 빈곤층으로 추락한 사람들이 '빈곤의 함정'에 빠져 쉽게 빈곤에서 탈출하지 못하여 빈곤이 만성화되는 것을 의미하기도 한다. 이러한 '빈곤의 함정' 현상이 지속되면 계층의 양극화가 심각해져 사회불안을 초래하고, 빈곤문제는 인간의 삶을 황폐하게 만드는 부정적인 결과를 낳는다. 특히 빈곤은 아동에게 정상적인 발달과업을 성취하는 데 장애를 가져올 뿐만 아니라 그 장애들이 누적되어 성인이 되어서까지 부정적인 영향을 미쳐 빈곤이 세대 간에 대물림되는 등 아동기의 빈곤 경험은 다른 연령층에 비해 그 영향이 더 심각하다. 따라서 빈곤아동에 대한 사회복지적 개입이 필요하며, 최근 논의와 마찬가지로 기존의 빈곤아동에 대한 시각을 다차원적이며 동태적인 개념인 사회적 배제로 확대하여 아동의 권리적인 측면에서 접근할 필요가 있다(김소은, 정익중, 정수정, 2016). 즉, 구조적으로 차별과 배제가 일어나는 현상을 빈곤의 가장 중요한 측면으로 인식하면서 그 해법으로 사회자본 개발, 가족지지, 참여기회 제공, 아동권리 회복 등과 같은 다차원적인 접근을 제시하고 있다. 기존의 빈곤 혹은 빈곤 극복정책이 단순히 경제적 · 물질적 결핍현상을 중시하여 이전 지출 위주의 소득보장정책을 추구하였다면, 사회적 배제 혹은 사회적 배제 극복정책은 단순한 경제적 · 재정적 측면뿐 아니라 사회적 · 심리적 · 권리적 측면과 빈곤의 원인, 빈곤으로의 과정 부분에 더 많은 관심이 있다(심창학, 2001). 이러한 시각의 변화는 결국 빈곤에 대한 예방적 · 포괄적 · 장기적인 정책의 실시를 요구하고 있다.

2) 빈곤이 아동발달에 미치는 영향

거시적 차원에서 빈곤은 사회해체를 낳는 심각한 문제다. 어느 지역사회에서 다수의 빈곤층이 존재한다는 것은 빈곤하지 않은 다른 계층과 집단에 심각한 위협이 될 수밖에 없다. 빈곤이 원인이 되어 유발되는 비행과 범죄의 희생자는 지역사회의 주민이고, 빈민을 구제하기 위해 유지해야 하는 사회복지제도와 서비스는 지역사회와 국가에 상당한 경제적 부담이 된다. 장기적인 안목에서 가장 우려할 만한 것은 빈민집단이 정치적 불안을 일으키고 결국은 사회체제를 전복시킬 수 있는 위험을 안고 있다는 점이다(Sullivan et al., 1980; 최일섭, 2000에서 재인용).

미시적 차원에서 빈곤은 그 상황에 처해 있는 개인과 가족에게 삶과 죽음이라는 인간생존 자체의 심각한 문제다. 이들에게 빈곤은 먹을 것이 없고, 입을 것이 없고, 집이 없거나 집이 있다 하더라도 불결하고 유해하며, 교육을 제대로 받을 수 없어서 경제활동에 참여할 수 없고, 부적절한 영양과 의료혜택을 받을 수 없어 심한 질병을 앓게 되거나 삶을 일찍 마감하게 만들 수 있는 요인이다. 또한 이들은 물질주의가 만연한 사회에서 열등감을 느끼면서 대인관계를 유지할 수밖에 없으며, 심한 경우 사회의 도덕과 규범에 벗어나는 행동을 하지 않을 수 없는 상황에 놓이게 된다. 빈곤 자체도 문제이지만 이것이 비행, 범죄, 알코올중독 등 수많은 병리현상의 원인이 되기 때문에 더욱 심각한 사회문제다.

실제로 아동의 주거빈곤, 교육빈곤, 의료빈곤은 아동발달과 상호 밀접한 관련이 있다. 아동 주거빈곤이란 「주거기본법」에 규정되어 있는 최저주거기준미달 가구의 아동을 의미하며, 2015년에 발표한 인구주택총조사에 의하면 우리나라는 전체아동의 9.7% 해당하는 94만 4천 명이 주거빈곤아동으로 나타났다. 주거빈곤의 구체적인 양상은 과도한 주거비 부담, 음식 · 난방 · 교육 등에 대한 지출 감소, 과밀, 열악한 주거환경으로 나타나며, 이는 아동의 신체 건강, 정신 건강, 학업성취, 안전에 영향을 미친다(최은영, 김순주, 김민수, 2013). 교육빈곤은 한국교육개발원의 '2017년 교육격차 실태 종합분석'에 따르면, 소득계층별 수학성취도 격차가 해를 거듭할수록 심화되고 있는 경향을 보였다. 그동안 교육은 빈곤의 대물림 악순환에서 벗어나는 데 중요시 여겨 왔으나, 부모의 소득과 정보에 따라 격차가 벌어지면서 교육의 기회가 점점 더 감소하고 있다. 의료빈곤에 관해서는 먼저 빈곤아동의 건강문제나 아동기의 건강형평성에 관한 연구와 논의와 함께 개선방안을 마련하고 있지만, 여전히 많은 취약계층 빈곤아동들이 충분한 건강과 성장 잠재력을 확보하는 데 어려움을 겪고 있다(김혜련, 2012). 또한 빈곤아동 가구의 의료비 부담은 빈곤의 가중화를 초래하는데, 어린이재단에서 2017년 발표한 '아동가구 의료비 과부담 실태분석'에서는 비빈곤아동 가족보다 빈곤아동 가족에게 의료비 과부담 발생확률이 무려 3.7배 더 높게 나타났으며, 저소득층을 위한 의료 안전망에 대한 취약성을 확인하였다.

특히 빈곤은 아동의 신체건강과 학업성취, 사회정서 발달과 같이 아동발달 전반에 부정적인 영향을 미친다(김태성, 손병돈, 2016). 이러한 빈곤의 영향은 아동의 발육부진, 발달지체 등과 같은 신체발달의 문제부터 낮은 지능, 학업부진, 학교중퇴 등과 같은 인지발달의 문제, 우울과 불안 등과 같은 내면화된 문제 및 공격성, 주의력 결핍 과잉행동장애(ADHD: attention deficit hyperactivity disorder), 반사회적 행동 등과 같은 외현화된 문제 등을 포함한 심리사회 발달문제에 이르기까지 광범위하다(Chung, 2004). 예를 들어, 아동기 결식문제에서 비롯된 영양의 결핍이나 불균형은 성인기에 골다공증(칼슘 부족), 위암, 뇌졸중(염분 과다섭취), 당뇨(비만) 등의 문제를 일으킬 수 있으며, 특히 철분결핍성 빈혈은 인지능력의 저하와 관련이 있다는 보고도 있다(Pollite et al., 1985). 이런 연구들은 간접적이나마 빈곤계층의 아동이 장기적으로 열악한 건강수준을 가질 수 있다는 증거를 제공한다(성주헌, 2003). 또한 빈곤은 아동을 다양한 환경적 위험에 노출시키기 때문에 비행의 근본 원인 중의 하나로 간주되고 있다. 이러한 다양한 발달상의 문제는, 곧 빈곤의 세대 간 전이 가능성과 연결되므로 빈곤가정에서의 아동발달문제는 매우 중요하다. 빈곤아동은 가정의 부적절한 환경으로 인해 사회정서적인 어려움이나 학습·학교생활에서의 부적응 행동 등이 다른 계층의 아동보다 높게 나타나지만 아동기 초기에는 그 문제의 정도가 현저하지 않으므로 자칫 간과하기 쉽다. 이로 인해 청소년기에 더 심각한 문제를 일으키는 경우도 발생할 수 있다(Dubow & Ippolito, 1994; Garmezy, 1991).

2. 빈곤영향의 메커니즘

빈곤이 아동에게 부정적인 영향을 미친다는 사실을 단순하게 받아들이면 모든 빈곤아동은 문제아동이 되어야 한다. 그러나 사회에는 빈곤하지만 적응을 잘하여 건강한 성인으로 자라나는 아동들이 많이 존재한다. 빈곤영향의 부정적 메커니즘만으로는 이들을 설명할 여지가 없다. 단순한 위험모델(risk model)에서는 빈곤아동이 잘 적응하지 못하는 이유가 빈곤하지 않은 아동들보다 더 많은 위험요인에 노출되어 있음을 강조한다(Houston, 1991; McCormick & Brooks-Gunn, 1989; Parker, Greer, & Zucherman, 1988).

위험모델은 동일한 빈곤상황에서도 경험하는 위험요인의 개수와 종류가 상이할 수 있음을 제시함으로써 빈곤아동들 간의 적응 정도 차이를 설명할 수 있다. 그러나 이러한 논리로는 위험에 많이 노출될수록 아동의 적응수준은 떨어져야 한다. 현실에서는 빈곤이라는 매우 열악한 상황에서도 잘 적응해 가는 아동이 존재한다. 즉, 위험모델은 이들의 존재를 설명할 여지가 전혀 없다. 특히 고위험의 상황에서도 힘과 장점을 회복하고 더 높은 적응수준을 보이는 속성, 즉 적응유연성(resilience)을 설명하기 어렵다. 이에 따라 빈곤아동의 발달을 설명하는 이론은 점점 보호요인의 역할이 강조되고 있다. 이는 빈곤이라는 상황에서 적응의 개인차를 보다 적절히 설명할 수 있는 장점이 있다(박현선, 1998; Hernandez, 1993).

위험요인

빈곤아동들은 출생 시 저체중, 부모의 낮은 교육수준, 실직, 어머니의 우울, 사회적 지지의 결핍, 스트레스적인 생활사건 또는 부적절한 양육행동과 태도 등과 같은 생물학적 · 환경적 위험요인에 노출되어 있고 이러한 빈곤관련 요인들은 아동발달과 부정적인 상관관계를 갖는다는 것이다.

보호요인

보호요인이란 취약한 환경조건하에서도 위험요인과 작용하여 부정적인 발달산물의 가능성을 경감시키는 요소다. 예를 들어, 가족 중 적어도 한 사람과 밀접한 유대관계를 갖고, 어린 시절부터 양육자와 기본적인 신뢰를 통해 안정적인 애착관계를 형성하였으며, 서로 가족 내 역할에 협조적이고, 통제와 애정이 적절하게 균형 잡힌 민주적인 양육태도가 이루어질 때, 적응유연성이 발달할 수 있는 가족분위기가 된다. 또한 자녀와 부모가 가치를 공유하고, 부모가 자녀의 미래에 대한 낙관적인 견해를 가지며, 가족 내 의사소통이 적절하게 이루어지며, 가족응집력이 높고 부모 및 자녀의 역할이 잘 규정되어 있는 가정이 보호적인 기능을 하는 것으로 나타났다. 이 외에도 학교 분위기 자체가 학생의 욕구에 반응적이고 뚜렷한 규범을 가지고 있으며, 예측할 수 있는 환경이 되어야 하며, 믿고 따를 수 있는 교사가 존재하고, 아동이 학교에서 제공하는 교과과정 및 그 외의 과외활동에 적극적으로 참여할 때 심리사회적 발달이 긍정적으로 이루어진다.

최근 연구에서 빈곤과 관련이 있는 다양한 위험요인과 보호요인이 점점 밝혀지고 있다. 특히 부모의 양육행동, 또래집단의 유형과 상호작용, 그리고 아동들이 생활하는 지역사회의 사회적 지지 또는 사회통제와 같은 특성들이 빈곤의 영향을 매개하는 것으로 밝혀지고 있다. 그러나 지금까지의 연구는 다양한 위험 혹은 보호요인들의 빈곤과의 통계적인 상관관계만을 밝히고 있으므로 이러한 요인들이 빈곤과 아동발달의 인과관계에 어떤 영향을 미치는지는 명확하지 않다. 단지 위험요인이든 보호요인이든, 요인(factor)에 관한 분석만으로는 빈곤아동을 둘러싼 전체 맥락을 파악하기 어렵기 때문이다. 위험요인과 보호요인에 내재된 과정이나 메커니즘에 대한 설명이 가능해야 빈곤아동의 상황을 제대로 설명할 수 있다. 예를 들어, 확대가족의 사회적 지지라는 요인이 빈곤아동에게 도움이 된다고 단순하게 결론짓기보다 '왜' 또는 '어떻게' 이러한 상관관계가 가능한지를 설명하는 것이다. 부모는 친척들의 지지를 통해 도움을 받게 되고 이는 부모의 양육행동에 긍정적인 영향을 주게 된다. 이러한 양육행동은 아동의 긍정적인 사회·정서적 발달로 이어지게 된다. 이러한 과정이나 메커니즘에 대한 이해는 이후 빈곤아동에 대한 개입이나 이론 형성에 큰 도움을 준다.

빈곤아동들 사이에는 개인에 따라 빈곤에 대한 취약성과 빈곤 위험에 대한 극복 가능성에 커다란 차이가 존재한다. 기존 연구의 주류를 이루는 변수중심적(variable-centered) 접근에서는 모든 아동에게 공통으로 적용되는 평균 발달궤적(developmental trajectories)을 밝히는 데 중점을 두는 데 반해, 대상중심적(person-centered) 접근에서는 다양한 발달궤적을 제시한다(Chung, Nagin, Hawkins, & Hill,

2001). 변수중심적 접근은 일반적인 경향을 밝히는 데는 유용하지만 같은 유형의 집단 내에서 다양한 차이를 밝히는 데 한계가 많은 것이 사실이다. 반면, 대상중심적 접근에서는 동일집단 내 다양성을 밝히는 데 그 목적을 두고 있으므로 빈곤아동 집단 내의 개인적 차이를 밝히는 데 용이하다.

Moffitt(1993)과 Patterson(1996)은 비행을 질적으로 상이한 다음의 두 가지, 즉 생애주기 만성형(life-course persistent) 비행과 청소년기 중단형(adolescence-limited) 비행으로 분류하였다. 생애주기 만성형 비행은 아동기 초기에 비행의 조짐을 보이다가 점점 더 심각한 비행을 저지르는 것으로, 생애주기 동안 계속 다른 형태 혹은 더 심각한 형태의 비행과 범죄를 저지르는 것을 말한다(Patterson, Reid, & Dishion, 1992). 청소년기 중단형 비행은 통계적으로 비행빈도가 높아지는 아동기 말기나 청소년기 초기에 비행 또래집단의 영향 등으로 비행을 저지르다가 청소년기 내에 비행을 중단하는 것을 말한다(Patterson & Yoerger, 1997; Fergusson, Horwood, & Nagin, 2000). 경험적으로는 미국의 아동청소년을 대상으로 한 연구(Chung, Hawkins et al., 2002; Chung, Hill et al., 2002)에서 빈곤아동의 비행에는 5가지 형태의 발달궤적—만성형 비행집단(chronic offender), 점증형 비행집단(escalator), 중단형 비행집단(desister), 후발형 비행집단(late onsetter), 비(非)비행집단(nonoffender)—이 존재하는 것으로 밝혀졌다. 또한 이렇게 발달유형이 도출되면 어떠한 위험요인이 빈곤아동을 심각한 만성형이나 점증형 비행집단으로 발달하도록 영향을 미치는지, 혹은 어떠한 보호요인이 빈곤아동을 적응유연성이 높은 비(非)비행집단으로 계속 남아있도록 하는지에 대해 파악할 수 있다. 이 연구에서는 빈곤청소년 중에도 전혀 비행을 저지르지 않는 비(非)비행집단이 상당수 존재하며 이들이 비(非)비행집단으로 남아 있도록 하는 데 가족응집력이나 부모의 양육기술 등과 같은 가족관련 요인이 가장 큰 영향을 미치는 것으로 나타났다.

이렇게 빈곤아동에 관한 최근의 연구들은 횡단적 상관관계를 통해 밝혀진 빈곤아동의 특성을 일반화하기보다는 빈곤이 아동발달에 미치는 영향을 보다 다양한 개념 및 모형들을 통해 설명하고 있다. 즉, 빈곤의 영향을 과정이나 메커니즘 개념을 통해 종단적으로 살펴보거나, 일부 빈곤아동들의 긍정적인 발달을 설명하기 위해 적응유연성(resilience)의 개념이나 대상중심적 모형을 도입하기도 한다.

적응유연성(resilience)과 역(逆)적응유연성(reverse-resilience)

적응유연성(resilience)이란 사전적으로 "문제가 생긴 이후 문제가 생기기 이전의 좋았던 상태로 신속히 돌아갈 수 있는 능력"(Cambridge Dictionary, 2016)으로 정의된다. 레질리언스, 탄력성, 회복탄력성, 회복역량 등으로 다양하게 번역되고 있다. 적응유연성의 속성을 '부정적 상황, 긍정적 적응' 두 가지로 규정하면 기존 적응유연성의 반대되는 개념으로 '역(逆)적응유연성, 역(逆)레질리언스(reverse-resilience)' 개념을 새롭게 고민할 수 있다. 즉, 역적응유연성, 역레질리언스의 속성은 '긍정적 상황, 부정적 적응' 두 가지로 규정하고, '적응이나 발달에 미치는 긍정적 상황에도 불구하고 나타나는 부정적 적응 산물'로 정의할 수 있다. 이를 통해 기존 연구에서 주목하지 않았던 역레질리언스 발달을 보이는 대상자도 새롭게 포괄할 수 있고, 사회복지의 협소한 개념도 극복할 수 있을 것이다.

3. 빈곤아동과 다양한 생태체계

1) 빈곤아동의 개별적 속성

사회정보처리 이론(social information-processing theory)에 따르면 아동의 반사회적 행동은 특정 상황에서 갈등적이거나 일탈적인 해결책을 피하고 사회적으로 적절한 해결책을 찾아내는 것을 어렵게 하는 인지능력의 결핍 때문에 일어난다(Chung, 2004; Crick & Dodge, 1994; Dodge, 1991, 1993). 빈곤가족에서 성장하는 아동들은 이러한 인지능력을 개발할 수 있도록 지원하는 자원이나 기회 획득의 가능성이 낮다. 즉, 빈곤한 가족은 책, 장난감, 컴퓨터 등과 같은 물품을 구입할 수 있는

빈곤과 아동 개인

빈곤 → 인지능력을 자극하는 자원 부족 → 인지능력의 부족 → 정보처리 단계상의 문제 → 반사회적 행동, 비행, 낮은 학업성취

자원이 부족하기 때문에 빈곤가족에서 성장하는 아동은 인지적으로 자극받을 수 있는 환경에서 성장할 확률이 낮아진다.

따라서 빈곤은 인지능력의 부족이나 학업성취의 실패를 가져오기 때문에 정보처리의 모든 단계에서 문제를 일으키게 된다. 인지능력이 높으면 특정 갈등상황에서 여러 가지 해결책을 생각해 내고 그중 사회적으로 적절하고 바람직한 해결책을 선택할 수 있다. 반면, 아동이 인지능력이 떨어지고 공격성이 높으면 상대방이 보내는 신호에 둔감할 뿐만 아니라 적대적인 신호에만 선별적으로 관심을 집중한다(Dodge & Newman, 1981; Gouze, 1987). 그리고 신호의 의도를 해석하는 데도 문제가 있으며, 무슨 신호든 그 의도를 적대적인 것으로 귀인시켜 버리는 편견(attributional bias)을 보인다(Dodge & Coie, 1987; Dodge & Feldman, 1990). 또한 초기 반응이 성공적이지 않았을 때 다른 반응을 찾아내는 것도 어려워한다(Rubin et al., 1991). 이러한 아동들은 반사회적 행동을 더 긍정적으로 평가하고, 반사회적 행동을 가장 적절한 반응으로 선택할 확률이 높다(Dodge, Bates, & Pettit, 1990; Garber, Quiggle, Panak, & Dodge, 1991).

빈곤아동들은 수준 높은 단어의 사용, 글씨에 대한 흥미 등 언어적 측면의 발달이 매우 낮게 나타나는데, 이것은 빈곤가정의 언어적 결핍을 확연히 보여 주는 증거라 할 수 있다(권중돈, 2000; 이재연, 백정재, 1997). 빈곤아동의 낮은 언어능력은 빈곤한 부모들이 저녁 늦게까지 근무를 해야 하는 등 불규칙한 직업을 가지고 있어 기본적으로 시간이 없거나 피곤하거나 생활에 여유가 없어서 자녀들과 충분한 대화를 할 수 없거나 피하기 때문이라고 설명하고 있다(김태성, 손병돈, 2016; 이경우, 1988). 이렇듯 빈곤아동에게 나타나는 낮은 언어발달은 부모와 아동 사이의 상호작용 부족과 잘못된 양육태도에 기인한다고 볼 수 있다(박소혜, 1995). 또한 빈곤아동이 거주하는 지역에는 유흥가나 폐가와 같이 아동에게 부정적인 영향을 미칠 수 있는 환경요인이 많아 지역사회로부터도 바람직한 언어 모델을 제공받을 수 없다(김태성, 손병돈, 2016). 이처럼 언어적 발달이 부족한 빈곤아동은 갈등상황에서 언어적 방법을 통한 이해와 설득보다는 강압과 폭력 같은 물리적인 방법으로 해결책을 마련하기 쉽다.

일반적인 지적 능력을 살펴보면, IQ 및 표준화된 지능검사를 실시한 많은 연구에서 빈곤아동은 중산층 아동에 비해 유의미하게 낮은 IQ를 보임을 알 수 있다.

그러나 빈곤아동도 높은 지능을 가질 수 있으며, 이러한 높은 지능은 빈곤아동의 적응과 부적응을 구분하는 중요한 보호요인 중의 하나다(Luthar, 1999; Werner & Smith, 1992). 지능이 높은 빈곤아동들은 높은 문제해결 능력과 대처능력을 갖추고 있고 그들 행동의 결과를 정확히 평가할 뿐만 아니라 쉽게 만족을 지연시키며 충동을 억제한다. 또한 높은 지능은 학업성취와도 연결된다. 하지만 빈곤과 관련성이 높은 생활상의 어려움이나 정서적 스트레스의 누적 등과 같은 부정적 상황에서 높은 지능의 이러한 보호적 효과들은 약화되기 쉽다. 지능이 높은 빈곤아동들은 지능이 낮은 빈곤아동보다 학교적응과 관련된 변수에서 더 나은 것으로 나타나지만, 부정적인 상황이 누적되면 이러한 장점은 사라지고 지능이 낮은 아동들과 학교적응면에서 비슷해지는 것으로 나타났다(Luthar, 1999).

한편, 빈곤이 아동에게 미치는 영향은 아동의 기질이나 특성에 따라 일부 조절되기도 하는데, 기질적으로 순한 영유아는 아동기에 빈곤 등과 같은 부정적인 상황에서도 적응유연성을 보이며(Werner & Smith, 1992), 까다로운 기질은 빈곤과 관련된 위험을 증가시키는 것으로 나타났다. 게다가 기질적으로 까다로운 아동은 빈곤상황으로 인해 스트레스를 받아 인내심이 약해진 양육자의 부정적인 반응을 한층 악화시키기도 한다(Farber & Egeland, 1987). 또한 높은 자아존중감을 가진 아동들은 그렇지 않은 아동에 비해 학교에의 규칙적인 출석, 높은 성적 등과 같은 긍정적인 교육적 발달산물을 보이는 것으로 나타났다(Connell, Spencer, & Aber, 1994). 즉, 높은 자아존중감은 빈곤아동의 학업성취, 정신건강, 또래집단이나 성인과의 관계 등 여러 가지 영역에서 보호요인으로 작용한다.

2) 빈곤아동의 가정생활

아동의 건강한 성장과 발달을 위해서는 바람직한 가정환경 속에서 적절한 부모역할이 제공되어야 한다. 아동은 독립된 성인으로 건강하게 성장하기까지 성인의 보호에 의존적인 존재일 수밖에 없다. 따라서 아동의 보호와 양육에 관한 일차적인 책임은 부모가 맡게 된다. 부모는 보호와 애정을 통하여 자녀들의 기본적인 욕구를 충족시켜야 하고, 성장과 발달에 필요한 다음과 같은 다양한 역할을 제공해야 한다.

일반적으로 부모들은 자녀에게, 첫째, 생존을 위해 필수적인 의식주의 기본적인 욕구를 충족시키며 보호, 교육, 돌봄, 여가활동 등을 제공하여야 한다. 둘째, 사랑과 안정감 등 정서적인 욕구를 충족시켜야 하며, 셋째, 지적 · 사회적 · 정신적인 발달을 위하여 필요한 자극을 줄 수 있는 환경을 제공해야 한다. 넷째, 자녀들을 새로운 사회구성원으로 사회화하는 역할을 수행해야 하며, 다섯째, 바람직한 행동과 태도를 습득하도록 적절한 훈육을 제공해야 한다. 여섯째, 신체적 · 정서적 · 사회적 위험으로부터 아동을 안전하게 보호해야 하며, 일곱째, 성역할의 적절한 모델을 제공할 수 있어야 한다. 여덟째, 가족원 전체의 욕구가 충족되도록 안정되고 만족스러운 상호작용을 해야 하며, 아홉째 안정된 자아정체감을 제공하기 위하여 확실한 역할과 지위를 부여해야 한다. 끝으로 아동과 외부세계를 순조롭게 연결해 주어야 한다(Kadushin, 1981).

부모가 이러한 역할을 순조롭게 수행할 때 아동은 건전한 성인으로 성장하여 독립적인 생활을 할 수 있게 된다. 그러나 빈곤한 부모는 이러한 역할들을 제대로 수행하기에 어려운 상황에 놓여 있는 경우가 많다(Plotnick, 2000). 빈곤가정의 자녀들은 안정된 주거환경을 제공받지 못하거나 적절한 의료적 보호나 교육환경을 제공받지 못할 가능성이 높다. 빈곤한 부모들은 대개 생계를 위해 장기간 혹은 불규칙한 노동을 하게 되어 기본적으로 시간이 부족하거나 육체적으로 피곤하여 아동과 제대로 된 상호작용을 하지 못하거나 부적절한 양육태도를 보인다(박소혜, 1995; 이경우, 1988; 정익중, 장혜림, 2012). 빈곤가정에서 자녀에게 제공하는 환경적 자극의 질적 수준은 전반적으로 중산층 대상 연구결과와 비교하였을 때 전체적으로 낮은 수준이었다. 양육행동에서도 '아이에게 소리 지르기' '아이 때리기' 등의 직접적인 표현이 많았고, 부모 특히 어머니가 유아와 직접 상호작용하는 빈도가 적었다. 빈곤 부모들은 중산층 부모에 비해 부정적인 상호작용을 많이 하는 반면, 아동의 기능발달을 촉진시키는 긍정적인 상호작용을 적게 하는 것이 특징이다(이영, 신은주, 나종혜, 1995). 또한 빈곤아동은 부모가 수행해야 할 역할을 대신 맡게 되는 등, 일반적인 아동의 역할 이외에 가사 부담, 성인역 부담을 더 맡게 될 가능성이 높다(박현선, 정익중, 구인회, 2006).

빈곤은 일반적으로 아동의 사회행동과 적응에 부정적인 영향을 미치는 것으로 알려져 있다. 선행연구들에 따르면, 빈곤아동들은 그렇지 않은 아동들에 비해 높은 수준의 행동문제, 우울증, 낮은 자아존중감, 빈약한 사회적응력 등을 보인다. 빈곤이 아동발달에 미치는 부정적 영향은 주로 가족의 특성과 연관 지어 설명할 수 있다. 빈곤부모 특히 어머니는 열악한 생활조건과 경제적 어려움, 자신들이 처해 있는 환경을 스스로 통제할 수 없다는 불안감이나 재화 · 서비스를 필요할 때 가질 수 없다는 무력감, 수치감 혹은 자존감의 상실 등으로 스트레스나 우울증에 빠져들기 쉽다(McLoyd, 1990; Adler et al., 1993; 김인숙, 1994). 이러한 부모의 스트레스는 빈곤이 아동발달에 부정적 영향을 미치는 데 결정적인 역할을 한다. 부모의 스트레스와 우울은 부모의 양육행동과 태도에 영향을 주는 동시에 부부간이나 가족 간의 갈등을 유발한다.

빈곤과 가정생활

빈곤 → 부모의 경제적 스트레스, 우울증적 증후→ 가족갈등, 양육방식의 문제(지도감독의 부족, 가혹한 훈육 등) → 아동학대, 방임 → 반사회적 행동, 비행, 낮은 학업성취

비행에 관한 일련의 가족과정모델(family process model) 연구에서 빈곤이 아동의 비행에 미치는 영향은 직접적이기보다는 가정 내의 부모요인의 매개를 통해 간접적으로 이루어진다는 점이 지적되고 있다(McLoyd & Wilson, 1991). 빈곤은 부모의 지도감독이나 양육방식 등에 영향을 미치고 이것이 아동에게 영향을 준다는 것이다. 부모의 양육행동에 관한 연구결과를 통해 알 수 있듯이, 빈곤부모들은 훈육이 비일관적이거나 위협적 · 강압적이며 부모 · 자녀 간 애착이 약하다. 또한 빈곤부모들은 아동행동 혹은 아동의 또래관계에 대한 지도감독을 하지 못하고, 언어적인 훈계보다는 신체적인 체벌을 더 자주 사용할 뿐만 아니라 자녀들과 질적으로 낮은 수준의 상호작용을 하며, 아동에 대한 정서적 지지의 수준 역시 낮다. 그리고 아동과 부모 간에 단절된 정서적 유대는 우울증이나 낮은 자아존중감 등 아동의 내적 문제와 관련이 있는 것으로 나타났다(Cicchetti & Toth, 1998).

부정적인 부모-자녀 관계는 학업성취에도 부정적인 영향을 미친다. 부모의 가

혹한 대우나 거부적인 훈육은 자녀의 자기 가치를 훼손하고 자기 능력에 대한 신뢰감을 손상시킨다(Conger, Conger, & Elder, 1997). 이렇게 자기 신뢰를 상실한 아동은 자신의 학구적 노력이 미래에 결실을 획득할 것이라는 확신이 없기 때문에 학업성취에 대한 의욕이 저하된다. 또한 부정적인 부모-자녀 관계는 아동이 비행을 저지르는 것을 스스로 억제하도록 만드는 자기통제 기능을 약화시킨다(Dubois, Eitel, & Felner, 1994). 반면, 자녀의 학업에 대한 부모의 격려와 관여는 자녀의 높은 학업성취에 영향을 미치는 요인으로 알려져 있다. 자녀에 대한 부모의 일반적 태도가 비지지적이고 적대적인 상태에서는 자녀의 학업에 대한 부모의 격려와 관여도 감소하게 될 것이다. 또한 부부갈등에 자주 노출된 아동들은 상당한 심리적 스트레스를 경험한다. 이러한 갈등적인 가족관계 경험은 청소년의 자기통제력과 자신감을 떨어뜨리며 이는 낮은 학업성취로 이어진다(Gutman & Eccles, 1999; McLoyd, 1989). 많은 선행연구에서도 경제적 상실과 청소년 학업성취와의 관계에 가족과정이 관련되어 있음을 밝히고 있다. 부모의 실직이나 소득상실 같은 경제적 상실은 경제적 어려움의 증대를 가져오고 이는 부모의 생활만족도를 떨어뜨리고 가족관계를 악화시켜 아동의 학업성취에 부정적 영향을 미치는 것으로 나타났다(구인회, 2003a, 2003b).

빈곤가족은 가족 내 갈등이나 공격성을 통제하지 못하는 경우가 많은데, 이와 같은 공격적이고 부정적인 가족 상호작용은 가족구성원에게 심리적으로 부정적인 영향을 미치게 된다. 경제적 어려움을 겪고 있는 부모의 스트레스는 아동학대와 방임으로 이어질 수 있다(Sedlak & Broadhurst, 1996). 미국의 자료에 따르면, 고소득층에 비해 저소득층의 아동학대 발생률이 7배나 높았으며, 발생하는 학대의 수준도 저소득층에서 보다 심각한 것으로 나타났다(Downs, Costin, & McFadden, 1996). 또한 빈곤부모가 일하고 있는 동안 주로 취하는 아동보육의 유형을 보면 준방치나 방치가 많은 편이다. 피학대, 방임아동은 나이가 들수록 학업성취가 떨어지고 정서적 문제, 성 문제, 알코올 및 약물 중독을 경험하며, 심각한 비행과 범죄를 저지를 확률이 높아진다(English, 1998; Starr, MacLean, & Keating, 1991).

3) 빈곤아동의 학교생활

아동의 삶의 질을 논함에 있어 학교생활은 절대 빼놓을 수 없다. 학교는 학령기 아동 대부분이 가정 다음으로 가장 많은 시간을 보내는 장소이며, 아동이 필요로 하는 신체적 · 지적 · 정서적 · 사회적 발달을 도모할 수 있는 곳이다. 따라서 학교생활을 성공적으로 영위하는 것은 아동의 건전한 발달을 위해 필수적이라고 할 수 있다. 특히 학교적응은 빈곤아동의 사회적 성취를 위해 매우 중요하다. 학업성취는 아동의 학습습관, 학습환경, 가정환경 등의 다양한 요소에 의해 영향을 받는다. 아동들의 학업성적은 아동들이 학교생활 전반, 수업, 교사에 만족할수록 높아지는 경향이 있다(김진용, 1988).

빈곤한 부모는 자녀에게 사교육과 같이 공교육 외의 교육기회를 제공하는 것이 어렵고(이수진, 정익중, 2020), 독립적인 공부방 등 적절한 학습공간이나 학업에 필요한 물품이나 자료 제공을 하지 못하기 때문에 학업성취가 저해되기도 한다. 즉, 가정 내에서의 인지적 자극이나 부모의 투자가 뒷받침되지 않아 빈곤아동의 학업성취가 저하될 수밖에 없는 것이다(이현주, 박현선, 정익중, 2011; 정익중, 권은선, 박현선, 2011). 빈곤아동의 초등학교 학업성적이 높더라도 이러한 고군분투가 중학교로 이어지지 않았고(이현주 외, 2011), 빈곤 혹은 부모의 낮은 교육수준은 부모들의 양육방식 및 교육태도에 영향을 주고, 이는 다시 아동의 학업성취 및 자아존중감으로 이어진다는 이주리(1994)의 연구결과도 그러하다. 그리고 빈곤 또는 가정의 낮은 경제적 수준은 아동의 낮은 자아존중감 또는 낮은 역량지각과도 관련성을 가지며, 낮은 자아존중감은 다시 낮은 학업성취에 영향을 미치는 것으로 나타났다(Dweck, 1986).

한편, 빈곤아동의 낮은 학업성취는 빈곤아동에 대한 학교 교사들의 기대가 낮은 것에서 기인하기도 한다. 아동의 학교생활에 있어서 교사의 관심과 지지는 무엇보다 중요한데, 대체로 빈곤 지역은 중산층 지역에 비하여 교육예산이 적기 때문에 학습기자재가 부족하고 교사의 질도 낮으며 교육 자체가 부실한 경우가 많다. 이러한 모든 요인이 빈곤층 아동들은 학업성취도가 낮을 것이라는 자성예언으로 작용하여 아동의 학업 및 학교에 대한 무관심을 유발하고 그들의 학업실패로 이어지는 것이다.

빈곤과 학교생활

빈곤 → 낮은 인지능력, 높은 공격성 → 또래집단에서의 소외 → 비행 또래집단과의 교제 → 반사회적 행동, 비행, 낮은 학업성취

학교에서의 또래관계 역시 학교생활에 있어서 중요한 요소로 작용하고, 빈곤아동이 경험하는 스트레스에 대한 완충 역할을 한다. 친구의 지지는 아동의 자아존중감에 큰 영향을 주며(Harter, 1986), 학교 관련 자아존중감과 높은 상관관계를 보여주고 있다. 특히 또래에게 거부당하거나 무시당하는 아동은 그 이후 성장하여서도 인간관계에서 어려움을 경험할 수 있다. 빈곤아동의 문제해결이나 정보처리 방식이 또래집단과 마찰을 유발하기도 한다. 일부 빈곤아동은 문제해결에서 언어적 방법보다는 물리적 방법을 선호하기도 하는데, 친구들과 갈등상황이 발생했을 때 그들을 때리거나 욕을 하는 등의 방식으로 문제를 해결하려고 해서 또래집단으로부터 소외(peer rejection)를 당하게 되는 것이다. 또한 빈곤아동의 정보처리 단계에서 생기는 여러 형태의 결핍도 또래들과 잘 어울리지 못하게 하거나 학교생활의 부적응을 유발한다. 즉, 빈곤아동이 친구들의 외면이나 반응을 적대적인 것으로 해석하고 이에 대해 공격적인 방법으로 대응하는 모습을 보이는데, 이로 인해 또래관계가 더 악화되는 현상을 보이는 것이다. 이와 같은 부정적인 정보처리의 단계가 반복되면서 보다 심각한 공격성으로의 증폭되거나 심각한 비행으로의 이행을 가져올 뿐만 아니라, 또래집단으로부터 소외되어 일반아동에 비해 만성적 비행에 빠질 위험이 높다.

학교는 학습과 성장의 장소이기도 하지만 또래 폭력의 가해 또는 피해와 같은 부정적 경험이 발생되는 장소이기도 하다. 또래 괴롭힘을 경험한 아동들은 우울, 불안, 낮은 자존감을 가질 수 있으며, 이는 낮은 학업성취와 학교부적응의 원인이 된다. 게다가 또래폭력의 피해를 받은 아동은 등교를 거부하거나 학교활동 및 친구들과의 일상적인 상호작용을 피하고, 자신의 안전에 대한 불안을 느끼는 등 학교에 대한 부정적인 인식 또는 태도를 갖게 되고(Kochenderfer & Ladd, 1996), 학교생활에 대한 만족감이 떨어질 수 있다(Olweus, 1993).

4) 빈곤아동의 주거 및 지역사회 환경

빈곤아동의 경우 열악한 주거환경과 지역사회 환경에 거주할 가능성이 높으며(김진희, 이상록, 2011), 지역사회 해체나 사회적 소외로 특징지어지는 지역사회에 거주하는 경우가 많다(Chung, 2004). 지역사회 해체는 범죄, 실업 등으로 그 지역사회에 사는 아동에 대한 집합적인 지도감독이 불가능하며 지역사회 구성원들 간의 비공식적인 네트워크가 부족한 경우를 말한다(Sampson & Wilson, 1994). 사회적 소외는 주류사회를 대표하는 기관이나 개인과의 상호작용의 부족으로 그 지역사회에 사는 아동이 따를 만한 역할모델이 존재하지 않고 문화적 학습기회를 상실하는 것을 말한다(Wilson, 1987, 1991). 우리나라의 경우 영구임대아파트 지역이 빈곤층이 밀집 거주하는 지역으로 알려져 있다(김태성, 손병돈, 2016). 이러한 지역사회에 살게 되면 긍정적 역할모델의 결핍과 부정적 역할모델의 과잉, 사회적 자본(social capital)의 부족과 사회규범의 약화 등으로 비행과 반사회적 행동에 빠져들 위험이 더욱 커지게 된다.

빈곤과 지역사회 환경

빈곤 → 지역사회 해체, 사회적 소외 → 지역사회의 낮은 비공식적 지지, 낮은 집합적 지도감독, 낮은 사회통제 → 반사회적 행동, 비행, 낮은 학업성취

가정에서 부모가 적절히 제 기능을 수행하지 못하면 사회가 아동의 보호와 양육에 대한 책임을 맡아야 한다. 박현선(1998)은 빈곤과 관련된 다양한 위험요소가 부정적 · 갈등적 가족과정을 가속화하고 궁극적으로는 빈곤아동의 심리사회적 적응에 부정적인 영향을 미치지만, 학교 · 지역사회 등으로부터 적절한 지지와 관심을 받으면 심리사회적 적응에 긍정적인 영향을 미친다고 보고하면서 빈곤아동에 대한 사회적 지원의 필요성에 대해 강조하였다. Moffitt(1993)도 빈곤 상황에서 많은 위험요소를 가지고 있는 아동들이라 하더라도 성장하는 가운데 부모, 기타 양육자, 지역사회 주민들이 아동에 대해서 적절한 관심과 반응을 보이면 문제를 극복할 수

있지만, 가정 · 학교 · 이웃 등의 환경이 어려운 상황에 놓이게 되면 이러한 문제들이 대개 증폭되고 긍정적인 변화 가능성은 감소하게 된다는 점을 강조하였다. 주영선과 정익중(2019)의 연구에서도 주거빈곤과 지역사회 빈곤의 이중위험은 모든 매개요인을 통제하여도 직접적으로도 청소년 비행을 증가시킴을 확인하였다. 이 연구결과를 토대로, 빈곤가정이 더 나은 주거환경과 지역사회로 이주할 수 있도록 수요자 중심의 지원대책도 함께 고려해야 할 필요성을 제안하였다.

이처럼 빈곤아동의 주거 및 지역사회 환경은 아동의 발달과정에서 매우 중요한 환경적 요인이며, 주로 민간영역에서 관심을 가지고 개선방안을 모색해 왔다. 그러나 최근 아동 주거빈곤에 대한 문제제기와 함께 2019년 9월 대한민국 제5 · 6차 국가보고서에 대한 유엔아동권리위원회에서 아동 주거빈곤에 관한 문제 개선을 권고받으며, 2019년 10월에는 국토교통부가 '아동 주거권 보장 등 주거지원 강화 대책'을 발표하였다. 최근에는 열악한 주거환경의 위기 아동가구를 대상으로 '주거지원 핫라인'을 구축하며 정책변화가 진행되고 있다.

제2절 아동과 가족을 위한 소득보장

우리나라에서 시행하는 빈곤층에 대한 대표적인 지원제도로 국민기초생활보장제도를 들 수 있다. 이 외에도 아동과 가구를 위한 소득지원제도로 현금지원, 보육지원, 환급형 세제 등을 시행하고 있다.

이와 같은 제도는 아동이 있는 가구의 아동양육을 지원하여 소득을 보전하고, 빈곤아동과 가정에 대한 직접적인 현금지원을 통해 최소한의 생활수준과 인간다운 삶을 유지하는 것을 목적으로 한다(정은희, 2019).

이 절에서는 빈곤층에 대한 대표적인 제도인 국민기초생활보장제도와 아동 대상 지원의 대표적인 제도라고 할 수 있는 아동수당에 대해 살펴보고자 한다.

표 9-1 아동가구 소득지원제도(2020년 기준)

유형	제도	대상연령	내용
현금지원	아동수당	만 7세 미만 아동	2018년 9월 도입 소득기준 없음 아동 1인당 월 10만원
	가정양육수당	아동돌봄 서비스를 이용하지 않는 취학 전 86개월 미만 영유아	소득무관 전 계층 지원 월 10~20만 원 (아동 연령에 따라 상이)
	한부모가족 아동양육비 지원	만 18세 미만	아동양육비 월 20만 원 가구 소득인정액 기준 중위소득 52% 이하
보육지원	영유아보육료 지원	어린이집을 이용하는 영유아(0~5세반)	소득무관 전 계층 지원 월 24~97만 원 (아동 연령에 따라 상이)
환급형 세제	자녀장려세제	18세 미만 아동	50~70만 원 총소득요건과 재산요건 충족 시 지원 가구 총소득 4,000원 미만 재산 합계액 2억 원 미만

출처: 국세청(2020). 근로장려금 · 자녀장려금 안내.
보건복지부(2020). 2020년 아동수당 사업 안내.
복지로 홈페이지(http://www.bokjiro.go.kr).
여성가족부 홈페이지(http://www.mogef.go.kr).

1. 국민기초생활보장제도

우리나라에서 빈곤층을 대상으로 하는 대표적인 지원정책은 국민기초생활보장제도이고, 빈곤아동은 대체로 국민기초생활보장 수급가정의 아동에 해당한다. 2015년 맞춤형 개별 급여로 전환된 국민기초생활보장제도는 생계급여, 주거급여, 교육급여, 의료급여, 해산급여, 장제급여, 자활급여 등 총 일곱 가지로 구성되어 있으며, 급여의 종류에 따라 산정기준을 상이하게 적용한다(보건복지부, 2020). 우리나라의 빈곤아동 통계는 보건복지부의 『보건복지통계연보』 내 국민기초생활보장

수급자 가구유형별 현황 각 연도, 한국보건사회연구원의 『빈곤통계연보』의 각 연도 자료를 통해 확인할 수 있다. 2018년 기준 우리나라의 기초생활보장 일반수급자 수는 총 1,165,175가구, 1,653,781명이고, 이 중 19세 이하는 367,916명으로 전체의 약 22%를 차지하고 있다(보건복지부, 2019). 특히 부모의 이혼 등으로 인한 가족해체는 부모나 가족이 아동을 돌보지 못하게 하여 아동빈곤을 초래하는 원인이 되는데, 이처럼 가족해체로 인해 기초생활보장 수급을 받는 가구는 2018년 기준으로 소년소녀가장세대 2,972가구(0.26%), 모자세대 135,862가구(11.66%), 부자세대 38,095가구(3.27%)로 나타났다(보건복지부, 2019).

한편, 국민기초생활보장제도를 통한 지원은 빈곤가구에 대한 최저생계비를 지원하는 것으로, 급여수준이 너무 낮고 사각지대가 발생한다는 문제와 함께 아동의 연령과 발달단계, 욕구의 특성에 따른 충분한 맞춤형 지원이 이루어지기 어렵다는 한계가 있다. 따라서 주요 선진국에서는 모든 국민에 대한 보편주의 체계 또는 빈곤가구에 대한 사회부조 체계의 아동수당 제도를 통하여 아동양육을 지원하고 있다.

2. 아동수당

소득보장정책의 하나인 아동수당은 아동양육에 따른 경제적 부담을 경감하고 아동의 건강한 양육 환경을 조성함으로써 아동의 권리와 복지를 증진하기 위한 제도이다(보건복지부, 2020; 이현주, 2020). 1927년 뉴질랜드에서 세계 최초로 아동수당을 도입하였고, 미국, 터키, 멕시코를 제외한 모든 OECD 국가에서 아동수당을 복지국가의 가장 기본적인 제도 중 하나로 활용하고 있다. 우리나라에서는 노무현 정부 시기에 2005년 「저출산고령사회기본법」을 제정하고 2006년 저출산고령사회기본계획을 수립하였는데, 이 보고서에서 아동수당에 대한 정부차원의 검토가 있었다(저출산고령사회위원회, 2006). 이후로도 아동수당을 위한 논의를 지속하다가 2018년 9월부터 아동수당을 지급하고 있다.

1) 아동수당의 관점

주요 선진국에서는 크게 인구정책, 사회보장, 아동권리, 임금보조의 관점에 기반하여 아동수당 제도를 도입하였다(이재완, 최영선, 2006).

첫째, 인구정책의 관점은 저출산으로 인한 인구의 감소에 대응하여 인구증가 대책의 수단으로 도입하는 경우다. 프랑스는 제1차 세계대전을 전후하여 저출산과 점차 감소하는 인구문제를 해결하기 위하여 아동수당 도입이 논의되었으며, 영국에서도 제2차 세계대전 이후 '베버리지 보고서'에 의한 아동수당의 도입과정에서 이러한 인구정책의 관점이 논의되었다.

둘째, 사회보장의 관점은 다자녀로 인한 소득의 불균형과 부양가족의 생활비 보장을 위하여 아동수당이 필요하다는 것으로, 1942년 영국의 베버리지 보고서에서 언급된 바와 같이, 아동수당을 사회보장의 성공을 위한 필수조건으로 본다. 아동수당은 아동양육을 책임지고 있는 부모에 대한 국가의 보조로서 아동수당을 전제로 하지 않고서는 어떠한 사회보장제도도 만족스럽지 못하다는 점을 강조한다.

셋째, 아동권리의 관점에서는 아동수당이 최소한의 인간다운 삶을 유지하기 위하여 전체아동을 대상으로 하는 보편적인 권리의 확립과 아동복지의 적극적인 실천을 강조한다. 스웨덴과 영국 등의 국가에서 지급하는 보편주의적 아동수당은 전체 아동에게 국가부담의 재정방식으로 제공된다. 그리고 빈곤가정에 대한 사회부조 방식의 아동수당도 아동의 최소한의 인간다운 삶을 유지할 것을 목적으로 한다는 점에서 아동권리의 보장이라고 할 수 있다.

넷째, 임금정책의 관점에서는 아동수당이 노동력 재생산의 구성요소인 자녀의 재생산을 위한 비용 또는 임금의 일부로 당연히 지급되어야 한다고 본다. 18세기 말 영국의 스핀햄랜드 제도에 의하여 노동자의 가족 수에 따라 지급된 임금보조는 아동수당제도로서 의의가 있다. 이탈리아, 일본 등 현대국가의 아동수당에서 고용과 관련하여 피용자에게 지급하는 아동수당체계는 이러한 임금정책의 관점을 적용한 제도로 평가된다.

2) 주요 국가의 아동수당제도

세계 주요 국가의 아동수당제도는 복지국가의 이념과 체계에 따라 다양한 형태로 운영되고 있으며 미국, 터키 등을 제외한 모든 OECD 국가에서 아동수당제도를 실시하고 있다. 아동수당제도는 아동이 있는 모든 가구에 급여를 지급하는 보편주의 체계가 있으며, 아동이 있는 임금생활자 또는 자영업자에게 수당을 지급하는 고용과 연계된 체계가 있다. 이 외에도 소득이나 자산이 일정 기준 이하일 때 급여를 지급하는 사회부조 체계도 있다.

이 중 스웨덴, 영국은 모든 국민에게 동일한 아동수당을 지급하는 보편주의 체계로써 국가부담의 재정으로 운영하고 있고, 독일은 보편주의 체계를 기초로 저소득 가정에 자산조사에 기초를 둔 아동수당을 추가로 지급하는 사회부조 체계를 혼합한 형태로 국가가 재정을 부담한다. 프랑스는 보편주의 체계이면서 출생수당, 기초수당, 자녀질병수당, 한부모수당 등 자산조사를 통한 다양한 목적과 형태의 수당을 지급하며, 고용주와 국가가 재정을 부담하는 형태이다.

이탈리아는 고용과 연계된 아동수당체계로 자산조사가 실시되며, 재정은 고용주와 국가가 부담한다. 일본 역시 고용과 연계된 아동수당체계이면서 최근에 사회부조 체계가 보편주의 체계로 변화되었다. 주요 국가의 아동수당제도의 대상, 급여, 재정, 전달체계와 제도의 특징은 〈표 9-2〉와 같다.

표 9-2 주요 국가의 아동수당제도

	대상	급여	재정	전달체계	특징
영국	• 만 16세 미만의 아동 또는 20세 미만의 풀타임노동아동(풀타임이 아닌 경우 주당 24시간 이상 18세 미만 아동)	• 첫째 자녀수당 20.7파운드, 둘째 자녀부터 13.7파운드 • 조세크레딧	• 전액 국가부담	재정부 (Revenue & Customs)	보편주의 및 조세크레딧 체계
스웨덴	• 만 16세 미만의 아동 또는 초등교육 학생(학습장애아동은 연령제한 없음)	• 아동 1인당 1,050크로네 • 추가수당 둘째 자녀 150, 셋째 730, 넷째 1,740, 다섯째 2,990, 여섯째 이후 4,240크로네	• 전액 국가부담	사회보험청과 지역사무소	보편주의 체계

프랑스	• 20세 미만의 아동을 가진 가정에 가족수당 지급, 일하는 아동은 907.19유로 미만인 경우 • 출생(입양)수당, 기초수당(3세 미만): 자산조사	• 가족수당: 첫째와 둘째 자녀 32.47~129.86유로, 셋째 74.06~296.24유로, 넷째 41.60~166.38 유로 • 기타 자산조사 출생수당, 기초수당, 한부모수당, 자녀질병부모수당, 장애아동부모수당 등 다양한 체계로 구성	• 피용자: 없음 • 고용주: 급여의 3.45% 이상 • 국가부담 2.15~5.25%	사회문제보건 여성권리부, 국가가족수당 기금	보편주의 체계 및 사회부조 체계
독일	• 18세 미만 아동 • 저소득가정의 경우 자산조사 아동수당, 자산조사 아동양육수당(14개월 미만) 지급	• 첫째와 둘째 자녀 월 194유로, 셋째 200유로, 넷째 이후 225유로 • 자산조사 아동수당 월 170유로 까지 지급 • 부모수당 소득의 67%를 월 1,800유로까지 지급	• 전액 국가부담	연방재정국과 지역사무소	보편주의 체계 및 사회부조 체계
이탈리아	• 피용자 자녀, 18세 미만 • 피부양 자녀를 둔 가정: 자산조사 가족부양수당 지급	• 자산조사 가족수당: 가족수, 장애 등 기준에 따라 2,294.38유로까지 지급	• 고용주: 총급여의 0.68% 부담 • 정부: 고용주로서 부담금	노동사회정책부, 경제재정부, 사회보장청	고용연계 체계
일본	• 중학교 졸업 이하의 아동을 양육하는 가정	• 3세 미만 각 아동에 대하여 월 15,000엔 지급 • 3세 이후 초등학교 학생 첫째, 둘째 자녀 10,000엔, 셋째 이후 15,000엔 • 중학생 10,000엔 • 자산조사 기준을 충족시키지 못한 경우 월 5,000엔을 중학교 졸업 시까지 지급	• 고용주: 3세 미만 아동수당 비용의 47%(임금의 0.29%) • 3세 미만 피용자 아동에 대한 비용(중앙정부, 도, 자치단체 각 36%, 9%, 9%) • 3~15세 피용자와 실업자의 자녀(중앙정부, 도, 자치단체 각 67%, 17%, 17%)	내각이 아동양육국 감독, 연금공단이 보험료 수납	보편주의 체계
한국	• 만 7세 미만 아동	• 월 10만 원	• 국가부담	보건복지부, 행정자치부와 지방자치단체	보편주의 체계

출처: US. Social Security Administration, Social Security Programs through the World, Europe, 2019; Social Security Programs through the World Asian & the Pacific, 2018.

3) 우리나라의 아동수당

우리나라에서는 저출산고령사회대책의 일환으로 아동수당제도의 도입이 검토되었다(대한민국정부, 2006). 자녀양육에 대한 부담으로 인한 출산 기피 현상과 정부의 육아지원 제도의 낮은 실효성 문제 등이 지적되며 정책의 보완이 필요하다는 것이다. 이에 따라 '저출산 고령화 문제해결을 위한 사회협약'(2006. 6. 20.)에서는 정부가 아동수당제도의 도입시기, 방안, 재원 등을 검토한다고 규정하였다. 자녀양육가정에 대한 지원은 보육서비스와 아동수당이 대표적인데, 2013년부터 만 0~5세 아동을 가진 전 계층에게 보육료를 지원하면서 보편적 보육서비스가 마련되었고, 2000년대 초반부터 논의되어 온 아동수당의 도입을 위한 본격적인 준비가 시작되었다. 그러나 아동수당을 반대하는 입장에서 제기한 '포퓰리즘' 논란으로 인해 도입을 시도하지 못하다가, 저출산 문제가 심각해지면서 2017년 19대 대선후보들이 대부분 경쟁적으로 아동수당을 공약으로 내세웠고 마침내 2018년 9월부터 아동수당이 지급되었다.

처음 우리나라에 아동수당이 도입된 2018년 9월 1일에는 소득 · 재산 기준 하위 90%의 만 6세 미만 아동을 대상으로 하는 선별적 제도였다. 그러나 상위 10%를 제외하기 위한 행정적 비용 발생이 과중하여 2019년 1월 1일부터는 소득 · 재산조사 없이 만 6세 미만의 모든 아동에게 보편적으로 지급하였으며, 2019년 9월 1일부터는 아동수당 지급대상 연령을 만 7세로 확대하였다.

그동안 아동수당제도가 실제 정책으로 수용되지 못했던 가장 큰 이유는 재원마련과 혜택의 중복 문제였다. 특히 기존 조세지원체계를 통해 이루어지고 있는 아동부양가구에 대한 다양한 지원제도들을 어떻게 조정할 것인가의 문제는 아동수당을 보편적 지급으로 확대한 2019년부터 만 6세 미만 아동이 있는 가구에 대한 기존 자녀세액공제를 폐지함으로써 혜택의 중복을 피하고자 하였다(최영, 2019b).

4) 아동수당의 쟁점

(1) 출산율 제고 효과 여부

아동수당을 도입하였거나 도입을 고려하는 국가들에서 가장 많이 언급되는 쟁점은 아동수당이 출산율을 높이는가이다. 일부 국가에서는 후순위 출생아동에게 추가급여를 제공하는 차등적인 아동수당제도를 도입함으로써 출산율을 높이기 위한 목적으로 아동수당을 활용하고 있다(최영, 2019b). 하지만 아동수당의 출산율 제고 효과는 연구마다 상이하여 출산율 제고 효과가 미미하다는 연구부터 강한 효과가 있다는 연구까지 다양하다. 사실 아동수당은 출산율을 높이기 위한 목적보다는 가정의 아동양육 부담을 덜어 줌으로써 이미 태어난 아동을 보다 잘 기르기 위한 제도에 가깝다. 저출산 문제는 아동수당과 같은 현금성 지원정책으로 해결되는 것은 아니며, 양질의 보육, 세제지원, 현금지원, 일과 가정의 양립 등 다양하고 종합적인 정책과 사회적 노력이 있을 때 해결될 수 있다(이상은, 김희찬, 2017; 최영, 2019b; 한승주, 최충, 2019).

(2) 여성의 노동시장 참여에 미치는 영향 여부

아동수당제도의 도입 및 급여액 수준과 여성의 노동시장 참여율 간의 관계에 대한 논란이 지속적으로 제기되어 왔다. 아동수당을 도입함에 따라 여성의 취업의사가 저하될 수 있고, 아동수당의 급여액이 높아질수록 특히 저소득층 여성의 노동시장 참여에 부정적인 영향을 미칠 수 있는 것으로 지적되고 있다. 하지만 현재 우리나라의 아동수당은 월 10만 원 수준으로 가구소득에 미치는 효과가 크지 않으므로, 아동수당으로 인해 여성이 직장을 포기하는 일이 빈번히 발생할 것이라고 예상하기 어렵다(이경희, 민인식, 2018; 이상은, 정찬미, 2017).

아동수당이 여성 경제활동 참여에 부정적인 영향을 미칠 것이라는 우려는 아동수당정책 차원이 아니라 여성을 위한 노동시장 환경개선의 차원에서 논의될 사항이다. 그동안 여성 노동은 양적인 측면에서는 향상되었지만 이런 양적인 증가가 질적인 증가로는 이어지지 않았다는 비판이 있다. 부모의 경제 수준에 따라 아동빈곤 여부가 결정되므로, 고용환경 개선 등을 통해 여성과 부모의 노동시장 참여를 지원해야 할 것이다(강지영, 2020; 최성은, 2010).

(3) 다른 제도와의 중복 여부

기존의 양육지원정책은 어린이집, 유치원 등의 이용부담 완화를 위한 것이므로 시설의 이용 여부와 관계없이 지급하는 아동수당과는 성격이 다르지만, 자녀장려금과 같이 아동양육비용 일부를 세금환급을 통해 보전해 주는 유사제도와의 중복 문제가 발생할 수 있다. 그러나 자녀장려금은 아동이 있는 모든 가정에 지급하는 보편적 제도인 아동수당과 달리 저소득층에 한정된 근로유인제도라는 점에서 차이가 있으며, 실제로 아동수당을 도입한 여러 국가에서 자녀에 대한 세액공제를 함께 제공한다(최영, 2019b).

(4) 보편적 제도 여부

OECD에서는 아동수당을 아동의 기본적 권리로 보아 보편적 지급을 권고하고 있다(임현규, 2019). 하지만 아동수당의 보편적 지급에 대해서는 상반된 입장이 있다. 즉, 지원이 필요한 계층에게 재정역량을 집중할 필요가 있으므로 선별적으로 지급해야 한다는 주장과, 자녀양육에 대한 경제적 부담으로 인해 출산을 기피하므로 아동정책에 대한 중산층 이상의 사회적 합의를 도출하기 위해서라도 보편적 아동수당을 도입할 필요가 있다는 주장이 상반되고 있다. 현재 아동수당을 도입한 각 국가에서는 재정 상황이나 사회문화적 환경에 따라 보편적으로 지급하거나 선별적으로 차등 지급하는 등 세부적인 내용에 차이가 있다. 양육지원 정책은 아동이 공공재라는 것을 감안한다면 아동수당은 자녀를 양육하는 모든 가정에 보편적으로 지원해야 한다. 또한 아동수당의 보편적 지원이 이루어지기 위해서는 양육에 대한 책임은 개별 가정이 아닌 전 국가적인 책임이라는 것에 대해 사회적인 합의가 이루어져야 한다.

우리나라에서 아동수당을 최초로 도입하였던 2018년 9월에는 소득 · 재산 기준 하위 90%의 만 6세 미만 아동을 대상으로 하여 선별적으로 지급하였다. 그러나 선별에 따른 사회적 비용이 과도하게 발생하고 아동의 기본권리 보장이라는 아동수당의 본래 목적이 훼손되었다는 비판이 이어짐에 따라 아동수당 도입 후 4개월 만에 보편적 제도로 전환하였다(임현규, 2019). 이제 아동수당의 대상연령을 확대하는 과제가 남아 있다.

토론 및 연구 주제

1. 빈곤아동들은 빈곤으로 인한 가정불화, 가정해체를 겪을 수 있고 학대, 유기, 따돌림 등으로 인해 학교와 사회에 적응하는 데 어려움을 느낄 수 있다. 이로 인해 비행을 저지르고 가출을 할 수도 있다. 이처럼 빈곤이라는 한 가지 요인이 빈곤아동에게 복합적인 문제를 유발할 수 있다. 따라서 빈곤아동 문제에 개입할 때에는 소득보장만으로 문제를 해결할 수 없고 빈곤아동과 그 환경을 모두 포괄할 수 있는 통합적인 접근이 필요하다. 따라서 빈곤아동 문제에 개입할 때에 어떠한 서비스가 더 필요한지에 대해 토론해 보자.

2. 빈곤아동에 대한 지원이 사려 깊지 못하면 낙인감을 주기 쉽다. 이러한 낙인감 때문에 지원이 필요함에도 불구하고 수급을 거부하는 아동이 존재한다. 이러한 낙인감을 감소시킬 수 있는 방안이 무엇인지 토론해 보자.

제10장

아동학대와 아동보호

제1절 아동학대의 문제

2001년에 최초로 공식적인 전국 아동학대 현황이 보고된 후 신고건수가 매년 꾸준히 증가하고 있다. 대부분의 아동학대가 가정 내에서 벌어지는 특성 때문에 암수범죄로서 실태 파악이 어려운 점을 고려한다면 아동학대로 고통을 받는 아동은 신고건수보다 훨씬 더 많을 것으로 예상된다. 맞벌이 부부가 일상화되고 경제적 형편이 어려운 가정이 증가하면서 의식주 등 아동의 기본적인 욕구를 충족하지 못하여 방임당하는 아동 역시 늘어나고 있다. 방임이 전체 학대에서 차지하는 비율은 2018년 기준 10.6%까지 점차 줄어들었으나, 방임의 발생건수는 오히려 이전보다 훨씬 많은 2,604건이 발생하였다. 신체적 학대 발생건수는 매년 꾸준히 증가하여 2018년 기준 3,436건 발생하였으며, 전체 학대에서 14.0%를 차지하였다. 정서학대 역시 매년 증가하여 2018년 기준 전체 학대에서 차지하는 비중이 23.8%로 가장 높은 비율을 차지하는 것으로 나타났다. 성학대가 영유아기에서 성인 이전 시기까지

대부분 한 번 정도 발생하는 반면에, 정서학대는 이 시기 동안 하루에도 몇 번씩 빈번하게 발생하기에 재발생의 가능성도 매우 높다(Binggeli, Hart, & Brassard, 2001). 더구나 사회문화적으로 정서학대에 대한 민감성이 낮은 경우 아동은 가정뿐 아니라 학교, 지역사회 등에서도 정서학대를 경험할 수 있다. 시대의 흐름에 따라 아동학대 유형도 변화해 간다. 특히 우리나라는 다른 나라와 달리 대학입시 위주의 교육환경으로 인해 부모가 성적을 이유로 일상적인 정서학대를 행하기 쉬운 환경이다. 또한 성적을 이유로 진행되기 때문에 정서학대를 학대로 수용하는 정도도 매우 낮을 것으로 예상된다. 아동학대 실태조사에서도 정서학대에 대한 국민의 민감도가 가장 낮은 것으로 나타났다(보건복지부, 2011). 또한 신체학대, 정서학대, 성학대, 방임, 유기 중 2개 이상 학대가 동시에 발생한 경우를 중복학대라고 하는데, 매년 증가하고 있으며 2018년 기준 전체 건수 중 48%인 11,792건이 중복학대에 해당하였다(중앙아동보호전문기관, 2019).

사회의 기본적인 단위이며 소중한 가정이 역기능적이어서 가정 내에서 부모가 아동에게 학대를 가할 때 그 아동은 신체적 손상뿐 아니라 평생 치유하기 힘든 마음의 상처를 받게 된다. 특히 가정에서 학습된 폭력이 학교폭력으로도 연결되고 있다. 폭력을 경험한 아동은 폭력의 악순환을 통해 성인이 되어 가정폭력의 가해자가 되기 쉽다는 사실을 고려해 볼 때 아동학대는 시급히 해결되어야 한다. 사람들은 대부분 아동학대가 매우 드물게 일어난다고 생각한다. 또한 그 결과를 별로 심각하게 받아들이지 않으며 '단순한 가정사' 또는 '자녀에 대한 체벌' 정도로 여기는 경향이 많다. 전통적으로 체벌을 훈육의 수단으로 인정해 왔던 우리나라 부모는 매를 들어 아동행동을 통제하는 것을 자연스러운 일로 여긴다. 아동학대 사건이 발생할 때마다 여론은 아동학대 행위자의 낮은 형량에 주목하고 있지만, 학대행위자의 양형을 늘리는 사후책보다 아이들을 무자비한 폭력에서 구해낼 제도적 장치와 인식 개선이 시급하다(정익중, 2014). 아동권리가 존중되고 폭력 없는 사회로 만들기 위해 아동학대의 예방과 치료는 국가와 사회가 해결해야 할 최우선 과제이다.

1. 아동학대의 정의

아동학대와 방임의 개념에는 다음과 같은 세 가지 사항이 포함되어야 한다.

첫째, 아동에 대한 다소 명백한 부모의 어떤 행위가 존재하여야 한다. 예를 들어, 부모가 여러 번 1세 유아를 혼자 내버려 둔 채 다른 일을 한다면 아동의 방임이라고 할 수 있지만, 부모가 단순히 아동에게 관심을 두지 않는다는 것은 아동방임이 될 수 없다.

둘째, 아동에게 두드러진 손상이 있어야 한다. 손상은 신체적인 것이 될 수도 있고 정신적인 것이 될 수도 있다. 학대는 그 손상이 눈에 드러나지만, 방임으로 인한 손상은 크게 드러나지 않는다.

셋째, 부모의 행위와 아동의 신체적 정신적 손상 간에 인과관계가 있어야 한다. 두드러진 손상은 있지만 부모의 행위가 그 원인이 아닌 경우는 학대가 아니다.

「아동복지법」에는 "아동학대란 보호자를 포함한 성인에 의하여 아동의 건강 · 복지를 해치거나 정상적 발달을 저해할 수 있는 신체적 · 정신적 · 성적 폭력 또는 가혹행위 및 아동의 보호자에 의하여 이루어지는 유기와 방임을 말한다."라고 규정하여, 적극적인 가해행위뿐 아니라 소극적 의미의 방임행위까지 아동학대의 정의에 명확히 포함하고 있다. 이는 "아동의 복지나 아동의 잠정적 발달을 위협하는 보다 넓은 범위의 행동"으로 확대하며 신체적 학대뿐 아니라 정서적 학대나 방임, 아동의 발달을 저해하는 행위나 환경, 더 나아가 아동의 권리보호에 이르는 매우 포괄적인 경우를 규정하고 있다.

아동학대는 양육과 훈계 사이에 존재하기 때문에 그 기준을 하나의 잣대로 놓고 평가할 수 없다. 따라서 한 대냐, 두 대냐가 학대를 정의하는 데 중요한 기준이 되는 것이 아니라 아동의 권리가 침해된다면 한 대일지라도 분명히 학대다. 학대는 양육으로 하지 말아야 할 것을 하는 것을 의미하는 데 반해, 방임은 양육으로 해 줘야 할 것을 하지 않는 것이다. 양육으로 하지 말아야 할 것에 대해서는 나름대로 사회적 합의가 되어 있는 데 반해, 양육으로 해 줘야 할 것에 대해서는 사회적 합의가 존재하지 않는다. 따라서 방임과 최소한의 양육은 구분하기가 쉽지 않다. 이러한 개념 정의의 문제 때문에 방임은 아동학대의 유형 중 가장 연구가 미흡한 부분이다. 방임에는 물리적 방임, 교육적 방임, 의료적 방임 등이 있다.

방임은 부모역할에 대한 소극적인 태만 행위로서 쉽게 드러나지 않고, 학대는 직접적인 가해행위로서 표면상으로 쉽게 노출된다. 따라서 학대는 쉽게 발견되고 신고되는 데 반해, 방임은 충분한 시간을 두고 지속적으로 관찰하지 않으면 발견하지 못하고 지나치기 쉽다. 학대는 쉽게 식별할 수 있고 문제점이 명백히 나타남으로써 정책적 차원에서 대책을 마련하는 것이 상대적으로 용이하다. 그러나 방임은 쉽게 노출되지 않아 사회문제로 인식되지도 않고 정책의제화 하기도 어렵다. Wolock과 Horowitz(1984)가 '아동방임에 대한 방임'이라는 표현을 만들었을 정도로 연구자들도 방임의 문제는 관심을 두지 않고 있다(정익중, 2011c).

언론이나 일반인이 관심을 가지지 않는 이유는 방임이 아동학대 유형 중 가장 극적이지도, 생명에 위협적으로 보이지도 않기 때문이다(Garbarino & Collins, 1999). 반면, 연구자들이 관심을 가지지 않는 이유는 심각한 방임의 사례를 제외하고는 판정하기 모호하여 이를 입증하는 데 많은 어려움이 따르기 때문이다. 학대는 누가 봐도 명백한 경우가 많지만 방임은 아동의 발달수준과 관련되어 있어 정의하기가 쉽지 않다(Crosson-Tower, 2010). 예를 들어, 혼자 두는 행위는 동일하지만, 12세 아동을 성인의 슈퍼비전 없이 혼자 두는 것은 방임이 아니다. 그러나 영아를 잠깐이라도 혼자 두는 것은 방임일 수 있다. 방임도 심각한 결과를 초래한다는 사실이 실제 사례를 통해 입증되고 있으나 방임은 발견이 곤란하고, 그 피해 결과가 오랜 시간이 지난 후에 나타난다.

하지만 방임은 적어도 다음과 같은 세 가지 점에서 학대만큼 중요하게 다루어져야 한다(정익중, 2011c). 첫째, 미국의 아동학대 사례 중 약 1/2 이상이 방임과 관련되어 있을 정도로 방임은 아동학대의 가장 보편적 유형이다. 우리나라에서도 방임은 전체 학대의 1/3 이상에 해당할 만큼 전체 학대의 유형 중에 가장 높은 비율을 차지한다. 일반적으로 아동은 극적인 학대의 상황보다는 이렇게 일상적인 방임의 상황에 만성적으로 노출되어 있다.

둘째, 학대는 가시적이기 때문에 사회적 인식이 증가하면서 감소할 가능성이 높지만, 방임은 개인이나 부부중심의 이데올로기, 맞벌이 부부의 증가 등으로 시간이 갈수록 의도적이든 비의도적이든 증가할 가능성이 크다.

셋째, 방임은 가해자에게 문제라는 인식 자체가 낮으므로 아동이 성장하여도 계속해서 누적되어 나타나기 쉽다. '조용한 폭행'인 방임은 타인과 관계를 맺거나 주변 세계를 탐색할 의지가 사라지도록 천천히 지속적으로 아동의 영혼을 잠식해 들어간다(Erickson & Egeland, 2011). 방임에는 부모 개인의 책임뿐만 아니라 사회적 책임도 포함되어 있다. 부모가 제대로 양육할 수 없다면 사회의 도움으로 양육할 수 있는 지역사회 안전망을 만들어야 한다는 점에서 방임은 아동학대 중 상대적으로 사회적 책임이 가장 크다고 할 수 있다.

2. 아동학대의 원인

아동학대의 원인은 크게 아동 자신과 부모, 가족, 사회적 요인에서 찾는 것이 일반적이다. 그러나 학대를 유발하는 하나의 원인이 또 다른 원인에 영향을 주게 되고 또한 원인 간의 상호적 관계를 갖기 때문에 아동학대의 원인을 분명하고 명확하게 규정짓기는 매우 힘들다. 아동학대의 잠재적 원인 중 하나는 학대의 대물림이다. 학대는 학대피해아동이 경험하는 당시의 직접적 피해에서 끝나는 것이 아니라 폭력의 순환 개념이나 폭력의 세대 간 전이 가설에서 볼 수 있듯이 학대피해아동이 또 다른 학대의 가해자로 등장하는 2차 피해를 가져오기도 한다(정익중, 박현선, 구인회, 2006). 과거의 피해자가 새로운 가해자가 되어 자신이 당한 것과 비슷한 유형으로 또 다른 아동학대를 저지른다. 이런 방식으로 아동학대가 대물림되어 악순환이 계속되는 것은 피해 당사자 본인은 물론이고 사회적으로도 커다란 문제가 될 수 있다. 신세대 부모의 아동양육에 대한 지식 부족도 아동학대의 큰 원인으로 작용한다. 건전한 가족관계가 무엇인지 잘 모르고 있거나, 아이들로부터 지나치게 어른스러운 행동을 기대하는 것이 아동학대의 가능성을 높인다. 또한 우리나라의 경우 친권을 중시하며 훈육하기 위한 체벌에 대한 사회문화적 허용도가 높은 것이 아동학대의 원인 중 하나로 작용하고 있다. 이는 체벌의 법적 근거로 활용된다는 지적을 받던 「민법」 915조의 자녀징계권 조항이 삭제되면서 해결의 실마리를 찾을 것으로 보인다. 특히 학대행위를 현장에서 직접 다루어야 하는 법 집행자의 경우 오히려 일반인보다도 아동학대에 대한 인식도가 떨어져 아동학대 가해자에게 관대한 처벌을 내림으로써 아동학대가 반복되는 악순환으로 작용하고 있다(정익중, 최선영, 정수정, 박나래, 김유리, 2016; 노충래, 정익중, 전종설, 김정화, 2012). 또한 울주아동학대 사망사건으로 대두된 아동보호 유관기관 간 정보 단절 문제는 아동학대 사망사건을 예방하지 못한 주된 원인으로 지적되었다(정은희, 박세경, 류정희, Hajime Takeuch, 정희선, 2016). 이렇게 아동학대의 원인은 개인적인 이유에서부터 사회문화적 환경요인에 이르기까지 매우 다양하게 제시되고 있다.

가시성 가설

기초생활보장(공공부조) 수급이라는 사실 자체가 아동학대에 미치는 영향인 것인지, 혹은 기초생활보장 수급자일수록 아동보호서비스 체계의 주요 관찰 대상이 되어 아동학대가 '발견'될 확률이 높은 것인가라는 점에서는 그 대답이 불명확하다. Drake와 Zuravin(1998)은 기초생활보장을 받고 있는 가족은 아동학대 신고의무자로 규정되어 있는 사회복지 종사자들과 접촉할 기회가 많아 아동학대 조사를 더 자주 받게 된다고 설명하고 있다. McDaniel과 Slack(2004)은 이 현상을 가시성 가설(visibility hypothesis)이라고 명명하고 실증 연구에서 기초생활보장 수급 중에 이사나 출산 등 담당 사회복지공무원들의 주목을 끄는 주요 인생사를 경험하게 될 때 아동학대 조사를 받을 확률이 더 높아진다는 것을 밝혀냈다(이봉주, 김세원, 2005에서 재인용).

어항효과

많은 국민이 빈곤계층에서 학대가 많이 일어날 것으로 생각하지만 실제로는 거의 모든 계층에서 발생한다. 물론 아동학대 신고사례에는 빈곤 저소득계층이 많은 편이다. 이는 어항효과(fishbowl effect)라는 것과 연관되는데, 저소득계층이 여러 가지 사유로 아동학대에 대한 전문가이자 신고의무자인 사회복지사 등을 많이 만나게 된다. 이 과정에서 사생활이 어항의 물고기처럼 빤히 노출되기 때문에 저소득층에서의 아동학대 사례가 더 많이 발견될 뿐이라는 것이다. 울주 아동학대 사망사건이 주변 이웃에 의해 쉽게 발견되지 않은 것도 가해자가 중산층이었다는 사실과 관계있다는 지적도 있다.

표 10-1 아동학대의 발생 원인

이론적 관점	관련 요인
발달론적 관점	• 아동 자신의 특성: 까다로운 기질, 어린 나이, 신체적 혹은 정신적 장애 등 • 부모의 특성: 자녀에 대한 부정적 편견, 자녀양육에 관한 부족한 문제해결 능력, 자녀관리 능력의 결함, 부모역할 스트레스 등
정신병리학적 관점	• 가해자의 병리적 특성: 정신과적 문제, 분노, 우울증, 통제력 부족, 낮은 자존감, 완고성, 감정이입 능력의 결함, 약물 의존 또는 남용, 신체 및 건강상의 문제 등
사회심리적 관점	• 가정의 특징: 세대 간의 아동학대 행위, 부부간의 불화, 가족 간 긍정적 상호작용 부족, 가정의 경제적 스트레스 등
사회문화적 관점	• 상황적 요인: 낮은 사회경제적 지위, 한부모 가구, 실직 혹은 불안정한 직업, 사회적 스트레스, 사회적 고립, 사회적 박탈감 등 • 사회문화적 요인: 사회 전반의 폭력 묵인 분위기, 사회의 체벌 허용 분위기, 사회 내 권력 또는 계층의 차이 등
생태학적 관점	• 다른 모든 관점의 관련요인들 통합

출처: 한미현(2006), p. 44의 표를 수정 · 보완.

아동학대 발생의 이러한 원인을 설명하는 대표적인 관점으로는 아동 자신의 발달적 특성에 초점을 두는 발달론적 관점, 가해자의 정신적 결함이나 이상심리적 특성 등의 개인적 요인에 기초한 정신병리학적 관점, 가족배경 · 부모의 양육태도나 경제수준과 같은 가정의 환경적 특성에 기인하여 학대가 발생한다고 보는 사회심리학적 관점, 아동과 가정을 둘러싼 사회문화적 맥락에서 원인을 찾는 사회문화적 관점, 그리고 여러 가지 관점을 통합하여 학대가 일어난 아동과 가족을 둘러싼 체계 간의 관계에서 원인을 찾는 생태학적 관점 등을 들 수 있다. 이러한 주요 이론적 관점들을 토대로 아동학대를 발생시킬 수 있는 요인들을 종합해 보면, 〈표 10-1〉과 같이 정리할 수 있다(한미현, 2006).

3. 아동학대의 후유증

아동학대의 가장 치명적 결과는 아동의 사망이다. 중앙아동보호전문기관에 따르면, 학대에 의한 아동 사망자 수는 2014년 14명, 2015년 16명, 2016년 36명, 2017년 38명, 2018년 28명이었다(중앙아동보호전문기관, 2019). 하지만 이는 신고가 접수된 사건 중 사망자 수로서 빙산의 일각에 불과하고, 경찰청이 집계한 숫자는 이것보다 훨씬 많다. 아동학대 사망사건이 과소 추정되고 있는 주요 원인으로는 사건의 고의성 판단의 어려움, 의사의 부적절한 사망 진단과 의심 사례의 미신고, 부적절한 사례 조사, 최종 의료 기관과의 불완전한 의사소통으로 인해 통계에 반영되지 않는 것 등을 들 수 있다(Palusci, Wirtz, & Covington, 2010; Tursz, Crost, Gerbouin-Rerolle, & Cook, 2009). 2013년에 울주 아동학대 사망사건이 발생한 이후 우리나라 최초로 아동학대 사망사건 진상조사와 제도개선 위원회가 꾸려졌고, '한국판 클림비 보고서'인 '이서현 보고서'를 발간하였다. 진상조사위는 아이들이 더 이상 아동학대로 희생되지 않도록 사건의 진상을 파헤치고, 서현이와 같은 죽음을 막을 수 있도록 다각적인 제도개선을 촉구하였다. 그 개선사항 중 많은 부분이 「아동학대범죄의 처벌 등에 관한 특례법」(이하 특례법)과 「아동복지법」 개정에 반영되는 성과를 보였다. 그러나 특례법을 근거하여 책정된 예산이 확보되지 못함에 따라 특례법이 통과되기 이전의 아동보호체계와 유사하게 운영될 수밖에 없는 한계를 가지고 있다(정익중, 2014).

특이한 유형의 아동학대

문하우젠 증후군(Munchausen Syndrome)

이 증후군은 병이 없는데도 타인의 관심을 끌기 위해 아프다고 거짓말을 하거나 자해를 일삼는 정신질환을 말한다. 한편, 대리인에 의한 문하우젠 증후군(Munchausen Syndrome by Proxy)은 아이, 중환자 등을 돌보는 부모나 간병인 등이 주변 사람들의 이목을 끌기 위해 끊임없이 자신이 돌보고 있는 아이 등에게 상처를 입히게 해서 병원을 찾아가고 그것을 통해 자신의 보호본능을 대리만족하는 정신질환이다. 미국의 정신과 의사 리처드 아셔가 18세기 모험소설 『말썽꾸러기 폰 문하우젠 남작의 모험』에서 병명을 따와 이름 붙인 것이다. 진단은 골절 · 출혈 · 상처 등 아이의 부상이 유독 어머니 등 특정 보호자가 있을 때 주로 집에서 발생하는 양상을 띠고, 보호자를 정신치료할 경우 아이의 상태도 나아질 때 내려진다. 또한 부모나 간병인은 간호사와 같이 의료 지식을 가졌을 가능성이 많은데, 아이 증상의 심각성에 비해 보호자는 예상 외로 차분하다는 특징이 있다. 또 아이가 겪을 고통이나 불편을 고려하지 않고 강력한 치료를 선택하는 경향도 보인다. 이 증후군은 질병을 만들어 내는 과정에서 보호자에게 2차적인 이득이 있을 경우에 국한된다.

문하우젠 증후군은 사랑의 결핍에 의해서 생기는 장애다. 대인관계에서 사랑을 받지 못한다고 생각하기 때문에 사람들의 관심, 사랑, 인정 등을 받고 싶은 마음이 정신질환을 가져오도록 만드는 것이다. 문하우젠 증후군의 실제 사례들은 정말 충격적인 경우가 많다. 어떤 엄마는 딸에게 20년 동안 성냥을 먹였고 성냥을 먹은 아이는 이유 없이 시름시름 아팠고, 아이가 아프니까 병원에 데리고 가지만 의사선생님이 먹지 말라고 하는 것만 먹였다고 한다. 딸을 아프게 만든 다음에 그 딸을 보호하는 것에 존재감을 느끼면서 살아왔고 그리고 이는 남편의 관심을 끌기 위한 목적에서 진행되기도 한다.

태아알코올증후군(fetal alcohol syndrome)

이는 임신 중인 여성의 과도한 음주로 인해 태아에게 신체 기형과 정신적 이상이 나타나는 선천성 증후군이다. 임신부가 섭취한 알코올은 분자가 작아서 태반을 쉽게 통과하기 때문에 태아의 알코올 수치도 모체와 같아진다. 이때 알코올은 분해되지 않고 태아에게 직접 전해지면서 독성 물질로 작용하는데, 특히 뇌를 포함한 신경계 발달에 영향을 준다. 특히 모체의 영양상태가 좋지 않거나 스트레스가 심할 때 음주한 경우, 담배를 피우면서 술을 마신 경우에 발생률은 더 높아진다. 또 임신 기간에 술을 마시면 어느 때라도 위험하지만 특히 임신 초기의 음주는 태아에게 더 심각한 영향을 주는 것으로 보고되어, 알코올 섭취량도 문제가 되지만 그 시기도 큰 영향을 미친다. 임신 초기 3개월 동안 주 1회 이상 소주 5잔 이상을 마실 경우 위험도가 크게 높아진다. 일반적으로 이 증후군에 걸린 태아는 지적 장애, 소뇌증, 저체중, 짧은 안검열(眼瞼裂: 아래위 눈꺼풀이 맞닿는 면) 등 네 가지 특징적인 증세가 나타난다. 이 외에도 주의력 문제, 경미한 인지장애, 학업성취 저하 등 다양한 문제를 일으키는 것으로 밝혀지고 있다. 2019년 보고서에 따르면, 매년 전 세계 신생아 63만 명이 태아알코올증후군을 앓고 있다. 임신 중 술을 마신 여성 13명 중 1명은 태아알코올증후군을 가진 아이를 출산했다는 보고도 있다.

흔들어댄 아이 증후군(shaken baby syndrome)

이는 2세 이하의 유아가 울거나 보챌 때 어깨나 사지를 잡고 심하게 흔들어서 생기는 질환으로 두부의 뚜렷한 외상 없이 발생하는 뇌의 경막하출혈과 망막출혈, 대뇌 부종이 특징적이며 1972년에 John Caffeye 등이 'shaking infants'에 대해 처음으로 거론한 이래 많은 연구가 이루어져 왔다. 아이를 심하게 흔들면 머리가 앞뒤로 움직이게 되고 이런 갑작스러운 편타성 손상이 가해져 대뇌피질과 정맥동을 연결하는 뇌정맥(bridging vein)이 찢어지며 경막하출혈이 발생하게 되는 것으로 알려져 있다. 마찬가지로 망막출혈도 뇌부종과 뇌경막하 출혈에 의해서 정맥이 막혀서 발생하거나 가속, 감속에 의해 망막에 유리체의 장력이 가해져 발생한다고 본다. 특히 영아의 두부는 편타성 손상에 취약한데 이는 상대적으로 큰 두위, 근력이 약한 경부, 미성숙한 두개관(calvarium)의 가소성(plasticity), 뇌의 유연성 때문에 짧은 시간 흔드는 것만으로도 심각한 뇌손상을 일으킬 수 있다. 실제로 20초 이내에 40~50회 정도 흔들었을 때 발생할 수 있다고 한다. 아동학대의 한 형태로서 예후가 매우 심각하며, 이 질환의 발생 시 사망률은 15~38%이며 아동학대와 관련된 영아 사망의 절반이 이 증후군에 기인한다고 보고되고 있다. 생존자의 약 60%에서 실명, 사지마비, 정신지체, 발달장애, 간질 등 영구적 후유증을 남길 수 있는 치명적인 질환이다. 흔들어댄 아이 증후군은 비특이적인 증상을 호소하며 멍든 자국 등 외부적으로 학대의 증거나 외상의 흔적이 없는 경우가 많고 돌보는 사람이 이를 의도적으로 숨기려 하거나 잘못된 습관으로 아이를 흔들어 발생하기도 하므로 의심 없이는 진단 내리기가 어렵다.

비기질적 성장실패증후군(nonorganic failure to thrive syndrome)

성장실패는 기질적인 이유와 비기질적인 이유가 있는데, 비기질적인 것의 거의 대부분은 돌봄제공자의 행위, 즉 방임에 의해 일어난다. 예를 들어, 수유를 충분히 하지 않거나 의도적으로 영유아의 총 열량 섭취량을 제한하거나, 6개월 이상 영아를 위해 연령에 적합한 충분한 고형식을 제공하지 않는 등의 이유로 성장이 지연되거나 끝내 사망할 수 있다. 아동의 체중이 연령에 비해 지나치게 낮거나 또는 체중이 지나치게 낮은 비율로 증가하는 것으로 판정된다. 많은 정의가 있지만 최하위 5%를 이용하여 정의된다.

아동의 사망 외에 아동학대로 인한 가장 큰 문제점은 후유증이다. 특성상 가해자의 대부분이 친부모인 아동학대는 동심에 큰 상처를 남긴다. 가정 내에서 일어나는 학대는 외부에서 인지하기 어려우므로 쉽게 은폐되어 사회적으로 묵인될 가능성이 크다. 또한 일회성이 아니라 학대자의 지속적인 학대 습성에 의해 반복되어 피해아동의 신체적, 정신적 고통이 지속된다. 또한 학대의 대상이 자신을 돌보아 주는 부모이기 때문에 피해아동은 학대에 무방비하게 노출된 상태로 자신이 살고 있는 집 안에서 위태롭게 생활한다(류정희, 전진아, 이상정, 이주연, 정익중, 유민상, 2018). 일반적으로 아동은 독자적인 생활이 불가능하고, 자기 방어력이 약하므로 학대를 받을 경우 아동의 신체적 · 정서적 · 인지적 발달을 포함하는 거의 전 발달 영역에서 심각한 손상을 입는다(정익중, 박현선, 구인회, 2006). 이때 학대피해아동은 일반아동과는 다른 독특한 행동 및 발달 특성을 보이는데, 이러한 영향은 아동기의 단기적 문제에 그치지 않고 성인기에 이르기까지 지속된다(Dodge et al., 1990; English, 1998). 학대피해아동은 학업성취가 떨어지고, 정신적 문제, 성 문제, 알코올 및 약물중독을 경험하며, 심각한 비행과 범죄에 빠질 확률이 높아진다(Dembo, Williams, Wothke, Schmeidler, & Brown, 1992; English, 1998).

학대로 인해 아동에게 가장 보편적으로 나타나는 심리적 · 정서적 후유증은 자아개념의 왜곡과 자아존중감의 저하다(연진영, 1992; Cerezo & Frias, 1994; Green, 1985). 아동은 대개 학대 경험의 의미를 부여하는 과정에서 자기중심적이고 이분법적인 사고를 한다(Briere, 1992). 이러한 사고를 통해 부모는 나쁠 수 없으므로 학대받는 자신이 나쁘다고 생각하는 것이다. 부모에 대해 싫은 감정을 지니거나 속상한 마음이 드는 자신이 학대받아 마땅한 아이라는 생각을 가지게 된다. 이렇게 아동은 반복적인 학대를 통해 실제로는 잘못한 것이 없음에도 불구하고 자신의 잘못 때문에 처벌받는 것으로 생각한다. 학대가 자신의 잘못에서 기인한다고 믿는 아동은 자신을 긍정적으로 생각하고 존중하기 어렵다. 또한 학대피해아동은 학대를 부모가 자신을 싫어하고 거부하는 메시지로 받아들이고 자신에 대한 매우 부정적인 자아상을 만들게 된다. 학대는 이러한 경로를 통해 부모가 격려해 주어야 하는 아동의 자아발달을 위축시키고 부정적인 자아개념을 심어 준다(Allen & Tarnowski, 1989; Oates, Forrest, & Peacock, 1985).

부모가 아동에게 학대를 가할 때 신체적 피해뿐만 아니라 아동의 자신 및 주변 세계에 대한 내적 신념을 함께 손상하게 된다. 따라서 자신의 존재가치를 확인시키고 강화해 주어야 하는 부모로부터 존중받지 못하고 학대를 받은 아동의 경우 자신을 무능하다고 인식하며 자신에 대해 나쁜 감정을 느끼게 되고, 자신은 타인으로부터 사랑받을 가치가 없는 사람으로 간주하게 된다(Crittenden & Ainsworth, 1989). 이러한 낮은 자아존중감은 자신을 함부로 다루며 스스로를 통제하고자 하는 의지도 약하게 만든다. 이에 따라 새로운 경험에 대해 아무 감각을 경험하지 못하거나 위험 징후를 감지하지 못하는 사람으로 성장해 학대를 경험하지 않은 사람과 비교해 성폭행이나 가정폭력을 경험할 확률이 현저히 높은 것으로 나타났다(류정희 외, 2018). 또한 부모에게 사랑받지 못했다는 슬픔은 자신을 부끄러운 존재라고 생각하게 되고, 부끄러운 존재가 되게 한 자기 자신과 세계에 대해 분노를 느낀다. 이러한 아동은 미래에 대한 계획 없이 충동적으로 생활하며 아픈 기억들을 잊기 위해 노력한다. 자아존중감은 한 개인의 심리적 특성뿐만 아니라, 행동적 특성을 결정짓는 중요한 변수로 알려져 있다. 즉, 자아존중감이 낮을수록 신경증, 불안, 우울과 같은 심리적 문제뿐만 아니라, 자기파괴적 행동이나 약물남용, 알코올중독, 비행 등과 같은 일탈행동적 문제들을 보인다(Daly & Burton, 1983; Owens, 1994). 때로는 경계성 인격장애라는 복잡한 질환을 일으키기도 한다. 경계성 인격장애는 정서나 행동, 대인관계가 매우 불안정한 이상 성격으로 정상과 비정상의 경계에 있는 장애다. 이 질환을 앓는 사람은 곧잘 다른 사람을 흑백논리로 판단한다. 처음에는 대상을 우상화하다가, 어느 순간 모욕감이나 배신감을 느끼면 신경질적으로 비방하게 된다.

또한 학대는 신경생물학적 변화를 초래하기도 한다. 아동학대는 대뇌의 안쪽 밑에 있는 변연계의 발달을 방해한다. 변연계는 서로 연결된 신경 중심부이며 감정과 기억을 조절하는 중추로서, 기억을 담당하는 해마와 감정을 조절하는 편도체로 구성되어 있다. 신경생물학자들은 아동학대의 영향으로 편도체가 과도한 전기적 반응상태에 이르거나 스트레스 호르몬에 지나치게 노출돼 해마의 발달이 지체된다고 보고한다. 이렇게 어린 시절의 학대 경험은 뇌발달에 치명상을 입히는 심각한 스트레스다. 이 스트레스는 뇌발달을 방해하는 독성물질로 작용하여, 충동성을 조절하는 전두엽의 기능을 저하시키고 변연계와 전두엽 간 신호전달에도 문제를 일으키며 정신질환으로 이어지기 쉽다(Bower, 1995; Mukerjee, 1995).

이와 같은 아동학대 후유증은 적절한 심리치료를 받지 않으면 성인이 되어 사회생활을 하거나 관계를 맺는 데 큰 영향을 미친다. 또한 또다른 폭력과 학대의 가해자가 되어 세대간 전이되기도 한다.

4. 아동학대의 처리과정

아동학대의 처리과정은 크게 신고접수 단계, 현장조사 및 사정 단계, 사례판정 단계, 서비스 제공 단계, 사례종결 및 사후관리 단계 등 5단계로 이루어진다. 그럼 각각의 단계별로 처리과정을 살펴보자.

첫 번째 단계는 신고접수 단계다. 아동학대 사례 여부를 판단하고 아동학대 사례의 위급성 정도를 파악하기 위한 기초정보를 수집하는 것을 목적으로 한다. 먼저 경찰서나 타 기관 또는 일반전화, 24시간 전화(112), 방문 및 서신 등으로 신고접수를 받게 되면 사례의 위급성 여부 판단, 아동학대 사례로서의 적합성 여부 판단, 중복신고 또는 이전 신고기록 확인, 정보의 추가수집 여부 등의 주요사항을 결정하게 된다. 이러한 주요사항에 따라 아동학대의 증후 및 후유증이 발견되거나 학대를 유발할 수 있는 상황으로 의심이 되면 아동학대 의심사례로 구분하고 현장조사를 나가는 것을 원칙으로 한다. 그리고 아동학대와는 관계없이 시설입소, 이혼으로 인한 양육권 분쟁 등으로 아동양육 및 정서행동 문제와 관련한 전반적인 아동상담을 실시한 경우는 일반사례로 구분한다. 「아동복지법」에 따라 아동학대의 의심이 존재하고 사례개입이 가능한 기본 정도가 파악되었다면, 신고자의 의사와 무관하게 사례를 개입할 수 있다. 다만 신고자의 비밀보장에 좀 더 유의하여야 한다.

신고의무자는 부모 다음으로 아동과 많은 시간을 보내는 사람들로서 이들의 세심한 관심이 학대로 고통받는 아동을 돕는 데 중요한 역할을 할 수 있다. 첫째, 신고의무자는 아동학대의 증후가 무엇인지 충분히 인식해야 한다. 학대 증후가 심해야만 심각한 학대가 일어나는 것이 아니다. 정서적 학대의 경우 지금 눈으로 확인할 수는 없지만 시간의 흐름에 따라 아동발달에 치명적인 영향을 미칠 수 있다. 따라서 아주 작은 것이라 해도 의심이 되는 증후가 보이면 주의를 기울여야 한다. 둘째, 가능한 많은 정보를 찾아 기록하여 신고한다. 또한 학대가 의심되는 아동을 다룰 때는 다음과 같은 점을 주의하여야 한다. ① 너무 흥분하거나 당황하지 않는다. ② 아동을 안심시킨다. ③ 심문하는 듯한 태도나 반복적인 질문을 하지 않는 것이 좋다. ④ 아동이 앞으로 필요한 도움을 받을 수 있다는 사실을 알려 준다. ⑤ 아동이 말한 내용을 자세하게 기록하여 지체하지 말고 신고하고 의뢰한다.

두 번째 단계는 현장조사 및 사정 단계다. 현장조사 단계의 사정은 현장조사 시 파악한 정보를 통한 사정과 아동학대 스크리닝 척도를 통한 사정이 해당된다. 이 단계에서는 학대 판정 및 위급성 여부 확인, 피해아동에 대한 신변보장과 안전조치, 충분한 자료 및 정보의 수집 · 분석, 프로그램 및 서비스 제공 계획, 부모역할에 대한 교육 등을 목적으로 한다. 그리고 아동의 안전 여부, 아동 및 가족들의 욕구 및 특성, 아동의 성장 및 발달사, 학대의 정도 또는 학대로 인한 피해 심각성, 학대에 대한 위험도를 감소 · 제거하기 위해 변화될 수 있는 내용 등을 확인하고, 전문의료인의 소견서 및 진단서, 학대 상처에 대한 근접 사진 촬영, 학대와 관련한 음성 녹음, 비디오 녹화, 약술 및 기록 등을 통해서 증거자료를 확보한다.

세 번째 단계는 사례판정 단계다. 이 경우는 해당사례를 아동복지법령 정의 및 규정에 따라 심각성의 정도, 위급성 여부, 적절한 개입방법을 결정하기 위함을 목적으로 한다. 사례판정은 상담원의 조사를 기초로 상담원, 사회복지사, 전문상담가, 자문위원 등으로 구성된 아동학대 사례판정 회의를 실시한다. 따라서 각각의 판정기준에 따라 아동학대 사례, 잠재위험 사례, 일반사례로 구분한다. 사정을 통해 해결해야 할 문제의 우선순위를 정하고 이에 따른 개입내용과 진행계획을 결정하게 된다.

네 번째 단계는 서비스 제공 단계다. 이 단계의 목적은 아동학대 피해아동과 학대행위자 및 그 가족을 위해 가장 효과적이고 적절한 서비스를 제공하는 것과 학대가 일어날 수 있는 상황을 변화시키도록 가족 전체를 위한 세부적이고 명확한 지침 제공, 학대받은 아동의 위기가 제거되었거나 감소되었는지 파악할 수 있는 측정도구를 제공하는 것이다. 이때 학대가 일어나는 가족을 위한 서비스에는 집중적인 가족보존서비스, 개별상담, 부부상담, 가족상담, 집단상담, 부모교육, 지지서비스 등이 있고, 아동을 위한 상담치료 서비스에는 미술치료, 집단치료, 개별치료, 놀이치

그림 10-1 아동학대 개입절차

출처: 아동권리보장원 홈페이지.

료 등이 있다.

다섯 번째 단계는 사례종결 및 사후관리 단계다. 이 단계에서는 사례평가, 종결, 사후관리가 이루어진다. 먼저, 사례평가에서는 사례개입 목표 달성 여부, 학대의 위험성 감소 정도, 아동과 그 가족의 욕구충족 정도, 주호소 문제나 증상의 감소 및 제거 여부, 적응능력 증진 정도, 가족이 보이는 변화 동기, 치료 참여에 대한 만족정도 등을 고려해서 평가가 이루어져야 한다. 그리고 아동학대 재발 가능성이 희박하다고 평가될 때, 사례평가도구에 의해 종결이 가능한 상태라고 평가될 때 사례를 종결하고, 또한 불가피한 상황에 의해 강제 종결할 때도 있다. 마지막으로, 사후관리에서는 가족의 안정유지 및 학대재발의 예방을 위하여 종결된 사례는 3개월 동안 매월 1회 이상 직접방문 등의 방법으로 가족 또는 아동과 접촉하여 문제 재발생 여부를 확인해야 하고, 가족은 도움이 필요하다면 언제든지 상담원을 통해 아동 및 가족이 필요로 하는 도움과 자원을 받을 수 있도록 지원해야 한다. 아동보호전문기관과 상담원 수와 비교하면 누적 아동학대 사례 수가 점점 증가하면서 최소 사후관리 기간이 이전에는 6개월에서 3개월로 축소되었다.

5. e아동행복지원시스템을 활용한 위기아동 발굴

아동학대 사건이 지속적으로 발생하고 있으나, 기존의 대응 조치는 신고에 의한 사후 조사 및 처벌에 집중되어 위기 상황 발생 이전의 사전 예방 및 선제적 발굴 조치는 미흡하다는 한계를 가지고 있다(최현수 외, 2018). 아동학대에 대한 가장 바람직한 해결방안은 조기에 개입하여 학대피해를 최소화하는 것으로 학대위험아동 및 가구를 조기 발견할 수 있는 체계를 마련함으로써 선제적으로 아동학대 발생을 예방하고 아동 및 가족의 상황에 부합한 적절한 아동복지서비스를 제공할 수 있는 지원체계가 구축될 필요가 있다.

사회보장 빅데이터를 활용한 'e아동행복지원시스템'은 잠재적인 학대 위험아동을 예측하고 조기발견함으로써 아동학대를 사전에 예방하고 다양한 아동복지서비스를 제공할 수 있다. 이는 보건복지부가 2015년 12월부터 「사회보장급여의 이용·제공 및 수급권자 발굴에 관한 법률(사회보장급여법)」에 근거해 운영 중인 '복지사각지대 발굴관리시스템'과 '국가아동학대정보시스템' 등 아동학대 발생 사례에 대한 정보 및 학대위험아동 징후 관련 공공 빅데이터를 연계하여 활용한다. 이를 통해 잠재적 학대위험아동 및 가구에 대한 예측모형을 개발하고 예측결과를 일선 지자체에 제공하며, 현장 방문조사를 바탕으로 학대위험아동에 대한 예방 및 신고조치뿐만 아니라 다양한 아동복지서비스의 연계 및 지원체계를 마련하고자 한다. 'e아동행복지원시스템'의 구축 내용은 다음과 같다(보건복지부, 2020).

- 자료연계: 장기결석, 건강검진 미실시 등 다양한 위기아동 징후 관련 빅데이터를 수집

보호가 필요한 아동 예측 주요 정보
① 장기결석 등 학교 출결, ② 어린이집·유치원 출결, ③ 영유아 건강검진 미실시, ④ 치료중단 등 병원기록, ⑤ 예방접종 미실시, ⑥ 양육수당·보육료 미신청, ⑦ 아동복지시설 퇴소, ⑧ 학교밖 청소년, ⑨ 단전·단수·단가스 등 복지사각지대 정보 등

- 대상예측: 수집된 빅데이터를 분석해 고위험 예측 가구 추출. 분기별 1회 약 2만 명의 보호필요 아동을 예측하고 주민등록 상 거주지를 관할하는 읍면동 복지센터로 연계(연 4회)
- 방문확인: 읍·면·동 공무원이 해당 가구를 직접 방문해 조사·상담 후 복지

수요 및 학대 징후 판단. 학대정황으로 신고 시 경찰 · 아동보호전문기관 방문을 통해 상세조사 실시

- 사례관리: 학대정황은 없으나 지원이 필요한 아동은 상담 · 사례 관리 및 유관기관(드림스타트, 지역아동센터 등)과 연계해 복지 지원 강화. 민간 NGO의 위기아동지원사업도 지역자원으로 적극 활용

표 10-2 e아동행복지원시스템 구축 내용

e아동행복지원시스템	내용
1. 자료연계	장기결석, 건강검진 미실시 등 학대위험 징후 정보, 행복e음 내 정보 등
2. 대상예측	수집된 빅데이터 분석으로 고위험 예측 가구 추출
3. 방문확인	읍 · 면 · 동 공무원이 가정방문, 복지수요 및 학대징후 판단
4. 사례관리	아동복지서비스 지원 연계, 위기아동 모니터링

출처: 보건복지부(2019).

6. 만 3세 아동에 대한 소재, 안전 전수조사

정부는 국가의 아동보호 책임을 강화하는 '포용국가 아동정책'을 발표한 바 있으며, 그 연장선으로 아동의 행복과 안전을 보장하기 위해 만 3세 아동에 대한 전수조사가 추진되었다(관계부처 합동, 2019b). 보건복지부와 경찰청은 만 3세 아동의 소재와 안전을 확인하고 양육환경 개선에 필요한 서비스를 지원하기 위한 전수조사를 실시하였고(관계부처 합동, 2019c), 그 내용은 다음과 같다.

1) 추진배경

현재 취학 예정 아동을 대상으로 초등학교 예비소집 과정에서 연 1회 전수조사 중 유아 단계(만 3세)부터 동일년도 출생 아동에 대한 일괄 점검을 실시하여, 더욱 면밀하게 아동안전을 확보할 필요가 있다.

◈ 만 3세 선정 이유: 만 3세는 「유아교육법」상 '영아'에서 '유아'로 전환되면서 가정양육에서 공적 양육체계(유치원 · 어린이집)로 본격 진입하고, 아동이 본인의 의사를 적정수준으로 표현할 수 있는 시기

2) 조사방법

공적 양육체계 내에서 보육교사 등에 의해 일차적 사회감시망이 작동되므로 유치원, 어린이집 재원이 확인된 아동을 제외하고 가정 내 양육 중(가정양육수당 수령가구 등)인 국내 거주 아동을 중심으로 확인한다. 조사 담당자는 읍 · 면 · 동 주민센터의 아동 및 복지 담당 공무원으로 아동의 거주지(가정, 시설 등)를 직접 방문하여 아동의 소재와 안전을 확인하고 양육환경 개선을 위해 필요한 복지서비스를 지원한다. 특히 담당 공무원의 노력에도 아동의 소재, 안전이 확인되지 않거나 2회 이상 방문 거부 시 관할 경찰에 수사를 의뢰하여 소재 수사를 진행한다.

3) 조사내용 및 수행체계

조사내용은 아동의 소재와 안전을 파악하는 것으로 주민등록상에 등재되어 있는 아동의 실제 생존 여부, 아동이 안전을 위협받을 상황에 처해 있는지 여부를 확인하고 양육환경 개선을 위한 복지서비스 필요 여부를 확인하고 지원한다. 조사과정에서 아동학대 징후를 발견할 시에는 관할 아동보호전문기관으로 즉각적으로 신고한다.

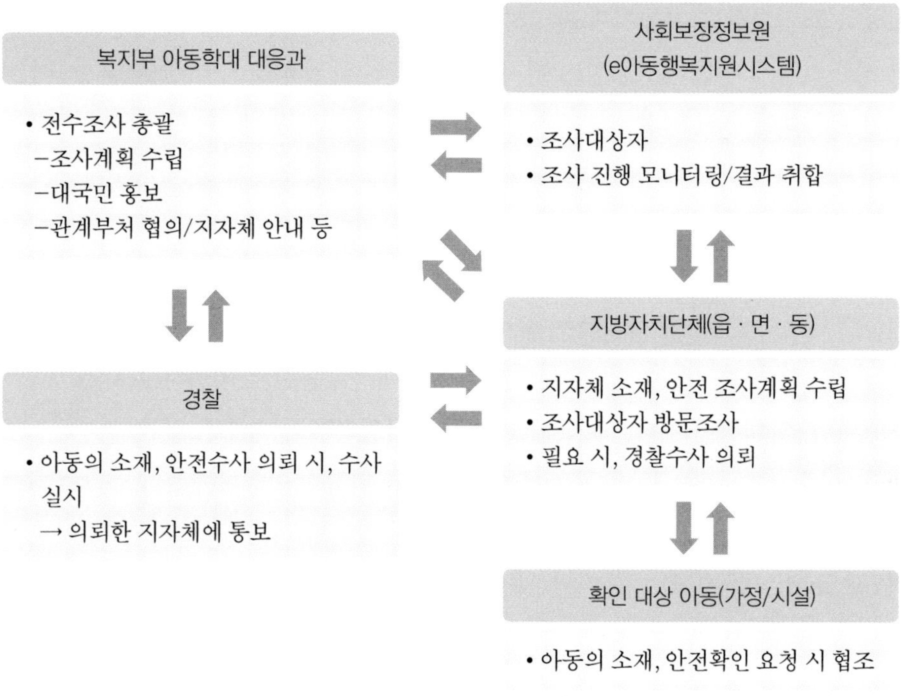

그림 10-2 조사 수행체계

출처: 관계부처 합동(2020a), p. 6.

제2절 아동보호서비스

1. 아동보호서비스의 개념

미국 아동복지연맹의 정의에 의하면, 아동보호서비스(child protective service: CPS)란 학대되었다고 여겨지거나 학대된 채로 발견된 아동을 위하여 도움을 제공하도록 위임된 책임을 수행하는 특수한 아동복지서비스이다. 이 경우 학대란 소극적인 유기나 적극적인 학대와 착취 모두를 포함하는 광범위한 의미를 지니고 있으며, 아동의 사회적 · 정서적 · 교육적 · 신체적 욕구와 관련된다.

또한 미국 아동국의 정의에 의하면, 아동보호서비스란 유기되거나 학대받고, 착취당하고 거부당한 아동에게 제공하는 특별한 사회복지서비스를 의미한다. 이러한 서비스의 초점은 예방적이며 비처벌적인 측면에 두고 있으며, 문제 유발요인의 확인과 치료를 통해 재발을 방지하는 데 목적을 두고 있다. 또 다른 정의에 의하면, 아동보호서비스란 아동에 대한 부모의 책임이 효율적으로 수행되지 못하고 있다는 정보를 수집한 기관에 의해 수행되는 아동을 위한 서비스이다.

우리나라에서는 「아동복지법」 제3조에 의해 보호자가 없거나 보호자로부터 이탈된 아동 또는 보호자가 학대하는 등 보호자가 아동을 양육하기에 적당하지 아니하거나 양육할 능력이 없는 경우의 아동을 '보호대상아동'으로 정의하고, 아동보호서비스의 법적 대상이 된다. '보호대상아동'은 「아동복지법」의 보호절차에 따라 보호된다. 아동보호서비스는 아동의 최상의 이익을 위하여 아동에게 필요한 보호조치를 제공하며, 아동에게 적합한 보호, 양육, 자립 방안을 마련하여 아동이 건강한 사회인으로 성장할 수 있도록 지원하는 것을 목적으로 하고 있다(노충래, 정익중, 강현아, 오승환, 2015).

2. 아동보호서비스의 특징

아동보호서비스의 특징을 몇 가지로 요약해서 살펴보면 다음과 같다.

첫째, 아동보호서비스를 제공할 책임은 전체 지역사회에 있다는 점이다. 친부모가 아동을 유기하거나 학대할 경우, 지역사회는 그 아동을 보호할 책임과 합법적인 권리가 있다. 따라서 아동보호서비스는 합법적인 근거하에서 그 효력이 발생한다.

둘째, 아동보호서비스는 가족구성원이 아닌 다른 사람에 의한 요구에 따라 제공된다는 점이다. 따라서 아동보호서비스는 부모가 부모로서의 역할 수행에 실패했지만, 서비스가 필요하다고 인식하지 못하고 있거나 서비스를 활용할 줄 모르거나 활용하기를 원하지 않을 경우에 부모의 의사와 관계없이 제공된다.

셋째, 아동보호서비스가 제공되면 아동에게 다시는 위험이 없다는 것이 명확히 확인될 때까지는 서비스의 제공을 멈출 수 없다는 점이다.

3. 아동보호서비스 제공의 문제

아동보호서비스는 아동을 보호하기 위해 부모의 의사와 관계없이 강제적으로 행해질 수 있는 서비스이므로 자녀에 대한 부모의 권리를 침해할지도 모른다는 문제에 부딪히게 된다. 오늘날 자녀에 대한 부모의 권리를 법의 보호를 받을 수 있는 타고난 당연한 권리로 보고 있긴 하지만 절대적인 것으로 여기지 않고 있으며, 인도주의적인 측면에서 볼 때 아동들은 학대받거나 유기되어서는 안 되며 보호를 받을 권리가 있으므로 지역사회나 아동보호기관이 부모의 의사에 반하여 아동에게 아동보호서비스를 제공하는 것은 당연한 것으로 보고 있다. 그러나 아동보호서비스는 사회에서 정의된 최소한의 조건에 미달하거나 아동들이 명백히 위험에 처해 있을 때만 행동을 취할 수 있다. 따라서 아동보호서비스를 제공하는 기관들은 '최후의 수단'으로서 역할을 수행해야 한다는 점을 명심해야 할 것이다.

신고가 들어오면 아동보호서비스 담당자(CPS worker)는 학대가 이루어졌는가, 아동의 안전과 가족관계(부모의 권리와 아동의 안전위험)는 어떤 사후조치를 통해 가장 잘 보호되는가에 대해 사정을 하고, 가족으로부터 아동의 즉각적인 퇴거를 결정하거나, 기관의 지도감독을 받거나, 가족문제를 해결하도록 서비스를 강제적으로 받도록 하거나, 자발적 서비스로의 의뢰 이상의 개입을 하지 않는 등의 결정을 한다. 만약 퇴거가 이루어지고 난 후 가족이 문제를 해결하고 다시 아동의 보호를 다시 책임지도록 하거나 혹은 가정위탁보호, 시설보호, 입양 등과 같은 대리보호 방안을 마련한다. 가정위탁보호는 아동학대와 방임의 경우 아동보호서비스를 통해 퇴거한 아동이 일시적으로 머물기 위한 것에서 발전한 것이다. 하지만 위탁가정에 머무르는 기간이 점점 길어지고 있으며 가정위탁이 중도 포기되거나 심지어 위탁가정 내에서 학대받는 경우도 있다. 이러한 위탁보호의 문제점 때문에 가족중심적 접근으로 가족지지(family support)와 가족보존(family preservation)의 개념이 점점 강조되고 있다. 가족중심적 접근은 모든 가족이 가진 내재적인 강점을 강조하고, 아동을 양육하는 데에는 가족만 한 곳이 없다는 것을 인정하고, 가족구성원과의 친밀한 관계를 영구화하기 위해 노력하는 것이다.

가족중심적 접근의 기본원리는 다음과 같다(Pecora et al., 2000). 가족의 입장에서

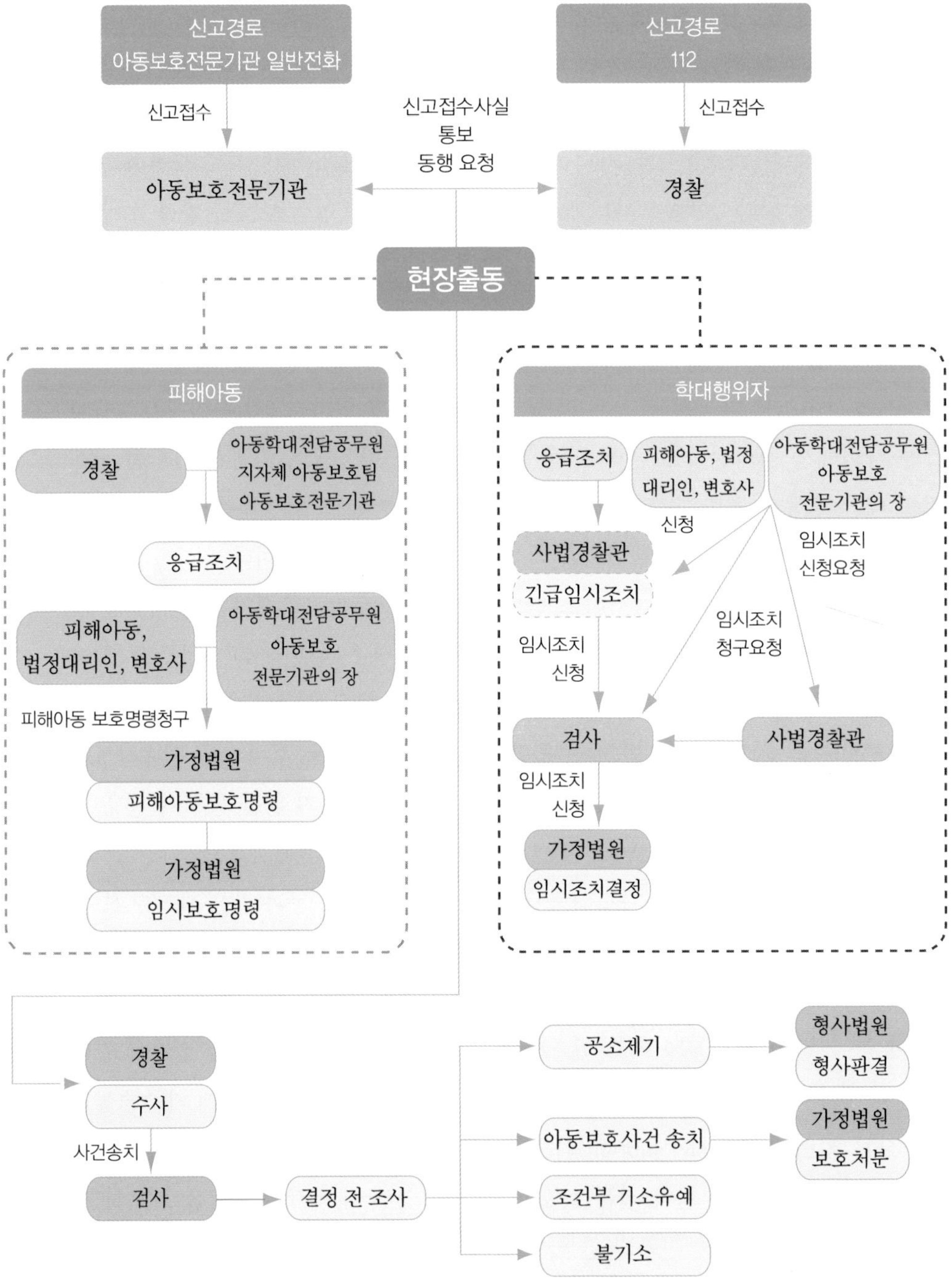

그림 10-3 아동학대사건 처리절차

출처: 아동권리보장원 홈페이지.

그림 10-4 아동보호전문기관의 업무처리 진행도

출처: 아동권리보장원 홈페이지.

는 ① 어떤 다양한 형태를 취하든 간에 가족들은 아동을 양육하는 가장 바람직한 장(場)이다. ② 가족들은 그 가족 자신의 성공적인 기능과 아동양육을 위하여 필요한 자원과 기회에 충분히 접근 가능한 권리가 있다. ③ 가족은 아동이 위험한 경우가 아니라면 사생활을 보호받을 권리가 있다. 아동의 입장에서는 ① 부모의 권리는 아동을 보호하고 아동의 복지를 증진하는 의무에 수반된다. ② 아동은 충분한 삶의 기회와 건강한 발달의 필수적인 것에 대한 권리가 있다. ③ 위험에 처한 아동은 지역사회보호의 권리가 있다.

가족지지(family support)는 아동학대와 방임의 원인이 될 수 있는 것(빈곤, 부모의 실직, 이혼, 사회경제적 스트레스, 양육에 대한 지식부족, 사회적 소외, 알코올중독, 정신병적 증후 등)들을 미리 차단하여 학대와 방임을 예방하는 것이고, 가족보존(family preservation)은 문제가 발생했을 때, 가족이 안전하게 같이 머무르면서 문제를 해결해 나가는 것이다. 가족보존의 기본가정은 세 가지다. 어떤 형태를 취하든 간에 가족은 아동을 양육하는 가장 바람직한 장이다. ① 아동은 가능한 때 가족과 함께 있을 수 있어야 한다. ② 가족은 아동발달과 성장과정에 항상 관여해야 한다. ③ 모든 가족은 나름대로 장점이 있다. 이러한 가정하에 문제가정이라도 아동을 퇴거시키지 않고 가족 내에서 서비스를 제공하는 것이다. 가족보존은 아동보호서비스, 정신건강서비스, 청소년비행 교정서비스의 관심대상이 되었을 때 비로소 시작되는 것이다. 이 가족보존의 중요한 목적은 위탁보호로의 배치(placement)를 막거나 아동이 위탁보호로 들어갔을 때 부모의 양육기술을 높이고 사후서비스 등을 제공하여 가족이 재결합할 수 있도록 도와주는 것이다. 가족지지서비스는 자발적이지만 가족보존서비스는 강제적이다(Pecora, Whittaker, Maluccio, & Barth, 2000).

제3절 아동보호서비스의 실천과정

미국 아동복지연맹(Child Welfare League of America)이 제시하고 있는 아동보호에 관한 사회복지실천기준에 의하면, 아동보호서비스는 아동이 필요로 하는 보호를 그 부모나 가족이 제공하지 못하는 아동들에게 제공되어야 한다. 전문사회복지사는 아동학대의 사례에서 아동과 그 가족에 대하여 심리사회적 개입의 필요성을 이해해야 한다. 이러한 개입은 아동학대 분야에서의 경험과 전문적 능력을 지닌 훈련된 전문가에 의하여 이루어지는 것이 바람직하다.

1. 아동학대의 지표

초기개입과정에서 사회복지사는 아동과 가족을 면접하여 아동학대의 정신건강상 혹은 임상적 문제의 증후가 있는지를 관찰해야 한다. 그리고 아동보호기관이나 공권력에 보고할 필요가 있는지를 확인한다. 그리고 아동과 가족의 정서적 욕구에 반응해야 한다.

아동학대 사례의 사정은 일반적인 정책과 실천지침, 개별 사회복지사의 경험에 기초하여 이루어진다. 개인적 편견, 정보의 질과 적절성을 고려할 때 보편적으로 적용될 수 있는 사정의 모델을 개발할 필요성이 있다. 이러한 모델은 사례의 모니터링과 지도감독, 우선순위의 설정, 개입방법의 설정 등에 기여하며, 구조화된 사정모델은 일관성, 적시성, 적절성, 보호결정의 질, 법정에 제출되는 보고 및 사회복지사의 책임성 등을 향상시키게 된다.

일반적으로 아동학대 사례의 위험정도를 판단하기 위하여 가장 많이 사용되는 지표는 〈표 10-3〉과 다음과 같은 요인들이다(NASW, 1995: 361-362).

표 10-3 신체적 · 정서적 · 성적 학대의 일반적 지표

구분	행동 지표
폭력적 행동	미술, 글, 언어에서 폭력과 성의 결합, 어린 동생에 대한 폭력, 방화
이상행동	돌출행동, 과도한 순응, 성인과의 신체 접촉 시 놀람 또는 과도한 두려움, 수면장애, 퇴행행동, 우울증
성과 관련된 행동	어린 동생에 대한 성적 괴롭힘, 노출, 과도한 수음, 성적 놀이, 연령이나 발달수준에 맞지 않는 성지식, 성행위의 암시
기타 지표 및 관련요인	자살생각이나 시도, 약물이나 알코올 남용, 빈약한 친구관계, 가출, 비행, 발달상 지체, 만성질환
부모의 행동	아동에 대한 부적절한 기대, 정신치료, 약물남용, 가정폭력

출처: NASW (1995). *Encyclopedia of Social Work* (19th ed.), p. 361.

- 과거의 아동학대 보고 여부: 해당 아동이나 가족 내의 다른 형제, 자매의 학대 혹은 유기의 기록
- 부모가 아동기에 학대된 경우: 부모가 아동기에 학대된 기억이 있거나 이러한 사실이 부모의 생육력에 기록된 경우
- 부모의 연령: 해당 아동이나 첫 아이의 출산 시에 부모가 18세 이하인 경우
- 아동의 연령: 유아, 어린 아동, 청소년의 학대 유형에는 다양한 차이가 있음
- 가족의 구성: 아이를 혼자 키우는 한부모, 미혼모, 이혼, 별거 등의 상황을 의미함
- 가정폭력: 폭력이 자주 발생하는 가정에서 아동은 우연히 또는 의도적으로 학대를 당함
- 장기간 별거: 아동이 조부모나 다른 가족구성원 또는 위탁보호를 받은 경우
- 부모 혹은 보호자의 약물남용: 부모나 다른 보호자가 약물이나 알코올을 남용하여 아동의 안전과 건강이 침해되는 경우
- 아동의 신체적 · 정신적 · 정서적 손상: 아동이 지적장애, 인지장애, 신체적 · 정서적 장애 혹은 만성질환이 있는 경우
- 부모나 기타 보호자의 신체적 · 정신적 · 정서적 손상: 부모나 기타 보호자가 정신질환의 진단을 받았거나 신체적 정서적 장애 또는 만성질환이 있는 경우
- 낮은 사회경제적 지위: 가족이 공공부조를 받는 경우

이와 같은 요인들 외에도 부모와 아동의 공격성, 거친 훈육방법, 부모의 스트레스와 분노, 양육방법상의 비현실적인 기대(대소변 가리기 등)로 인하여 아동학대의 가능성이 높아지게 된다.

일반적으로 연구에 의하면, 아동학대를 가하는 부모는 욕구불만, 충동성, 엄격함, 권위적, 비현실적인 기대, 조급함, 부적절한 양육모델 등의 특성이 있는 것으로 나타난다. 또한 유기를 행하는 부모는 충족되지 않은 유아기적 욕구나 성격을 갖거나 자신의 자녀를 적절하게 보호하기 위한 지식, 판단력 및 동기가 부족한 것으로 나타난다.

2. 치료와 서비스

사회복지사는 아동보호전문기관 혹은 병원에서 활동하는데 아동학대 사례의 발견, 서비스의 계획, 치료 및 후속조치를 효과적으로 수행하기 위하여 여러 학문 분야의 전문가 및 기관과 다학제팀을 구성해야 한다. 사회복지사는 아동과 가족 및 지역사회의 이익을 위하여 법률, 의료 및 기타 지역사회기관 간의 연계자로서 활동한다.

가족과의 최초 면접에서 사회복지사는 아동학대의 정확한 내력을 조사하고, 아동의 정신건강 욕구를 사정하며, 아동과 그 가족의 적절한 치료에 관한 결정을 내리기 위한 정보를 수집한다. 이때 사회복지사는 아동의 상태뿐 아니라 부모와 아동의 관계를 사정해야 한다. 상황을 사정함에 있어 사회복지사는 다음의 질문사항을 고려한다.

- 학대를 행한 이유가 복종을 가르치기 위함인가?
- 부모가 학대 사건을 부인 또는 축소하는가?
- 부모가 아동을 비난하거나 다른 사람에게 비난을 돌리는가?
- 부모가 방어적인 태도를 갖거나, 아동에게 부적절하게 애착을 갖는가?
- 부모가 아이에게 말할 때 언어적인 모욕이나 억압을 하는가?
- 부모나 기타 가족에 의하여 제공되는 지지의 수준은 어떠한가?

사회복지사는 아동의 안전, 즉 아동의 보호를 보장하는 가족의 능력에 관한 평가를 객관화하기 위하여 구조화된 위험사정 도구를 사용할 수 있다. 이 사정도구는 다음과 같은 질문을 포함한다.

- 부모는 무엇이 아동학대가 되는지, 그리고 아동에 미치는 영향에 관하여 명백하게 인식하고 있는가?
- 가족구성원이 정신적 문제나 약물중독으로 고통받고 있는가?
- 가족을 위하여 가용한 인적 · 재정적 자원은?
- 이전에 지자체 아동보호팀이나 아동보호전문기관과의 접촉 경험이 있는가?

구조화된 사정도구는 아동의 특성, 부모와 관련된 문제, 환경적 조건에 초점을 둔다. 아동학대와 유기를 치료 · 개입하기 위해서는 여러 측면에서 다양하게 분석될 수 있을 것이다. 여러 학문의 영역에서 치료개입을 위한 분석이 가능할 것이지만, 사회복지사는 적어도 모든 형태의 치료, 개입을 위한 사정평가에 기본이 되는 영역을 이해해야 할 것이다. 이러한 영역에는 개인에 한정된 것, 부모와 아동에 관련된 것, 그리고 그들이 개인으로서 어떻게 기능하는가 등이 포함된다. 그리고 사회복지사가 알아야 하는 두 번째 영역은 부모와 아동 사이의 상호작용과 가족의 역학에 관한 것이며, 마지막으로는 가족에게 부담을 주며 부모의 기능을 방해하는 실질적인 어려움과 환경적 문제에 대한 사정평가의 영역이 있다. 이들에 대한 사정평가의 구체적인 개요는 다음과 같다.

사정평가의 구체적인 개요

1. 부모의 기능

① 아동기의 좋은 양육경험과 박탈감에 대한 검토(아동기의 박탈감은 심각한 아동학대, 애정결핍, 아동유기와 상호연관이 있다)

- 부모의 사망 혹은 출생순서
- 부모의 별거 혹은 이혼
- 양육의 포기(위탁보호, 시설보호, 친척이나 친구에게 맡김)
- 알코올중독, 마약중독자, 범죄자 등인 부모

② 부모들이 아동시절에 어떻게 양육받았으며, 그 방법에 대해 그들의 감정은 어떠하였는지에 대한 상세한 이력을 조사(부모들은 그들에게 사용되었던 방법을 반복하는 경향이 있다.)

③ 정신병리학적 지표

- 정신질환: 망상 혹은 정신병이나 그 경계선상의 상태에 있는 아동은 유기를 유발할 가능성이 있다.
- 정신질환 혹은 사회병리: 이들 중 한 가지 증상이 있는 부모들은 진실한 감정이입을 갖지 못하기 쉬우며, 이때 아동학대와 유기의 위험성이 있다.

• 우울증: 이는 보통 유기와 연관되지만 가끔 주기적인 공격성을 유발하기도 한다.

④ 공격적 충동이나 성적 충동을 다룰 수 있는 능력의 유무

⑤ 엄격한 성격의 여부

⑥ 과도한 의존욕구의 존재 여부

⑦ 부모는 아동의 발달상 욕구를 이해하고 있는가, 아동에 대한 지식이 부족한가, 비현실적인 기대를 가지고 있는가?

⑧ 부모들이 사용하는 훈육방법은 무엇이며, 어떤 상황에서 그 방법을 사용하는가?

2. 아동의 기능

① 아동의 건강

• 아동을 다루고 보호하는 데 어려움을 주는 현재나 과거의 특이한 문제

• 현재의 건강보호가 적절한지 여부

② 신체적 문제

• 선천적 결함

• 신체적 이상

③ 행동상의 문제

• 공격성

• 도벽

• 정서적 문제

• 위축

④ 아동발달상의 문제

• 발달지연: 대근육운동(gross motor), 소근육운동(fine motor), 언어, 신장과 체중

• 대소변가리기 훈련(toilet training)

• 학교 및 기타 성취상의 문제

• 지적 장애

3. 가족구성원 사이의 상호작용

① 가족구성원들이 서로 눈으로 마주하거나 정상적인 신체적 접촉을 갖는가?

② 가족구성원들이 서로에 대하여 긍정적으로 말하는가, 부정적으로 말하는가?

③ 가족구성원들이 유순하게 말하는가 혹은 큰 소리로 말하는가?
④ 부모들은 아동을 적절하게 보호하고 다룰 수 있는가?
⑤ 가족구성원들이 모두 적절하게 활동에 참여하는가?

4. 아동학대와 유기를 발생시키는 환경적 요인과 스트레스

① 부모의 에너지를 고갈시키는 일상적 스트레스와 장기적인 상황
② 상황적 스트레스 요인(가족환경에 있어서 최근의 변화)
③ 촉발적 스트레스 요인(아동학대와 유기를 발생케 하는 사건)

아동학대나 유기의 사례에서 일차적인 치료목표는 부모로 하여금 아동에게 해로운 상황을 인식하고 수정하게 하며 부모의 역할을 수행하도록 도와줌으로써 아동을 보호하는 것이다. 그리하여 가족을 안정시키는 서비스를 제공하고, 가족을 유지하고 지원하는 것이다. 유기의 문제를 가진 가정에 대한 목표는 일상적인 기초에서 기능을 수행하도록 도와주고 가정이 겪고 있는 고립에 대처하도록 조정된 서비스를 제공하는 것이다. 학대 부모에 대한 목표는 비처벌적인 훈육방법, 갈등을 해소하는 기술, 환경과 효과적으로 상호작용하는 방법, 사회적 지원체계와 협상하는 능력, 아동의 발달적 욕구에 대한 지식 등을 습득하도록 돕는 것이다. 가족상담센터, 재가부모 프로그램, 일시보호, 부모교육 프로그램은 아동을 양육하는 부담을 지닌 가정에 대한 자원이다.

이러한 서비스가 제공된 이후, 사회복지사는 가족의 문제 상황이 경감되었는지를 평가하고, 부모와의 협력으로 문제에 대처할 것인지, 법정에 호소할 것인지, 혹은 아동을 위한 대리보호 등 추가의 서비스를 제공할 것인지를 결정하게 된다. 나아가 사회복지사는 아동의 학대와 유기를 초래하는 지역사회에서의 상황을 극복하려는 방법을 찾아내고 사회적 운동차원의 노력을 하게 된다.

3. 법정 활동과 지역사회 활동

부모들이 필요한 변화를 거부하거나 할 수 없을 경우, 또는 아동이 현재 너무나 명백한 위험에 처해 있는 상황이어서 아동을 가정에서 분리시켜야만 아동을 보호할 수 있을 경우에 사회복지기관은 법정 활동(court action)을 벌여야 한다. 이러한 활동을 하는 데는 '법정의 활용이란 최후의 수단으로서가 아니라 하나의 원칙으로서 건설적이어야 한다.'는 원칙에 따라야 한다. 이때 법정 활동 과정은 부모를 고소하는 수단이 아니라 아동을 보호하기 위한 수단이 되어야 한다. 그리고 모든 경우 아동에 대한 부모의 권리는 보호되어야 하며 법원의 승인에 의해서만 부모의 권리가 제한될 수 있다. 이와 같은 법정 활동은 아동이 수행하지 못하므로 사회복지 서비스를 통하여 아동에게 필요한 도움을 제공해 주어야 한다.

아동보호서비스는 아동이 소홀히 다루어지거나 학대받고 있다는 사회기관이나 시민의 신고에 의해서 시작된다. 인정된 사회기관을 통해서 지역사회는 아동들을 위해 어떤 가정상황에 개입할 책임을 지게 되는 것이다. 이때 기관(agency)은 아동에게 적절한 보호를 제공할 수 없는 부모들에게 아동을 분리하도록 법정에 청원하게 된다.

우리나라는 「아동학대범죄의 처벌 등에 관한 특례법」, 「진술조력인 선정 등에 관한 규칙」에 근거해 아동학대범죄의 피해자가 만 13세 미만의 아동이거나 의사소통이 어려운 장애인인 경우 진술조력인이 지원된다. 수사기관 또는 법원이 피해자에게 진술조력인이 필요하다고 판단하는 경우 직권으로 선정할 수 있고, 수사기관 또는 법원에 구두나 서면으로 신청하면 진술조력인을 선정하게 된다. 진술조력인은 성폭력범죄 또는 아동학대범죄 피해를 입은 아동과 장애인이 경찰이나 검찰에서 조사를 받거나 법정에서 증언을 할 때 의사소통을 도와주는 전문가이다. 진술조력인은 수사나 재판과정이 피해자의 눈높이에 맞게 진행될 수 있도록 도와줌으로써 2차 피해를 방지하고 성폭력 및 아동학대 사건의 진실을 밝혀내는 데 도움을 준다. 진술조력인은 조사 또는 증언 전 피해자와 면담을 거쳐 피해자의 심리상태, 의사소통 능력 등을 파악한다. 수사기관 또는 법원에 피해자의 상황에 대해 전달하여 피해자의 현 상태와 수준에 맞는 맞춤형 질문이 이루어질 수 있도록 한다. 법정은 아동에게 위압적일 수 있으므로 진술조력인은 조사 또는 증언 시 피해자의 옆에서 피해자가 심리적 안정감을 가지고 편안하게 진술할 수 있도록 도와준다. 피해자가 질문 내용을 이해하지 못하거나 진술하는 데 어려움이 있을 경우에는 진술조력인이 옆에서 의사소통을 보조해 준다.

또한 아동보호서비스에 있어서 아동뿐만 아니라 부모(양육자)도 치료의 초점이 된다. 부모는 법적으로나 문화적으로 자녀들의 보호, 양육, 지도, 감독 등에 대한 책임을 지고 있다. 부모가 이러한 책임을 감당하지 못할 때, 사회복지사는 부모 상호 간의 관계, 아동과의 관계 또는 지역사회와의 관계에서 어떠한 변화를 초래하고자 한다. 그러나 학대행위자 부모에게는 동기가 결여되어 있고, 현존하는 서비스의 내용을 잘 모르고 아동들의 복지에 민감하지 못할 때가 많다. 아동보호서비스 기관으로서는 부모들에게 좀 더 많은 책임을 지울 수 있고 가족관계나 적절한 아동보호를 가로막는 문제 등을 해결하고, 나아가 아동이 생활하는 전체 환경에 비추어 그 아동의 상황을 재평가할 기회 등을 부여해 주어야 할 것이다. 부모에 대한 효율적인 사회복지서비스를 통해서 아동들이 유기나 학대에서 벗어날 수 있는 것이다. 우리나라의 경우는 아직 이러한 프로그램이 시작 단계에 있다.

그리고 무책임한 부모의 아동을 보호함도 중요하지만 지역사회의 모든 시민이 공동책임을 의식하고 아동들을 보호하는 환경의 조성이 필요하다. 이러한 아동보호를 위한 아동권리 옹호(advocacy), 지역사회운동(community action) 프로그램은 지역사회 아동복지의 불가결한 부분이며, 아동에게 유용할 것이다.

미국 아동학대 사건 법률지원: 법원임명특별옹호자 / 소송후견인

미국에서는 법원임명특별옹호자(CASA: Court Appointed Special Advocate)/소송후견인(GAL: Guardian Ad Litem) 프로그램을 통해 학대피해아동들에게 법률지원을 하고 있다. CASA는 자신이 살고 있는 지역의 CASA 프로그램에 지원하여 신원확인과 면접 심사를 거쳐 엄격한 훈련을 받은 일반시민 봉사자이고, GAL은 후견인을 뜻하는 Guardian과 라틴어로 '소송을 위한'이라는 뜻의 'Ad Litem'이 결합된 용어로 '소송후견인'을 뜻한다(김경래, 2014; 박성혜, 2018). CASA와 GAL은 유사하지만 다른 개념이다. 이 둘은 학대피해아동의 소송을 위한 후견인 역할을 수행하고, 법원의 판사에 의해 임명된다는 점, 그리고 아동학대 사례를 조사하고 법정에 보고한다는 점이 유사하지만 차이점도 존재한다. 첫째, CASA는 훈련받은 자원봉사자로 본업이 별도로 있지만, GAL은 변호사로서 이 활동을 통해 보수를 지급받는다. 둘째, 담당 범위가 다르다. CASA는 가정법원의 학대 및 방임 그리고 친권 상실 사건만을 담당하지만, GAL은 모든 유형의 가족법 사건을 담당한다. 셋째, 역할 수행 방법이다. CASA는 법원임명특별옹호자로서 임시 보호자의 역할을 한다. 아동과 한 달에 최소 15시간을 멘토 형태로 만나고, 이 관계에 기반하여 사정하고, 이를 통한 권고사항을 법원에 보고하게 되며, 모든 변론기일에서 법원 보고서를 통해 권고안을 제출한다. 반면에 GAL은 소송후견인으로서 직접 사건을 처리하거나 CASA에 도움을 주는 형태를 가진다. 사건과 관련된 모든 사실과 의견을 소송절차에서 확실히 할 법적 의무와 함께 변호사로서의 역할을 수행한다. 넷째, 이들은 사정 방법에서도 차이를 보이는데, CASA는 아동 간의 관계를 중점적으로 평가하고, GAL은 주로 교사, 사회복지사, 치료사와 같은 전문가들의 인터뷰와 보고서를 토대로 평가한다. 다섯째, 아동과의 신뢰 관계 구축을 위한 만남의 빈도도 다르다. CASA는 아동을 만나는 빈도가 1개월에 2회로 높다. 이는 아동과의 신뢰 형성 및 사건의 복잡성 이해를 통한 옹호를 하기 때문이다. 반면, GAL이 아동을 만나는 빈도는 3개월에 1회로 낮다. 마지막으로, 사건 담당 수에서도 차이를 보인다. CASA는 한 번에 1개의 사건을 담당한다. 따라서 CASA는 1:1 관계를 통해 한 명 혹은 한 가정의 아동들에게 많은 시간과 관심을 쏟을 수 있다. 하지만 GAL은 주어진 기간에 30개 정도의 사건을 담당하게 된다(Brown, 2019). 이처럼 CASA와 GAL은 유사하지만 차이를 가지고 있다.

제4절 아동보호서비스의 현황과 과제

1. 아동보호서비스의 현황

1) 학대피해아동에 대한 사회적 관심과 법안의 제정

우리나라에서 학대피해아동에 관한 관심은 1979년 한국사회복지협의회에서 처음으로 '아동학대고발센터'를 설치하면서 시작되었다. 그러나 아동학대에 대한 신고접수가 없어 1년 만에 아동학대고발센터는 폐쇄되었다. 그 후 1983년 어린이보호회에서 아동을 위한 상담전화를 개설하면서 학대에 대한 아동들의 상담을 받기 시작하였다. 공립기관으로는 1985년 최초로 서울시립아동상담소에서 '아동권익보호신고소'를 개설하였으나 홍보 부족으로 학대신고 실적이 매우 부진하였다. 이 당시는 아동학대를 예방하고 치료할 수 있는 구체적인 법률조항이 없었다. 그러나 아동학대를 심각하게 생각하는 아동복지기관, 정신과 의사들이 주축이 되어 한국아동학대예방협회를 1989년에 설립하였다. 그 이후 한국복지재단(현 어린이재단)과 한국이웃사랑회(현 굿네이버스)가 아동학대예방센터를 운영하기 시작하였지만 아동학대를 발견하여도 개입할 수 있는 구체적인 법률조항이 없어 아동학대가 발견되어도 개입하는 데 많은 제한이 있었으며, 아동성폭력의 경우는 「성폭력특별법」을 적용하여 가해자를 처벌할 수 있었다. 그러나 성인피해자와 아동피해자의 특성이 일정 부분 상이함에도 불구하고 「성폭력특별법」은 성인피해자 중심의 법조항이기 때문에 성폭력 피해를 당한 아동을 보호하기에는 제한적이었다. 「성폭력특별법」은 2010년 4월 15일 폐지되었고, 현재 「성폭력범죄의 처벌 등에 관한 특례법」과 「성폭력방지 및 피해자 보호 등에 관한 법률」로 각각 제정되어 적용되고 있다.

우리나라는 다른 나라와 달리 「아동학대방지법」보다 1998년 1월 「성폭력특별법」과 1998년 7월 「가정폭력특별법」이 먼저 제정됨으로써 다른 법률에 따라 아동성폭력이나 가정 내에서 벌어지는 아동학대를 다룰 수 있는 길이 열렸다. 그러나 「성폭력특별법」이나 「가정폭력특별법」 모두 아동을 대상으로 한 법이 아니므로 성폭력이나 학대를 당하는 아동을 보호하고 가해자를 처벌하는 데에는 부족함이 있었다. 특별히「가정폭력특별법」은 가정 내에서 일어나는 폭력만을 중점으로 다루는 것이기 때문에 가정 밖에서 일어나는 아동학대를 다루는 데 문제가 있었다. 부모의 학대로 인한 아동의 사망 등이 사회적인 이슈로 신문, 방송 등에 보도되면서 2000년에「아동복지법」이 전면 개정되었고, 이를 통해 아동학대에 대한 보호체계가「아동복지법」상에 구체적으로 포함되게 되었다.「아동복지법」이 개정되면서 정부의 지원으로 2002년 당시 중앙 1개소와 지방(시 · 도) 17개소를 포함, 아동학대예방센터(현 아동보호전문기관)가 설립되었다. 그러나 전국적으로 18개소에 불과하여 학대피해아동을 발견 · 보호하기에 크게 부족하였고 학대피해아동 상담, 아동학대행위자 치료 및 상담을 하기에는 인력이나 예산이 절대적으로 부족하였다. 학대피해아동의 증가와 함께 학대 및 방임에 대한 신고, 조사, 격리 위주의 아동보호서비스 체계의 한계성을 보완하는 방법으로 2004년 복권기금 201억 원을 조성하여 16개 시 · 도에 시 · 도 아동보호종합센터를 설치하고, 피해아동 일시 격리보호를 위한 공동생활가정(그룹홈)과 피해아동 치료 및 행위자 교육장을 마련하였다. 또한 아동 방임사례의 증가, 학대가정에 대한 낙인화 문제 등을 이유로 2006년 4월부터 명칭을「아동복지법」의 공식 명칭대로 '아동학대예방센터'에서 '아동보호전문기관'으로 변경하였다. 또한 아동보호전문기관을 설치하는 지자체에 분권교부세 배부금액 인상 등의 인센티브를 제시하는 등의 노력으로 꾸준히 증가하여 2020년 기준 중앙(아동권리보장원) 1개소, 지역 67개소를 포함하여 전국적으로 68개소의 아동보호전문기관에서 학대피해아동을 보호할 수 있게 되었다.

「아동복지법」에 포함된 아동보호전문기관은 아동학대의 발견, 치료, 보호 및 예방 등을 담당하는 핵심기관으로, 중앙아동보호전문기관과 지역아동보호전문기관으로 나뉜다. 중앙아동보호전문기관은 지역아동보호전문기관에 대한 지원, 아동학대예방사업 관련 연구자료 발간 및 프로그램 개발, 국가아동학대정보시스템 운영 등의 업무를 수행하고 있다. 지역아동보호전문기관은 24시간 아동학대 사례신고접수와 아동학대 사례에 대한 현장조사, 학대피해아동에 대한 각종 보호조치 의뢰 및 보호조치를 실시한다. 또한 아동학대 감소를 위해 아동 및 가족서비스 제공, 경찰, 의료기관, 사법기관과 협조체계 구축하고, 상담과 가정지원 자원봉사자를 운영하며, 가족기능 회복을 위하여 복지시설, 상담치료기관 등의 지역자원을 연계하고, 아동학대 사례판정위원회의 설치, 운영 등의 업무를 실시한다(보건복지부, 2016a).

아동보호전문기관 상담원의 경우 아동학대 신고조사와 아동보호서비스를 담당하게 되는데, 사회복지사 1급 이상의 자격자 또는 대학에서 심리학, 아동복지 또는 사회복지 관련 교과목을 이수하고 졸업한 자가 100시간 이상의 교육과정을 수료한 자가 담당하도록 하고 있다. 상담원들은 피해아동을 그 가정 내 아동학대로부터 보호하는 것과 피해아동의 가정을 원조하여 향후 아동학대의 재발을 방지하는 역할을 수행한다. 상담원들은 이러한 목적을 달성하기 위하여 학대피해아동 응급조치 및 보호조치, 개별상담, 집단상담, 기관상담, 심리치료 및 가족치료서비스, 학습지원, 가정지원서비스 등 다양한 서비스를 제공하고 있다.

2014년에는 「아동학대범죄의 처벌 등에 관한 특례법」이 제정되어 시행되었다. 이 법에서는 아동학대 행위에 대한 처벌을 가중하고 피해아동의 보호와 지원을 강화하였다. 이는 아동학대를 더 이상 가정의 문제가 아닌 중대한 사회범죄로 인식하고 국가가 적극적으로 개입할 수 있는 법적 토대를 마련하였음을 의미한다(허남순, 2014). 이 법에는 '아동학대치사' 등에 대해 가중처벌을 규정, 신고의무자 범위 확대, 학대행위자의 친권 제한 · 정지 또는 친권상실 청구, 경미한 학대 사건에 대하여 보호처분 신설, 피해아동을 위한 국선변호사 및 진술조력인 제도 도입, 피해아동보호명령 청구 등의 내용을 담고 있다.

2) 학대피해아동 보호망의 확충

학대피해아동 보호건수 또한 아동보호전문기관의 증설과 함께 증가하였다. 더불어 아동보호전문기관에서는 학대받는 아동을 위한 치료실, 놀이실 등은 물론 학대피해아동을 일시적으로 보호할 수 있는 쉼터를 설치하는 등 아동보호를 위한 종합적인 서비스 지원체계를 위한 노력을 더욱 촘촘히 해 나가고 있다. 또한 치료 전문인력을 배치하여 원활한 치료적 개입을 꾀하고 있다. 2020년 기준 68개의 지역아동보호전문기관과 72개의 학대피해아동쉼터에 심리치료실이 설치되어 있다. 각 기관당 1명 이상의 임상심리치료 전문인력이 상주하고 있으며, 프리랜서 임상심리치료 전문인력을 통해 다양한 심리치료를 제공하고 있다.

3) 방임아동을 위한 종합적 지원체계 구축

학대행위자가 피해아동을 사망에 이르게 한 학대유형에서 신체학대(53.3%) 다음으로 방임(30.0%)이 높은 비중을 차지해 사망아동이 취약한 학대 유형이 신체 및 방임인 것으로 나타났다. 그러나 여전히 방임아동에 대한 국가적 보호체계는 충분히 구축되어 있지 않으며, 방임이 아동학대라는 인식도 저조하다. 2005년 아홉 살 어린이가 혼자 집을 보다가 개에 물려 사망한 사건은 방임아동에 대한 사회적 경각심을 일깨우는 결정적 계기가 되었다. 사건 발생 후 원인 진단과 대책 마련에 관한 논의를 진행한 결과, 사후적인 개별 서비스 제공 위주의 아동보호체계로는 저소득 고위험군 방임아동을 조기에 발견하여 보호하는 것이 불가능하다는 데 의견을 모았다. 즉, 방임된 아동을 조기에 발견하고 예방하기 위해서는 아동중심의 통합서비스체계를 만들어 나가야 했다. 이에 따라 2006년에 실시한 것이 '보건소 아동보호 통합서비스' 시범사업이다. 이 사업은 기존에 보건소를 중심으로 시행되고 있던 방문간호서비스에 아동보호서비스를 연계한 것으로, 학대 및 방임아동을 조기에 발견하여 적절한 지원을 하기 위한 것이었다. 이는 2007년에 '방임 · 학대 아동에 대한 통합서비스'로 통합되어, 전국 16개 지역에서 '희망스타트(현 드림스타트)' 사업을 착수하게 되었다. 희망스타트는 2008년부터 드림스타트로 명칭을 변경하여 단계적으로 전국으로 확대되었으며, 2019년 기준 229개 지역에서 드림스타트센터가 설치 운영되고 있다(보건복지부, 2019).

또한 한정된 경찰력 위주의 치안정책에서 아동이 쉽게 도움을 요청할 수 있는 지역주민 참여, 공동안전 네트워크 구축의 필요성에 의해 2008년부터 아동범죄 다발지역, 저소득층 밀집지역 등 치안수요가 높은 지역을 대상으로 순찰활동을 전개함으로써 아동의 안전한 성장환경을 조성하기 위해 아동안전지킴이 사업을 진행하고 있다. 보건복지부, 경찰청, 대한민국 재향경우회, 대한노인회 등 3자 협약을 통해 사업이 진행되고 있으며, 2018년 12월 기준 전국 255개 경찰서 관내에 9,007명의 아동안전지킴이를 모집하였다(경찰청, 2019). 아동안전지킴이는 통학로, 놀이터

주변, 공원 등 아동운집지역을 순찰하며 야쿠르트 아줌마(37%), 집배원(44%) 등 체계적이고 아동에게 친숙하며 주로 학교 및 주택가에서 쉽게 발견할 수 있는 직업군 위주로 실종 예방, 비행청소년 선도 등 아동보호활동을 수행하고 있다. 또한 아동이 다니는 길 인근에 아동안전지킴이집을 지정하여 아동을 보호하고 필요시 경찰에 인계할 수 있도록 하였으며, 전국 12,940개소가 운영 중이다(경찰청, 2019a).

4) 성학대 피해아동에 대한 치료지원 강화

전국아동학대현황보고서에 따르면, 2018년 기준 학대피해아동 보호건수 24,604건 중 성학대는 910건으로 3.7%에 불과하다. 그러나 성학대 유형의 경우 아동보호전문기관에 아동학대로 신고되지 않고 경찰에 직접 신고나 성폭력 상담소, 여성 상담소 등으로 신고 접수되는 경우가 많아 다른 학대 유형과는 달리 아동보호전문기관의 통계에는 과소집계되는 경향이 있다(김미숙, 배화옥, 정익중, 조성호, 박명숙, 김지민 2016). 또한 성범죄의 특성상 피해자나 가해자가 쉽게 노출되지 않으며, 특히 가족 내에서 발생하는 성학대의 경우 더욱 발견하기가 어렵다는 점을 고려하면 성학대 문제의 비중을 결코 가볍게 볼 수 없다. 또한 성학대는 아동학대 사례 특징 중 2차 피해가 가장 심각하며, 학대 이후 나타나는 정신적 · 심리적 후유증의 정도가 심각하며, 치료방법에서도 다른 학대유형과 구별되는 전문적 · 체계적 개입이 필요하다.

2005년 중앙아동보호전문기관에서는 아동보호전문기관 상담원을 대상으로 성학대 개입 매뉴얼을 개발 · 보급하였으며, 2016년 기준 20개 아동보호전문기관에 성학대 피해 아동의 법적 개입에 필요한 진술을 녹화할 수 있는 녹화진술실을 설치하였다. 또한 국립의료원, 국립서울병원 등 전국 63개 종합병원 내 소아청소년과, 소아정신과, 외과, 내과, 산부인과, 의료사회사업가 등으로 학대아동보호팀을 구성하여, 아동학대로 의심되는 아동에게 종합적인 의료서비스를 제공하고 성학대 피해아동에 대한 치료지원 연계를 강화하였고, 서울 동부아동보호전문기관에서는 성학대 피해아동을 위한 거주형 치료시설을 마련하였다. 이와 더불어 아동 스스로 성학대에 대한 방어능력을 키울 수 있도록 CES(Child Empowering Services), PAPCM(Participatory Activity for the Prevention of Child Maltreatment)과 같은 아동권리교육 프로그램을 마련하여 운영하고 있다.

그러나 성학대 피해아동에 대한 지원체계를 공고히 하기 위해 해결해야 할 과제가 아직 많이 존재한다. 아동보호전문기관 내에 성학대 전문인력이 여전히 부족하며, 성학대 피해아동을 위한 전용 치료시설 혹은 그룹홈 역시 충분하지 않아 피해아동에게 적절한 조처를 하지 못하는 경우도 있었다. 성학대 피해아동 보호의 사각지대를 해소하기 위해 성학대 사례개입을 위한 전문인력 양성에 노력하고, 63개 의료기관 내에 마련되어 있는 학대피해아동 전담팀 및 성학대 관련 해바라기센터 등과의 교류도 내실화하여 성학대 피해아동의 지원체계를 더욱 공고히 해 나가야 할 것이다.

5) 아동학대신고의무자 교육 및 학대예방교육 강화

해마다 증가 추세에 있긴 하지만 아직 우리나라에서 신고 접수되는 아동학대 건수는 선진국보다 매우 낮은 실정이며, 친권의식이 강한 사회적 · 문화적 환경을 고려해 보면, 이는 실제 아동학대발생건수가 적어서라기보다는 신고율 자체가 미미함에 따른 현상이라 할 수 있다.

아동학대 신고자는 「아동복지법」상 신고의무자와 비신고의무자로 나누어 볼 수 있는데, 2018 아동학대 주요통계에 따르면 전체 신고자 중 신고의무자의 신고율은 27.3%에 불과하다. 사회복지사, 교원, 의료인 등 신고의무자는 아동학대를 조기에 발견할 수 있는 사람들인 만큼 신고의무자에 의한 신고율을 높이는 노력이 절실히 필요하다. 신고율을 높이는 방법으로 미국과 같이 신고의무자가 아동학대를 발견한 후에도 신고를 하지 않는 경우 과태료를 부과하거나 사회복지사, 의사 등의 전문자격증을 박탈하는 것을 법으로 제정하자는 의견이 대두되었다. 따라서 2016년 개정된 「아동학대범죄의 처벌 등에 관한 특례법」에는 신고의무자 직군을 기존 22개에서 24개로 확대하고 신고의무자가 신고하지 않았을 경우 500만 원 이하의 과태료를 부과하도록 명시하였다. 이와 더불어 신고의무자 교육교재를 제작 · 배포하여 신고의무자들에게 자신이 신고의무자에 해당하는지와 아동학대 판단기준 등에 대한 지식을 제공하고자 하였다. 또한 온라인을 통한 신고의무자 교육을 추진하여 교육방법의 다양화를 시도하고 있다.

신고의무자에 대한 교육만큼이나 아동학대 예방교육 또한 중요하다. 정부는 TV 또는 라디오의 공익광고 방영을 통해 아동학대에 대한 인식을 증대시키기 위해 노력했다. 또한 대중에게 인지도가 높은 연예인을 아동학대 홍보대사로 위촉하여 아동학대예방 홍보를 위한 대중적 접근을 용이하게 하였고, 아동학대예방의 날(11월 19일) 기념행사 개최, 훈육교재 및 부모교육 영상물 제작 등 대중에게 좀 더 친근하게 다가가는 홍보사업들을 펼쳐 나가고 있다. 학대행위자의 76.9%가 부모인 점(중앙아동보호전문기관, 2019)을 고려하여 부모에 대한 적절한 양육교육 프로그램 개발이 필요하다는 판단하에 제작된 부모교육 영상물, 훈육교재 등을 아버지 및 예비 아버지 연령층이 참가하는 예비군 및 민방위 훈련 등에 포함시킬 수 있도록 노력하고 있다.

6) 아동복지서비스 통합을 위한 아동권리보장원의 설립

아동정책에 대한 종합적인 수행과 아동복지 관련 사업의 효과적인 추진을 위하여 별개의 기관으로 운영되고 있는 아동복지서비스 지원업무를 아동권리보장원으로 통합하였다. 이에 따라 학대아동 지원, 드림스타트, 지역아동센터 지원, 가정위탁, 자립 지원, 자산형성 지원사업, 입양, 실종아동보호 등 민간에서 분산 운영 중인 8개의 사업을 중앙지원조직으로 통합하였다. 따라서 그동안 아동학대의 중추적 역할을 담당해 온 중앙아동보호전문기관의 업무도 2019년 아동권리보장원에 모두 이관되었다.

아동권리보장원은 아동보호전문기관에 대한 지원뿐만 아니라 아동학대예방사업과 관련된 연구 및 자료 발간, 프로그램 개발과 평가, 정보기반 구축 및 정보제공, 국가아동학대정보시스템 운영 지원, 아동학대 통계 제공 등을 진행한다. 이를 통해 체계적인 공적 아동보호시스템을 구축하여 보호가 필요한 아동에 대한 국가책임을 강화하고, 촘촘한 아동보호체계를 구축함으로써 학대로 인해 고통받는 아동이 발생하지 않도록 아동학대를 예방하기 위한 노력을 지속하고 있다. 아동학대 업무 이외에도 보호대상아동 지원(중앙입양원, 중앙가정위탁지원센터)과 자립지원(아동자립지원단, 디딤씨앗지원단), 아동돌봄(지역아동센터, 드림스타트사업지원단), 아동

표 10-4 아동권리보장원의 통합대상 기관 현황

분산된 지원체계			통합기구
구분	통합대상기관	아동권리보장원 사업(위탁) 근거	아동권리 보장원
학대예방	중앙아동보호전문기관	「아동복지법」 제10조의2 제6호	
아동보호 전달체계지원	드림스타트사업지원단	「시행령」 제56조 제7항 제3호	
	지역아동센터중앙지원단	「아동복지법」 제10조의2 제8호	
	중앙가정위탁지원센터	「아동복지법」 제10조의2 제2항 제7호	
요보호아동 자립지원	아동자립지원단	「시행령」 제56조 제7항 제4호	
	디딤씨앗사업지원단	「시행령」 제56조 제7항 제5호	
입양	중앙입양원	「아동복지법」 제10조의2 제2항 제9호	
실종아동보호	실종아동전문기관	「실종아동법」 제5조 제1항	

출처: 관계부처 합동(2019d).

실종 대응(실종아동전문기관) 업무의 분야별 전문성의 질을 높이고 체계적으로 운영해 나갈 계획이며, 요보호아동 전반에 대한 통합적 지원을 위해 종합계획을 수립하고, 아동관점의 정책 수립 지원을 위한 전문기관으로의 위상을 정립하기 위해 노력하고 있다. 이를 통해 아동중심 관점에서 아동보호서비스를 체계적 · 종합적으로 통합 관리할 수 있으며, 아동보호체계의 중추적인 역할을 수행할 것으로 기대된다.

2. 아동보호서비스의 과제

1) 아동학대 예방 및 조기발견을 위한 노력 제고

학대의 발생을 막는 것이야말로 아동을 학대로부터 보호할 수 있는 가장 적극적인 방법이다(한미현, 2006). 따라서 예방을 위한 노력이 그 무엇보다도 선행되어야 하고, 예방을 위한 다각적인 방법이 강구되고 실제적인 행동과 노력으로 연결될 수 있도록 정책적인 방안이 뒷받침되어야 할 것이다. 올바른 자녀양육에 대한 부모교육 및 인식개선을 통해 학대행위를 막는 노력은 예방차원에서 가장 기본적인 노력

이 될 것이다. 또한 아동을 대상으로 한 아동학대교육도 강화하여 아동 스스로가 학대의 위험으로부터 자신을 지키고 피할 수 있는 능력을 갖추게 하는 노력도 병행되어야 할 것이다. 이와 더불어 아동학대는 범죄라는 인식을 명확히 할 필요가 있으며, 인식개선을 위한 사회·제도적 노력이 필요하다(정익중, 2014). 이를 위해서는 신고의무자를 비롯해 아동학대 사건에 영향을 미칠 수 있는 법집행자의 정규교육과정과 보수교육과정에 아동학대 예방교육을 필수로 포함시킬 필요가 있다. 또한 대국민 아동학대 예방교육과 홍보를 통해 아동학대에 대한 대중의 인식을 확산시켜 아동학대 발생을 방지하고 아동학대를 조기발견할 수 있도록 할 필요가 있다.

아동학대의 조기발견을 위해 영유아 가정방문서비스를 제도화하고 고위험 가정에 대한 집중적 가정방문서비스가 실시되어야 한다. 저소득층 부모들의 장시간 노동 및 인식부족으로 인해 저소득층 영유아들의 의료 및 보건 서비스에 대한 접근성이 떨어지기 때문이다. 따라서 현존하는 드림스타트, 교육복지우선지원사업 등에서 실시하고 있는 가정방문서비스들을 활성화하여 지역간호사들이나 사회복지사들을 통한 가정방문을 통하여 아동학대의 발생을 사전예방하고, 만약 아동학대가 발생하고 있는 사례에 대해서는 조기발견 및 개입을 할 수 있도록 하는 체계를 갖출 필요가 있다. 이를 위해서는 가정방문의 기회가 많은 사회복지사나 지역간호사들을 대상으로 아동학대 증상 및 원인, 조기발견에 대한 교육을 체계화할 필요가 있다. 특히 영유아기에는 아동양육에 대한 지식이 부족하고 스트레스가 가장 높은 시기이며 향후 아동학대행위에 가장 영향을 주는 시기로 보편적 가정방문제도의 제도화가 필요하다. 나아가 아동학대 고위험 집단에 대해 더욱 집중적이며 다학제팀으로 구성되는 가정방문도 동시에 이루어져야 한다.

특히 영유아기에는 아동학대를 예방하고 아동학대 의심 아동을 발견하는 통로로 영유아 건강검진제도를 활용할 필요가 있다. 2008년부터 시행된 전 국민 수준의 영유아 건강검진제도는 생후 4개월부터 만 6세까지의 영유아를 대상으로 총 7회의 건강검진과 3회의 구강검진을 받게 되어 있다. 4개월, 9개월, 만 2세, 3세, 4세, 5세, 6세에 시행되며, 생후 2년부터는 구강검진도 포함된다. 주요 검진 항목은 문진 및 진찰, 신체계측, 건강교육, 발달선별검사 및 상담, 구강문진 및 진찰, 구강 보건교육이다. 건강교육에는 영유아의 영양, 수면, 안전, 구강, 대소변 가리기, 정서 및 사회성, 개인위생, 취학준비 등의 교육이 포함되며 발달평가는 K-ASQ, DENVER-II 등 의한 검사가 이루어진다.

영유아 건강검진제도는 전 국민 수준에서 이루어지는 보편적 건강서비스라는 점에서 큰 의의가 있으나, 다음과 같은 문제점이 있다. 먼저, 지정된 검진기관이 있어 자신이 다니는 소아청소년과 의원에서 검진을 받을 수 없는 경우가 생기며 검진기관에 사전 예약 후 방문해야 하는 번거로움이 있다. 또한 지역에 따라 건강검진으로 지정된 소아청소년과 의원이 적어 예약 후 대기시간이 길어 시기별로 정해진 기간 내에 건강검진을 받지 못하기도 하며, 거주지에 따라 검진기관이 멀어 어린 자녀를 데리고 방문하기 어려운 사례들이 발생한다.

이러한 과정에서 자녀양육 및 영유아 건강검진에 관심이 높은 가정만 이 제도를 활용하고, 실제 영유아건강검진제도를 통해 예방 및 선별되어야 할 위기가정은 이 제도 활용에 대한 접근성이 떨어지게 될 가능성이 크다. 건강검진 내용에서도 기본적인 신체계측과 발달검사에 따른 결과만을 받으며, 의료인에게 건강교육 및 진료시간은 매우 짧아 실질적인 건강교육 및 상담은 이루어지지 않고 있다. 또한 건강교육 안에는 영유아의 안전 등에 대한 항목이 포함되어 있으나, 이에 대한 구체적인 공통된 매뉴얼이 부재하여 검진기관마다 달리 이루어지고 있으며, 건강교육의 항목이나 발달평가 및 상담 지표에는 현재 아동학대를 판단할 수 있는 문항이 없다. 또한 중간에 검진기관을 바꾸게 되면 이전 기록을 확인할 수 없다.

이러한 문제점들을 개선하여 영유아 건강검진제도를 보다 강화하면 아동학대의 보편적 예방 및 아동학대 위험가정의 조기발견 시스템으로 효과적으로 기능할 수 있는 기반 체계가 될 수 있을 것으로 보인다(노충래, 정익중, 전종설, 2012). 이에 대한 제안사항은 다음과 같다. 첫째, 현재 영유아 검진기관의 수를 지역의 영유아 수를 고려하여 더욱 확충하는 방안이 요구된다. 영유아 검진을 받고 싶지만, 예약 후 대기기간이 길어지거나 거주지에서 멀어 시기별 검진기간을 놓치게 되는 것을 방지해야 한다. 둘째, 건강교육 및 발달검사 항목에 아동학대 의심지표를 추가할 것을 제안한다. 검진 항목 안에 신체학대, 성학대, 정서학대, 방임의 여부를 확인할 수 있는 항목을 포함하여, 소아청소년과 의원이 아동학대 예방 및 조기발견을 위한 1차 기관으로서 제대로 기능할 수 있도록 하는 것이 필요하다. 셋째, 현재 0~6세가 7회에 걸쳐 건강검진을 받도록 규정되어 있으나 의무사항은 아니므로 부모의 의지에 따라 수검률이 낮아질 수 있으므로 영유아 검진을 필수화할 필요가 있다. 7회의 검진을 모두 필수검진으로 하기는 어려우나, 영아기에 1회 이상, 유아기에 1회 이상의 검진을 필수적으로 받을 수 있도록 강제화하는 방안이 요구된다. 이러한 영유아 검진 수검기록은 예방접종 기록과 함께 어린이집, 초등학교 등의 입학 시 제출서류로 포함시키는 방안도 검토할 필요가 있다. 이러한 조치를 취하지 않는 부모는 의료적 방임에 해당될 수 있음을 강조할 필요도 있다. 넷째, 영유아건강검진제도를 한 번도 이용하지 않은 가정의 경우 학대나 방임의 위험이 크므로 필수적으로 강제 가정방문을 실시하는 체계를 구축할 필요가 있다.

2) 학대행위자에 대한 교육 및 치료지원 강화

아동학대 사례가 완전히 종결되기 위해서는 학대피해아동에 대한 치료지원에서 그칠 것이 아니라 가족지원이 함께 이루어져야 한다. 가족지원의 기본은 가족 내 학대행위자에 대한 치료 및 교육을 통해 피해아동이 가족 내에서 올바른 양육을 받으며 성장할 수 있는 여건을 만들어 주는 데 있을 것이다. 관계부처 합동(2018)의 '아동학대방지 보완대책'에 따라 2018년 6월 이후에는 영유아를 보육하는 모든 부모에게 복지서비스를 제공할 때 온·오프라인 아동학대 예방·신고 교육을 강화하고 있으며, 아동수당, 양육수당, 보육료, 유아학비 신청 시 교육자료를 게시하고 배포하고 있다. 또한 생계곤란·장애 등으로 교육참여가 어려운 부모에게 1:1 맞춤형 방문교육을 하는 가족행복드림서비스를 제공하고 있다. 하지만 아동학대 예방교육은 신청자만을 대상으로 교육하는 등 선택적 요소가 강하며, 이를 의무화하는 제도를 마련할 필요가 있다.

2002년에는 전체 서비스제공 횟수 7,268회 중 부모교육, 재학대 예방교육이 차지하는 비중은 204회(2.8%)에 불과하였으며 치료서비스도 99회(1%)에 불과하였다. 그러나 2018년에 전체 서비스제공 횟수는 총 805,437회로 증가하였는데, 그중 피해아동에게 제공된 서비스는 461,891회(57.3%), 학대행위자에게 제공된 서비스는 206,419회(25.6%), 학대행위자를 제외한 부모 또는 가족에게 제공된 서비스는

137,127회(17.0%) 이다(아동보호전문기관, 2019). 학대행위자에 대한 서비스도 증가했지만 아동학대 감소를 위해서는 학대행위자들의 행태 변화 유도와 치료가 무엇보다 중요한데, 학대행위자가 알코올중독이나 정신장애 등 심각한 문제가 있음에도 이에 상응하는 전문적인 교육과 치료지원이 아직 미흡한 실정으로 이를 계속해서 보완해 나갈 필요가 있다.

아동학대 행위자에 대한 치료도 강제성을 띠어야 한다. 해외에서는 아동 혼자 놀기만 해도 부모와 아동을 격리시킨다. 부모는 아동보호서비스의 모든 것을 이해하고, 실행해야만 아동을 데리고 올 수 있다. 그리고 1년 6개월 동안 센터의 조치에 대해 잘 따르지 않으면 친권을 제한하거나 박탈한다. 하지만 우리나라의 경우 전통적으로 친권을 중요시하여 피해자 아동과 가해자 부모를 분리시키지 않으려 하기 때문에 가해자 교육과 피해자 보호가 쉽지 않다. 이 난점을 개선하기 위해 2014년 「아동학대범죄의 처벌 등에 관한 특례법」이 제정·시행되었으며, 「아동복지법」이 개정되었다. 「아동학대범죄의 처벌 등에 관한 특례법」에서는 학대행위자에 대하여 수강명령 또는 아동학대 치료프로그램 이수명령을 병과할 수 있도록 하였다. 또한 「아동복지법」에서는 아동보호전문기관이 학대행위자에 대하여 상담, 교육, 심리적 치료 등을 권고할 수 있으며 권고받은 자는 성실히 참여할 것을 명시하였다(제29조의2). 이처럼 최근의 법 개정을 통해 학대행위자에 대한 개입이 강화되었다.

3) 신고의무 강화와 신고의무자 보호

직무에서 아동을 만날 가능성이 높은 25개 직군을 신고의무자로 지정하고 있지만 신고의무자들에 의한 신고는 상대적으로 적은 편이다. 신고의무자가 신고하지 않으면 민형사상의 처벌을 강제해야 한다. 2016년 개정된 「아동학대범죄의 처벌 등에 관한 특례법」에 의하면 신고의무자가 아동학대를 신고하지 않았을 경우 500만원 이하의 과태료를 부과하도록 명시하고 있다.

신고의무자가 본인을 신고의무자로 인식하지 못하는 경우를 대비하여 신고의무자를 대상으로 신고의무교육을 실시할 필요가 있으며, 신고의무자를 고용하는 고용주·기관장을 통해 고용계약 시 신고의무를 고지해 주고, 신고의무에 대한 교육을 실시할 필요가 있다(정익중, 2014). 신고율을 높이는 방법으로 과태료를 부과하는 등 민형사상의 처벌을 강제하는 것과 동시에 신고 불이행 시 신고의무기관에 대해 처벌을 할 수 있도록 하는 규정이 필요하다.

'이서현 보고서'의 사례 같이 재학대로 사망하는 사건도 다시는 발생되지 않기 위해, 아동주변의 신고의무자들을 역추적 방식으로 찾아내어 경고하고 이후 재학대가 발생하지 않도록 모니터링 의무를 부과해야 한다(정익중, 2014)는 주장이 지속되어 왔다. 이를 위한 실제적인 방안으로 e아동행복지원시스템을 통해 학대아동 및 학대 의심아동 발견 시 신고의무자 역추적 시스템을 활용하여 신고의무자의 책임을 확실히 물을 수 있도록 개선될 필요가 있다(최현수 외, 2018). 이는 처음 아동학대로 판정되면 아동이 평소 다니는 학교, 복지기관 등이나 그동안 접촉했던 신고의무자를 역추적하여 참고인 혹은 관련자 조사를 진행하고, 이들에 대해 경고와 법에 따른 제재를 가하는 것을 뜻한다. 또한 아동학대 신고의무를 이행하지 않은 신고의무기관에서는 기관 종사자에 대한 아동학대 교육을 추가적으로 실시 및 강화하여 이루어지도록 하는 방안을 고려할 필요가 있다.

신고의무자는 아동학대를 조기에 발견할 수 있는 주요 기관에서 근무하고 있으며 아동학대 사례에 대한 서비스제공 시 긴밀한 연계가 필요한 대상이므로 신고의무자에 대한 교육이 의무화될 필요가 있다. 특히 신고의무자에 대해서는 의사·교사 등 자격취득과정과 보수교육 과정에서 의무적으로 일정 시간 이상 교육을 받도록 하고 이를 모니터링할 수 있는 체계가 구축되어야 한다. 또한 신고의무자로 규정되어 있지는 않으나 아동학대 초기대응 시 매우 큰 영향력을 미치는 법집행자인 검사, 판사, 경찰의 재직기간 동안 아동학대 관련 교육참여 경험은 검사 14.9%, 판사 5.8%, 경찰 20.5%로 매우 낮게 나타났다(노충래, 정익중, 전종설, 2012). 따라서 여성 아동전담 검사 및 판사 등의 법조인, 여성·청소년계 경찰을 대상으로 아동학대 관련 교육을 필수화하는 방안이 요구된다. 또한 이와 동시에 신고의무자에 대한 보호법도 필요하다. 현재 우리나라에서는 신고의무자에 대한 신원보호가 제대로 이루어지지 않는 경우가 허다하다. 많은 수의 신고의무자들이 신고자의 비밀보장이 제대로 되지 않거나 학대행위자의 보복이 두려워서 신고하지 않은 것으로 나타났다(노충래, 정익중, 전종설, 2012). 이는 신고의무자의 신변안전을 보장해 줄 수 있는 장치가 더 강화될 필요성을 시사한다.

신고의무자의 신변안전 대책 강화를 위한 방안으로, 첫째, 신고의무기관에서 학대아동보호위원회와 같은 팀제를 활용하여 신고의무자 개인의 익명성을 보장하고 신고에 대한 의무와 책임을 공유하는 것이 필요하다. 따라서 현재 주요 병원에서 실시하고 있는 학대아동보호팀을 보다 확대하여 학교, 드림스타트, 지역아동센터 등에서 팀제를 통한 아동학대 신고체계가 마련될 필요가 있다. 둘째, 클라이언트 폭력에 노출될 가능성이 높은 신고의무기관들에 대해서는 안전한 환경을 구성하도록 해야 한다. 학대행위자를 만나는 공간은 유리컵, 커터칼, 가벼운 의자 등의 위험 유발 물건의 사용을 자제하고 상담자와 학대행위자 사이에 탁자, 책상 등을 두고 일정한 거리를 유지하며 위급 상황 시 상담원이 바로 빠져나올 수 있는 출입구를 잘 고려하여 배치한다. 상담실 내 CCTV를 설치하고 위기상황 시 범죄신고 112와 바로 연결될 수 있는 비상벨 등을 설치할 필요가 있다. 셋째, 아동학대범죄의 처벌 등에 관한 「공익신고자보호법」, 「특정범죄신고자 등 보호법」에 의거하여 보호조치를 더 강화해야 한다. 신고자의 인적 사항이 공개되지 않도록 규정되어 있으며 신고자 및 그 친족 등이 보복을 당할 우려가 있는 경우에는 일정 기간 해당 검찰청 또는 경찰서 소속 공무원으로 하여금 신변안전을 위해 필요한 보호조치를 할 수 있다.

4) 아동학대 전문인력의 확보

아동학대 신고가 접수되면 사회복지사는 우선 현장조사를 실시한다. 현장조사를 한 후 사례를 판정하여 사례개입 유형을 나누고, 아동을 학대행위자로부터 격리하고 적절한 가정의 보호에 배치한다. 사례 1건을 처리하는 데 짧게는 3개월 길게는 6개월 정도의 시간이 소요된다. 그래서 미국의 경우 한 명의 아동보호 전문가가 1년에 전담하여 맡는 사례는 12건 이하로 제한되어 있고, 업무진행 과정에 있어 하나의 절차를 전문적으로 담당한다. 이에 비해 우리나라는 한 명의 상담원이 1년에 평균 30여 건의 사례를 처리하고, 처리과정의 전반적인 업무를 담당한다. 미국 아동보호전문가의 10배 이상의 일을 하는 것이다. 이뿐만 아니라 아동보호전문가 한 사람이 전반적인 업무를 담당하게 되면 객관성이 떨어지게 되는 것은 당연하다.

가정 내부의 모든 사항을 알고 있는 상황에서 아동학대의 사례를 형사 처분까지 끌고 가는 것이 힘든 경우도 종종 있다. 이러한 과도한 업무량과 강도 높은 업무 강도는 이직률로 연결되어 전문성을 가진 아동보호전문가를 양성하고 확보하는 데 걸림돌이 된다. 미국 아동복지연맹의 사례 수 기준에 따르면 아동보호서비스는 1인당 12~17건이 적정한 것으로 보고되고 있는데 우리나라는 이에 비교하면 약 2배에 달하고 있다(정익중, 2006). 이러한 문제를 해결하기 위해 전문인력의 규모를 적정수준으로 확보하는 것이 중요하다. 이에 대한 대응으로 보건복지부는 2019년 이후 아동학대 대응과를 신설해 기존 아동학대대응팀의 인력을 보강하였으며, 2020년 10월부터 아동학대 대응체계를 전면 개편(2020~2022년)하여 아동학대전담공무원과 아동보호전담요원을 시·군·구에 3년간 단계적으로 배치할 계획이다. 또한 아동학대 조사업무를 시·군·구에 이관함으로써 조사에 효율성을 주며 아동보호전문기관은 학대피해아동과 학대행위자에 대한 심층적인 상담과 교육, 치료에 집중할 수 있도록 개편해 나갈 계획이다(보건복지부, 2020a).

또한 아동학대 업무 종사자들은 24시간 위기개입 업무와 더불어 법적 권한이 부재한 상황에서 현장조사라는 공적 역할을 수행해야 하기 때문에 항시 긴장상태에 놓여 있다(이희연, 김경희, 이정은, 김지혜, 정익중, 2014). 사례관리 과정에서는 상담원의 복지와 안전을 위협받음으로 인해 소진과 정서적 탈진에 부정적인 영향을 받고 있는 것으로 나타났다(중앙아동보호전문기관, 2012). 또한 상담원들은 신변을 위협당하는 순간에도 자신의 안전확보보다는 아동을 보호해야 한다는 책임감과 사명감 때문에 위험 상황 자체를 업무 과정의 일환으로 당연시하거나 문제 자체를 축소하는 문제도 있었다(중앙아동보호전문기관, 2012). 아동학대로 인한 사망사례 개입 이후에는 생명을 지키지 못했다는 죄책감, 무기력, 자책감, 두려움, 절망감, 자괴감, 분노감, 우울 등 심각한 외상후 스트레스를 경험하고 있었다. 이러한 실천현장의 다양한 어려움과 문제를 해결하기 위해서는, 먼저 위기개입 이후 지역사회기관에서 지속적으로 사례관리를 할 수 있도록 차등대응(differential response) 체계를 마련할 필요가 있으며, 공적 역할을 수행하는 데 따른 법적 권한을 강화하고, 사고 시 법적 보상체계를 마련하는 것이 필요하다(이희연, 김경희, 이정은, 김지혜, 정익중, 2014). 더불어 아동학대 업무 종사자들을 위한 소진예방 프로그램, 안식월 등 아동학대 업무 종사자들의 스트레스를 예방하고 완화하는 방안도 충분히 마련되어야 한다.

5) 지역사회연계 강화와 차등대응체계

아동학대의 특성상 학대피해아동에게는 다양하고 폭넓은 포괄적 접근이 이루어져야 한다(한미현, 2006). 이를 위해서는 아동이 속한 교육기관 및 사법기관, 의료기관 등 다양한 체계와의 협력이 필요하다. 따라서 다양한 기관 및 전문가 간의 협력이 강화될 수 있는 연계강화 방안이 모색되어야 할 것이다. 사회복지사, 의사, 교사, 법률가 등의 관련 전문가들에게 협력과 관련된 내용을 교육하고 실제적인 서비스 제공과정에서 공조활동이 활발히 전개되도록 협력체계를 구축해야 할 것이다. 특히 학대피해아동이 치료를 받고 가정으로 돌아간 후 재학대를 예방하기 위해서는 가족기능의 강화와 가족지원서비스가 지속적으로 이루어져야 한다. 이러한 역할을 아동보호전문기관만 담당할 수 없고 지역사회연계를 통해 지역사회기관들과 함께 나눠야 한다. 아동보호전문기관이 없는 지역에서는 복지관이나 아동지도상담원이 있는 군청에서 가정지원프로그램을 직접 운영하거나 읍·면 지역처럼 비교적 작은 지역에서는 관공서에서 지역복지단체와 연결하여 가정지원서비스를 받을 수 있도록 도움을 줌으로써 학대 재발을 미리 예방할 수 있을 것이다.

미국에서 아동보호서비스(CPS: child protective service)가 아동학대 사례에 대한 전적인 책임을 지는 체계에서 증가하는 업무 부담으로 인한 효율성 문제 때문에 CPS의 역할을 조사 및 사정기능으로 한정하고 지역사회 내의 다양한 사회복지기관들이 협력하여 아동에게 적절한 보호를 제공하는 지역사회보호체계로 전환하고 있다(English et al., 2000). 미국의 경우 고위험 사례에 대해서는 현행 아동보호체계와 같은 조사방식이 우선되고, 저위험 사례에 대해서는 지역사회 기관을 통한 서비스 지원 기능을 강화하여 재학대를 예방하고 있다(이봉주, 김기현, 안재진, 2015). 이러한 차등대응(differential response) 체계는 현재 아동보호체계 내에서 소외된 저위험 가족에 대한 사례관리 기능을 강화하여 학대행위자 처벌 위주의 아동보호에서 벗어나 서비스의 폭과 기능을 강화한다는 점에서 의미가 있다. 또한 저위험 사례에 대한 서비스 제공 및 사례관리를 지역사회기관이 담당함으로써 아동보호전문기관의 자원과 전문서비스는 고위험 사례에 집중될 수 있도록 하는 데 도움이 될 수 있다. 반면 우리나라에서는 방임을 포함한 아동학대 관련 업무를 아동보호전문기관에서 전적으로 담당하고 있다. 빈곤에 기인한 생계형 방임에 대하여 기존의 신고·조사를 통한 심리·상담 위주의 단조로운 개입방법으로는 적절히 대처할 수 없다(이봉주, 2005). 아동보호전문기관도 학대업무로 업무량이 과중하므로 방임의 경우 도움을 요청하였을 때 기대할 수 있는 것들이 거의 없다. 최근 e아동행복지원시스템을 활용하여 위기수준에 따른 차등대응체계를 도입하려는 움직임이 보이고 있다(최현수 외, 2018). 빅데이터를 활용한 e아동행복지원시스템의 구축은 신고에 의존하는 기존의 사후 처리적 아동학대 대응방식이 아닌 아동학대를 직접 발굴하는 사전 예방중심적인 아동학대 대응방식이다. 또한 발굴과정에서 아동학대 조사 중심의 고위험사례와 서비스 지원 중심의 중위험·저위험 사례로 구분되어 자연스럽게 우리나라 아동보호체계가 차등대응체계로 개편될 것으로 예상된다. 이는 조사 공공화로 더 가속화될 것이다.

또한 단순하게 기관과 상담원 수를 늘리라는 주장은 적어도 방임에 대한 대책이 되기에는 어렵다. 아무리 숫자가 늘어난다고 해도 방임은 아동학대의 다른 유형에 비해 심각하지 않다는 근본적 인식이 바뀌지 않는 한 기관 내에서도 방임은 우선순위에서 밀려 제대로 보호조치를 받기 어려울 것이다. 따라서 아동학대의 예방과 치료를 담당할 수 있는 다양한 지역사회기관을 개발·지정하고, 이 기관들과 업무를 분담하려는 노력이 필요하다.

특히 방임문제와 관련해서는 지역아동센터도 업무를 분담할 수 있는 중요한 기관 중의 하나가 될 수 있다. 하지만 실제로 업무가 분담되어 아동보호전문기관이 방임아동에 대한 상담이나 개입, 사후관리를 지역아동센터에 의뢰한다면, 서로 어떤 역할을 하게 되는지, 지역아동센터에서 수행할 수 있는 업무가 어느 선까지로 제한되는지 등은 중요한 문제가 된다. 왜냐하면 아동학대 업무는 부모의 친권에 개입하는 문제로써 법적인 강제성에 기초하고 있기 때문이다.

Waldfogel(1998)은 조사를 통하여 낮은 수준의 학대위험으로 판정된 경우에는 가족들이 필요한 예방적 서비스를 적시에 받지 못할 수 있고, 그러한 가족의 경우

나중에 더욱 심각한 문제로 다시 아동보호체계로 돌아올 수 있다는 점을 신고체계에 기반을 둔 아동보호체계의 한계로 지적하였다. 따라서 아동보호전문기관이 차등대응 체계를 수립하여 모든 학대신고를 동일하게 대응하기보다는, 심각하게 조사해야 할 고위험 사례와 덜 심각한 저위험 사례로 구분하여 대응해야 한다는 것이다. 가장 심각한 아동학대나 방임사례와 고위험 가족들만 의무적 아동보호의 조사체계로 다루고, 그 외에 덜 심각한 사례나 저위험 가족의 경우는 자발적인 가족사정에 기반을 둔 지원서비스 지향적인 대응체계를 제공하는 것이다(이봉주, 2005). 저위험 가족에게 이러한 사정 지향의 서비스를 제공하는 것은 미래의 심각한 학대나 방임을 예방할 수 있을 것이다. 차등대응 체계가 미국의 많은 주(州)에서 효과적인 것으로 나타났지만 이것도 만병통치약은 아니다. 차등대응 체계가 효과적으로 되기 위해서는 잘 훈련된 직원, 지역사회기관과 좋은 관계, 서비스제공을 위한 충분한 예산 등이 뒷받침되어야 한다(Waldfogel, 2009).

6) 아동보호의 공공성 강화

「아동학대범죄의 처벌 등에 관한 특례법」의 시행으로 경찰이 조사에 동행하게 되고 검찰과 법원이 관여하게 됨으로써 공공성이 강화되는 계기가 마련되었지만, 이러한 변화에도 불구하고 아동학대 관련 업무를 민간에 위탁한 아동보호전문기관에서 전적으로 담당하고 있었다. 이와 같은 민간위탁의 중심의 아동보호체계는 상담원이 피해아동을 분리조치하는 과정에서 학대 행위자에게 폭행을 당할 위험성이 있으며, 학대행위자에게 협조 동의를 얻기에 어려움이 있는 것으로 나타났다(아동보호전문기관, 2012). 이러한 어려움에 따라 학대가정이 면담을 지속 거부하는 경우 명단을 관할 지방자치단체로 통보하고 아동학대전담공무원이 아동보호전문기관 상담원과 동행하는 방식을 추진하고 있다(보건복지부, 2020a). 그러나 아동학대 업무는 부모의 친권에 개입하는 문제로써 법적인 강제성에 기초하고 있으므로 공공에서 담당하는 것이 바람직하다. 민간인 상담원을 돕기 위해 현장조사 시 경찰과 동행하도록 하고 있지만 이는 경찰 측 사정으로 인해 매번 지켜지기 쉽지 않다. 상담원이 민간인이기 때문에 학대행위자의 폭력에 더 쉽게 노출되고 쉽게 소진되며, 공적인 권위가 낮아 원가정으로부터의 분리가 필요하더라도 학대행위자가 끝까지 거부한다면 상담원의 힘으로는 법적으로 불가능하다. 따라서 아동보호전문기관은 민간위탁 방식에서 공공의 역할을 강화하는 방식으로 변화해야 한다.

신고접수와 조사 부분을 분리하여 현장조사와 아동의 배치 결정 등에 관한 판단과 결정을 공적 기관이 담당함으로써 아동에 대한 국가책임을 명확히 하는 방안이 검토될 필요가 있다. 이에 2020년 10월 이후 아동학대 대응체계를 전면 개편하여 아동학대전담공무원과 아동보호전담요원을 시 · 군 · 구에 배치할 계획이며, 조사업무를 시 · 군 · 구로 이관하여 조사의 공공성을 제고하고, 공공중심의 아동보호 종합지원체계를 구축해 나갈 것이다(보건복지부, 2020a). 또한 중앙아동보호전문기관의 업무를 공공기관인 아동권리보장원에서 수행함에 따라 아동보호 업무의 공공성과 책임성을 확대하고자 노력하고 있다.

조사는 학대 여부를 판별하기 위한 수사의 성격을 가지고 있어서 조사과정에서는 '용의자'인 부모에 대한 접근이 이루어진다. 서비스 기능은 조사 후에 부모와 동반자 관계에서 서비스를 진행할 필요가 있다. 현재와 같이 조사와 서비스를 아동보호전문기관이 모두 담당해야 하는 체계에서는 상담원들이 조사자와 서비스제공자로서의 이중 역할에서 오는 역할갈등이 클 수밖에 없다(이봉주, 2015). 특히 「아동학대범죄의 처벌 등에 관한 특례법」 시행 이후 현장의 변화 양상을 보면 신고 · 조사의 부담이 커지고 있어 서비스 제공의 여력이 점점 떨어지고 있다. 이러한 현상은 원래부터 충분하지 않았던 전문적 서비스 기능이 향상하는 신고 · 조사의 부담으로 더욱 위축될 위험이 있음을 시사한다. 하지만 정부의 계획대로 신고 및 조사를 아동보호팀의 아동학대전담공무원이 담당한다면, 아동보호의 공공성을 강화하는 동시에 민간기관인 아동보호전문기관은 아동학대 가족 사례관리, 가족보존서비스, 가족재결합서비스, 심리상담 및 외상치료 등 전문성 높은 서비스에 더욱더 집중할 수 있을 것이다.

또한 아동학대조사가 민간에서 공공으로 바뀌더라도 강제조사나 강제사례관리 권한이 없다면 이전과 크게 다를 바가 없다. 향후 아동학대조사가 공공화되더라도 조사의 강제성을 부여할 수 있는 특별사법경찰권을 부여하는 방안도 고려할 필요가 있다. 특별사법경찰권은 「형사소송법」 제197조에 따라 관할 검사장이 지명하는 일반직 공무원이 특정 직무의 범위 내에서 수사를 계획, 실행하는 제도로서, 기능별 전문성이 부족한 일반 사법경찰관리로서는 직무수행이 불충분하기 때문에 전문적 지식이 정통한 공무원에게 사법경찰권을 부여하여 수사 활동을 하도록 제도화한 것이다. 아동학대전담공무원이 전문성을 가지고 비협조적인 학대행위자에게 아동학대조사를 강제할 수 있도록 특별사법경찰권을 통해 권위를 부여해야 할 것이다. 또한 아동보호전문기관 상담원에게도 특별사법경찰권이나 공무수탁사인(公務受託私人)의 지위를 부여하여 강제사례관리 권한을 행사하도록 공공의 책임을 강화해야 한다. 이는 국가가 민간인에게 특정업무를 위임하면서 그 업무수행에 필요한 공권력을 함께 부여하는 경우를 의미하는데, 이처럼 '국가의 공권력이 부여된 사인'을 '공무수탁사인'이라고 한다. 일반적으로 민간인의 경우 행정객체가 되지만 예외적으로 공적인 업무를 처리할 권한을 부여받은 사인은 그 범위 안에서 행정주체의 지위에 서게 된다. 이렇게 공공성이 강화되어야만 상담원들이 친권을 다루며 강제사례관리를 진행할 수 있는 공적인 권위를 확보할 수 있을 것이다.

7) 빅데이터를 활용한 예측 분석

예측 분석은 최근 아동보호 분야에서 가장 흥미로운 혁신 중 하나이다. 우리나라는 빅데이터와 e아동행복지원시스템을 활용하여 위기아동을 발굴하고 있다. 예측 분석은 더 나아가 과거 자료를 사용하여 미래 사건의 가능성을 구체적으로 예측하는 것을 말한다. 강력한 컴퓨터 덕분에 통계 모델링을 통해 아동복지 분야에서는 위험에 처한 아동에 대한 더 정확하고 빠른 정보를 얻을 가능성에 기대하고 있다. 빅데이터는 아동이 방치, 학대 또는 그 이상을 당할 가능성을 알려 줄 가능성이 있다. Putnam-Hornstein과 Vaithianathan는 예측 위험 모델링(Predictive Risk Modeling: PRM) 도구를 개발했다. 예측 분석이 미국 아동복지 분야에서 공식적으로 시작한 것은 펜실베이니아 주 앨러게니 카운티이다. 2016년 8월 Allegheny Family Screening Tool을 구현했다(Vaithianathan, Putnam-Hornstein et al., 2020). 이 예측 알고리즘에 포함되는 요소는 100개가 넘고 이 시스템은 과거 자료에서 알려진 내용을 기반으로 해당 아동이 2년 이내에 가정에서 다시 분리될 가능성을 설명하는

1~20점 사이의 점수를 제공하고 위험 점수가 가장 높은 사례에 조사자를 지정한다. 이때 확증 편향을 피하기 위해 조사자가 가정을 방문할 때는 점수를 알려 주지 않는다.

빅데이터 내에는 패턴이 있으며 충분한 데이터를 얻고 반복을 통해 실행하면 의미있는 패턴을 찾을 수 있다는 것이다. 또한 가치가 없는 사례에 대한 조사를 요청할 가능성을 줄이는 빅데이터의 정보도 있다. Putnam-Hornstein에 따르면, 미국 아동 3명 중 1명은 18세 이전에 아동보호서비스와 접촉하는데 이 숫자는 입증될 가능성이 매우 낮은 사례를 조사하는 데 자원을 낭비하고 있음을 시사한다. 이러한 오경보는 아동복지 종사자의 업무량을 크게 증가시키고 필요한 경우에 충분한 시간과 에너지를 집중하기 어렵게 만든다. 만약 가정 외 보호에 배치될 가능성이 가장 높은 아동을 미리 파악할 수 있다면 처음부터 그 가족에게 보다 집중적인 서비스를 제공할 수 있을 것이다. 이 모델은 아동이 2년 이내에 위탁 양육에 배치될 것인지 여부를 76%의 정확도로 예측했으며, 해당 아동이 재의뢰되는지 여부를 73%의 정확도로 예측했다.

그러나 단순히 빅데이터를 사용하는 것만으로도 의도하지 않은 부정적인 결과를 초래할 수 있다. 자료 편향으로 저소득층 및 소수자 가정의 삶에 아동보호서비스가 과도하게 개입할 가능성이 있다(Eubanks, 2018). 어떤 종류의 자료가 수집되고 어떻게 수집되는지에 대한 심각한 개인정보보호 위반 우려도 있다. 이 예측 모델의 정확성에 대해 의문을 제기하는 연구자들도 있다. 아동복지에서 예측 위험 모델링(PRM)의 미래는 여전히 열린 질문이다. 데이터만으로는 충분하지 않다. 데이터로 무엇을 하는지가 더 중요하다.

8) 공공 진상조사를 통한 정책 개선

아동정책은 아동의 피를 먹고 자란다는 말이 있다. 이 표현은 특히 아동학대 영역에 적합하고, 우리나라 아동보호서비스의 발전이 상대적으로 빠른 이유이기도 하다. 영훈, 신애 사건으로 2000년 「아동복지법」이 개정되면서 아동학대 관련 조항이 포함되었고, 이서현 사건에 의해 「아동학대범죄에 관한 특례법」이 제정되었고,

은비 사건에 의해 입양 절차가 개선되었으며, 원영이 사건에 의해 e아동행복지원시스템이 만들어지고 정인이 사건으로 민법 915조 징계권 조항이 삭제되었다. 이는 우리나라만 해당하는 것이 아니다. 미국의 경우 아동학대에 대한 법적 개입은 Mary Ellen Wilson의 사건을 계기로 1875년에 처음으로 시도되었다. 심각한 학대와 방임 상태로 발견되었으나, 아동학대법이 없었기 때문에 동물학대예방협회에 도움을 받아 「동물학대방지법」으로 기소할 수밖에 없었다. 이 사건으로 충격에 빠진 미국 사회는 「아동보호법」을 제정하고, 아동보호단체를 설립했다. 우리나라 최초의 아동학대 진상조사인 이서현 보고서의 모델이 되었던 영국의 Victoria Climbie 보고서도 심각한 아동학대 사건을 진상조사한 것이고, 이를 통해 기존 처벌 중심이던 영국의 아동법을 아동학대 예방과 조기발견 중심으로 개정하고 지역사회 참여를 이끌어냈다. 영국의 Baby P(Peter Connelly) 사례, 미국의 Gabriel Fernandez 사례 등 선진국에서도 끊임없는 학대사망사건이 일어나고 있다. 그러나 우리나라와 차이점은 이런 사건들을 공공에서 진상조사하고 철저한 교훈을 얻는다는 점이다. 우리나라도 중대 아동학대 사망사건이 발생하면 민간에서 진행되었던 이서현보고서나 은비보고서를 넘어 공공에서 진상조사를 진행하고 공청회를 개최하여 궁극적으로 정책개선으로 이어질 수 있도록 해야 한다. 아동보호서비스 체계 내 여러 전문인력이 개입했음에도 불구하고 아동학대로 사망하고 있으므로 공공 진상조사를 통해 정책의 정밀성과 완성도를 높여 나가야 한다.

또한 다른 한편으로는 상시적 아동사망사례조사팀(child death review team)을 설치·운영할 필요가 있다. 중대 아동학대 사망사건의 경우 공공 진상조사를 진행하고, 모든 아동사망은 사례조사를 진행하는 투트랙(two track) 방식을 병행해 서로 보완해야 한다. 아동사망사례조사팀은 모든 아동 변사사건의 원인이 철저히 조사되도록 설치된 팀을 의미한다. 해외에서는 미국, 호주, 뉴질랜드 등에서 아동사망사례조사팀에 아동보호서비스 담당자, 경찰, 검사, 검시관, 의사 등이 핵심구성원으로 포함되어 운용되고 있다(정익중 외, 2012; 강현아 외, 2019). 아동학대 사망은 국가 공식통계인 보건복지부 아동학대 주요통계, 통계청 사망원인통계, 대검찰청 범죄분석통계에서 볼 수 있는데 매년 그 정보가 모두 상이한 상황이다(정익중 외, 2012). 우리나라에서도 사례조사팀을 설치하여 한 명의 아동도 학대사망에서 누락

되지 않고, 아동학대 사망 통계가 서로 일치될 수 있도록 최선을 다해야 한다.

마지막으로, 예산 문제를 짚어야 한다. 아동보호전문기관 및 학대피해아동쉼터 운영 예산이 보건복지부 예산이 아닌 기금(범죄피해자보호기금, 복권기금 등)으로 편성돼 불안정한 구조이다. 이 예산은 주무부처인 보건복지부 일반회계로 편성해 안정적인 예산 확보와 일관된 사업 수행이 가능할 수 있도록 신속히 개선되어야 한다. '아동학대의 사회경제적 비용 추계'(김수정, 정익중, 2016)에서 학대로 인해 우리 사회가 부담한 연간 비용은 최대 76조 2,909억 원이라고 보고되었다. 반면, 아동학대 방지를 위한 정부예산은 2020년 285억 원으로 보건복지부 총 예산(82조 5,269억 원)의 0.03% 수준이라 우리의 한계를 여실히 보여 준다. 충분한 예산을 확보하여 아동학대 문제해결을 적극적으로 실천에 옮겨야 한다.

토론 및 연구 주제

1. 학대행위자들에 대한 처벌(폭행죄 등으로 실형을 받아 가족으로부터 격리되는 경우)은 가정파괴를 불러일으킬 수 있다. 학대피해아동뿐 아니라 남은 가족에 대한 권리도 존중받아야 하는데, 어떻게 해결하는 것이 바람직할까? 법원은 가족의 생계유지나 다른 자녀의 부양을 위해 학대행위자를 선처하는 경우가 빈번한데 법대로 처벌해야 하는지 생각해 보자.

2. 학대가 발생한 후 학대행위자인 부모와 학대피해아동 중 누구의 의사를 더 존중해야 하는가? 학대행위자인 아동의 부모가 치료를 다짐하며 아동과 같이 살기를 바라고 아동은 학대의 경험으로 부모와 같이 살기 싫다고 했을 때 아동의 의사는 어떻게 존중받아야 할지 생각해 보자.

3. 아동보호서비스에서 집으로부터 격리시키는 것과 집에 계속 머무르게 하면서 문제를 해결해 나가는 것을 구분하는 기준이 될 수 있는 것은 무엇이고, 어떤 때 어떤 서비스를 사용해야 하는가? 나아가 학대받은 아동에 대한 사후관리는 어떻게 이루어지는 것이 바람직한지 생각해 보자.

4. 거의 모든 양육자가 일반적으로는 자녀에게 사랑스럽고 관심 있는 태도를 보이지만 어떤 순간 훈육 이상으로 아동의 감정을 아프게 하고 상처 입히는 경우가 있다. 특히 유교적 전통이 짙은 우리나라의 경우, 엄한 훈육 방식 때문에 정서적 학대를 발견해 내기 더욱 어렵다. 지나친 훈육은 자칫 잘못하면 정서적 학대로 이어져 아동의 정서적 · 인지적 발달에 부정적인 영향을 미칠 수 있다. 과연 어디까지가 훈육이며 어디까지가 정서적 학대라고 할 수 있을지 생각해 보자.

5. 홈스쿨링(home schooling)은 자녀들을 학교에 보내지 않고 집에서 교육하는 방식이다. 학교교육을 받지 않는다는 뜻에서 언스쿨링(un-schooling)이라 불리기도 한다. 홈스쿨링은 입시 전쟁과 획일화된 교육에서 벗어나 비교적 유연하게 교육을 제공할 수 있을 뿐 아니라 부모와의 깊은 유대관계를 가질 수 있다는 강점을 갖고 있지만, 교육적 방임 측면에서 살펴본다면 또래관계를 맺고 갈등을 해결해 나가는 기술, 정해진 규범을 지키는 습관 등 자녀의 여러 가지 교육적 욕구가 무시되는 상황이 일어날 수도 있다. 과연 아동학대의 관점에서 홈스쿨링을 어떻게 보아야 할지 생각해 보자.

6. 문화의 차이에 따라 아동학대의 정의가 조금씩 달라질 수 있다. 몽골 사람들은 자녀들이 어렸을 때 얼음물에서 견디면 앞으로 건강하게 살 수 있다는 믿음이 있어서 얼음물에 아이를 빠트린다. 아프리카의 많은 여자아이는 할례로 생명을 잃거나 질병에 노출되어 있다. 이것들을 학대로 인지하는 타 문화권과는 달리 그 문화권에서는 당연한 전통으로 받아들이는 것이다. 문화적 다양성이 중요하다면 학대의 정의에서 문화적 차이를 얼마나 인정해야 하는 것인지 논의해 보자.

7. 현재의 아동보호체계는 보호대상아동의 정보공유 범위 제한으로 인하여 아동을 보호하는 체계 간 정보연계에 한계가 있다. 예를 들어, 아동양육시설이나 가정위탁센터에서는 공공으로부터 보호아동에 대한 정보를 받지 못하고, 직접 나서서 보호아동에 대한 정보를 재수집하고, 다시 가정방문을 해야 하는 경우가 발생한다. 아동의 정보를 보호하기 위한 정보공유 범위 제한은 민간기관의 업무 효율성을 위해 공개되어야 하는 것일까? 아니면 아동의 권리보호를 위해 공개되지 않아야 하는 것일까? 보호아동의 정보가 공개된다면 어느 범위까지 공개되는 것이 바람직할지 생각해 보자.

8. 빅데이터의 아동학대 예측 가능성을 신뢰하는 입장과 개인정보 보호, 인종 편향 등의 이유로 불신하는 입장이 대립하고 있다. 빅데이터를 신뢰하는 입장은 알고리즘이 더 나은 판단을 내리는 데 도움이 된다고 믿는다. 반면 이 알고리즘은 미래의 행동을 예측한다는 점에서 비판받는다. 조사해야 할 가족에 대한 결정은 미래에 일어날 일에 대한 예측이 아니라 전적으로 현재 제기된 혐의에 근거해야 한다고 주장한다. 또한 작업하는 빅데이터가 이미 근본적으로 편향되어 있을 수 있다는 점을 지적한다. 빅데이터는 학대받는 아동을 구하는 데 도움이 될 수 있을까? 알고리즘이 아이들이 위험에 처했을 때 알려 줄 수 있을지 생각해 보자.

제11장

가정위탁과 입양

아동을 양육하는 데 가정에 비교할 만한 것이 없다. 따라서 아동은 가능한 한 가정이라는 건전하고 자연적인 환경 속에서 성장·발달해야 한다는 것이 아동복지의 기본적인 원칙이다. 그러나 가정의 부재나 해체로 인하여 출생가정에서 보호받을 수 없을 때는 가정과 가장 유사한 환경에서 자랄 수 있도록 대리가정서비스를 지원하는 등 제2차 방어선으로서의 대책을 마련해야 한다. 이러한 대리가정서비스의 양대 축이 가정위탁과 입양이다. 이 장에서는 가정위탁과 입양에 대한 기초적 이해를 위해 각 사업의 정의에서부터 개선방안까지 체계적으로 논의하려고 한다.

제1절 가정위탁보호서비스

1. 가정위탁보호서비스의 정의

가정위탁보호(foster care)는 아동복지서비스의 하나로서 친생부모가 일시적 또는 장기적으로 아동을 양육할 수 없거나 양육하기에 부적절할 때 일정 기간 위탁가정을 제공하여 보호하고 양육하는 아동복지제도이다. 미국 아동복지연맹(Children Welfare League)은 가정위탁을 '아동복지기관의 승인을 받은 위탁가정에서 아동의 일시적 보호와 양육이 이루어지는 계획적이고 목표지향적인 서비스'라고 하였다. 가정위탁은 아동의 원가정을 지킬 수 있다는 점과 가정의 보호를 받을 수 없는 아동에게 일시적이라도 가정 경험을 제공한다는 점에서 매우 중요하다. 가정위탁보호도 입양과 마찬가지로 출생가정이 아닌 타 가정에 의해서 주어지는 보호이지만, 영구보호의 형태인 입양과 달리 계획된 한정 기간에 양육이 제공된다는 점에서 차이가 있다. 가정위탁보호는 법적으로 새로운 부모-자녀 관계를 창설하는 입양과 달리 주민등록만 옮겨 동거인의 자격으로 아동을 돌보게 된다.

한편, 가정위탁보호는 친생부모가 친권을 포기해야 하는 것이 아니라 아동이 친가정으로 다시 돌아가도록 하는 데 목적이 있으며, 가정에서 보호되는 것이 장점이다. 하지만 원가정으로 복귀하지 못하고 장시간 동안 여러 위탁가정을 전전하게 된다면 아동의 심리적 · 정서적 발달에 더 심각한 결과를 초래하기도 한다.

가정위탁보호가 필요한 상황은 아동의 부모가 가정에서 아동을 보호할 수 없거나 보호하지 않으려고 하는 경우가 해당된다. 가정위탁보호가 필요하게 되는 상황은 ① 부모와 관련된 여러 가지 어려움, 가령 부모의 사망, 이혼, 별거, 신체적 혹은 정신적 질병, 유기, 학대, 적절한 재정자원의 결핍 등, ② 아동과 관련된 여러 가지 어려움, 가령 아동의 신체적 장애, 지적장애, 사회적 일탈행위, 정서적 혼란 등으로 구분할 수 있다.

2. 가정위탁보호서비스의 의의

가정위탁보호서비스는 가정이 없는 아동에게 가정적 환경을 마련해 준다는 의미에서 바람직한 대리보호제도로서의 의의가 있다. 가정위탁보호서비스 사업의 궁극적인 목적은 성범죄, 가정폭력, 아동학대, 정신질환 등의 전력이 없으며 법이 정하는 기준에 적합한 가정에 보호대상아동을 일정 기간 위탁하는 것이다(「아동복지법」 제3조). 부모로부터 격리된 아동이 부모에게 다시 돌아갈 때까지 가정적인 분위기에서 건강하게 성장하도록 보호하며 빠른 시일 내에 보호자에게로 돌아가거나 다른 좋은 가정에 입양되도록 돕는 데 있다. 즉, 가정위탁보호서비스는 일차적으로 아동이 원가정으로 복귀되도록 하는 데 목적이 있으며, 시설에서 성장하거나 소년소녀가정의 아동으로 방치되는 일 또한 발생하지 않도록 하기 위함이다. 일반적으로 시설규모가 크고 종사자 수는 적은 아동복지시설의 환경은 아동에게 부모의 기능을 대신할 만한 보호를 기대하기 어려우며, 입양제도는 친생부모가 친권을 포기해야 하는 현실적인 어려움이 존재한다. 「아동복지법」에도 시 · 도지사 또는 시장 · 군수 · 구청장은 그 관할 구역에서 보호대상아동을 발견하거나 보호자의 의뢰를 받은 때에는 아동의 최상의 이익을 위하여 필요한 보호조치를 하여야 한다고 명시되어 있으며, 시설보호보다 가정보호를 우선적으로 적용하도록 하고 있다(보건복지부, 2020).

가정위탁보호가 필요한 상황은 입양이 필요한 상황과 유사하나 그보다 심각도가 낮은 경우가 더 많다. 「아동복지법」 제3조에는 만 18세 미만의 아동으로서 보호자가 없거나 보호자로부터 이탈된 아동 또는 보호자가 아동을 학대하는 경우 등 보호자가 아동을 양육하기에 적당하지 아니하거나 양육할 능력이 없는 경우의 아동을 대상으로 한다. 따라서 결손가정의 아동(부모의 실업, 가출, 이혼, 사망으로 인한 가족해체 등), 학대가정의 아동, 부모의 신체적 · 정신적 질환으로 장기요양 및 입원이 필요한 가정의 아동, 부모의 장기복역으로 보호가 필요한 아동의 경우에 그 필요성이 더 크다고 할 수 있다. 보호아동이 발생하면 가정보호를 우선하도록 하며, 특히 만 2세 미만 영아의 경우에는 가정위탁에 우선 배치하도록 하고 있다(보건복지부, 2020).

가정위탁보호는 정상적인 가정생활에 참여가 가능한 아동에게 적용된다. 그래서 다음과 같은 경우 가정위탁보호가 어렵다. 첫째, 아동이 지역사회에서 인정될 수 없는, 위탁가족 구성원의 삶에 위협이 될 수 있는 심각한 정신장애나 행동상의 문제를 가지고 있는 경우, 둘째, 아동의 장애가 그 가정이나 혹은 지역사회가 제공할 수 없는 특수한 보호와 훈련을 필요로 하는 경우, 셋째, 친생부모와의 분리에 극심한 공포를 느끼는 경우 등은 가정위탁서비스를 제공하기 어렵다.

3. 가정위탁보호서비스의 유형

가정위탁보호의 종류는 다양하다. 우리나라에서는 가정위탁의 유형을 세 가지로 구분하고 있는데, 첫째, 부모를 제외한 부양의무자인 조부모에 의한 대리양육 가정위탁, 둘째, 조부모를 제외한 친인척(「민법」에 의한 8촌 이내의 혈족 등)에 의한 친인척 가정위탁, 셋째, 혈연관계가 없는 일반인에 의한 일반 가정위탁이 그것이며, 이 외에도 지방자치단체에서 전문가정위탁, 일시가정위탁 등 추가 유형에 대해 예산을 편성하여 운영할 수 있다(보건복지부, 2020).

위탁보호자의 친족 여부에 따른 분류에 따르면, 일반인에 의한 가정위탁인 비친족가정위탁(non relative foster care, general foster care)과 친족가정위탁(kinship foster care)으로 구분할 수 있다. 최근 들어 가정위탁의 문제점이 드러나면서 미국에서는 일반(비친족)가정위탁보다는 친족가정위탁이 선호되고 있다. 친족가정위탁은 일반가정위탁보다 가족 간 유대를 그대로 유지할 수 있고 안정성이 있으며, 아동이 기존의 친구관계나 인간관계를 그대로 유지할 수 있을 뿐만 아니라, 배치 외상(placement trauma)에 상대적으로 적게 노출되고 친생부모와의 접촉이 조금 더 자유로운 편이다. 또한 전문가정위탁은 학대피해아동, 지능지수가 71~84인 경계선 지능아동 및 만 2세 이하 영아 등 특별한 돌봄이 필요한 아동에게 전문적인 보호서비스 제공을 목적으로 한다. 전문가정위탁 시범사업 연구(정익중 외, 2019)에 따르면, 아동들이 전문가정위탁 보호 이후 심리적·정서적 불안감과 문제행동이 크게 줄었고, 특히 영유아는 감정표현이 늘고 언어 발달이 이뤄지는 등 전문가정위탁 보호를 받은 아동들이 긍정적 변화를 경험한 것으로 확인되었다. 2019년 5월 정부가 '포용국가 아동정책'을 발표하면서 전문가정위탁제도의 법적 근거 마련과 지원 강화 등 국가적 차원에서 전문가정위탁제도 활성화를 위한 노력이 진행되고 있다.

다음으로 가정위탁보호서비스는 양육비 부담 여부에 따라 다음과 같이 구분할 수 있다.

- 무료 위탁보호: 순수한 자원봉사로 무상으로 위탁받은 아이들을 가정에서 돌보는 것, 양육부담을 수탁자가 부담하는 것으로 무료위탁(free foster homes)이 있다. 이것은 가정위탁사업의 효시를 이루는 것으로 아동양육을 통한 모성애의 충족을 기쁨으로 여기며 자선적 입장에서 무료로 양육하는 것을 말한다.
- 유료 위탁보호: 위탁받은 가정이 아동보호를 위해 사회기관으로부터 양육에 따른 수고비를 받는 유료위탁(boarding foster homes)이 있다. 분유비 등을 지원하여 아이들을 돌보는 것, 양육비용의 전부 혹은 일부를 위탁자가 부담하는 것 등이다. 우리나라에서는 2020년 기준으로 아동의 연령에 따라 1인당 월 30만 원에서 월 50만 원 이상 차등지원하도록 권고하고 있다.
- 고용위탁보호: 위탁기간에 아동이 노동하여 숙식비를 대신하는 고용위탁(wage foster homes)이 있다. 고용노동을 통해 양육에 필요한 비용을 부과함과 동시에 장차 자립생활을 할 수 있도록 하는 것이다. 아동은 노동력을 제공하는 대신 직업훈련을 통해 일을 배워 자립할 수 있다. 고용위탁보호되는 아동들은 대부분 청소년이다. 보호받는 아동이 숙식과 임금을 받을 수 있는 위탁과 단순히 노동의 대가로 숙식만 제공받는 두 가지 형태가 있다.
- 입양 위탁보호: 수탁자가 보호대상아동을 자기의 양자로 하기 위한 위탁보호이다. 아동의 건강한 적응과 발달을 위해서 입양과 가정위탁의 분리된 체계를 연결시키는 지원방안을 마련하는 정책이 필요하다. 위탁부모의 입장에서도 입양에 필요한 정책적인 지원이 강화된다면 위탁아동을 입양할 의지가 높아질 것으로 보인다. 특히 연령이 높은 아동이 장기보호가 필요할 경우, 위탁가정에 입양되지 않는다면 배치 불안정이 발생할 가능성이 높아지므로 위탁가정에서 입양이 이루어질 수 있도록 하는 정책지원이 필요하다.
- 전문 위탁보호: 심신장애 아동들을 대상으로 치료와 재활기능을 갖는 전문적 위탁(specialized foster family homes)이 있다. 심한 정서적 문제가 있어서 행동이 불

안하지만 가정생활을 함으로써 어떤 도움을 받을 수 있는 아이들을 위한 것이다. 이러한 경우에 위탁부모는 아주 높은 수준의 인격과 훈련의 소유자이어야 한다. 위탁부모는 아이들의 치료자라고 할 수 있다. 이들에 대한 보수는 다른 보통 가정의 가정위탁보호보다 높으며 우리나라에서는 양육보조금 등 일반가정위탁과 동일한 지원 외에도 전문아동보호비 등을 지급한다(보건복지부, 2020).

- 집단 위탁보호: 그룹홈을 말하는데 4~12명 정도의 규모로 시설에서 운영한다. 시설에서 생활한 아동들이 사회나 가정으로 성공적으로 되돌아갈 수 있는지의 시험이 필요한 경우나 시설에서 더욱 자연스러운 생활 경험의 기회가 필요한 경우에 해당한다.

4. 위탁가정의 선정기준

어떤 가정위탁이 적절할지에 대해 미리 가족집단사례회의(family group conference)를 통해 판정한다. 위탁가정 선정에 있어서 가장 중요한 일은 아동에게 행복의 기회를 제공할 수 있는 가정에 위탁하는 일이다. 따라서 적절한 위탁가정을 발견하는 일에 세심한 주의를 기울여야 한다. 이를 위하여 우선 바람직한 가정을 찾아 명단에 올려 그 자격과 역량을 평가해 가면서 아동의 욕구와 필요에 따라 선택되는 과정을 거쳐야 한다. 올바른 위탁가정의 발굴은 위탁보호의 성공에 기본이 된다.

좀 더 구체적으로 적절한 위탁가정을 선택하기 위해서는 능숙한 사회복지실천방법을 활용해야 하며, 경험 있는 전문사회복지사를 통해서 수행되어야 한다. 적절한 위탁가정을 발견하지 못한다면 아동을 가정에 연결시켜 주는 위탁보호의 가치가 상실될 수 있다. 따라서 위탁가정이 되기 위해서는 그 가정의 정서적인 힘, 양육하고자 하는 동기, 가정 내 구성원의 온건하면서도 적극적인 상호작용, 위탁아동에 대한 가족구성원의 동의 등에 대해 적절한 사정을 해야 하며, 이를 통해 위탁가정의 가부를 결정하는 신중한 과정이 있어야 한다. 이와 같이 위탁가정의 선택은 사회복지의 가장 핵심적인 지식과 기술을 활용해야 하는 것이다.

훌륭한 위탁가정이란 아동의 안전과 안정의 욕구를 잘 충족시켜 주는 가정이다.

따라서 위탁가정은 이러한 욕구를 충족시켜 주기 위한 충분한 자격을 지니고 있어야 한다. Frederickson(1957: 161-162)에 의하면 훌륭한 위탁부모가 될 수 있는 자격은 다음과 같다.

- 위탁부모는 확고한 인생철학, 건전한 도덕적 · 윤리적 규준 및 정신적 가치평가를 가지고 있어야 한다.
- 위탁부모는 아동 성격의 정서적 결함을 채워 줄 수 있을 정도로 민감해야 하며 이해력이 있어야 한다.
- 위탁부모는 그 아동을 수준에 맞게 다룰 수 있어야 한다. 일반아동들의 수준보다 위탁아동의 과거 기록 등을 참작하여 보살펴야 한다.
- 위탁부모는 아동의 행동이나 성격의 결함을 다룸에 있어서 기관의 도움을 받아 기꺼이 활용할 수 있어야 한다.
- 위탁부모는 아동의 활동과 성장에 관심을 두고 있어야 하며, 필요할 때 언제나 도움과 지지를 해 줄 용의가 있어야 한다.

사회복지사들은 이러한 사항에 유의하여 위탁가정을 발견할 수 있어야 할 것이다. 좀 더 구체적으로는 위탁가정은 연장아동(나이 많은 아동)의 가정위탁이 많으므로 아동양육 경험이 있어 아동발달을 인지하고 아동을 아동의 수준에 맞게 다룰 수 있어야 한다. 또한 가정에서의 분리 경험에서 오는 연장아동의 정서적 문제나 행동적 문제에 대한 이해가 충분해야 한다. 연장아동이기 때문에 그동안 건강한 돌봄을 받지 못한 상황에서 아동의 행동이나 정서상의 문제가 누적되어 있을 많을 가능성이 있으므로 이 문제를 다룸에 있어 기관이나 전문가의 도움을 받아 기꺼이 활용할 수 있어야 한다.

우리나라에서는 친인척이든 일반인이든 보호대상아동의 보호를 희망하는 건전한 가정 중에서 시장 · 군수 · 구청장이 위탁가정을 선정하며, 위탁가정의 선정기준은 「아동복지법 시행규칙」 제2조에 다음과 같이 규정하고 있다.

첫째, 위탁아동을 양육하기에 적합한 수준의 소득이 있어야 하며, 둘째, 위탁아동에 대하여 종교의 자유를 인정하고 건전한 사회구성원으로 자랄 수 있도록 양육과 교육환경을 갖추어야 한다. 따라서 종교시설(교회, 사찰 등)을 주거지로 삼아 생활하는 종교인은 가정위탁보호의 취지와 맞지 않기 때문에 위탁부모가 될 수 없다. 셋째, 위탁부모의 나이가 25세 이상(부부의 경우 부부 모두 25세 이상)으로서 위탁아동과의 나이 차이가 60세 미만이어야 하며, 넷째, 자녀가 없거나 자녀의 수가 위탁아동을 포함하여 4명 이내(18세 이상 자녀 제외)이어야 한다. 다섯째, 위탁받고자 하는 자나 그 가족에 성범죄, 가정폭력, 아동학대, 마약, 알코올, 약물중독, 정신질환 등의 전력이 있는 사람이 없어야 하며, 이를 증명하기 위하여 건강보험요양급여내역(최근 3년, 반드시 특수상병기록을 포함) 등 증빙자료를 제출하여야 한다. 이 외에도 위탁아동과 동거하여야 하며, 위탁부모의 성품이나 지식, 경험 등을 고려하여야 하고, 위탁가정으로 적합한지 아닌지를 가정조사 시 이웃 등을 통해 확인하는 등의 과정을 거쳐 위탁가정 선정 시 이러한 내용을 추가로 검토하여야 한다. 위탁가정은 혼인관계를 유지하고 자신의 아이를 키워 본 경험이 있는 자를 우선하되, 시장 · 군수 · 구청장, 가정위탁지원센터의 장이 위탁아동을 건강하게 양육하기에 적합하다고 인정하는 경우에는 혼인하지 않았거나 양육 경험이 없는 자도 선정할 수 있다(보건복지부, 2020a).

한편, 가정위탁을 희망하는 사람(위탁부모 중 1명 이상)은 반드시 기본 5시간의 위탁부모 양성 교육을 이수하여야 하는데, 대리양육 및 친 · 인척 위탁가정의 경우에는 가정위탁 후 6개월 이내에 교육을 이수하고, 가정위탁 후에는 반드시 확인을 받아야 한다. 가정위탁을 하고 있는 일반위탁부모, 대리양육 및 친인척 위탁부모도 반드시 매년 5시간 이상의 보수교육을 이수하게 되어 있다. 교육내용은 위탁양육에 대한 이해, 위탁아동의 특성, 좋은 부모의 역할 등이다. 교육 이수 대상자가 노령, 질병 등의 불가피한 경우 직접 가정을 방문하여 교육할 수도 있다(보건복지부, 2020).

5. 가정위탁보호의 문제

아동복지의 기본전제로서 아동은 좋은 가정환경에서 건전하게 양육받아야 한다는 원칙에 따라 가정위탁보호는 선진국에서 널리 권장되고 활용되어 왔다. 그러나 그 성과는 기대했던 바와는 다르게 많은 문제점이 나타나고 있다.

첫째, 가정위탁보호의 일시적 보호라는 것이 그 개념대로 시행되지 못했다. 대부분 실행되는 과정에서 일정 기간 내의 귀가나 입양조치 등의 영구적인 조치가 취해지지 못했다. 가정위탁보호는 일정한 기간 내에 아동이 원가정으로 다시 돌아가는 데 목적이 있는데, 친가정이 아동을 다시 받아들일 수 있는 상태가 되지 못하는 경우가 많으므로 장기간 위탁가정에서 지내야 했다. 미국의 경우, 5년 반에서 7년 정도의 장기간 위탁가정에서 지내는 사례가 보고되기도 하였으며, 우리나라도 사정이 다르지 않다. 먼저 예상하지 않았던 장기적 체류는 특히 아동에게 좋지 않은 결과를 낳았다. 위탁가정과의 애착으로 인한 원가정으로의 복귀 어려움, 언제 떠날지 모른다는 불안정감은 위탁가정 구성원과의 관계를 안정적으로 맺을 수 없는 정서적 결핍을 가져왔고 이러한 정서적 결핍은 자존감이나 타인에 대한 신뢰감을 가질 수 없는 부적응 증상으로 나타나기 쉽다.

둘째, 배치 초기에 보이는 '허니문 시기(honeymoon period)'에는 위탁아동이 과도한 감정반응을 보이지 않으면서 모범생처럼 잘 지내는 것처럼 보이지만 실제로는 외형상으로만 잘 적응하는 것처럼 보이려는 위장된 행동일 수 있다. 위탁아동이 잘 적응하는 것으로 오해하지만 불신과 단절에 대한 방어기제로 작동하는 것이므로 초기에 위탁부모와 상담원의 적절한 개입이 없다면 위탁가정에서 부적응할 수 있다. 이렇게 적절한 초기개입이 없거나 위탁가정을 제대로 선정하지 못한 탓으로 빈번하게 위탁가정을 바꾸지 않으면 안 되는 경우가 많았다. 네다섯 번까지 위탁가정을 옮기는 일은 흔히 있었고, 많게는 스무 번 이상 되는 경우도 있다. 아동기에 보호체계 표류를 경험한 성인을 대상으로 한 질적 연구에서 위탁가정 재배치를 56회까지 경험했다는 사례를 보고하고 있다(Chambers et al., 2018). 표류(drift)라고 불리는 이러한 빈번한 위탁가정의 변동은 계속된 애정과 신뢰 속에서 성장해야 할 아동들에게 반복적인 인간에 대한 불신, 안정적인 생활의 단절, 정서적 불안정 등의 악순환을 초래하였다. 배치변경이 거듭되면 아동은 애착의 어려움을 겪고(Palmer, 1996), 친밀한 관계로 발전에 어려움을 느꼈다. 또한 새로운 환경에 순응해야 하고 이전 양육자와 친구들과의 관계 단절의 어려움도 느끼고 있었다(Hyde & Kammerer, 2009). 나아가 배치변경에 따른 부정적 영향은 성인기까지 지속되어 관계의 형성이나 신뢰를 갖는 데 어려움을 겪기도 한다.

셋째, 위탁가정 내에서 학대와 방임을 당하는 경우도 생겨나기 시작했는데, 2017년 기준 38건(0.2%)의 위탁가정 내 학대가 일어난 것으로 나타났다(중앙아동보호전문기관, 각 연도). 비록 적은 수이지만 이미 한 번 상처를 받은 아동에 대한 대리보호에서 이러한 학대사건이 발생한다는 것은 절대 간과할 수 없는 사실이다. 위탁가정의 수가 급격하게 증가하면서 사례관리가 제대로 이루어지지 못하여 교육과 훈련을 받은 위탁가정에서도 일반가정과 마찬가지로 학대나 방임이 일어나고 있다.

넷째, 위탁가정에서 제대로 된 보호가 되지 못하는 경우가 발생하고 있다. 특히 혈연관계에 의한 연고자 우선 보호로 대리양육 및 친 · 인척 가정위탁에 대한 사정이 안 된 상태에서 배치되는 경우가 발생하면서 아동에게 제대로 된 위탁보호를 제공하지 못하는 경우가 있다. 대리양육 및 친 · 인척 위탁가정의 선정을 공무원이 담당하고 있으므로 가정위탁지원센터의 개입이 최소화되어 있으며 일반위탁과 달리 위탁부모에 대해 검증할 수 있는 부분이 적은 편이다. 일반위탁의 부모는 선정 요건이 까다롭고 교육도 충실히 받아야 하지만 대리양육 및 친 · 인척 위탁의 경우 혈연관계라는 이유로 선정과 교육이 매뉴얼대로 이루어지기 어려운 실정이다. 대리양육 및 친 · 인척 가정위탁의 사례가 훨씬 많지만, 지원센터 업무의 비중은 일반위탁이 높은 상황이라 대리양육 및 친 · 인척 가정위탁은 제대로 사례관리가 이루어지지 못하고 있다. 가정위탁에 대한 전문적인 지식이 부족한 일선 공무원이 배치하기 때문에 사실 고령이나 지병이 있는 조부모와 친인척이 아동을 보호하기 부적합할 수 있지만 혈연관계를 이유로 배치하는 경우도 많다. 또한 전문위탁가정의 부재로 학대피해 아동이나 장애아동의 경우 제대로 된 보호를 제공하기 매우 어렵다.

다섯째, 친권으로 인하여 문제가 발생하기도 하는데, 아동의 친부모가 위탁아동의 친권자임을 내세워 아동의 안전을 위협하거나 친권자가 위탁아동의 명의를 도용하여 자신의 빚을 아동에게 상속시키는 등 신체적 · 정신적 · 경제적으로 피해를 주는 일이 생길 수 있다. 또한 위탁부모가 아동에 대한 법적 권한을 전혀 가지고 있지 않음으로 인해 아동을 양육하는 과정에서 여러 가지 어려움을 겪기도 한다. 위탁부모가 겪는 어려움으로는 미성년자인 아동의 공문서를 발급받거나 여권을 발급받을 때 친권자가 아니기 때문에 발급이 거부되거나 복잡한 절차를 거쳐야만 하고, 아동 명의의 통장 개설 또는 휴대전화 개통 등에서도 비슷한 상황이 발생하는 것이다. 따라서 이러한 문제를 해결하기 위하여 위탁부모 권한 강화, 직접지원 확대 등 제도적 개선이 필요하다(권지성, 정익중, 2013; 강현아, 정익중, 2015).

위탁아동의 특성

위탁아동은 친부모와 분리되어 새로운 위탁가정에 정착하면서 많은 혼란과 갈등을 느끼며 새로운 가정의 규칙, 가치관, 삶의 방식에 혼란스러워한다. 그러므로 위탁부모는 위탁아동의 특성에 대해 정확히 이해하고 양육해야 한다.

배치 초기의 어려움

위탁아동은 배치가 자신 때문이라고 생각하기 쉽기 때문에 정서적으로 충격일 수 있다는 점을 이해해야 한다. 위탁아동은 가족문제에 대해 자신을 비난하고 자신이 잘못한 결과로 벌을 받는다고 생각하기도 한다. 특히 학대를 경험한 아동은 쉽게 마음을 열려고 하지 않기 때문에 우선 위탁부모와의 관계 형성을 돈독히 하여 위탁가정이 안전한 공간임을 느낄 수 있도록 해야 한다. 대부분의 아동은 몇 주 내에 불안감을 극복하지만 애착이 잘 형성되지 않은 아동들은 회복기간이 더딘 편이다.

위탁아동의 연령이 높을수록 배치에 대해 분노나 공격반응을 표출한다. 위탁아동은 때때로 문제행동을 고의로 일으켜 어느 정도까지 위탁부모가 자신을 받아들여 줄 수 있는지 시험하기도 한다. 위탁아동의 문제행동 검사를 실시하면 가장 높은 문제행동을 보이는 시기가 보통 위탁아동이 위탁가정에 배치된 초기인 3개월에서 6개월 사이이다. 이때 분리과정으로 인해 표출되는 문제행동은 정상적인 발달범위 내에 일어나는 것임을 이해하는 것이 좋다. 배치 초기의 정서, 행동상의 문제(예: 도벽, 거짓말, 주의산만 등)는 심각해 보일 수도 있지만 위탁부모가 안정된 환경을 제공해 줄 때, 배치 후 6개월이 지나면 호전된다. 그러나 학습문제나 심리적 어려움이 심한 아동은 안정된 가정환경만으로는 좋아지지 않을 수 있으므로 치료사나 특수교사의 도움을 받아야 한다.

친부모에 대한 양가감정

위탁아동은 친부모와 위탁부모 중 누구에게 소속되어야 할 것인가의 소속감 갈등을 겪게 된다. 이런 갈등이 심각할수록 아동의 행동과 정서상의 문제가 많이 나타나게 된다. 그러므로 위탁부모는 아동이 마음속의 감정을 자연스럽게 표출될 수 있도록 도와주고 죄책감과 연결 짓지 않게 해 주어야 한다. 위탁아동에게 친부모의 존재란 긍정적이든 부정적이든 항상 뇌리에 각인되어 있다. 위탁부모는 위탁아동이 자신의 과거 상황을 무시하거나 잊도록 할 이유도 없으며 위탁아동에게 다양한 부모가 존재할 수밖에 없었던 상황을 이해하도록 도와주어야 한다. 위탁아동은 친가정에 대한 그리움을 갖고 있으므로 위탁아동과 친부모의 만남을 제한한다면 위탁가정에 제대로 적응하기도 어려울 뿐만 아니라 친부모에 대한 잘못된 환상을 갖게 된다. 한편, 친부모에 대해 미움과 거부, 증오감을 표출한다고 할지라도 이를 양가감정으로 현재 괴로워한다는 입장에서 받아들여야 한다. 그러므로 위탁부모는 친부모에 대해 느끼는 감정을 자유롭게 표현할 수 있게 해 주어야 한다.

위탁부모는 항상 친부모를 우호적인 태도로 대해야 하며 위탁아동에게는 친부모에 대한 부정적 감정을 가능한 표현하지 않는 것이 좋다. 위탁부모가 갖는 친부모에 대한 감정이 아동에게 부정적으로 전달되면 위탁부모와의 유대관계가 진전되기 힘들기 때문이다. 친부모에 대해 분노감정을 가지고 있다고 할지라도 위탁아동 앞에서는 중립적인 입장으로 행동해야 한다.

6. 가정위탁보호의 절차

가정위탁서비스를 책임지고 있는 기관은 아동권리보장원과 각 시 · 도의 가정위탁업무를 위임받은 지역의 가정위탁지원센터이다. 2020년 중앙가정위탁지원센터의 업무가 아동권리보장원으로 이관되었으며, 시 · 도별 가정위탁지원센터는 전국에 17개소가 설치되어 있다. 가정위탁지원센터는 2016년 「아동복지법」의 개정으로 아동복지시설에 포함되었다(보건복지부, 2020). 아동권리보장원은 「아동복지법」 제48조 6항에 근거하여 가정위탁지원센터에 대한 지원, 효과적인 가정위탁사업을 위한 지역 간 연계체계 구축, 가정위탁사업과 관련된 연구 및 자료발간, 가정위탁사업을 위한 프로그램의 개발 및 평가, 상담원에 대한 교육 등 가정위탁에 관한 교육 및 홍보, 가정위탁사업을 위한 정보기반 구축 및 정보 제공 등을 수행함으로써 가정위탁사업 활성화를 위한 업무를 하게 되어 있다. 또한 가정위탁지원센터는 가정위탁사업의 홍보 및 위탁가정의 발굴, 가정위탁을 하고자 하는 가정 및 가정위탁 대상 아동에 대한 상담, 가정위탁 부모의 교육, 위탁가정의 사례관리, 친부모 가정으로의 복귀 지원, 가정위탁 아동의 자립계획 및 사례관리, 관할 구역 내 가정위탁 관련 정보 제공 등의 업무를 수행한다(「아동복지법」 제49조). 마지막으로 시 · 도는 가정위탁지원센터 설치 및 운영을 지원하고 가정위탁지원센터 직원신분증 발급, 가정위탁아동 지원예산 확보 및 지원, 가정위탁보호사업 지도관리, 가정위탁 관련 통계관리, 가정위탁아동 상해보험에 대한 지원을 담당한다(보건복지부, 2020). 가정위탁보호의 추진 절차는 다음과 같다. 먼저 주변에 보호해야 하는 아동이 발생하였거나 보호해야 하는 아동의 위탁보호를 희망하는 경우 관할 읍 · 면 · 동 주민센터 및 가정위탁지원센터와 상담해야 한다. 가정위탁에 대한 상담과 문의는 아동권리보장원과 전국의 17개 가정위탁지원센터 홈페이지 또는 상담전화(1577-1406)로 할 수 있다.

- 위탁아동의 선정

가정위탁지원센터는 보호대상아동을 시설에서 보호하는 것보다 가정에 위탁하여 보호하는 것이 바람직하다고 판단될 경우 보호대상아동을 보호하는 시설의 장과 협의하여 위탁보호 대상아동을 선정한다. 또한 위탁보호가 필요한 아동이 발견될 경우에는 시 · 군 · 구나 가정위탁지원센터에 아동보호를 신청한다. 위탁보호 대상아동에는 국외입양 대상아동, 소년소녀가정세대를 포함한다.

시 · 군 · 구는 보호를 필요로 하는 가정과 그 아동을 조사하여 위탁보호 여부를 결정하여 관할 가정위탁지원센터에 위탁결정을 통보하고 관련 서류를 7일 이내에 발송하여 적합한 위탁가정을 연계하도록 한다. 한편, 시 · 도 또는 시 · 군 · 구는 아동을 보호조치하기 전에 보호대상아동에 대한 상담, 건강검진, 심리검사 등을 실시하고 아동에 대한 개별 특성을 정확히 판단하여 아동카드를 작성 · 비치하여야 한다. 또한 아동카드를 3부 작성하여 1부는 위탁부모, 1부는 가정위탁지원센터, 1부는 자치단체에 비치하고, 관계공무원이 가정위탁보호에 관한 사후지도 상황과 그 아동에게 지급되는 금품의 급여상황을 기록한다(보건복지부, 2020b).

• 위탁가정의 선정과 교육

보호대상아동의 보호를 희망하는 가정은 아동보호신청서를 작성하여 가정위탁지원센터에 제출한다. 아동보호신청서를 접수한 가정위탁지원센터는 이 신청서를 시장 · 군수 · 구청장에게 제출하여 위탁가정으로 선정을 의뢰한다. 시 · 도지사 또는 시장 · 군수 · 구청장은 아동의 가정위탁보호를 희망하는 사람에 대하여 범죄경력을 확인하여야 하며, 이 경우 본인의 동의를 받아 관계기관의 장에게 범죄의 경력 조회를 요청하여야 한다. 시장 · 군수 · 구청장은 공무원이나 가정위탁지원센터 상담원이 위탁희망 가정을 방문하여 가족사항, 주변 환경을 조사하도록 하고, 조사결과를 토대로 위탁가정 선정 여부를 결정하여 그 사실을 센터에 통보한다. 가정위탁지원센터의 장은 위탁아동, 가정위탁보호를 희망하는 사람, 위탁아동의 부모 등의 신원확인 등의 조치를 시 · 도지사 또는 시장 · 군수 · 구청장에게 협조 요청할 수 있으며, 요청을 받은 시 · 도지사 또는 시장 · 군수 · 구청장은 정당한 사유가 없는 한 이에 응하여야 한다. 가정위탁지원센터는 위탁가정으로 선정된 가정에 아동을 인계하기 전에 아동양육에 필요한 교육을 실시한다.

한편, 가정위탁보호신청 아동 중 2세 이하이거나 학대피해아동, 경계선지능아동, 그 외 전문적이고 특별한 보살핌이 필요하다고 인정되는 경우에는 전문가정위탁위탁보호로 책정 가능하다. 전문위탁부모는 일반위탁부모의 선정요건을 충족하고, 보건복지부에서 정하는 일정한 교육과 자격을 갖춘 사람으로 한다(보건복지부, 2020).

• 위탁아동의 배치와 사후관리

시 · 도지사 또는 시장 · 군수 · 구청장은 아동복지전담공무원 등 관계 공무원으로 하여금 대리양육 또는 가정위탁하여 보호 중인 아동의 가정을 방문하여 해당 아동의 복지증진을 위하여 필요한 지도 · 관리를 하게 하여야 하며, 아동복지전담공무원 등 관계 공무원이 대리양육 또는 가정위탁보호에 관한 사후관리 상황과 그 아동에게 지급되는 금품의 지급 상황을 기록하도록 하고 있다. 또한 가정위탁지원센터의 장은 보호대상아동의 개별 보호 · 관리 계획을 세워 위탁아동을 보호해야 하고 계획수립 시 위탁아동의 보호자를 참여시킬 수 있다. 만약 양육상 애로사항이 있을 경우

구분	읍·면·동	시·군·구	가정위탁지원센터
가정위탁 보호신청	–보호대상아동의 발생 –가정위탁보호의 신청·접수·상담 –수급권 신청	–가정위탁 보호의 신청·접수 –위탁가정범죄경력조회 –아동학대정보시스템 정보조회 –가정위탁지원센터 일반위탁 가정 연계 의뢰	–가정위탁 아동 상담 –위탁부모 발굴 및 교육
가정위탁 보호결정	〈일반위탁〉 –보호대상아동 조사서, 가정위탁보호동의서, 아동카드를 작성하여 시·군·구에 제출 〈친·인척/대리 양육〉 –가정위탁보호(대리양육) 신청서, 아동카드, 가정위탁보호(대리양육) 신청인 가정조사서, 보호대상아동 조사서, 가정위탁보호동의서, 가정위탁 가족동의서, 범죄경력조회동의서, 국가아동학대정보시스템 정보조회 동의서를 작성하여 시·군·구에 제출 ➡	–가정위탁 보호 결정 –가정위탁지원센터에 책정 통보, 관련서류 발송 –수급자 책정	⬅ 〈일반위탁〉 –위탁가정을 상담하여 적합한 가정 연계 후 가정위탁보호(대리양육) 신청서, 가정위탁보호(대리양육) 신청인가정조사서, 가정위탁 가족동의서, 국가아동학대정보시스템 정보조회 동의서, 일반위탁 부모 추천서를 작성 하여 시·군·구에 제출
사례관리	–사례관리 및 복지서비스 제공 등 업무 지원 • 위탁보호 연장 및 위탁가정 변경 신청 • 부모교육이수안내 및 CDA 계좌 신청 • 연장보호 일시중지 시 지원 중단 요청 등	–사례관리 및 복지서비스 제공 • 위탁아동, 위탁가정, 친가정 상담, 방문,적응·양육 실태 파악 등 • 후속보호조치 마련 • 심리치료 지원 등	–사례관리 등 업무지원 • 위탁아동, 위탁가정, 친가정 관리 • 위탁부모 교육 • 위탁아동 및 위탁가정 상담 지원 • 지원서비스 연계
가정위탁 보호종결	–	• 위탁 종결 • 귀가조치(친가정 복귀 등) • 가정위탁 종결(해지), 가정위탁 지원센터 통보	• 재배치 사정 • 아동 보호조치의 종결(퇴소) 신청서 제출(친가정 복귀 시에는 아동가정 복귀 신청서 제출) • 사후관리

그림 11-1 가정위탁보호 절차

출처: 보건복지부(2020).

필요한 지원을 하거나 위탁가정을 변경 조치해야 한다. 친부모가 다시 위탁아동을 양육하고자 할 경우 센터장의 의견을 통해 해당 아동을 귀가 조치할 수 있다.

7. 우리나라 가정위탁의 현황과 과제

1) 가정위탁의 현황

우리나라에서는 유엔아동권리협약에 기초하여 '선 가정보호, 후 시설보호'를 추진하였고, 2005년에는 「아동복지법」에 가정위탁에 대한 법적 근거를 마련하는 등 가정위탁을 탈시설화 정책의 하나로서 정책적으로 강조하고 있지만, 입양을 위한 전 단계의 조치에 머무르거나 대리양육 또는 친인척 가정위탁 중심으로 운영되고 있는 실정이다. 가정위탁이 활발하게 전개되지 못하는 원인으로는 ① 혈통을 중시하는 가족제도, ② 경제적 불안정, ③ 주택문제(주거공간의 부족), ④ 아동수당 등 사회보장의 미비 등을 들 수 있다.

가정위탁은 입양을 앞둔 일부 아동을 위한 중간 조치로서가 아니라 결손가정이나 극빈가정의 아동을 보호하기 위한 본래의 의의를 살리는 방향으로 전환되어야 할 것이다. 그리하여 불우한 가정환경의 아동을 보호함으로써 보호대상아동의 발생을 예방하고 건전한 가정의 환경 속에서 양육될 수 있도록 사회적 차원의 인식 개선과 정책지원이 뒤따라야 할 것이다.

우리나라는 가정위탁보호 제도를 1985년 5월부터 인천과 광주에서 시범사업으로 시작하였고 이 두 지역에서 성공하면 1991년부터는 이를 전국에 확대할 방침이었다. 그 당시에 시범적으로 실시하던 위탁아동이나 위탁가정에 대한 지원은 월 1만원이었고 시 · 군 · 구의 아동복지담당자가 아동을 희망하는 가정에 배치하고 관리하는 형태였다. 그러나 가정에 배치한 아동의 적응에 문제가 있고 위탁가정에서도 아동을 지속적으로 보호하기 원하지 않아서 가정위탁제도는 시범사업으로 끝을 맺고 더 확산하지 못하였다. 결과적으로 1985년도에 정부가 실시한 가정위탁보호 시범사업은 행정적인 또는 재정적인 충분한 지원 없이 실시된 탓으로 실패하였지만 정부는 가정위탁이 활발하게 전개되지 못하는 원인으로 혈통중시 가족제도, 경제적 불안정, 주거공간의 부족을 지적하여 가정위탁제도가 우리나라에는 적합하지 않다고 생각하고 이를 활성화시키기 위한 노력을 하지 않았다. 그러나 민간기관인 한국복지재단(현 어린이재단)이 1990년부터 서울, 부산, 대전의 지역사회복지관에서 가정위탁보호사업을 시범사업으로 시작하였고, 1990년도 후반에 수양부모협회가 가정위탁사업을 민간차원에서 벌여 나갔다.

보건복지부는 시설보호의 대안으로 가정위탁을 활성화하기로 하여 아동복지사업지침을 통해 가정위탁지원센터를 설치하기로 하고, 2003년부터 전국에 17개의 가정위탁지원센터를 설치하였으며, 2004년 중앙가정위탁지원센터를 설치하여 지방의 가정위탁지원센터를 지원하고 각종 프로그램을 개발하여 보급하도록 하였다. 가정위탁지원센터가 만들어지고 가정위탁 활성화를 위해 보건복지부와 센터가 모두 노력했지만 가정위탁을 하려는 가정들이 많지 않았다. 우리나라 사람들에게 가정위탁이란 낯선 단어로서 사람들은 그것이 무슨 뜻인지 잘 알지 못하였다. 또 하나의 더 큰 문제는 위탁가정에 대한 지원이 너무 적은 것이었다. 위탁아동의 부모가 수급자가 아닌 경우 위탁아동을 수급자로 책정할 수 없었고 아동을 수급자로 책정할 수 없는 경우 위탁부모에게 지급되는 돈은 15만 원이 전부였다. 아동을 양육하는 수고비는 물론, 아동에게 필요한 기본적인 식비나 교육비, 의료비 등이 전혀 지급되지 않아 위탁부모가 모든 것을 부담하여야만 하였다. 처음에 좋은 뜻으로 시작한 위탁부모들도 아동과 관련하여 여러 가지 비용이 지출되면서 어려움을 호소하고 많은 부모가 뜻은 있지만 경제적인 부담 때문에 아동을 위탁보호하는 것을 꺼렸다. 이와 같은 제도는 가정위탁을 활성화하는 데 큰 장애물이었으며, 이 문제가 해결되지 않는 한 가정위탁은 더는 발전을 기대하기가 어려웠다. 또한 위탁가정을 활성화하는 장애물의 하나는 위탁아동이 사망이나 상해 사고가 발생했을 경우 이에 대한 책임을 누가 질 것인가에 대한 것이었다. 실제로 아동에게 사고가 났을 때 이에 대한 치료비용 등은 가정위탁지원센터에서 부담하였으나 상해나 사고에 대한 정신적·물질적 부담은 가정위탁지원센터는 물론 위탁가정에도 심각한 것이었다. 가정위탁지원센터들은 상해 위험에 대비한 보험료를 정부가 부담해 줄 것을 지속적으로 요청하였다.

가정위탁지원센터의 설치 및 운영에 대한 법적 근거가 명확하지 않은 것, 위탁가정의 아동을 수급자로 책정하지 못하는 것, 그리고 위탁아동의 상해에 대한 대책이 없는 것 등이 가정위탁사업을 활성화하는 데 큰 장애였으나, 가정위탁보호 아동을 위한 양육비용 보조와 가정위탁지원센터의 설치 및 운영에 대한 근거가 2005년 7월에 개정된 「아동복지법」에 처음으로 분명하게 규정되었다. 또한 2006년부터는 가정위탁보호 아동의 예상치 못한 질병과 안전사고에 대비하고 위탁가정의 심리적 · 경제적 부담을 경감시킬 수 있도록 가정위탁아동의 상해 보험료를 지원하고 있으며, 가정위탁아동 상해보험에서는 일상생활배상 책임, 위탁아동 후유장해, 입원 · 통원 의료비, 정신과 질환 진단비, 골절 발생위로금 등 위탁아동이 겪을 수 있는 광범위한 위험을 보장하고 있다.

위탁가정에 지원하는 경제적 지원도 증가하여 양육보조금으로 아동의 연령에 따라 1인당 월 30만 원에서 50만 원 이상 차등지원하고 있다. 또한 위탁가정 소재지 시 · 군 · 구는 위탁보호 결정아동에게 부양능력이 있는 부양의무자가 존재하는 경우에도 실질적인 가족관계의 단절로 보아 국민기초생활수급자로 책정 · 지원하며, 생계 · 의료 · 교육급여 등의 해당급여를 별도가구로 보장하는 개인단위로 실시하도록 하였다(보건복지부, 2020). 특히 부모로부터 학대받은 아동의 경우 부양능력이 있는 부양의무자가 있어도 부양을 거부하거나 기피하는 것으로 시장 · 군수 · 구청장이 인정하여 국민기초생활수급자로 보호하도록 하였다. 또한 가구당 월평균 소득이 도시근로자 가구당 월평균 소득 이하이며 무주택인 대리 · 친인척 위탁가정이 아동을 양육할 수 있게 하도록 대리양육 · 친인척 위탁가정의 대출대상 주택이 임차전용면적 85m^2 이하인 주택은 일반주택 전세자금 및 공공임대주택 임대보증금 등을 지원하고 있다. 이 외에도 가정위탁아동의 심리치료비(심리정서치료비, 검사비, 교통비) 지원, 신규 가정위탁보호로 책정된 아동에게 아동용품구입비 1인당 100만 원 지급, 대학진학자금 지원, 만 18세 이상의 가정위탁보호 종결아동에 자립정착금 지원 등을 진행하고 있다(보건복지부, 2020). 또한 그리고 가정위탁아동의 질병 및 안전사고 발생 시 위탁부모의 책임을 경감하고, 후유장애에 대한 보상을 통한 아동보호 증진을 위해 가정위탁 아동 상해 보장 서비스를 지원하고 있으며, 2018년 기준 8,955세대, 11,141명의 가정위탁 아동이 보험에 가입되어 있다(아동권리보장원, 각 연도).

2019년 중앙가정위탁지원센터는 아동권리보장원으로 편입되었다. 앞으로는 기존에 가정위탁 사업을 담당하던 지자체 관련 부처와 17개 가정위탁지역센터뿐만 아니라 입양, 자립, 위탁가정 부모교육 및 아동심리치료 지원 등의 다른 아동복지 영역과의 상호 협력을 통해 가정위탁 활성화 방안을 마련하고, 위탁아동의 발달과 적응, 가정위탁 연장 및 자립, 프로그램 서비스 개발 등이 진행될 수 있도록 해야 할 것이다.

2) 가정위탁의 향후 과제

가정위탁을 위한 제도가 점점 개선되고 있지만, 아동권리협약에서 권고하는 아동의 최선의 이익을 보장하기에는 아직도 할 일이 많다. 아동을 위탁가정에 의뢰하기 전 가족의 기능 강화를 위한 지원이 필요하고 아동을 위탁한 후에도 원가정 복귀를 위해 원가정을 지원하는 제도가 만들어져야 하는 동시에 친부모가 아동을 양육할 의지가 없거나 부적합한 경우 친권을 부분적으로 제한하거나 박탈하고 아동을 입양 보내는 길을 열어 주어야 할 것이다. 또한 보호가 필요한 아동들을 시설이나 가정위탁 등에 적합하게 배치(placement)할 수 있도록 아동을 사정 · 배치 · 모니터링할 수 있는 법률과 행정체계가 시급히 구축되어야 한다. 또한 현재 전국적으로 17개소인 가정위탁지원센터를 더 확대하고 담당 사례 수에 따라 직원을 더 배치할 수 있도록 추진해야 한다.

(1) 일반 및 전문위탁가정의 발굴

일반위탁부모들은 친권으로 인하여 양육에 대한 권리가 불분명하고, 역할에 대한 법적 규정도 없으며 양육과정에서 책임문제, 주변의 부정적이고 낮은 사회적 인식, 자원봉사자로 한정된 낮은 위상에 대해 어려움을 호소한다. 이는 일반위탁가정 발굴의 어려움으로 이어지며 아동의 보호 만족도에도 영향을 미친다. 실제로 집단 형태의 보호를 받는 아동이 가정위탁보호 아동보다 만족도가 낮다는 해외의 사례와 달리(Wilson & Conroy, 1999), 우리나라의 경우 그룹홈 아동의 보호 만족도가 가정위탁 아동의 보호 만족도보다 오히려 더 높은 것으로 나타났다(이상정 외, 2017).

이는 시설로 분류되는 그룹홈은 전문 교육을 받은 아동복지전문가들이 종사하면서 다양한 치료, 상담 및 성장 프로그램을 운영하는 반면, 가정위탁의 경우 그룹홈에 비해 관련 규정, 예산 등 정책적 지원이 원활하지 못하게 운영되고 있기 때문이다(이상정 외, 2017). 그러나 가정위탁부모의 첫 번째 가정위탁의 성공 경험은 이후에도 여러 번 위탁에 지속적으로 참여하게 하는 데 중요한 역할을 하는 것으로 보고되고 있다(강현아, 정익중, 강향숙, 2019). 따라서 새롭게 유입되는 신규 위탁부모들을 대상으로 첫 번째 가정위탁 경험이 긍정적인 경험으로 종결되어 여러 번의 위탁으로 이어질 수 있도록 위탁아동 매칭 전부터 종료 후 사후관리에 이르기까지 전 과정에서 집중적 사례관리를 진행하고, 세심한 관심을 가지고 맞춤형 지원을 강화해야 할 것이다. 또한 일반가정위탁의 성공사례가 전문가정위탁으로 연결되는 사례가 많다는 점도 감안한다면(정익중 외, 2019), 일반위탁가정 발굴과 확대를 위해서는 사회적 보호에 참여하는 위탁부모에 대한 긍정적 인식 등을 반영한 대국민 공익적 홍보뿐만 아니라 위탁부모를 위한 제도 개선과 지원이 함께 이루어져야 할 것이다.

또한 위탁아동 중에는 어린 시절부터 학대 등 다양한 가정 내 생활사건을 통해 상처를 경험하여 문제행동이나 학업부진, 장애 등의 문제를 경험하는 아동이 많이 존재한다(김경민, 정익중, 2009). 여러 연구에서 전문가정위탁에 배치된 아동의 공격성과 적응력이 개선되었고(Racusin et al., 2005), 위탁 중간에 포기되지 않고 성공적으로 가정위탁이 이루어진 비율도 일반위탁에서 보다 2배 정도 높은 것으로 보고되어(Fisher, Kim, & Pears, 2009) 미국, 호주 등의 경우 전문가정위탁의 실행과 논의가 활발하게 진행되고 있다(정익중 외, 2019). 우리나라에서도 이들 특수욕구를 가진 아동을 돌보기 위해서는 일반위탁부모의 발굴과정에서 장애아동이나 학대피해아동을 돌볼 수 있는 전문성을 갖춘 사람들을 발굴하거나 기존 일반위탁부모 중에 특수욕구를 가진 아동을 돌볼 의지가 있는 사람들을 위한 전문교육과정을 제공하여 다른 위탁아동과 차별화하여 서비스를 제공해야 한다(노충래 외, 2007). 즉, 전문가정위탁을 활성화함으로써 일반가정위탁으로 배치되기 어려운 아동을 보호하기 위한 기반을 마련해야 하는 것이다(정익중 외, 2019). 이를 위해서는 전문위탁가정에 보호 정도에 따라 비용을 차등 지급하는 등 국가의 세심한 지원이 동반되어야 할 것이다(정익중 외, 2019).

또 다른 대안으로 현재 우리나라의 위탁보호 수준을 감안할 때 전문위탁가정만으로는 해결되지 않기 때문에 특수욕구를 가진 아동들을 적절하게 보호하기 위해서는 현재 운영되고 있는 일부 그룹홈을 전문치료시설을 갖춘 그룹홈으로 전환할 수 있도록 지원하거나, 아동양육시설 가운데 일부를 전문시설로 전환할 수 있도록 지원할 필요가 있다. 또한 모든 위탁부모에게 동일한 양육보조금을 지급하기보다는 전문가정위탁의 경우는 양육보조금을 조금 더 현실화하고 임금의 개념으로 지급할 필요가 있으며, 아동의 장애나 문제행동 정도에 따라 양육보조금도 차별화하여 지급할 필요가 있다. 2019년에는 전문위탁부모에게 매월 40만 원 이상의 양육수당 지급이 권고되었으나, 2020년 지원이 강화되어 양육보조금 등 생계비 등을 일반가정위탁과 동일하게 지원하고 그 외에 아동 1인당 월 100만 원 이상의 전문아동보호비를 지급하도록 하였다. 또한 ADHD, 정서불안장애 등으로 인해 상담·치료가 필요한 가정위탁아동의 심리정서검사·치료비를 지원할 수 있는 심리치료지원사업의 근거도 마련되었다(보건복지부, 2020). 그러나 의무조항이 아닌 권고사항이며 탄력적으로 적용하게 되어 있다. 따라서 양육보조금과 서비스지원에서 위탁가정의 현실적인 문제를 반영한 대책이 마련될 수 있도록 지자체와 아동권리보장원, 가정위탁지원센터 등의 논의가 필요하다.

위탁부모들의 소진을 방지하기 위한 방안과 위탁아동과 함께 위탁부모를 위한 심리지원 서비스와 같은 치료적 접근의 가족기반 돌봄서비스도 고려되어야 한다. 위탁부모를 대상으로 심리적·행동적으로 불안한 아동과 365일 함께 있어야 하는 어려움을 해소할 방안을 마련해 소진되지 않고 아동돌봄이 이루어질 수 있는 지원이 확대되어야 한다. 이를 위해 지역 내 아동돌봄서비스 연계와 양육품앗이 등 지지집단을 개발하고 활성화하는 노력을 통해 가정위탁아동의 회복을 위한 통합서비스가 제공되어야 한다(정익중 외, 2019).

특수욕구 아동을 양육할 수 있는 전문가정위탁 부모를 발굴하고 단계별 역량을 강화하기 위해서는 위탁절차에 따라 다음과 같은 전문서비스 제공이 필요하다. 먼저 매칭 직전과 위탁 초기단계에서는 보호아동이 나타낼 수 있는 여러 행동에 대한 사전교육과 정부가 전문위탁가정에 제공하는 지원서비스에 대한 안내가 이루어져야 한다. 위탁적응기에는 위탁아동의 문제행동에 대한 이해와 발달단계에 따른 적응행동 양상들에 대한 보수교육이 필요하며, 위탁모의 심리적 어려움에 대해 논의할 수 있는 상담서비스 연결이 이루어져야 한다. 또한 어린이집과 학교선생님 등 아동생활반경을 중심으로 도움을 제공할 수 있는 지지집단을 형성할 필요가 있다. 이전에 전문위탁 경험을 가지고 있는 위탁부모 자조모임 활성화도 지지집단으로 지속적으로 지원되어야 한다. 위탁종료기에는 종결상황에 대한 이해와 친부모와 위탁부모와의 관계형성, 위탁아동과의 이별대처 과정, 상실감과 트라우마를 최소화하기 위한 다양한 프로그램 지원이 필요하며, 또한 가정위탁 전 과정에 걸쳐 부모교육 강의평가 등을 통해 위탁부모 대상 교육 프로그램을 꾸준히 개발하고 현실적으로 필요한 교육이 제공될 수 있도록 하고, 위탁부모가 부모교육에 참여할 수 있도록 지속적으로 독려해야 한다(정익중 외, 2019).

(2) 원가정 복귀를 위한 서비스의 강화

가정위탁보호의 궁극적 목적은 친가정의 역량강화를 통한 아동의 원가정 복귀이다. 아동의 행복을 위해서 가장 중요한 것은 가정의 재결합이며 이는 아동의 삶의 질을 개선하는 가장 최선의 길이다(중앙가정위탁지원센터, 2008). 그러나 서비스 제공에서 원가정은 거의 배제되고 주로 위탁가정과 위탁아동에게 집중되어 있다. 현재 친부모의 참여와 책임에 대한 강제적인 법에 따른 제재가 부재하다 보니 친부모의 프로그램 참여율이 저조함에도 불구하고 가정위탁지원센터에서도 친부모의 자발적 참여를 독려하고 있을 뿐 강제할 수 없어 별다른 서비스를 제공하지 못하는 사례가 많았다. 일반위탁의 경우 친부모나 아동의 법정후견인이 가정위탁을 의뢰하므로 친부모에 대한 정보 파악이 가능하지만, 대리양육 및 친·인척 위탁의 경우 친부모의 양육능력 상실로 조부모나 친인척이 아동을 선 양육하던 중 가정위탁에 책정되어 세대에 대한 최소 정보만 분기별로 가정위탁지원센터에 통보되므로 친부모 정보파악이 거의 불가능하다. 또한 친부모의 경제능력 회복이나 아동과의 정기적인 교류가 있을 경우 친부모에 대한 사정없이 가정위탁이 중단되는 제도 안에서 사실상 원가정에 대한 개입이 이루어지기 어렵다. 이 때문에 위탁아동의 종결 후 배치를 살펴보면 전체 종결 위탁아동의 친가정 복귀율은 18.9%로 매우 낮은 실정이다(중앙가정위탁지원센터, 각 연도).

원가정 복귀를 지원하는 서비스를 강화할 필요가 있다. 빠른 시일 내에 위탁아동의 원가정 복귀가 가능하도록 하려면 초기 사정 시 위탁서비스의 적절성을 철저히 점검해 보는 것에서 시작하여 아동을 위탁할 때부터 원가정을 위탁보호의 파트너로 인식하고 친부모를 지원하는 정책을 적극적으로 펼쳐야 할 것이다. 특히 아동을 위탁가정에 맡긴 친부모들이 아동에 대한 애착이 감소되고 가정위탁에 대한 의존감이 생기지 않도록 아동과 친부모가 정기적인 만남을 지속적으로 하도록 해야 한다. 친부모의 아동과의 정기적인 만남에 대한 책임을 강화하는 법적인 규제도 필요하다(정익중, 2009). 친부모의 역량강화, 친부모와 아동의 재결합을 위한 프로그램에 더 많은 노력이 투여되어야 할 것이다. 가정위탁지원센터가 직접적으로 친부모에 대한 서비스를 제공하지 못한다고 해도 친부모가 거주하는 지역의 자원이나 사회복지기관을 연계해서 친부모에게 필요한 지원을 받도록 해야 한다. 이러한 노력에도 불구하고 원가정 복귀가 어려울 경우 더 철저한 영구배치계획이나 자립지원계획을 통해 서비스 방향과 지원이 이루어질 수 있도록 다양한 측면에서 노력해야 한다.

(3) 배치안정성 확보

가정외보호 아동의 배치변경은 보호대상아동에게 취해졌던 해당 보호조치가 적절하지 않을 경우 보호조치를 변경하는 것이다(「아동복지법」 15조의3). 배치변경은 아동을 둘러싼 물리적 · 인적 환경이 모두 변화하는 것으로서 아동을 둘러싼 기존의 친밀한 유대와 관계, 친숙한 장소를 잃고 새로운 양육자, 학교, 이웃 등 환경의 변화에 따라 새로운 적응이 요구된다. 배치변경은 모든 가정외보호에서 일어나지만 가정위탁에서 가장 빈번하게 발생한다. 대부분의 선행연구들에서는 배치변경에 대한 부정적 영향을 보고하고 있다. 잦은 배치변경을 경험하게 되면 아동의 심리정서와 행동 발달에 여러 가지 부정적인 영향을 미친다. 가정외보호 아동은 이미 친부모와의 불안정한 양육을 경험하였으므로 이후 양육자의 잦은 변경 경험을 하게 되면 안정적 애착형성에 어려움을 겪는다(정선욱, 2002). 또한 잦은 배치변경 경험은 아동의 정신건강문제(Akister, Owens, & Goodyer, 2010), 자해 및 행동문제(Beck, 2006; Barber et al., 2001), 낮은 교육적 성취(O'Sullivan & Westerman, 2007) 등에 영향을 미친다고 보고된다. 불안정한 배치를 경험한 아동은 안정된 배치를 경험한 아동에 비해 여러 위탁가정을 전전하면서 더 오래 위탁보호를 받는 경향이 높았고(McBeath et al., 2018), 원가정 복귀에도 실패할 가능성이 높은 것으로 나타났다(Fallesen, 2014; Rostill-Brooks et al., 2011). 이렇게 잦은 배치변경으로 이리저리 옮겨 다니게 되는 것이 표류(drift)인데, 우리나라에서는 서구에 비해 가정외보호아동의 표류에 관한 연구가 드물다. 정정호와 정익중(2012)의 연구에서는 친가족과 분리 후 경험하는 확대가족, 시설과 시설 사이에서 정착하지 못하는 과정을 표류라고 보았고, 홍나미와 박현정, 정익중(2018)의 연구에서는 청소년의 그룹홈 전원과정에서 이리저리 떠밀려 다니는 경험을, 김영일(2021)의 연구에서는 가정외보호아동의 배치변경 경험을 살펴보았다. 이런 질적 연구를 넘어 가정외보호아동 행정 데이터베이스(DB)를 활용한 체계적인 점검과 심층 양적연구가 필요할 것으로 판단된다.

위탁가정에 두 번째 위탁아동이 배치되었을 때 첫 번째 배치된 위탁아동의 상황이 방해를 받을 수 있으며, 또한 친자녀 혹은 위탁아동들 간의 갈등은 위탁이 중단되는 주요한 요인이 되는 것으로 나타났다(Ingley & Earley, 2008). 우리나라에서 위탁가정과 위탁아동의 매칭은 가정위탁지원센터 상담원의 역량과 경험에 의존하고 있다. 위탁가정과 위탁아동의 원활한 상호 적응이 가능할 것인지, 위탁과정에서 문제 발생과 소진 등으로 중도포기의 위험은 없는지 등을 초기에 파악하는 데 해당 분야에서 다년간 경험한 전문가의 핵심적인 지식과 기술이 활용되어야 한다. 이는 가정위탁지원센터의 전문성을 확보해야 할 이유이기도 하다.

배치과정에서 불가피한 변경도 필요하다. 그러나 그 과정에서 정작 당사자인 아동은 배제된 경우가 많았다. 아동이 자신의 거취에 관해 의견을 개진할 곳이 없다는 점과 이동에 대한 충분한 정보를 제공받지 못했다는 점을 보고한 연구(김영일, 2021)도 있었다. 만일 아동이 결정과정에 참여하여 자신의 의견을 제시하고, 정보제공을 통해 아동이 배치변경에 대한 준비를 충분히 갖추었더라면 표류 현상을 예방하고 배치안정성을 확보하는 데 도움이 될 것이다. 유엔아동권리협약에서는 아동들에게 영향을 미치는 문제를 결정할 때 아동의 의견을 말할 권리가 있고 어른들은 이에 경청해야 한다고 명시하고 있다. 보건복지부의 아동분야 사업안내(2020)에도 보호조치에서 아동의 욕구를 반영하라고 권고하고 있다. 그러나 이러한 지침과 권고는 실제 잘 작동하지 않는 것으로 나타났다. 당사자인 아동의 의견이 고려되고 이동배치에 있어 아동의 충분히 이해할 수 있도록 실질적인 제도와 지침의 제공이 필요하다. 또한 배치변경에서 아동복지심의위원회의 기능과 역할을 강화하여, 적절한 논의에 의해 변경결정이 이루어지도록 해야 한다. 보호배치 후 양육상황 점검이 강화되어야 한다. 현재 「아동복지법」 제15조의3에 의거하여 보호대상아동에 대한 양육상황 점검을 실시하게 되어 있다. 공적보호체계 진입 후 아동의 안정적 보호에 대한 확인을 위해서는 반드시 필요하지만 현재 원활히 시행되고 있지 못하다. 이를 개선하기 위해 양육상황 점검에 대한 구체적인 시행지침을 마련하고, 최소 상・하반기에 1회씩 실시할 수 있도록 한다. 또한 점검결과에 대한 후속조치와 서비스 연계 방안도 함께 모색하여 꼭 필요한 배치변경과 배치안정성이 동시에 확보되도록 해야 한다.

(4) 장기위탁아동의 영구배치계획 및 자립지원계획의 수립

장기간 위탁가정에 머무르는 아동의 비율이 상당히 높게 나타나고 있는 데 반해, 아동의 영구배치계획이나 자립지원계획의 수립과 수행은 형식적인 경우에 머무르는 경우가 많았다(중앙가정위탁지원센터, 각 연도). 구체적인 영구배치계획 및 자립지원계획 지침과 수행절차를 제시하고 이에 따라 서비스가 제공될 수 있도록 점검해야 할 필요가 있다. 학대를 겪은 위탁아동을 양육하게 될 때 위탁부모는 이전에 경험하지 못한 큰 부담과 소진을 경험하기 쉬우며, 일부 위탁부모의 경우 중도에 포기하는 경우도 발생한다(권지성 외, 2012). 가정위탁 아동은 이미 친부모와의 분리와 함께 조부모 혹은 친인척으로부터 일차적인 보호를 받고 위탁가정에 배치되었을 가능성이 있으므로 심리적 충격 등 아동발달에 부정적인 영향을 최소화하기 위해 재배치 위험을 최소화할 필요가 있다(양심영, 이효진, 2009). 따라서 가정위탁이 중도포기되거나 원가정으로의 조기 복귀 혹은 다른 위탁가정으로 재배치되는 사례가 발생하지 않고(정익중 외, 2019) 장기적으로 안정된 공간에서 아동이 성장할 수 있도록 영구배치계획을 통해 보호자와의 지속적인 관계를 제공할 필요가 있다(양심영, 이효진, 2009).

또한 가정위탁아동의 경우도 시설아동과 마찬가지로 자립지원에 대한 대책이 필요하다. 2012년「아동복지법」이 개정되면서 자립지원계획과 관련된 규정이 포함되어 디딤씨앗통장에 가입할 뿐만 아니라 가정위탁 보호를 종결하는 아동에게 자립지원정착금을 지원하고, 대학을 다니거나 직업훈련을 받는 등 일정한 사유가 있을 경우 보호기간을 연장하여 위탁가정에 계속 거주하도록 하고 있다. 하지만 시설과 다르게 가정위탁은 가정을 기반으로 하기 때문에 자립지원에 있어서 시설 아동과 차이가 발생하기도 하는데, 대표적인 것이 한국토지주택공사(LH)의 소년소녀가정 등 전세주택 지원 대상에서 위탁종결아동이 제외되는 것이었다. 이에 대하여는 여러 전문가가 현행 제도의 문제점에 대하여 수차례 논의한 끝에 2017년부터 LH 전세주택 지원제도의 대상에 가정위탁 종료아동도 포함되었다. 이처럼 가정위탁아동에 대한 자립지원이 어떻게 구성되어야 할지에 대해 구체적으로 논의되어야 하고, 적어도 자립정책 전반에 있어서 시설퇴소아동과 동일한 수준의 혜택을 받을 수 있도록 제도의 개선이 필요하다. 또한 위탁종결 이전에 실제적인 자립준비 프로그램이 제공될 필요가 있다. 가정위탁종결 청소년은 물리적 거주 공간 마련에 자립준비가 집중되는 경향이 있다. 자립에 필요한 요소, 즉 적성을 고려한 구직, 재정관리, 가사관리, 부동산 관련 지식, 건강관리 등을 사전에 균형 있게 준비할 수 있도록 가정위탁 청소년들에게 실질적인 자립준비 프로그램이 제공될 필요가 있다(정익중, 김주현, 2019).

(5) 가정위탁지원센터와 상담원 수 확대 및 전문성 강화

가정위탁지원센터는 전국적으로 총 17개로, 지역적으로는 경기도를 제외하고는 시·도마다 한 개소씩 설치되어 있다. 도 단위에 있는 센터는 하나의 센터가 도 전체에 흩어져 있는 위탁아동과 위탁부모, 그리고 아동의 친가정을 담당하고 있는 상황이다. 이로 인해 전국의 센터들이 담당하고 있는 사례에 비해서 상담원의 수가 매우 부족한 실정이며, 종사자 1인당 약 190여 명의 아동을 담당하고 있다(중앙가정위탁지원센터, 각 연도). 이와 같은 상황에서 위탁아동 전체에 대한 사례관리는 물론 아동의 원가정 복귀를 위한 노력을 체계적으로 하는 것은 거의 불가능하다. 미국 아동복지연맹(Child Welfare League of America: CWLA)은 고위험에 처한 아동을 위해서는 1인의 사회복지사가 12명의 아동을, 집중적인 가족보존 서비스가 필요한 경우 1인의 사회복지사가 2~6인 가족, 위탁가정의 경우 1인당 12명에서 25명이 적당하다고 기준을 세워놓았다(정익중, 2006). 이와 같은 기준은 아동복지연맹이 아동상황을 적절하게 사정하거나 아동의 안전과 원가정 복귀를 위한 서비스를 제공하는 데 필요한 적정 수로 분석해서 계산한 것이다. 전국 17개의 가정위탁지원센터가 11,141명의 위탁아동을 담당하도록 하는 것은 위탁가정의 안정은 물론이고, 위탁아동의 복지를 위해서도 바람직하지 않다.

이와 같이 상담원의 수가 절대적으로 부족하기 때문에 사례에 대한 전문적인 개입서비스도 부족한 실정이다. 서비스 강화를 위해 양적인 확대뿐 아니라 인력의 전문성 확보가 이루어져야 한다. 현재 많은 상담원이 이직이나 전직을 하고 있어 상담원들의 경험이 많이 부족하여 전문성 확보가 쉽지 않은 상황을 종종 발견하게 된다. 상담원들의 전문성 확보는 정부의 지침도 필요하지만 지역가정위탁지원센터 자체적으로도 전문성 확보를 위한 노력이 구체적으로 진행되어야 한다. 직원의 자질이 곧바로 사례개입에 영향을 미치므로 더 많은 훈련과 슈퍼비전이 필요하다. 2020년 기준으로, 상담원은 '가정위탁지원센터 상담원 교육과정'에 대한 75시간의 교육과정을 이수해야 하고, 한국보건복지인력개발원과 아동권리보장원에서 실시하는 가정위탁보호 실무과정 및 상담원 교육에 필수적으로 참여해야 한다. 상담원 교육과정에는 아동복지의 기본가치, 아동보호체계에 대한 이해, 가정위탁보호사업의 이해, 위탁부모 및 친부모 교육, 가정위탁 상담 및 사례관리 등이 포함된다(보건복지부, 2020a). 각 지역의 가정위탁지원센터에서도 사례슈퍼비전을 정례화하고 권역별 사례슈퍼비전 회의도 수시로 개최하여 서로의 사례경험과 정보를 공유하는 노력이 필요하다.

또한 가정위탁지원센터는 전국 16개 시 · 도에 17개가 개소한 이래 단 1개의 센터도 증설하지 못했다. 이는 지방자치단체의 예산 책정에 따라 센터가 개설되므로 재정자립도가 낮은 지자체의 경우 관심이 있더라도 중앙정부의 예산이 지원되지 않는 한 센터 개설에 어려움이 존재하기 때문이다. 가정위탁보호의 경우 다른 아동복지서비스와 마찬가지로 접근성이 중요하므로 가까운 인근에 센터가 존재해야 하는데 전혀 그렇지 못한 상황이다.

「아동복지법」이 2012년에 개정되면서 시 · 군 · 구 가정위탁지원센터의 근거가 마련되었으나 그 이후 큰 발전은 없는 상황이다. 사회 내 보호대상아동의 가정보호를 발전시키고 가정위탁보호 아동의 복지와 원가정 복귀를 위해서는 가정위탁을 담당하는 기관을 시 · 도나 시 · 군 · 구 차원에서 더 개설하고 전담인력의 양적인 확대와 질적 수준을 강화해야 한다. 현재 각 시 · 도에 있는 가정위탁지원센터를 거점센터로 지정하고 시 · 군 · 구 차원에서 가정위탁지원센터를 새로 개설하거나 기존의 사회복지관이나 아동복지시설 등과 연계하여 위탁아동, 위탁가정 그리고 원가정에 대한 사례관리를 체계적으로 진행해야 할 것이다.

(6) 아동권리보장원의 가정위탁 업무 체계화 및 부서 간 연계 강화

그동안 가정위탁의 중추적 역할을 담당해 온 중앙가정위탁지원센터가 2019년 아동권리보장원으로 편입되면서 관련 업무도 모두 이관되었다. 이에 따라 가정위탁지원센터에 대한 지원뿐 아니라 가정위탁 사업과 관련된 연구 및 자료발간, 프로그램 개발과 평가, 정보기반 구축 및 정보제공, 가정위탁지원센터에 대한 평가 등을 아동권리보장원에서 진행한다.

중앙가정위탁지원센터는 가정위탁보호 현황보고서를 매년 1회 발간해 왔으며, 가정위탁보호 DB를 구축하여 위탁가정과 부모, 아동에 대한 관리와 모니터링을 해왔다. 2008년부터 가정위탁아동을 대상으로 패널연구를 시작하여 장기적인 조사를 진행해 왔는데, 이는 위탁아동의 적응이나 발달성과에 영향을 미치는 요인을 종단적으로 찾아낼 수 있는 의미 있는 시도라고 판단된다(정익중, 2008). 센터별로 취합된 집합적(aggregate) 자료만으로는 우리나라 가정위탁 전반에 대한 실태 파악은 가능하지만 다양한 위탁아동 문제나 특성을 반영한 프로그램이나 서비스를 개발하기가 어려웠다. 2008년 이후 진행되어 온 패널연구를 지속적으로 진행하여 우리나라 가정위탁의 동향이나 실태를 파악하는 동시에 기초자료를 산출하여 더 효율적인 가정위탁정책을 수립할 수 있도록 해야 할 것이다.

뿐만 아니라 그동안 학대 및 방임에 노출된 아동을 보호하기 위해 운영되는 두 개의 큰 축인 아동보호전문기관과 가정위탁지원센터의 역할이 학대피해 아동을 '학대아동과 위탁아동'으로 구분하여 개입함으로써 학대아동의 보호와 원가정 복귀에서 기관 간 연계되지 않는 한계가 있었다(정익중 외, 2019). 이번에 개편된 아동권리보장원은 가정위탁 외에도 기존의 아동보호전문기관에서 담당하던 학대아동, 드림스타트, 지역아동센터, 자립, 입양 등 그동안 분산되어 운영 중이던 아동 관련 사업을 체계적이고 통합적으로 제공하기 위해 설립되었으므로, 각 시·도의 가정위탁지원센터 확충과 더불어 학대–가정위탁–자립으로 연결되는 관련 부서들을 연계하여 학대피해아동 발생 시 개입부터 자립을 아우르는 포괄적인 프로그램과 서비스 개발이 이루어져야 한다.

제2절 입양서비스

아동은 가능한 한 가정이라는 건전하고 자연적인 환경 속에서 성장·발달해야 한다는 것이 아동복지의 가장 기본적인 원칙이다. 그러나 가족의 붕괴나 해체로 인하여 출생가정에서 보호를 받을 수 없을 때는 대리가정의 서비스로 제2차 방어선의 대책을 제공해야 한다. 이러한 상황에서 실천되는 입양은 앞에서 서술한 가정위탁과 함께 대리가정 서비스의 양대 축이라고 할 수 있다.

이 장에서는 입양의 의의, 입양의 종류, 입양가정 선정의 기준, 입양의 실제, 우리나라의 입양현황과 과제의 순서로 살펴보기로 한다.

1. 입양의 의의

성인에게 입양이란 다른 친생부모에 의해 태어난 아동을 법적 절차를 밟아서 본인의 자녀로 삼는 것을 의미하며, 입양되는 아동에게 입양이란 법적으로 입양부모와 친자의 관계를 맺는 것을 의미한다. 미국의 『사회사업백과사전』에서는 "입양이란 부모가 되는 사회적이고 법적인 과정이며, 입양 후에 부모와 아동은 그들이 생물학적으로 관련되는 것과 똑같은 상호 권리와 의무를 갖는다."라고 하였다(NASW, 1995). 즉, 입양이란 자녀와 친생부모 간의 관계를 단절하고, 생물학적 과정이 아닌 법적인 그리고 사회적인 과정을 통하여 생물학적인 혈연관계가 아닌 사람들 사이에 새로운 친자관계를 만들어 내는 행위를 말한다(Kadushin & Martin, 1988). 친생부모가 아동을 돌볼 수 없거나 원치 않을 때 또는 친권상실의 선고 등 법적으로 친권관계가 해소되었을 때, 그 아동을 위한 영구적인 대리보호를 제공하는 것을 입양이라고 한다(김유경 외, 2010).

입양될 때는 아동의 친생부모가 지닌 현재나 미래의 권리와 의무가 종료되며, 아동과 혈연관계를 갖지 않는 부부에게 이러한 권리와 의무가 행정적 · 법적으로 이전하게 된다.

역사적으로 보면 낳아 준 부모에서 입양하고자 하는 부모에게 아동을 옮기는 법적 입적이 주가 되고 있었다. 이때 판사는 입양의 적격 여부를 결정하는 데 단지 당사자들과의 접촉만을 중시하였다. 그러나 아동을 양육하기에 적절하지 않은 부모들에게 입양을 시킨다는 것은 입양 본래의 목적에 위배된다는 것을 깨닫게 되어, 입양부모들에 대해 더 광범위한 조사를 요청하게 되었다. 1981년 미국 미시간주에서는 입양 여부를 결정짓기에 앞서 철저한 사전조사를 실시하였다. 그 후 지방기관이나 국가기관이 예비입양가정에 대해 보다 자세한 조사를 시행하도록 하는 법이 통과되기도 하였다.

비밀입양을 하는 입양부모들이 입양 사실을 숨기고 친자녀처럼 보이기 위해 어떤 노력을 할까? 부모님이 친생부모라고 생각하는 이유는 무엇입니까?

- 아주 어릴 적 부모님과 함께 찍은 사진이 있다. → 우리나라 입양은 생후 12개월 이전에 이루어지기 때문에 입양아동이라도 당연히 어릴 적 사진이 있다.
- 혈액형이 가족의 유전가계도와 일치한다. → 입양 시 혈액형을 맞추는 것은 물론 심지어 외모까지도 비슷하게 하려고 노력한다. 여아 입양이 선호되므로 여자인 경우 부모가 친생부모가 아닐 가능성이 더 높다.
- 우리나라에는 비밀입양이 많기 때문에 친자확인을 위한 유전자 검사로 확인하지 않았다면 입양아동일 가능성이 있다.

2. 입양서비스의 특성

입양서비스는 보호자가 없거나 보호자로부터 이탈된 아동 등에게 건전한 가정을 영구적으로 제공하여 신체적 · 정서적 · 사회적으로 건강하게 성장할 수 있도록 지원하는 것을 목적으로 하는 서비스를 의미한다(보건복지부, 2020b). 입양서비스가 지닌 특성을 요약하여 설명하면 다음과 같다.

- 아동을 위한 비시설 가정보호의 방법이다.
- 새로운 가족관계를 창출하며, 아동을 위하여 영구적인 가정을 제공한다.
- 입양부모와 입양아동이 공동으로 인간적인 욕구를 충족시키려는 노력이다.
- 아동에게 보다 안전한 보호를 제공하기 위하여 일정한 법적 절차에 따라 이루어진다.
- 입양부모는 입양아동의 양육에 대하여 무제한의 책임을 지게 된다. 입양을 단순히 친생부모를 대신하여 누군가가 아동을 키워 주는 것으로 이해한다면 입양과 위탁의 구분이 불가능해진다. 입양과 동시에 입양부모는 완전한 부모로서의 권리와 책임을 부여받고 친생부모는 아동의 부모로서 모든 권리와 책임을 상실하게 된다.

입양아동, 친생부모, 입양부모를 위한 입양서비스는 다음과 같은 원리들을 지침으로 제공되어야 한다(Kadushin, 1984; 노혜련, 2001에서 재인용).

첫째, 아동은 자신이 태어난 가정에서 양육되는 것이 최우선이고 가장 바람직하다. 입양은 아동을 원가정에서 보호하려는 모든 노력이 선행한 이후에만 고려해야 한다. 입양은 언제나 아동의 원가정을 대신하여 이루어지는 것이기 때문에 아동의 원가정에서 아동이 필요한 보호를 제공할 수 없을 때 적용해야 한다. 이에 따라 정부에서는 보호대상아동이 발생할 경우에 원가정 보호, 가정위탁, 아동복지시설, 입양 순으로 보호조치를 실시하도록 한다. 2019년 포용국가 아동정책의 내용, 즉 진정한 의미의 가정보호 우선주의를 실천하기 위하여 원가정 보호를 최우선 순위에 두어 원가정의 가족기능을 지지하고 강화하려는 조치들이 충분히 실시되어야 한다.

둘째, 대리보호가 필요한 경우에는 아동이 속해 있는 인종집단, 국가, 문화집단과 종교집단 내에서 가정을 찾는 노력이 우선되어야 한다. 아동이 속한 지역사회 밖에서 입양가정을 찾는 노력은 지역사회 내에서 해결하려는 노력이 불가능할 경우 시도되어야 한다.

셋째, 입양은 아동의 이익이 최우선이 되도록 하여야 한다. 즉, 가정이 아동을 위해서 선택되어야 하며 반대로 가정을 위해 아동이 선택되어서는 안 된다. 입양은 부부의 행복을 위한 도구로서 아동이 필요해서가 아니라 '아이들이 행복하게 살 권리를 지켜 주기 위한 것'이다. 입양은 철저히 입양아동의 관점에서 이루어져야 하며, 아이도 좋은 부모를 가질 권리가 있음을 인정해야 하는 것이다. 그러나 만약 입양부모를 자선을 베푸는 존재로 부각하면 입양부모는 아동을 선택할 권리가 있다고 믿게 된다. 입양은 아동의 최선의 이익을 고려하여 부모중심의 입양이 아닌 아동중심적으로 인식이 전환되어야 할 것이다. 입양은 반드시 무자녀 가정에 자녀를 만들어 주는 것이 아니라 가정 없는 아동에게 가정을 만들어 주는 것이라는 관점에서 진행되어야 한다.

넷째, 아동의 가족을 대신할 영구적인 보호가 필요할 경우에는 입양이 가장 바람직한 방법이다. 입양은 가정위탁보호보다 안정된 영구적인 대리보호의 형태이다. 입양이 가정위탁보호나 시설보호보다 아동에게 영구적이며 안정적인 양육 환경을 제공해 줄 수 있기 때문이다.

다섯째, 아동복지를 위해서는 영구적 대리보호의 필요성 여부에 관한 결정이 가능한 한 빨리 내려지고 지체 없이 이행되어야 한다. 또한 입양의 판결과정도 가능한 한 빨리 이루어져야 한다.

3. 입양의 종류

입양의 종류는 그 구분기준에 따라 다양하게 구분된다(Kadushin & Martin, 1988; 김현용, 2001에서 재인용).

1) 친족입양과 비친족입양

혈연관계 혹은 가족관계를 이루고 있는 사람에 의해 입양되는가, 전혀 가족관계를 갖고 있지 않은 사람에 의해 입양되는가에 따라 친족입양(related adoption)과 비친족입양(nonrelated adoption)으로 나뉜다.

2) 국제입양과 국내입양

입양대상아동이 어느 국가의 부모에 의해 입양되는가에 따라 국제입양(국외입양, 해외입양, intercountry adoption)과 국내입양(incountry adoption)으로 구분된다. 국제입양은 아동이 친생부모가 거주하는 나라를 떠나 다른 나라의 새로운 입양부모에 입양되기 위해 국경을 넘는 국제이주를 말한다. 입양아동과 입양부모의 국적의 동일 혹은 상이 여부와 상관없이 실제 거주지를 중심으로 판단한다. 즉, 아동이 입양절차 중에 국경을 넘어야 하는 점에 기준을 두고 지칭하는 용어이다(이경은, 2017). 입양은 오래된 관행이나 국제입양은 사실 그리 역사가 길지 않다. 제2차 세계대전 이후 미국인들은 유럽 여러 나라와 일본에서 아동을 입양했다. 그러나 미국에서 국제입양이 중요한 사회현상이 된 것은 한국전쟁(1950~1953년) 이후부터이다. 한국전쟁 직후부터 20세기 말까지 한국이 외국에 보낸 아동 15만 명 중 약 3분의 2를 미국인이 입양했다. 1995년까지 한국은 미국에 아동을 가장 많이 입양 보내는 나라였다. 1995년 이후에야 중국과 러시아에 이어 3위로 하락했다(아리사 H. 오, 2019; Holt international site).

3) 독립입양과 기관입양

입양이 개인적으로 이루어지는가, 입양기관을 통해 이루어지는가에 따라 독립입양(개인입양, independent adoption)과 기관입양(agency adoption)으로 구분된다.

독립입양은 입양기관을 통하지 않고 입양하는 것으로 친부모가 친척이나 친구, 이웃에 직접 아동을 입양시키는 경우, 아는 사람 또는 의사나 변호사 등 제삼자를 통한 입양(회색시장을 통한 입양)이거나, 심지어는 불법적으로 아동을 매매하여 입양하는 경우(암시장을 통한 입양)까지도 포함하는 개념으로 이해할 수 있다. 독립입양의 경우, 사전점검이나 사후관리를 할 수 없으므로 문제가 생길 수 있다. 독립입양은 비용이 많이 들고 비밀보장이 어려워 입양 후에 친생부모와의 문제가 야기될 수 있다. 그리고 입양에 관한 전문적인 심리적 · 법적 · 정신적 상담을 받을 수 없고, 적절한 의료혜택, 필요한 경제적 · 사회적 도움도 받지 못하는 경우가 많다. 입양아동이 문제 있는 가정에 배치될 수도 있으며, 입양에 관한 일정한 기록보관도 어렵다. 그리고 입양과정 중 친생부모의 마음이 변하거나 판사가 입양을 불허할 경우에 입양부모는 아무런 법적 권리를 갖지 못한다는 단점이 있다.

기관입양은 자발적으로 혹은 비자발적으로 친생부모가 아동에 대한 입양동의를 하고 친권을 법적으로 포기하여 입양기관과 법원을 통해 입양이 이루어지는 경우다. 기관입양의 장점은 입양문제에 대한 지식을 가진 전문가에 의한 서비스, 특수한 욕구를 가진 아동을 충족시켜 줄 수 있는 입양가정을 선정하는 것이 가능하여 아동과 입양가정의 욕구가 충족된다. 그리고 특수욕구를 가진 아동의 경우 기관의 외부전문가 집단(정신과의사, 심리학자, 유전학자, 소아청소년과 의사 등)을 활용하여 서비스 질의 극대화가 가능하며, 입양 후 지속적 사후서비스 등이 진행될 수 있다. 우리나라의 경우, 입양기관에 입양의뢰 된 아동 및 가정위탁 · 아동복지시설 입소

입양동의

입양이 이루어지기 전에 친생부모와 13세 이상인 아동을 대상으로 진행되는 절차이다. 입양동의는 아동 출생일로부터 1주일(이하 숙려기간)이 지난 후에 이루어져야 하며, 숙려기간 동안에는 친생부모가 아동을 보호하는 것을 원칙으로 한다. 입양기관은 입양이 이루어지기 전, 친생부모에게 입양의 동의, 입양의 효과 및 파양, 입양정보공개청구 관련, 입양동의의 철회 등에 대한 충분한 상담을 제공해야 한다. 또한 입양기관은 13세 이상인 아동을 입양하고자 하는 경우 친생부모 또는 후견인 동의 외에 입양될 아동의 동의도 받아야 하며, 입양동의 전에 입양의 법률적 효력 및 파양, 입양동의의 요건 및 입양동의의 철회, 입양절차, 관련법 제36조에 따른 입양정보 공개 청구, 양친이 될 사람에 대한 정보의 내용을 포함하는 상담을 제공해야 한다(보건복지부, 2020b).

친권포기

친권포기는 자녀의 입양을 위해 법적으로 조치되는 것을 말한다. 입양동의는 결과적으로는 친권포기와 유사하나, 입양에 대한 동의와 함께 곧바로 입양이 결정되는 것은 아니기 때문에, 즉 입양에 동의하는 시점과 입양이 결정되는 시점 사이에 '시간적 간격'이 존재하기 때문에 입양동의에 대해서 친권포기처럼 친권박탈의 법적 효과를 부여할 수는 없다(이준일, 2011).

등 모든 보호대상아동의 입양절차는 반드시「입양특례법」제21조에 따른 입양기관을 통하여 진행하도록 명시되어 있다(보건복지부, 2020)

4) 비밀입양과 공개입양

우리나라에서는 입양자녀, 가족, 친척, 친구 등에 공개적으로 입양사실을 알리는 것을 '공개입양'으로 명명하여 사용해 오고 있다. 그러나 입양사실을 공개했을 뿐 친생부모가 자신의 자녀를 입양할 입양부모를 선택하거나, 입양 전과 후에 친생부모와 입양부모가 서로에 대한 정보를 공개하거나, 서로 직접 만나는 경우는 아직까지 거의 없기 때문에 서구에서 개방입양으로 이미 개념이 정리된 공개입양의 본래 의미와는 상당히 다르다(이미선, 2006). 즉, 입양사실의 공개과정에 있어서 친생부모의 의사나 참여는 전혀 없이 입양부모의 의사로만 입양사실의 공개가 이루어지는 것이다. 또한 공개입양을 선택한 입양부모 중 일부는 가족과 친척들에게만 입양사실을 공개할 뿐, 이웃이나 직장동료 등 기타 주변인들에게는 입양사실을 공개하지 않는 경우도 있다. 이러한 경우를 '부분공개입양'으로 부르고 있다.

비밀입양이란 생물학적 부모가 누구인지 입양부모 또는 입양아동에게 공개되지 않는 형태를 말한다(Hamner & Turner, 2001; Turner & Welch, 2012). 아동을 입양하는 부모가 입양아동과 타인에게 입양사실을 숨기며 마치 입양부모가 입양아동을 출산한 것처럼 가장하며 입양의 비밀을 계속 유지하는 것이다. 입양의 비밀유지를 위해 아동을 입양한 후 아무도 입양을 알아채지 못하는 지역으로 이사 가는 방법을 많이 택하고 있다. 그리고 비밀 입양부모들은 아동에게도 입양사실을 비밀로 함으로써 그들에 대한 입양아동의 애정과 충성심을 친생부모에게 빼앗길지도 모른다는 심리적 두려움을 감소시키려고 노력한다. 국내의 비밀입양 배경은 한국의 문화적 요소인 강력한 혈연의식에도 기인한다. 즉, 혈연으로 연관되지 않은 자녀의 경우에는 사회에서 그 자녀의 가계계승 및 자녀로서의 정체성에 의문을 던지는 경우가 많다는 것이다(배태순, 1989). 따라서 대부분의 국내 입양부모들은 자연히 입양의 비밀유지가 어렵지 않은 아동의 입양을 선호해 왔다. 즉, 비밀유지가 쉽도록 건강한 신생아만의 입양을 원해 왔다(배태순, 2000). 또한 비밀입양을 원하는 많은 입양부모는 그 방법이 정당한 혼인관계를 가진 입양부모에게서 태어났다고 함으로써 사회의 편견에서 아동을 보호할 수 있다고 믿기 때문이다.

공개입양이란 입양사실을 입양아동은 물론 입양가정 주위의 모든 사람에게 공개하는 것을 말한다. 공개의 범위는 가정마다 친인척에게만 알리는 경우, 이웃과 교육기관에 모두 알리는 경우 등 각각의 경우마다 다양하게 나타난다(변미희, 백경숙, 2001). 그러나 친생부모와 소식이 단절되었거나 입양부모가 원하지 않음으로 인해 대부분 입양아동이 친생부모와 연락을 하거나 만나지는 않는다. 현재 우리나라에서 입양사실을 공개한 입양부모의 수를 정확히 파악하기는 힘들다. 다만, 우리나라의 대표적인 4개 전문입양기관(홀트아동복지회, 동방사회복지회, 대한사회복지회, 한국사회봉사회)에서 이루어진 입양통계에 따르면, 2004년과 2005년의 국내입양자 수 2,567명 중 비밀입양이 660명, 부분공개입양이 973명, 공개입양이 934명이었다(이미선, 2006). 또한 입양부모 272명을 대상으로 한 연구결과, 응답자의 90.8%는 가까운 친인척, 86.0%는 가까운 지인, 85.7%는 자녀의 조부모에게 입양사실을 알려 주었으며, 76.1%는 입양아동 본인에게 입양사실을 알려 준 것으로 나타났다(육아정책연구소, 2016). 이를 통해 과거에 비해 비밀입양보다 공개입양이 많아지고 있음을 확인할 수 있다. 공식적으로 공개입양을 표명하고 있는 입양가정은 공개입양부모의 자조집단인 한국입양홍보회와 각 입양기관의 입양 자조모임 등에서 활동하고 있으며, 그 수는 지속적으로 증가하고 있다.

비밀입양은 입양된 아동에게 부정적인 영향을 줄 뿐 아니라 입양을 사회적으로 확산하는 데도 장애가 된다. 비밀입양이 어떻게 입양아동이나 사회에 좋지 않은 영향을 미치는가를 살펴보면 다음과 같다.

첫째, 입양부모가 입양 사실을 비밀로 하여 아동은 입양이 수치스럽고 부끄러운 것으로 생각하게 된다. 아동은 입양이 부끄러운 일이므로 숨기는 것이라고 믿게 된다. 입양부모가 입양을 자랑스럽게 생각하고 입양 사실을 주위에 자연스럽게 이야기할 때 아이는 입양이 부끄러운 것이 아니라는 사실을 배우게 된다.

둘째, 아동이 성장하면서 갑자기 입양 사실을 알게 됐을 때 아동은 혼란에 빠지게 된다. 자신을 낳아 준 부모라고 생각하며 지내던 아동들에게 갑작스럽게 알게 된 입양 사실은 심각한 충격으로 받아들여지게 된다. 특히 아동이 입양 사실을 다른 사람으로부터 알게 됐을 때 아동들은 입양부모에 대한 신뢰를 잃게 되며 방황하게 된다. 어려서부터 자연스럽게 입양에 대하여 듣고 이에 대하여 입양부모와 함께 이야기하면서 성장한 아동은 입양을 자연스러운 것으로 받아들이고 사춘기가 되어서도 이로 인한 영향을 받지 않는다.

셋째, 비밀입양은 입양의 좋은 점이나 입양의 성공 경험을 사회적으로 확산하는데 장애가 되고 있다. 우리나라에서는 입양아동이 문제를 일으키거나 입양가정에 문제가 생겼을 경우에만 입양 사실이 공개되고 입양아동이 성공하거나 입양된 가정에서 잘 적응하며 문제가 없는 경우는 사회적으로 공개되지 않고 있다. 사회의 많은 사람은 입양의 좋은 경우보다는 나쁜 경우만을 보게 되므로 비밀입양은 입양의 좋은 점을 알리는 데 장애가 되고 있다.

넷째, 비밀입양은 사후관리나 정보공유를 불가능하도록 하고 외부 도움을 받기 불가능하다. 또한 비밀입양은 입양가족 표본의 확보를 어렵게 하고 이로 인해 입양에 관한 체계적인 연구가 불가능하도록 하여 입양서비스의 발전을 가로막고 있다.

입양 후 아이들이 자라면서 언젠가는 입양 사실을 알게 되는 것이 보통이고, 입양부모가 아닌 다른 사람으로부터 그 사실을 알게 될 때 그 충격이 가장 크다고 한다. 이때 감춰졌던 진실이 무자비하게 파괴되어 폭로되는 경험을 하며 이러한 충격적인 순간으로 인해 알코올이나 약물 중독에 빠지기도 한다(이윤로, 이미선 역, 2007). 이러한 문제점을 염두에 둔다면 입양아동뿐만 아니라 마음 편하게 말할 수 있는 범위의 사람들에게 입양 사실을 알리는 것이 바람직하다. 또한 입양기관의 자조모임과 한국입양홍보회(www.mpak.org) 등을 통해 각 지역에서 활동 중인 입양부모 모임에 가입하여 경험과 정보를 나누면 큰 도움이 될 것이다.

5) 폐쇄입양과 개방입양

공개입양의 본래 의미가 우리나라의 입양 상황에서는 단순히 입양 사실을 주변에 알리는 것으로 변형되었기 때문에 서구의 맥락에서 친생부모와 입양부모가 관계를 맺는지 여부는 우리나라의 입양구분에서 거의 고려되지 않는다.

폐쇄입양(closed adoption)이란 입양이 폐쇄적으로 진행되어 입양부모와 친생부모가 서로를 잘 알지 못하며 친생부모와 입양부모가 완전히 분리된 입양 형태를 의미하고, 입양부모는 친생부모에 대해서 매우 제한된 지식만을 가지고 있을 뿐이다. 이는 전통적인 입양방식으로, 아동과 친생부모의 관계는 완전히 비밀이 되고 입양부모와의 새로운 부모-자녀 관계로 성립되는 것이다. 즉, 입양부모가 아동의 친생부모인 것처럼 모든 법적인 자격을 갖추는 것이다.

반면에 개방입양(open adoption)은 입양이 개방적으로 진행되어 친생부모와 입양부모가 관계를 맺는 것을 말한다. 입양 진행과정의 처음부터 입양부모와 친생부모가 서로에 대한 정보를 교환하며 친생부모가 자신의 아이를 입양할 입양부모를 선택하고, 입양 전후에 서로 연락하고 직접 만나는 것 등이 포함된다. 개방입양의 형태에는 서로 직접 연락을 하거나 만나는 일 없이 제3자(대부분 입양기관)를 통하여, 제3의 장소를 통해 서신 및 정보를 주고받는 반개방입양(semi-open adoption)과 입양부모와 친생부모가 서로 직접 연락을 하는 완전개방입양(full open adoption)이 있다(이미선, 2006). 완전개방입양에서는 친생부모와 입양부모가 서로 만나고 모든 정체성에 관한 정보를 나누고, 오랫동안 만남을 지속하기도 하며 입양의 경우 친생부모와 입양부모는 입양의 진행방식, 서로에 대한 정보공유의 정도, 입양 후 연락하는 방법, 기간, 횟수, 만난 횟수와 장소, 기념일과 휴가를 보내는 방법 등 여러 가지 세부사항을 이전에 미리 협의하여 약속한다. 이 외에 입양 진행과정의 처음부터 아동이 입양부모 가정에 배치되는 순간까지는 친생부모와 입양부모가 서로 만나고 연락하지만, 그 이후부터는 서로 연락을 하지 않는 개방적 아동결연(open placement) 방식도 있다.

아직 다양한 입양형태가 가지고 있는 각각의 상대적 장점을 판단할 수 있는 과학적 근거가 충분치 않지만, 하나 분명한 것은 어느 한 가지 입양형태가 모든 입양삼자(입양아동, 입양부모, 친생부모)에게 올바른 것은 아니라는 사실이다. 일부는 완벽하게 개방된 입양하에서 행복하지만 다른 일부는 폐쇄입양 내에서 행복할 수도 있다(Rosenberg, 2007).

우리나라에서는 「민법」과 「입양특례법」에서 입양에 관한 내용을 규정하고 있는데, 「민법」상 규정된 입양제도는 크게 「민법」 제866조부터 제908조까지의 법률을 근거로 하는 일반 입양과 같은 법 제908조의2부터 제908조의8까지를 근거로 하는 친양자 입양으로 구분할 수 있고, 「입양특례법」에서는 기관입양을 다루고 있다. 「민법」상 일반 입양은 협의를 통해 성립하는데, 미성년자에 대한 입양은 가정법원의 허가가 필요하다. 입양아동은 입양된 때부터 입양부모의 친생자와 같은 지위를 가지며, 양자의 입양 전의 친족관계는 존속한다. 「민법」상 친양자 입양은 법에서 정한 요건을 갖추어 가정법원에 친양자 입양을 청구하고, 가정법원은 친양자 입양이 적당한지 여부를 고려하여 승낙함으로써 입양이 성립된다. 친양자 입양은 일반 입양 전 친족관계가 종료되어 양친의 성과 본으로 변경되고, 입양아동은 입양부모의 혼인 중 출생자로서의 지위를 가진다.

「입양특례법」상 입양은 보호대상아동으로서 보장시설이나 입양기관 등에 보호가 의뢰된 아동을 입양하는 제도를 의미한다. 이 법을 통한 입양은 가정법원의 허가를 통해 성립하며, 이 법에 따라 입양된 아동은 「민법」상 친양자와 동일한 지위를 가지게 된다. 따라서 입양과 동시에 양친의 성과 본으로 변경되고, 친생부모와의 관계는 종료된다(육아정책연구소, 2016).

4. 입양가정의 선정기준

2011년 전면 개정된 「입양특례법」 제10조(양친이 될 자격 등)에 따르면, 입양을 하기에 적절한 입양부모의 자격은 다음과 같다.

① 양자를 부양하기에 충분한 재산이 있을 것. 입양부모는 부유해야 할 필요는 없지만 충분한 수입을 가지고 있어서 아동의 능력에 따른 적정한 교육을 받을 수 있는 가정이라야 할 것이다.
② 양자에 대하여 종교의 자유를 인정하고 사회의 구성원으로서 그에 상응한 양육과 교육을 할 수 있을 것
③ 양친이 될 사람이 아동학대 · 가정폭력 · 성폭력 · 마약 등의 범죄나 알코올 등 약물 중독의 경력이 없을 것
④ 양친이 될 사람이 대한민국 국민이 아닌 경우 해당 국가의 법에 따라 양친이 될 수 있는 자격이 있을 것
⑤ 그 밖에 양자가 될 사람의 복지를 위하여 보건복지부령으로 정하는 필요한 요건을 갖출 것

또한 양친이 될 사람은 양자가 될 아동의 복리에 반하는 직업이나 그 밖에 인권침해의 우려가 있는 직업에 종사하지 아니하도록 하고, 양친이 되려는 사람은 입양의 성립 전에 입양기관 등으로부터 보건복지부령으로 정하는 소정의 교육을 마쳐야 한다.

입양부모의 자격기준은 보호대상아동의 권익보호를 위하여 강화되어야 하지만 입양의 저변확대와 입양 활성화를 위해 점점 완화되는 경향을 보인다. 예를 들어, 예전에는 혼인 중일 것이라는 조건이 있어 독신자가정의 경우 입양이 불가능했지만 이러한 조건을 완화하였고, 이전에는 입양부모와 아동의 연령차를 55세 미만으로 제한했으나 그 조건도 60세 이내로 완화하였다. 또한 자녀 수가 입양아동을 포함하여 5명 이내이어야 했지만 이러한 자녀 수 제한 규정도 폐지하였다. 이러한 입양가정의 선정은 사회복지사의 책임이며 그의 민감성 여하에 따라 상당히 좌우될 것이다. 비록 일반적 기준이 설정되어 있다 하더라도 이에 표현되지 않은 것들이 상당한 영향을 끼칠 수도 있다는 점을 명심하여 입양아동이나 입양가정에 세심한 조사나 진단, 평가과정이 요청된다.

입양이 지닌 의미나 목적은 아동복지와 관련하여 보면 매우 중요한 위치를 지니고 있다. 따라서 입양을 원하는 부모는 아동복지의 입장에서 볼 때 최소한의 자격

요건을 갖추는 것이 필요하게 된다. 이들 자격요건은 시간이나 입양상의 여러 상황에 따라 조금씩 변화한다. 대체로 중요한 기준들로서 지적되는 자격요건은 다음과 같다(장인협, 오정수, 2000).

- 연령: 입양부모의 연령은 25~55세가 가장 적절하다고 생각되고 있는데 그 이유는 먼저 아동이 성장할 때까지 부모로서 경제활동을 할 수 있다는 점을 들 수 있다. 또한 만일 입양부모가 나이가 많아 노령으로 사망한다면 아동에게는 이중의 상처를 줄 수 있다. 연령제한을 둔 것은 입양부모와 입양아동 간의 세대 격차가 지나치게 큰 데에서 발생할 수 있는 문제를 감소시킬 수 있기 때문이다. 게다가 입양부모의 나이가 너무 많으면 아동보호에 필요한 신체적 부담을 감당하기 어려울 수 있다. 이렇게 입양부모가 될 자격에 연령조건이 필요한 이유가 존재하지만, 최근에는 고령이라도 건강하고 경제활동을 하는 경우가 많고 연령 조건은 저출산 고령사회에 적합한 것이 아니기 때문에, 2015년 개정된 「입양특례법」에서는 입양부모의 연령이 25세 이상으로서 아동과의 나이 차이가 60세 이내인 자로 완화하였으며, 다만 보건복지부 장관이 입양부모가 될 사람의 가정환경이 아동을 건전하게 양육하기에 적합하다고 인정한 경우는 연령 범위를 두지 않는 것으로 하고 있다.
- 신체적 건강: 입양을 원하는 부모는 아동을 잘 기르고 부모로서의 역할을 다하기 위하여 신체적으로 건강해야 한다. 특히 건강하지 못하거나 심신장애 또는 질병이 있는 상태에서는 아동에게 적절한 양육환경을 제공하기 어려울 수 있고, 부모의 고용 보장을 확신할 수 없으므로 아동의 경제적 욕구를 충족시킬 수 없게 된다.
- 재정적 안정: 지속적으로 수입이 보장되는 재정적으로 안정된 가정이 입양에 적합하다. 입양으로 인한 양육부담이 가정의 경제적 안정을 해치지 않을 만큼 재정적으로 안정된 가정이 좋다.
- 정서적 건강: 정서적 건강은 입양을 원하는 부모들에게 반드시 요구된다. 정서적 건강이 내포하고 있는 의미들을 보면, 자기 자신에 대한 명확한 이해, 모든 사람의 단점과 장점에 대한 인정, 기본적인 사회의 역할에 대한 인식, 타인의 요구를 고려함으로써 자신의 만족을 미룰 수 있는 능력, 만족스럽고 지속적인 대인관계를 맺을 수 있는 능력, 자립할 수 있는 능력 등이 될 것이다.

- 부모로서의 능력: 이 요건은 정서적 건강의 요건과 연결되어 있는데, 그것은 정서적으로 건강한 사람이라면 능력 있는 부모의 역할을 잘 수행할 수 있다고 생각하기 때문이다. 하지만 부모로서의 능력에는 정서적 건강과는 다른 측면도 포함하게 된다. 여기에는 사랑하고 수용하고 아동에게 정서적 안정을 제공해 줄 수 있는 능력, 아동을 개별성에 입각하여 양육할 수 있는 능력, 아동들의 불가피한 행동문제를 받아들이고 이를 이해하고 충족시킬 수 있는 마음의 준비자세, 아동에 대한 융통성 있는 이해와 그들의 한계에 대한 현실적 수용능력, 아동을 좋아하고 그들과 함께 삶을 즐기는 능력 등이 포함될 것이다.
- 결혼관계의 질: 아동은 부부간의 상호관계에 매우 민감하고 그 영향을 많이 받게 되므로, 입양을 원하는 부모는 그들의 결혼생활에서 어느 정도로 상호 정서적 만족을 하는가를 고려하는 것이 중요하다. 어떤 결정에 부부가 상호 간에 어느 정도로 참여하는가, 서로 각자에 대한 남성과 여성으로서의 인식을 얼마만큼 하고 있는가, 가정 내에서 주어진 역할에 대한 수용의 정도 등이 이 기준에서 고려되어야 할 점이다.
- 불임에의 적응: 입양을 원하는 부모 중 일부는 여러 가지 이유로 인하여 친자녀를 갖지 못하는 경우도 있다. 따라서 친자녀를 갖지 못한 데서 오는 상실감에 관한 적응문제를 고려하는 것이 중요하다. 부모가 지닌 상실감을 원만하게 해결하지 못하면 입양부모와 입양아동의 관계 형성이 매우 어렵게 되고 아동복지의 목적을 달성하기가 어렵게 될 수 있다.
- 입양동기: 입양동기로서 고려되어야 하는 내용은 여러 가지가 있을 수 있다. 예를 들어, 아동을 입양한 목적이 불안한 결혼을 안정시키고 갑작스럽게 목숨을 잃은 친자녀를 대신하여 양육하려는 부모의 경우라면 그들의 입양 결정이 다소 의심스럽고 마땅치 못하다고 볼 수 있다. 아동이 가정 내에서 건강하게 성장하기를 돕는다는 의미가 아니라 입양부모가 지닌 욕심과 야망의 충족을 위한 것이라면 입양가족의 적응이 원활하지 않을 수 있다. 따라서 아동의 진정한 복지에 대한 이해, 적어도 아동의 건전한 성장에 방해되지 않는 동기를 가지고 입양해야 한다.

5. 입양아동, 입양부모, 친생부모의 심리적인 문제

입양삼자(입양아동, 입양부모, 친생부모)는 생물학적이며 기능적인 관계의 모순을 감수해야만 한다. 친생부모는 낳아 준 생물학적 부모이지만 키워 준 부모는 아니다. 입양부모는 길러 준 부모이지만 낳은 부모는 아니다. 입양아동은 입양부모의 자녀이지만 입양부모의 친자녀가 아니고 친생부모의 친자녀이지만 친생부모가 키우는 자녀가 아니다(Rosenberg, 2007). 입양의 모든 구성원(입양삼자)은 생물학적으로 한 세대에서 다음 세대로 이어지는 유전적 계승의 결핍을 경험한다. 각기 다른 관계가 결핍되었지만 모든 구성원이 일부를 상실했고 이것이 스트레스를 유발할 수 있다는 공통점을 가지고 있다. 이 때문에 입양서비스의 대상이 되는 입양아동, 입양부모, 친생부모는 각각 독특한 심리적인 문제를 경험한다(김현용 외, 2001). 입양관계의 모든 구성원은 이러한 역설적 관계를 인정하고 심리적인 문제를 대면하여 극복해야 한다(Rosenberg, 2007). 또한 임상전문가도 입양삼자에게 도움이 필요한 경우 효과적인 치료결과를 얻기 위해서는 입양에 대한 충분한 교육이 필요하다. 만약 이에 대한 이해가 부족하다면 임상문제에 대한 입양의 관련성을 최소화하거나 과장할 위험성이 따르게 된다.

1) 입양아동

입양아동은 입양의 필연적인 역설 속에서 살아간다(노혜련, 2001). 즉, 그들이 지금의 사랑하는 가족과 부모를 갖기 위해서는 또 다른 부모로부터 포기되었어야만 한다. 따라서 모든 입양아동은 동기가 어찌 되었든 간에 친생부모가 자신을 포기한 현실을 직면해야 한다. 이러한 역설을 이해하는 능력은 아동의 성장과 성숙에 따라 변화하는데, 입양부모는 기회가 있을 때마다 아동에게 이러한 현실에 직면할 수 있도록 허락하여야 한다. 입양아동에게 일생의 과제는 그들의 생물학적 유산과 그들의 입양가정에서의 경험을 통합하는 것이다(Rosenberg, 2007). 입양아동은 또한 '유전적 당혹감(genealogical bewilderment)'을 경험하게 되는데 이는 친생부모로부터 떨어져서 성장하는 사람들은 누구나 갖는 욕구로, 인간으로서 완전하게 느끼기 위해 자신의 배경과 개인력, 가족사와 가계에 대해서 알고자 하는 것이다. 대다수 입양아동은 공허감을 채우고 자신에 대한 이해를 증진시키기 위해 뿌리찾기를 통해 친생부모에 대한 정보를 얻기를 원한다. 그러나 자신이 딛고 설 수 있는 생물학적 기초를 필요로 하는 것이지 입양부모가 아닌 또 다른 부모를 원하는 것은 아니다(노혜련, 2001).

2) 입양부모

전통적인 입양부모의 경우 주로 불임과 관련된 여러 심리적인 어려움을 경험하게 된다(노혜련, 2001). 입양아동과 생물학적으로 연결되지 않은 입양부모는 아동이 실제로 자신들에게 속해 있다고 믿기 어렵기 때문에 불안을 경험한다. 이러한 태도는 아동에게도 불안과 긴장감을 유발하여 결과적으로 전체 가족관계에 영향을 미칠 수 있다. 이러한 불안은 자녀의 출산과 양육이라는 사회적 역할 수행에 실패했기 때문에 입양을 선택해야 하는 대안이나 낙인으로 받아들이는 경우 더더욱 심해진다. 따라서 불임인 입양부모들은 자신과 유사한 모습의 아이를 입양하고, 양육하면서도 아동이 입양된 사실과 아동의 배경에 대해 부인하거나 다른 사람들이 관심을 두지 못하도록 하면서 입양과 출산의 차이를 최소화하려는 경향을 보인다. 또한 불임은 입양부모에게 있어 매우 중요한 상실을 의미한다. 불임은 자존감의 손상뿐만 아니라 개인과 가족의 유전적 지속성에 대한 상실, 인생에 대한 통제력의 상실 등을 경험하게 된다. 따라서 불임부부는 적절한 애도의 과정을 통해 불임에 대한 수용의 단계에 이르러야 입양할 준비가 된다. 그렇지 않으면 입양아동은 늘 차선책이 되거나 자신이 낳지 못한 '이상적인 자녀'를 대체해 줄 수 있는 완벽한 아동이 되어야 하고 아동이 경험하는 모든 문제는 나쁜 혈통 탓으로 돌려질 수 있다(노혜련, 2001).

입양부모는 또한 부모역할에 대한 불안감을 느끼는 경향이 있다. 그들은 입양아동이 친생부모를 찾아 나서고 친생부모를 더 좋아하게 될 것이라는 두려움을 가질 수 있다. 입양부모는 종종 아동이 친생부모에 대해서 호기심을 갖는 것을 자신들이 부모로서 실패하였거나 아동이 자신들을 사랑하지 않는 증거라고 생각한다.

3) 친생부모

친생부모도 많은 심리적인 어려움을 경험하지만 아이를 버렸다는 죄책감 때문에 대부분 등한시된다. 먼저 대부분의 미혼부모는 입양 이외의 다른 대안에 대한 정확한 정보, 친생부모의 권리, 그리고 입양과정에 대한 정보 등 아동에 대한 입양을 동의하기 전 친생부모에게 필요한 서비스나 정보를 제대로 받지 못하는 경우도 있다. 친생부모는 부수적인 존재로 간주되고 친권포기 후에 얼마나 강한 상실감과 심리적 고통을 경험하게 될 것인지, 그런 감정을 표현해도 되는지에 대해 충분한 조언을 받지 못하는 경우도 있다. 입양을 선택한 친생부모들이 임신과 출산기간 동안 고립감, 외로움, 슬픔을 느꼈다고 자주 보고된다(Rosenberg, 2007). 특히 친권을 포기하고 입양을 선택한 여성들은 독특한 행동을 보이는 경향이 있는데 이를 친모증후군(birth mother syndrome)이라고 명명하고 있다. 이에는 ① 충격적인 회상, 악몽, 불안, 기피, 공포반응 등과 같은 외상후 스트레스장애, ② 손상된 자존감과 피동적인 자세, ③ 겉으로는 정상인 척 행동하면서 내적으로는 수치심, 자기저주, 고립감 등을 느끼는 정체감의 이분화 현상, ④ 친권포기의 순간에 고착된 것 같은 감정상태의 정지, ⑤ 학대받는 관계의 형성, 약물남용, 알코올남용 등과 같은 자기학대, ⑥ 삶 전반에 있어 감정과 행동이 양극단을 오가는 생활 등과 같은 증상들이 포함된다(노혜련, 2001). 이렇게 친생부모들이 입양결정 이후에도 지속적으로 상실감을 느끼고 우울증을 앓았을 뿐만 아니라 새로운 관계를 맺는데도 심각한 영향을 받았다고 보고한다(Rosenberg, 2007). 친생부모들은 '자녀를 버렸다'는 죄책감으로 인해 스스로를 '죄인'이라고 규정하며, 평생 동안 심각한 정서적 위험에 노출되기도 하고, 그 위험은 너무 커서 긴급한 상담개입과 사회적 지원이 필요한 경우가 많다(Soll & Buterbaugh, 2013; 강태인, 2014). 친생부모들은 자신의 정서적 문제를 해결하기 위해 종종 '자녀찾기'를 시도하게 된다. 우리나라에서도 해외입양인 친생부모의 '자녀찾기'는 중요한 입양실천의 이슈가 되고 있다. 최근 3년간 해외입양인이 해마다 평균 3,400명 정도 방문하였으며 그만큼 친생부모들의 자녀재회 기회가 높아지고 있다. 그러나 아쉽게도 자녀재회를 경험하는 친생부모들은 방문 해외입양인의 2.7%에 그치고 있는 형편이다(보건복지부, 2012. 11. 15, 강태인, 2014).

베이비박스(Baby Box) 논란

서울 관악구의 한 교회 목사가 절박한 상황에서 영아를 무책임하게 유기하여 사망으로 이어지는 것을 피할 수 있도록 2009년부터 '베이비박스(Baby Box)'를 운영하고 있다. 베이비박스는 아기 포스트, 생명의 요람, 안전한 피난소 등으로 불린다. 신생아는 외부에 대한 적응력이 약하고, 기아로서 외부에 방치되면 저체온증, 열사병 등 위험에 노출될 수 있으므로 겨울에는 적당히 보온되고 여름의 무더위를 막을 수 있도록 설치되어 있다. 미국 텍사스주에서도 1999년에 「안전한 피난소 법(Safe Haven Law)」이 실시되어 그 후 47개 주가 함께 실시하고 있다. 이 법안은 부모가 합법적으로 또는 익명으로 자신의 신생아(생후 72시간 이내)를 병원이나 소방서 등의 '안전한 피난소'의 장소에 보내는 것을 허가하고 있다. 베이비박스의 설치에 관해서는 무책임한 영아유기를 용인하는 것이라는 비판과 기아가 존재하는 이상 단 하나의 생명이라도 건질 수 있다면 신생아 유기는 시급하고 안전하게 보호되어 마땅하다고 하는 찬성도 있어 그 논란이 뜨겁다.

좋은 의도에서 시작한 일이기 때문에 그 선의까지 매도해서는 안 되지만 이는 실정법 위반사항에 속하는 일이다. 아동을 유기하는 행위는 「형법」 제271조와 제272조를 위반하는 범죄행위임은 물론이고, 신원을 알 수 없는 아동을 신고하지 않고 가정에서 보호하는 행위도 「아동복지법」과 「실종아동법」에 저촉되는 사항이다. 또한 유엔아동권리위원회는 2011년에 체코의 베이비박스에 대하여 유엔아동권리협약에 위반한 행위임을 명시하며 심각한 우려를 표명하였고, 이를 즉각적으로 중단하라고 권고한 바 있다. 우리나라도 이에 대해 권고를 받았고 전 세계적으로도 베이비박스를 없애라고 권고하고 있다.

한편, 베이비박스의 법 위반여부를 넘어서 이러한 선의가 아동의 입장 그리고 친생부모의 입장에서도 바람직한가를 살펴보아야 한다. 아동이 건강하게 성장하기 위해서는 가정이 필요하고 친가정이 이러한 기능을 하지 못할 때는 입양을 통해서 양육될 수 있다. 이러한 공식절차를 통해 프라이버시는 철저하게 보호되면서 아동을 안전하게 가정에서 양육할 수 있는 기회가 존재함에도 익명을 통해 영아를 유기하는 것은 무책임한 행위다. 이후 입양과정을 통한다 하더라도 이러한 아동은 사후관리가 불가능하다. 아동의 출생상황을 알 수 없기 때문에 이후 발달상황을 정확하게 예측하기 어렵고, 아동이 18세 이후가 되었을 때 친생부모를 찾을 수 있는, 뿌리찾기 권리마저 박탈하게 된다. 또한 친생부모의 입장에서도 아동을 포기하는 행위에는 죄책감과 외상후 스트레스장애에 시달릴 가능성이 있지만 이에 대한 사후관리나 치료는 이루어지기 어렵다. 이렇게 익명으로 맡기는 것은 아동에게도 친생부모에게도 바람직하지 않기 때문에 베이비박스를 찾아가기보다는 아동과 친생부모에게 도움이 되도록 주변에 있는 입양기관을 찾아가는 것이 바람직하다.

이러한 논란은 우리나라 아동복지의 현주소를 보여 주는 것이다. 가장 먼저 모든 아동이 출생 순간부터 병원에서 자동 등록되는 보편적 출생등록제와 비밀출산제를 갖추어야 할 것으로 판단된다. 현재처럼 부모가 아동 출생 후 한 달 이내에 출생신고를 하도록 하는 구조에서는 이러한 익명에 의한 아동유기가 사라지기 어렵다. 또한 모든 가정이 양육부담을 느끼고 있고 이 때문에 국가적으로 저출산 문제가 심각해지고 있음에도 불구하고 부모가 자녀를 건강하게 양육할 수 있도록 하는 사회적 지원은 충분치 않다. 이 때문에 자녀를 양육하기 가장 어려울 것으로 예상되는 미혼부모에 대한 정책은 미혼부모 자녀의 입양에 중점을 두어 왔으나, 앞으로는 충분한 가족지원과 미혼부모에 대한 사회적 편견 해소를 통해 미혼부모 출산도 직접 양육으로 연결될 수 있는 사회적 환경을 만들어 가는 데 초점을 맞추어야 한다. 이러한 지원에도 불구하고 직접 양육하기 어려울 때 입양으로 사회적 양육이 가능해야 한다.

6. 입양의 절차

우리나라에서 입양이 실제 이루어지는 절차를 친생부모와 입양부모의 입장에서 살펴보면 다음과 같다.

1) 친생부모의 입장에서 입양절차

아동을 출생하였으나 직접 양육이 불가능할 경우, 아동 출생 후 1주일 동안의 숙려기간을 거친 후 입양에 동의한다는 의사를 표시한다. 우리나라에서는 2011년 개정된「입양특례법」을 통해 입양숙려제가 도입되었는데, 이 법 제13조 제1항에 따르면, 입양의 동의는 아동의 출생일로부터 1주일(7일)이 지난 후에 이루어져야 한다

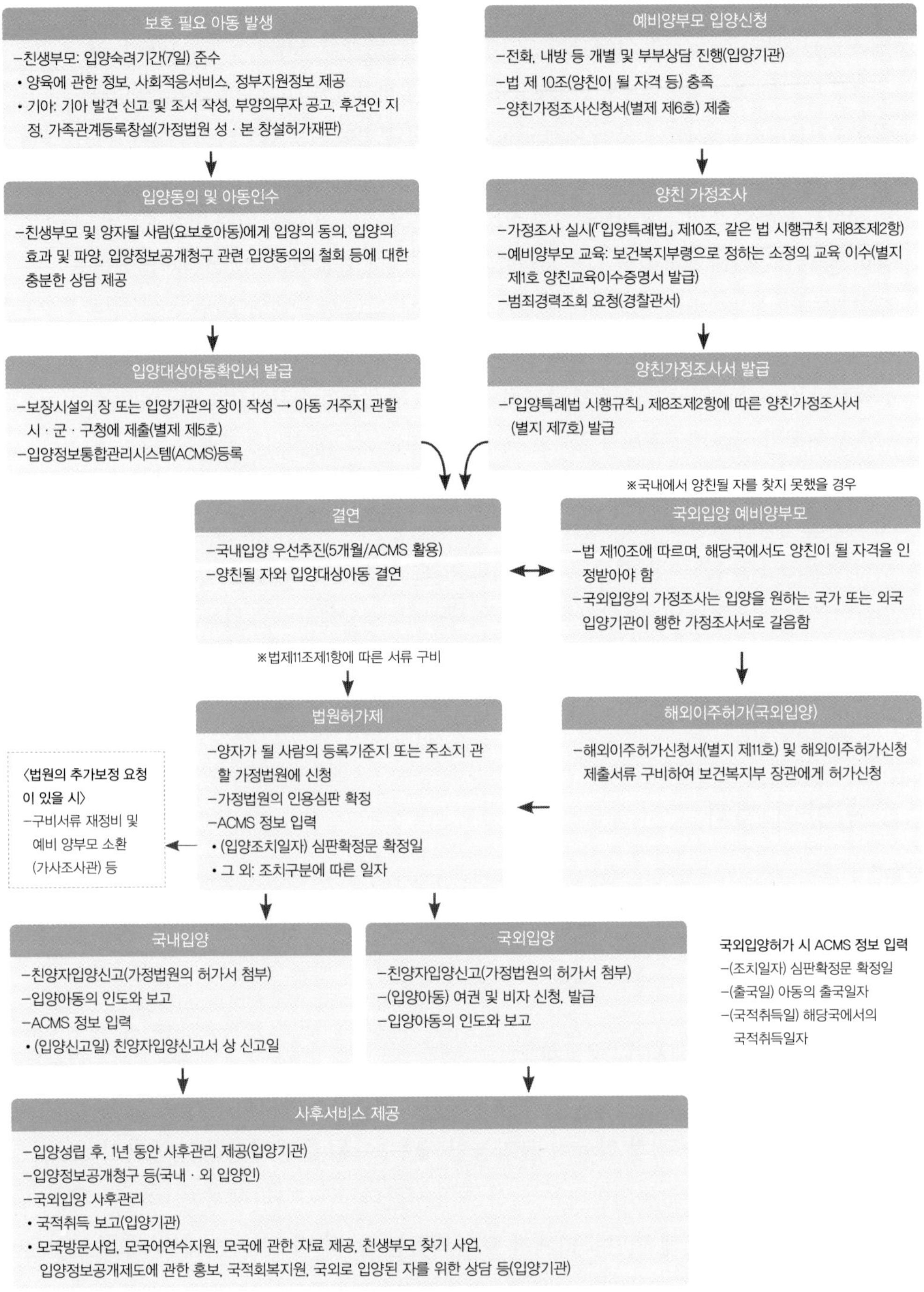

그림 11-2 국내 · 외 입양 절차

출처: 보건복지부(2020).

는 입양숙려제가 규정되어 있다. 이는 친생부모가 최선의 이익을 위해 원가정 보호를 우선적으로 고려할 수 있도록 아동 출생 후 1주일의 숙려기간을 두는 것이다. 입양동의가 이루어지기 전인 숙려기간 동안, 입양기관은 친생부모에게 아동을 직접 양육할 경우 지원받을 수 있는 사항, 양육에 관한 정보, 입양의 법률적 효력과 파양, 입양동의 요건 및 철회, 입양절차, 입양정보공개청구에 대한 사항 등에 대하여 충분한 상담을 제공해야 한다. 만약 미혼 또는 이혼한 부모가 일정한 요건을 충족한다면 산후지원서비스 및 아동 생필품비, 미혼모자가족 복지시설 입소, 산후조리원 보호지원 등의 지원을 받을 수 있다.

입양동의서와 아동의 출생신고 증빙서류를 제출함으로써 입양동의 의사를 밝힌 후에는 입양기관에 아동을 인계하고, 입양부모가 나타나 아동을 입양하고자 하는 신고를 할 경우 가정법원의 입양허가를 얻어 입양이 성립하게 된다.

2) 입양부모의 입장에서 입양절차

(1) 입양신청과 예비입양부모교육

부부간의 충분한 합의를 거쳐 상담을 요청하면 입양기관의 사회복지사는 입양절차를 설명하고 입양을 희망하는 사람이 입양부모로서 갖추어야 할 법적 자격을 갖추고 있는지를 판단한다. 입양부모가 될 사람은 입양 성립 전에 입양의 요건 · 절차 및 효과, 자녀의 양육방법, 입양아동의 심리정서에 관한 정보 등에 대한 교육을 먼저 이수해야 한다.

대부분의 입양부모는 선한 동기를 갖고 입양신청을 하지만 입양을 잘 모르는 경우가 많다. 입양에 대한 일반인의 이해도 높지 않다. 일반인은 입양부모를 '대단한 사람'이라고 생각하지만 정작 입양부모들은 '내가 내 자식 키우는데 왜 그런 소리를 들어야 하나.'라고 얘기한다. 대중매체의 감동적인 입양 이야기도 입양을 결심하는데 영향을 미친다. 예비입양부모교육은 입양에 대한 단편적인 이해와 선한 동기에 기반해 입양을 결심한 부모들이 편견과 환상에서 벗어나 진짜 입양부모가 되도록 돕는 과정이어야 한다. 스스로 갖고 있던 입양의 편견과 환상을 확인하고 깊이 있는 입양동기 점검이 이루어져야 하는 단계다. 또한 입양아동의 심리적 어려움이나 발달과업, 입양부모가 겪는 어려움과 여러 상황을 고민해 보면서 '입양을 선택하는 것이 적절한지' '입양자녀의 상실을 이해하고 충분히 지지할 수 있는 부모인지' 등을 성찰하는 시간이어야 한다(이설아, 2021; 이수연, 2009). 그러나 현재 예비입양부모교육은 8시간으로 너무 짧아 이러한 역할을 하기에는 부족한 점이 많다.

자격요건을 갖춘 입양부모는 입양 업무를 추진하는 데 필요한 서류를 제출한다. 국내입양을 위해 필요한 서류는 주민등록등본, 혼인관계증명서, 양친가정조사서, 건강진단서(약물중독과 알코올중독 검사결과 포함), 범죄경력조회 회신서, 재산관련 서류(근로소득원천징수영수증, 예금잔액증명서, 소득금액증명원, 등기부등본) 등이다. 국외입양의 경우 협력기관에서는 일반적으로 혼인 및 가족관계, 주소를 증명할 수 있는 본국 정부의 공인문서, 본국 정부의 공인받은 범죄경력조회 회신서, 양친가정조사서, 양친교육 이수증명서 등을 문서로 제출하게 한다. 국제입양은 국내에서의 국제입양과 외국에서의 국제입양으로 구분된다. 국내에서의 국제입양의 경우, 입양하려는 외국인은 후견인과 함께 양자로 할 사람의 등록기준지 또는 주소지를 담당하는 가정법원에 양자가 될 아동의 출생신고 증빙서류, 양친이 될 사람의 가정상황에 관한 서류, 입양동의 서류 등을 구비하여 입양허가를 신청하여야 한다. 한편, 외국에서의 국제입양의 경우, 해당 국가 또는 주(state)로부터 허가받고 헤이그협약에 따라 공적 기관이나 인가단체를 통해 입양절차를 진행하여야 한다. 일반적으로 이러한 기관들에 대한 인증제도가 있기는 하지만 국제입양 중개 기관과 종사자들에게 아동보호를 위한 입양부모의 자격을 심사하고 입양절차에서 아동의 보호와 안전을 보장하는 공적 책임을 지도록 할 수는 없다는 한계를 갖는다(이경은, 2017). 외국인으로부터 입양 알선을 의뢰받은 입양기관의 장은 보건복지부 장관에게 입양대상 아동의 해외 이주 허가를 신청하고, 보건복지부 장관이 발행한 해외이주허가서를 첨부하여 가정법원에 입양허가를 신청하여야 한다. 다만 국내입양우선추진제에 따라 입양 의뢰된 아동은 국내입양을 우선으로 하고 국제입양은 차선책으로 추진하고 있다.

(2) 입양기관 및 법원의 가정조사

입양기관 또는 지자체는 「입양특례법(제10조)」에 근거하여 양친이 될 사람이 적합한 자격을 갖추었는지 여부를 확인하기 위해 가정조사(adoption home study)를 실시하여야 하며, 자격을 갖추었다고 인정되는 경우 양친가정조사서를 발급한다. 가정조사 시 이웃 등을 통해 확인할 수 있다. 국제입양의 경우, 양친가정조사서는 입양을 원하는 국가 또는 그 국가의 공인받은 헤이그 인증기관이 작성한 양친가정조사에 관한 서류로 갈음한다. 해당 국가의 법과 「입양특례법」상 양친이 될 자의 자격조건이 상이할 경우, 「입양특례법」을 우선 적용한다. 직장, 이웃, 가정 등을 2회 이상 직접 방문하여 실시하되 적어도 1회 이상은 미리 알리지 않고 불시방문 조사하여야 한다. 양친가정조사 및 양친가정조사서 발급 이후, 가정법원에서는 제출된 신청서와 비교하여 실제 다른 점이 없는지 확인하기 위해 가정법원에서 추가로 가사조사관을 통해 가정조사를 하거나 입양부모 면담을 진행할 수 있다. 또한 가정법원은 독립적으로 가사조사관에게 양육환경에 대한 조사를 맡길 수 있다. 이 과정에서 신청서나 상담내용과 실제 상황이 다른 부분이 있을 경우 예비부모들은 탈락하게 된다.

(3) 아동결연

아동이 13세 이상인 경우 입양기관은 입양절차 진행과정에서 입양될 아동의 동의를 받아야 하며, 입양동의 전에 입양될 아동에게 입양의 법률적 효력 및 파양, 입양절차, 양친이 될 사람에 관한 정보 등을 포함하는 상담을 제공하여야 한다. 무엇보다 입양에 동의했더라도 가정법원의 입양허가가 있기 전까지는 언제든지 입양동의를 철회할 수 있음을 아동에게 안내하여야 한다. 또한 상담기록 등에 관련 내용을 작성하여야 한다. 가족관계등록부에 기재된 친생부, 친생모 모두의 동의를 받아야 하며, 유기아동으로서 친권자가 없는 경우 또는 친생부모의 친권상실이나 소재불명 등으로 인해 친생부모의 직접적인 입양동의가 어려운 경우에는 후견인의 동의를 받아야 한다.

입양부모의 가정조사가 끝나고 가정조사서가 발급되어 입양부모로서 적합하다고 판단된 이후 입양대상 아동과 이에 적합한 예비입양부모의 결연이 이루어지고 입양기관은 입양대상 아동에 대한 정보와 사진을 입양부모에게 제공한다. 이때 입양부모가 아동을 선정하는 것이 아니라 입양기관이 아동을 대신하여 입양가정을 결정하는 관점으로 진행되어야 한다. 국제입양의 경우 아동에 대한 정보(의료적 정보 포함), 사진 및 동영상이 제공된다. 가정법원의 입양허가가 이루어져 결정이 끝나면 아동이 가정에 배치된다. 국제입양의 경우 예전에는 유학생 등이 출국할 때 입양아동을 호송하도록 하고 공항에서 입양부모에게 인도하는 방식을 취하였지만 요즘은 국제입양아동의 해외 이주허가와 비자를 받아 원칙적으로 국내에서 부모 또는 입양기관이 입양부모가 될 사람에게 인도하도록 하고, 양친이 될 외국인이 긴급한 보건의학적 이유로 국내에 입국할 수 없는 경우 해외 인도도 예외적으로 허용된다. 다만 이 경우 입양아동의 해외 인도를 위한 동행자는 부모 또는 입양기관 직원으로 한정된다.

(4) 가정법원의 입양허가

예전에는 입양신고를 통해 입양이 완료되었지만, 2011년 개정된 「입양특례법」 제11조에 따라 가정법원의 허가에 의해 입양이 결정되게 된다. 법 개정 전에는 대부분 출생신고를 하지 않고 입양을 의뢰하였으나, 법 개정 이후 가정법원에서 입양허가를 심사할 때에는 원칙에 근거하여 아동의 출생증빙서류(기본증명서, 가족관계증명서, 주민등록등본)를 정식으로 요청하고 있다. 한편, 출생신고의 의무로 인해 입양 사실을 노출하기 두려워하는 미혼모들의 아동유기가 급증했다는 언론의 보도는 사실과 다르다. 가정법원의 입양허가 시까지 친생부모의 가족관계등록부상 아동기록은 유지되나, 입양허가 이후 양친이 친양자입양신고를 하면 친생부모의 가족관계등록부에는 아동기록이 삭제된다. 다만, '친양자입양관계증명서'에는 아동기록이 기재되며, 친양자가 성년자인 경우 발급이 가능하다. 따라서 입양허가제, 친양자 입양신고 관련 정보와 효과에 대해 친생부모에게 충분한 상담을 제공하고 있다. 아동의 인도는 원칙적으로 대한민국 내에서 이루어져야 하는 것으로 규정되어 있으나, 다만 양친이 될 외국인이 긴급한 보건의학적 이유로 대한민국에 입국할 수 없는 경우는 예외가 적용된다(「입양특례법」 제31조). 그러나 국제입양의 경우, 입양특례법 개정 전에는 입양부모가 꼭 한국을 방문하지 않아도 허용되었다(전홍기혜 외, 2019).

(5) 사후관리

사후관리는 입양 후 적어도 1년 동안 입양부모와 입양아동의 상호적응 상태에 관한 관찰 및 필요한 서비스의 제공, 입양가정에서의 아동양육에 필요한 정보의 제공, 입양기관에서의 입양가정이 수시로 상담할 수 있는 창구의 개설 및 상담요원의 배치 등을 의미한다. 개정된 「입양특례법」은 국내외입양아동의 사후관리 횟수, 방법 등을 구체적으로 명시하였다. 입양 성립 후 입양기관의 담당자는 양친과 양자의 상호적응 상태에 관하여 관찰하고 필요한 서비스를 제공함으로써 아동의 입양가정 적응을 지원해야 한다. 사후관리는 지속적으로 이루어지되 1년간은 의무적으로 이행하도록 하며, 사후관리를 함에 있어 양친의 의사에 반하여 입양사실이 공개되지 않도록 입양가정의 의사를 존중하여야 한다. 사후관리 과정에서 아동학대 의심 정황이 발견되는 경우, 지체 없이 수사기관이나 아동보호전문기관에 신고하도록 하였다. 입양기관의 사후서비스는 입양부모교육, 입양아동 치료지원, 자조모임, 상담 및 방문, 사례관리 등 다양하게 진행된다.

사후관리 vs. 사후지원

입양 후 일정 기간 사후관리는 중요하다. 그러나 이 과정은 입양가정을 지원하기 위한 목적이지 입양가정의 학대를 의심하여 진행하는 것이 아니다. 출산과 마찬가지로 입양도 새로운 아이가 가정에 들어오는 것이므로, 쉽지 않은 적응과정이 필요하다. 출산과 입양을 동일한 개념으로 접근해야 하며, 지금처럼 지나치게 구분해서는 안 된다. 출산과 입양 모두 지원이 필요하며, 이런 의미에서 사후지원이 충분히 이루어질 필요가 있다. 입양은 불쌍한 아이를 구원하는 선행이 아니라 때로는 상처받은 아이의 부모가 된다는 게 무엇인지를 깨닫는 과정이다(이설아, 2021). 입양에서 아이를 만나 적응하는 기간에 사후지원이 다각적으로 제공되어야 하지만 아직 그 지원이 부족하다. 입양을 가족이 되는 과정이라 수용하고 입양 이슈를 정확하게 이해했다면 아이의 상실이 얼마나 깊은지, 부모로서 어떤 노력이 필요한지, 때마다 적절한 도움을 청하며 좋은 부모가 되어간다. 그러나 입양 동기가 단지 선함에 머물러 있는 부모는 입양아동의 상실을 이해하기 어렵다. 통제되지 않는 아이와의 관계에서 힘들고, 상황이 쉽게 나아지지 않으면 실패감과 수치심을 느끼게 된다. 그렇게 되면 이 모든 상황의 원인이 된 아이에 대한 분노는 더욱 커지고 목적을 상실한 입양부모는 파양을 결정한다(이설아, 2021). 입양에 대한 부족한 이해를 가지고 시작한 입양부모가 상처받은 입양아동을 건강하게 양육할 수 있도록 사전에 교육훈련하는 과정과 사후에 지원하는 전문가가 없다면, 입양은 파국을 맞기 쉽다. 특히 이들에게 입양부모가 학대하는지를 점검하는 사후관리가 아니라 좋은 부모가 될 수 있도록 도움이 필요할 때 적절하게 사후지원하는 것이 반드시 필요하다.

국제입양의 경우, 입양이 성립된 후 1년간 의무 사후관리가 진행되며 국내입양 사후관리에 준한다. 아동의 국제입양 이후 국적이 취득되면 협력기관에서는 우리나라의 입양기관에 통보하게 되고, 입양기관장은 국제입양아동이 입양국가의 국적을 취득하였는지를 확인하고 이를 법무부 장관에게 보고하여 국적 취득 신고가 되도록 한다. 협약된 국제입양기관은 아동 입국 후 1년간 사후관리를 보고할 의무를 가지며, 1년간 4회 이상 보고하되 최소 2번의 가정방문을 필수로 하여 보고서를 작성하도록 되어 있다. 이를 통해 양자와 양친 간의 적응상태가 조사·보고된다. 한국 입양기관의 장은 입양아동의 권익보호를 위해 협약된 국제입양기관에 입양가족 조기개입 또는 치료의뢰, 아동의 적응관련 자료 등을 요청하고 입양아동이 시민권을 취득할 수 있도록 지원한다. 국제입양기관은 한국의 역사 및 문화 등 관련 입양부모 교육 시행, 한인입양가정과의 네트워킹 또는 멘토링 프로그램 운영 등 한국입양아동에 특화된 사후교육 및 프로그램을 지원할 수 있어야 한다. 이 외에도 국제입양 사후서비스의 범위에는 친생부모 찾기(뿌리찾기) 및 국적회복지원, 모국방문사업, 모국어 연수지원, 입양정보공개제도에 관한 홍보 등이 포함된다.

한편, 「입양촉진 및 절차에 관한 특례법」이 2012년 「입양특례법」이 개정되면서 입양인에게 자신의 입양정보에 대한 접근권을 보장하는 입양정보공개청구제도가 시행되고 있다. 양자가 된 사람은 아동권리보장원 또는 입양기관이 보유하고 있는 자신과 관련된 입양정보의 공개를 청구할 수 있다. 다만 양자가 된 사람이 미성년자인 경우에는 양친의 동의를 받아야 한다. 아동권리보장원 또는 입양기관의 장은 입양정보 공개 요청이 있을 때, 입양아동의 친생부모의 동의를 받아 정보를 공개하

입양인의 뿌리찾기

입양인의 뿌리찾기는 선진국에서도 일반적으로 성인이 된 이후의 권리로 인정되고 있으며, 국내에서도 「입양특례법」에 규정된 비밀보장원칙 때문에 성인이 된 이후에 법적으로 뿌리찾기를 진행할 수 있다. 그러나 현실에서 뿌리찾기는 학령기 이전부터 시작되는 입양인의 전생애적 발달과업이다(박인선, 1994). 뿌리찾기하는 많은 입양인들은 친생부모 자체가 아니라 정보를 찾는 것이다(이수연, 2009). 뿌리찾기의 양상은 매우 다양한 형태로 나타난다. 일부 입양아동들은 친생부모에 대한 환상을 갖는 것만으로 뿌리찾기에 만족한다. 다른 일부 입양아동들은 입양부모에게 친생부모에 대한 정보를 묻고 답을 듣는 수준에 그친다. 또 다른 일부 아동들은 입양부모와 함께 친생부모를 찾아 나선다. 그러나 이들 중에서 실제로 친생부모를 만나게 되는 경우는 소수에 불과하다(권지성, 안재진, 변미희, 최운선, 2010).

입양아동에게 뿌리찾기는 입양인으로서의 자아정체감 형성에 핵심적인 역할을 하게 된다. 입양부모에게도 뿌리찾기는 매우 중요한 사건이다. 일반적으로 자녀를 양육하는 데 있어서 유전 정보는 매우 중요한 역할을 하므로 입양부모는 입양아동의 특성을 이해하기 위해 친생부모의 정보를 알고 싶어 한다. 또한 대부분의 입양아동들이 뿌리찾기를 원하기 때문에 입양부모들은 자발적이든 비자발적이든 뿌리찾기를 시도해야 한다. 하지만 뿌리찾기를 진행하는 과정에서 입양아동과 가족들은 여러 가지 어려움을 경험할 수 있다(권지성 외, 2010). 관련 정보가 전혀 없거나 이미 연락이 두절되어 아예 만나지 못할 가능성이 있다. 또는 연락이 되더라도 친생부모 쪽에서 만남을 거부할 가능성도 있다.

물론 친생부모의 사생활보호와 비밀보장은 앞으로도 유지되어야 할 것이다. 그러나 입양인의 욕구와 권리도 존중되어야 한다. 친생부모의 권리와 입양인의 권리를 모두 존중하면서 뿌리찾기를 진행하는 것은 결코 쉬운 일이 아닐 것이다. 하지만 입양관련 정보를 철저하게 관리하고 보관할 수 있는 체계를 갖추는 것이 출발점이다. 개정된 입양특례법에 따라 입양인은 아동권리보장원 또는 입양기관이 보유하고 있는 자신의 입양정보 공개를 청구할 수 있다. 예전에는 입양아동이 성장한 후에 친생부모를 찾고자 할 때 정보를 알 수 없어서 힘든 경우가 많았는데, 이 체계가 정착되면 보다 쉽게 친생부모의 정보를 찾을 수 있을 것이다. 다만 이 경우에도 친생부모의 동의가 있어야 한다.

여야 한다. 다만 친생부모가 정보의 공개에 동의하지 아니하는 경우 입양 당시 친생부모의 인적사항인 이름, 생년월일, 주소, 연락처를 제외하고 그 외의 입양배경에 대한 정보를 입양인에게 공개하도록 규정하였다.

(6) 파양

양친자관계는 파양에 의해서만 해소된다. 가능한 이 단계에 진입하지 않도록 노력해야 한다. 파양은 유효하게 성립된 양친자관계를 장래에 있어 소멸시키는 것이다. 즉, 입양을 해소시키는 것이다. 파양은 입양성립 후에 생긴 사유로 인하여 입양을 해소하는 것이기 때문에, 친생부모가 적법한 절차를 거쳐 입양동의를 할 수 없었던 경우에 한하여 청구할 수 있는 입양의 취소와는 다르다. 양친이 양자를 학대 또는 유기하거나 그 밖에 양자의 복리를 현저히 해하는 경우, 양자의 양친에 대한 패륜행위로 인하여 양자관계를 유지시킬 수 없게 된 경우에 양친, 양자, 검사는 가정법원에 파양을 청구할 수 있다. 입양부모는 파양심판 확정일로부터 1개월 이내에 친양자파양신고서를 시 · 군 · 구에 제출하여야 한다. 가정법원은 파양이 청구된 아동이 13세 이상인 경우 입양아동의 의견을 청취하고 그 의견을 존중하여야 한다. 「민법」상 파양에는 협의상 파양과 재판상 파양이 있다. 첫째, 협의파양은 양친자관계를 해소하려는 양친과 양자 사이에 합의해야 한다. 다만 양자가 미성년자 또는 피성년후견인인 경우에는 성년후견인의 동의를 받아 파양을 협의할 수 있다. 둘째, 재판상 파양은 법률에 정해진 파양원인에 의하여 재판상 청구하는 파양이다. 재판상 파양의 원인은 입양부모가 양자를 학대 또는 유기하거나 그 밖에 양자의 복리를 현저히 해친 경우, 입양부모가 양자로부터 심히 부당한 대우를 받은 경우, 입양부모나 양자의 생사가 3년 이상 분명하지 아니한 경우 등이다. 파양의 청구권자는 양친과 양자, 검사에 한정된다. 단, 양자가 13세 미만인 경우에는 법정대리인이 양자를 갈음하여 파양을 청구할 수 있다. 재판상 파양의 원인은 입양부모가 양자를 학대 또는 유기하거나 그 밖에 양자의 복리를 현저히 해친 경우, 입양부모가 양자로부터 심히 부당한 대우를 받은 경우, 입양부모나 양자의 생사가 3년 이상 분명하지 않은 경우, 그 밖에 양친자관계를 계속하기 어려운 중대한 사유가 있는 경우(「민법」 제905조) 중 어느 하나에 해당하는 경우이다.

파양에 의하여 입양으로 인한 양친자관계는 소멸하고, 입양 전의 친족관계는 부활하며 아동기록이 다시 친생부모의 가족관계등록부상에 기재된다. 재판상 파양을 한 때에는 당사자 일방은 과실 있는 상대방에 대하여 이로 인하여 발생한 손해배상을 청구할 수 있다. 이러한 파양은 부모에게 버림받는 유기와 유사하며 한 번 상처가 있는 아동에게 한 번 더 상처를 주는 행위이므로 아동에게 심각한 영향이 있을 수 있다. 배치과정이나 사후관리과정을 철저하게 진행하여 파양은 가능한 자제 되어야 한다. 파양은 우리나라가 불합리하게 법적으로 입양과 친자를 구분하는 것이다. 궁극적으로는 양자와 친자를 구분하는 민법의 파양 조항은 삭제하고 양자와 친자 상관 없이 친자관계의 해소는 친생부인, 친생자관계부존재, 친권상실 등으로 통일하는 방안이 추진되어야 한다. 또한 우리나라는 비밀입양이 많을 뿐만 아니라, 파양 역시 비공개적으로 이루어지다 보니 파양에 관한 연구가 미흡한 것이 현실이다.

7. 입양의 현황과 과제

1) 입양의 현황

우리나라의 연도별 국내외입양아동 수는 매년 감소하는 추세이다. 보건복지부 입양통계를 살펴보면, 2007년 우리나라의 입양아동은 국내입양 1,388명(52.3%), 국제입양 1,264명(47.7%)으로 총 2,652명이었으나, 2018년에는 국내입양이 378명(55.5%), 국제입양이 303명(44.5%), 총 681명으로 크게 감소한 것으로 나타났다(보건복지부, 2019). 입양아동의 성별 역시 과거와 비교하여 달라진 것을 확인할 수 있는데, 1990년대부터 여아의 입양이 오히려 남아의 입양보다 많아지고 있다. 과거에는 아들을 선호하여 해외로 입양되는 아동의 대부분이 여아였으나, 최근 들어서는 국내입양의 경우 여아를 선호하여 2018년도에 국내 입양된 아동 378명 중 여아가 268명, 남아가 110명이며, 국제입양 아동 303명 중에서는 남아가 221명, 여아가 82명이었다(통계청, 보건복지부 내부자료).

입양을 원하는 동기도 변화하고 있다. 과거의 입양 동기는 주로 '대를 잇는다'라는 혈연 중심이었는데 점차 가정이 필요한 아동에게 가정을 주고 부모가 되어 주기 위한 입양이 늘어나고 있어 입양부모의 일방적인 욕구에 의해서가 아니라 가정과 아동을 위해 입양이 이루어지는 의식의 전환을 볼 수 있다.

우리나라의 전통적인 입양은 친척입양으로 가계계승을 목적으로 한 것이었다. 그러나 6·25전쟁으로 부모를 잃은 고아가 급증하면서 국외입양이 시작되게 되었다. 전쟁에 참여하였던 군인들이나 선교사들이 고국으로 돌아가면서 전쟁고아를 입양하여 시작된 국제입양은 지금도 부모가 양육할 수 없는 아동들에게 영구적인 가정을 찾아 주는 방법이다. 과거와 달리 지금은 대부분 입양아동이 미혼모가 출산한 아동으로서 2015년을 기준으로 입양을 희망하는 90% 이상이 미혼모 가정이며, 이들 대부분이 경제적 어려움 등을 이유로 입양을 선택하고 있다(김상찬, 신준연, 2019). 국내입양 우선추진제에 따라 차츰 국내입양이 증가하였고 2007년을 기점으로 국내입양 아동 수가 국제입양 아동 수보다 많아졌으며(국내입양 1,388명, 국제입양 1,264명), 이러한 추세는 2017년까지 지속되었으나 2018년 국내입양 122명, 국제입양 303명으로 국제입양이 다시 소폭 증가하였다. 2018년까지 167,547명(전체 입양아동의 67.6%)의 아동이 미국, 스웨덴 등 해외로 입양되었으며, 그에 반해 2018년 말까지 국내에 입양된 전체 아동은 80,477명(32.4%)에 불과한 실정이다. 이는 혈연에 의한 가계계승의 관습, 비밀입양, 혈액형·외모 등이 중요한 입양기준이 되는 문화에서 그 원인을 찾을 수 있다. 한편, 2007년에 국제입양의 단계적 축소와 종결을 위해 국내입양의 실적에 따라 국외입양을 할당해 주는 해외입양 쿼터제를 도입하였으나 입양의 질적 저하와 아동복지의 손상을 초래하는 결과를 낳아(노혜련, 2001) 폐지되었다. 여전히 국제입양은 진행되고 있으나 국가는 이를 줄여나가는 노력을 하고 있으며, 국내입양 우선추진제에 따라 입양 의뢰된 아동은 국내입양을 우선으로 하고 국제입양은 차선책으로 추진하게 되었다. 즉, 국제입양을 추진하려면, 국내입양 추진을 위한 마지막 상담일이 입양동의일로부터 5개월 이상 경과된 이후에 가능하며, 국내입양 우선 추진기간 동안 3명 이상의 예비 입양부모와 상담을 진행하고 예비 입양부모별로 3회 이상의 상담을 진행하도록 하고 있다. 이로 인해 불필요한 형식적 상담이 이루어지는 경우도 있다.

국외입양을 점진적으로 줄이고 국내입양을 활성화하기 위해서는 보다 적극적인 노력이 필요하다는 인식하에 정부에서는 2006년부터 매년 5월 11일을 '입양의 날'로, 입양의 날부터 1주일을 '입양주간'으로 제정하여 입양에 관한 교육과 홍보를 집중적으로 실시하고 있다. 입양의 날은 가정의 달(5월)에 한 가정(1)이 한 명(1)의 아동을 입양하여 새로운 가정(1+1)으로 거듭난다는 의미를 담고 있다. 이 기간 동안 여러 입양관련 기관에서는 신문이나 방송 등을 통하여 국내입양의 필요성이나 장점 등에 대해 홍보를 하고, 다양한 캠페인 등 기념행사를 개최하여 국민에게 입양을 널리 알리는 계기가 되었다.

또한 국내입양 활성화를 위해 입양에 대한 국민인식 개선이 무엇보다 중요한 만큼 TV, 라디오, 인터넷, 종교 신문, 지하철 무가지 등을 통한 다양한 홍보를 실시하여 국내입양문화를 변화시켜 나가고 있다. 최근 들어 다양한 홍보활동에 힘입어 입양에 대한 인식이 많이 개선되었고, 입양가족을 다양한 가족의 한 형태로 자연스럽게 받아들이는 사회분위기가 조성되어 가고 있는 중이다. 비밀입양을 하는 부모들도 이제는 주위 사람들이나 아동에게 이야기하는 공개입양으로 태도가 바뀌고 있으며 공개입양 부모들의 모임인 한국입양홍보회, 입양기관의 자조모임을 등이 만들어져서 입양부모 상호 간 양육상담, 정보교환 및 교육활동을 하고 있다. 이러한 노력을 통해 유명 연예인들이 공개입양을 하고 있으며, 이를 통해 일반인들의 입양에 대한 편견이나 인식을 바꾸는 데 좋은 역할을 하고 있다. 그러나 아직도 입양에 대한 인식이 낮아 비밀입양을 원하는 사람이 많으며 이로 인해 신생아 입양을 더 선호하고 있는 것이 우리의 현실이다.

국내외 입양 전 아동은 입양기관에서 일정 기간 보호된다. 기관마다 상이하나 인건비, 양육비, 운영비, 홍보비 등 입양비용이 발생하게 된다, 국내입양의 아동 보호일수는 평균 365일 미만인 반면, 국제입양의 평균 보호일수는 365일이 넘는다. 따라서 365일 동안 보호된다는 가정하고 아동 1인당 입양비용을 추계했을 때 2018년 기준으로 2,186만 원에서 3,906만 원 정도인 것으로 나타나고 있다(신윤정, 임지혜, 2019). 국내입양 활성화를 위해 참여정부는 입양가정에 대한 경제적 · 제도적 지원과 더불어 국민의 입양 인식 개선을 내용으로 하는 '국내입양 활성화 종합대책'(2006. 7. 10.)을 마련하였다. 이 대책에 따라 입양 시 입양부모가 부담하던 입양수수료(복지부 허가기관 270만 원, 지자체 허가기관 100만 원을 정액 지원)를 2007년부터 정부가 지원하게 되었다. 「입양특례법」 개정으로 국가와 지방자치단체는 입양 알선에 소요되는 인건비, 아동양육비 등 입양 알선에 실제 드는 비용의 전부 또는 일부를 보조할 수 있도록 하였다(보건복지부, 2020b). 이에 따라 금전을 통한 아동 거래처럼 보이던 입양에 대한 부정적 인식의 개선 및 입양가정의 경제적인 부담이 대폭 경감됨에 따라 국내입양이 활성화될 것으로 기대하고 있다. 또한 2007년부터 13세 미만의 입양아동에 대해 월 10만 원의 입양아동 양육수당을 지원하던 것을 2012년부터는 월 15만 원으로 인상하였으며, 이후 2020년에는 입양기관에 의해 아동을 국내입양한 가정에는 입양아동이 만 17세가 될 때까지 정기적으로 15만 원의 양육수당을 지급하고 있다(보건복지부, 2020).

이와 더불어 「입양특례법」에 의해 장애아동 양육보조금 및 의료비 지원이 만 18세까지 지원된다. 먼저 장애아동 양육보조금은 국내입양이 어려운 장애아동을 입양한 국내입양 가정에 중증인 경우 월 627천 원, 장애의 정도가 심하지 않은 경증 및 기타인 경우 월 551천 원의 양육보조금이 지원되며, 연간 260만 원의 한도 내에서 의료비가 지원된다. 한편, 2013년부터는 의료비 지원 한도액의 50% 이내에서 장애인 보조기구에 대한 의료비 청구도 가능하도록 하였다. 또한 「의료급여법」 개정을 통해 2005년부터는 「입양특례법」에 의하여 국내에 입양된 만 18세 미만의 아동에게 의료급여(1종) 혜택을 제공하고 있다(보건복지부, 2020). 이 외에도 「소득세법」에 의하여 입양부모에게 종합소득공제의 혜택을 제공하며, 배우자가 없는 사람으로서 입양자가 있는 경우 기본공제 외에 연 100만 원의 추가공제를 받을 수 있다(법제처, 2020). 이러한 경제적 지원과 더불어 '입양은 제2의 출산'이라는 사회적 인식 개선을 위해 공무원이 「입양특례법」에 따른 입양을 한 경우에는 20일의 휴가가 주어지는 입양휴가제를 공무원을 대상으로 2006년부터 실시하고 있으며, 향후 민간기업체 근로자까지 확대 적용하기 위해 적극적으로 노력하고 있다.

또한 국내입양을 활성화하기 위해 입양부모의 자격요건을 완화하였다. 그러나 실질적으로 절차는 강화되어 입양을 준비하는 과정에서 예비부모들이 중도 포기하는 경우도 증가하였다. 특히 2011년에 개정된 「입양특례법」에서는 국내입양 활성화를 위하여 제7조에 국내입양을 우선적으로 추진할 수 있도록 명시하였고, 또한 제6조에 입양아동 등에 대한 사후서비스 제공과 국내입양 활성화에 필요한 정보를 입양기관 등에 제공하기 위하여 정보시스템을 구축 · 운영하여야 한다고 명시함으로써 입양아동에 대한 국가개입 확대와 필요성에 대한 인식을 분명히 하였다. 즉, 국내입양을 위한 최대한의 노력에도 불구하고 국내입양이 불가능한 경우에 한하여 국제입양을 추진할 수 있도록 법에 규정한 것이다. 그 밖에도 정부는 중앙입양원을 설립하여 국내입양 활성화를 위한 입양아동의 데이터베이스 구축 및 연계, 입양아동 · 가족정보 및 친가족 찾기에 필요한 통합데이터베이스 운영, 국내외 입양정책 및 서비스에 관한 조사 · 연구, 입양 관련 국제협력 업무 등의 사업을 추진하였다. 2019년 「아동복지법」이 개정되면서 아동권리보장원이 설립되었으며, 동시에 「입양특례법」이 개정되면서 그동안 입양정책을 총괄해 오던 보건복지부 산하 중앙입양원의 설립근거 등이 없어졌으며, 이에 중앙입양원은 아동권리보장원으로 통합되었다.

2) 입양의 개선과제

국내입양의 활성화를 방해하는 것으로는 국민의 입양에 대한 편견, 입양활성화에 협조적이지 못한 제도, 비밀입양, 홍보부족 등을 대표적으로 꼽을 수 있다.

첫째, 입양에 대한 편견은, 예를 들어 '아이가 입양된 것을 알면 가출하거나 잘못될 것이다.' '아이의 혈통이나 유전병을 알지 못하므로 겁이 난다.' '아이가 성장하면 친생부모를 찾아갈 것이다.' '입양한 아이를 내가 낳은 아이처럼 사랑할 수 있을지 자신이 없다.' '아이를 입양하고 싶어도 경제적으로 잘해 줄 수 없어서 용기가 나지 않는다.' 등이 있다.

둘째, 정부는 국내입양 활성화를 주장해 왔고, 국내입양을 활성화한다는 목적하에 해외입양을 제한하는 제도를 도입하기도 하였다. 입양기관이 해외로 입양을 보내려면 국내입양 우선정책 때문에 5개월간 국내에서 꾸준히 입양을 시도했다는 것을 증명해야 한다. 그러나 국내입양 활성화에 필요한 적극적인 제도나 정책은 여전히 미흡하다. 예를 들면, 친권을 중요시하는 현 제도로 인하여 법적으로 입양이 가능한 아동이 많지 않다는 점, 기아로 입소된 아동들의 경우도 역시 부모가 시설에 맡긴 경우와 입장이 같아 2세 이상의 경우는 국내입양이든 해외입양이든 거의 불가능한 형편이다. 입양특례법에 의해 국가와 지방자치단체가 입양기관의 운영비를 보조할 수 있음으로 명시되어 있으나 입양기관에 대한 운영비 지원이 이루어지고 있지 않으며, 국민의 인식전환을 위한 범국민적인 홍보가 부족한 점 등이 있다.

셋째, 주위 사람들이나 아동에게 입양사실을 비밀로 하는 비밀입양이 문제가 된다. 비밀입양은 혈통이나 가문을 중요시한 사회문화적인 배경에서 시작되어 다른 혈통에서 들어온 아동은 다른 가족원으로 차별을 받는다는 생각 때문에 입양가정에서 선호되고 있다. 그러나 비밀입양은 입양된 아동에게 부정적인 영향을 줄 뿐 아니라 국내입양을 활성화하는 데에도 장애가 된다. 부모가 입양 사실을 비밀로 함으로 인하여 아동은 입양이 수치스럽고 부끄러운 것이라고 생각하게 되며, 아동이 성장하면서 갑자기 입양 사실을 알게 됐을 때 아동은 혼란에 빠지게 된다. 그리고 입양의 좋은 점이나 입양의 성공 경험을 사회에 확산하는 데 장애가 되고 있다. 우리나라에서는 입양아동이 문제를 일으키거나 입양가정에 문제가 생겼을 경우에만 입양 사실이 공개되고 입양아동이 성공하거나 입양가정에서 잘 적응하며 문제가 없는 경우는 사회적으로 공개되지 않고 있다. 그 결과, 사회의 많은 사람은 입양의 좋은 경우보다는 나쁜 경우만을 보게 되므로 비밀입양은 입양의 좋은 점을 알리는 데 장애가 되고 있다.

(1) 입양정책 개선

입양수수료 지원, 입양아동 양육수당, 의료비 지원, 입양휴가제, 입양숙려기간, 입양허가제, 입양정보공개청구제도 등 다양하게 입양정책 개선이 이루어져 왔지만, 아직도 개선 필요성이 있는 부분들이 존재한다.

첫째, 아동이 입양부모를 선택할 수 없기 때문에 입양기관에서 부모를 철저하게 심사하여 아동중심의 입양문화를 조성해야 한다. 더불어 입양대상아동 발생 자체를 막기 위해 미혼부모에 대한 정책적 지원과 동시에 사회적 인식 변화도 이루어져야 한다. 출산과 입양이 동일하다는 프레임하에 입양아동에 대한 양육보조금은 가능한 일반아동과 동일하게 진행하고, 다만 입양이 쉽지 않은 장애아동이나 연장아동 등의 경우 아동의 특성별로 입양보조금 지원을 강화하는 방향이 고려되어야 할 것이다.

둘째, 우리나라는 입양대상 아동을 확인할 때, 가족관계등록부에 기재된 친생부, 친생모 모두의 동의를 받도록 되어 있다. 그러나 현재 「아동복지법」상에 보호조치를 통해 부모와 떨어져서 아동복지시설에서 생활하는 아동의 대부분은 부모가 있으나 친권에 대한 개입이나 제한이 정리되지 않은 채로 양육시설에서 보호되어 생활하는 아동들이다(이경은, 2017). 또한 미혼부모가 친권을 포기하지 않아 입양되지 않고 시설에서 생활하고 있는 아동이 많다. 친부모로부터 적절한 돌봄을 제공받지 못하다는 것이 명확함에도 불구하고 친권문제가 해결되지 않은 잠재적인 입양대상 아동들을 위한 제도 개선이 필요하다(정익중 외, 2010). 오랫동안 부모로부터 전혀 연락이 없는 시설아동의 입양을 위하여 「아동복지법」 제18조에 친권상실 선고의 청구 등에 관한 조항이 규정한 절차를 밟아 제도적으로 실시되도록 조치를 취할 필요가 있다.

셋째, 2007년부터 우리나라에서 시행되고 있는 공무원 대상 입양휴가제는 출산자녀는 산전후 휴가기간이 90일인 데 비해, 20일로 제한하여서 입양자녀를 출산자녀와 차별하는 것으로 해석할 수 있다(김유경 외, 2010). 따라서 「근로기준법」에 입양부 또는 입양모가 입양아동과 애착관계를 형성할 수 있도록 최소한 입양휴가 30일을 사용할 수 있도록 규정하고 점차 기간을 확대하여 차별적 요소를 제거하도록 해야 한다. 고용노동부와 지속적으로 협의하여 향후 일반기업체의 전체 근로자를 대상으로 확대 적용하는 방안을 마련해야 한다.

넷째, 입양아동이 성인이 되면 친생부모가 정보열람을 동의한 경우에 한하여 친생부모 및 출생정보에 관한 정보를 열람하며, 친생부모는 입양아동이 동의한 경우에 한하여 입양아동에 대한 정보를 열람하도록 하는 정보접근권이 보장되어야 할 것이다. 단, 입양아동이 성인이 아니라도 입양부모 및 친생부모의 동의하에 입양아동은 친생부모와 출생정보에 관한 정보를 접근하도록 하며, 친생부모는 입양부모의 동의하에 입양아동에 대한 정보를 열람할 수 있도록 해야 한다(김유경 외, 2010). 친생부모의 인적사항은 본인의 동의가 있는 경우에만 공개 가능하고, 입양 당시 친생부모의 연령과 거주지역 등은 공개 대상 정보로 규정하였다.

다섯째, 입양기관 간의 협조적이고 긴밀한 체계망을 만들어야 한다. 입양부모가 원하는 적절한 아동이 없는 경우 다른 기관에 적극적으로 의뢰할 수 있어야 하며, 또한 입양을 원하는 아동이 있는 경우 다른 입양기관을 통하여 부모를 찾는 체계적인 조직과 노력이 있어야 한다. 이를 위해 정부는 「입양특례법」 제6조에 의거하여 중앙입양원을 설립하고 입양정보관리시스템 구축과 운영업무를 위탁함으로써 입양대상아동에 대한 정보를 입양기관 간 공유하도록 하였다. 그러나 입양정보 전산화가 원활하게 진행되지 않고 정보시스템의 활용도가 높지 않아 입양정보 전산화와 입양기관 간 정보공유를 활성화할 필요성이 꾸준히 제기되어 왔다. 현재 아동권리보장원의 설립으로 기존에 중앙입양원이 담당하던 입양기록 전산화 사업이 새로운 전환점을 맞이하였다. 국가차원의 입양정보를 보존하고 국내외 사후서비스 제공 등이 원활히 진행되기 위하여, 입양정보통합관리시스템(ACMS: Adoption Central Management System)을 활용한 입양기록 전산화 작업을 활성화해야 할 것이다. 하지만 입양정보 전산화는 아직 완료되지 않아 정보시스템의 활용도가 높지 않은 것이 사실이다. 따라서 빠른 시일 안에 입양정보를 전산화함으로써 입양기관 간 정보공유를 활성화할 필요가 있다. 이 문제가 해결되려면 아동 1명당 지원되는 입양수수료 제도가 폐지되고 입양기관 운영비 지원 형태로 바뀌어야 한다. 즉, 입양의 성과가 입양기관 수수료로 관리되면 입양기관 간 경쟁으로 협업의 유인이 생기지 않으므로 운영비를 지원하여 입양업무를 입양기관에 위탁하여 국가 전체 차원으로 관리되어야 한다.

여섯째, 현재 사후관리서비스 프로그램으로 입양가족 간, 지역별 자조모임이 진행되고 있다. 입양부모들에 대한 지원은 파양을 감소시킬 수 있다(Hartinger-Saunders, et al., 2015). 따라서 국내입양부모들의 자조집단과 입양아동의 자조집단 등이 국내외에서 형성되고 그들의 활동이 활발히 이루어질 수 있도록 정부와 입양기관의 적극적 지원이 필요하다.

일곱째, 입양허가제를 통해 가정법원이 개입하면서 입양이 공적 체계를 갖춰 가고 있지만 이를 통해 시간이 지연되는 부작용을 낳고 있다. 입양아동이 가능한 빨리 가정 내에 적응하고 입양부모도 자신감 있게 아동을 양육할 수 있도록 심사는 철저히 하되 전담판사를 늘려 절차는 신속히 진행하는 것이 필요하다. 입양절차가 연장되면서 입양전제 사전가정위탁이 증가하고 있는데 이는 바람직한 방향이 아니다.

연장입양아동의 발달과 적응

늦은 나이에 입양될수록 적응문제를 겪을 가능성이 높다. 특히 신생아 때 입양된 아동들에 비해 만 12개월이 지난 뒤 입양된 연장아들은 인지, 언어, 정서, 사회성 발달이 늦을 뿐만 아니라 입양부모와 애착을 형성하기 어렵고 심리사회적 부적응을 더 많이 경험한다고 보고되고 있다(정익중, 권지성, 민성혜, 신혜원, 2010). 하지만 나이 자체가 중요한 것은 아니다. 나이가 들어서 입양되었더라도 입양 전 경험이 안정적이고, 입양부모가 충분히 준비된 상황에서 입양했을 때는 적응에 큰 어려움이 없을 수 있다.

또한 유치원 이상의 연장아들이 처음 입양가정에 왔을 때는 대부분 완벽에 가까운 행동을 보이기 때문에 '허니문 시기'라고 일컫는다. 이후에는 시험기간이 이어진다. 두 시기에 보이는 아이들의 모순된 행동은 친생부모를 잃은 슬픔과 새 가족에게 애정을 형성하는 과정과 연관된다(이수연, 2009). 시험기간에는 아이 안의 괴물이 있는 것처럼 보이거나 '끝이 보이지 않는 터널'을 막막하게 통과해 가고 있는 것처럼 보이기도 한다(정익중, 권지성 외, 2010). 이를 해결하기 위해 결국 파양을 선택하는 가정들도 발생하고 있다. 파양 사례도 신생아 입양에 비해 연장아 입양의 비율이 더 높은 것으로 나타나고 있다. 이처럼 연장입양 가족들이 많은 어려움을 경험하고 있지만 이들을 위한 개입은 전무하다고 해도 과언이 아니다.

연장입양 아동의 적응을 위한 조기개입 프로그램 비용의 추가지원이 필요하다(정익중, 권지성, 민성혜, 신혜원, 2011). 경중의 차이는 있으나 상당수의 연장입양 아동들이 소아정신과에서 진료를 받거나 민간아동서비스기관에서 놀이치료나 미술치료, 음악치료와 같은 치료서비스를 이용하고 있다. 정부에서는 만 18세 미만 입양아동에 대하여 월 20만 원 한도 내에서 심리정서치료비를 지원하고 있으나, 정부 지원만으로 충분한 서비스를 받기에는 한계가 있고, 이 때문에 상당수의 연장입양 부모들이 경제적 부담을 경험하고 있다. 따라서 입양아동과 가족에게 제공되는 기존의 지원제도 외에 연장입양 아동과 가족들을 위한 추가적인 지원이 필요하다(정익중, 권지성 외, 2011; 신혜원, 정익중, 민성혜, 권지성, 2011).

(2) 입양홍보 및 사회적 인식 개선

국내입양을 활성화하기 위해서는 입양아동과 입양가정에 대한 정책적인 지원과 동시에 입양에 대한 사회의 고정관념과 편견을 감소시키도록 국민인식 개선에 노력해야 한다(정익중 외, 2011). 이를 위해서는 홍보가 매우 중요하지만 예산 부족으로 인해 홍보전문가가 아니라 사회복지사가 담당하거나 전담인력이 부족한 실정이다. 효과적인 홍보 효과를 얻기 위해서는 주요 신문과 방송에 노출되어야 하지만 예산부족과 언론기관 인식부족으로 어려움을 겪고 있다. 언론에 의한 자극적인 파양, 불행한 입양사례 등의 입양에 관한 부정적인 기사들이 쏟아져 나오지만 이러한 이슈에 대응하기에는 역부족인 상황이다. 입양홍보가 하나의 구심점에 의해 전략적인 계획하에 진행되어야 함에도, 현재 홍보는 입양기관별로 자체적으로 이루어지고 있어 체계적이지 않고 통일성이 부족하다. 그리고 현재까지 정부 차원에서도 전 국민을 대상으로 입양에 대한 고정관념과 편견을 줄이기 위한 체계적인 중장기 홍보 전략은 만들어진 적이 없다. 따라서 향후 입양홍보는 다음과 같은 측면을 충분히 반영하여 이루어져야 한다(정익중 외, 2011).

사람들의 인식이나 태도가 금방 달라지는 것이 아니다. 입양부모의 연령이 낮을수록 입양에 관한 생각이 개방적이고 긍정적인 것은 매우 의미 있는 변화라 할 수 있다(김유경 외, 2010). 입양이 활성화되고 사회의 자연스러운 문화로 정착되려면 입양 관련 내용의 교과서 등재, 대중매체를 통한 홍보 등을 실시하여 입양에 대한 태도나 가치관을 바꾸는 지속적인 노력이 필요하다. 이러한 노력에도 불구하고 남자아동, 연장아동, 장애아동의 입양은 아직도 활성화되지 못하고 있다. 입양을 원하는 부모들이 많이 증가하였지만 신생여아를 원하는 부모들이 많아 대기하고 있는 반면, 남아나 장애아는 국내입양을 하려는 사람이 적어 위탁가정이나 시설에서 보호하다가 국제입양을 하게 된다. 이런 아동을 입양하는 입양부모들에 대한 특별한 배려가 필요할 것이다. 중앙입양원에서는 남자아동의 국내입양 활성화를 위하여 홈페이지에 남아입양 가족을 소개하는 방법으로 2013년에 '남아입양프로젝트'를 추진하기도 하였다. 이 외에도 입양 홍보 및 사회적 인식개선을 위해 다음과 같은 것들이 고려되어야 한다.

첫째, 입양기관별로 분절적으로 추진되어 오던 홍보사업들을 통합적으로 연결하고 대국민 캠페인으로 확대 추진할 수 있도록 해야 한다. 통합캠페인 추진을 통해서 입양기관에서 각각 추진되어 오던 입양홍보 활동을 아동권리보장원이 단일 창구가 되어 입양 홍보 TF를 조직해서 통합적이고 효과적인 홍보가 추진될 수 있도록 체계화해야 한다. 또한 단일 홍보 채널을 기반으로 각 기관이 연계할 수 있는 연중 통합캠페인을 추진하도록 해야 한다. 유명인의 입양사례뿐만 아니라 우리 주변 입양가족의 다양한 성공사례를 지속적으로 발굴하여 감성적 스토리텔링을 통해 입양은 누구나 할 수 있는 것이라는 사회적 공감대 확산에 주력해야 한다.

둘째, 사회문화적으로 오래 내려온 입양에 대한 편견이나 오해를 불식하는 교육이 필요하다. 정부는 입양에 대한 국민의 사고를 바로잡기 위하여 성인들을 대상으로 하는 교육은 물론 어린이집, 유치원, 초등학교, 중학교, 고등학교, 대학에 이르기까지 생애주기 단계별로 입양에 대한 교육 및 반편견교육, 홍보활동을 체계화하고, 학교의 정규교육과정에서는 입양가족도 다양한 가족 범주 중 하나이고, 입양은 제2의 출산이라는 것을 자연스럽게 받아들여질 수 있도록 인식 개선을 위한 교과서, 관련 콘텐츠가 포함되어야 한다.

셋째, 입양부모들을 대상으로 공개입양의 장점에 대한 교육을 적극적으로 실시해야 한다. 입양부모들이 공개입양을 선호하지 않는 이유는 어렵고 복잡한 가족력이 입양아동의 자존감과 정서적 행복에 위험을 주지 않을까 우려하기 때문이다(MacDonald & McSherry, 2011). 그러나 입양부모가 입양가정과 일반가정의 차이를 편안하게 수용하고 입양아동이 생애주기별로 겪는 다양한 어려움을 이해하고 잘 극복할 수 있게 도울 때 아동들도 안정된 상태에서 성장할 수 있다(Noh, 1989; 최용길, 2020). 오히려 입양부모와 입양에 대해 말하는 것에 어려움을 경험한 아동일수록 자존감이 낮고 입양된 가족과 자신을 다르게 인식할 가능성이 높았으며, 이러한 감정은 아동 개인의 행동적 · 인지적 문제들로 연결되었다(Beckett & Sonuga-Barke, 2008). 공개입양은 비밀입양이 가지고 있는 여러 가지 문제를 방지하며 입양의 좋은 점을 사회에 적극적으로 알리는 데도 도움이 된다.

입양아동 TV 광고 논란

보건복지부는 국내입양의 정체로 해마다 입양대기 아동의 수가 늘어나고 있는 상황을 알리고 입양에 대한 인식을 개선하며 국내 입양을 활성화하기 위해 TV 광고를 제작하여 한국정책방송(KTV)를 통해 송출할 계획이었다. '이 아이를 입양해 주세요'라는 공익광고로서 입양기관으로부터 추천받은 입양대기 아동 30명을 소개하는 형식으로, 1인당 1편 1분 분량으로 제작되었다. 입양대기 아동의 모습이 화면 전면에 드러나면서 자막으로 아동의 이름과 나이(개월)가 나오고, 아동의 구체적인 특징(가령, 아이의 생김새 소개)과 발달 상황이 소개되며, 입양기관의 연락처가 자막으로 나온다.

• 입양아동 TV 광고에 제기된 비판

아동의 인격권, 명예권, 초상권이 침해될 소지가 있다는 비판이 제기된다. 아이는 아직 자신의 의사표현을 할 수 없는데 정부에서 아이에게 가정이 필요하다는 이유만으로 TV 광고를 하는 것은 아이가 나중에 커서 받을 충격과 심리적 상실감을 배제한 비인간적인 처사라는 비판도 제기된다. 아울러 친생부모의 친권 문제도 고려해야 한다는 의견, 광고의 효과성에 대해서도 회의적인 의견도 개진되었다.

• 인권침해 비판에 대한 반론

미국에서는 입양을 기다리는 아동들에 대한 사진첩을 작성하여 전국에 있는 입양기관에 배포하거나 입양 홈페이지 게시나 TV에 방영함으로써 입양에 관심이 있는 부모들이 아이들의 사진을 볼 수 있도록 하며 모든 기관이 함께 입양부모를 찾는 데 힘을 기울인다. 이미 동일한 내용의 홍보가 미국 등에서 이미 문제없이 시행되었고 입양활성화 측면에서 큰 성과를 보고 있다. 입양 대상 아동의 신원 공개에 대한 윤리적 논란이 될 수 있지만 아이들에게 부모의 보살핌을 받으며 자랄 수 있는 기회를 제공한다는 목적을 위한 것이므로 의미 있다고 주장한다.

(3) 입양서비스의 전문성 강화

입양서비스는 입양아동, 입양부모, 친생부모 등 서로 상충할 수 있는 욕구를 가진 대상자들을 이해하고 이들에게 평생에 걸친 서비스를 제공해야 한다는 점에서 전문성을 요하는 분야이다(노혜련, 2001). 특히 가정조사(adoption home study)는 예비입양부모가 특별한 보호가 필요한 아동을 잘 양육할 수 있도록 준비할 뿐 아니라 입양아동을 키우면서 직면하게 될 여러 가지 어려움을 잘 이해하고 대처할 수 있을지에 대해서 평가하는 과정이므로 고도의 전문성이 요구된다(최용길, 2020). 입양기관의 종사자 기준은 「입양특례법」에 다음과 같이 명시되어 있다. 상담원의 자격조건은 대학 또는 이와 같은 수준 이상의 학력을 부여할 수 있다고 교육부 장관이 인정하는 학교에서 아동복지 또는 사회복지 관련 교과목을 이수하고 졸업한 사람 또는 관련 법령에 따라 이와 같은 수준의 학력이 있다고 인정되는 사람, 대학을 졸업하거나 법령에 따라 이와 같은 수준 이상으로 인정되는 학력을 갖춘 후 입양기관에서 2년 이상 입양 관련 업무에 종사한 경력이 있는 사람, 아동복지전담공무원으로 3년 이상 근무한 경력이 있는 사람이다. 이들의 업무는 친생부모, 양자가 될 사람과 입양을 희망하는 가정과의 상담, 가정조사, 입양된 아동과 그 가정에 대한 사후관리 등이다. 입양기관의 실무자들은 올바른 아동관 및 가족관과 더불어 입양에서의 전문적인 지식과 기술을 토대로 한 상담을 통하여 입양신청 부모들이 가지고 있던 입양에 대한 고정관념을 탈피하고 입양 후 친생부모가 아닌 입양부모가 됨을 인정할 수 있도록 하여 입양을 저해하는 요소들을 제거함으로써 아동복지의 증진을 추구하는 방향으로 업무를 수행해야 한다. 그러기 위해서는 입양기관 실무자의 업무와 관련한 교육훈련에 대한 체계적인 교과과정을 마련하고, 정기적인 이론 및 임상 필수교육을 실시해야 할 것이다. 또한 입양기관 실무자의 실무경험 요건 등 자격기준을 상향 조정하고, 입양과정에서의 실무능력을 좀 더 엄격하게 평가할 수 있는 기준을 마련할 필요성이 있다(최용길, 2020). 이를 위해 「입양특례법」에서는 입양기관의 장과 그 종사자에 대한 보수교육 의무규정을 두어 입양기관의 장은 매년 4시간 이상, 종사자는 매년 8시간 이상의 보수교육을 받도록 하였다. 더불어 정부의 입양기관에 대한 재정지원 확대 방안이 검토되어야 할 것이다. 또한 정부와 지자체에서는 입양기관 인력 운용에 대한 보다 세부적인 지침을 마련하여 입양기관 간에 형평성을 도모해야 할 것이다(김유경 외, 2010).

(4) 아동권리보장원의 입양 업무 체계화

보건복지부는 국내입양 활성화와 입양에 대한 사후관리 등을 위하여 2009년 중앙입양정보원을 설립하였다. 중앙입양정보원이 출발할 시점에는 다양한 역할과 기능을 할 것으로 예상했다. 하지만 예산과 인력 부족, 전문성 부족, 집행조직의 문제, 입양기관의 협조 부족 등 여러 가지 이유로 원래의 역할과 기능을 하지 못하였다(정익중 외, 2011). 따라서 현실적 조건에 근거한 새로운 역할과 기능 정립의 필요성과 국내외 입양 관련 업무를 총괄하는 중앙기관을 만들어 장기적으로 '헤이그협약' 비준에 대비하기 위해 중앙입양원을 설립하였다. 헤이그협약은 제6조에 협약상 의무이행을 위한 중앙국가기관을 설치하고 국제협력, 아동 및 입양부모의 입양적격 여부 심사 등의 업무를 수행할 것을 명시하고 있다. 따라서 중앙입양원은 우리나라

헤이그 국제아동입양협약

1993년 제17차 헤이그국제사법회의에서 채택된 '국제입양에 관한 아동의 보호 및 협력에 관한 협약(Convention on Protection of Children and Cooperation in Respect of Intercountry Adoption, 이하 헤이그협약)'은 2019년 기준 101개국이 협약에 가입한 상태이며 우리나라는 2013년에 협약에 서명하였으나 아직까지 가입하지 못하고 비준을 준비하고 있다. 헤이그협약은 UN의 1989년 '아동권리협약(Convention on the Rights of the Child: CRC)'에 근거한 것으로, 이 협약의 주목적은 국제입양 시 아동의 기본권 및 최선의 이익을 보호하고 입양을 통한 유괴 및 인신매매를 방지하며, 체약국 간의 중앙기관에 의한 입양승인을 통해 입양아동의 복지증진 및 보호를 추구하는 것이다. 전문과 7개의 장, 48개의 항목으로 구성된 이 협약은 우리나라의 국내 및 해외입양에 많은 영향을 줄 것으로 사료된다(노충래, 2011).

이 협약의 주요내용을 살펴보면 가정보호의 우선 정책으로 친가정보호 및 국내가정보호(입양 및 가정위탁)를 적극 추진한 후 여의치 않을 때 아동을 해외 입양시킬 수 있도록 하며, 입양대상은 실제거주지(habitual residence)의 이동이 필요한 18세 미만의 모든 아동으로 하고 있다. 특히 이 협약은 친양자제도를 추구하고 있고(협약 제2조 2항), 우리나라는 개정된 「입양특례법」에서 가정법원의 허가에 의한 친양자제도를 도입함으로써 이전에 친양자제도와 일반입양을 인정하고 있는 우리나라의 민법보다 발전된 모습을 보이고 있다. 나아가 헤이그협약은 국제입양을 담당하는 중앙기관을 지정토록 정하고 있으며, 입양아동 출신국의 권한 있는 국가 중앙기관의 허가에 의해 진행된 입양은 아동 수령국에서도 효력이 인정되도록 하고 있다(노충래, 2011).

를 대표하여 협약 이행의 총괄, 각국 중앙기관과의 협력 등 국제입양 업무 전담지원기구의 역할을 하였으며, 국내입양 활성화를 위한 입양 관련 홍보업무의 중추적인 역할을 담당해 왔다. 2019년을 기준으로 중앙입양원은 아동권리보장원으로 통합되었으며, 담당하던 사업들도 이관되었다. 입양 업무가 적절하게 이행될 수 있도록 입양의 전체 과정에서 어떤 업무를 담당할 것인지에 대해 아동권리보장원과 일선 입양기관들과의 업무분장 및 역할을 새롭게 정립할 필요가 있다. 특히 아동권리보장원이 입양과 관련된 분쟁이나 법정절차에서 아동권리를 아동의 입장에서 대변할 수 있도록 함으로써 입양기관, 입양부모, 친생부모 등과의 갈등에서 아동을 보호할 수 있는 역할을 담당해야 한다. 입양 관련 정보 중 매우 중요한 것은 입양부모가 되려는 자와 입양대상 아동의 정보이다. 이 정보가 적절하게 활용되면 입양이 원활하게 이루어질 수 있다. 아동권리보장원은 입양기관으로부터 입양아동 · 가족정보 및 친가족 찾기에 필요한 입양정보를 받아 법령이 정한 업무인 입양기록 전산화 작업을 진행하고 있다. 그동안 원활하게 진행되지 않았던 방대한 정보를 체계적으로 정리 · 보존하고 뿌리찾기 등 국내외 사후서비스를 제공하기 위한 기초를 마련할 수 있도록 현재의 입양관련 조직규모를 확대 개편하고 더 많은 예산확보도 필요하리라 판단된다.

(5) 입양의 공적 아동보호체계 내 연계 및 통합 강화

입양을 공적 아동보호체계와 분리해서 운영하는 것이 우리나라 입양의 가장 큰 문제 중 하나이다. 입양이 빈곤아동과 가족을 위한 드림스타트, 학대아동과 가족을 위한 아동보호서비스, 양육시설 등을 포함하는 가정외보호 서비스와 완전히 분리된 채 진행된다. 모든 아동권리 관련 협약과 지침은 입양이 아동보호 체계 안에서 선택할 수 있는 최후의 수단임을 강조하는 데 우리나라에서는 어려움을 겪는 친생부모가 입양기관을 찾아가 입양을 원하면 곧바로 입양 절차를 개시할 수 있다(노혜련, 조소연, 2018). 이렇게 입양 절차를 공적 아동보호체계와 완전히 분리해서 운영하는 상황에서는 입양기관이 아동을 인수한 이후, 입양기관장이 아동의 후견인이 되어 입양 절차에 필요한 업무만을 진행하게 됨으로써 원가정 보존이나 원가정 복귀를 목표로 한 아동복지법상 다른 아동보호 조치가 개입할 수 없어 친생부모가 아동 양육을 지속하도록 지원하기 어렵다(소라미, 2018). 또한 외부에 기존 가정외보호 서비스가 있는데도 불구하고 입양 전까지 아동을 보호·양육하는 업무도 입양기관이 직접 운영하는 가정위탁 체계나 아동보호 시설을 통해서 진행함으로써 친생부모가 입양 결정을 번복하여 아동 양육을 선택하기 쉽지 않다.

점점 많은 미혼부모가 자녀를 직접 양육하고 있지만 아직도 가족과의 갈등과 사회 편견이 커서 많은 미혼부모가 아동 양육을 포기하고 입양을 선택한다. 입양 활성화 노력과 더불어 보호대상아동 발생, 입양 요구 자체를 줄이려는 예방적 노력이 병행되어야 할 것이다. 입양에 대한 부정적인 고정관념이나 편견을 감소시키고 보호대상아동에 대한 연대 책임의식을 강조함과 동시에 미혼부모가 친자녀를 양육할 수 있는 사회적 분위기 형성 등을 위한 정부차원의 적극적인 노력이 요구된다. 이제는 편견과 차별에서 벗어나 입양가정, 미혼부모 가정 등이 당당하게 사회에서 살아갈 수 있도록 다양성을 존중하는 사회가 되어야 한다.

이를 위해 공적 아동보호체계는 위기에 처해 있는 친생부모가 쉽게 찾아갈 수 있는 일원화된 창구를 마련해 맞춤형 지원을 제공해야 한다(노혜련, 조소연, 2018). '입양이 최선의 선택'이라고 생각하고 찾아온 친생부모라도 우선 집중적인 상담과 지원을 통해 일시적으로 아동을 보호하면서 친생부모가 양육능력을 회복하도록 지원해야 한다. 이때 친생부모가 아동과 정기적으로 만나면서 애착 관계를 유지하게 돕고, 가능하면 빨리 아동이 친생부모와 재결합할 수 있게 지원하고, 재결합 후에도 충분히 안정될 때까지는 아동보호체계 내 사후관리를 통해 지원해야 한다(노혜련, 조소연, 2018). 이러한 지원에도 불구하고 친생부모가 직접 양육하기 어렵다면 원가정외 보호로서 가장 바람직한 입양이 선택되어야 한다. 이를 체계적으로 진행하기 위해서는 입양기관도 아동복지법 내에 아동복지시설로 포함하고 관련 사무를 입양기관에 위탁하는 방식으로 진행하여 입양과 관련된 공적 아동보호체계를 좀 더 분명히 하고 입양을 가정위탁 등 다른 아동보호체계와 연결하여 진행하는 것이 필요하다. 다행히 2019년 중앙입양원이 아동권리보장원으로 편입되어 학대 등 위기아동 발견–가정외보호–입양 등이 서로 연계 및 통합될 수 있는 길이 열렸다.

또한 현재 우리나라에서는 입양이 민법과 입양특례법으로 이원화되어 진행되고 있다. 요보호아동에 대한 입양은 입양특례법을 적용하고, 친생부모와 예비 입양부모 간 합의로 이루어지는 입양 절차는 민법이 관장한다. 이처럼 보호가 필요한 아동 여부에 따라 다른 법률과 절차를 적용하는 것은 아동이익 최우선의 원칙에 반한다. 따라서 아동의 가족 내 입양(재혼가정 내 입양 또는 3촌 이내의 혈족 내 입양)을 제외한 모든 18세 미만 아동의 입양은 신청 단계부터 법원 허가까지 모든 과정에 공적 개입이 이루어져야 한다(노혜련, 조소연, 2018).

(6) 해외입양의 재고

'해외입양은 한국에서 태어났다.'라는 외국학자의 표현대로, 우리나라 아동은 서구 주요 수령국에서 해외입양의 대명사와 같다(이경은, 2017). 실제 1950년대 이후 해외입양 된 우리나라 아동은 전 세계 해외입양 아동(50만 명)의 3분의 1이 넘는 20만 명으로 추정된다. 제3세계 아동이 선진국에 대규모로 입양되는 형태의 해외입양은 1950년 한국전쟁을 계기로 나타나기 시작해 1970~1980년대 최고조에 달했다. 당시 선진국은 여성의 사회진출이 활발해지고 피임 · 불임 등이 늘면서 입양수요가 늘었지만, 자국에서 '입양할만한 아동'을 찾기는 어려운 상황을 맞았다. 반면, 한국 등 제3세계 나라들은 도시화가 이뤄지면서 가족의 기능이 약화되고 미혼부모와 한부모가정의 실업 · 빈곤문제로 해외입양 시장에 '공급'할 아동이 늘었다. 한국이 1961년 제정한 「고아입양특례법」은 해외입양이 쉽게 이뤄지도록 만든 대표적인 법이다(이경은, 2017). 당시 미국의 「이민법」에 대응하는 차원에서 마련된 이 법은 우리나라 아동을 입양하려는 외국인에게 각종 특례를 부여했다. 문제는 경제 · 사회 발전에 성공한 우리나라가 보호가 필요한 아동을 해외입양으로 '해결'하려는 정책과 법 · 제도를 여전히 유지한다는 점이다. 이 때문에 우리나라는 지난 70년간 아동송출을 지속하는 '최장기간 송출국'이자 OECD 회원국 가운데 유일한 송출국으로 남았다. 우리나라는 국제사회가 해외입양에 대해 고민한 결과를 집대성한 '헤이그 국제아동입양협약'조차 비준하지 않고 있다. 헤이그협약의 가장 큰 목적은 국제입양을 통한 금전적 이득을 규제하는 데 있다. 국제입양 과정의 수입창출을 규제하지 않을 경우, 아동납치와 밀매 등 극단적인 아동 관련 범죄가 발생하기 때문이다(전홍기혜 외, 2019). 2013년부터 협약에 대한 비준을 추진해 왔으며, 2017년 10월 '헤이그 입양협약 비준동의안'이 국회에 제출되었으나 아직 보류 상태이다(김상찬, 신준연,

2019). 예를 들어, 헤이그협약은 어떤 아동을 입양 보내도 괜찮은지 '입양 적격' 판단을 법원 등 공적 기관이 하도록 규정하지만, 우리나라는 이 판단이 민간 입양기관에 의해 이루어지고 있는 상황이다(이경은, 2017). 우리나라의 협약 가입을 위해서는 「입양특례법」뿐만 아니라 「아동복지법」, 「가족관계의 등록 등에 관한 법률」 등에 대한 총체적인 개혁이 필요하다. 이는 쉬운 과제가 아니다. 하지만 아시아, 남미, 아프리카 등으로 옮겨지고 있는 아동 송출국을 찾는 시장원리를 아동복지 측면에서 바로잡기 위해 해외입양 역사가 가장 긴 우리나라에서 그 변화를 시작하는 것이 결자해지 측면에서 꼭 필요하다. 특히 우리나라는 이제 궁극적으로 해외입양의 완전 중단을 고민해야 할 시점이다.

입양에 대한 몇 가지 오해

국내 입양을 활성화하는 데 장애 요인이 되는 것은 먼저 입양에 대한 잘못된 편견이나 오해다. 입양에 대한 장애 요인으로서 사람들이 갖고 있는 입양에 대한 편견이나 오해 또는 염려를 살펴보면 다음과 같은 것들이 있다.

- 아이가 입양된 것을 알면 가출하거나 잘못될 것이다: 아이에게 입양 사실을 언제 어떤 방법으로 알려주는가는 중요하다. 꼭 입양이 아니더라도 아이들이 살면서 경험하는 어려움은 다양하게 많다. 그런 어려움을 잘 극복하도록 돕는 것이 부모들의 역할이다. 부모가 입양에 대하여 부끄럽게 생각하지 않고 어려서부터 자녀에게 자연스럽게 이야기하면 입양사실을 갑자기 알게 되어 생기는 문제는 없다. 친생부모에게서 태어나 자라난 아이들 중에도 성공적 사회인이 나올 수 있고 낙오자가 나올 수 있는 것처럼 입양아동도 마찬가지다.
- 아이의 혈통이나 유전병을 알지 못하므로 겁이 난다: 입양기관에서 입양을 하면 입양아동의 질병이나 유전병에 대한 정보를 얻을 수 있다. 그러나 사실 대부분의 유전병은 후천적인 환경에 의하여 질병으로 발전될 수도 있고 그렇지 않을 수도 있다. 마찬가지로 혈통보다는 후천적인 환경이 아동의 성격이나 발달에 보다 큰 영향을 미친다.

- 아이가 성장하면 친생부모를 찾아갈 것이다: 대부분 아이들이 자신을 낳아 준 친생부모보다 자신을 사랑하는 사람을 더 기억한다. 아동이 자신을 낳아 준 친생부모에 대하여 궁금해하고 만나고 싶어 하는 것은 당연한 일이다. 그 사실은 입양부모가 받아들여야 한다. 그러나 친생부모를 만났다고 해서 친생부모를 자신의 부모로 생각하지는 않는다. 친생부모를 만났을 때 아이는 오히려 자신을 키워 주고 사랑해 준 현재의 입양부모가 자신의 부모임을 더욱 깨닫게 된다.
- 입양한 아이를 내가 낳은 아이처럼 사랑할 수 있을지 자신이 없다: 자신이 낳은 아이도 시간이 지나면서 더 사랑이 깊어지듯이 입양한 아이도 함께하는 시간이 많아지면서 더 깊은 사랑을 하게 된다.
- 아이를 입양하고 싶어도 경제적으로 잘해 줄 수 없어서 용기가 안 난다: 아이들에게는 경제적인 풍족함보다 부모로부터 사랑을 받으면서 성장하는 것이 중요하다.

토론 및 연구 주제

1. 일반가정위탁이 점차 증가하는 추세이지만 아직도 대부분의 아동이 혈연관계가 있는 친인척에 맡겨지고 있는 실정이다. 일반가정위탁을 보다 활성화시킬 수 있는 방안은 없을지 생각해 보자.

2. 가정위탁보호를 할 경우 국가가 양육수당을 지급하는 문제에 대해 어떻게 생각하는가? 위탁부모에게 위탁수당을 충분히 제공한다면 차라리 처음부터 친생부모에게 충분한 양육비를 제공해서 친생부모가 자신의 자녀를 직접 양육하도록 사전에 돕는 것이 더 나은 방법이 아닌지 생각해 보자.

3. 보호대상아동의 배치변경(보호조치변경)은 중립적 용어인데 부정적인 의미로 사용되고 있다. 해외에서는 배치변경이 너무 잦아 표류(drift)라고 불리며 배치안정성 확보가 매우 중요한 목표로 간주되는 데 반해 우리나라는 특히 시설에 한 번 배치되면 퇴소 시까지 유지되어 배치안정성이 상대적으로 높다고 판단된다. 이렇게 배치안정성을 위해 가능한 배치변경을 하지 않아야 하는가? 현장의 실무자들은 배치변경을 어려워하고 별다른 가이드라인이 없는 상황이

다. 여러분은 배치변경에 대해 어떻게 생각하는가? 원가정복귀를 위한 배치변경은 괜찮은 것인가? 배치안정성이 중요하지만 어떤 상황과 조건에서는 배치변경이 실제 가능해야 좋은 체계가 아닐까? 아동이익 최우선의 원칙에 따라 배치변경할 수 있는 방안이 무엇일지 생각해 보자.

4. 입양은 위험요인인가, 보호요인인가? 입양은 친생부모와의 분리와 입양 상태라는 2개의 위험요인을 동시에 경험하는 것이라는 입장과 입양은 위험을 완충하는 보호요인이라는 입장이 맞서고 있다. 실제로 입양은 학대사망 측면에서는 보호요인이지만, 정신질환 측면에서는 위험요인이 된다. 입양이 어떠한 맥락에서 위험요인이나 보호요인이 될 수 있는지 토론해 보자.

5. 조선시대에 3세 이전에 입양한 경우는 수양자, 3세 이후에 입양한 경우는 시양자로 구분하고, 수양자는 친자식과 똑같이 취급하여 시양자와 구분하였다. 현재 우리나라는 입양 연령과 상관없이 입양과 친자관계를 법적으로 구분하지 않고 있다. 하지만 시행정책을 보면 여전히 입양과 친자관계를 구분하고 있으며, 이 때문에 입양에 대한 인식이 근본적으로 개선되기 어렵다. 예를 들어, 입양은 파양으로 친자관계를 해소하는 반면, 친자관계는 친생부인, 친생자관계부존재의 소 등으로 해소된다. 또한 입양을 활성화한다는 목적으로 입양아동의 양육수당을 제공하는 것도 입양과 친자관계를 구분하는 차별조치가 아닌가? 우리나라에서 입양과 친자관계를 구분하는 정책을 찾아보자.

6. 2002년 스웨덴 의회는 동성애자 커플의 입양을 허용하는 법안을 통과시켰다. 이에 대해 입양은 입양부모의 권리가 아니라 아동의 권리이며 성역할을 구분하지 않는 가정에서 자란 아동은 심리적 혼란을 겪을 수 있기 때문에 동성애자 커플의 과욕으로 아동의 미래가 희생되어서는 안 된다고 판단하고 이를 반대하는 입장과 동성애자 커플의 입양은 이성애자 커플과 동등한 권리를 확보하는 것으로 동성애 인권을 위한 큰 진전으로 평가하며 이를 적극 찬성하는 입장으로 팽팽히 맞서고 있다. 한부모 · 재혼 · 독신 · 동거 · 동성애 가족 등 다양한 가족의 형태가 나타나고 있는 현실에서 입양부모의 자격조건을 지나치게 제한하는 것은 정상가족 이데올로기의 한 단면이라고 생각할 수도 있다. 반대로 입양은 입양부모의 권리가 아니라 아동의 권리라는 입장에서는 성인의 욕심 때문에 아동의 미래가 희생되어서는 안 된다고 주장한다. 입양부모가 모두 있는 가정에서 성장할 기회를 제공받는 것도 아동의 권리에 속하겠지만, 국

내입양이 잘 이루어지지 못하고 있는 현실과 입양조건에 맞는 '정상가족'이 점차 줄어드는 현실을 살펴볼 때 외형상의 정상가족뿐만 아니라 좀 더 다양한 가족에게 입양기회를 제공함으로써, 아동이 가정 안에서 성장하도록 하는 것이 더 우선되어야 하는 것은 아닐까? 입양부모의 조건에 대해 토론해 보자.

7. 가정법원의 입양허가 결정이 지연되면서 입양부모와 입양아 간의 애착관계 형성의 최적기를 놓칠 수 있다는 우려 때문에 입양전제 사전위탁이 대안으로 떠오르고 있다. 사전위탁은 법원이 입양허가를 내리기 전에 양부모가 입양아와 함께 사는 것으로 현행 「입양특례법」상에 인정되지 않은 제도다. 하지만 법원의 입양허가 결정이 길게는 1년 이상 소요되고 있어 예비양부모와 애착관계 형성 및 상호적응을 위해 관행처럼 '사전위탁'이 이뤄지고 있다. 입양아 사망사건인 은비 보고서의 당사자도 사전위탁을 거쳐 입양되었고 끝내 사망하였다. 이는 '아기 선보기'의 변형에 불과하므로 가정법원의 절차를 신속하게 진행하여 이 관행을 없애는 것이 바람직하다는 입장과 '중단된 위탁이 좌초된 입양보다 낫다.'고 주장하며 법원의 입양허가 전에 음성적으로 이뤄지는 사전위탁을 제도화하고 지자체장의 관리하에 충분한 보호조치를 해야 한다는 입장이 맞서고 있다. 이러한 찬반 입장에 대해 토론해 보자.

8. 입양기관의 역할은 아이를 좋은 부모와 가정에 연결해 주는 것뿐만 아니라 입양 후 사후지원도 중요하게 제공해야 한다. 입양 성립 후 입양기관의 담당자는 입양부모와 양자의 상호적응 상태에 관하여 관찰하고 필요한 서비스를 제공함으로써 아동의 입양가정 적응을 지원해야 한다. 이를 위해 아동의 연령이나 가정의 상황에 맞는 맞춤형 사후서비스 제공할 필요가 있는가? 그렇다면 입양기관 혹은 정부에서 할 수 있는 사후지원에는 어떠한 것들이 있을지 생각해 보자.

9. 우리나라는 혈연중심의 사회이기 때문에 공개입양보다 비밀입양을 더 선호하는 경향이 있는데, 아동을 위해서는 입양가족을 위해서나 공개입양이 더 바람직하다. 그렇다면 본인이 입양기관의 종사자라면 공개입양을 더 장려하기 위해서는 어떠한 방법들이 있을지 토론해 보자.

제12장

아동시설보호

제1절 시설보호가 필요한 아동

아동은 가정에서 태어나고 양육되며, 가정은 아동의 성장과 발달을 위한 가장 중요한 환경이 되어야 함은 아동복지의 기본원리다. 그러나 아동이 이러한 환경을 일시적으로 또는 장기적으로 누릴 수 없거나, 가정에서의 양육이 오히려 아동의 건전한 성장과 발달을 저해하는 요인이 될 것으로 판단되는 경우에는 사회적 보호조치로서 시설보호 프로그램이 필요하게 된다.

시설보호의 목적은 이와 같이 가정에서의 아동양육이 충족될 수 없는 아동들에 대해서 집단보호와 치료서비스를 제공함에 있다. 시설보호는 집단생활 프로그램이나 각기 아동의 욕구에 따르는 특수서비스 등을 통해서 전문적인 서비스와 다양한 경험을 얻을 수 있는 기회를 제공해 준다. 시설보호의 목적은 단순한 수용보호에 있는 것이 아니라, 아동들의 건전한 성장과 인격발달 또는 제반 문제행동의 교정 및 개선에 있다. 구체적으로는 시설보호를 통해서 ① 정상적인 아동의 성숙을 도와주며, ② 이전의 부정적 경험의 영향을 교정 · 변화시켜 주고, ③ 아동의 인격 발달이나 기능에 장애를 가져오게 한 사회적 · 정서적 문제들을 개선해 주는 것에 그 목적이 있다.

아동복지의 기본원리는 아동이 가능한 한 출생가정에서 자신의 부모와 함께 성장해야 하는 것이지만 가정이 해체되거나 가정환경에서 양육될 수 없는 아동들이 발생하는 경우 시설보호 프로그램이 적극적인 선택(positive choice)으로서 제공될 필요가 있다.

적극적인 선택으로서 시설보호의 개념을 제공한 영국의 Wagner 보고서(NISW, 1988)에서는 아동을 위한 시설보호가 요청되는 분야로서 다음의 다섯 가지를 들고 있다.

- 단기보호: 출생가정이나 위탁가정을 위한 단기간의 계획된 보호 제공
- 영구적 배치를 위한 준비: 새롭고 장기적인 배치를 위하여 계획된 조직적인 전환 과정
- 가족관계의 유지: 형제를 함께 수용하거나 부모 또는 가족과의 연계를 유지
- 보호와 통제: 안전한 수용보호가 요구되는 상황
- 치료의 제공: 사회적 · 정서적으로 손상을 입은 아동

나아가 시설보호를 필요로 하는 아동의 구체적인 사례를 들면 다음과 같다.

- 부모의 질병이나 어떤 사고로 아이가 잠시 가정을 떠나야 하지만, 부모와의 정서적 관계가 매우 두터워서 아동이나 부모가 위탁보호를 받아들이기에 매우 어려울 때가 있다. 이런 아동에게는 일시적인 시설보호가 필요하다.
- 아동들이 자기가 사랑하는 성인들에 대해 실망하여 다른 성인들과 관계를 맺으려 하지 않고, 위탁보호의 위탁모와의 좋은 관계도 기대하기 어렵다. 이러한 경우에 시설보호가 효과적이다.
- 아동이 통제하기 어려운 행동문제를 가지고 있어서 일반 위탁모가 대처해 나갈 수 없는 아동은 시설보호가 적합하다. 이러한 아동에게 시설은 아동의 기

질, 욕구, 습관 등을 관찰하여 치료나 장기적인 계획을 수립할 수 있다.
- 회복기의 보호를 요하는 아동으로서 집단생활에서 보다 나은 효과를 거둘 수 있는 경우에 시설보호가 적합하다.
- 신체장애, 정신장애를 가진 아동으로서 특별한 훈련이 장애아동들에게 필요한 경우 이러한 아동들은 시설보호가 유익하다.
- 아동 자신에게나 사회에 대해 심한 위협이 되고 있는 비행아동들이 있는데, 시설에서의 수용보호를 통하여 치료할 수 있다.

그러나 아동수용시설의 문제는 출생부모와 함께 살아가는 아동에 비하여 시설보호가 아동에 대하여 가정이 제공하는 것을 얼마나 제공할 수 있는가의 과제가 남는다. 아동시설에서 제공되는 양육의 준거틀로는 세 가지 양육의 기능이 제시될 수 있다. 즉, 지지(보호 · 안전 · 통제), 보육(사회적 · 신체적 · 지적 기술의 개발), 격려와 신체적 통합의 유지(전인적 인간)가 그것이다. 그러나 양육이란 정적인 개념이 아니며, 다양하고 융통성 있는 가정형태의 시설이 발전하고 있어 광범위한 형태의 배치가 이루어지고 있다. 즉, 새로운 수용시설은 프라이버시를 제공하고, 스트레스로부터 회복기회를 제공하며, 가족연계를 지탱하는 기회를 제공하고, 독립의 발판이 되어야 한다(김융석, 1995).

제2절 시설보호

1. 시설보호의 종류와 사업내용

우리나라 「아동복지법」 제52조에는 아동복지시설의 종류를 규정하고 있는데 그 종류는 다음과 같다. 이 중 아동보호전문기관, 가정위탁지원센터, 아동권리보장원은 2019년 1월 「아동복지법」 개정에서 추가되었는데, 아동복지시설은 주거시설과 이용시설을 포함한 넓은 의미의 아동복지시설이다. 따라서 이 장에서 다루는 좁은 의미의 아동복지시설은 아니며, 아동복지서비스 제공기관에 속한다.

표 12-1 아동복지시설의 종류와 기능

종류	기능
아동양육시설	보호를 필요로 하는 아동을 입소시켜 보호, 양육하는 것을 목적으로 하는 시설
아동일시보호시설	보호를 필요로 하는 아동을 일시보호하고 아동에 대한 향후 양육대책수립 및 보호조치를 행하는 것을 목적으로 하는 시설
아동보호치료시설	불량행위를 하거나 불량행위를 할 우려가 있는 아동으로서 보호자가 없거나 친권자나 후견인이 입소를 신청한 아동 또는 가정법원, 지방법원소년부 지원에서 보호위탁된 아동을 입소시켜 그들을 선도하여 건전한 사회인으로 육성하는 것을 목적으로 하는 시설
자립지원시설	아동복지시설에서 퇴소한 자에게 취업준비기간 또는 취업 후 일정 기간 보호함으로써 자립을 지원하는 것을 목적으로 하는 시설
아동상담소	아동과 그 가족의 문제에 관한 상담, 치료, 예방 및 연구 등을 목적으로 하는 시설
아동전용시설	어린이공원, 어린이놀이터, 아동회관, 체육, 연극, 영화, 과학실험전시시설, 아동휴게숙박시설, 야영장 등 아동에게 건전한 놀이·오락기타 각종 편의를 제공하여 심신의 건강유지와 복지증진에 필요한 서비스를 제공하는 것을 목적으로 하는 시설
공동생활가정	보호를 필요로 하는 아동에게 가정과 같은 주거여건과 보호를 제공하는 것을 목적으로 하는 시설
지역아동센터	지역사회 아동의 보호·교육, 건전한 놀이와 오락의 제공, 보호자와 지역사회의 연계 등 아동의 건전육성을 위하여 종합적인 아동복지서비스를 제공하는 시설
아동보호전문기관	학대받은 아동의 치료, 아동학대의 재발 방지 등 사례관리 및 아동학대예방을 목적으로 하는 시설
가정위탁지원센터	보호대상아동에 대한 가정위탁사업을 활성화하는 것을 목적으로 하는 시설
아동권리보장원	아동정책에 대한 종합적인 수행과 아동복지 관련 사업의 효과적인 추진을 위하여 필요한 정책의 수립을 지원하고 사업평가 등의 업무수행을 목적으로 하는 시설

우리나라 「아동복지법」 제52조 제3항에는 각 아동복지시설의 고유사업 외에 다음의 사업을 실시할 수 있음을 규정하고 있다.

표 12-2 아동복지시설의 사업

사업	내용
아동가정지원사업	지역사회 아동의 건전한 발달을 위하여 아동, 가정, 지역주민에게 상담, 조언 및 정보를 제공해 주는 사업
아동주간보호사업	부득이한 사유로 가정에서 낮 동안 보호를 받을 수 없는 아동을 대상으로 개별적인 보호와 교육을 통하여 아동의 건전한 성장을 도모하는 사업
아동전문상담사업	학교부적응 아동 등을 대상으로 올바른 인격형성을 위한 상담, 치료 및 학교폭력예방을 실시하는 사업
학대아동보호사업	학대아동의 발견, 보호, 치료 및 아동학대의 예방 등을 전문적으로 실시하는 사업
공동생활가정사업	보호를 필요로 하는 아동에게 가정과 같은 주거여건과 보호를 제공하는 것을 목적으로 하는 사업
방과후아동지도사업	저소득층 아동을 대상으로 방과후 개별적인 보호와 교육을 통하여 건전한 인격형성을 목적으로 하는 사업

2. 아동복지시설의 운영

1) 입소대상자

아동양육시설 및 일시보호시설의 입소대상은 보호자가 없거나 보호자로부터 이탈된 아동, 보호자로부터 학대받은 아동, 아동보호전문기관에 신고되어 기관이 시·도지사에게 보호조치를 의뢰한 아동, 기초생활보장수급자로서 보호자의 질병, 가출 등으로 가정 내에서 보호받기 어려운 아동, 특별히 보호가 필요하다고 인정되는 아동이다. 자립지원시설의 지원대상은 시설퇴소아동 중 취업 중인 아동으로 18세 이상 25세 미만인 자다.

2) 입퇴소 절차

시 · 도지사 또는 시장 · 군수 · 구청장은 입소대상 아동의 신상카드를 작성하고 아동입소의뢰서를 작성하여 시설장에게 의뢰한다. 시설장이 보호자로부터 버려진 아동을 발견하여 긴급히 보호할 필요가 있는 때에는 우선 보호하되, 24시간 이내에 관할 시 · 도 및 시 · 군 · 구에 보고하여 보호조치를 의뢰한다.

퇴소절차는 보호 중인 아동이 18세에 달하였거나 보호의 목적을 달성하였다고 인정된 경우에 퇴소하며, 보호기간이 연장 가능한 경우는 대학 이하의 학교에서 재학 중인 자, 아동직업훈련 또는 직업능력개발훈련시설에서 교육훈련 중인 자, 학원에서 교육 중인 20세 미만의 자, 질병, 장애 등을 이유로 보호기간의 연장을 요청하는 자다.

시설별 보호기간은 양육시설은 18세까지, 일시보호시설은 3개월, 자립지원시설은 입소 후 25세까지, 단기보호시설은 6개월이다.

자립지원

「아동복지법」에 따라 각 시설에서는 개별아동의 욕구에 맞는 자립지원계획을 위해 모든 아동을 대상으로 자립기술평가를 실시하여야 한다. 자립기술평가는 자립 준비를 위해 필요한 일상생활 기술, 자기보호 기술, 지역사회지원활용 기술, 돈관리 기술, 사회적 기술, 진로탐색 및 취업 기술의 7가지 영역으로 구성되어 있다. 자립기술평가를 통해 아동의 개별적인 자립지원계획을 수립하고 추후평가를 통해 지립지원계획의 달성 정도를 예측해 볼 수 있다.

또한 미취학 아동부터 퇴소 전 아동을 위한 자립지원표준화 프로그램인 'Ready?' 프로그램과 퇴소 후 아동을 위한 'Action!' 프로그램을 통해 보호대상아동들의 자립을 지원하고 있다. 자립캠프는 보호아동의 퇴소 전 자립점검을 통해 자신의 삶을 계획하고 준비할 수 있는 기회제공 및 전문적인 정보제공으로 퇴소 준비에 도움을 주는 프로그램이다.

3) 운영관리

시설장은 시설운영위원회를 설치하고 시설운영규정을 마련하여 시 · 군 · 구에 보고하여야 한다. 운영위원은 지역주민, 후원자대표, 전문가, 보호 중인 고등학교 이상 재학 아동, 시 · 군 · 구 담당공무원으로 구성하고, 5인 이상 10인 이하로 한다. 시설의 운영형태는 집단시설 형태와 그룹홈 형태로 구분된다. 그리고 시설장은 지역사회 내의 독지가 및 후원자를 발굴하고 자원봉사인력개발에 노력하여야 한다.

아동발달계좌(Child Development Account)

저소득층 아동이 보호자나 후원자의 후원금 중 일부를 저축하면 정부가 같은 금액을 불입, 자립자금을 적립하는 사업이다. 가난의 대물림을 막자는 취지의 CDA 사업은 국가 및 지방자치단체에서 보호 양육하고 있는 아동복지시설보호 아동, 가정위탁보호 아동, 장애인시설 생활 아동, 소년소녀가정 아동에게 2007년부터 시행되고 있다. 지원대상아동이 보호자나 후원자의 후원금 가운데 월 5만 원 이하의 금액을 CDA에 적금하면 정부가 만 18세까지 같은 금액을 일대일 매칭펀드로 적립하여 만 18세 이후 사회진출 시 학자금, 기술습득 취업훈련 비용, 창업 비용, 주거 마련 비용 등 자립자금 목적으로 이를 사용한다. 기본 매칭하여 적립의 경우, 대상 아동이 월 5만 원 내에서 적립하면 국가(지자체)가 월 5만 원 내에서 1:1 매칭 지원한다. 5만 원 적립 후 월 45만 원(연간 540만 원) 내에서 추가 적립 가능하며, 추가 적립액에 대한 국가 매칭은 없다.

3. 아동시설보호의 장단점

시설보호에 대해서는 많은 장단점이 논의되어 오고 있다. 현대화된 시설보호가 아동들에게 제공된다고 할 때 이 보호가 주는 장점은 ① 집단생활을 할 수 있는 기회(타인에 대한 권리나 능력에 관한 존경심을 깨닫게 될 수 있음), ② 개인 습관의 규칙화, ③ 규칙적이고 균형 있는 생활, ④ 타인의 일반적 · 객관적 태도 수용, ⑤ 계속적인 훈련, ⑥ 집단에 대한 관심 등이며, 이로써 보다 큰 사회적 수용을 얻게 해 준다.

반면, 시설보호의 단점으로는 ① 과도하게 고정된 생활, ② 개인의 자유와 창의의 제한, ③ 교우나 사회생활의 제한, ④ 경제적 경험에 대한 기회의 제한, ⑤ 정서적 욕구의 불충분한 발산 등이 있다. 그러나 전문인력과 설비를 갖춘 현대화된 시설에서는 이러한 단점들이 어느 정도 감소될 수도 있다.

한편, 아동시설보호의 유의점은 다음과 같다.

1) 시설의 선택

아동상담소나 아동일시보호소가 어떠한 시설에 아동을 수용하려고 계획할 때에는 그 아동에게 필요한 종류의 보호를 제공할 수 있는 시설을 선택해야 한다. 정신과 의사, 사회복지사, 심리학자들의 종합적인 진단과 평가를 통해서 시설의 선정이 이루어져야 할 것이다.

2) 서비스나 프로그램

시설의 프로그램이나 서비스는 아동들이 갖고 있는 어려운 문제를 타개할 수 있는 것이어야 하며, 특히 그들 가정이나 사회에서 적응할 수 있는 방향으로 이끌고 나가야 할 것이다. 특히 집단 내에 있어 개별화는 매우 중요한 것이다. 따라서 시설의 프로그램이나 서비스는 각 아동이 하나의 개인으로서 향상 · 발전하는 것을 목표로 세워야 하며, 직원들은 아동의 적응을 돕기 위해서 그들 행동의 이유를 잘 파악해야 한다.

3) 시설과 가족 간의 관계

비록 아동이 시설에 있다 하더라도 부모나 친척관계를 계속 유지해 주어야 할 것이다. 아동을 위해서 부모로 하여금 시설에 오게 할 뿐만 아니라 아동도 가정을 방문하게 할 경우가 많을 것이다. 시설보호는 어디까지나 일시적인 것이기 때문에 가정과 사회로의 복귀를 위해서 가족과의 관계를 통하여 거리감을 감소시켜 주어야 한다.

4) 시설과 지역사회와의 관계

시설아동들이 지역사회생활에 참여할 기회가 없다면 시설 밖에서 정상적인 생활을 할 수 있는 준비를 갖추지 못할 것이다. 지역사회와 접촉할 기회를 마련하여 지역 내 다른 소집단과의 활동(동아리, 캠프, 체육활동, 교회)에 적극 참여토록 하여 시설의 일원으로서가 아니라 사회의 일원으로서 성장하게 해 주어야 한다.

제3절 선진국 시설보호의 발전동향

Pecora, Whittaker, Maluccio, & Barth(2000)에 의하면, 아동보호의 형태는 자신의 가정 외부에서 24시간 주거보호를 받으면서 생활하는 아동의 71.4%는 위탁가정, 18.6%는 그룹홈, 치료시설, 임시보호시설, 10%는 기타 시설에서 생활하고 있다. 이 수치는 무주택자보호소에서 생활하는 40,000~220,000명의 아동(1988년 기준)과 교정시설에서 보호를 받는 93,945명의 아동(1989년 기준)은 제외한 것이다.

지역사회에 기초한 위탁가정에로의 전환은 20세기 초로 거슬러 올라가며, 시설보호원칙으로부터의 이탈이었다. 1980년 이후 시설보호로부터 가정위탁보호로의 전환은 위탁아동을 위한 영구가정을 찾아주려는 운동과 병행하였다. 가정위탁보호아동은 1962년의 272,000명에서 1972년에는 319,800명, 1977년에 500,000명으로 증가하였고, 1983년에는 다시 269,500명으로 감소하였으나 이후에 다시 증가하여 1991년에 429,000명, 1995년에는 500,000명 수준을 다시 능가하였다. 특히 1983년 이후의 증가현상은 가정재결합이 영구배치계획에서 중요한 목표가 되었기 때문이다. 1990년 당시 미국에서 가정위탁보호는 아동보호의 형태에서 74.5%, 그룹홈은 16.4%로서 절대 다수를 차지하고 있다(NASW, 1995: 383). 「사회보장법」에 의하여 1985년 이후 지속적으로 증가하는 추세이며, 1999년 현재 가정위탁보호지원금을 받는 아동은 308,300명, 입양가정지원금을 받는 아동은 150,200명으로 추정되고 있다.

18세 미만 아동을 위한 아동복지시설의 활용 비율은 1933년부터 1973년 사이에 48% 감소하였다. 더욱 중요한 것은 아동을 위한 시설이 일반적 주거 목적보다는 특수한 문제를 지닌 아동에 초점을 맞추고 있다는 것이다. 정서장애아동과 비행아동을 위한 주거치료센터가 증가하고 있다. 정서장애아동을 위한 주거치료센터는 1970년에 261개 시설에서 5,270명을 수용하였으며 1990년에는 501개 시설에서 27,781명을 수용하였다. 비행소년을 위한 시설의 수는 1965년 647개, 1979년 2,576개, 1989년 3,267개로 증가하였고, 수용인원은 1979년에서 1989년 사이에 74,113명에서 93,945명으로 증가하였다(NASW, 1995: 709).

영국에서는 1946년 커티스위원회의 보고서가 출간된 이후 요보호아동을 위한 대체서비스 중에서 가정보호가 시설보호보다 우월하다는 인식이 확산되면서 시설보호는 감소되고 가정위탁보호는 증가하였다. 또한 시설보호에서도 그 기능과 형태가 다양하게 변화하였다. Wagner 보고서(Wagner Report, 1988: 96-97)에 의하면, 시설보호는 임시보호, 영구적 가정배치를 위한 준비, 가족관계의 유지, 안전과 통제, 치료의 제공 등의 기능을 가지며, 그 유형은 지역사회에 기반을 둔 주거홈, 특수학교, 교호시설, 요양홈과 같은 의료시설 등으로 분류되고 있다.

영미의 시설보호의 변화는 다음과 같이 평가할 수 있다. 제2차 세계대전 이후 탈시설화와 관련된 시설의 개념으로 1950년대부터 약 20년간 중간시설의 개념이 사용되었으나 그 후 지역사회에서의 주거와 보호를 위한 다양한 형태의 시설들이 개발되면서 중간시설의 개념보다는 다양한 시설의 새로운 용어들이 사용되고 있다. 아동복지 분야에서는 특수시설 등 다양한 기능의 시설들이 발전하고 있다. 지역사회의 거점 서비스로서 아동관(children's center)은 Sure Start 프로그램을 중심으로 아동보호, 조기교육, 방과후교육, 가족지원 등의 서비스를 제공하는 서비스 제공의 중심축으로서의 역할을 수행하고 있다.

사회복지시설의 발달과정을 평가해 보면 다음과 같은 변화가 나타났다. 첫째, 소규모시설을 향한 변화가 있었다. 대규모시설들은 감소하고 소규모의 시설로 나뉘거나 새로운 형태의 소규모시설들이 설립되었다. 둘째, 서비스 내용에 있어서 다양한 보호서비스의 분화가 있었다. 수용시설은 인구대상별로 다양한 욕구에 대응하는 특수목적의 시설들로 전환되거나 새로운 형태의 기능과 목적을 가진 시설들이 설립되었다. 셋째, 시설의 변화는 운영주체의 다원화와 함께 진행되고 있다. 공공부문이 직접 운영하는 시설이 감소하였고, 민간의 비영리·영리기관들이 새로운 형태 시설의 운영주체로서 등장하고 있다. 넷째, 재정부문에서 민간부문의 참여가 확대되면서 서비스 계약 방식으로 공공기관이 민간시설의 운영을 지원하고 있고 이러한 내용이 법률상의 제도에 반영되어 있다. 다섯째, 지역사회의 거점 서비스 제공은 저소득층을 대상으로 하되 일반아동을 포함하는 보편적 서비스를 제공하며 아동보호와 교육, 건강, 상담 등 포괄적 서비스를 제공하는 경향이 있다.

탈시설화를 가져온 사회환경적 요인은 영미에서 공통적으로 나타나고 있는데, 그것은 인도적 차원의 시설 문제가 사회적 쟁점으로 등장함으로써 개혁이 시작되었다는 점이다. 그리고 정치적 스펙트럼의 차이에 관계없이 탈시설화는 지지를 받았다는 점이다.

운영주체에 있어서는 공공시설 외에 민간의 비영리시설, 영리시설이 발전하고 있다. 영국의 경우는 지방정부가 제2차 세계대전 이후 시설을 설립하고 직접 운영하여 왔으나, 최근에는 민간 비영리조직, 영리조직에 의한 운영이 증가하고 있다. 민간부문은 1990년의 「커뮤니티케어법」에 의한 정부의 장려정책에 의하여 증가하고 있고 장차 시설공급의 가장 큰 부분으로 등장하고 있다. 지방정부 사회서비스국이 서비스 제공자로부터 매니저로 그 역할이 변화하면서 과거 지방정부 운영의 시설들이 감소하였으며, 현재 시설의 90%가 등록된 민간 비영리, 영리기관, 소규모 등록홈에 의하여 운영되고 있다.

미국의 경우는 대부분 민간기관을 중심으로 운영되고 있으며, 연방정부와 주정부가 이를 지원하는 체계로 되어 있다. 민간부문의 영리기관과 비영리기관은 서비스 제공의 직접적인 책임을 갖는 운영주체다.

제4절 아동시설보호의 현황과 과제

1. 시설보호의 현황

우리나라의 아동보호사업은 한국전쟁 이후 수많은 전쟁고아와 기아 · 미아들을 수용해야 했던 사회적 요구로 인하여 시설보호 중심의 서비스를 전개하면서 그 수가 증가되어 오다가 1970년대 이후 인구학적 · 사회환경적 요인의 변화로 아동수용시설과 수용아동의 수가 점차 감소되어 왔다. 2018년도 말 현재 아동양육시설은 241개소, 보호치료시설 11개소, 자립지원시설 12개소, 일시보호시설 12개소이다. 아동양육시설에서 생활하는 아동은 11,100명이다(보건복지부, 2019). 과거에 아동복지시설에 속하였던 직업훈련시설, 아동단기보호시설, 아동복지관은 지속적인 감소 추세 속에 2012년 개정 「아동복지법」에 따라 아동복지시설의 종류에서 삭제되었다.

아동인구의 절대수 감소와 기아 · 미아 발생의 감소로 일반적인 보호양육 목적의 양육시설은 앞으로도 줄어들 전망이다. 그러나 특별한 욕구와 문제를 가진 보호아동은 증가 추세에 있으므로 특수기능의 아동복지시설에 대한 수요는 증가할 것이다.

아동복지생활시설에 대한 최근의 실태조사에서 보호아동의 가족관계를 보면, 부모가 있는 아동이 대다수를 차지하고 있다. 따라서 아동에 대한 가족과의 연계 강화가 중요한 문제임을 확인할 수 있다. 양육시설의 주거형태에 있어서는 아직도 많은 시설이 집단기숙사 형태를 취하고 있어 집단수용에서 벗어나지 못하고 있다. 그러나 그룹홈의 증가와 아울러 소숙사의 형태로 점차 주거 형태의 바람직한 변화가 이루어지고 있음이 나타나고 있다.

표 12-3 아동복지시설 현황

연도	아동양육시설		직업훈련		보호치료		자립지원		일시보호		종합시설	
	시설	아동	시설	아동	시설	아동	시설	아동	시설	아동	시설	아동
1955	484	50,417	–	–	–	–						
1960	472	미상	–	–	–	–						
1965	519	61,423	13	1,363	–	–						
1970	504	47,791	19	1,710	–	–						
1975	350	30,976	24	1,866	–	–						
1980	287	23,385	16	1,246	–	–						
1985	268	24,433	11	994	2	146						
1990	261	22,535	7	444	7	415						
1995	257	17,133	5	231	6	481						
2000	237	17,578	5	184	6	460						
2005	242	17,729	4	110	8	457						
2010	238	15,787	2	69	11	486	13	250	11	359		
2015	243	12,821	–	–	11	447	12	243	12	350	3	140
2018	241	11,100	–	–	11	447	12	227	12	272	3	147

자료: 보건복지부, 『통계연감』(1998). 『보건복지백서』(2005~2018).

2. 아동시설보호의 문제

우리나라 아동복지시설의 문제점은 다음과 같이 지적할 수 있다(김웅석, 1995).

첫째, 환경변화에 대응한 시설수급이 이루어지지 못하고 있다. 아동의 절대인구 감소와 더불어 전통적 의미의 보호대상아동은 감소하고 있고, 부모의 이혼, 별거, 가출에 의한 보호아동과 비행, 가출, 정서장애 등으로 인한 특수보호를 필요로 하는 아동은 증가하고 있으나 이에 대비한 적절한 대책이 마련되지 못하였다.

둘째, 시설보호의 전문성이 부족한 것으로 나타나고 있다. 아동의 욕구에 대응한 전문적 서비스와 프로그램이 부족하고 사회복지사 자격을 갖춘 종사자가 제한되어 있어 전문적 보호를 제공하는 데 한계가 있다.

그룹홈

그룹홈은 문제행동이나 치료의 목적 때문에 부모가 적절히 돌볼 수 없는 아동 청소년을 대상으로 공동생활가정에서 계획된 프로그램과 특별한 서비스를 결합하여 지역사회 경험의 기회, 지속적인 보호와 치료를 제공하는 곳이다. 그룹홈은 또래집단 내의 상호작용을 통하여 바람직하지 못한 행동들을 조절하고 수정하도록 돕는 장점이 있으며, 특히 청소년들을 위한 치료적 잠재능력을 갖고 있다. 또한 그룹홈은 소집단이기 때문에 아동에 대한 개별처우가 가능하고, 지역사회 안에서 아동의 생활경험을 풍부하게 하고, 일반가정의 아동이 경험하는 것과 유사한 경험을 하게 하며, 아동의 문제행동을 수정하고 통제하는 데 소집단의 상호작용이 제공될 수 있다는 점에서 가정위탁보호보다 유리한 측면이 있다고 보고 있다(Kadushin & Martin, 1988).

우리나라에서 그룹홈은 5인을 표준으로 하여 7인 이내의 아동이 공동생활하는 주거보호시설이다. 보건복지부에서 보호자 인건비와 관리운영비 등을 지원한다.

셋째, 시설주거환경의 집단성과 폐쇄성의 문제가 있다. 최근 시설의 형태가 집단기숙사 형태에서 공동생활가정(그룹홈) 형태로 변화되고 있으나 아직도 많은 비율이 집단기숙사 형태를 취하고 있다. 그리고 지역사회와 멀리 떨어진 곳에 위치하고 있는 시설은 지역사회와의 통합에 장애가 되고 있다. 특히 보호치료시설의 경우 폐쇄적인 운영이 문제가 된다.

넷째, 시설운영을 위한 정부지원체계가 불합리하다. 아동시설에 대한 재정지원이 지방이양정책으로 지방정부의 책임하에 이루어지게 되었다. 그러나 재정자립도가 낮은 지방정부는 시설에 대한 충분한 재정지원이 어려워 시설운영의 지역 간의 격차가 심화되는 경향이 나타나고 있다. 그리고 입소인원 비례의 지원방식은 시설수용아동이 적을수록 운영에 어려움을 겪게 되고, 이러한 점은 시설운영의 소규모화를 역행하는 요인이 된다.

3. 아동시설보호의 발전방향

새로운 시설의 발전은 변화하는 가치와 결합되어 이루어져야 하며, 시설의 운영방식, 운영주체, 재정형태, 가족체계와의 관계에도 반영되어야 한다.

1) 시설운영방식으로서 기능의 다양화

사회의 환경변화에 적합한 시설의 기능 조정이 필요하다.

- 인구구조의 변화, 사회복지에 대한 욕구의 변화 등 21세기의 새로운 환경변화에 적합한 복지시설의 기능을 강화하여야 한다.
- 아동인구의 감소하는 추세에 비추어 시설의 기능 전환과 목적사업의 변경이 시설에 대한 수요에 맞게 이루어질 수 있어야 한다.
- 새로운 유형의 문제: 아동 · 청소년의 가출과 비행, 게임중독 등에 대비한 시설의 기능 조정과 배치가 필요하며, 각종 장애아동의 욕구 증가에 대비한 치료와 재활시설의 확충이 필요하다.
- 분야별, 기능별 시설의 적정 수요에 대한 조사가 이루어져야 하며, 이러한 수요 예측에 따른 시설의 적정한 배치가 요구된다.
- 시설의 적정 수요에 따른 시설의 기능 전환과 통폐합이 추진되어야 한다.
- 지역사회에 기초한 소규모 단위 생활시설(그룹홈)의 설치가 쉽게 이루어질 수 있도록 제도적 지원이 필요하다.
- 지역사회의 생활환경과 통합된 시설의 환경을 조성하고, 개방적이고 투명한 운영이 이루어져야 할 것이다.

「아동복지법」에 의한 아동복지시설은 「아동복지법」 제52조에서 아동양육시설, 아동일시보호시설, 아동보호치료시설, 공동생활가정, 자립지원시설, 아동전용시설 등으로 구분되고 있으며, 이러한 시설의 유형은 아동복지시설의 기능 다양화 추세를 반영하고 있다.

현재 정부의 아동복지시설에 대한 정책의 기본방향은 기존 아동복지시설의 고유 목적사업 외에 아동가정지원사업, 아동주간보호사업, 아동전문상담사업, 학대아동보호사업, 공동생활가정사업, 방과후 아동지도사업 등을 추가하는 아동복지시설의 기능다양화를 추진하고 있다. 아동복지시설의 특성과 여건에 따라 보호아동의 보호 · 양육기능에서 지역사회아동을 위한 종합복지서비스 시설로 운영이 가능하다.

2) 시설 운영주체의 다원화

우리나라의 시설 운영주체는 사회복지법인이라는 민간 비영리 법인 중심으로 운영되고 있고, 그 외 약간의 공공시설, 영리시설, 미신고시설 등이 존재한다. 우리의 실정에서도 시설운영의 합리성과 서비스의 향상, 경쟁력 강화를 위하여 운영주체의 다원화를 추진하는 것이 필요하다. 운영주체의 다원화를 가져오기 위해서는 공공운영시설, 비영리 법인의 시설, 영리 부문의 시설, 신고에 의한 비영리시설이 공존하는 체제가 되어야 한다. 각각의 운영주체는 그 특성과 장점이 활용되어야 할 것이다. 공공운영시설은 민간부문이 운영하기 어려운 비행아동보호치료시설 등에서 운영될 필요가 있으며, 민간 비영리 부문과 영리 부문은 그 효율성에 따라 자율적으로 설립되고 운영될 수 있는 제도적 지원이 필요하다.

3) 다양한 재정지원 체계

시설운영에 대한 재정은 공공재정 지원, 계약구매, 서비스이용권(바우처) 제도, 민간재정, 본인이용료부담 등 다양한 재정방법이 활용될 수 있는 제도적 기반이 마련되어야 한다. 공공재정의 지원방법도 운영비에 대한 일괄 지원방식 외에 프로그램에 대한 지원방식, 배합자금방식, 민간서비스의 계약구매방식, 서비스이용권 방식 등 다양한 방식을 개발하여 활용하는 것이 필요하다. 민간재정에서는 1998년부터 사회복지공동모금이 활성화되어 시설운영과 프로그램에 대한 민간재정지원이 활발하게 이루어지고 있다. 또한 수용인원 비례의 재정지원방식을 개선하여 시설의 대형화를 선호하는 운영이 되지 않도록 하는 것이 필요하다.

4) 생태학적 체계의 강조

새로운 시설의 운영은 지역사회와의 통합이 강화되며, 가족과의 연계 프로그램을 활성화하고 가족기능의 회복과 강화를 위한 지원이 강화되어야 한다. 특히 아동의 가정복귀를 유도하고 아동과 가족과의 관계를 유지하고 강화시켜야 한다.

시설은 실패한 가정의 대안이 아니라 위기를 당한 가정의 아동을 위한 일시적 지원을 강조한다. 특히 시설보호의 발전 방향으로 생태학적 보호와 가족참여가 강조되고 있다. 생태학적 관점이란 시설보호의 성공이 현재의 문제나 제공되는 치료의 형태보다는 지역사회환경에서 가용한 지지와 관련된다는 것이다. 이 관점은 가정중심적 프로그램과의 일련의 연속선상에 시설보호를 두고 있으며 가족치료, 부모훈련 등 가족참여를 강조한다.

5) 전문인력 확보와 프로그램의 개발

아동복지시설이 다양한 아동복지서비스를 효과적으로 제공하기 위해서는 훈련된 전문인력과 프로그램의 개발이 필수적이다. 전문인력의 훈련을 위해서는 정부가 보건복지인력개발원 등을 통하여 훈련프로그램을 마련하고 직원이 정기적으로 연수하도록 한다. 또한 아동복지시설과 서비스센터들이 함께 참여하는 공공연구와 프로그램 개발로 서비스 질의 향상을 기한다.

토론 및 연구 주제

1. 많은 시설아동이 제대로 준비를 갖추지 않고 일정 연령이 되면 아동양육시설에서 퇴소하게 된다. 우리나라에서는 30세가 넘어도 부모에게 의존하는 경우가 대부분이라는 걸 감안할 때 이들은 또래들과는 전혀 다른 상황에 놓여 있는 것이다. 더구나 일반아동들은 독립한 이후에도 가정이나 친인척 등 비공식적인 지원체계의 후원을 받는 반면, 시설아동은 아무런 지원체계도 가지지 못하게 된다는 점에서 이들이 겪어야 할 어려움은 더욱더 가중되는 것이다. 이러한 퇴소아동에 대해 어떻게 지원하는 것이 바람직한가? 언제까지 지원해야 하는가? 지원하는 것이 바람직하다면 퇴소아동에 대한 지원으로 무엇이 가능한지 토론해 보자.

2. 사람이 살아가기 위한 의식주가 기본적으로 충족되어야 하지만 아동의 성장발달에 이런 물리적인 환경만으로는 충분치 않다. 특히 유아기는 애착이 형성되는 시기로, 유아기의 애착을 바탕으로 그 이후의 인간관계를 형성하게 된다. 유아기를 시설에서 보낼 수밖에 없는 상황에서 시설아동이 애착을 잘 형성할 수 있도록 하려면 어떤 노력이 필요할지 생각해 보자.

제13장

아동보육

제1절 보육에 대한 사회적 욕구 변화

아동보육에 대한 사회적 욕구는 여성취업의 증가와 여성의 일에 대한 의식 변화, 아버지의 양육참여율 증가, 자녀양육 방식에 대한 가치관의 변화, 고령화에 따른 노동인력 확보 등 다양한 요인들이 작용하여 증대되고 있다.

먼저, 아동보육에 대한 사회적 욕구를 증대시키는 첫 번째 요인은 취업여성의 급격한 증가 및 일에 대한 의식변화이다. 이는 산업화를 경험한 모든 사회에서 진행되고 있는 현상으로 자녀를 가진 여성이 직장을 갖는 것은 일반적인 생활양식으로 자리잡고 있다. 여성취업이 증가한 것은 경제발전과 소득수준 증가에도 그 원인이 있다. 경제발전으로 인해 가족의 생계를 유지하며 생활수준을 향상하고자 하는 욕구는 증가하는 반면, 가계수입을 남성에게만 의존할 경우 생계비 부담과 생활수준 욕구를 충족할 수 없기 때문이다. 또한 여성의 일에 대한 의식 변화와 1980년대 이후 여성운동의 활발한 전개는 직업에 대한 성차별을 철폐하고 여성도 새로운 직업과 교육의

표 13-1 OECD 주요국가 여성경제활동 참가율 비교

구분	2014	2015	2016	2017	2018
한국	57.1	57.8	58.3	59.0	59.4
미국	62.8	63.0	63.6	64.1	64.6
일본	66.0	66.7	68.1	69.4	71.3
OECD 평균	62.8	63.0	63.6	64.1	64.6

출처: OECD (2018). Employment Outlook(통계청, e-나라지표에서 재인용).

기회를 갖도록 격려하는 사회분위기가 조성되어 취업여성의 수를 증대시켰다.

여성경제활동 참가율은 만 15세 이상의 여성경제활동의 활성화 정도를 나타내는 대표적인 지표로서 우리나라는 1980년 42.8%, 1990년 47.0%에서 2010년도에는 49.4%, 2018년도 52.9%로 꾸준히 증가해 왔다(통계청, 각 연도).

그러나 OECD의 여성경제활동 참가율은 국내 여성활동 증진을 위한 또 다른 대안이 필요하다는 것을 보여 준다. 〈표 13-1〉은 우리나라 여성경제활동 참가율을 OECD 주요국가와 비교한 것이다. OECD의 여성경제활동 참가율은 15세 이상, 65세 미만 인구를 통계대상으로 하므로 15세 이상 여성인구 중 경제활동 인구비율을 기준으로 하는 우리나라 통계청의 여성경제활동 참가율 수치보다 약간 높을 수 있음을 감안하더라도, 2018년 전체 여성경제활동 참가율을 보면 한국은 59.4%로 OECD 평균인 64.6%와 비교해 다소 낮은 수준이다. 우리나라의 여성경제활동 참가비율이 과거와 비교하여 증가하고 있음에도, OECD 주요국가들과 비교할 때 낮은 경제활동 참가율을 보이는 이유는 아동보육의 공백 때문이라고 할 수 있다. 여성들이 경제활동을 하려고 해도, 국가적 지원 없이 아동보육을 가정의 전적인 책임으로 여기는 사회에서는 사실상 여성의 경제활동 참여는 쉽지 않기 때문이다. 따라서 아동보육과 관련된 제도적 장치가 충분히 마련되지 않으면 여성경제활동 참가율의 지속적인 증가는 앞으로도 한계가 있을 것으로 보인다.

보육에 대한 사회적 욕구를 변화시킨 두 번째 요인은 가정에서의 자녀 양육방식과 태도의 변화를 들 수 있다. 근무시간의 단축과 더불어 남성의 육체적 노동량이 상대적으로 감소함에 따라 가정에서 보내는 시간이 점차 증가하였고, 가정 내에서

남성의 능동적인 역할도 증가되었다. 또한 사회변화에 힘입어 자녀양육에 있어서 남성의 더 많은 참여를 촉구함에 따라 양친이 자녀양육에서 동등한 역할을 수행하도록 요구하고 있으며, 남성이 자녀양육에 관계하는 시간은 더욱 많아지고 있다.

실제로 2018년 남성 육아휴직자는 전년대비 46.7% 증가하였고, 전체 남녀 육아휴직자 중 남성 육아휴직자가 17.8%를 차지하고 있다(고용노동부, 2019b). 한 자녀에 대해 부모 모두가 육아휴직을 사용하는 경우 두 번째 사용하는 사람의 3개월 급여를 100% 올려 지급하는 제도인 '아빠육아휴직 보너스제' 이용자도 49.8% 증가하고 있으며, 부모 모두가 육아휴직에 참여하는 비율이 점차 증가하고 있음을 알 수 있다. 남성의 육아 참여를 장려하는 사회적 분위기가 형성되면서 아버지의 자녀양육에 관한 연구(김근혜, 2020; 최효식, 윤해옥, 연은모, 2015; Wilson & Prior, 2011)도 이루어지기 시작하여 아버지의 양육참여의 양적 증가뿐만 아니라 질적인 부분에서의 영향이 아동의 정서와 인지, 심리사회적 발달 등 전인적 발달에 긍정적인 도움을 주고 있음이 밝혀지고 있다(Lamb & Tamis-LeMonda, 2004).

셋째, 가정내 육아에 대한 양성평등적 분위기와 더불어 부모의 자녀에 대한 책임과 역할에 대한 가치관 및 태도의 변화 역시 아동보육에 대한 사회적 욕구를 증가시키고 있다. 과거에는 부모가 자녀의 보다 나은 삶과 지위 향상을 위하여 자신의 삶을 희생하고 헌신하는 것이 인생의 중요한 미덕이었으나 오늘날에는 지난 세대에 비해 부모의 태도가 덜 희생적인 삶을 지향한다. 과거 자녀지향적인 가치보다는

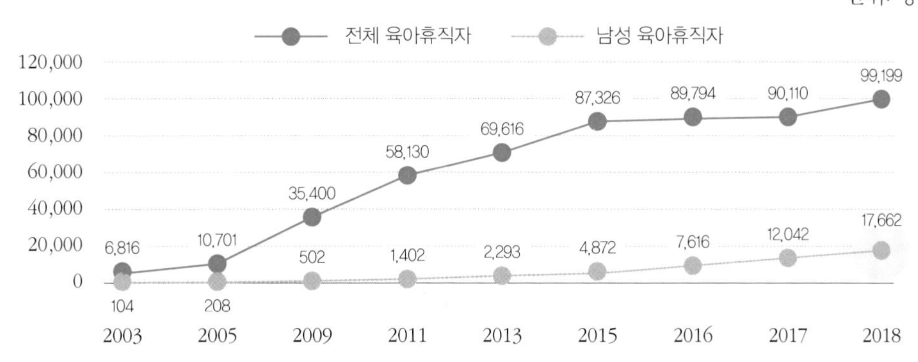

그림 13-1 육아휴직자 수 증가 추이

출처: 고용노동부(2019b).

부부 또는 자기지향적인 가치가 지배적인 경향으로 변화하고 있는 것이다. 이러한 새로운 가치관과 태도 변화는 아동의 양육이 부모만의 전적인 책임이기보다는 사회적 차원의 보호와 책임이 함께 필요하다는 아동돌봄에 대한 국가의 공적 개입 요구를 증대시키고 있다. 여성의 책임이라 여겨졌던 보육 및 돌봄이 개별가족의 책임을 넘어 국가와 지역사회의 책임과 의무라는 공공성 개념으로 확장하고 있다(홍나미, 정익중, 2019).

마지막으로, 고령화에 따른 노동인력을 확보하기 위한 국가존립의 요구에 따라 보육에 대한 사회적 욕구가 변화하고 있다. 생산 가능한 노동력의 경제활동 참여를 통해 조세 재원을 확보하는 것은 고령사회 복지국가의 지속가능한 발전을 위한 전제조건이다. 우리나라도 이미 고령화 사회에 진입했고, 노인인구 비율이 급속하게 증가하고 있는 시점에서 더 많은 인구가 노동시장에 참여함으로써 국민총생산을 늘리고 더 나아가 복지비용을 위한 조세 재원을 확대하는 것이 필요하다. 이를 위해서는 과거 비경제활동군으로 있는 여성에 대한 적극적 노동시장정책과 믿을 만한 보육서비스 공급은 사회정책의 핵심 이슈가 될 수밖에 없었다(송다영, 2011).

1. 아동보육의 특성

아동보육은 사업의 목적과 내용이 불일치하는 경향이 있다. 보육은 부모의 취업이나 기타 사유로 인해 부모가 자녀를 직접 돌보기 어려운 경우, 다른 기관이나 시설에서 아동을 대신 맡아 돌보는 것으로 그 목적은 부모와 가족의 욕구를 충족시키는 것이다. 하지만 보육은 아동 권리에 토대를 두고 아동의 발달적 요구에 부응하는 내용으로 구성되어 있다. 이렇게 보육은 부모의 편에서 성인중심적으로 만들어졌지만, 아동의 발달요구에 부응하는 아동중심적 내용으로 구성된다.

아동보육이란 여러 가지 이유로 낮 시간 동안 친부모가 아닌 다른 사람들에 의해서 보호를 받아야 할 경우, 아동들에게 주어지는 보호를 말한다. 즉, 가정 외에서 정상적인 보호를 보충해야 하는 상황에 처한 경우 하루에 몇 시간씩 가정 밖에서 아동을 보호하기 위해 조직된 서비스다. 이러한 정의는 보육서비스가 부모의 양육 역할에 대한 보충적인(supplementary) 것이며, 대리적인 것이 아니라는 개념에 근거를 두고 있다. 보육서비스를 필요로 하는 상황은 다음과 같은 경우다(장인협, 오정수, 2000: 314-315).

첫째, 보육서비스는 부모가 일을 하는 동안 수행하지 못하는 돌봄 기능을 보충해 준다. 특히 여성이 가장이거나 저소득 가정일 경우, 보육서비스는 가족소득을 보조하는 역할을 한다. 또한 여성이 성취감이나 사회적 인정에 가치를 두어 가정 밖에서 일을 하는 경우에도 보육서비스가 제공된다. 어떤 여성은 특수한 기술을 가지고 있어서 사회에 기여하며, 어떤 여성은 일을 즐기기도 할 것이다. 여성 취업증대의 요인은 경제적 상황에 더불어 결혼 상태, 여성 교육기회의 증가, 핵가족화, 가치관 등 여러 가지가 있다. 어떠한 이유든지 어머니의 취업 증가는 보육서비스의 수요를 확대하는 요인이 된다.

둘째, 아동이 정신적·신체적 혹은 정서적 장애를 지닌 경우에도 보육서비스가 필요하다. 보육서비스 제공은 장애아동으로 인해 하루 종일 과중한 부담이 있는 부모에게 육아 부담을 덜어 줄 수 있고 장애아동에게는 전문지식을 가진 특수교사와 비장애 또래아동과의 접촉 기회를 제공하여 장애아동에게는 사회적 능력의 향상을, 비장애 아동에게는 장애아동에 대한 인식과 태도에 긍정적 변화를 야기할 수 있다(원영미, 전지혜, 2018).

셋째, 보육서비스는 부모와 자녀 간의 관계에 어려움이 있거나 부모의 양육부담감으로 인한 스트레스가 높을 경우에도 일시적인 해결책으로써 제공될 수 있다. 이때의 보육서비스는 부모의 스트레스를 완화시켜 긍정적인 방향으로 상호관계를 변화시킬 수 있는 가능성과 부모의 아동양육을 위한 능력을 지원해 줌으로써 육아로 인한 긴장이나 갈등을 감소시켜 아동이 자신의 가정 내에서 양육될 가능성을 증가시켜 줄 수 있다.

넷째, 아동의 부모가 사망하였거나 입원 등 여러 가지 이유로 장기간 아동을 돌볼 수 없을 경우에 제공될 수 있다. 보육서비스를 제공하는 교사는 부모의 육아공백을 메꿔주면서 영양관리, 훈육, 아동보호에 관한 지식 등 부모가 적절하게 아동을 양육할 수 있는 방법들을 부모에게 전달하게 된다.

다섯째, 심각하게 박탈당한 가정환경의 아동을 위한 치료도구로 활용될 수 있다. 주거공간이 부족하거나 부적절하여 비위생적인 환경인 경우, 충분한 놀이공간이 없는 경우 등 어려운 환경에 처해 있는 아동에게 적절한 환경을 제공하는 보육서비스는 치료도구로서의 기능을 가지게 된다.

2. 아동보육 패러다임의 변화

사회가 발전함에 따라 아동보육의 패러다임은 다음과 같이 변화하고 있다(이순형 외, 2006a).

1) 보호와 돌봄에서 인적자원개발로

우리나라는 합계출산율 0명대 시대에 진입하여 아동인구가 급격히 감소하고 있다. 2006년부터 저출산 · 고령사회 기본계획을 내놓고 갖가지 출산장려책을 펼쳤지만, 출산율을 급격히 증가시킬 수는 없었다. 세계 어느 나라도 저출산을 획기적으로 극복하지 못하고 있다. 이러한 상황에서 아동 한 명이 가진 가치를 증가시켜 생산성을 향상시킬 수 있는 인적자원개발이 그 대안으로 떠오르고 있으며 보육도 과거의 단순한 보호나 돌봄의 제공에서 벗어나 인적자원개발의 한 영역으로 당당히 자리 잡고 있다.

2) 가족책임에서 국가책임으로

출산한 자녀를 보육할 1차 책임은 부모에게 있으며 국가가 2차 책임자라고 보는 것이 일반적이다. 하지만 이에 반해서 저출산으로 아동 인구가 감소하면서 아동은 국가의 미래 시민이므로 국가가 보육의 1차 책임자라는 것이 점점 설득력을 얻고 있다. 보육의 책임이 부모에게 있는지, 아니면 국가에 있는지는 1991년 「영유아보육법」 제정 당시부터 뜨거운 이슈였다. 우리나라에서 1991년 「영유아보육법」을 제정할 때는 보육의 1차 책임자가 부모라고 명시하였으나, 그 후 2005년 1월에 「영유아보육법」이 개정되면서 이 조항이 삭제되었다. 이는 보육의 중요성을 인지하고 보육서비스의 대상을 확대하면서 국가의 책임을 더 강조하고자 하였다. 정부에서는 만 5세아 보육 및 교육에 대한 국가책임을 강화하기 위해 2011년 소득하위 70%에게만 지원하던 보육료를 소득수준과 관계없이 2013년 만 0~5세아 전 계층으로 확대하여 어린이집에 자녀를 보내는 부모에 대해 보육비와 유치원비 지원을 순차적으로 늘렸고, 경제적인 부담을 줄여 주었다. 또한 유아기에 필요한 기본 소양과 능력을 기를 수 있도록 이원화되어 있는 보육과정과 유치원 교육과정을 통합하여 2012년 '만 5세 누리과정'을 도입하였으며, 이후 2013년 3월부터는 그 대상을 만 3~4세까지 확대하였다. 따라서 현재 어린이집 보육과정은 '0~2세 표준보육과정'과 '3~5세 누리과정'의 구성 체계를 갖추게 되었다(육아정책연구소, 2015a; 육아정책연구소 2015b).

3) 선별주의에서 보편주의로

보육서비스는 역사적으로 살펴볼 때 빈민구제 차원에서 실시되다가 여성의 사회참여가 증가하면서 점차 확대되어 오늘날에 이르렀다. 선별주의가 빈곤층 취업모의 아동을 대상으로 보육대상을 제한하는 것이라면, 보편주의는 일반아동을 대상으로 보육대상을 확장하는 것이다. 즉, 부모의 교육수준, 경제능력, 직업의 종류, 주거환경 등 사회경제적 지위를 결정하는 어떤 조건으로도 제한하지 않고 아동 모두를 보육의 대상으로 수용하는 것이다. 이는 빈곤층 가정의 아동뿐 아니라 중산층 이상의 가정에서 성장한 아동도 보육의 대상이 된다는 의미로, 정부는 영유아의 보육료와 교육비 지원을 2012년 3월부터 확대하여 지원하기 시작하였다.

이후 2019년 '포용국가 아동정책'에 근거하여 '아동이 행복한 나라'를 만들기 위한 아동보호, 인권 및 참여, 건강, 놀이영역에 걸친 10대 핵심과제와 40대 소과제를 제시함으로써 아동에 대한 국가의 책무성과 공공성을 강화하게 되었다(류정희, 2019; 관계부처 합동, 2019a). 이 밖에도 국가가 생애초기부터 촘촘하게 돌보는 아동돌봄보육의 공공성 강화를 위해 학교와 마을이 함께 협력하는 공공보육, 국공립 유치원의 증원, 온종일돌봄체계구축 등과 같이 보편주의 아동복지체계로 이행하기 위한 노력을 추진하고 있다.

4) 사업의 대상에서 참여의 주체로

중류층 가정 아동의 보육이 일반화되고 국가의 지원이 확대되는 등 보육이 보편화되면서 아동보육은 더이상 정부의 시혜성 사업이 아니라 부모와 가족이 참여하여 주도적으로 이끌고 가는 참여적 사업으로 성격이 바뀌고 있다. 아동보육이 참여적 사업으로 전환된 가장 큰 이유는 보육비 지원이 시설별 지원이 아니라 아동별 지원으로 바뀌었기 때문이다. 이를 통해 보육의 소비자 중심 참여가 가능해졌다. 처음에는 보육비 보조가 시설에 직접 지원되었기 때문에 소비자의 권리나 의견이 크게 보육에 반영되기 어려웠다. 하지만 2005년 이후 보육비 지원이 시설 지원에서 아동별 지원으로 전환되면서 아동의 욕구나 부모의 의견이 어린이집 선택과 보육활동 지원에 대폭 반영되고 있다. 우리나라는 보육정책의 체감도를 높이고 수요자 중심의 보육정책을 실현하기 위하여 2015년 보육전자바우처 '아이행복카드'를 도입하였다. 보육료를 국가에서 어린이집에 지급하는 대신 전자카드 형태로 부모에게 지급함으로써 어린이집을 이용하는 부모가 직접 보육료를 결제하는 방식이다. 이 제도의 도입·시행으로 부모가 느끼는 보육정책 체감도가 향상되었으며, 국가의 관련 행정기관과 어린이집 간의 보육료 신청·지급 등에 따르는 업무 부담이 대폭 경감되었다(보건복지부, 2013; 교육부, 2014).

5) 구제에서 공평한 기회 보장으로

현재 우리나라는 양극화로 인해 계층 이동기회의 단절이 심화되었으며 기회를 보장받지 못한 아동세대는 사회적 기여의 주체에서 사회적 비용요인으로 전락할 우려가 있다. 취약계층 아동에 대한 보육이 이전에는 구제의 원칙이 강조되었다면 이제는 일반아동과 취약계층아동 간의 차별적 보육환경의 격차를 해소해 공평한 출발기회를 보장하고 빈곤의 대물림 방지를 위한 비차별원칙에 근거한 아동복지서비스 구축이 요구된다. 그러나 우리 정부가 국내 아동권리 성과와 한계 내용을 담은 유엔아동권리협약 5·6차 보고서를 제출한 후, 스위스 제네바 유엔본부로부터 받은 이행상황에 대한 심의 및 권고내용 중 하나가 경제적으로 소외된 아동과 장애

아동, 이주아동들의 차별 해소였다. 빈곤아동과 한부모가족, 장애아동, 다문화가족의 아동의 경우 일반아동보다 빈곤과 차별경험이 더 빈번하게 발생할 수 있고, 입시경쟁 위주의 교육환경에서 성적으로 인한 차별이 학교와 가정에서 빈번하다는 것을 감안했을 때 소득계층의 차이가 양육환경과 교육기회의 격차로 이어지지 않도록 취약계층아동에 대한 돌봄, 교육, 건강 등의 인적자본 투자 확대를 통해 아동 개인의 역량을 극대화하고 사회전체의 포용 역량을 강화시킬 필요가 있다(보건복지부, 2019).

6) 돌봄 수혜자에서 권리의 주체로

아동이 이전에는 성인의 돌봄에 의존만 하는 수동적이고 유약한 대상으로 인식되어 훈육을 위해서는 체벌도 가능하다고 인식됐다면, 이제는 성인과 같이 시민으로서의 권리와 자유를 누리는 권리의 주체로 인식되고 있다. 세계인권선언(1948)과 유엔아동권리협약(1989)을 근거로 만 18세 미만의 자를 아동으로 정의해(제1조) 권리의 주체로 인정함과 동시에 아동 권리실현을 국가의 책임으로 규정하고 있다. 그리고 이 협약은 아동을 위한 4대 기본권으로 생존권 · 보호권 · 발달권 · 참여권을 제시하고 4대 기본 원칙으로 무차별의 원칙, 아동 최선의 이익의 원칙, 생존과 발달 보장의 원칙, 아동의 견해 존중 원칙을 강조하고 있다.

따라서 훈육을 이유로 체벌에 관대한 우리나라의 경우, 아동의 권리를 인식시키는 사회분위기 전환이 필요하다. 아동의 권리를 존중하기 위한 인식개선을 위해서는 개인 혹은 어린이집 책임자에게만 그 역할을 맡길 것이 아니라 정부와 아동권리보장원, 아동인권단체 간의 공동캠페인이 진행되어 전 국가적 차원의 아동권리에 대한 인식이 보편화되어 보호자와 보육기관 내 돌봄을 담당하는 교사 모두에게 전달될 수 있도록 해야 한다.

제2절 아동보육의 정의와 종류

1. 아동보육의 정의

보육이란 종전의 탁아 개념에서 출발하였는데, 탁아란 '아동을 위탁한다'라는 의미로 아동이 그의 가정에서 정상적인 양육을 받기 어려운 경우에 하루 중 일정 시간 동안 타인이나 기관에서 보호와 양육서비스를 제공받는 것이다. 「영유아보육법」 제2조 제2항에 따르면, 보육이란 영유아를 건강하고 안전하게 보호·양육하고 영유아의 발달 특성에 맞는 교육을 제공하는 어린이집 및 가정양육 지원에 관한 사회복지서비스를 말한다.

보육에 대한 초기의 개념은 부모의 보호 역할을 보충·보완하는 서비스로서의 성격에 초점을 두고 있다. 즉, 보육서비스는 여러 가지 이유로 낮 시간 동안 그들의 친부모가 아닌 다른 사람들에 의해서 보호를 받아야 하는 아동들에게 주어지는 보호라고 정의되었다(Frederickson, 1957). 또는 좋은 보육서비스란 교육적 지도, 건강서비스, 아동과 그 가족이 필요로 하는 사회적 서비스를 제공하며 아동을 안전하게 보호하여 그들 부모들이 풍요로운 가정생활을 유지하도록 도와주는 데 있다고 정의하였고, 보육을 부모 및 가정의 필요에 부응하는 서비스에 초점을 두고 규정하기도 하였다(Costin, 1972). 그러나 보육은 아동의 안전한 양육뿐만 아니라 여성노동력의 낭비 방지, 저소득층의 생계문제와도 밀접하게 연결되어 있다. 특히 어머니도 반드시 경제활동에 참여해야 하는 저소득층에게 보육은 생존의 문제이기 때문에, 보육서비스는 저소득층 가정과 결손 및 해체가정의 어머니가 일하러 가는 동안 아동의 정서적 욕구, 교육적 욕구, 건강적 욕구 등을 충족시켜 주기 위해 사회복지사, 교사, 의사 등의 전문가들이 협력하는 사업으로도 정의되었다(Fink, 1986). 또한 아동의 발달 및 교육, 부모의 양육기능 및 가정에서의 자녀교육 기능을 보완하고 지지하는 역할까지도 포함하는 개념으로 규정되었다.

현재의 보육서비스는 부모와 가정의 필요에 의해서만이 아니라 점차 아동의 성장 및 발달과 교육을 위한 목적으로 선택되는 경우도 많다. 따라서 보육은 아동의 입장과 아동의 권리에 대한 인식을 바탕으로 개념이 정의되어야 하며, 보육서비스는 부모 및 가정의 복지증진과 더불어 아동의 발달과 욕구에 적합한 보호 및 교육서비스를 제공하는 것이어야 한다.

이처럼 보육에서 아동기의 경험과 교육의 중요성을 인식하게 되면서 아동의 교육, 건강 등과 연관된 보육서비스를 국가정책에 반영하기에 이르렀다. 특히 오늘날과 같이 급격한 사회변동으로 핵가족화의 경향, 여성의 사회적 진출이 늘어나고 있는 상황에서 아동보육서비스 발전은 불가피해지고 있으며 사회복지서비스의 중요한 부분으로 발전하고 있다.

2. 아동보육서비스의 종류

보육서비스에는 여러 가지가 있다. 간단하게는 아동을 보호하는 시간에 따라 전일제 보육 또는 일시보육 서비스로 구분한다. 어떤 보육서비스 프로그램은 이웃의 가까운 곳에 있기도 하며, 어떤 것은 멀리 떨어져 있기도 하다. 또한 보육서비스의 재원이나 부모들이 부담하는 특별활동비에 대한 지침 등에도 다양한 차이가 있다. 위치해 있는 장소도 학교, 교회, 병원, 공공건물, 가까운 지역 센터 등 다양하며, 보육서비스의 초점을 아동의 지적 발달에 두는지, 사회적 성장과 건강보호 혹은 아동의 가정문제에 두는지 등에 따라 아동보육서비스에 차이가 생기게 된다. 이러한 차이에 따라 보육서비스를 필요로 하는 지역사회의 아동 혹은 가정의 욕구나 목적, 상황에 따라 다양하게 이용될 수 있다.

1) 개별 · 집단에 따른 분류

먼저, 이와 같은 보육서비스사업은 개별적인 보육서비스와 집단적인 보육서비스로 분류할 수 있다. 예를 들어, 정서장애를 가진 아동의 경우에는 집단 활동에 적응하기가 어려우므로 개별적인 보육서비스를 하는 것이 바람직하다.

- 개별 보육서비스: 이 형태는 영유아의 가정보호(home care), 아이돌봄사업 등이 있다. 아이돌봄사업이란 「아이돌봄지원법」에 근거한 정책으로, 이는 일시적인 돌봄 상황에 탄력적으로 대응하고 가정에서 개별보육을 선호하는 수요를 충족시키기 위해 만 12세 이하 아동을 둔 맞벌이 가정 등에 아이돌보미가 직접 방문하여 아동을 안전하게 돌보는 서비스를 말한다(여성가족부, 2017a).
- 집단 보육서비스: 이 형태에는 유치원(kindergartens), 어린이집(Nursery, day care center) 등으로 구별할 수 있다. 유치원은 교육적 요소를 충족하기 위한 목적으로 운영되는 시설이며, 어린이집은 돌봄과 복지적 요소 충족에 더 큰 의의를 두고 있다. 과거에 어린이집은 탁아소라는 이름으로 불렸으나 「영유아보육법」에 의해 어린이집으로 명칭이 통일되어 변경되었다.

다음으로 아동보육서비스는 보육시간, 아동연령, 설립 및 운영주체 등 여러 가지 분류기준에 따라서 다양하게 구분될 수 있다.

2) 보육시간에 따른 분류

아동보육서비스는 보육시간에 따라 전일제보육, 휴일보육, 시간연장보육, 야간보육, 24시간보육, 시간제보육 등으로 구분할 수 있다(보건복지부, 2016a).

- 전일제보육: 전일제는 기준보육시간(07:30~19:30) 내에 시행되는 보육을 의미하며, 대부분의 어린이집은 전일제로 운영되고 있다.
- 휴일보육: 일요일 및 공휴일에 이루어지는 보육을 의미한다.
- 시간연장보육: 기준보육시간(07:30~19:30) 내에 귀가할 수 없는 아동에게 보육시간을 연장하여 24시 이전까지 보육하는 것을 원칙으로 한다.
- 야간보육: 야간(19:30~익일 07:30)에 이루어지는 보육형태를 의미하며, 전일제보육과 야간보육을 같은 어린이집에서 이용할 경우 24시간 보육료가 지원된다.

- 24시간보육: 부모가 야간에 경제활동에 종사하는 가정, 한부모 또는 조손가정을 대상으로 야간보육이 불가피하다고 판단되는 아동에 24시간 보육을 지원한다. 24시간 보육이란 주간보육(07:30~19:30)과 야간보육(19:30~익일 07:30)을 모두 이용하는 보육형태로 교사는 아동이 방치되지 않도록 부모와의 연락체계를 유지해야 하며, 정당한 사유 없이 보호자가 아동을 장기간 어린이집에 방치할 경우, 어린이집 원장은 아동보호에 필요한 조치를 실행할 수 있도록 구청장에게 통보해야 한다.
- 시간제보육: 시간제보육 제공기관으로 지정된 어린이집, 육아종합지원센터 등의 시설에서 시간 단위로 보육서비스를 이용하고 이용한 시간만큼 보육료를 지불하는 보육서비스로, 서비스 대상은 6개월 이상 36개월 미만의 영아이다. 양육수당 수급자 중 가정양육 가구를 대상으로 월 40시간 보육서비스를 제공하는 기본형 시간제보육과 양육수당 수급자 중 시간제근로자 등 맞벌이 가구, 취업한부모 가구, 기타 양육부담 가구를 대상으로 월 80시간 보육서비스를 지원하는 맞벌이형 시간제보육으로 구분된다(아이사랑 http://www.childcare.go.kr/).

3) 아동연령에 따른 분류

영아보육, 유아보육, 방과후보육이 있다. 영아보육은 주로 3세 미만의 아동을 보육하는 것이고, 유아보육은 3세 이상의 취학 전 아동을 보육하는 것이며, 방과후보육은 취학아동을 방과후에 보육하는 것이다.

4) 특수목적에 따른 분류

보육대상에 따라 영아전담어린이집, 장애아전문어린이집, 장애아통합어린이집으로 구분된다(보건복지부, 2015b; 서울시, 2016).

- 영아전담어린이집: 2004년 이전에 영아전담어린이집으로 지정받았거나 국고보조금으로 영아전담 신축비를 지원받은 어린이집으로, 0~36개월 미만인 영아 20인 이상을 대상으로 보육서비스를 지원하는 것으로 어린이집을 말한다.
- 장애아전문어린이집: 「장애아동 복지지원법」 제32조에 따른 요건을 갖추고, 상시 12명 이상의 장애 영유아를 보육할 수 있는 시설을 갖춘 시설로 장애아의 연령과 장애의 종류 및 정도를 고려하여 반을 편성 · 운영하는 어린이집을 말한다.
- 장애아통합어린이집: 정원의 20% 내에서 장애아종일반을 편성 · 운영하거나 장애아종일반을 별도로 편성하지 않은 채 미취학장애아를 3명 이상을 통합 보육하고 있는 어린이집을 의미한다.

5) 설립 및 운영주체에 따른 분류

2011년 6월 「영유아보육법」 개정으로 종전에 사용하던 '보육시설' '보육시설종사자' '시설장'이라는 명칭이 각각 '어린이집' '보육교직원' '원장' 등으로 변경되었으며, 운영주체에 따라 국공립어린이집, 사회복지법인어린이집, 법인 · 단체 등 어린이집, 직장어린이집, 가정어린이집, 협동어린이집, 민간어린이집 등으로 나뉘어 운영되고 있다(보건복지부, 각 연도).

- 국공립어린이집: 국공립어린이집은 국가나 지방자치단체가 설치 · 운영(위탁운영 포함)하는 시설 중에서 직장어린이집을 제외한 시설로서 도시 저소득주민 밀집 주거지역 및 농어촌지역 등 취약지역에 우선적으로 설치하도록 하고 있다. 명칭은 어린이집이며, 규모는 상시 영유아 11인 이상을 보육할 수 있어야 한다.
- 사회복지법인어린이집: 사회복지법인어린이집은 「사회복지사업법」에 의한 사회복지법인이 설치 · 운영하는 어린이집을 말한다.
- 법인 · 단체 등 어린이집: 법인 · 단체 등 어린이집은 각종 법인(사회복지법인을 제외한 비영리법인)이나 단체 등이 설치 · 운영하는 어린이집을 말한다.

- 직장어린이집: 직장어린이집은 사업주가 사업장의 근로자를 위하여 설치 · 운영하는 시설이며, 국가나 지방자치단체의 장이 소속 공무원을 위하여 설치 · 운영하는 어린이집을 포함한다. 기혼여성들의 경제활동 참가율이 높아짐에 따라 여성들이 많이 근무하는 직장에서 직장어린이집을 설치 운영하는 경향이 많아지고 있다. 또한 「영유아보육법」 제14조 제1항과 시행령 제20조 제1항에 의하여 상시 여성근로자 300인 이상 또는 상시근로자 500인 이상을 고용하고 있는 사업장은 직장어린이집을 반드시 설치해야 한다. 직장어린이집은 여성인력의 고용증대를 가져올 뿐 아니라 보호자의 심리적인 안정을 가져와 노동의 능률을 향상시키는 장점이 있다. 우리나라에서도 취업여성의 고용이 많은 공단지역과 사업체 밀집지역, 종합병원, 공공기관 등에 직장어린이집이 설치되어 운영되고 있으며, 적극적인 정책적 지원이 요구되고 있다.
- 가정어린이집: 가정어린이집은 개인이 가정 또는 그에 준하는 곳에 설치 · 운영하는 어린이집이다. 우리나라 「영유아보육법」상의 가정어린이집의 규모는 상시 영유아 5인 이상 20인 이하를 보육할 수 있는 시설로 규정하고 있다. 가정보육서비스는 아동의 집에서 가깝고 가정과 같은 환경에서 보육서비스를 제공할 수 있다는 장점을 갖고 있다. 그러나 훈련된 보육교사가 부족하고 재정적인 영세성으로 전문적인 보육서비스의 제공이 어렵다는 점에서 문제를 갖고 있다. 「영유아보육법」에 규정된 육아종합지원센터의 운영은 이러한 가정보육서비스의 문제를 보완할 수 있는 제도적 장치이다.
- 협동어린이집: 2016년 2월 「영유아보육법」 개정으로 기존의 부모협동어린이집이 협동어린이집으로 명칭이 변경되었다(보건복지부, 2016a). 기존의 부모협동어린이집은 보호자들만 조합을 결성하여 운영할 수 있었으나, 협동어린이집은 부모와 보육교직원이 함께 조합을 결성하는 경우까지 포함된다. 즉, 협동어린이집은 보호자 또는 보호자와 보육교직원이 조합법을 결성하여 설치 · 운영하는 어린이집으로 영리를 목적으로 하지 않는 조합으로 한정된다.
- 민간어린이집: 민간어린이집이란 국공립 · 사회복지법인 · 법인단체 등 · 직장 · 가정 · 부모협동어린이집이 아닌 어린이집이다. 상시 영유아 21인 이상을 보육할 수 있는 시설을 갖추어야 하고, 어린이집 명칭 사용에 유치원, 학원 등 유사 기관으로 오인할 수 있는 명칭은 사용할 수 없다.

표 13-2 보육시설의 종류

구분	설립주체	규모	설치방법
국공립어린이집	국가, 지방자치단체	상시 영유아 11인 이상 보육	직접 설치
사회복지법인 어린이집	「사회복지사업법」에 의한 사회복지법인	상시 영유아 21인 이상 보육	인가
법인 · 단체 등 어린이집	각종 법인(사회복지법인을 제외한 비영리법인)이나 단체	상시 영유아 21인 이상 보육	
직장어린이집	사업주(국가 또는 지방자치단체의 장이 소속 공무원을 위하여 설치 · 운영하는 경우 포함)	상시 영유아 5인 이상 보육	
가정어린이집	개인	상시 영유아 5인 이상 20인 이하 보육	
협동어린이집	보호자 또는 보호자와 보육교직원 11인 이상이 조합법을 결성하여 설치 · 운영	상시 영유아 11인 이상 보육	
민간어린이집	국공립 · 사회복지법인 · 법인단체등 · 직장 · 가정 · 협동어린이집이 아닌 개인 또는 단체	상시 영유아 21인 이상 보육	

출처: 보건복지부(각 연도).

6) 근거법령이나 행정관리에 따른 분류

우리나라에는 「영유아보육법」 및 관계법령에 근거하여 보건복지부 관할하에 어린이집이, 교육관계 법령에 근거하여 교육부의 관할하에 유치원이 운영되고 있다.

제3절 아동보육의 기능과 사회복지사의 역할

1. 아동보육의 기능

1) 아동돌봄의 기능

보육서비스는 다음의 세 가지 기능을 고루 갖추고 있어야 한다. 그 내용은 가정기능을 강화하기 위한 서비스, 아동발달에 도움이 되는 서비스 제공, 가정과 아동이 도움을 필요로 할 때 사회가 조직적으로 개입하는 기능 등이다(장인협, 오정수, 2000).

(1) 가정기능 강화를 위한 보육서비스

성공적인 보육서비스는 아동에게 가정에서 제공되는 따뜻한 정서적 돌봄과 청결한 위생, 신체적 건강, 아동발달에 적합한 교육을 제공하는 것이다. 이를 통해 아동의 자기효능감 및 자존감이 향상되고, 부모에 대한 애정이 강화되는 긍정적 경험을 하도록 돕는다. 부모에게는 아동이 속한 가정과 그 문화가 지닌 가치와 목표에 맞는 역할을 수행할 수 있도록 부모면담과 교육, 정서적 지지를 제공함으로써 보육서비스가 가정의 기능을 더 강화하도록 돕는 중간매개역할을 한다.

이런 점에서 보육서비스에 대한 부모들의 깊이 있는 관여는 권리이기보다는 하나의 의무다. 보육서비스에 부모가 관여하지 않을 때 해당 가정의 아동은 규칙이나 가치, 기대가 자신의 가족문화와 가치 안에서 내면화되지 못하여 아동과 가정의 분리를 초래할 수 있다. 따라서 아무리 기관 차원에서 최상의 보육서비스를 제공한다 하더라도 아동에게 보육서비스의 기능적 효과가 나타나기 어려워지기 때문이다. 아동은 다른 아동과의 관계뿐만 아니라 부모와 지역사회의 긍정적인 상(image)을 통하여 존엄성과 자아존중감을 획득한다. 따라서 아동발달에 관련되는 이와 같은 부모참여의 배경을 무시하거나 간과하게 되면 보육서비스의 기본적인 목적을 성취할 수 없게 된다. 부모와의 결속 없는 보육은 결국 아동의 자아상을 손상시켜 사회적 발달을 가로막고 가정과의 유대를 약화시키며, 나아가 아동과 지역사회 사이의 괴리감을 가져오는 요인이 된다. 따라서 보육기관 내에서의 아동생활이 가정에서 연계될 수 있도록 보육종사사와 가정 내 보호자는 서로 협력관계를 유지해야 한다. 보육교사와 부모의 아동에 대한 지속적인 관심과 일관적인 훈육은 아동에게 안정된 보육환경을 제공하여 아동의 규칙학습과 실행, 정서적 안정에 도움을 줄 수 있다.

(2) 아동발달에 대한 도움으로서의 보육서비스

3세부터 6세까지는 아동이 발달상의 과업을 마치는 데 적절한 연령이다. 따라서 보육서비스를 아동에게 제공하여 다음과 같은 과업들을 습득할 수 있도록 많은 기회를 제공해야 한다.

- 자아와 자율성의 감각을 발달시키는 일
- 건전한 개인적 정체성을 발달시키는 일
- 도덕과 개인적 권리의 개념을 발달시키는 일
- 어떤 심리적 충동, 불안감, 수치심 등을 다루는 일
- 다른 사람과 함께 살아가는 방법을 배우는 일
- 언어 습득을 하는 일
- 상징과 문화개념을 학습하는 일
- 공간 · 시간 · 사물에 대한 개념을 습득하는 일

(3) 사회적 개입으로서의 보육서비스

아동의 정상적인 발달은 단 하나의 욕구충족에 기반을 두는 것이 아니라, 다양한 측면에서 총체적인 욕구충족을 필요로 한다. 안정적이고 행복한 가정은 이러한 조건을 갖추고 있지만, 어떤 가정은 그렇지 못한 경우도 있기 때문에 아동에게 부족한 기능은 외부에서 보충해 주거나 대체해서 도와주어야 한다.

서비스의 개입기능은 특히 상처받기 쉬운 아동, 장애아동, 빈곤가정의 아동들에게 중요하다. 상처받기 쉬운 아동이란 발달과정상 위험에 처해 있는 아동을 의미한

다. 출생 시의 특수한 상황이나 선천적으로 신체적인 이상을 지닌 아동, 그리고 생활상 어려운 경험으로 인하여 발달상의 과업이나 문제에 제대로 대처하지 못하는 아동, 부모와의 상호작용에서 갈등을 빚어 또래 및 교사와의 관계 속으로 적절히 들어가지 못하는 아동을 말한다. 장애아동이란 심한 발달장애, 신체적 장애 혹은 아동기의 정신장애 등과 같은 어려움을 겪고 있는 아동을 말한다. 장애아동의 보호는 부유한 가정에도 필요한데, 아동을 보호하는 부모의 책임이 과중하여 가정 전체에 긴장이나 양육 스트레스의 요인이 되어 아동의 발달을 어렵게 만들 수 있다. 이 때의 보육서비스는 부모로부터 아동보호 및 양육의 부담을 덜어 주는 역할을 한다.

빈곤가정의 아동은 보육서비스의 개입을 필요로 하는 가장 큰 집단이다. 모든 빈곤가정이 보육서비스를 필요로 하는 것은 아니지만 발달과정상 건전한 양육환경을 갖지 못하는 아동의 비율이 비빈곤 가정보다 높은 비중을 차지하여 일반가정보다 더 많은 사회적 보호를 필요로 한다(Cohen, 1975: 2-3). 빈곤가정의 경우, 부모가 불안정적인 직업의 가능성이 높기 때문에 하루하루 일하며 노동시간에 대부분 시간을 소비해야 하는 경우가 상대적으로 많아 아동보육의 질과 양에 있어 어려움을 겪을 확률이 높다. 한편, 아동기는 신체적, 정서적, 지적발달에 결정적 시기로서 그 부정적인 영향이 장기적으로 이어질 수 있기 때문에 아동이 경험하는 빈곤은 성인이 경험하는 것보다 더 부정적인 영향을 미친다(김수정, 정익중, 2017). 아동의 빈곤은 아동의 신체적, 정신적 건강문제와 지속적인 관련이 있으며(Brooks-Gunn & Duncan, 1997; Evans & Kim, 2007; Cohen et al., 2010; Ducan et al., 2010) 교육적인 측면에서는 낮은 학업성취, 학업 중퇴율, 행동적인 측면에서는 자살과 10대 임신, 흡연, 청소년범죄 등의 부정적 결과와 관련이 있다(Exeter & Boyle, 2007; Ferguson et al., 2007; Murname, 2007; The Prince's Trust, 2007; Engle & Black, 2008). 빈곤은 아동학대와 가정폭력, 이혼 등의 가정붕괴에도 유의미한 영향을 끼친다(장화정, 김광혁, 2006; McGuinness and Schneider, 2007). 빈곤은 아동의 삶 여러 영역에서 침범하여 빈곤의 대물림을 반복시킬 수 있으므로(Gregg & Machin, 2001; Sigle-Rushton, 2004; Murname, 2007; The Prince's Trust, 2007) 아동빈곤의 악순환 고리를 끊기 위한 사전 예방적인 노력이 필요하다.

2) 아동교육의 기능

보육서비스는 취학 전 아동에 대한 교육적인 측면에서 신체적 · 사회적 · 정치적 혹은 지능의 발달을 돕는 매우 중요한 기능을 한다. 이것은 아동의 어떤 문제를 해결하여 준다는 소극적인 의미의 보육서비스 기능보다 적극적인 것으로, 아동의 모든 발달을 촉진 · 자극하게 하며 그들의 무한한 잠재력을 계발하는 것이다(장인협, 오정수, 2000).

따라서 보육서비스가 지닌 교육적인 측면도 강조되고 있다. 오늘날 세계 여러 나라에서는 이미 보육서비스를 취학 전 아동에 대한 교육 프로그램으로 활용하고 있으며, 구체적이고 다양한 교육방법과 교과과정도 개발되고 있다. 보육환경에서 취학 전 아동에 대한 균등한 교육은 교육불평등을 극복하기 위한 하나의 대안이 될 수 있다.

어린이집의 아동보육과정

어린이집의 아동보육과정은 크게 두 가지로 만 2세 이하 영유아를 대상으로 하는 표준보육과정과 만 3~5세 유아를 대상으로 하는 누리과정으로 구분된다. 표준보육과정과 누리과정의 차이를 살펴보면 다음과 같다(보건복지부 홈페이지).

• 표준보육과정: 만 2세 이하 영유아

보육서비스의 질적 균등을 보장하고 영유아의 연령 및 발달수준에 적합한 보육서비스를 제공하여 영유아 시기부터 전인적인 성장을 도모하기 위한 '표준보육과정'이 2007년에 국가차원에서 처음으로 개발되어 전국 어린이집으로 보급되었다. 표준보육과정은 영유아가 건강하고 안전하며 바르게 생활하는 데 필요한 내용과 신체, 사회, 언어, 정서 등의 전인발달을 위해 갖춰야 할 지식, 가치, 태도 등을 포함하는 것으로, 어린이집에서 영유아를 어떻게 돌보며 어떤 경험과 학습활동을 제공할 것인가에 대한 보편적 보육 내용을 담고 있다. 그동안 어린이집에서 보편적으로 적용되는 보육과정 없이 지역이나 기관별로 각각 다양한 교육 자료와 프로그램을 통해 보육활동을 제공하였으나, 표준보육과정은 지역이나 기관에 상관없이 영유아가 기본적으로 배우고 경험해야 할 보편적 보육내용을 국가차원에서 표준화하여 제공함으로써 일정 수준 이상의 보육서비스 질을 유지하기 위한 것이다.

표준보육과정은 2007년 도입 당시 만 5세 미만의 영유아 전체를 대상으로 했으나 2012년부터 만 3~5세를 대상으로 하는 누리과정이 도입되면서 현재는 만 2세 이하 영유아로 그 적용대상이 축소되었다(보건복지부, 2016a). 2020년 제4차 표준교육과정이 고시되었다. 내용은 전인적 성장을 도모하는 데 필요한 기본생활, 신체운동, 사회관계, 의사소통, 자연탐구, 예술경험 여섯 영역으로 구성되어 있으며, 각 영역은 만 0~1세 보육과정과 만 2세 보육과정으로 구분된다. 각 영역의 세부적인 보육내용은 영유아의 성장과 발달, 개인차 등 각각의 수준을 고려하여 구체화되어 있다. 어린이집에서 보육교사는 표준보육과정에 기초하여 연령별 보육계획을 수립하고, 영유아의 연령, 발달수준, 장애 등 개인차와 가정환경 및 각 어린이집과 지역사회의 특성을 고려하여 표준보육과정의 영역별 활동을 균형 있게 제공할 수 있는 적합한 보육활동을 다양하게 선정, 통합적으로 운영하며, 보육과정이 적절하였는지 정기적으로 평가인증 되고 있다.

• 누리과정: 만 3~5세 영유아

미래인적자원 투자로서 보육 · 교육에 대한 국가적 지원을 확대하여 부모의 양육부담을 경감하고, 출발선상에서 공정한 기회보장과 건강한 성장발달을 지원하기 위한 '누리과정'이 전국으로 확대 · 보급되었다. 기존에 어린이집과 유치원으로 이원화되어 운영된 교육 · 보육 과정을 누리과정으로 통합하여 구성 · 적용함으로써, 유아기에 필요한 기본소양, 자율성과 창의성, 바른 인성 등을 기르고 전인발달을 이룰 수 있도록 함이다. 정부는 2012년 만 5세를 대상으로 하는 '5세 누리과정'을 발표하여 시행하였고, 2013년 3월부터는 그 대상을 만 3~4세까지 확대하는 '3~4세 누리과정 도입계획'을 발표하여 유아교육과 보육과정을 일원화하는 기반을 마련하였다. 이로써 어린이집 보육과정은 '0~2세 표준보육과정'과 '3~5세 누리과정'의 구성 체계를 갖추게 되었다.

누리과정 내용은 만 3~5세 유아의 심신의 건강과 조화로운 발달을 도와 민주시민의 기초를 형성하는 것을 목적한다. 따라서 질서, 배려, 협력 등 기본생활습관과 바른생활을 기르고 자율성과 창의성을 갖춘 전인발달을 이루도록 하며, 사람과 자연을 존중하고, 우리 문화를 이해하는 방향으로 내용이 구성되었다. '3~5세 연령별 누리과정'은 신체운동 · 건강, 의사소통, 사회관계, 예술경험, 자연탐구 5개 영역으로 구분되며, 각 영역의 내용은 유아의 성장과 연령별 발달특성, 개인차 등을 고려하여 세분화되어 있다(보건복지부, 2016a). 누리과정 도입으로 만 3~5세 유아교육과 보육의 질이 한 단계 높아지고, 만 3~5세를 대상으로 질 높은 교육·보육과정을 전국에 공통적으로 적용함으로써 0~2세 표준보육과정과 초등학교 교육과정의 연계성이 강화될 것으로 기대되고 있다.

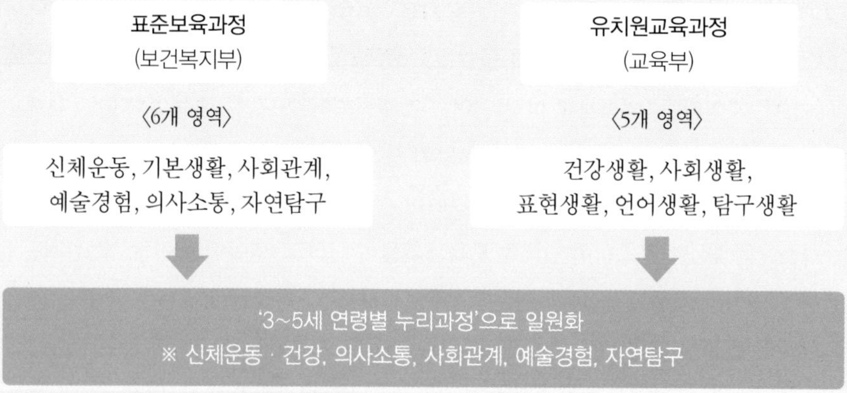

그림 13-2 보육·교육과정의 일원화

출처: 보건복지부(각 연도).

3) 예방의 기능

보육서비스는 아동의 심신발달을 위협하는 경제적·사회적·심리적·환경적 요인들로부터 보호하고 그들의 건전한 발육을 위하여 가능한 모든 시설과 기회를 제공하고자 한다. 특히 사회보장적 측면에서 저소득층 취약위기집단의 아동을 위한 보상적 기능을 강화해야 하며 공적인 보육서비스는 더욱 활성화되어 이들의 건전한 발달을 도와야 한다(김현용 외, 2001; 표갑수, 2010).

보육서비스의 대상에는 비장애아동 뿐만 아니라 다양한 장애 및 문제를 가진 아동들도 포함되기 때문에 획일적인 프로그램 제공보다는 이들 개개인의 개별적이고 특수한 욕구에 맞는 프로그램이 개발되어야 문제를 예방할 수 있다. 미국에서는 정신장애, 신체장애 및 정서장애 아동에게만 특수보육 프로그램을 제공하는 곳도 있다.

4) 가정의 지원 및 보상기능

보육서비스는 부모를 포함한 보호자들의 요구와 필요에 의해 제공되는 서비스다. 따라서 보육서비스는 부모 대리자의 역할로 제공되면서도 가정의 기능을 적절히 수행하기 어려운 가정의 경우, 가정의 문제점이 회복되어 아동에게 최선의 보호를 제공할 수 있도록 도움을 주는 기능을 담당해야 한다. 예를 들어, 가족관계 또는 부모와 자녀 관계에 문제가 있을 경우 상담서비스와 부모교육을 진행할 수 있고, 부모가 아동을 양육하면서 보다 삶의 질이 향상되어 아동과의 상호작용 과정이 더욱 바람직한 행동과 정서로 이어질 수 있게 일련의 도움을 제공할 수 있다. 아동의 부모에게 보다 나은 삶의 질을 제공해 줄 수 있는 직업에 대한 정보를 제공하거나, 공통의 어려움을 가진 사람들과 지지체계를 형성할 수 있도록 부모교육 및 집단상담을 연결시켜 주는 등 부모가 필요로 하는 지역사회자원들과 연결해 가정의 기능 향상 및 성장지원을 위한 역할도 할 수 있다.

5) 지역사회의 효율적인 조직기능

지역사회의 복지 향상은 모든 주민의 자발적인 참여와 협동을 전제로 한다. 보육서비스는 아동을 매개로 지역사회주민들이 단결하여 지역사회의 복지 향상을 위한 활동을 계획 · 전개해 나갈 수 있는 장으로 발전시켜 지역사회를 소단위로 단결시키는 매개역할을 할 수 있다(김현용 외, 2001; 표갑수, 2010).

지역사회 내 보육기관의 육아상담과 조언, 부모 상호 간의 육아방법의 교류, 학부모회 등을 통한 사회교육기능, 결핍된 환경의 아동을 위한 보상적 조기교육기능, 건전한 신체적 · 정서적 성장발달을 돕는 좋은 집단경험의 장으로서의 기능적 역할은 지역사회가 아동의 건강한 발달을 위한 조직적인 기능을 발휘할 수 있는 기회를 준다.

2. 아동보육의 이론적 쟁점

1) 보육과 애착형성

어린이집에 다니는 아동은 하루 대부분을 주된 애착대상인 부모와 분리되어 보내게 되며 보육교사에 대해 애착을 형성해야 한다. 이러한 경험이 부모와의 안정적 애착형성을 방해하는지, 아동이 보육교사와의 관계에서 형성하는 애착이 부모와의 애착과는 다른 것인지가 논란이 되어 왔다.

Bowlby는 아동이 애착을 형성할 시기에 어머니와 오랜 시간 분리되는 경험이 안정적 애착형성에 방해가 되며 정서적 안정감에도 부정적으로 작용한다고 보았다. 그러나 영아가 보육을 시작하기 전과 후에 어머니에 대한 애착이 달라지는지를 고찰한 연구(Ahnert, Gunnar, Lamb, & Barthel, 2004)에서 어린이집에 다니는 것이 어머니와의 불안정 애착을 유발하지는 않는 것으로 보고되었고, 어머니가 민감하고 수용적인 태도로 아동의 어린이집 적응을 도와주는 경우에 안정적 애착이 유지되거나 증진된다는 것을 발견하였다. 따라서 어린이집에 다니게 됨으로써 부모로부터 장시간 분리되는 경험 여부만으로 아동의 안정적 애착형성에 대해 예측할 수는 없으며 어린이집에 맡겨지더라도 평소에 부모가 어린이집 활동에 적절하게 관여하고 아동의 요구에 민감하게 반응하고 수용적인 태도로 상호작용한다면 부모와의 애착형성에 지장을 초래하지는 않는다고 할 수 있다.

어린이집에 다니는 아동은 많은 시간을 부모에게서 떨어져 지내므로 어린이집에 있는 동안 부모를 대신하는 보육교사에 대해 안정적인 애착을 형성하는 것이 어린이집에 적응하고 건강하게 발달해 가는 데 필요하다. 보육교사와의 애착에 대해 살펴보면, 어린이집에 다니는 아동이라고 해도 보육교사에 대한 애착이 어머니에 대한 애착을 대체하는 것은 아니며 여전히 부모가 일차적 애착 대상이고 보육교사에 대해서는 이차적인 애착을 형성하게 된다. 어머니에 대한 애착안정성과 교사에 대한 애착안정성을 비교한 연구결과에서 볼 수 있듯이 보육교사보다는 어머니에 대한 애착안정성 점수가 더 높은 것으로 나타났다(김영명, 1997; Howes & Hamilton, 1992). 교사에 대한 애착은 이차적이긴 하지만 안정적 애착을 형성하는 데 필요한 조건은 부모에 대한 애착과 다르지 않다. 즉, 아동이 보육교사에 대해 안정적 애착을 형성하려면 부모와의 애착형성의 경우와 마찬가지로 보육교사가 아동을 대하는 방식이 중요하다. 보육교사가 아동에게 반응적이며 민감하고 아동의 욕구에 대해 세심하게 배려하고 돌봐 준다면 안정적 애착을 형성하는 데 도움이 된다.

이상의 논의에서 알 수 있듯이, 어린이집에 다니는 것이 부모에 대한 아동의 애착을 손상시키는 것은 아니며 부모와의 안정적 애착을 유지하며 교사와도 애착관계를 형성하는 것이 가능하다. 더욱이 부모와의 애착이 안정적이지 않은 아동도 교사와 안정적 애착을 형성하고 유지할 수 있으므로 교사가 아동에게 따뜻하며 수용적이고 민감하게 대함으로써 어린이집에서 생활하는 경험이 아동에게 긍정적으로 작용하도록 할 수 있을 것이다.

2) 보육과 아동발달

보육이 증가하면서 과연 보육이 아동발달에 미치는 영향이 어떠한지에 관심이 집중되었으나, 그에 대한 답은 간단하지 않다. 보육이 아동발달에 미치는 영향은 보육의 질에 따라 다를 수 있으며 보육특성 이외의 다른 요인들을 함께 고려되어야 보다 정확하게 이해할 수 있기 때문이다.

보육경험이 아동의 신체 및 운동발달에 미치는 영향은 대체로 긍정적인 것으로 보고되고 있는데 이는 아동의 가족환경에 따라서 다르게 나타난다. 저소득층 아동의 경우 어린이집에 다니는 것이 운동발달과 활동성을 증가시키며 아동의 신체성장에 긍정적인 영향을 미치고 아동기에 흔한 질병에 걸릴 가능성을 감소시킨다고 한다. 이처럼 저소득층 아동의 경우에 보육경험이 가정에서의 양육보다 신체적으로 긍정적인 결과를 가져오는 이유는 질적으로 우수한 어린이집일 경우 가정에서보다 균형 잡힌 영양을 공급해 주고 안전하고 위생적인 환경을 제공하기 때문이다. 1996년 미국의 복지개혁이 저소득계층의 아동발달에 미친 영향도 긍정적인 것으로 평가되고 있는데, 그에 대한 가장 중요한 원인으로 높은 수준의 보육이 꼽히고 있다. 복지개혁 전에는 저소득계층 여성의 경우 일을 하지 않고 집에 있는 경우가 많았는데, 복지개혁을 통해 근로가 강제되면서 아동을 시설에 맡길 수밖에 없었고 이것이 아동발달에 긍정적인 효과를 가져왔다는 것이다. 즉, 일반적으로 인지적 자극이 낮고 학대나 방임의 가능성이 있는 집에서 벗어나 질 높은 보육시설을 경험함으로써 긍정적인 발달의 기초를 형성하였다는 것이다(정익중, 2004). 반면에 가정에서 안전하고 위생적인 환경과 적절한 영양을 공급받는 아동의 경우는 어린이집에 다니는지의 여부가 신체발달이나 운동능력발달에 영향을 미치지 않는 것으로 나타났다(서영숙, 김경혜, 2003).

또한 보육이 아동의 사회정서발달에 미치는 영향에 관해서는 이른 시기에 장시간의 보육을 지속적으로 경험하는 것이 아동의 사회정서발달에 부정적으로 작용한다고 보고한 연구(Bates et al., 1994; Belsky, 2001; Belsky & Eggebeen, 1991; Vandell & Corasaniti, 1990)와 오히려 긍정적인 영향을 보고한 연구(Howes, 1988; Prodromidis et al., 1995)가 모두 존재하므로 일정한 결론을 내리기는 어려운 상황이다. 여기에서 보육의 질을 고려함으로써 보육이 아동의 사회정서발달에 미치는 영향을 보다 명확히 이해할 수 있을 듯하다. 즉, 영아기라는 이른 시기에 보육을 시작하였어도 적정수준의 아동 인원이 초과되지 않는 질 높은 환경에서 보육된 아동은 오랜 기간이 지나도 집단생활에서 협조적이며 성인의 지시에 잘 따르고 사회적 상호작용 기술에서 앞서는 것으로 나타났다. 반면에 적정수준보다 규모가 큰 집단에서 질이 낮은 보육을 장시간에 걸쳐 받은 경험은 아동이 공격성과 같은 문제행동을 보일 가능성을 높이는 것으로 나타났다(NICHD Early Child Care Research Network, 1999; DeMulder, Denham, Schmidt, & Mitchell, 2000).

부모-자녀 관계도 보육이 아동의 사회정서발달에 미치는 영향을 보다 명확히 이해하기 위해서 고려해야 할 요인이다. 장시간을 어린이집에서 보내며 부모와의 관계가 원만하지 못한 아동은 부모와 함께 있는 시간만큼은 친밀한 상호작용을 하는 아동에 비해 심한 공격성을 보이는 경향이 있는 것으로 나타났다(NICHD Early Child Care Research Network, 2003). 어린이집에 다니는 것이 아동의 사회정서발달에 미치는 영향은 보육의 질이나 부모-자녀 간의 관계 등을 함께 고려해 분석되어야 보다 명확하게 이해할 수 있다. 일반적으로 보육의 질이 양호하며 부모가 자녀와 좋은 관계를 유지한다면 어린이집에 다니는 것이 아동의 사회정서발달에 긍정적인 영향을 미칠 수 있다.

3) 통합보육의 기능

아동을 연령에 따라 구분하여 보육할 것인지, 서로 연령이 다른 아동들을 통합하여 보육할 것인지의 문제와 장애가 있는 아동과 비장애 아동을 분리할 것인지, 통합하여 보육할 것인지의 문제도 보육 내에서 쟁점이 되는 사항 중 하나다.

(1) 연령 통합보육

연령 통합보육은 한 반을 구성하는 아동의 연령 범위가 1년 이상이 되도록 반을 구성하여 보육하는 방식으로, 가장 어린 아동과 가장 나이 많은 아동의 연령 차이가 2년 이상일 수도 있다. 연령 통합교육과 보육은 핵가족화 및 형제 없는 아동 증가 추세에 따라 사회적 상호작용 범위가 제한적인 아동의 사회적 경험을 보완하기 위한 대안으로 주목받게 되었다. 연령 통합교육의 다양한 측면을 분석한 연구(Veenman, 1995)에서는 연령 통합교육이 장점만을 가지고 있다고 옹호하였으나, 메이슨과 번스(Mason & Burns, 1996)는 이에 반박하며 연령 통합교육 및 보육의 효과에 대해 고찰할 때 간과해서는 안 되는 요인들을 지적하였다. 이들에 따르면, 연령이 다른 아동들로 구성된 학급을 담당하는 교사는 동일연령 학급 교사보다 스트레스 수준이 높으며 교육에 대한 동기나 열의가 낮을 수 있고 그 결과 교육의 질도 떨어질 수 있다고 한다. 이처럼 연령 통합보육은 서로 다른 측면에서 장단점을 모두 가지고 있다.

연령 통합보육의 장점을 살펴보면, 우선 사회성발달 측면에서는 동일연령 보육에서보다 다양한 대인관계를 경험할 수 있어 사회적 유능성을 기르는 데 도움이 된다. 연장아동이 연소아동을 도와주는 방식의 상호작용이 자연스럽게 일어나고 경쟁적인 행동이 덜 발생하기 때문에 동일연령 보육에서보다 아동 간의 공격적인 행동이 적게 나타난다. 인지발달이나 언어발달 측면에서 볼 때는 연소아동이 연장아동의 언어나 인지적 과제수행을 모방할 기회를 많이 가지므로 발달이 촉진되는 경향을 보인다. 또한 연장아동은 연소아동의 학습을 도와주면서 자신감을 증진하게 시키는 효과도 얻을 수 있다. 이처럼 연령 통합보육은 여러 가지 장점이 있지만 동일연령 보육보다 계획하고 준비하는 데 시간과 노력을 더 많이 쏟아야 하는 어려움이 따르며 교사가 적절한 훈련을 받고 필요한 기술을 가지고 있지 않다면 교육의 질 저하를 초래할 가능성이 존재한다.

(2) 장애아 통합보육

장애아를 대상으로 하는 특수교육은 초기에 비장애아와 분리된 교육이었으나 점차 비장애아와 분리하지 않는 통합교육을 추구하는 방향으로 나아가고 있다. 장애아 통합보육이 비장애아에게 부정적인 영향을 미친다는 증거가 없으며 장애아에게는 소속감을 갖고 사회생활을 영위할 수 있는 기회를 제공하는 등의 장점을 가지고 있다.

장애아 통합교육은 비장애영유아를 대상으로 한 프로그램 안에 장애영유아를 함께 배치하여 보육하는 것으로, 우선 장애아가 통합교육을 통해 얻을 수 있는 긍정적 효과는 다음과 같다(Allen & Schwartz, 1996; 이영석 외, 1999에서 재인용). 장애아는 장애아로만 구성된 특수학급에서보다 통합학급에서 지적인 자극을 많이 받을 수 있으며 폭넓고 다양한 경험을 할 수 있기 때문에 발달에 도움을 받을 수 있다. 또한 장애아에 비해 신체적 · 운동적 · 사회적 · 언어적 · 인지적 기능수준이 높은 비장애아의 행동을 관찰하고 이들과 상호작용하는 기회를 가짐으로써 발달적으로 앞선 행동을 모방하며 학습할 수 있는 기회를 가질 수 있다. 한편, 비장애아의 경우에는 통합교육을 통해서 사람들의 다양성을 존중하며 자신과 다른 사람들을 이해하고 배려하는 태도를 배울 수 있는 장점이 있다. 특히 처음으로 또래아동과 대인관계 경험을 시작하는 영유아기에 보육기관에서 장애아와 비장애아가 함께 지낸다면 장애 유무와 상관없이 자연스러운 또래관계를 형성할 수 있으므로 장애아와 비장애아를 통합하기에 매우 적절하다(김수진, 2003).

장애아 통합보육을 경험한 아동은 장애 이외의 다른 측면에 대해서도 다양성에 대한 이해와 존중을 가질 수 있는 데까지 일반화될 수 있다. 장애아 통합보육은 이처럼 장애아와 비장애아에게 바람직한 결과를 줄 수 있지만 장애아 통합보육을 통해 긍정적인 결과를 얻기 위해서 보육교사의 장애아 통합보육에 대한 긍정적 태도와 체계적 훈련, 부모의 장애아 통합보육에 대한 협력이 선행되어야 한다.

아동의 분리불안

부모가 어느 날 갑자기 자녀를 어린이집에 떼어놓는 것은 특히 3세 미만의 아동들에게 심리적인 충격을 주기도 한다. 부모와 떨어질 때 자녀들의 반응은 다양하다. 울기도 하고 심하게 고집을 부리기도 하지만, 일반적으로 시간이 지나면 자연스레 적응한다. 수줍고 위축되어 처음에 적응이 어렵고 부모에게서 잘 떨어지지 못하는 아동들은 갑작스럽게 떼어놓으면 불안과 긴장감을 느낄 수 있으므로 점진적인 분리가 필요하다. 이 경우, 아동이 좋아하는 물건이나 장난감을 주어 편안함을 느끼도록 도와주고, 보육교사에게 익숙해질 때까지 적응기간을 두어야 한다. 처음 며칠은 부모가 함께 있어 주고 아동이 보육교사에게 익숙해진 후, 차츰 부모의 부재 시간을 늘려가는 것이 아동의 불안을 줄이는 데 도움이 된다.

3. 아동보육서비스에서의 사회복지사의 역할

학교에 학교사회복지사가 교육의 목적을 잘 달성하기 위해 존재하듯이 어린이집에서도 보육의 목적을 잘 달성하기 위해 사회복지사가 필요하다. 어린이집에서 일하는 사회복지사는 아동의 보호와 교육에 일차적인 책임을 지는 보육교사와는 다른 업무를 수행해야 한다. 특히 보육대상이 되는 빈곤가정이나 결손가정의 아동에게 종합적인 보육서비스를 제공하는 사회복지사의 역할은 매우 중요하다. 사회복지사가 아동, 가족, 교사, 지역사회에 대해서 해야 할 역할은 다음과 같다(김기환, 2000).

아동에 대해서 사회복지사는 아동의 문제와 욕구를 사정하고, 문제를 나타내는 아동을 상담하며, 적합한 지역사회자원을 개발하고 연계하는 역할을 해야 한다. 가정방문을 통하여 가족의 문제와 욕구를 파악하고, 부모교육과 부모상담을 통해 가정의 심리, 정서적인 문제를 해결할 수 있도록 한다. 경제적인 어려움을 겪고 있는 가정에 정보를 제공하거나 지역사회자원을 연결해 주도록 한다. 또한 부모가 보육프로그램에 적극적으로 관여할 수 있도록 부모–교사와의 관계를 촉진하는 역할을 해야 한다. 보육교사와는 팀 접근을 통하여 보육의 목적이 달성되도록 해야 한다.

보육아동에 대한 심리사회적 정보나 가정의 정보를 제공하고, 보육교사가 인지하지 못하는 사회복지적인 관점에서 문제해결방안을 제시하는 역할을 한다. 지역사회에 대한 서비스 제공 역할로서 사회복지사는 어린이집이 보육아동만 보호하고 교육하는 기능을 넘어 지역주민이 시설을 활용하도록 하고, 어린이집도 지역의 자원 활용이나 지역행사에 적극적으로 참여할 수 있도록 해야 한다.

어린이집에서 이루어지는 사회복지서비스는 아동을 직접 보살피는 일을 제외하고 하나의 단위로서의 가족과 가족원 개개인의 기능을 향상시키는 데 이바지하는 모든 지지적 서비스를 포함한다. 가정이 사회적 · 경제적 문제 등에 압도되어 있는 상황이라면 아동에 대한 개입프로그램이 아무리 훌륭하다 하더라도 아동의 인지적 · 사회적 · 정서적 · 신체적 발달을 유지하거나 향상시키는 데 성공할 수 없기 때문에, 사회복지는 가족기능을 지원할 수 있는 포괄적인 서비스를 제공해야 한다. 어린이집에서 사회복지사의 역할을 구체적으로 열거하면 다음과 같다(Kadushin & Martin, 1988; 김현용 외, 2001).

- 초기 면접자로서의 역할: 가족의 상황과 아동의 욕구 등을 파악하여 현시점에서 아동에게 과연 보육서비스가 적절한지, 아동에게 가장 바람직한 보육 유형은 어떤 것인가를 결정하도록 돕는다.
- 상담자로서의 역할: 어린이집에서 아동의 적응상태 및 가족의 상황을 지속적으로 사정하고 문제가 있을 때는 상담을 통해 아동 및 가족의 복지를 증진하는 역할을 한다.
- 연계자로서의 역할: 어린이집과 가족, 어린이집과 지역사회 그리고 가족과 지역사회를 연결하는 역할을 한다. 아동과 가족이 필요로 하는 자원을 갖고 있는 기관들과 협의하고, 가족이 이러한 자원을 효과적으로 활용할 수 있도록 정보를 제공하고 적절한 기관에 의뢰하기도 한다. 특히 부모의 입장에서는 교사를 직접 만나기보다 사회복지사를 통해 간접적으로 만나는 것을 더 안전하게 느낄 수 있기 때문에 사회복지사는 어린이집에서 부모의 접촉과 관여를 높이는 데 크게 기여할 수 있다.
- 대변자로서의 역할: 지역사회 내에서 아동들의 보육서비스에 대한 욕구를 잘 대변하고, 보육서비스의 발전을 위한 제안자의 역할도 한다.

어린이집에서 이렇게 다양한 역할을 수행하는 사회복지사가 필요함에도 불구하고 실제로 사회복지사가 배치된 어린이집은 많지 않다. 대표적으로 삼성어린이집은 사회복지사 채용을 통해 '포괄적 보육서비스'를 실시하고 있다(박은미, 정익중, 2012). 포괄적 보육서비스는 어린이집에 다니는 영유아와 그 가족을 대상으로 다양한 서비스를 서로 연계되고 통합된 방식으로 제공하는 것을 말한다. 취약위기가정의 어린이를 위한 보육서비스는 어린이집에서 생활하는 영유아의 보호와 교육에만 국한되는 것이 아니라 영유아의 부모나 형제들에게까지 서비스를 제공해야 한다. 따라서 포괄적 보육서비스는 어린이집에 재원하고 있는 취약위기가정 영유아의 보호와 교육은 물론 부모에게 부모교육, 취업을 위한 직업훈련이나 정보제공, 취업알선, 부부갈등이나 가족의 정서적 불화를 치료해 주는 등 심리적 · 정서적 · 사회적 서비스 등을 지역사회와의 연계를 통해 제공하는 통합적 서비스라고 정의할 수 있다(삼성아동교육문화센터 홈페이지). 영유아기에 발생할 수 있는 아동과 가족의 문제들에 대해 조기에 발견하여 어린이집의 사회복지사에 의해 전문적으로 사례관리가 진행된다면 아동이 겪을 수 있는 장기적인 문제를 사전에 예방할 수 있고 아동과 가족의 강점을 향상시켜 궁극적으로 아동의 건강하고 전인적인 성장발달을 도모할 수 있을 것이다. 어린이집 내 사회복지사의 필요성이나 배치 형태에

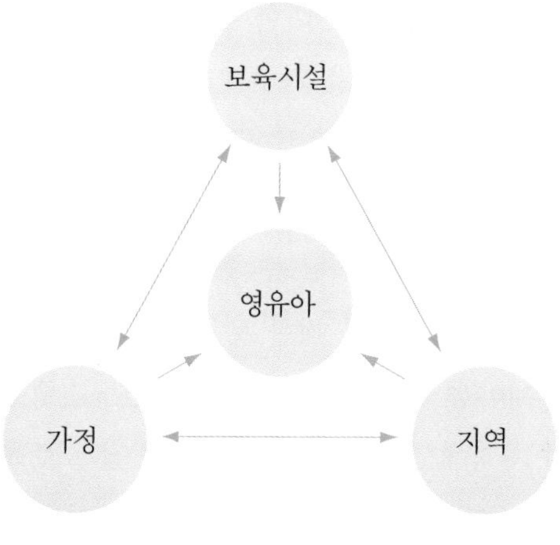

그림 13-3 삼성어린이집 포괄적 보육서비스의 개념도

출처: 삼성아동교육문화센터 홈페이지.

대한 공론화 과정을 통해 그 확대에 힘써야 할 것이다.

제4절 아동보육의 현황과 과제

1. 아동보육서비스의 문제점

우리나라 보육서비스의 문제점은 공공성 부족, 질 관리 시스템의 미비, 다양한 보육수요에 못 미치는 획일적인 보육공급구조 등을 지적할 수 있다.

첫째, 공공성 부족은 보육서비스 공급 측면에서 주로 살펴볼 수 있다. 공공재의 성격이 강한 보육서비스가 민간 부문을 통해 주로 공급되면 질 좋은 보육서비스를 저렴하게 구입할 수 있는 보육서비스 시장이 형성되기보다는 보육서비스 공급자들이 이익집단이 되어 왜곡된 이윤추구행위를 할 수 있어 보육료 지원정책에 공적 자금을 투입한다고 해도 보육정책의 성과가 나타나기 어렵다. 무엇보다 서비스 시장에서 양질의 서비스 공급의 유인이 되는 가격경쟁이 제대로 이루어지지 않고, 보육서비스 질 관리가 어려우며, 보육서비스가 꼭 필요한 수요자가 서비스를 구매할 수 있도록 하는 서비스 공급 관리가 어려워진다. 다행히 정부는 보육서비스의 공공성 부족 문제를 해결하기 위해 보육에 대한 국가책임을 강화하고 어린이집 이용자에 대한 보육료 지원확대, 시설 미이용 가구에 대한 양육수당 도입, 저소득 주민 밀집 주거지역과 농어촌지역 등을 중심으로 국공립어린이집 설치를 확대하는 등 정부지원을 확대해 가고 있다(보건복지부 홈페이지).

둘째, 보육시설의 질적 수준을 관리할 수 있는 토대가 여전히 부족하다. 현재 어린이집 원장, 보육교사, 장애영유아를 위한 보육교사의 자격 여부는 「영유아보육법」 제21조, 제22조 및 「장애아동 복지지원법」에 근거하여 진행된다. 보육교사와 시설장 등 보육인력에 대한 자격제도를 보면, 보육교사의 경우 보육교사교육원을 수료하거나 실습을 포함하여 17개 과목을 이수하면 보육교사 자격을 취득할 수 있게 되어 있다. 2016년 「영유아보육법 시행규칙」 개정으로 출석수업과 출석시험을 포함하는 대면교육이 강화되었고 보육실습도 4주 160시간에서 6주 240시간으로 확대되었다. 이렇게 최근 들어 보육교사에 대한 자격기준이 전보다 강화되었으나 현재 일선에서 활동하고 있는 보육교사들의 배경이 다양하다는 한계를 갖는다. 따라서 현직 보육교사들의 역량을 강화하는 노력이 뒷받침되어야 한다. 또한 어린이집 원장 자격을 취득하는 경로가 매우 다양하다. 보육교사, 유치원교사, 초등학교 교사, 간호사 등 다양한 배경을 가진 사람이 일정기간의 아동복지업무 경력을 갖추면 어린이집 원장이 될 수 있다(보건복지부, 2016e). 보육교사의 경우 민간 · 가정보육시설에 근무할 경우 봉급수준이 열악하여 근무안정성이 낮은 편이다. 또한 보육교사 대 아동의 비율이 높고 보육프로그램이 부족하며 보육시설의 시설 · 설비기준이 미비한 경우가 많다.

영유아에게 안전한 보호와 질 높은 보육서비스를 제공하기 위해 「영유아보육법」 제30조에 의거하여 2006년부터 어린이집 평가인증제도를 운영하고 있다. 이는 평가인증지표를 기준으로 어린이집의 현재 수준을 점검하고 개선하도록 한 후 객관적인 평가를 통해 일정 수준 이상의 기관에 대하여 국가가 인증을 부여하는 제도다. 평가인증은 신청단계, 참여확정(2개월), 현장관찰(1개월), 심의(1개월) 4단계로 진행되며, 한 어린이집이 평가인증을 받는 데 약 6개월의 기간이 소요된다. 전국의 어린이집 대다수가 국가가 공인하는 '평가인증'을 받았으나, 부모들의 어린이집에 대한 불신은 여전히 강하다(보건복지부, 2015b). 실제로 보육실태조사에서 보육시설을 이용하지 않는 가장 큰 이유는 '믿고 맡길 수 있는 보육시설 부족'이라고 조사되고 있다. 이렇게 보육시설 평가인증을 받은 기관이 많음에도 아이들을 믿고 맡길 수 있는 시설이 없다는 의견이 지배적인 것은 평가인증제도의 실효성이 낮다는 것을 방증하는 것이다. 평가인증제도 실시 이후 법적 · 행정적 조치가 없고 어린이집 점수가 비공개되어 소비자의 선택권을 약화시킨다는 우려가 꾸준히 제기되었다. 이에 따라 「영유아보육법」이 개정되었고 2013년부터 법 위반 사실이 있는 위반시설 및 행위자의 경우 해당 어린이집의 종류와 주소, 위반내용과 행정처분 내용 등이 아이사랑포털에 공개되고 있다.

셋째, 인구구조 및 환경여건 변화 등에 따라 보육서비스의 양적 · 질적 구조의 개선이 필요하다. 저출산의 지속에도 보육시설의 계속된 증가로 향후 공급과잉이 우려되고 있다. 따라서 시설 공급의 적절한 규모 유지와 수급 관리가 필요할 것으로

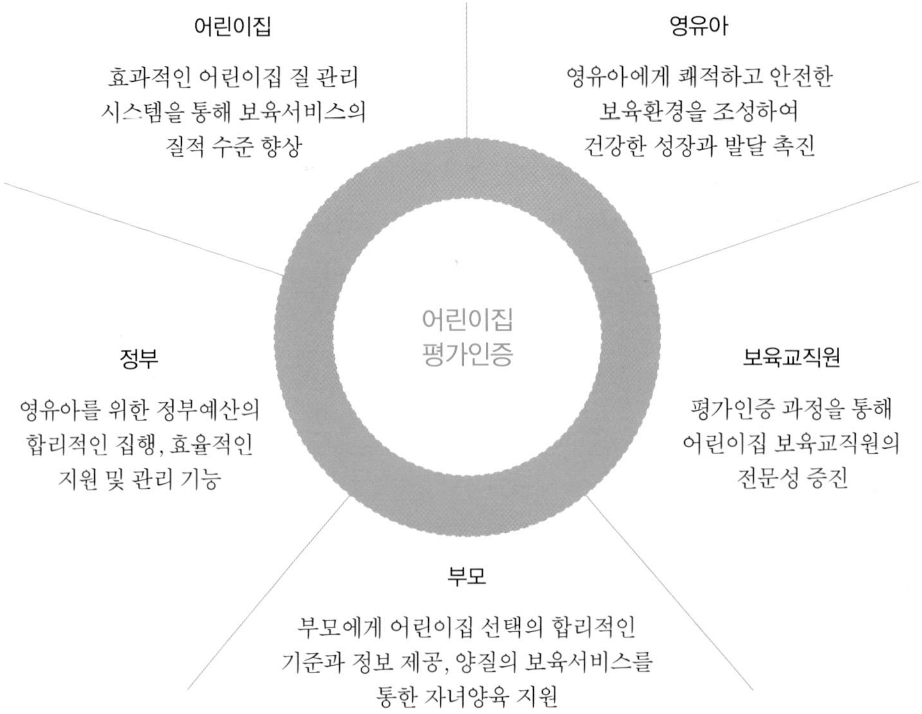

그림 13-4 어린이집 평가인증제의 목적

출처: 한국보육진흥원 홈페이지.

예상하며, 부모와 아동의 높은 기대치에 부응할 수 있도록 국가적 품질 관리체계를 마련하는 등 전반적인 서비스 질적 향상을 위한 방안이 마련되어야 할 것이다(보건복지부, 2013; 차명숙, 2015). 또한 보육시설은 증가하였으나 다양하고 다원화된 보육수요를 따라가지 못하고 있다. 보육시설의 확충은 주로 3~5세 유아를 대상으로 이루어졌으며 이 부분의 공급은 유치원과도 중복되어 일부 지역에서는 공급과다 현상을 빚기도 하였다. 이에 비해 영아보육, 24시간 보육, 장애아보육 등 여러 가지 보육수요가 나타나고 있지만 이를 제공하는 시설은 매우 부족한 편이다.

어린이집 CCTV 설치

최근 어린이집에서 발생하는 안전사고와 학대사건 등이 언론을 통해 보도되고 일부 어린이집에 설치된 CCTV 녹화 기록을 통해 일부 아동학대 동영상이 공개되면서 CCTV의 유용성과 설치에 대한 목소리가 높아졌다(김은하, 손수민, 2015). 이에 따라 「영유아보육법」이 개정되었고, 「영유아보육법」 제15조의4에 영유아의 안전과 어린이집의 보안을 위하여 어린이집 내에 영상정보처리기기 설치 및 운영이 의무화되었다. 정부는 2015년 아동학대 재발방지와 근본적인 예방을 위하여 아동학대 처벌강화와 CCTV 설치 의무화, 부모참여 활성화 등을 담은 '어린이집 아동학대 근절대책'을 수립했으며(보건복지부, 2015b), 2016년에는 영상정보처리기기 설치할 때 주의할 사항, 운영 및 관리의 책임과 수행업무, 영상자료 열람 및 제공, 수집한 영상자료의 보관과 관리 등의 내용이 포함되어 있는 '어린이집 영상정보처리기기 설치 · 운영 가이드라인'을 배포했다. 영상정보처리기기란 폐쇄회로 텔레비전(CCTV)과 네트워크 카메라 등을 포함한다. 영유아의 안전과 보육교사의 권리보호를 위해 최소한의 영상정보를 수집하고 안전하게 관리하여야 하며 사생활 침해를 최소화하는 방법으로 영상정보를 처리해야 한다고 명시하고 있다(보건복지부, 2016c).

한편, 어린이집 CCTV 설치 필요성에 대한 관련자들의 인식을 보면, 아동의 안전과 부모의 심리적인 안정감, 문제 상황 발생 시 증거확보 등을 위해 CCTV 설치는 필요하나 영유아들의 신체적 특징, 얼굴, 행동유형, 교사의 근무현황 등 교사와 아동의 사생활이 노출될 수 있다는 위험에 대해 우려의 목소리가 있는 것으로 나타났다(김은하, 손수민, 2015). 따라서 CCTV가 의사표현이 자유롭지 않은 영유아 보호와 교사 무고 증명의 도구로 건전하게 활용될 수 있도록 노력해야 한다.

2. 아동보육의 과제

우리나라 보육서비스의 발전을 위해서 개선되어야 할 과제는 다음과 같다(유희정 외, 2003; 한국여성연구소, 2003).

1) 아동중심성 강화

보육정책에서 아동중심성을 강화하는 것이 필요하다. 저출산 · 고령화 시대에 따른 노동력 부족을 타개하기 위해 단순하게 여성노동력을 확보하는 차원으로 보육이 자리매김 되어서는 안 된다. 또한 보육에 대한 정책이나 제도적인 측면의 논의과정은 종종 성인의 관점을 중심으로 이루어지기 쉽다. 보육시설 · 유치원 · 학원 등이 보건복지부, 교육부의 서로 다른 부처의 관할하에 각기 다른 법의 적용을 받고 있어, 성인의 필요나 입장, 기존의 이해관계에 대해 논쟁하면서 이익집단 간에 서로 대립하고 갈등하게 될 수 있다. 그러나 복잡해진 우리 사회 속에서 어느 한 편이 우리 아이들의 종합적인 발달, 전체적인 성장을 지원하는 일을 도맡을 수는 없고 각자 다함께 노력을 하면서 우리 아동들의 행복을 보장해 주어야 한다. 따라서 때로는 아동중심적 관점에서 이해관계자의 반발이 있더라도 통합적 보육정책이 추진되어야 한다. 2013년부터 시행된 '만 3~5세 누리과정'은 이러한 가능성을 보여 준 긍정적인 사례라고 판단된다. 이를 기반으로 부처 및 집단 이기주의를 넘어 아동중심으로 보육서비스를 재편하는 수순을 밟아야 할 것이다.

2012년 실시된 만 0~2세 무상보육은 시작된 지 얼마 되지 않아 예산부족으로 인한 중단위기를 맞기도 했다. 정책은 의도한 효과와 의도하지 않은 효과가 있기 때문에 면밀한 사전 준비를 통해 형성되어야 한다. 선진국의 경우 많은 국민에게, 특히 미래의 주체인 아동들에게 영향을 미칠 수 있는 정책 시행을 위해서는 상당한 시간을 들여 시범사업을 진행하고, 그 결과에 바탕을 두어 미세 조정된 이후 전면 시행하는 것이 일반적이다. 준비되지 않은 만 0~2세 무상보육은 단기간 의도하지 않은 효과를 많이 낳았다. 대다수 부모는 자녀를 어린이집에 보내지 않으면 정부 지원을 못 받기 때문에 그만큼 손해를 본다고 생각하면서 아동발달에 대한 큰 고민 없이 만 0~2세 영아들을 어린이집에 들여보냈다.

따라서 실제 맞벌이 가구로서 보육이 꼭 필요한 부모들은 정작 아이를 맡길 곳이 없게 되었고, 가정에서 주양육자와의 충분한 상호작용을 통해 안정적인 애착과 신뢰관계를 형성해야 하는 영아가 불필요하게 보육시설에 장시간 체류하는 결과를 낳았다. 또한 일시적 돌봄수요 충족을 위해 마련했던 시간제 보육은 이를 이용하던 많은 부모가 종일제 보육시설에 자녀를 입소시키면서 이용자를 찾지 못해 운영의 어려움을 겪었다.

만 3세 이상의 유아는 일정 시간 보육시설을 이용하는 것이 더 바람직하지만 만 0~2세 영아의 경우 선진국들은 가능한 가정에서 양육될 수 있는 기반을 갖추려고 노력하는데 우리나라는 거꾸로 가고 있다. 여성취업률이 80%에 가까운 국가에서도 육아휴직, 유연근무 등 일-가정 양립정책을 통해 부모가 가정에서 자녀를 직접 돌볼 수 있는 권리를 보장하려고 노력한다. 이는 부모와의 지속적인 접촉과 관여가 영아의 성장과 발달에 얼마나 중요한 역할을 하는지에 대한 아동발달적 고려가 있었기 때문이다. 그러나 우리나라는 영아를 둔 여성의 취업률이 그에 훨씬 못 미치는 데도 불구하고 종일제 시설보육료를 지원하는 쪽으로 보육정책이 맞춰져 있다. 무상보육은 이러한 추세에 더욱 기름 붓는 격이 되었다. 이러한 정책으로 인한 피해는 도대체 누구에게 돌아갈 것인가? 아마도 질을 담보할 수 없는 어린이집에서 하루 종일 지내야 하는 아이들이 그 피해자일 것이다. 비생산적인 보편-선별 논쟁에서 벗어나 보육예산이 어떤 대상에게 어떠한 방식으로 전달되는 것이 바람직한지에 대한 정책기획이 체계적으로 진행되어야 하고, 이러한 정책적 판단의 가장 중요한 근거는 최종 수혜자인 아동의 발달에 유익한지 유익하지 않은지의 아동중심이 되어야 한다. 아동권리협약은 아동에 대한 보호차원에서뿐만이 아니라 발달 정도에 맞게 아동 스스로 적절한 삶과 교육의 선택을 결정할 수 있는 아동의 자율성을 인정한다(Freeman, 1992; UNICEF, 2007). 아동은 인권을 가진 자율적 존재로 성인과 같은 권리를 가지고 있지만 스스로 생존을 보장할 수 없는 존재로 성인에 의한 법적인 보호와 배려가 추가적으로 필요하다는 것을 인지해야 한다. 아동의 돌봄에 대한 사회정책을 아동을 단순히 보호와 원조를 필요로 하는 대상으로만 인식하고 성인의 관점에서 결정을 내리기보다 아동도 자신의 경험을 이해하고 감정과 의견, 요구를 분명히 표현할 수 있다는 점을 감안해(Smith, Tsylor, & Gollp, 2000) 아동의 입장을 보육정책에 반영시킬 필요가 있다. 이를 위해서는 성인들의 이해관계에 의해서만 보육정책이 결정되기보다는 당사자인 아동이 현재의 보육환경을 어떻게 인식하고 있는지를 고려해야 한다. 보육의 주체에는 교사와 부모뿐만이 아니라 아동 당사자도 포함되기 때문이다. 아이들의 발달수준에 맞게 아동의 의사를 반영할 방안을 반드시 고민해야 한다. 그러지 않으면 아동의 의견은 항상 무시되고 고려되지 않는다.

2) 보육의 공공성 확보

현재 보육정책의 가장 큰 문제점은 공공성이 부족하다는 점이다. 오랫동안 보육은 주로 저소득층을 위한 사회적 서비스 차원에서 전개되었다. 그러나 보육정책은 부모의 계층과 무관하게 아동과 부모의 보육 욕구, 그리고 사회구성원의 재생산이라는 차원에서 보편주의에 근거하여 마련되어야 한다. 이를 극복하기 위해 민간중심의 시장방식에서 벗어나 보편성과 공공성 확보를 가장 기본적인 정책방향으로 삼아야 할 필요가 있다.

보육의 보편성을 추구하면서 보육정책에 2019년 기준 약 8조 원(기획재정부, 2020)에 이르는 막대한 예산이 투자되는 데도 불구하고 국민으로부터 환영받기보다는 비판을 받고 있는 이유를 전문가들은 민간독점의 보육서비스 공급체계 때문이라고 보고 있다. 보육정책의 철학이나 방향성에 대한 고민 없이 예산을 확대하는 것은 문제의 소지가 다분하다. 특히 민간보육시장의 독점구조를 건드리지 않는다면 더욱 왜곡의 가능성은 커진다. 현재 공보육은 2016년 22.5%에서 2018년 기준 25.3%로 조금씩 상승하는 추세이지만 절대적 공급수준이 부족한 현실로 맞벌이부모들이 맘편히 늦게까지 아동을 맡길 수는 없는 현실이며(보건복지부, 2019). 지자체 등의 재정부담 완화를 위해 가정어린이집 등 기존 시설들을 국공립으로 적극적으로 전환하고 500세대 이상 공동주택에 국공립어린이집 설치를 의무화함에 따라(보건복지부 홈페이지), 질적으로 내실 있는 국공립어린이집을 확충하는 일은 또 하나의 과제로 남아 있다.

영유아보육시설은 1990년 이후 추진된 정부의 보육시설확충계획에 의하여 크게 증가하였다. 그러나 시설 배치의 지역적 불균형, 공공과 민간보육시설의 불균형, 영아에 대한 보육시설과 장애아동 등을 위한 특수보육시설은 아직 부족한 실정이어서 공공성 측면에서 이들 시설의 확충이 요청된다. 보육서비스의 공공성은 보육서비스 질에 대한 관리를 강화하는 것을 통해서도 확보할 수 있다. 보육시설 평가인증제의 실효성을 강화해야만 자격 미달 보육시설에 낭비되는 예산을 절감할 수 있을 뿐만 아니라 아이들이 질 높은 시설에서 건강하게 성장 발달할 수 있을 것이다. 보육은 국가의 책임하에 추진되어야 함에도 불구하고 그동안 민간에 의해 보육현장이 주도되어 왔다. 보육의 공공성 확보를 위해서는 농산어촌지역 및 도시 저소득층 밀집지역과 어린이집 미설치지역을 중심으로 내실 있는 국공립 보육시설을 확충해야 할 것이다.

또한 우리나라의 경우 보육서비스의 공공성 확보와 아동수당제의 도입이 시기적으로 거의 동시에 추진되었고 둘 다 아동양육과 관련된다는 점에서 두 프로그램을 중복적인 것으로 간주하여 예산상의 제로섬 게임처럼 사고하는 경향이 있다. 그러나 이 두 가지 제도는 목적과 기원이 전혀 다른 제도이므로 아동수당은 보육정책과는 별개의 문제로 다루어져야 한다. 아동을 양육하는 것은 사회의 재생산을 위해 현세대가 다음 세대에 지는 집단적 책임이라는 점에서, 보육서비스와 아동수당은 그 책임을 상징적으로 표현하고 경제적으로 실현하는 전체 패키지의 일부로 자리매김될 필요가 있다(정익중, 2008).

3) 참여지향적 서비스 강화

보육정책은 참여지향적인 보육서비스를 제공하는 방향으로 이루어져야 한다. 즉, 참여지향적인 보육서비스 제공은 보육서비스 전달자와 보육서비스 대상자로서 아동, 부모 그리고 지역사회 간 상호작용이 체계적으로 이루어져야 함을 의미한다. 보육서비스 생산자로서 보육기관과 부모 그리고 지역사회는 공동역할을 해야 한다. 보육서비스 제공자와 소비자 그리고 지역사회가 의사결정 · 실행과정에 함께 참여함으로써 보육서비스의 효율성을 높일 수 있기 때문이다. 이를 위해서는 삼성어린이집의 '포괄적 보육서비스' 사례처럼 어린이집에서 보육 이외의 지원업무를 맡는 사회복지사 등을 확보하고 운영위원회 기능을 활성화하는 노력이 필요할 것이다. 부모들의 참여를 보장하는 보육시설 운영뿐만 아니라 보육시설과 부모와의 협력강화를 통해 보육의 질을 높이는 책임과 의무를 부모와 함께 나누어야 한다. 어린이집에 부모의 참여가 많을수록 아이들은 더 질 높은 시설에서 보호받으며 더 건강하게 성장할 수 있을 것이다.

4) 보육의 질 향상

보육의 질 향상을 위해서는 적어도 보육현장에서 아동학대가 일어나서는 안 된다. 이를 위해 아동권리에 대한 인식개선과 더불어 훈육을 이유로 가해지는 아동학대에 대한 신속한 모니터링이 실행되어야 한다. 2015년 이후 보육시설에 CCTV 설치가 의무화되고 어린이집 아동학대사건이 잇따르면서 열람건수는 증가하고 있지만 아동학대 사건에 전문성을 갖춘 모니터링 전담인력이 부족해 아동학대 정황을 충분히 파악하지 못하고 있다. 아동보호전문기관이 아동학대 여부를 판정해야 하는 데 충분한 인력을 확보되지 못한 상황이라 사건을 제때 처리하지 못해 오히려 분란을 가중시키고 있을 뿐만 아니라, 성인들이 사실 확인을 하지 못해 우왕좌왕할 때 치료와 교육이 필요함에도 적절한 도움을 받지 못하는 아동들이 그 피해를 입고 있다. 아동학대를 예방하고 분쟁 가능성을 낮추기 위해서는 아동학대로부터 아동을 보호하기 위한 CCTV 관리 체계화 및 아동학대 전문모니터링 기능을 수행하는 아동보호전문기관의 인력 확충이 시급하다.

또한 시설안전과 영양관리, 프로그램과 보육교사 자질 향상에 대한 요구가 높은 만큼 이를 위한 방안이 필요하다. 시설기준과 운영기준의 강화, 서비스 유형의 다양화와 질 높고 포괄적인 양육지원의 내용을 만들어 내야 한다. 보육시설종사자의 자질 향상을 위한 교육을 강화하고, 양질의 보육프로그램을 개발하며, 보수수준을 현실화하여 자격 있는 전문교사의 확보가 이루어져야 할 것이다. 또한 보육서비스 전달체계로서 보육행정체계, 보육위원회, 육아종합지원센터의 기능이 강화되고 어린이집 평가인증제의 실효성이 제고되어야 한다. 특히 2012년부터 진행된 누리과정과 표준보육과정 등 표준보육서비스(child care minimum)를 강력히 제도화함으로써 전국적으로 표준서비스를 제공할 수 없는 어린이집을 통폐합하여 부모가 자녀를 믿고 맡길 수 있는 양질의 보육서비스 제공기관으로 개선시켜야 한다.

「영유아보육법」의 전면개정을 계기로 교사 대 아동 비율이 하향 조정되었고 보육교직원(보육교사 및 어린이집의 원장)의 자격관리체계가 강화되었다. 또한 시설의 설치기준이 인가제로 강화되고, 어린이집의 자발적인 서비스 개선 노력을 유도하고 부모에게 어린이집 서비스 수준에 대한 정보를 제공하기 위한 평가인증제가

2006년 도입되었다. 그리고 2019년 6월 개정된「영유아보육법」의 시행에 따라 어린이집 평가인증이 의무화되었고, 평가를 거부할 경우 행정처분을 받게 평가인증은 강화되었다. 이러한 제도들은 보육의 전문성을 강화하는 데 크게 기여할 것이다.

보육서비스의 질은 결국 보육교사의 질로 결정된다. 그러나 현재 보육교사의 열악한 근무여건은 보육서비스의 질을 더욱 떨어뜨리고 있다. 2015년 보육실태조사 결과에 따르면, 보육교사의 일일 근무시간은 평균 8시간 42분, 보수는 월평균 급여 184만 3천 원으로 조사되었다. 이는 기본급 평균 147만 8천 원에 수당 평균 36만 5천 원이 더해진 금액이다. 국공립/법인/직장 어린이집 교사는 평균 200만 원, 가정/민간어린이집은 평균 150~160만 원으로 기관의 규모와 유형에 따라 교사의 월평균 급여수준이 다른 것으로 나타났다(보건복지부, 각 연도). 과거와 비교하면 보육교사의 처우가 일부 개선되었다고 할 수 있지만, 다른 직종과 비교할 때에는 여전히 열악한 수준이어서 양질의 서비스를 기대하기 어렵다.

또한 돌봄의 질은 주로 제공인력의 수준에 따라 결정되는 측면이 강하기 때문에 각 어린이집의 1급 보육교사 비율을 높이고 보육교사에 대한 재교육, 보수교육 등을 철저히 할 필요가 있다. 보육교사의 장시간 근무와 낮은 급여수준 등 근무환경도 개선하여 보육교사가 질 좋은 서비스를 제공할 수 있는 환경을 마련해 줄 필요가 있다. 하루 근로시간 8시간을 준수하고 유치원과 같이 보조교사, 종일제 교사 등 추가 인력 공급을 통해 보육서비스의 질을 높일 필요가 있다. 또한 보육교사도 교육 인력인 만큼 현행 최저 보육교사 자격기준을 상향 조정하여 적정 임금을 받을 수 있는 교육 인력으로 자리매김할 필요가 있다. 따라서 보육교사 처우와 양성과정 개선을 위한 제도 정비와 예산이 필요하다. 또한 어린이집 내 필요한 인력의 문제에 대해 새로운 고민이 있어야 한다. 실제로 종일보육이나 시간연장형 보육을 담당할 경우, 보육교사와 어린이집 원장만으로 모든 보육업무를 완벽하게 담당할 수 없다. 보육교사나 보조교사의 충원뿐만 아니라 사무인력, 사회복지사, 간호사, 영양사, 취사, 청소 인력, 상담사 등 다양한 인력이 추가로 필요하다. 어린이집 인력에 대한 개선과 재배치는 보육환경 개선과 신규 일자리 창출이라는 두 가지 효과를 동시에 가져올 수 있다.

토론 및 연구 주제

1. 보육에 대해 가정에서 담당해야 할 고정불변의 역할과 책임이 있는가? 있다면 무엇이며, 지역사회 및 국가에서 아동을 위해 제공해야 할 공공보육의 영역에는 어떤 것들이 있는가? 아동보육에 있어 가정과 국가의 역할에 대해 자유롭게 토의해 보자.

2. 생계를 위해 어쩔 수 없이 24시간 아이를 맡겨야 하고 24시간 어린이집이 아니면 결국 아동양육시설에 보낼 수밖에 없는 상황일 때, 이러한 필요성을 인정하여 24시간 어린이집을 수용해야 하는 것인가 아니면 반대해야 하는 것인가? 24시간 보육을 반대하는 이유는 아이를 맡겨놓고 일주일에 한 번 데려가는 것은 정상적인 보육방법이 아니며 24시간 보육을 허용한다면 부모가 아동을 방치할 우려가 있기 때문이다. 24시간 보육은 올바른 양육방법이 아니라는 입장과 어떻게든 자신의 품에서 양육해 보려고 하는 부모의 입장, 이 딜레마에서 보육서비스는 어떤 방향으로 나아가야 하는지 생각해 보자.
과거의 아동보육은 여성의 취업, 저소득 가계의 경제활동 지원과 같이 성인의 보육부담을 덜어 주기 위한 하나의 보완적 기능으로 실시되어 왔다. 그러나 최근 아동은 돌봄의 객체에서 권리의 주체로 인식되면서 아동의 권리와 표현의 자유가 중요시되고 있다. 그러나 너무 어린 영아의 경우, 보호자와의 장기간의 분리가 매우 고통스러움에도 적절하게 표현할 수 없다. 보호자의 일할 권리, 쉴 권리를 위해 아동의 장시간 보육이 수용될 수 있는 현실에서 아동권리를 존중하기 위해 필요한 정책적 조치는 무엇인지 생각해 보자.

3. 삼성어린이집은 포괄적 보육서비스를 통해 타 어린이집과는 다르게 따로 사회복지사 1명을 두고 있다. 사회복지사는 사례관리를 통해 취약위기아동들이 받을 수 있는 여러 가지 혜택들을 찾는 데 힘쓰고, 부모들의 취업알선, 지역사회연계 등의 일을 담당하고 있다. 그러나 아동학 쪽에서는 이런 일들을 보육교사들이 충분히 할 수 있다고 생각하고 있으며, 자신들이 담당할 부분을 사회복지부문에서 침해하였다고 생각하고 있다. 이에 대해 어떻게 생각하며 앞으로 영유아보육시설에 사회복지사가 진출한다면 어떤 일들을 담당할 수 있는가? 보육영역에서의 사회복지사가 보육교사와 가정의 기능을 강화시키기 위해 요구되는 역량은 무엇인지 생각해 보자.

4. 보육서비스의 질은 어떻게 평가할 것인가? 보다 수준 높은 보육프로그램을 도입하고 전반적인 보육서비스의 질을 향상시키기 위해서는 어떠한 노력이 필요한가? 보육서비스의 질 향상을 위해 도입된 어린이집 평가인증제의 실효성을 높이기 위한 방안은 무엇이 있을지 생각해 보자.

5. 만 0~2세 무상보육 때문에 대다수의 부모는 자녀를 어린이집에 보내지 않으면 정부지원을 못받기 때문에 그만큼 손해를 본다고 생각하면서 아동발달에 대한 큰 고민 없이 만 0~2세 영아들을 어린이집에 들여보내고 있다. 따라서 가정에서 주양육자와의 충분한 상호작용을 통해 안정적인 애착과 신뢰관계를 형성해야 하는 영아가 불필요하게 장시간 동안 보육시설에 장시간 체류하는 결과를 낳았다. 만 0~2세 영아에게 어린이집 환경이 바람직한 것인가? 어린이집에 불가피하게 보내야 한다면 어린이집이 영아에게 아동발달적으로 바람직한 환경이 되기 위해서는 어떠한 조건을 갖추어야 하는지 생각해 보자.

6. 보육시설 내 아동학대를 근절하기 위한 방안으로 CCTV 설치가 의무화되고 있다. 최근 잇따른 보육시설 내 학대 사건을 고려했을 때나, 그 무엇보다 아동의 안전이 최우선되어야 한다는 점에서 CCTV 설치를 찬성하는 입장이 있는 반면, 보육교사의 인권침해나 교육의 질 저하 문제로 인해 반대하는 입장 또한 존재한다. 보육시설 내 CCTV 설치 의무화에 대해 자유롭게 토의해 보자.

제14장

지역사회아동보호

제1절 빈곤아동 가정의 문제 및 사회복지대책

아동기는 부모를 비롯한 성인에게 의존해야 하는 시기이기 때문에 빈곤아동은 독립적으로 존재하기보다 빈곤가족의 구성원으로 존재하는 경우가 대부분이다. 따라서 빈곤아동이란 빈곤가정에서 생활하는 18세 미만의 아동을 의미한다. 여기서는 빈곤아동이 가장 많이 존재하는 가족형태인 소년소녀가정, 한부모가족, 근로빈곤층(working poor)세대, 내용적 결손세대의 문제에 대해 살펴보고, 이러한 세대를 위해 시급한 사회복지대책에 대해 살펴보고자 한다.

빈곤가정은 크게 구조적 결손가족과 기능적 결손가족으로 나눠 볼 수 있다. 구조적 결손가족이란 부모의 일부나 양친부모가 이혼이나 사망 등의 이유로 가족 내에 존재하지 않는 세대를 의미한다. 그리고 기능적 결손가족은 가족관계등록상 부모가 존재하나 빈곤, 가출, 질병 등으로 부모로서의 기능을 '제대로' 수행할 수 없는 세대를 의미한다. 정부에서는 구조적 결손가족의 경우 소년소녀가정세대나 한부모가족 등의 이름으로 지원을 하고 있지만, 기능적 결손가족의 경우는 지원의 사각지대에 놓여 있는 경우가 많다. 이 구분은 상호배타적인 개념이기보다 고위험인 경우에 중복해서 교차성으로 나타나기 쉽다. 이와 관련한 연구에 따르면 사회복지서비스의 지원을 받고 있는 빈곤아동이 서비스를 받지 못하는 아동에 비해 비행의 위험이 낮으며, 부모의 지도감독이 높은 상황에서는 비행에 대한 사회복지서비스 이용의 영향력이 미미하지만 부모의 지도감독이 낮은 상황에서는 사회복지서비스의 이용이 비행 수준을 낮추는 데 크게 기여하는 것으로 나타났다(정익중 외, 2005). 이는 기능적 결손가족이 국가적 관심과 지원을 제대로 받지 못하기 때문에 때로는 구조적 결손가족보다도 더 고위험 상황에 처할 수도 있다는 사실을 보여 주고 있다.

1. 구조적 결손가족

1) 소년소녀가정

우리나라를 제외한 세계 어느 나라에서도 소년소녀가장(가정)이라는 말은 없다. 외국의 경우에는 부모의 사망, 질병, 이혼 등으로 원가정 내 보호를 할 수 없게 되더라도, 아동을 가장의 자리에 두지 않고 친권을 행사할 수 있는 후견인이나 위탁가정을 마련하여 이들이 건강하게 성장하도록 보호하고 있다. 가정해체가 급격히 증가하면서 해체가정의 아동들을 모두 시설에 수용·보호할 수 없었기 때문에 우리나라는 1985년부터 '선 가정 후 시설보호'라는 정책을 도입하여 소년소녀가장을 지원하기 시작하였다(문선화, 2002). 그러나 소년소녀가정은 가정위탁이나 시설보호에 비해 외부위험에 노출되어 있는 보호형태로, 전문가들의 우려가 꾸준히 제기되었고 UN 아동권리위원회에서도 1996년부터 우리나라의 소년소녀가정제도 폐지를 권고하였다. 이에 따라 2013년부터는 추가지정을 금지하였고, 따라서 기존의 소년소녀가정은 가정위탁보호로 전환을 추진하고 있으며, 아동이 만 15세 이상으로 후견인을 선임하는 경우에 한하여 추가지정이 가능하다는 예외규정을 두었다(보건복지부, 2020).

(1) 소년소녀가정 현황

2018년 기준 우리나라의 소년소녀가정은 총 33명으로, 미취학 아동이 0명, 초등학생 1명, 중학생 5명, 고등학생 18명, 기타(미재학 등) 9명이다. 정부는 2004년 「아동복지법」에 가정위탁보호에 대한 법적 근거를 마련하여 15세 미만의 소년소녀가정 단독세대를 가정위탁세대로 유도하여 2005년 4,332명에서 점차 감소하였고, 2013년부터는 소년소녀가정에 대한 추가지정을 금지함에 따라 통계상으로 크게 줄어들었다(보건복지부, 각 연도).

현재 우리나라의 소년소녀가정 지원대상은 「국민기초생활보장법」에 의한 수급자(가구) 중 만 18세 미만(출생일 기준)의 아동으로만 구성된 세대이거나 부양능력이 없는 부모와 동거하는 세대로서 만 18세 미만의 아동이 실질적으로 가정을 이끌어 가고 있는 세대이고, 지원아동이 만 18세 이상인 경우라도 중 · 고등학교에 재학 중인 경우에는 졸업 시까지 지원이 가능하다(보건복지부, 2020). 2013년부터 소년소녀가정에 대한 추가지정이 금지되어 만약 만 15세 미만의 아동으로만 세대를 구성할 경우 가정위탁이나 아동양육시설 또는 그룹홈 입소와 같이 「아동복지법」 제15조에 따른 보호조치를 실시한다. 다만, 15세 이상인 형제자매가 1인 이상 포함된 세대로서, 당해 아동이 오랫동안 지역사회에서 독립적으로 생활해 왔고, 동거하지는 않으나 주변에 친 · 인척 등이 거주하여 수시로 보호를 받고 있어 가정위탁이나 시설(그룹홈) 입소가 적절하지 않다고 판단되는 경우는 예외적으로 지정할 수 있다(보건복지부, 2020a). 보호대상아동에게 최상의 이익이 되는 방식으로 정부가 보호조치를 취해야 하는 것은 매우 당연하지만, 어떤 결정이든 아동의 의견을 존중해야 하고 아

표 14-1 우리나라의 소년소녀가정 현황 (단위: 명)

연도	계	미취학	초등	중학	고교	기타
2005년	4,332	85	901	1,343	1,923	80
2010년	1,327	9	149	375	753	41
2015년	183	0	6	39	121	17
2018년	33	0	1	5	18	9

출처: 보건복지부(2019).

동이 지닌 욕구나 특성 등이 고려된 후에 배치(placement)방법을 결정해야 한다.

(2) 정부지원 내용

정부에서는 기존 소년소녀가정으로 지정된 아동에 대한 지원사업을 실시하고 있으며, 지원 내용은 다음과 같다(보건복지부, 2020).

첫째, 「국민기초생활보장법」에 따른 생계급여 및 교육급여를 제공한다. 생계급여로는 주·부식비, 연료비, 피복비, 장제비가 지급되고, 중·고교생의 교통비, 교복비, 영양급식비, 부교재 및 교양도서비 등이 지급된다. 교육급여로는 초·중·고교생의 학비가 지원된다. 둘째, 의료급여로 「의료급여법」에 의해 1종 보호 대상자로 선정하여 외래 및 입원 진료비 전액을 국가가 부담하고 있다. 셋째, 부가급여로 보조비가 지급되는데, 아동 1인당 월 20만 원 이상을 지급하도록 권고하고 있다. 넷째, 전세자금지원으로 85m^2 이하인 주택에 대하여 일반주택 전세자금 및 공공임대주택 임대보증금을 지원한다. 지역에 따라 가구당 지원한도액이 상이하며, 2020년 기준 수도권 9,000만 원, 광역시 7,000만 원, 그 밖의 지역은 6,000만 원 한도로 지원하고 있다. 다섯째, 정서적 후원을 지원하고 있다. 아동만으로 구성된 세대에 대해서는 가까운 이웃에 거주하는 아동위원, 종교인, 지역 여성지도자, 공무원, 대학생 멘토 등을 후원자로 지정하여 고충이나 애로사항을 상시 의논·해결하도록 하고 있다. 여섯째, 결연기관인 초록우산 어린이재단과의 협조체계를 강화함으로써 소년소녀가정 아동이 해당 기관에서 주관하는 캠프와 생활수기 공모, 후원자와의 만남 행사와 같은 여러 가지 프로그램에 참여할 수 있도록 지원한다.

이처럼 다양한 형태의 지원을 제공하고 있지만, 소년소녀가정 아동은 일반아동에 비해 정서적 지지를 적게 받고 있으며 학업성취도가 낮은 것으로 나타나 이에 대한 지원이 필요하다(오승환, 2000). 그러나 결연사업 위주의 사업을 추진하는 초록우산 어린이재단의 직원이 이들 아동에게 정서적인 지원을 제공하는 것은 쉽지 않고 지역사회 내에서 소년소녀가정 아동을 가깝게 접근할 수 있는 사회복지전담공무원도 과다한 업무량 때문에 적극적인 상담이나 지도를 하기 어려운 실정이다. 이러한 이유로 정부에서는 후원자를 지정하여 심리적·정서적 지지를 제공하도록 하고 있다. 하지만 후원자와의 관계가 지속되지 못하고 중단되면 오히려 아동들에게 악영향을 줄 수 있기 때문에, 후원자 지정과 관계 유지를 위한 정부 차원의 교육과 관리가 이루어져야 할 것이다.

2) 한부모가족

인구 1,000명당 이혼건수를 의미하는 조이혼율은 국제비교에 널리 활용되는 지표이다. 2018년 기준 우리나라의 조이혼율은 2.1건으로(보건복지부, 2019a), 미국 2.9건(Statista, 2020)에 비해 낮은 편이지만, 조혼인율 역시 매년 낮아지는 추세이기 때문에 단순한 수치만으로 이혼율이 낮다고 평가할 수 없다. 혼인상태별 인구구성비를 보면, 전체 연령층에서 미혼의 비율이 점점 높아지고 있으며, 기혼 가운데서도 이혼의 비율은 증가하는 반면 사별의 비율은 낮아지고 있는 추세이다. 통계청(2015)의 인구주택총조사에 의하면, 여성가구주 가구비율이 2010년 469만 명(26.6%)에서 5년 동안 96만 명이 증가하여 2015년에는 565만 명(29.6%)이다. 여성가구주 혼인상태의 경우 사별은 점차 감소한 반면, 이혼은 계속 증가하였다. 2007년 개정된「민법」에는 신중하지 못한 이혼을 방지하기 위하여 이혼숙려기간제도를 도입(제836조의2 제2항 및 제3항 신설)하고, 이혼가정 자녀의 양육 환경을 개선하기 위하여 협의이혼 시 자녀 양육사항 합의를 의무화(제836조의2 제4항 신설 및 제837조, 제909조 제4항)하는 등 종전의 협의이혼 절차를 대폭 개선 · 강화함에 따라 이혼율이 감소(변주수, 진미정, 2018; 한국여성정책연구원, 2011)하였음에도 불구하고, 이혼은 과거에 비해 매우 높은 비율로 이루어지고 있으며, 이혼의 양상 역시 달라지고 있다(박상진 외, 2009). 또한 이혼이 전 연령대에서 증가하고 있는 것이 특징이지만, 주로 남녀 모두 30 · 40대인 경우가 대부분을 차지하고 있어 이혼 당시 자녀의 연령이 20세 미만인 상태에서 이혼하는 경우가 전체 이혼건수의 55%를 넘어서고 있다.

(1) 한부모가족 현황

2018년 기준 우리나라의 한부모 가구는 총 1,539,000가구로, 이중 부+미혼자녀로 구성된 가구는 391,000가구(25.4%), 모+미혼자녀로 구성된 가구는 1,148,000가구(74.6%)이다.

표 14-2 우리나라의 한부모 가구 세대구성 (단위: 1,000가구, %)

세대구성	2017년	2018년
부+미혼자녀	392(25.6)	391(25.4)
모+미혼자녀	1,141(74.4)	1,148(74.6)
계	1,533(100.0)	1,539(100.0)

출처: 여성가족부(2020).

한부모가정은 빈곤에 취약한 대표적 가구유형으로, 특히 여성 한부모들이 경제적 어려움이 큰 것으로 나타났다(한국가정법률상담소, 2001; 한국여성민우회, 2002). 2015년 한부모가정의 빈곤율은 34.1%로 양부모가정의 빈곤율 10.1%보다 약 3배 높은 수준이다(여성가족부, 2015). 게다가 상당수의 한부모가 취업상태에 있어 국민기초생활보장의 혜택을 받는 저소득층의 비율은 극히 낮으면서도, 영세 사업장에서 근무하거나 소득이 충분하지 않아 근로빈곤층(working poor)에 속할 가능성이 높았다(여성가족부, 2018).

한부모가족 중 저소득 계층으로, 「한부모가족지원법」에 따른 지원대상이 되는 가구는 2018년 기준 총 182,731세대이고, 해당 가구에 속한 세대원은 총 452,341명으로 나타났다(여성가족부, 2020). 이들 중 대다수는 모자가족으로 78.2%(142,830세대, 353,658명)의 비중을 차지하였고, 부자가족은 전체 저소득 한부모가족의 21.3%(38,979세대, 96,522명)를 차지하여 한부모 여성과 자녀가 특히 빈곤에 취약하다는 것을 확인할 수 있다.

이처럼 경제적으로 매우 불안정한 삶을 살아가는 한부모들은 자녀교육비, 생활비가 부족하여 주택규모를 줄여야 하는 등 여러 가지 어려움을 겪는다. 이러한 상황에서 자녀를 양육하는 이혼 또는 미혼 한부모에게 주어지는 자녀의 양육비는 굉장히 큰 의미를 갖는다. 물론 소득과 계층에 따라 그것이 가지는 의미가 조금씩 다르다 할지라도, 양육비는 한부모가정의 빈곤을 해소하고 생활의 질을 윤택하게 한다는 측면에서 매우 중요하다(한국여성민우회, 2002).

하지만 우리나라는 이혼과정에서 자녀양육을 보장할 수 있는 제도가 미흡하다. 2007년 「민법」을 개정하여 협의이혼 시 자녀 양육과 관련한 협의서(양육비부담 조서 등) 작성을 의무화하고 있지만, 실제로 자녀 양육에 관한 협의 사항의 이행 정도는 매우 낮은 수준이다. 합의서에 서로 양육비를 주고받지 않는 것으로 기재하거나, 양육비부담 조서를 작성하였더라도 이를 제대로 이행하지 않는 경우가 많기 때문이다. 2018년 한부모가족 실태조사 결과에서도 미혼 또는 이혼 한부모 중 양육비를 한 번도 받은 적이 없다는 응답이 73.1%에 달해, 양육비 지급 문제가 여전히 심각한 수준이라는 것을 알 수 있다(여성가족부, 2018). 또한 양육비 강제집행에 관한 제도가 마련되어 있어 양육비 지급을 보장하고 있으나, 실제로 이 제도를 활용하여 양육비 강제집행을 신청하는 사람들이 많지 않은 것으로 나타난다(한국여성정책연구원, 2011). 왜냐하면 경제적인 이유로 양육비를 지급하지 못하는 경우가 대부분이라서 강제집행을 해도 소용이 없기 때문이다. 이러한 문제를 해결하기 위해 2015년부터 「양육비 이행확보 및 지원에 관한 법률」이 시행됨에 따라 양육비이행관리원(www.childsupport.or.kr)이 설치되어, 미성년 자녀의 양육비 청구와 이행확보 지원 등에 관한 업무를 수행하고 있다(양육비이행관리원 홈페이지). 이를 통해 양육비와 관련한 상담과 이행확보 등을 위한 법률지원, 한시적 양육비 긴급지원, 양육비 채무 불이행자에 대한 제재와 같은 다양한 지원을 제공하는 점은 매우 긍정적이다. 그러나 양육비이행관리원의 서비스가 서울과 같은 대도시에 집중되어 있고, 양육비를 받지 못하는 한부모가 여전히 많다는 점에서 이에 대한 보완이 필요한 것으로 판단된다(김현진, 2020). 특히 양육비해결모임이라는 단체에서 2018년 7월부터 양육비를 지급하지 않는 부모의 신상을 공개하는 '배드파더스'라는 웹사이트를 운영하고 있는데, 이를 통해 양육비 미지급 문제의 상당수가 해결되었고 양육비에 대한 사회의 인식이 변화하는 계기가 되고 있다(김현진, 2020). 하지만 양육비 분쟁 과정에서 부부간 관계뿐만 아니라 비양육부모와 자녀 간 관계도 영향을 받을 수 있으므로 국가에서 양육비를 선지급하고 비양육부모에게 이에 대한 구상권을 행사하는 선제적인 방법도 검토할 필요가 있다.

(2) 정부지원의 내용

6·25 전쟁 후 남편을 잃은 한부모 여성과 자녀를 보호하고 지원하기 위해 1955년 모자보호시설을 설치한 것이 우리나라 한부모가족 지원사업의 시작이다. 1989년

「모자복지법」이 제정되어 법적 근거가 마련되었고, 이후 한부모 남성과 자녀에 대한 동일한 지원을 보장하기 위해 「모자복지법」을 2002년 「모부자복지법」으로 개정하여 부자보호시설과 부자자립시설을 복지시설에 추가하였다. 2007년에는 「모부자복지법」을 「한부모가족지원법」으로 개정하여 '모 · 부자가정'을 '한부모가족'으로 명칭 변경하고, 조손가족을 보호대상에 포함하였다. 따라서 현재 「한부모가족지원법」을 근거로 하여 한부모가정을 지원하고 있으며, 2010년부터 청소년한부모 자립지원사업을 도입하여 만 24세 이하 청소년한부모의 양육과 자립을 지원하고 있다(여성가족부, 2020).

한부모가족지원사업의 대상 가구기준은 한부모가족(모자가족 및 부자가족)과 조손가족, 청소년 한부모가족이고, 해당 가족의 모 또는 부(조손가족은 조부 또는 조모)와 18세 미만(취학 시 22세 미만)의 자녀이며, 가구선정 기준과 소득인정액 기준을 충족한 경우 지원결정이 가능하다(여성가족부, 2020). 정부에서 저소득 한부모가족에게 지원하는 내용은 다음과 같다.

첫째, 한부모가족 자녀 양육비 등 경제적 지원이다. 저소득 한부모가족이 가족기능을 유지하고 생활안정과 복지증진 유지를 위해 아동양육비와 아동교육지원비 등을 지원한다. 이에 따라 저소득 한부모가족의 만 18세 미만 아동에게 자녀 1인당 월 20만 원의 양육비를 지급하고, 2012년부터는 만 25세 이상 미혼 한부모와 조손가족이 만 5세 이하 자녀를 양육하는 경우에는 자녀 1인당 월 5만 원을 추가 아동양육비로 지급하고 있다. 또한 저소득 한부모가족(조손가족 포함) 중 · 고등학생 자녀의 학습지원 강화를 위해 자녀 1인당 연 54,100원의 아동교육지원비(학용품비)를 지급한다. 마지막으로, 한부모가족 복지시설에 입소한 저소득 한부모가족(조손가족 및 청소년한부모가족 포함)에게는 가구당 월 5만 원의 생활보조금을 지원하고 있다(여성가족부, 2020a).

둘째, 청소년 한부모가구의 자녀양육환경 개선과 자립을 지원하기 위하여 2010년부터 '청소년 한부모 자립지원사업'을 실시하였는데, 이에 따라 만 24세 이하의 청소년 한부모 자녀 1인당 월 35만 원의 아동양육비를 지급하고, 청소년 한부모가 학업, 직업훈련, 취업활동 등을 통해 자립활동에 참여한 실적이 있다면 월 10만 원의 자립지원촉진수당을 추가로 지원한다. 특히 고등학교 이하의 학업을 중단한 청소년 한부모에게는 학력 취득 및 역량개발 기회를 지원하기 위해 검정고시 학원 등에 등록할 경우 연 154만 원 한도 내에서 최대 2년간 검정고시 학습비를 지원하고 있다. 만약 고등학교에 재학 중인 청소년 한부모가 학업이 중단될 위기에 직면하였다면 고교생 교육비(입학금, 수업료)를 지원하여, 청소년 한부모의 정규학력 인정 기회를 보장한다(여성가족부, 2020).

셋째, 한부모가족복지시설 지원으로, 2019년 기준 우리나라에는 총 131개소(생활시설 124개소, 이용시설 7개소)의 한부모가족복지시설이 설치되어 운영 중이다. 만 18세 미만의 자녀(취학 시 만 22세)의 아동을 양육하는 무주택 저소득 한부모가족은 해당 시설에 자녀와 함께 입소하여 생활하면서 심리상담 · 직업교육 등을 제공받고 자립을 준비할 수 있으며, 시설 입소자는 월 5만 원의 생활보조비를 받을 수 있다. 입소기간은 복지시설의 유형(기본생활지원형, 공동생활지원형, 미혼모자복지시설-기본생활지원형 등)에 따라 상이하다(여성가족부, 2020).

넷째, 저소득 한부모 등 취약가족 지원서비스로, 미혼모 · 부 초기 지원과 한부모가족 무료법률구조 사업이 있다. 미혼모 · 부 초기 지원은 미혼모의 임신 초기부터 상담 및 정보제공, 자녀출산과 양육 시 응급지원 서비스를 지원하여 안정적으로 자녀를 양육할 수 있도록 지원하는 것이다. 그리고 한부모가족 무료법률구조 사업은 한부모가족에게 법적 분쟁 발생 시 무료법률구조(법률상담, 소송대리, 기타법률사무 지원)를 통해 정당하게 권리구제를 받을 수 있도록 소송비용(실비) 및 변호사 보수 등을 지원하는 사업이다. 지원사건은 양육비이행관리원 위탁사건을 제외한 민사 · 가사 사건과 형사사건, 행정심판 및 행정소송 사건, 헌법소원 사건 등이다(여성가족부, 2020).

이러한 지원은 아동이 원가정 내에서 보호될 수 있도록 하여 아동의 가정외보호 자체를 예방할 수 있는 장점이 있다.

(3) 개선방안

① 이혼숙려제도 활성화를 위한 제도적 보완

협의이혼 과정에서 이혼숙려제도는 이혼을 다시 한번 생각하고 자녀의 복리증진을 위한 대책을 마련할 기회로 삼을 수 있을 것이라는 기대와 달리, 협의이혼신청자 중 30% 이상이 숙려기간을 협의이혼 진행과 무관하게 보내고 숙려기간 동안 전문 상담가의 상담을 받은 경우도 매우 낮은 실정이다. 현재 대부분의 법원은 법원 내 상담위원을 위촉하여 숙려기간 동안 상담을 지원하고 있지만, 상담 이용률은 저조하다. 특히 미성년 자녀를 둔 신청자들에 대해 상담 의무 제도를 마련하는 것이 중요할 것으로 보인다. 따라서 장기적으로는 미성년 자녀가 있는 경우 상담 의무화를 도입하는 방향으로 제도를 보완하고, 단기적으로는 제도적 인프라를 구축하면서 상담에 대한 유인책을 제공하는 등의 방법으로 자발적인 상담을 유도하는 것이 필요하다(한국여성정책연구원, 2011).

② 양육비이행관리원 기능 강화

양육비이행관리원 출범 이후 양육비 채무 이행에 대한 당위성이 강화되었지만, 기존에 개인이 해 왔던 업무를 이행관리원이 대리해 주는 것에 불과하다는 비판이 있고, 실질적인 효과는 여전히 미비한 것이 사실이다. 이는 양육비 채권 추심을 위해 양육비이행관리원이 취할 수 있는 행정적 제재조치가 부족하고, 양육비 채권의 공공성에 대한 인식이 부족하기 때문이다(박복순, 2016).

이러한 문제를 해결하기 위해서는 우선 양육비이행관리원의 기능을 강화할 필요가 있다. 행정적 제재조치 강화방안으로 양육비 채무 불이행자에 대한 운전면허 제한제도 도입하여, 운전면허정지 처분의 결정을 양육비이행관리원이 담당하는 방안이 논의되고 있다. 이는 미국에서 시행하고 있는 제도로, 양육비 채무를 불이행하였을 때 운전면허가 제한된다는 것을 경고함으로써 양육비 채무를 자발적으로 이행하도록 하는 유도적 기능을 갖는다(이비안, 2019).

국가가 직접 양육비 채권자를 대신하는 당사자 지위를 가짐으로써 양육비 채무의 공공성을 확보할 수 있다. 즉, 미국과 영국 등 해외사례와 같이 국가(양육비이행관리원)가 양육비를 직접 징수하여 양육부·모에게 이전하고, 불이행 시 국세 체납자와 같이 제재조치를 취함으로써 양육비 이행을 확보하는 것이다(박복순, 2016). 더 나아가 국가가 양육비를 선지급하고 양육비 채무자에게 구상권을 청구하여 돌려받는 방식도 고려할 수 있다.

그러나 이러한 조치들은 관련 법률을 개정하거나 타 법률과의 조율이 필요하고, 예산과 개인의 자유권을 침해할 소지가 있다는 점 등으로 우리나라에는 아직 도입되지 못하였다.

2. 기능적 결손세대

1) 근로빈곤층세대

과거엔 일자리만 구하면 그럭저럭 먹고 살 수 있었다. 하지만 IMF 외환위기 이후 비정규 일자리가 늘어나면서 일을 해도 가난에서 벗어나지 못하는 '근로빈곤층(working poor)'이 급증하였다. 1인 이상 전 가구 중 취업자의 가처분소득 기준 상대적 빈곤율(중위 50%)은 2018년 11.4%로 나타났다(소득보장정책연구실, 2019). 근로빈곤층 양산의 주요 원인은 외환위기를 벗어나기 위해 기업들이 비정규직을 급속히 확대한 것이다. 즉, 많은 사람이 일을 해도 급여가 낮고 고용이 불안정한 상태에 머물러 가난에서 좀처럼 벗어날 수 없었던 것이다. 비정규직은 근로기간이 정해져 있지 않은 상시근로자와 달리 근로기간이 정해져 있는 계약직, 일용직 등으로 한시적 근로자, 시간제근로자, 비전형근로자로 구분한다. 2019년 8월 기준 우리나라의 비정규직 규모는 총 7,481천 명으로, 전체 임금근로자의 36.4%를 차지하고 있다(김복순, 임용빈, 2020). 2018년 6월 기준 전체 근로자의 월 임금 총액은 3,028천 원으로 조사되었는데, 정규직근로자의 월 임금 총액은 3,510천 원인데 비해 비정규직근로자는 1,588천 원(정규직 대비 45.2%)으로 나타났다(고용노동부, 2018). 비정규직근로자의 월 임금 총액이 「국민기초생활보장법」의 4인 가구 생계급여 선정기준인 1,355천 원(보건복지부, 2017)보다 조금 높은 수준에 불과하다.

(1) 근로·자녀장려금

국민기초생활보장제도는 공공부조로서 소득규모에 상관없이 최저생계비와 가구소득의 차액을 보충해 주는 방식이기 때문에 수급자들이 국가의 보호에 의존할 가능성이 높고 저소득층의 근로 의욕을 높이는 데 한계가 있다. 선진국들도 공공부조 수급자들의 근로동기를 고취하기 위하여 공공부조 내에 근로장려금(근로소득공제, earnings disregard) 제도를 도입함과 동시에, 조세정책을 통하여 저소득계층의 근로유인을 배가하는 이중의 장치를 마련하는 추세이다. 이는 복지제도의 지속 가능성을 위해서뿐만 아니라 수급자들이 스스로 자립하도록 하기 위해서도 중요하다.

미국은 1975년에 처음으로 근로장려세제(Earned Income Tax Credit: EITC) 제도를 도입하였고, 그 이후 제도적 보완을 거듭해 왔다. EITC는 다음과 같은 특성을 가지고 있다(박능후, 2003). 첫째, 근로소득이 있는 경우에만 이 제도의 혜택을 받을 수 있다. 적용대상 소득을 피용자의 임금, 자영업자의 사업소득 등 근로소득으로 제한함으로써 근로빈곤층의 근로유인을 강화할 수 있다. 그러나 장애인, 아동, 여성가구주 등 본인의 근로의지와 무관하게 취업을 할 수 없는 계층은 EITC에 의해서 아무런 혜택을 받을 수 없기 때문에 별도의 소득보장제도가 필요하게 된다. 둘째, 이 제도는 최저생계비 이하일 때 근로소득 규모가 커질수록 국가에서 받는 금액 또한 커질 수 있어 저소득층이 적극적으로 근로소득을 높이려고 노력할 것이다. 그러나 소득이 낮을수록 급여도 적어지므로 최저생활보장이 달성되지 않는 사각지대가 발생하는 단점이 있다. 셋째, EITC는 반드시 빈곤선 이하의 근로빈곤층만을 대상으로 삼는 것이 아니라 설계 여하에 따라서는 상당히 넓은 범위의 근로계층을 대상으로 제도를 시행할 수 있다. 공공부조 제도가 절대빈곤계층만을 대상으로 삼고 사회수당은 전 소득계층을 대상으로 삼는 데 비해 EITC는 빈곤선을 상회하지만, 결코 고소득층은 아닌 중하위계층의 근로자를 대상으로 삼는 특징을 가진다. 넷째, 소득신고를 해야만 혜택을 볼 수 있어 저소득층 세원관리가 확실해진다.

우리나라에서도 2009년에 최초로 근로장려세제(Earned Income Tax Credit)를 시행하였으며, 그 기본구조는 미국의 EITC와 유사하다. 이는 저소득 근로자 가구에 소득세 환급의 형태로 근로장려금을 지급하는 제도로, 실질소득을 증가시킴으로써 저소득층이 극빈층으로 추락하는 것을 예방하고 조세제도를 통한 근로의욕 고취와 소득재분배 효과를 기대할 수 있으며, 일정 소득 구간에서 소득이 증가할수록 지급액이 많아지기 때문에 근로의욕을 높일 수 있다(국세청, 2020). 즉, 열심히 일은 하지만 소득이 적어 생활이 어려운 근로자 또는 사업자 가구에 대하여 가구원 구성과 총급여액 등에 따라 산정된 근로장려금을 지급함으로써 근로를 장려하고 실질

	일반국민	저소득근로자계층	빈곤층
근로장려금 도입 전 2중 사회안전망	사회보험 (1차 안전망)		국민기초생활 보장제도 (2차 안전망)
근로장려금 도입 후 3중 사회안전망	사회보험 (1차 안전망)	근로장려금 (2차 안전망)	국민기초생활 보장제도 (3차 안전망)

그림 14-1 근로장려금 도입 후 3중 사회안전망

출처: 국세청 홈페이지.

소득을 지원하는 근로연계형 소득지원제도이다. 최초로 근로장려금을 지급하였던 2009년에는 소득파악이 쉬운 근로자를 대상으로 하였으나, 점차 지급범위를 확대하고 지급액을 인상하는 등 제도를 보완하였다. 즉, 2012년에는 자영업자 중 일부가 추가되었고 2015년부터는 지급대상을 모든 자영업자까지 확대하였으며, 2019년에는 종교인이 추가되었다(국세청, 2020).

근로장려금은 근로소득, 사업소득(전문직 제외), 종교인소득이 있는 거주자로서 총소득요건과 재산요건 등을 갖춘 자에게 2020년 기준 150만 원에서 300만 원까지 지급된다. 또한 저소득 근로자의 자녀양육비 지원을 위해 2015년부터 자녀장려금도 추가로 지급하고 있는데, 총소득 4,000만 원 미만이면서 부양 자녀(18세 미만)가 있는 경우 자녀 1인당 70만 원(최소 50만 원)을 지급한다. 특히 근로장려금 지급을 단독 및 가족(홑벌이/맞벌이) 가구 기준으로 개정하여 기존 근로장려세제의 자녀기준을 자녀장려금에 적용하고 근로장려금과 자녀장려금의 수급요건을 연계하고 있다(김재진, 2014). 2018년 기준 총 388.5만 가구에 43,003억 원(가구당 평균 110만 7천 원)의 근로장려금을 지급하였고, 자녀장려금은 총 84.8만 가구에 7,273억 원(가구당 평균 85.8천 원)을 지급하였다(국세청, 2019). 근로장려금과 자녀장려금 산정모형은 [그림 14-2]와 같다.

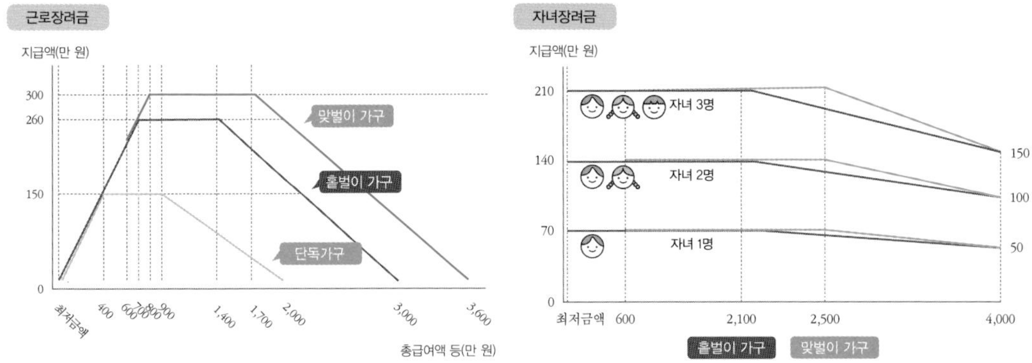

그림 14-2 근로 · 자녀장려금 산정모형

출처: 국세청(2020).

(2) 개선방안

① 근로빈곤의 근원적 문제해결 필요

근로장려금과 자녀장려금은 공공부조 성격의 소득이전 확대 및 소득재분배 효과가 있는 것은 분명하지만, 근로빈곤의 근원적 문제를 해결하는 데에는 한계가 있다. 즉, 저숙련 저임금 일자리나 단시간 근로, 불안정한 고용형태를 개선하려는 노력이 병행되어야 하며, 이를 위한 제도 간 연계나 기능 분담과 같은 조정이 필요하다(배화숙, 2019). 특히 정규직을 확대하고 근로빈곤층을 정규직으로 채용하는 등 일자리의 질을 높여 취업기회를 확대해야 한다. 근로빈곤층은 일할 의욕이 있다고 하더라도 노동시장의 진입장벽으로 인하여 정규직에 취업하기가 쉽지 않은 실정이다. 문재인 정부에서는 2017년부터 비정규직을 정규직화 정책을 통해 고용안정을 유도하고 있지만, 공공부문에 비해 민간부문의 정책효과는 아직 미비한 상황이다(조영현, 김근세, 2019). 따라서 근로빈곤층을 정규직으로 채용하는 고용주에게 세제상 인센티브를 주거나 기업복지와 사회보장급여에서의 정규직과 비정규직 간의 차이를 철폐하고, 비정규직의 근로시간 확대를 통해 고용 안정성과 적절한 노동시간을 보장할 필요가 있다(백학영, 구인회, 2010). 이를 통해 근로빈곤층은 안정적인 일자리에서 자기의 능력과 경쟁력을 입증할 기회를 가질 수 있을 것이다.

② 자활사업의 강화

정부에서는 근로빈곤층의 탈빈곤과 빈곤예방 그리고 자립지원을 위해 자활사업을 수행하고 있다(보건복지부, 2020b). 과거 기초생활보장 수급자를 중심으로 자활사업을 추진하였으나 점차 그 대상을 확대하였고, 자활근로사업의 다양화와 개인별 맞춤일자리를 지원하는 희망리본사업, 저소득층의 자산 형성을 지원하는 희망키움통장(IDA, 개인발달계좌) 사업 도입 등 효과를 극대화하기 위한 노력을 거듭하여 왔다. 특히 정부에서는 기초생활보장 수급자 및 차상위계층의 자립을 지원하고 자활사업의 지원체계의 전문성 및 효율성을 제고하고자 2019년 7월에는 한국자활복지개발원을 출범하였다(보건복지부, 2020b).

우리나라의 자활사업은 근로연계복지를 통해 근로빈곤층의 최저생활을 보장하고 자활의 기회를 제공해 왔다는 데에서 그 의미를 찾을 수 있다. 그러나 지금까지의 여러 가지 노력에도 불구하고 근로빈곤층의 탈수급 및 탈빈곤 효과가 그리 크지 않은 것이 사실이다(장호윤, 정우열, 최인규, 2019). 따라서 자활사업의 성공을 위해서는 자활사업 참여자 상당수가 자신감과 의욕이 부족한 점을 감안하여 자활사업 참여 전에 자신감 회복 및 동기부여 등의 기초교육·훈련과정을 개발하여 실시해야 한다. 빈곤층이 자활사업에 참여하고자 하는 동기를 부여하기 위한 방법으로 효율적인 근로유인체계를 활용하고, 탈수급 제고를 위하여 주거와 일자리 지원정책을 패키지로 운영하는 등의 방법을 도입할 수 있다. 또한 보다 효율적인 운영을 위하여 현행 기초보장제도의 급여체계를 개편할 필요가 있다. 근로와 연계하여 자활이 초점이 되는 급여체계로 전환하되 주거, 교육, 의료 등 욕구별·영역별 급여대상은 폭넓게 확대하여 빈곤을 예방하는 체계로 전환하는 것이 필요하다(이태진, 2011).

제2절 지역사회아동을 위한 아동복지정책

현재 우리나라의 아동 관련 업무는 보건복지부를 비롯하여 교육부, 여성가족부, 고용노동부, 행정안전부, 법무부 등의 부처에 분산되어 있으며, 지역사회 빈곤아동을 위한 정책은 보건복지부에서 주로 담당하고 있다. 보건복지부는 아동복지정책과에서 아동복지에 관한 정책을 총괄하고 종합계획을 수립 · 시행한다. 하지만 보건복지부의 저소득층 초등학생과 청소년들에 대한 정부의 정책은 극히 제한적으로 이루어지고 있다. 저소득층 중 · 고생 자녀 학비 지원, 아동 방과후 프로그램 등 프로그램의 내용이나 재정지출 규모로 볼 때 대단히 낮은 수준이다(김태성, 손병돈, 2002). 아동과 관련하여 교육부 학생복지정책과가 실시하는 정책은 교육복지우선지원사업 등을 들 수 있다. 여기서는 지역사회아동을 주요 대상으로 하는 대표적 아동복지정책인 교육복지, 아동정신보건사업, 아동정책영향평가를 살펴보고 그 개선방안을 검토할 것이다.

1. 교육복지

1) 교육복지우선지원사업의 현황

지역사회 빈곤아동에게 가장 필요한 서비스 중 하나가 교육지원이다. 교육은 개인의 사회적 성공을 이루는 강력한 수단이기 때문에 빈곤탈출에서 교육의 역할은 절대적이다. 일반적으로 빈곤의 원인을 논의할 때 가장 빈번하게 거론하는 것이 교육수준이다. 실제로 교육수준이 낮을수록 빈곤 가능성이 높은 것은 많은 실증적 조사에서 검증되었다(이인재, 2003). 교육에는 일정한 경제적 비용이 수반되기 때문에 경제적 불평등은 교육기회의 불평등으로 이어진다. 교육비 지출이 많을수록 더 좋은 교육을 받게 되고, 이에 따라 좋은 대학에 갈 수 있는 확률이 높아지고, 결국 높은 소득을 얻을 수 있는 여건이 조성된다. 우리 사회에서 사회경제적 배경이 취약한 가정 출신들이 상대적으로 낮은 학력과 낮은 교육성취를 보인다는 것은 이미 여러 조사를 통해 확인된 사항이다(구인회, 2003a; 2003b). 교육비 지출을 통해 간접적으로 빈곤세습의 가능성을 제시한 연구결과(김대일, 2004)도 이를 뒷받침한다. 공교육비는 계층에 따라 차이가 크지 않기 때문에 결국 사교육비의 차이가 빈부의 대물림을 가져온다고 볼 수 있다. 2019년 초 · 중 · 고등학생 사교육비 조사결과, 사교육비 총규모는 초등학생 9조 6천억 원, 중학생 5조 3천억 원, 고등학생 6조 2천억 원으로, 전년 대비 1.0조 원(11.8%) 증가한 것으로 나타났다. 특히 월평균 소득이

200만 원 미만 가구의 1인당 월평균 사교육비는 10.4만 원인 데 비해, 800만 원 이상인 가구의 1인당 월평균 사교육비는 약 5.2배인 53.9만 원으로 나타나, 소득계층에 따른 사교육비 격차가 매우 큰 것을 알 수 있다(교육부, 2020년 3월 9일). 즉, 과거 빈곤탈출의 유력한 수단으로 여겨졌던 교육이 더 이상 계층 상승의 통로 역할을 하지 못하고, 빈곤이 교육을 통해 대물림될 가능성이 높은 것이다. 교육성취의 불평등이 오늘날 빈곤 재생산 과정의 한 단면임을 고려한다면 빈곤아동들에 대한 교육지원은 일차적 중요성을 갖는다(정익중, 2011a).

지역사회 빈곤아동들에게 필요한 서비스로 교육지원 외에 복지 및 문화지원이 있다. 빈곤아동 중 심각한 경우 기본적인 의식주조차 해결하기 어려운 경우도 있다. 이들에게는 생존에 필요한 기본적인 복지서비스가 제공되어야 한다. 빈곤아동의 경우 중산층 아동에 비해 건강이 상대적으로 좋지 않지만 의료서비스에의 접근기회는 낮은 것으로 나타나고 있다(이인재, 2003; 이혜영, 2003). 이들에게는 기본적인 의료서비스가 제공되어야 하며, 특정 문제가 있는 아동들에게는 약물치료, 재활서비스 등을 반드시 제공해야 한다. 또한 아동들의 건강한 성장발달을 위해서는 여가활동 등 다양한 문화 활동이 제공되어야 한다. 또한 일반아동은 빈곤아동에 비해 전반적으로 여러 가지 형태의 문화적 경험기회가 많은 것으로 나타났다(정익중, 2003). 이러한 문화적 경험기회를 통해 아동들은 지적인 자극을 받게 되고 이러한 지적 자극을 통해 인지능력이 향상되고 학습능력, 학업성적도 제고된다. 그러므로 빈곤아동의 문화적 경험기회의 결손은 다음 발달단계의 인지능력, 학습능력, 학업성적의 저하로 나타날 가능성이 높다. 따라서 빈곤아동들의 정상적인 인지 · 정서 발달을 위해 필수적인 문화 활동이 지원되어야 한다.

이러한 교육지원, 복지 및 문화지원을 포괄하여 제공하려고 시도하는 것이 교육복지우선지원사업이다. 교육복지우선지원사업은 저소득층이 밀집한 학교의 학생을 대상으로 학습지원, 문화체험, 심리정서 프로그램, 교육복지 등을 종합적으로 지원하여(교육부, 2018) 아동의 발달단계에 맞는 역량과 맞춤형 지원을 목적으로 하는 사업이다. 취약계층 유아 교육안전망을 구축하며, 초 · 중학교 일반화 및 맞춤형 지원 강화, 고등학교 교육복지사업을 확대하고 있다. 그 밖에도 지역사회교육복지협력 체계 내실화와 교육복지 사업관계자 역량을 강화하기 위한 사업을 수행하고 있다(서울특별시교육청, 2016). 교육복지우선지원사업은 도시 저소득층 밀집지역 아동들의 탈빈곤을 위해 경제적 보조에 중점을 둔 정책에서 벗어나 교육−복지−문화를 동시에 제공하는 적극적 차별정책으로 제안되었다(교육인적자원부, 한국교육개발원, 2004). 빈곤아동들의 탈빈곤을 위해서 중앙정부 차원에서는 다차원적 정책적 접근이 필요하나, 지역차원에서는 교육−복지−문화 등을 포괄하는 지역공동체적 접근법이 요구되고 있다. 미국의 경우도 빈민층의 지역사회환경이 탈빈곤의 장애가 된다는 연구결과에 따라 새로운 지역사회 건설을 통한 탈빈곤 정책을 실시하였다(Coulton & Chow, 1995). 교육복지우선지원사업은 바로 이러한 정책방향에 조응할 수 있는 사업이다.

교육복지우선지원사업의 추진전략은 가정−학교−지역사회를 연결하는 통합지원체제 구축을 통해서 학습, 문화체험, 심리정서, 복지 등 아동청소년 삶의 전 영역에서의 필요에 대응하는 것이다. 이를 위해 교육취약 아동청소년들 개개인의 수준과 역량에 맞는 프로그램을 개발하여 자기주도적 학습능력을 증진시키고, 문화체험 활동 지원, 심리정서 발달 지원, 진로 탐색 지원, 복지 프로그램 활성화, 교사와 학부모 지원, 영·유아 교육·보육 지원 등을 실시하고 있다. 2003년 서울 6개, 부산 2개 지역에서 시범사업을 실시한 이후 점차적으로 확대되어 2018년에는 총 1,956개 학교(1,427억 원)가 교육복지우선지원사업에 참여하였다(교육부, 2018). 또한 2011년부터「초·중등교육법 시행령」에 사업의 근거를 마련하고「지방교육재정교부금법 시행령」에 교부 기준을 명시하는 등 관련 법적 근거 마련을 통해 도시뿐만 아니라 전국 저소득층 밀집 초·중·고등학교로 확대되고 있다.

교육복지우선지원사업의 대상은 초·중·고교 학생 중 기초생활보장 수급자와 한부모가족보호 대상, 차상위계층, 탈북 및 다문화, 특수교육대상 등이다(교육부, 2018). 저소득층 초등학생에 대해서는 주의력 결핍 증상, 정서 발달 장애, 학교부적응 등 조기 개입이 필요한 아동에게 적합한 프로그램을 제공하고 정서적 안정, 학습 의욕과 태도 개선, 방임되는 아동 보호, 기초학습 토대 및 개인별 특기 발견에 중점을 둔다. 중학생에 대해서는 건강한 사회적 발달을 지원할 수 있는 프로그램과 교육과정과 연계된 프로그램에 중점을 두고, 고등학생은 학교 적응력 및 사회 적응력 향상을 위한 프로그램, 진로 지도 및 직업교육 프로그램에 중점을 두고 있다(교육과학기술부, 한국교육개발원, 2012). 또한 학교가 지역사회의 핵심 센터로서 지역의 교육-문화-복지의 중심적 역할을 수행할 수 있도록 학교의 기능을 강화하고, 이를 통해 교육취약 아동청소년들에 대한 지역사회 차원의 교육-문화-복지의 통합 서비스망을 구축하게 된다. 학교와 지역사회 각 기관과의 네트워크를 통해 지역의 인적·물적 자원을 연계하는 역할을 담당하게 될 '지역사회교육전문가'를 배치하였다. 이들은 학생의 기본적 욕구를 파악하고, 이를 토대로 상담활동, 멘토링 프로그램, 학생 문화활동, 부적응학생 예방활동 등의 운영을 위해 학교와 가정과의 연계, 지역사회기관과의 연계를 도모한다. 이들은 사회복지사, 청소년지도사 등 관련 분야 전문가로서 해당 지역사회에서 관련 업무 경력자를 중심으로 선발 배치하였다.

2) 교육복지우선지원사업 개선방안

교육복지우선지원사업을 통해 취약계층 학생의 삶의 질과 교육성취 수준을 제고하였고, 학생 특성을 고려한 프로그램 제공, 교육과정과의 연계활동 등을 통해 취약계층 학생의 자존감 및 교사 효능감을 증대하였다는 점에서 그 성과를 확인할 수 있다(교육부, 2018). 학생을 위한 다각적 지원과 전문성 있는 프로그램, 학부모와의 소통을 통해 학생의 교육적 측면에서의 효과가 입증되었고, 학부모의 학교에 대한 신뢰 역시 증진된 것도 교육복지우선지원사업의 성과이다(김민선, 구철회, 손병덕, 2019; 김한나, 장덕호, 2017). 교육복지우선지원사업의 발전을 위해서 개선되어야 할 과제는 다음과 같다(한국교육개발원, 2010).

(1) 협력적 추진 체제 강화

교육복지우선지원사업은 학교 내 구성원 간, 학교와 지역사회 간 협력이 가능하도록 설계되었으며, 이러한 체계를 통해 지역사회 내 여러 주체들의 의사소통망을 활성화하여야 한다(김민선, 구철회, 손병덕, 2019). 대부분 학교에는 교육복지 사업 현안을 공유하고 의사결정을 위한 협의체인 교육복지위원회와 학교 내 사업을 추진하고 지역사회와 연계 협력을 담당하는 전담부서가 설치되어 있다. 교육복지위원회는 소극적 역할 수행에 머물러서는 안 되며, 적극적으로 학생들의 실태에 대해 문제제기하고 교육복지 현안을 도출해 내며 적절한 지원 방안을 제안하는 등 실질적인 협의체가 되어야 한다. 또한 전담부서는 학생을 위한 맞춤형 통합지원을 위하여 학교의 다른 부서와 대등한 방식으로 상호 연계를 통한 사업의 효과적인 추진 체제를 구축할 필요가 있다.

(2) 사업추진 주체의 역량 강화

교육복지우선지원사업의 효과성 증진에 있어서 담당 인력의 전문성 향상이 매우 크게 작용하는 것으로 확인되었다(김민선, 구철회, 손병덕, 2019). 따라서 학교에서는 교사, 지역사회교육전문가, 방과후 교사, 자원봉사자 등 교육복지에 관련된 전 교직원이 교육복지우선지원사업과 관련한 역량을 발휘하여 사업을 진행할 수 있도록 지원해야 한다. 사업 담당자는 물론 학교의 전 교직원을 대상으로 관련 역량을 기르도록 필요한 교육을 제공하는 것이 바람직하며, 교육의 내용은 교육복지의 이해에 대한 것으로부터 학생들과 소통하기 위한 상담 방법, 맞춤형 학습지원 방안 등 다양할 것이다. 그러므로 체계적인 교육이나 연수, 슈퍼비전 체계 구축을 통해 사업추진 주체의 전문성을 강화할 수 있도록 지원되어야 한다(정기섭, 손미란, 윤혜성, 2017). 특히 심리정서 프로그램의 경우 관련 분야의 전문가가 투입되어야 하지만, 이들에 대한 낮은 보상체계와 예산부족으로 인해 현실적으로 불가능하여 효과가 반감될 우려가 있으므로, 이에 대한 개선책을 마련해야 할 것이다(김한나, 장덕호, 2017).

(3) 교육복지 패러다임 전환

우리나라에서는 아동의 교육격차 해소를 위해 교육복지정책을 지속적으로 시행하며 발전시켜 왔고, 재정적 지원이 지속적으로 확대되었다. 이러한 사회적 노력에도 불구하고 경제 및 사회 양극화 현상이 심화되어 교육격차 역시 오히려 심각해지는 것이 현실이다. 이는 정책의 한계라기보다는 사회의 변화에 따른 결과로, 따라서 이러한 사회현상에 맞추어 교육복지의 패러다임을 전환할 필요가 있다. 정부에서는 이와 같은 필요에 따라 교육복지 마스터 플랜을 수립하여 발표하였다. 즉, 학생들이 미래 사회에 필요한 기본 역량을 갖출 수 있도록 실질적 교육기회 보장과 교육격차 해소를 목표로 하여 단계적으로 세부과제를 추진하며 정책을 실현한다(김성식 외, 2019). 특히 사회환경 변화에 따라 새로운 교육취약계층을 발굴하고 교육복지 대상을 다양화함으로써, 지금까지 저소득층 취약계층을 중심으로 선별적으로 이루어진 교육복지 정책을 보편적 복지정책으로 확대해야 할 것이다.

2. 아동정신보건사업

1) 지역사회 아동 · 청소년 정신건강증진 사업

사회가 발전하려면 사회구성원 개개인이 신체적으로 건강해야 할 뿐만 아니라 정신적으로도 건강해야 한다. 이러한 건강을 위해서는 사후관리도 중요하나 예방이 더 중요하다. 예방을 위해서는 장애의 조기발견과 조기치료가 잘 시행되어야 한다. 여러 정신의학적 연구보고에 의하면 어린 시절의 경험이 인격성숙과 정신건강 유지에 결정적으로 영향을 미친다. 따라서 성인이 되기 이전 단계인 아동 때부터 정신건강에 대해 관심을 가지고 정신적 문제해결에 신속한 도움을 받게 된다면 그 효과가 클 것이다.

이러한 전제하에 어린 시절 경험의 핵심 중 하나인 학교에서의 보건교육이 중요시된다. 그러나 대체로 학교보건교육에는 정신건강에 대한 부분이 소홀히 다루어지고 있는 것이 현실이다. 현재 우리 사회에서는 자살, 우울, 불안, 자아정체감의 혼란 등으로 나타나는 아동의 정서문제와 청소년 비행, 집단따돌림, 학교폭력 등으로 표출되는 행동문제가 날로 증가하여 심각한 사회문제가 되고 있다. 특히 빈곤가정의 학생들은 다양한 정서장애를 지니기 쉽다. 하지만 정신적 문제에 대한 부모 및 교사들의 이해부족과 잘못된 선입견 때문에 마땅히 전문적 도움을 받아야 할 아동들이 전문적 도움을 받기는커녕, 오히려 학교에서 소외되거나 거부당하고 있는 것이 현실이다. 일찍 발견만 하면 다양한 치료법을 동원하여 쉽게 회복할 수 있지만, 아동들의 우울증은 대부분 성인기로 넘어가 장기화되어 치료가 어려워진다.

따라서 이러한 문제를 해결하기 위한 아동 · 청소년 정신건강증진 사업은 지역사회 내 아동 · 청소년 정신건강복지서비스 제공체계를 구축함으로써 아동 · 청소년기 정신건강문제의 예방, 조기발견 및 상담 · 치료를 통하여 건강한 사회구성원으로의 성장발달을 지원하는 것을 목적으로 한다(보건복지부, 2020). 사업 대상은 지역 내 미취학 아동을 포함한 만 18세 이하의 아동과 청소년, 지역사회 내 북한이탈주민, 다문화가정, 조손가정, 한부모가정, 청소년 쉼터, 공동생활가정, 아동복지시설 등 취약계층 아동청소년, 그리고 아동의 부모나 교사, 시설 종사자 등 아동청소년 정신건강 관계자이다(보건복지부, 2020). 아동 · 청소년 정신건강증진 사업은 해당 예산이 지원되는 정신건강복지센터 또는 보건소의 경우 사업 대상자 발견 및 상담, 프로그램, 치료연계 등의 종합서비스를 실시하고, 관련 예산이 지원되지 않는 경우에는 자체 예산 범위 내에서 기본적인 아동 · 청소년 정신건강증진 사업을 선택적으로 실시한다(보건복지부, 2020). 2020년 아동 · 청소년 정신건강증진 사업의 개소당 운영예산은 51,970천 원이고, 이 중 50%인 25,785천 원은 국비(국민건강증진기금)로 지원한다(보건복지부, 2020).

아동청소년 정신보건사업은 광역정신건강복지센터와 기초정신건강복지센터에서 업무를 담당하고 있는데, 광역정신건강복지센터에서는 해당 지역의 정서행동문제 경험 아동청소년의 서비스 이용률 향상을 위하여 이와 관련한 연구와 기획, 프로그램 개발, 마케팅과 교육을 실시하며, 지역아동센터, 정신의료기관과의 네트워크를 개발하고 조정한다. 기초정신건강복지센터에서는 시 · 군 · 구 차원의 중증정신질환 조기개입체계 구축 및 개별적 서비스 계획의 수립과 제공, 위기개입, 포괄적 서비스 제공과 지역사회 네트워크 구축 등 지역사회 내 중증정신질환 관리를 위한 서비스 개발 및 제공의 업무를 담당한다(보건복지부, 각 연도). 2018년 기준 기초정신건강복지센터의 아동청소년 등록자는 총 11,996명으로, 학교급별로 살펴보면 초등학생 5,989명(49.9%)이 가장 많았고, 중학생 2,938명(24.6%), 고등학생 2,362명(19.8%), 미취학 또는 학업중단이 677명(5.7%)으로 확인되었다(국립정신건강센터, 2020).

아동 · 청소년 정신건강증진 사업의 내용은 크게 고위험군 발굴과 심층사정평가, 정신건강서비스 제공의 절차로 구분할 수 있다. 먼저, 지역사회 현황파악 연계체계를 구축하고 교육과 홍보를 통해 파트너십을 강화하여 지역사회 취약계층과 교육부 지정학교 이외의 초 · 중 · 고등학교 및 아동청소년 관련 기관, 교육부에서 지정한 전국 약 5,000개 학교, 유관기관의 의뢰로 고위험군 아동청소년을 발굴하고 심층사정평가를 실시한다. 심층사정평가의 방법으로 심층면담은 보호자의 동의절차를 밟은 아동청소년을 대상으로 아동청소년 정신보건사업 담당자가 진행하지만, 정신보건사업 담당자가 심층면담을 진행하기 어려운 경우에는 정신건강복지센터 내 정신과 전문의, 지역사회 정신과 자문의 등 지역 네트워크를 활용하여 심층면담을 실시하게 된다. 사정평가는 심층면담 결과를 토대로 표준화된 사정도구를 사용하여 객관적인 결과를 도출하는 보조 도구로 사용한다. 심층사정평가를 통해 정신보건서비스(사례관리 및 정신의료기관 연계 등)가 필요하다고 확인된 대상에게 해당 시설(학교) 및 부모의 요구와 아동청소년 정신건강 문제의 종류, 심각성 등을 고려하여 제공 서비스를 결정하고, 증상이나 어려움의 악화 여부에 대해 지속적인 개입을 통해 관리해야 하며, 증상 악화 시에는 적절한 치료연계가 이루어질 수 있도록 해야 한다. 정신건강복지센터, 정신의료기관 및 사회복지시설(학교) 간 연계를 통해 개별상담이나 집단프로그램을 운영하고, 사업요원이 시설(학교)을 방문하거나, 대상 아동청소년을 정신건강복지센터로 내소시켜 개별상담, 집단프로그램 등 사례관리서비스를 제공한다(보건복지부, 각 연도).

2) Wee프로젝트

정신건강증진 사업이 지역사회를 중심으로 제공되는 아동 · 청소년 정신건강서비스라면, Wee 프로젝트는 학교를 중심으로 이루어진다. 학교폭력, 학업중단, 정서행동장애, 자살 등 다양한 학교부적응 문제를 호소하는 학생들이 증가하면서, 교육과학기술부는 위기학생을 위한 통합적 지원책으로 'Wee프로젝트(학교안전통합시스템)'를 2008년부터 추진하였다(교육과학기술부, 2010). Wee프로젝트는 총 3차 안전망으로 구성되는데, 단위학교(Wee클래스)－시 · 도 지역교육청(Wee센터)－시 · 도 교육청(Wee스쿨)의 긴밀한 협력체계를 바탕으로 위기학생에 대한 종합안전망을 구축하고 운영함으로써 학교부적응 해소 및 개인 역량 극대화, 품격 있는 인재 양성 등을 목적으로 하는 학교상담체제이다(교육과학기술부, 2011; 김인규, 2011; 심정연, 2017).

먼저, 각 학교 단위로 운영되는 1차 안전망 Wee클래스는 위기학생을 주요 대상으로 하며 학교 전체학생도 그 대상으로 포함한다. 학생상담실에 배치된 상담인력이 다양한 개인상담, 심리검사, 집단상담 등을 운영한다. 시·도 지역교육청 차원에서 설치·운영되는 2차 안전망 Wee센터는 Wee클래스에 비해 예방적 성격은 다소 적으며 진단과 상담 위주의 서비스를 제공한다. 임상심리사, 전문상담사, 사회복지사, 전문상담교사 등으로 인력이 다양하게 구성되며, 전문가의 지속적 관리를 요하는 학생을 위한 원스톱 서비스를 제공한다. 시·도교육청 차원의 3차 안전망 Wee스쿨은 장기적인 상담 및 치료가 필요한 고위험군 학생을 대상으로 하며, 기숙형 장기위탁교육 서비스를 제공한다(심정연, 2017).

앞의 3차 안전망 중, 특히 사회복지적 관점에서 주목해야 하는 부분은 Wee센터이다. 학교 내 학생상담실을 중심으로 이루어지는 Wee클래스는 외부의 자원을 연계하지 않고 학교 내에서 서비스를 제공한다. 반면, Wee센터는 단위학교에서 지도하기 어려운 학생들에게 전문가에 의한 맞춤형 상담서비스를 제공하는 2차 안전망으로, 지역교육청에 설치·운영하며 학생고충상담, 진로개발 등의 문제를 해결해 주고, 전문상담교사, 전문상담사, 사회복지사, 임상심리사, 치료사 등의 전문가들이 학생들에게 심리검사, 상담, 지원 등의 다양한 문제를 one-stop으로 해결해 주는 서비스를 제공한다(이선주, 2012). 이러한 Wee센터의 역할은 크게 6가지로, 첫째, 다양한 심리평가 도구를 사용한 심리정서적 문제 평가 및 진단, 둘째, 의뢰받은 사례에 대한 전문가 협력을 통한 상담 및 치료개입, 셋째, 학생지도와 상담, 갈등중재 등 문제에 대한 자문, 넷째, 학교의 교사 및 전문상담교사를 대상으로 학생생활, 상담지도 등과 관련된 교육, 다섯째, 지역사회 네트워크를 활용하여 사례를 사회·환경적 측면에서 해결하고자 노력, 마지막으로 위기상황에 있는 학생들이 방치되지 않고 적절한 서비스를 받을 수 있도록 홍보하는 역할이다. Wee센터는 각 시·도의 특성에 따라 인적 구성의 차이는 있겠지만 기본적으로 센터장, 전문상담교사, 사회복지사, 임상심리사, 치료사 등으로 구성된다(이선주, 2012). 학생의 학교 부적응 현상은 학업성취 욕구를 비롯하여 또래관계, 성격, 가정, 이성 및 성, 경제적 지원 등 다양하고 복잡한 욕구를 갖고 있기 때문에(윤미혜, 2005; 이선주, 2012), 학생의 교육 및 복지 욕구를 충족시키기 위해서는 학교를 중심으로 운영되는 Wee센터와 학교 내외의 사회복지서비스는 반드시 유기적으로 연계될 필요가 있다.

3) 아동정신보건사업 개선방안

(1) 학교의 정신건강서비스 전달체계 거점 기능 강화

학교의 정신보건사업을 정신건강복지센터에서 실시하는 것으로 아동의 정신건강이 좋아지기를 기대하기는 힘들다. 학생들의 문제는 매우 복합적이고 다면적이어서 해결 또한 다면적이고 복합적으로 이루어져야 한다. 때로는 경제적 · 의료적 · 법적 서비스 등이 요구되며 때로는 가정을 대신할 기관에서 머물러야 할 경우도 있다(이선주, 2012).

아동관련 정신건강복지센터를 해당 학생들이 찾아오는 데는 한계가 많다. 학부모와 교사 등이 적극적으로 나서지 않는 상황에서 아동이 정서장애 예방프로그램에 자발적으로 참여하기가 쉽지 않기 때문이다. 우리나라 청소년 사망원인 1위는 자살사망이고, 입시 위주의 과중한 스트레스 상황임에도 정신건강을 관리하기 어려운 아동들의 현실을 감안하여 학교를 기반으로 한 사전예방 프로그램이 매우 필요하다(진영란 외, 2018). 여기에는 대부분의 시간을 보내는 학교에서 지적인 학습뿐만 아니라 정서적 성숙을 돕는다는 의미도 부여할 수 있다. 이를 적용하려면 무엇보다 보건교사가 필수적이다. 보건교사에게 소정의 전문적인 정신건강교육을 이수하게 하여 학교 내 문제아동의 일차적 상담 및 교사들의 자문역할을 담당하도록 한다면 현재 있는 인력으로 많은 시간과 경비를 들이지 않고 정신건강 전문교사로 활용할 수 있다. 하지만 2020년 학교급별 보건교사 배치 현황 조사결과, 초등학교는 6,141개소 중 87.1% 중학교는 3,231개소 중 76.8%, 고등학교는 2,377개소 중 93.8% 수준으로 확인되어 중학교의 보건교사 배치율이 가장 낮은 것으로 나타났다(메디컬투데이, 2020년 5월 8일). 따라서 모든 학교에 보건교사를 배치하여 다양한 형식의 교육프로그램을 통해 정신건강서비스에 대한 부정적 태도를 없애면서 집단치료 프로그램 등을 운영할 수 있어야 한다. 또한 학교 현장에서 학생들과 대면하는 교사의 관찰 및 상담에 따라 정신건강 고위험군 학생들을 조기발견하여 지역 내 정신과나 정신건강복지센터 등과 연계하는 것도 필요하다(홍성희, 김준범, 홍현주, 2019).

(2) 정신건강서비스에 대한 홍보와 편견 해소

학생정신건강서비스지원(System of Care: SOC) 사업은 성장기 학생들의 정서・행동발달 선별검사 및 상담・치유서비스를 제공하기 위해 지난 2007년 96개의 시범학교 운영을 시작으로 연차적으로 확대하여 2012년부터 전체 학교의 초등학교 1, 4학년과 중・고등학교 1학년 학생을 대상으로 정신건강 선별검사를 실시하고 있다(교육부, 2016). 또한 2013년부터 교육부와 복지부가 공동으로 학생정신건강 학교–지역협력모델 구축・지원사업을 추진하여 6개 지역의 교육청과 지자체가 협력하여 학생건강 통합지원체제를 확충하였다. 이렇게 학생 정신건강서비스 지원사업이 확대되고 있지만 정신건강에 대한 사회적 편견과 낙인 우려로 정밀검진 대상학생의 검진 및 치료 등에 학부모 참여가 저조한 것이 문제가 되고 있다. 따라서 학생정신건강서비스에 대한 목적과 내용에 대하여 학생과 학부모가 정확히 인지하여 학교에서 학생의 정신건강문제에 대한 상담서비스를 편견 없이 이용할 수 있도록 여건을 조성하고 홍보해야 한다. 이는 중장기적인 홍보방안이 필요하고 모든 교직원과 학부모의 협조, 사회적 분위기 조성이 필요하다(한국청소년정책연구원, 2011).

3. 아동정책영향평가

1) 아동정책영향평가의 개념과 필요성

(1) 아동정책영향평가의 개념

아동정책은 기본적으로 아동의 권리를 보장하기 위한 것으로, 아동의 건강한 성장과 삶의 질 향상을 위해 아동 최선의 이익이 우선적으로 고려되어야 한다(김규수, 서영미, 2018; 김은정 외, 2018; 이영안 외, 2019). 그러나 아동은 그동안 정부의 주요 정책대상에서 우선순위가 낮은 것으로 여겨졌고, 아동 관련 정책과 법률 등이 실제로 아동의 삶에 어떠한 영향과 성과를 가져오는지 점검하는 체계가 마련되지 못하였다(박영균, 조홍식, 2014).

아동정책영향평가는 정부 정책이나 사업, 법령 등이 아동에게 미치는 직간접적인 영향을 체계적으로 진단하여 이를 정책 추진에 반영하는 활동으로(김은정 외,

2018; 이영안 외, 2019), 궁극적으로 아동 관련 정책이 아동의 삶에 미치는 영향을 분석 · 평가하는 제도를 의미한다(이양희 외, 2019). 아동정책영향평가는 UN아동권리위원회의 제안으로 각국에 도입되었고 유니세프로부터 아동친화도시 지정을 받기 위한 조건 중 하나로 강조됐다.

우리나라에서는 아동정책영향평가에 대한 관심이 높지 않았으나, 2011년 UN 아동권리위원회로부터 아동정책영향평가 실시를 권고받아 지방자치단체에서 아동정책영향평가를 시행하기 시작하였고, 이에 대한 법적 근거를 마련하는 등 정부 차원의 노력이 이어졌다(이양희 외, 2019). 국내 최초로 서울 성북구에서 유니세프의 아동친화도시 인증을 받기 위해 2013년 11월부터 아동정책영향평가를 설계하여 수행하였고, 인증을 받기 원하는 다른 지방자치단체로 점차 확산되었다(김은정 외, 2018). 정부에서는 여러 부처에서 개별적으로 추진해 온 아동정책을 통합하여 2015년 제1차 아동정책 기본계획을 수립하면서 아동영향평가를 도입하였고(김은정 외, 2018), 2016년 3월에 개정된 「아동복지법」에 아동정책영향평가에 대한 규정을 신설하였으며, 2019년 3월부터 전국 모든 지방자치단체에서 이를 시행하게 되었다(김은정 외, 2018). 즉, 「아동복지법」 제11조의2에 "국가와 지방자치단체는 대통령령으로 정하는 바에 따라 아동 관련 정책이 아동복지에 미치는 영향을 분석 · 평가하고, 그 결과를 아동 관련 정책의 수립 · 시행에 반영하여야 한다."라고 규정함으로써 아동정책영향평가의 법적 근거를 마련하였다.

유니세프 아동친화도시

유니세프 아동친화도시는 지방정부가 유엔아동권리협약을 이행하는 데 필요한 일종의 가이드라인으로, 유엔아동권리협약에 담긴 아동의 권리를 실현하고 아동이 더 나은 삶을 살 수 있도록 아동에게 친화적인 환경을 가진 지자체를 의미한다(유니세프한국위원회, 2019a). 즉, 아동의 4대 권리인 생존, 보호, 발달, 참여의 권리와 10대 원칙을 수행할 수 있는 도시와 지역임을 인증하는 것이다(김희주, 서정아, 2020). 1996년 처음으로 유니세프 아동친화도시 개념에 대한 논의가 시작되어 현재 전세계적으로 40여 개의 국가가 유니세프 아동친화도시를 추진하고 있다. 우리나라에서는 2013년에 서울 성북구가 처음으로 아동친화도시 인증을 받았다(유니세프한국위원회, 2019a).

유니세프가 2004년에 제시한 아동친화도시 구성요소는 아동친화도시 조성을 위해 갖추어야 할 필수적인 요소이며, 한국 아동친화도시에서는 '아동의 안전을 위한 조치'를 추가하여 10가지 구성요소를 갖추도록 하고 있다(유니세프한국위원회, 2019a). 10가지 구성요소를 달성한 지방자치단체는 유니세프한국위원회에 인증신청서를 제출하고 업무협약(MOU)을 체결한 이후 인증에 필요한 심의자료를 준비하여 제출한다. 최소 6개월에서 1년 정도 소요되는 심의는 유니세프 아동친화도시 인증 심의위원회에서 수행하며, 서면심의와 대면심의로 진행된다. 인증 유효기간은 4년으로, 이 기간 동안 각 지방자치단체의 아동친화도시 전담부서에서는 중점과제 추진계획과 유니세프의 이행과제를 실행하고 자체 점검한다(유니세프한국위원회, 2019a).

그림 14-3 유니세프 아동친화도시의 10가지 구성요소

출처: 유니세프한국위원회(2019a).

(2) 아동정책영향평가의 필요성

아동정책영향평가의 필요성은 다음의 세 가지로 정리할 수 있다. 첫째, 아동인권을 보호하고, 아동권리에 대한 인식을 확산하기 위한 목적이다(김은정 외, 2018; 송이은, 2017). 즉, 정책 수립단계부터 아동에게 미칠 영향을 고려하고, 사회에서 가장 취약한 집단이라고 할 수 있는 아동에 대한 정책과 서비스 등이 아동의 이익과 권리에 미치는 영향을 평가함으로써 아동권리에 대한 인식을 증진하고 아동권리를 실현하려는 노력이다(이양희 외, 2019). 둘째, 아동정책영향평가는 의사결정자의 효과적인 정책 결정에 기여하기 위한 목적으로 수행하는데, 아동 관련 정책 수립과 추진과정에서 여러 가지 정보를 고려함으로써 의사결정의 질을 개선할 수 있다(김은정 외, 2018; 송이은, 2017). 셋째, 투명성과 책임성 증진을 위해 아동정책영향평가가 필요하다(송이은, 2017). 즉, 아동정책영향평가는 사업 및 정책 담당자가 일차적으로 영향을 진단하고, 정책의 수립과 집행, 정책에 따른 결과 등 모든 과정에서 아동에게 미칠 수 있는 영향이 공식적으로 기록되기 때문에 정책의 투명성이 확보될 수 있다(이양희 외, 2019). 또한, 정책 담당자는 아동영향평가를 고려하여 정책을 결정하고 집행하기 때문에 보다 책임감을 느끼고 업무에 임하게 된다.

2) 아동정책영향평가 방법

우리나라의 아동정책영향평가는 대부분 아동친화도시 조성을 위한 목적으로 시행되었으며, 국내 최초로 아동정책영향평가를 실시한 성북구의 사례가 다른 지방자치단체에서 그대로 도입하였다(김은정 외, 2018). 이 때문에 평가대상이나 내용, 절차 등이 형식적인 범주에서만 규정되어 있다(이양희 외, 2019).

특히 아동정책영향평가 대상은 아동에게 복지를 제공하는 좁은 범위에서 더 나아가 아동의 삶 전반에 직간접적으로 영향을 미치는 정책과 사업, 법률, 조례, 장기계획 등을 모두 포함하여야 하지만(송이은, 2017), 주로 아동에게 직접적인 영향을 미치는 정책을 위주로 선정하는 등 그 범위가 다소 협소하다. 서울시 아동영향평가 연구를 수행한 윤민석 외(2020)는 다양한 아동의 특성을 고려하여 평가대상 선정기준을 마련하였는데, 아동과 직간접적 관련이 있고 아동에 미치는 영향이 클 것으로 예상되는 10개의 사업을 대상으로 선정하였다.

평가를 효과적이고 지속해서 수행하기 위해서는 평가주체를 명확히 해야 하는데, 사업 담당 공무원은 물론, 아동정책평가 전담 조직, 민관협력 틀 구축과 전문가 참여를 통해 전문적이고 객관적인 평가를 기대할 수 있다. 또한 평가절차에 당사자의 의견을 일정 비율 이상 반영하여 아동의 참여를 보장하여야 한다. 이를 위해 기존의 아동참여기구 및 아동모니터링단, 위원회 등을 활용할 수 있다(송이은, 2017; 윤민석 외, 2020). 평가방법은 정량평가와 정성평가를 모두 염두에 두어야 한다. 마지막으로, 입법절차에 아동영향평가를 의무화하거나 평가결과가 정책에 반영될 수 있는 장치를 마련하여 평가의 효과와 실효성을 확보해야 한다(송이은, 2017; 윤민석 외, 2020). 즉, 아동정책영향평가를 체계화하는 것에서 더 나아가, 아동친화예산과 연동하여 평가결과를 아동친화예산 수립을 위한 근거로 활용한다면 일정 정도의 강제력을 확보할 수 있을 것이다(송이은, 2018; 송이은, 최유정, 2018).

한편, 「아동복지법」에 기초한 아동정책영향평가가 제도적으로 구축되기 위해서는 실효적인 실행방안이 마련되어야 하며, 이양희 외(2019)는 아동정책영향평가 시

그림 14-4 아동정책영향평가의 절차

출처: 이양희 외(2019).

범운영을 통해 운영모형을 제시하였다. 이양희 외(2019)의 연구에서 아동정책영향평가는 공무원이 직접 실시하는 자체평가와 전문가가 의뢰를 받아 실시하는 전문평가로 구분하고, 자체평가와 전문평가를 단계적으로 운영한다. 구체적인 절차는 [그림 14-4]와 같다.

3) 아동정책영향평가 발전방안

아동정책영향평가는 사회 전반에 걸쳐 아동권리와 삶의 질 증진을 도모하는 인식을 확산하려는 노력으로 이해할 수 있으며, 당사자인 아동의 정확한 의사 반영과 참여 정도, 아동 관점에서의 영향력을 전문적으로 분별하는 것이다(김규수, 서영미, 2018). 따라서 평가의 확대와 실효성 확보를 위해 체계화할 필요가 있다. 아동정책영향평가의 발전방안은 다음과 같이 정리할 수 있다.

첫째, 전문가 중심의 평가를 도입하고 민관협력 체계를 갖춰야 한다(김은정 외, 2018; 송이은, 2017). 즉, 아동정책영향평가는 사업 담당 부서와 총괄부서 등 공무원, 전문가, 아동당사자, 아동모니터링단, 전문센터가 긴밀한 협업을 통해 진행되어야 한다(송이은, 최유정, 2018). 평가주체를 어떻게 구성할 것인지, 그리고 각 평가주체가 가진 권한과 역할이 무엇인지 명확히 하여야 하고, 특히 이 과정에서 당사자인 아동의 의견이 반영될 수 있는 장치를 반드시 마련해야 한다. 현재 아동모니터링단을 통한 아동의 의견을 수렴하는 것이 일반적인데, 아동모니터링단을 구성할 때 사업 참여자나 수혜 대상 아동과 그렇지 않은 아동이 함께 참여하도록 하며, 아동의 연령대에 따른 정책 참여 촉진 수단을 개발하는 등 모니터링단의 효과적인 운영을 위한 노력이 필요하다(김원정, 최유정, 2018).

둘째, 지역 평가 인프라를 확충하고 지속적인 평가모형을 개발하여야 한다(김은정 외, 2018). 이때 평가방법으로는 정량평가와 정성평가를 혼합하여 사용하는 것이 효과적이며, 평가지표를 선정할 때에는 아동을 단일한 집단이 아닌 아동이 처한 환경과 개인적 특성을 고려하여야 한다(송이은, 2017).

셋째, 아동영향평가가 성공적으로 정착하기 위해서는 평가의 인지도를 높이고 강제력을 보유하는 것이 중요하다. 즉, 평가결과를 공표하고 개선 사례를 홍보하여 공개성과 참여성을 강화할 수 있고, 권고사항을 실제 정책에 반영했는지 모니터링하고 사후관리체계를 마련함으로써 환류할 수 있다(송이은, 2017). 또한 평가결과를 반드시 예산과 연계함으로써 강제력을 확보할 수 있을 것이다(송이은, 최유정, 2018).

제3절 지역사회아동을 위한 아동복지서비스

지역사회 빈곤아동을 위한 아동복지실천이 성공하려면 적어도 세 가지 조건이 충족되어야 한다.

첫째, 빈곤아동 같은 고위험 집단의 경우 장기적이고 지속적인 개입이 요청된다. 빈곤아동의 경우 부정적인 생활사와 위험한 주위환경 등 때문에 단기개입의 영향은 시간이 갈수록 희석되거나 약화되어 단기개입이 성공하기는 쉽지 않다. 또한 프로그램에서 쉽게 탈락하고 프로그램에서 배운 기술을 가정 내에서 실행하는 데 어려움을 겪기 때문에 긍정적인 효과를 지속시키고 가족 내의 진정한 변화를 가져오기 위해서는 강도 높은 장기 개입이 필요하다. 빈곤한 가족과 그 가정환경의 가장 중요한 특징은 급격한 변화와 예측 불가능성이다(김현수, 박혜영, 김선옥, 2001). 예를 들어, 부모가 아동의 동일한 행동에 대해 자신의 감정 상태에 따라 변덕스럽게 대응하는 상황이나, 갑자기 잘 살고 있던 집에서 쫓겨나는 상황 등이 빈곤가족에서는 일상적으로 일어날 수 있다. 이러한 급격한 변화와 예측 불가능성 때문에 세상에 대한 인식이 불안정해지고, 옳고 그름의 판단이 쉽지 않게 되어 비행이나 문제행동에 쉽게 빠져들게 된다. 빈곤아동 주변의 이러한 예측 불가능성을 피하려면 적어도 프로그램 측면에서는 프로그램 수급의 급격한 변화와 예측 불가능성(예를 들어, 생계지원의 대상이었다가 탈락한다든지, 담당 사회복지사가 계속해서 바뀐다든지 하는 상황)을 만들지 말고 일관성과 지속성을 보여야 한다.

둘째, 부모세대와 자녀세대에 동시에 개입하는 포괄적인 이세대(二世代) 프로그램(two-generation program)이어야 한다. 빈곤은 부모의 양육방식에 영향을 미치고, 부적절한 양육방식은 아동의 성장과 발달에 부정적으로 작용한다(정익중, 장혜림, 2012). 그렇기 때문에 빈곤한 부모와 아동 모두에 대해 개입이 필요한 것이다. 그러나 빈곤부모들은 알코올중독, 복지의존, 가정폭력, 아동학대나 방임 등의 문제로 비난받거나 사회에 부적응할 경우, 빈곤아동문제를 다룰 때 빈곤부모를 소홀히 하거나 분리해서 생각하는 경향을 보였다. 또한 빈곤부모에 대한 프로그램은 쉽게 사회적 반대에 직면하지만, 빈곤아동에 대한 프로그램은 인도주의적 이유로 개인의 정치적 성향과 상관없이 찬성하기 때문에 사회적 지지를 받는 경향이 있다. 따라서 빈곤가족 내에서 부모와 자녀를 분리할 수 없음에도 기존의 빈곤가족을 위한 프로그램들은 부모와 자녀에게 동시에 접근하기보다는 자녀중심 프로그램이거나 성인중심 프로그램으로 분리하여 접근하는 것이 주류를 이루었다. 자녀중심 프로그램은 자녀에게 건강한 성장발달에 필요한 서비스를 제공하지만 빈곤가족의 빈곤탈피에 대한 관심은 부족하였고, 성인중심 프로그램은 부모의 경제적 자활을 위해 생계지원이나 직업훈련서비스를 제공하지만 빈곤가족에서 자라나는 아동의 발달적 욕구나 부모로서의 역할에 대한 관심은 부족하였다. 반면, 이세대 프로그램은 건강한 아동발달과 부모의 경제적 자활을 동시에 증진시키기 위해 부모와 아동 모두를 대상집단으로 하여 서비스를 통합 · 조정하여 제공하는 것을 말한다. 이세대에 대한 동시적 접근은 시너지 효과를 통해 부모의 경제적 자활능력은 물론 양육능력과 가족자원의 증대를 가져와 자녀중심 프로그램에서 얻은 효과를 계속 지속시키고 아동이 건강한 성인으로 성장하도록 하는 데 기여한다(정익중, 2002).

셋째, 아무리 좋은 개입이라고 해도 한 가지 프로그램만으로는 빈곤아동문제와 같은 복합적인 문제를 해결할 수 없다. 특히 빈곤가족과 같은 고위험 집단에게는 그 가족이 직면하는 다수의 위험요인에 접근하는 다양한 개입으로 보충되지 않으면 효과가 없다는 연구결과도 있다. 따라서 교육 · 복지 · 문화 · 보건 차원에서 총체적이고 다양한 해결책이 필요하다.

이러한 세 가지 조건을 충족시킬 수 있는 것이 빈곤가족을 개별적으로 접근하여 상시 관리하는 사례관리와 지역사회를 빈곤아동문제를 해결하기 위한 목적의 하나로 결집할 수 있도록 하는 지역사회조직이다. 이 두 가지가 제대로 이루어지면 지역사회 내 빈곤아동 문제의 상당 부분이 해결될 수 있을 것이다. 이를 시도하는 지역사회 빈곤아동에 대한 대표적인 서비스 전달체계로 드림스타트와 방과후 돌봄 및 활동, 그리고 문화예술교육 프로그램을 살펴보고자 한다.

1. 드림스타트

2004년 5월에 시작된 'WE Start 운동'(www.westart.or.kr)은 사회 모두(We)가 나서 빈곤층 아동들의 삶의 공정한 출발(Start)을 도와줌으로써 가난의 대물림을 끊어 주자는 취지의 시민운동이었다. WE Start 사업은 단순한 시범사업에서 그치지 않고 효과성과 효율성을 입증하여 국가적으로 정책화하고자 하는 사회적 실험이었는데, 중앙정부가 민간에서 진행해 온 WE Start 사업을 국책사업으로 채택하여 2007년부터 보건복지부 주관으로 16개 지역에서 희망스타트(현 드림스타트) 사업을 시작하게 되었다. 드림스타트(www.dreamstart.go.kr)는 사후대처적인 단기적 소득지원형의 서비스를 탈피하고 지역사회 내 보건·복지자원을 연계하여 빈곤아동 개개인에게 맞춤형 통합서비스를 제공하는 것으로, 궁극적으로 빈곤에서 탈출할 수 있는 아동의 잠재적 능력을 키워 주는 예방적인 사업이다. 드림스타트는 국가가 취약지역 아동에게 영유아기 부터 집중 투자하여 공정한 출발선을 보장해 주고자 한다는 의미에서 우리나라의 위스타트(WE Start), 영국의 슈어스타트(Sure Start), 미국의 헤드스타트(Head Start)와 같은 성격의 프로그램이다.

희망스타트센터는 2007년 1월부터 서울, 부산, 전남, 경북, 강원 등 13개 시도 16곳에 설치·운영되었으며, 사업비는 보건복지부에서 전액 지원하고 사업은 해당 지방자치단체가 위탁받아 각각 연간 3억 원의 국고지원 예산으로 운영하였다. 이는 정부가 미래지향적 아동청소년 투자의 중요성을 인식하고 아동청소년 분야에 대해 국가예산을 투입함으로써 저출산 시대에 걸맞는 인적자원 개발사업을 시행했다는 점에서 큰 의미가 있다(정익중, 2011b). 희망스타트 사업은 이명박 정부에서 핵심 국정과제로 채택되어 드림스타트 사업으로 명칭이 변경되어 2015년부터 사업지역을 전국으로 확대 완료하여 229개 지역에서 사업을 추진하고 있다(보건복지부, 각 연도).

드림스타트 사업이 가지고 있는 핵심적인 특징을 설명하면 다음과 같다(김상곤, 고윤순, 정익중, 2007). 첫째, 드림스타트 사업은 아동과 그의 가족을 대상으로 맞춤형 통합서비스를 제공하는 것을 특징으로 한다. 사례관리를 기본으로 복지서비스 이용자들의 문제와 욕구에 기반한 맞춤형 서비스를 제공함으로써 그동안 분리되어서 제공되던 보건, 복지, 보육, 교육서비스가 통합적인 형태로 one-stop 서비스 제공이 가능해지게 되었다. 둘째, 드림스타트 사업은 예방 중심의 포괄적 서비스를 지향한다. 이 사업은 빈곤가정과 아동들을 대상으로 영유아 및 학령기 아동은 물론 임신에서 출산기까지 가급적 조기에 빈곤가정 아동을 지원함으로써 문제를 원천적으로 예방하고자 하는 사업이다. 셋째, 드림스타트 사업은 궁극적으로 자녀세대와 부모세대에게 동시에 개입하는 이세대 프로그램(two-generation program)을 지향하는 사업이다. 성인중심이나 아동중심의 분절적 프로그램에서 벗어나 이세대에 대한 동시적 접근을 통해 부모의 경제적 자활능력은 물론 양육능력의 향상을 가져와 아동 프로그램에서 얻어진 긍정적인 효과가 지속될 수 있도록 하는 데 기여한다. 넷째, 드림스타트 사업은 아이들이 살기 행복한 '건강한 마을 만들기 사업'이다. '아이를 키우기 위해서는 한 마을이 필요하다.'는 아프리카의 속담처럼, 이 사업은 지역사회를 조직하여 건강한 마을을 만들려는 것이다. 마지막으로, 수행 인력에 있어서 민간과 공공기간의 협력과 간호 · 보육 · 교육 · 복지전문가들 간에 다학제적인 접근이 이루어지는 팀 접근 사업이라는 특징을 가지고 있다.

드림스타트의 향후과제는 다음과 같다(이상균, 2017; 정익중, 2011b).

1) 학교사회복지와 통합사례관리

드림스타트의 핵심은 통합사례관리이며, 이를 위해서는 지역의 서비스 제공기관 및 학교와의 연계가 필수적이다. 특히 학령기 아동은 학교라는 공간에서 하루 중 대부분의 시간을 생활하며, 따라서 학교사회복지사 등 학교 내 인력이 취약계층의 아동을 세심하게 살펴보며 드림스타트 사례관리자와 아동의 정보를 공유할 수 있어야 한다. 그러나 학교사회복지사들은 안정적인 슈퍼비전을 제공받지 못하며 개인이 학교사회복지실의 운영 전반을 관리해야 하는 상황에서 드림스타트와 협력하는 것은 현실적으로 불가능하다. 드림스타트와 학교 간의 연계체계를 강화하기 위해서는 우선 학교사회복지사의 역량을 강화해야 하고, 이들의 과도한 업무와 스트레스, 그리고 소진을 예방하기 위한 노력이 필요할 것이다. 특히 학교사회복지의 효과적인 운영을 위해서는 안정적인 슈퍼비전을 제공할 수 있는 체계가 지역사회 또는 행정전달체계 내에 마련되는 것이 필요하다.

2) 드림스타트 사업목표의 명확화

현재 드림스타트는 전국 229개의 지역으로 사업지역을 확대하여 운영 중이다. 드림스타트의 원래 취지는 표적집단에 초점을 둔 예방(targeted prevention)으로, 이를 위해서는 취약지역에 거주하는 아동에 대한 선제적 · 예방적 투자가 이루어져야 한다(이상균, 2017). 그러나 우리나라에서 이루어지는 드림스타트 사업의 경우 아동과 가족을 위한 예방차원의 접근인지, 아니면 치료차원의 접근인지에 대한 방향 설정이 불분명하다. 현재 드림스타트에서는 자산소득을 기반으로 취약계층 아동을 분류하고 사정도구로 사례관리 대상을 선발하는 방식으로 진행된다. 그리고 현재 사용하는 사정도구는 해결이 필요한 문제가 있는지 확인하는 용도라기보다는 한정된 재원규모를 감안해 대상선별을 위한 도구로만 활용되는 문제가 있다(이상균, 2017). 따라서 드림스타트 사정도구를 통해 아동의 위험도를 파악하고, 위험정도에 따른 서비스의 수준을 어떻게 할 것인가에 대한 방법을 사업 방향에 맞게 설정해야 할 것이다. 예를 들어, 사업목표가 예방 차원이라면 저위험군이나 중위험군 정도의 아동과 가족들에게 학습, 문화, 심리적 · 정서적 측면 등 부족하거나 결핍되는 부분에 대한 서비스와 그 연계를 제공하는 것에 초점을 맞춰야 할 것이다. 그러나 사업목표가 치료적 차원까지 강조하는 것이라면, 지속적인 치료가 필요한 고위험군 아동에게 얼마나 오랫동안, 어떤 서비스를 제공할 것인가 등 현장에서 제기될 수 있는 다양한 이슈들에 대한 기준을 고민해야 한다.

3) 생애주기별 교육과 돌봄의 통합

장기적으로 아동의 생애주기에 따라 교육과 돌봄이 통합된 서비스가 제공되어야 한다. 우리나라에서 아동청소년을 대상으로 교육과 돌봄의 통합서비스를 제공하는 국가사업은 드림스타트와 교육복지우선지원사업 두 가지이다. 이영 외(2009)는 장기적으로 취학 이전 아동에 대해서는 드림스타트가 사례관리를 통한 맞춤형 통합서비스를 제공하고, 취학 이후에 대해서는 학교가 기반이 된 교육과 돌봄의 통합서비스 제공을 제안하였다. 그러나 드림스타트 서비스를 제공받은 아동을 연령대별로 살펴보면 0~5세는 21%에 불과하여 조기연령 아동을 위한 사회투자의 효과가 미흡하다는 것을 알 수 있다(이상균, 2017). 따라서 드림스타트는 점차 사례발굴을 강화하고 대상 연령을 만 12세까지에서 만 5세까지로 하향하는 전략이 필요하다. 이러한 체제는 미취학 아동(0~5세)은 지역사회의 Sure Start 사업이 아동돌봄사업의 통합사례관리 기관 역할을 담당하고, 취학아동의 경우는 열린학교(extended school)의 개념을 이용하여 학교가 허브 역할을 담당하는 영국 사례와 유사하다. 이러한 전달체제 개선을 통해 저소득층 아동청소년의 교육과 돌봄 사업의 효율성과 효과성이 제고될 수 있을 것이다. 반대로 드림스타트의 대상연령을 「아동복지법」상 아동 연령인 18세 미만으로 연장하자는 논의도 도출되고 있다. 드림스타트에서는 발달단계상 문제가 심각해지는 초등학교 졸업부터 연령 도래 후 종결로 처리되고 학교사회복지와 연계되지 않다보니 서비스의 연속성과 효과성을 확보하기 어렵다는 지적이 많다. 따라서 이러한 연령 연장 주장도 연령 하향 논의처럼 지속적으로 제기되고 있다. 만약 대상연령이 상향된다면 조기개입으로서 드림스타트라는 이름은 더 이상 적합하지 않다.

2. 방과후 돌봄 및 활동

여성의 사회진출 확대에 따른 맞벌이 부부의 증가로 아동돌봄 공백이 발생하였다. 특히 자녀의 초등학교 입학에 따른 돌봄절벽 현상이 저출산과 여성의 경력 단절을 심화하는 원인 중 하나로 밝혀지면서 이의 해결과 일-가정 양립을 위해 돌봄서비스가 도입되기 시작하였다(황준성, 이희현, 2019). 보호자의 부재로 돌봄공백에 놓인 아동은 6~17세 총 인구 5,828천 명 중 1,165천명(20.0%) 이상으로 저소득 가구이고 농촌지역의 아동일수록, 한부모 혹은 조손가족의 아동일수록 그렇지 않은 가구의 아동보다 3배 이상 많은 것으로 보고되고 있다(통계청, 2017; 홍나미, 정익중, 2019에서 재인용). 빈곤아동들의 돌봄공백 문제를 해결하기 위한 지역사회와 국가의 역할이 필요한 시점에서 방과후 돌봄 및 활동 서비스의 활성화가 요구된다.

표 14-3 방과후 서비스에 관한 부처별 사업

구분	보건복지부		교육부		여성가족부
돌봄서비스	지역아동센터	다함께돌봄센터	방과후학교	초등돌봄교실	청소년방과후 아카데미
근거법	아동복지법	저출산고령 사회기본법, 아동복지법	초·중등교육 과정총론 교육부 고시	초·중등교육 과정총론 교육부 고시	청소년기본법
대상	만 18세 미만	만 12세 미만	초 1~고 3	초 1~6	초 4~중 3
운영형태	취약계층 중심 상시 돌봄	맞벌이가정 중심 상시·일시 돌봄	자율적 선택 일시 돌봄	맞벌이가정 중심 상시 돌봄	취약계층 중심 상시 돌봄

출처: 이태수 외(2010); 황준성, 이희현(2019).

현재 우리나라에서 학령기 아동을 대상으로 하는 방과후 돌봄 및 활동 서비스는 보건복지부, 교육부, 여성가족부 등 여러 부처에서 다양한 명칭과 형태로 운영하고 있다. 현재 방과후 서비스에 관한 부처별 사업은 〈표 14-3〉과 같이 전개되는데, 보건복지부의 지역아동센터, 교육부의 방과후학교, 여성가족부의 청소년방과후아카데미 등과 같이 유사한 형태의 전달체계가 분절적으로 운영됨에 따라 서비스의 중복 및 사각지대 발생, 정책 비효율 등의 문제가 발생하고 있다(이태수 외, 2010; 정익중 외, 2009; 정익중 외, 2014; 최영, 2019a; 황준성, 이희현, 2019).

따라서 이러한 전달체계의 미비점을 개선하기 위해 지역사회 내에 방과후 서비스를 담당하는 기관 간에 효과적으로 기능하는 종합적인 네트워크체계를 구축하고 이를 관장하는 센터를 만드는 방안을 검토할 수 있다(정익중 외, 2011). 특히 지역사회 내에서 방과후 서비스를 담당하는 기관 간에 효과적인 네트워크체계를 구축하고 이를 실제 구동시키는 인력과 조직이 갖추어지도록 하는 것이 가장 시급하고 중요한 일이며(정익중 외, 2011), 현재 범정부공동추진단으로 설치된 돌봄정책협의회를 활용하여 지역단위 또는 부처 단위에서 협의회 결정사항의 집행과 실무를 담당하도록 할 수 있다.

1) 지역아동센터

지역아동센터는 2004년 「아동복지법」 개정에 따라 기존에 민간에서 운영되어 오던 공부방을 법정 아동복지시설로 양성화한 것으로, 빈곤아동에게 방과후 학습지원 및 정서지원서비스를 제공하는 사업이다. 즉, 지역아동센터는 지역사회 아동의 보호·교육, 건전한 놀이와 오락의 제공, 보호자와 지역사회의 연계 등 아동의 건전육성을 위하여 종합적인 복지서비스를 제공하기 위한 목적으로 설치·운영하는 아동복지시설의 유형이다(보건복지부, 2020). 지역아동센터의 현황을 살펴보면, 2018년 12월 말 기준 지역아동센터 수는 4,211개소로 2004년 895개소에 비해 3,316개소 증가하였다. 지역아동센터 이용아동 역시 2004년 23,347명에서 2018년 109,610명으로 86,263명이 증가하였다(보건복지부, 2019b).

지역아동센터는 빈곤아동에 대한 서비스 전달체계로서 적어도 다음의 세 가지 점에서 이에 비견할 만한 기관이 없을 것이다(정익중, 박현선, 오승환, 임정기, 2009). 첫째, 지역아동센터는 소규모 이용시설로 지역사회의 최전선에 위치하고 있어 빈곤아동이 이용하기에 편리하며, 다른 생활시설이나 대규모 이용시설에 비해 이용에 따른 낙인을 감소시킬 수 있다. 둘째, 지역아동센터는 소규모이기 때문에 아동 개개인의 욕구에 맞는 개별화된 서비스를 제공할 수 있다. 셋째, 지역아동센터는 빈곤아동을 근거리에서 지속적으로 접촉할 수 있어 상시적인 관찰과 접근이 가능하다. 프로그램을 통해 아동을 만나고 프로그램 종료 후 관계가 단절되는 일회적 만남이 아닌 빈곤가정 아동의 성장과 함께하며 지속적인 관계를 맺을 때 빈곤아동의 변화를 기대할 수 있다.

(1) 정부지원의 내용

지역아동센터는 전국적인 분포를 가지고 읍·면·동 수준에 해당하는 생활권인 지역사회에 위치하여 아동이 편리하게 이용할 수 있다는 면에서 접근성의 이점을 가지고 있다. 또한 대부분 30명 미만의 소규모 시설로서 아동 개인의 욕구에 맞는 개별화된 서비스 제공이 가능하며, 지역사회 아동들이 장기적으로 이용하는 경우가 많기 때문에 상시적이고 지속적인 제공이 가능하고, 지역아동센터를 거점으로 지역 내 다양한 자원을 효과적으로 활용할 수 있어서 포괄적인 서비스 제공이 가능하다는 장점이 있다.

지역아동센터의 프로그램은 기본프로그램과 특화프로그램으로 구성되어 있다. 기본프로그램은 보호 · 교육 · 문화 · 정서지원 · 지역사회 영역으로 구성되고, 특화프로그램은 지역사회 특수성 및 주요대상의 맞춤형 운영 프로그램을 의미한다(보건복지부, 2020c). 기본프로그램의 네 가지 서비스를 살펴보면 다음과 같다. 첫째, 보호프로그램으로, 빈곤위기 · 방임 아동의 생활과 안전에 관한 프로그램이다. 일상생활관리 및 급식지도, 5대 안전의무교육 등이 해당된다. 둘째, 교육프로그램이다. 이를 통해 아동의 숙제지도, 기초학습 부진아동 특별지도, 예체능교육, 인성 및 사회성 교육 등이 제공된다. 셋째, 문화프로그램으로, 문화체험, 견학, 캠프 등이 포함된다. 넷째, 정서지원 프로그램으로, 상담 · 정서지원 프로그램, 보호자 교육 등의 서비스가 제공된다. 기본프로그램의 마지막은 지역사회 연계로, 지역사회 내 인적 · 물적 자원을 연계하고 기관을 홍보하는 프로그램이다(보건복지부, 2020). 지역아동센터 운영시간은 월~금요일을 포함하여 주 5일, 하루 8시간 이상 상시 운영하는 것을 원칙으로 하고, 토요일과 공휴일 등의 운영은 지역 여건과 센터 실정에 따라 아동이 방임되지 않는 범위에서 자율적으로 결정하되, 운영 시에는 반드시 시설장 또는 생활복지사 1인 이상이 근무하여야 하며 자원봉사자 등을 적극 활용하도록 조치한다(보건복지부, 2020).

정부는 지역아동센터의 운영을 위해 신고정원, 지역별 특성 및 법정종사자 수에 따라 기본운영비를 차등적으로 지원하고 있다. 2020년 기준 월 기준액은 최소 4,880천 원에서 최대 7,190천 원이다(보건복지부, 2020). 한편, 지역아동센터 서비스 수준에 따른 추가지원으로 시설의 운영역량을 제고하고, 특화서비스 제공 등 차별화된 프로그램 운영 시설에 대한 지원을 강화하기 위해 특수목적형 지역아동센터(장애, 다문화, 북한이탈주민 아동, 저녁 돌봄, 연장운영 등)와 토요운영 지역아동센터에 대한 특성별 예산을 추가로 지원한다(보건복지부, 2020).

(2) 개선방안

지역아동센터는 아동 돌봄서비스의 대표적인 전달체계로, 교육부나 여성가족부 등 타 부처에서 실시하는 방과후 아동돌봄 서비스의 중심축 역할을 담당하고 있다. 이에 지역아동센터는 많은 강점이 있지만 가장 우려되는 것이 공공성 부족과 인력의 전문성 문제이며, 아동의 건강한 발달과 질 높은 서비스 제공, 그리고 지역아동센터의 발전을 위해 다음과 같은 사항이 개선되어야 할 것이다.

① 공공성 확보

현재 지역아동센터 운영주체의 대부분을 민간이나 개인이 70% 이상을 차지하고 있어, 공공성을 확보하지 못하였다는 비판에서 자유롭지 못하다(정익중 외, 2018). 기존에는 지역아동센터의 운영주체를 개인이 아니라 법인으로 변경하여 지역아동센터의 책무성과 공공성을 담보하는 조치를 강화해야 한다는 주장이 우세하였다(정익중 외, 2011). 하지만 개인이 운영해 온 지역아동센터를 법인화하거나 공립형으로 전환하는 것은 현실적으로 쉽지 않다. 따라서 운영주체를 통해서만 공공성을 확보할 수 있다는(형식적 공공성) 기존의 관점에서 벗어나 공공성의 요소를 확보(내용적 공공성)하려는 노력이 필요하다(정익중 외, 2018). 즉, 내용적 공공성이라고 할 수 있는 회계 투명성과 인력의 공익성, 시설의 지속가능성 및 지역 공개성, 서비스 공공성 등을 충족함으로써 공적 서비스 전달체계로서의 지위와 역할을 스스로 갖출 수 있도록 하는 것이다(정익중 외, 2018). 이처럼 지역아동센터는 공공성을 확대하고자 회계투명성, 개방성, 질 높은 서비스 제공 등 내용적 공공성을 담보하기 위한 기준에 요구되고 있으며, 다양한 운영 주체 모델에 대한 지속적인 논의와 함께 형식적 공공성을 갖추기 위한 노력이 진행되고 있다(홍나미, 정익중, 2019).

② 종사자 처우개선

지역아동센터는 저임금, 장시간 노동 등 근무여건이 열악하여 전문성을 갖춘 인력을 유인하기도, 장기간 근무를 유지하기도 어려운 실정이다(정익중, 2006c). 2018년 기준 종사자의 월평균급여(기본급)는 시설장의 경우 약 1,867천 원이며, 생활복지사의 경우 약 1,659천 원으로 조사되었다(보건복지부, 2019b). 종사자 급여 자체는 매년 조금씩 증가하고 있지만, 시설장의 사회복지 관련 경력 평균이 10년 5개월, 생활복지사는 4년 9개월이라는 점을 고려한다면 이들의 인건비 수준이 매우 낮다는 것을 알 수 있다(보건복지부, 2019b). 이러한 열악한 근무 조건에서는 실무자들의 소진(burnout)을 유발하기 쉬우며, 이직이 많아 업무의 연속성도 떨어지고, 이는 아동에게 심각한 문제를 야기할 수 있다. 지역아동센터 종사자의 소진은 부모의 우울 등 정신건강 문제처럼 아동청소년에게 부정적인 영향을 미치기 쉽고(정익중, 이경림, 이정은, 2010; 정익중, 이정은, 이상균, 2011), 실무자의 잦은 인력교체는 주양육자의 변경처럼 아동청소년의 정서불안이나 기본적 신뢰감의 상실 등 심리적 외상을 일으킬 수 있으며, 심리 · 정서적 적응에 부정적인 효과를 가져온다(정익중, 이정은, 이상균, 2011). 지역아동센터 종사자들은 아동에게 제공되는 서비스의 질과 아동의 삶에 중요한 영향을 미치므로, 지역아동센터의 종사자 이직률을 낮추고 질 높은 종사자들을 배치하는 것은 아동의 복리 증진을 위해 매우 중요하다. 따라서 적정한 수의 전문인력이 배치되고 근무여건을 개선할 수 있는 획기적 조치가 무엇보다 먼저 마련되어야 한다. 또한 종사자들의 인건비 수준을 높이고 처우를 개선하는 것은 이들의 이직을 방지하고 자질을 높일 수 있는 효과적인 방법이 될 수 있고, 종사자들이 겪는 소진 현상과 직업적 스트레스를 줄여 주는 방안을 모색할 필요가 있다(정익중, 이정은, 이상균, 2010).

③ 종사자 전문성 확보를 통한 서비스 질 향상

지역아동센터는 과거 개인과 시민단체와 같은 민간에서 공부방의 형태로 운영해오던 것을 공공의 영역으로 편입함으로써 공적 서비스 전달체계의 지위를 부여한 것이다. 따라서 지역사회에서 부모의 돌봄이 부족한 빈곤아동을 대상으로 서비스를 제공하는 지역아동센터는 지속적이고 질 높은 서비스를 제공하여야 하며, 능력 있는 종사자가 확보되어야 할 것이다.

지역아동센터 인력의 전문성을 향상시키기 위해서는 생활복지사 명칭을 변경하고 자격기준을 강화해야 한다. 생활복지사 명칭의 경우 지역아동센터 특성을 반영한 지역아동복지사로 변경하고, 시설장과 지역아동복지사 자격기준을 사회복지사 1급 소지자 중 1년 이상의 아동청소년분야의 현장경력과 100시간의 교육을 이수한 자로 강화해야 한다. 또한 신규 채용 시 1년 이내에 100시간의 지역아동센터 실무자 교육을 이수하여 업무의 전문성을 높여야 한다(정익중, 박현선, 오승환, 임정기,

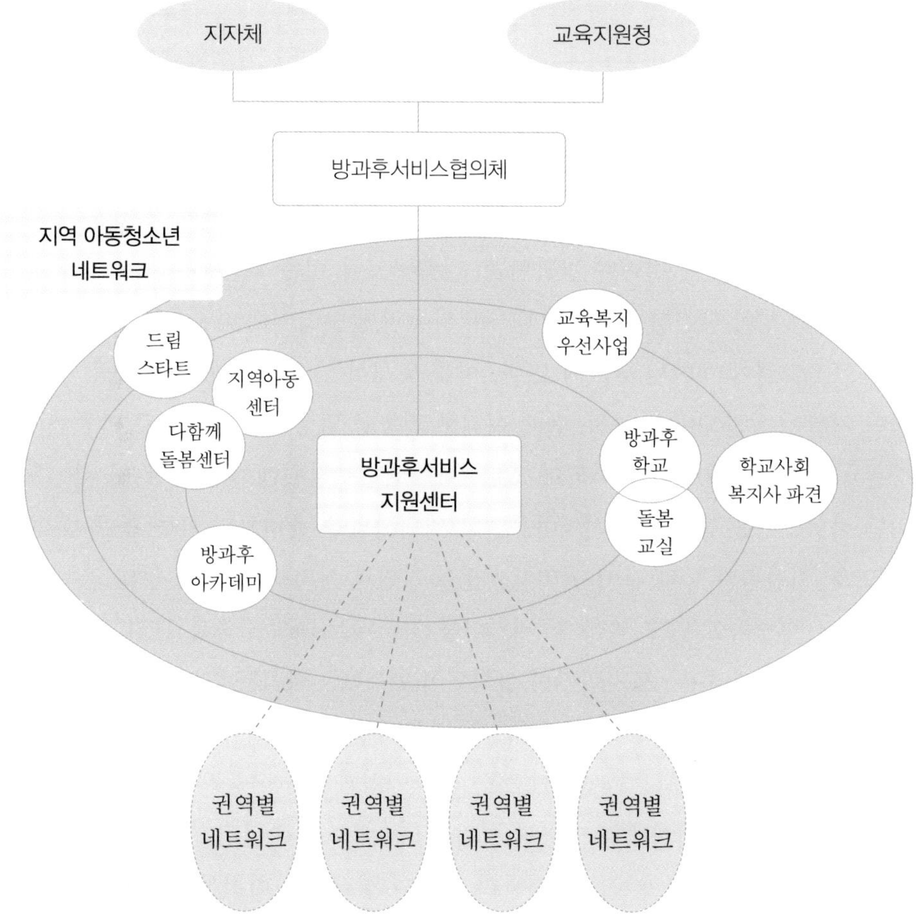

그림 14-5 지역사회 내 방과후서비스 전달체계의 종합 구도

출처: 이태수 외(2010).

2009). 교육의 질은 교사의 질을 넘을 수 없는 것처럼 아동복지의 질은 아동복지 실무자의 질을 넘을 수 없기 때문에, 가정위탁지원센터나 아동보호전문기관처럼 지역아동센터도 「아동복지법 시행령」에 교육과정에 대한 별도규정을 포함시키는 것이 필요하다(정익중 외, 2011).

④ 다양한 모형개발 및 아동권리보장원 역할 강화

지역아동센터의 질적 서비스 향상을 위해 차별적이고 전문화된 지역아동센터 모형이 활성화될 필요가 있다(오승환 외, 2011). 특히 지역아동센터 간 연계, 공동자원 개발, 신설 센터의 컨설팅, 종사자 교육, 프로그램의 공동개발 및 운영, 특수욕구를 지닌 아동의 관리 등의 기능을 부여하는 것은 매우 절실하다. 동일한 영역의 서비스라도 아동의 성별이나 발달단계, 가족구조나 이용기간에 따라 직무에서 요구되는 전문성이 상이할 수 있다. 따라서 아동의 발달영역에 따른 전문적이고 차별화된 프로그램이 개발될 필요가 있다. 이를 위해서는 적합한 수준의 재정 및 행정적인 지원이 동반되어야 하며, 현재 이러한 기능을 담당하는 기관으로 아동권리보장원과 시 · 도지원단이 설치되어 있다. 아동권리보장원에서는 중앙 및 시 · 도지원단 사업운영을 총괄하고 지역아동센터 지원사업을 관리하며 관련 통계 및 종사자 교육, 시설평가 등과 같이 지역아동센터 지원과 서비스 질 관리 등의 업무를 전문적으로 수행하고 있고, 시 · 도 지역아동센터 네트워크 구축과 관리, 홍보 등을 위해 지역아동센터시 · 도지원단이 설치되어 있다(보건복지부, 2020c).

한편, 지역아동센터의 전달체계는 보건복지부와 아동권리보장원, 시 · 도청, 시 · 도(지역아동센터 시 · 도지원단), 시 · 군 · 구청과 지역아동센터로 구성되어 있고, 이는 공공의 행정체계와 민간의 서비스집행체계가 혼합된 전형적인 전달체계 구도이다. 이러한 전달체계는 행정관리 감독의 경직성과 비전문성, 민간의 전문성 발휘 조건의 미비, 양적 확대에 따른 질적 관리 및 유도시스템 부재, 지역사회 내에서 다양하게 방과후 서비스가 시도됨에 따라 오는 혼란 등의 문제를 가지고 있다. 따라서 전문적인 교육과 연구의 기능을 수행하고, 다양한 지역아동센터 사업을 전체적으로 조율 및 조정하는 아동권리보장원 및 지역아동센터 시 · 도지원단의 역할이 보다 강화되어야 할 것이다(오승환 외, 2011).

2) 다함께돌봄센터

문재인 정부에서는 방과후 온종일돌봄 서비스 확대를 국정과제로 채택하여 초등 방과후 돌봄에 대한 국가의 책임성을 강화하고 초등돌봄교실과 다함께돌봄센터 확대 등 인프라를 확충하는 정책을 시행하였다(최영, 2019a). 다함께돌봄사업은 지역 중심의 돌봄체계 구축 및 초등돌봄 사각지대 해소를 목적으로, 지역 내 돌봄 수요와 자원을 고려하여 돌봄계획을 수립하고 지역 내 틈새 돌봄기능을 강화한 사업이다(보건복지부, 2020c). 즉, 온종일돌봄은 학교돌봄과 지역사회 내 마을돌봄의 연계와 협력을 강조하는 것이며, 다함께돌봄은 온종일돌봄체계 중 마을돌봄의 한 축을 담당하고 있다고 볼 수 있다.

2017년 시범사업으로 시작한 다함께돌봄사업은 2018년 관계부처 합동 온종일돌봄 정책 발표와 함께 17개소가 설치 · 운영되었고, 2019년에는 다함께돌봄사업지원단이 발족되어 다함께돌봄센터가 전국 173개소에 확대 설치되었다(보건복지부, 2020c).

정부에서는 설치비와 기자재비, 인건비 및 운영비 등 다함께돌봄센터의 설치와 운영에 필요한 비용 중 일부를 지자체에 지원하며, 다함께돌봄센터의 설치 및 운영 주체는 지방자치단체이므로 직영방식 운영을 원칙으로 하지만, 돌봄서비스에 관한 전문성 활용 및 지역사회 참여를 활성화하기 위해 위탁 운영을 예외적으로 허용하고 있다(보건복지부, 2020c). 이때, 수탁자 신청자격을 사회복지법인과 비영리법인, 비영리 민간단체 등으로 함으로써 운영의 안정성과 운영주체의 공공성을 확보하고자 하였다.

이용대상은 소득수준에 상관없이 돌봄이 필요한 만 6~12세 초등학생 아동이며, 다른 공적 돌봄서비스를 이용하더라도 병행이용의 필요가 있을 경우 서비스를 연계하여 이용할 수 있다. 서비스 내용은 출결 및 급식 · 간식 등 기본적인 돌봄과 관

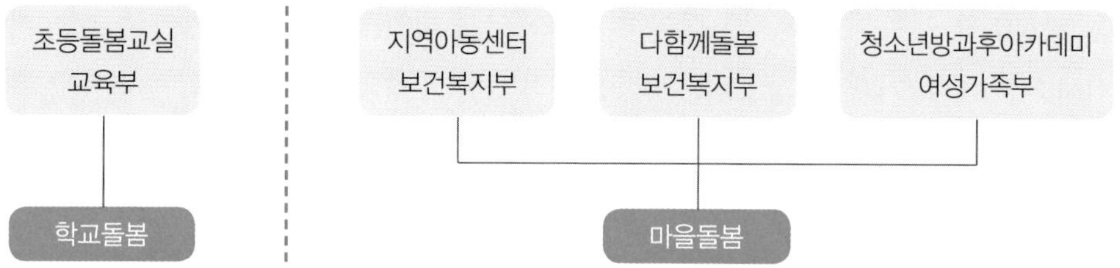

그림 14-6 온종일돌봄체계

출처: 다함께돌봄사업 홈페이지.

련된 기본프로그램과 숙제지도 및 보충지, 신체활동과 같은 공통프로그램, 학습활동(특기적성) 프로그램으로 구분된다(보건복지부, 2020c).

정부는 부족한 마을돌봄 인프라를 확충하기 위해 다함께돌봄센터를 신설하여 지자체 직영방식을 권고함으로써 안정적 운영을 가능하도록 하고 있다(최영, 2019a). 그러나 이는 결국 또 하나의 돌봄체계를 신설하는 것으로, 오히려 지역아동센터 이용아동이 역차별을 받거나 취약계층이라는 낙인을 갖게 할 수 있다(최영, 2019a). 실제로 취약계층 중심으로 운영되는 지역아동센터와 소득수준과 상관없이 서비스를 제공하는 다함께돌봄센터의 프로그램 내용은 크게 다르지 않은 것으로 보이지만, 예산이나 운영주체의 차이로 인한 서비스의 질적 수준은 차이가 있을 것으로 예상된다. 따라서 이러한 부작용을 예방하기 위한 장치 역시 마련되어야 한다.

3. 문화예술교육

문화예술교육은 예술교육을 바탕으로 하여 미적 감수성 함양이나 창의성 육성 및 정서함양을 도모하는 것으로(박소연, 홍성만, 임채홍, 2011; 배나래, 2017), 예술, 교육 및 복지 분야에서는 아동의 개별적 차이를 반영하며 학업 이외의 영역으로 눈을 넓힐 수 있는 문화예술교육 사업을 시행하여 아동의 문화예술 향유의 기회를 확대하고 다양한 교육기회를 제공하여 아동의 삶의 질 향상에 힘쓰고 있다.

문화예술교육이 개인에게 미치는 영향에 관하여 McCarthy(2002)는 신체적 · 건강적 차원, 인지적 · 심리적 차원, 대인관계적 차원으로 구분하여 설명하였다. 신체적 · 건강적 차원에서는 건강, 자기표현력, 즐거움, 비행 감소, 스트레스 경감 등을 제시하고 있으며, 인지적 · 심리적 차원에서는 개인적 효능감과 자아존중감, 지역사회 소속감, 기술 및 창조적 능력, 문화적 자본의 증가, 학교에서의 수행능력 향상 등을 제시하고 있다. 대인관계적 측면에서는 개인적 · 사회적 지지망, 소통능력, 타인에 관한 관용 등을 제시하여 문화예술교육 프로그램의 효과를 설명하고 있다. Americans for the Arts(2009)에서는 예술교육의 긍정적 영향으로 상상력과 창조적 사고를 개발하고 자극시키거나 인지적 · 창조적 기술을 개선하며, 문제해결 기술, 창조적 사고 기술, 전체적인 학업적 성취와 학교에서의 성공을 증진시킨다고 보았다. 또한 손재주, 질적 과업 수행, 교실에서의 목표수립기술 등을 향상시키고, 비전표현방법이나 문제해결방법, 의사결정방식을 배우며, 자신감과 자기통제력을 증진시킨다고 보고하고 있다.

엘 시스테마(El Sistema)는 1975년 베네수엘라에서 아브레우(Abreu) 박사가 11명의 앙상블 그룹으로 시작한 아동청소년 오케스트라 확산프로그램으로, 35년간 300만 명이 넘는 3~19세의 어린이와 청소년에게 음악교육을 제공하고 있는 국가적 오케스트라교육시스템이다. 총인구의 80% 정도가 극빈계층인 베네수엘라의 사회적 환경에서 오케스트라를 통해 아동청소년들이 빈곤을 극복하고 성장하고 희망을 이루어 갈 수 있도록 하며, 가족과 지역의 삶의 질을 높여 가는 사회 프로그램으로 운영되어 오며 35년간의 지속적 확장을 이루어 내고 효과를 입증하였다. 엘 시스테마는 음악적 도전과 성공을 거듭시켜 성공의 경험을 부여하고 공동책임, 이해심, 배려심 등을 향상시키는 것을 목적으로 하며 개인적인 변화와 더불어 가족의 삶의 질, 가족참여 향상을 목표로 진행하였다. 전 세계적으로 체계적인 오케스트라교육사업을 통해 아동청소년들의 개인적 발달과 동시에 사회적 차원의 개발 효과를 검증받은 베네수엘라 엘 시스테마의 성공 사례에 대한 관심이 커지면서, 영국, 스코틀랜드, 미국, 칠레 등의 국가에서뿐만 아니라, 우리나라에서도 문화체육관광부, 교육부, 보건복지부 등 정부부처 및 지자체, 민간 차원에서 엘 시스테마를 모델로 하는 오케스트라교육 지원정책들이 계획, 시행되고 있다.

특히 아동청소년을 대상으로 하는 엘 시스테마형 오케스트라교육은 개인의 교육-복지-문화예술적 수혜를 가능하게 하는 통합적 효과를 실현하며, 아동청소년의 변화가 가족, 지역사회의 변화로 이어지는 파급효과를 발생시키는 교육 형태로서 그 효과성을 인정받고 있다고 할 수 있다(서지혜, 조은아, 2010).

문화체육관광부가 주관하는 '꿈의 오케스트라' 사업은 지역사회형 오케스트라 교육사업으로 창의성과 인성함양을 위해 초·중·고 예술교육을 제공하는 것이다. 이 사업의 목적은 특히 소외아동을 대상으로 악기 교육뿐 아니라 공동체 교육을 제공하기 위한 것으로, 문화체육관광부의 정책적 지원하에 전국적으로 점차 확대하여 시행되고 있다. 특히 지역의 문화재단, 국공립 및 민간 오케스트라, 문예회관 등 지역 문화자원들의 파트너십 구조를 통해 각 단위사업이 운영됨으로써 지역의 지속 가능한 발전역량을 키우는 '지역사회형' 오케스트라 사업으로 추진되고 있다. 사업대상으로는 지역 내 사회취약계층 아동청소년을 60% 이상 포함하도록 하고 있으며, 2010년 8개소 470명의 아동으로 시작되어, 2020년에는 47개소로 확대되었고, 지원대상 아동 역시 2,800명으로 크게 증가하였다(한국문화예술교육진흥원, 2021).

교육부가 주관하는 '학생 오케스트라' 사업은 학교를 중심으로 한 사업으로 예술교육을 통한 창의인재 육성과 공동체 교육을 목적으로 한다. 이 사업은 교육지원청을 거점으로 학교를 단위로 사업이 이루어진다. 즉, 교육지원청 관내 개별학교에 교육센터를 만들어 오케스트라를 운영하게 된다. 2014년 기준 오케스트라 사업의 운영학교는 초등학교 46개교, 중학교 34개교, 고등학교 20개교를 포함한 총 100개교가 선정되었으며, 2014년 이후 신규 오케스트라는 선정하지 않고 있다. 선정된 학교는 학교급별 다양한 분포를 이루고 있으며, 농촌에 있는 작은 학교를 비롯하여 마이스터고, 특성화고, 특목고 등 다양한 학교가 포함되었다.

특히 학생 오케스트라 사업은 지역과의 협조를 통해 이루어진다. 즉, 교육지원청에서는 인근 대학, 지방자치단체, 예술단체 및 기업 등이 참여하는 '지역예술교육협의회'를 구성함으로써 음악전공 대학생, 강사 및 운영 인력 등 인적 지원을 확보하고, 기업과 지방자치단체로부터는 재정 지원을 확보한다. 학생 오케스트라 사업의 지원 규모는 총 55억 원으로, 교육부는 선정된 학교에 대해 악기 구입, 연습 시설 구비 등 창단에 필요한 소요비용을 학교당 1억 원 이내, 교육지원청당 2~4억 원을 초기 3년간 지원하였다. 또한 시 · 도교육청과의 투자를 통해 운영 학교당 1~2인의 예술교육 인턴교사 채용도 지원하였다. 2017년 기준 학교당 700만 원을 지원하고 있으며 각 시 · 도교육청의 자체적인 지원을 통해 운영하고 있다.

한국문화예술교육진흥원(www.arte.or.kr)은 국민 모두에게 문화예술교육의 접근성을 높이고 부처 간 협력을 통해 한국 문화예술교육정책 실행에서 중추적 역할을 하는 특수법인이다. 특히 한국문화예술교육진흥원이 촉매 역할을 하는 '꿈의 오케스트라' 사업은 바우처 사업 등을 통해 개별 교향악단 차원에서 기존에 추진되고 있는 악기교육을 넘어, 음악의 즐거움을 함께 나누며 하모니를 이루어 내는 전국 단위의 오케스트라교육을 지원한다. 또한 장기적 사업추진전략이 구체적으로 제시된 사업운영단체를 선정하여, 지역사회 중심의 자생적 음악교육 사업기반을 마련해 나가고자 한다. 즉, 아동청소년의 악기교육이 개인적 소양교육 차원을 넘어 사회적 환원활동 등 보다 효과적인 경험으로 이어질 수 있게 하려고 지역사회 공공영역을 중심으로 한 지원 시스템을 마련해 나가고자 하는 목적을 가진다. 또한 국내외 전문가, 협력기관 네트워크 발족 및 전문 음악인(예술단체)의 재능기부 유도 등을 통해 이 사업에 대한 사회문화적 관심을 이끌어 낼 수 있는 다각적인 프로그램을 운영한다.

1) 효과성 검증

최근 우리나라에서는 일회성 문화행사에서부터 문화예술교육에 이르기까지 빈곤아동을 대상으로 한 문화체험프로그램이 확산되고 있다. 또한 이와 같은 프로그램의 효과에 대한 실증적 검증 결과, 아동의 발달산물에 긍정적으로 영향을 미치는 것으로 보고되고 있다(서울특별시, 2018; 정익중, 안은미, 주영선, 2019; 한정섭, 신혜원, 2019). 기업의 사회공헌활동을 통해 교육소외지역 아동에게 문화예술교육 프로그램을 제공한 이후 효과성을 확인한 손병덕 외(2019)의 연구에서도 참여 아동의 창의적 문제해결력이 증진된 것으로 나타났다. 이뿐 아니라 문화예술교육은 상대적으로 진로선택의 폭이 좁은 빈곤아동의 진로발달에 긍정적으로 작용하였고, 해당 분야의 적성과 소질을 발견하여 꿈을 키울 수 있는 기회가 되기도 하였다(정익중, 김서현, 임혜림, 2015).

최근까지 빈곤아동을 위한 지원은 대부분 경제적인 면에 집중되어 있어 이들이 겪는 심리적 · 정서적 어려움에 대한 개입방안으로 문화체험과 문화예술교육은 매우 효과적이라고 할 수 있다. 하지만 문화예술 분야와 사회복지 분야 모두 빈곤아동에 대한 관심으로 사업을 운영함에도 불구하고, 독립적으로 서비스를 제공하고 있기 때문에 대상의 중복이나 누락으로 인한 효율성 및 효과성 저하가 우려된다. 따라서 두 분야가 상호 협력하여 시너지 효과를 낼 수 있도록 두 분야의 접점을 찾아야 하고, 빈곤아동에게 어떤 프로그램이 가장 효과적일지 함께 검토해야 한다. 현재 일회성 행사 위주의 단순 문화체험은 빈곤아동에게 별다른 효과가 없음을 인식하여 그 비중을 줄일 필요가 있다. 반면, 문화예술교육이 빈곤아동에게 미치는 긍정적 효과를 반영하여 문화예술교육으로의 방향 전환이 있어야 할 것이다. 빈곤아동이 문화예술교육을 통해 교과학습 이외에 예술적 재능을 찾을 수 있으며 일상생활에서 문화적 가치를 실현하고 여가시간을 적극적으로 향유할 수 있도록 하여 빈곤의 악영향을 막아 비행이나 범죄에 빠져들지 않고 건강한 성인으로 성장할 수 있을 것이다. 문화예술은 아동들에게 성인들의 인문학과 같은 역할을 한다. 또한 문화예술은 줄기세포 같아서 단기간에는 어디에 어떻게 도움이 되는 것인지 확실하지 않고 그 효과가 장기적이지만 언젠가 삶과 심리정서적 안정에 도움이 된다.

2) 지속성 확보

문화예술교육의 긍정적 효과는 장기적으로 운영될수록 높아지고, 특히 교사로 참여하는 성인과 아동 사이의 멘토-멘티 관계는 지속성이 있어야 효과를 볼 수 있다(안은미, 2016; 정익중, 2005). 아무리 좋은 사업이라도 일회성으로 끝나 버리면 차라리 없는 것만 못한 경우가 생길 수 있다. 일회성 사업으로는 효과를 내기도 또한 효과를 지속하기도 어려우므로 작가들이나 자원봉사자들은 이들에게 평생 멘토로서 관심과 지원을 베풀 준비가 되어 있어야 한다. 문화예술 분야가 생소한 아동은 이러한 사업에의 참여로 인해 문화예술교육에 대한 기대감을 갖게 되는데, 만약 1~2회 참여 후 프로그램이 갑자기 중단된다면 이전에는 느끼지 못했던 상대적 박탈이나 결핍과 같은 부작용을 경험할 수 있다. 빈곤아동이 이로 인해 상처받지 않도록 하기 위해서는 장기적인 관점으로 신중히 프로그램을 계획하여 제공해야 할 것이고, 따라서 지속성 있는 사업추진을 위해 아동의 수준별로 구분해서 접근하거나 재능 있는 아이들을 발굴해서 계속 영재로 키워 나가는 작업도 병행되면 좋을 것이다. 또한 지방자치단체, 시·도교육청, 학교, 문화기반시설, 지역대학의 문화예술 관련학과, 문화예술 전문인력 등의 유기적 협력 및 연계체계를 구축하여 지역적 특성에 맞는 문화예술교육을 활성화하고 지역과의 연계를 고려하여 지역 문화예술 강사를 발굴하는 작업이 함께 이루어져야 한다. 이러한 사업이 오래 지속될 경우 지역 내 아동에게 문화적 체험기회를 확대할 수 있게 되어 아동의 복지가 증진되는 것은 물론이고, 장기적으로는 문화예술 산업 발전과 후진 양성, 관련 분야의 저변 확대에 도움이 되는 선순환으로 이어진다(정익중, 김서현, 임혜림, 2015).

21세기는 생산력 중심의 산업사회에서 창조력 중심의 지식·문화사회로 전환되면서 단순 기술이 아닌 창의적 문제해결 능력을 갖춘 인력에 대한 수요가 증가하고 있다. 이러한 새로운 인력 수요에 부응하기 위하여 창의적 관점의 인성교육과 감성교육이 강조되고 있으며 이에 따라 문화예술교육의 역할이 절실히 요구된다. 문화예술교육의 목적은 아동이 미대를 가거나 악기를 잘 다루게 되는 것이 아니다. 미술이든 음악이든 아동들이 새로운 문화적 체험을 하며 정서 함양을 할 수 있고 나아가 성인이 되어서도 평생 도움이 될 소양을 닦는다는 측면에서 중요한 인성교육의 일환으로 이해해야 한다. 이러한 맥락에서 입시중심 교육으로 황폐해진 학교교육에 활력을 불어넣고, 경제적·사회적 여건으로 인해 문화로부터 멀어질 수밖에 없었던 많은 이에게 다양한 문화적 체험의 기회를 줄 수 있는 문화예술교육의 활성화 방안이 문화체육관광부와 교육부의 주도로 추진되고 있다. 문화체육관광부에서는 2006년부터 시행된 「문화예술교육지원법」에 따라 문화예술교육 종합계획과 시행계획을 수립하여 안정적이고 체계적으로 지원사업을 운영하고 있다(문화체육관광부, 2020). 이를 통해 학교에 예술강사를 지원하여 학생들이 질 높은 예술교육을 안정적으로 받을 수 있게 하고, 학교밖 청소년이나 아동복지시설, 지역아동센터 아동청소년들을 대상으로 맞춤형 문화예술교육을 지속적으로 지원하고 있다(문화체육관광부, 2020).

문화권은 연령이나 발달단계에 적합한 놀이와 오락, 문화생활과 예술 활동에 자유롭게 참여하는 것을 보장하는 것으로 아동의 건강한 발달에 필수적인 요소이다. 하지만 우리나라는 그동안 경제우선주의에 입각하여 상대적으로 문화적 영역에 대해서는 소홀하게 다루었을 뿐 아니라 문화권은 다른 사회적 권리가 먼저 실현되고 난 다음에 다루어져야 할 차후의 권리로 간주되어 우선순위에서 밀려 있었다. 하지만 인간에게는 단지 생존할 권리만 있는 것이 아니라 궁극적으로 삶을 향유할 권리가 있다. 특히 소외계층 아동의 문화권 증진은 소외계층 아동으로 하여금 자신이 사회의 부담이나 의존적 대상이라는 생각에서 벗어나게 하고 현대사회를 살아가는 주체적인 인간으로 자아실현은 물론 잠재능력을 개발하고 활용함으로써 궁극적으로 사회에 공헌할 수 있게 할 것이다.

토론 및 연구 주제

1. 점차 아동복지에서 지역사회 주민의 역할이 중요해지고 있다. 본인이 아동복지 관련기관의 사회복지사라고 가정하고, 어떻게 지역사회 주민을 아동복지의 주체로 세울 수 있을지 토론해 보자.

2. 빈곤가족이거나 위기가정일수록 자녀를 위한 프로그램에 부모를 참여시키기란 쉽지 않다. 당장의 생계유지를 위한 시간 부족 혹은 질병이나 기타 이유 때문에 아동을 위해 필요한 교육이나 부모교육 프로그램에도 참석을 못할 경우가 많다. 이러한 부모들의 참여를 독려하기 위한 방안이 무엇이 있을지 토론해 보자.

3. 문화권은 다른 사회권과 함께 추구해야 할 기본권이며 동시에 다른 권리의 실현의 바탕이 될 수 있는 권리다. 하지만 소외계층 아동에 대한 사회적 시각은 아직까지 경제적 문제 해결이 최우선되어야 하며 문화예술교육을 포함한 문화활동은 시간낭비이며 쓸데없는 일이라는 생각이 강하다. 이러한 상황에서 저소득층을 위한 문화예술교육은 왜 필요한지 생각해 보자.

4. 점점 사회가 발전하면서 영유아건강검진, 누리과정, 아동수당, 급식, 정신건강 선별검사 등 전체 아동을 위한 보편적 서비스들이 확대되고 있다. 보편적 서비스가 확대되면 특별한 욕구를 가진 아동을 위한 선별적 서비스는 필요한지, 필요하다면 어떻게 존재해야 하는지 생각해 보자.

제15장

아동안전

제1절 아동안전과 대책

1. 아동안전의 문제

국민에게 안전하고 행복한 삶을 보장하는 것은 당연한 국가의 의무이자 책임이다. 그중에서도 아동안전문제는 다른 어떤 분야보다 우선적인 국가의 개입이 필요하다. 아동은 미래 국가경쟁력의 초석이고, 국가의 지속적인 발전을 결정짓는 척도가 되기 때문이다. 우리나라의 합계출산율(여성 1명이 15~49세의 가임기간 동안 낳을 것으로 기대되는 평균 출생아 수)은 1970년 4.53명에서 2005년 1.08명으로 급격히 감소하였다. 심지어 2019년에는 0.92명으로, 전쟁 이외의 원인으로 1 이하의 합계출산율을 보인 최초의 국가라는 오명을 쓰고 있다. 합계출산율이 세계 최하위 수준에 머무는 이 시대에 아동을 안전하게 키워 내는 일은 더 이상 부모만의 책임이 아니라 사회와 국가가 함께 부담해야 할 책무가 되었다.

또한 아동안전사고는 성인과 비교하면 사망 및 중상의 비율이 높고 인격발달과 정서에 심각한 영향을 끼친다. 또한 아동안전사고로 인해 발생하는 아동의 장애 발생과 자녀 병간호로 인한 부모의 근로 손실은 막대한 사회적 비용이 수반되어, 국가경쟁력을 현저히 떨어뜨리게 된다. 그럼에도 그동안 우리나라의 아동안전대책은 안전사고 예방보다는 사후적인 특성이 강하고, 아동안전 관련 정책이 각 부처에서 소관 분야별로 분산 · 추진됨에 따라 아동안전사고에 대한 체계적이고 종합적인 개입을 어렵게 하였다. 이에 따라 실제 아동안전사고가 발생하면 부처 간 책임 소재가 불분명하다는 한계를 가지고 있다(김미숙, 이주연, 김지민, 정윤경, 서울대학교병원, 2015). 또한 우리 사회에 만연한 안전불감증은 아동안전사고를 피할 수 없는 일로 간주하거나 부모들이 알아서 예방해야 할 일로 여기는 등 아동 안전사고 예방을 위한 사회적인 공감대를 형성하는 데 방해물로 작용하여 OECD 회원국 중 아동안전사고 사망자가 가장 많은 국가라는 불명예를 안고 있었다. 아동은 사회 안에서 건강하게 자라날 권리를 가지고 있으며, 국가는 아동이 안전하게 성장할 수 있는 보호체계를 구축할 의무를 가지고 있다. 그러나 현재 우리나라의 아동보호체계는 아동의 안전을 보장하고, 가정이 안심하고 사회에 자녀를 맡길 수 있다고 하기에는 부족한 부분이 많다.

2. 아동안전의 현황과 대책

정부에서는 2003년을 '어린이 안전원년'으로 선포하고 2003년 6월부터 '어린이 안전종합대책'을 수립 · 시행하였다. 향후 5년간 아동 10만 명당 사망자 수를 매년 10%씩 낮추어 1/2 수준까지 감축하는 것을 목표로 설정하고(아동안전사고 사망 2002년 1,269명 → 2007년 635명) OECD 회원국 최하위에서 중위권 수준으로 높이기 위한 분야별 대책을 추진하였다. 또한 2016년에 정부는 2020년까지 어린이 10만 명당 사망자 수를 선진국 수준인 2명 이하로 감축하기 위해 국민안전처, 교육부, 경찰청 등 9개 관계부처와 합동으로 새로운 '어린이 안전종합대책'을 발표하였다(국민안전처, 2016).

2005년 한 해 안전사고로 사망한 아동은 755명으로 아동 10만 명당 8.17명이

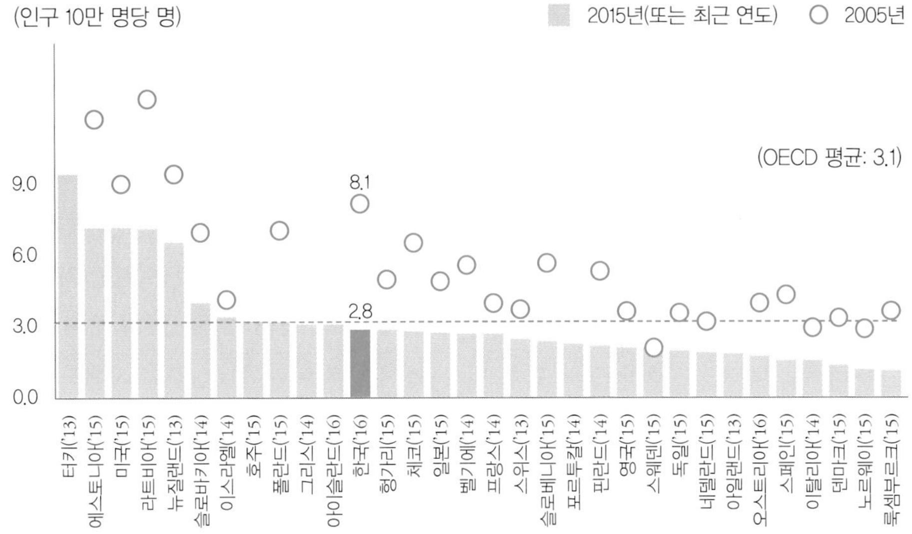

그림 15-1 OECD 국가의 아동안전사고 사망률

출처: 통계청(2018b).

었다. 계획 수립 당시 상황과 비교하면 안전사고로 사망한 아동 수가 5년 만에 약 45%가 감소하는 획기적인 성과를 거둔 것이다. 2018년에는 안전사고로 사망한 아동이 163명으로 아동 10만 명당 2.43명이었으며, 이는 18년 만에 약 88%가 감소한 수치이다. 사망 유형별로는 교통사고로 인한 사망자가 75명에서 54명, 추락 26명에서 28명, 익사 24명에서 18명, 화재 7명에서 8명, 중독 2명에서 4명 순으로 나타나 추락, 화재, 중독과 같은 가정 내 안전사고로 인한 사망자 수가 증가한 것을 알 수 있다(통계청, 2018a). 2015년 기준 아동안전 사망자 수는 OECD 국가 평균인 3.1명보다 작은 2.8명으로 2005년과 대비해 빠르게 감소하고 있으나 어린이 안전사고로 인한 후유증이 크고 최악의 경우 사망에 이른다는 점에 비추어 보았을 때 어린이 안전사고 사망률을 더욱 감소시키기 위한 다양한 정책이 마련되고 시행될 필요가 있다.

아동보행안전을 확보하고 교통사고 예방을 위해 어린이보호구역을 개선하고, 스쿨존 캠페인 전개와 보호구역 내 지도 · 단속활동을 강화하였으며, 「도로교통법」을 개정(2006년 6월 시행)하여 특수학교 · 보육시설 주변까지 어린이보호구역으로 확대하고, 6세 미만 어린이 앞 좌석 승차 시 보호 장구 착용을 의무화하였다. 또한 2017년 이후에는 어린이 통학차량 안전기준을 강화하여, 모든 유치원 · 어린이집 · 학원 통학차량에는 아동의 승하차를 돕는 성인 보호자를 태우도록 하는 법안이 실행되고 있다. 한편, 2020년 3월 25일부터 시행된 일명 '민식이법'은 전국의 모든 어린이보호구역 내 신호등과 무인 과속단속 장비 설치 의무화 등을 담고 있는 「도로교통법」 개정안(제12조 제4항 · 제5항)과 어린이보호구역 내에서 안전운전 의무 부주의로 아동의 사망이나 상해사고를 일으킨 가해자를 가중 처벌하는 내용을 담은 「특정범죄가중처벌 등에 관한 법률」 개정안(제5조의13) 2건으로 이루어져 있다. 특히 「특정범죄가중처벌 등에 관한 법률」의 개정은 어린이보호구역 내에서 13세 미만 아동을 사망에 이르게 한 경우 무기 또는 3년 이하의 징역으로, 상해에 이르게 한 경우 1년 이상 15년 이하의 징역 또는 500만 원 이상 3천만 원 이하의 벌금으로 가중처벌하는 내용을 담고 있다, 이에 따라 법을 적용하는 과정에서, 사고의 고의성, 경중 등과 처벌수준의 적정성에 대한 검토가 필요하다는 논란이 계속되고 있다(서울신문, 2020. 6. 4. 뉴스투데이, 2020. 3. 25.).

물놀이 사고예방을 위해서는 사고다발지역에 위험지역 안내표지판을 설치하고, '119시민 수상구조대'를 운영하여 수천 명의 인명을 구조하는 성과를 거두었다. 또한 주택난간 설치기준을 강화하여 추락 사고를 예방하고, 어린이가 개봉하기 어렵게 설계된 '어린이 보호 포장 의무화' 시행, 바퀴 운동화 · 레이저 용품 등 18개 사고다발용품에 대하여 안전검사의무대상 및 세관장 확인대상으로 지정하는 등 위해요인에 대한 근본적인 대책을 마련하고 있다.

아동급식의 안전성 확보를 위해 급식시설 현대화와 위탁급식의 직영 전환을 추진하였으며, 학교장, 영양사 대상 식중독 교육을 실시하고, 집단급식소 식품판매업체 등 관리 및 지도 점검을 강화하였다. 또한 학교 주변 아동 기호식품 제조 · 판매업소 단속을 강화하고, 어린이가 자주 섭취하는 식품을 조리 · 판매하는 업소까지 지도 · 점검 대상으로 확대함으로써 등 학교 주변 불량식품 근절을 위한 방지 노력을 하고 있다. 초등학교 안전교육시간 확보(학기당 연간 21~23시간)와 매월 4일 안전점검의 날 운영, 안전체험차량을 이용한 순회 안전교육 실시, 다양한 안전체험 행사 개최, 안전체험 교실 및 안전체험관 확대, 아동안전정보제공 강화 등 안전교육과 안전문화 확산을 추진하고 있다.

표 15-1 14세 이하 아동안전사고 사망자 수

구분	2000	2005	2010	2015	2018
아동안전사고 사망자(명)	1,413	755	387	225	163
아동 10만 명당 사망자(명)	14.26	8.17	4.89	3.15	2.4

출처: 통계청(2018).

현재의 추세를 감안할 때 어린이 안전종합대책의 목표달성은 긍정적이다. 그동안의 노력처럼 아동보호구역 개선, 아동용품 등 위해요소에 대한 안전성 강화, 아동안전 통계시스템 구축 등 분야별 과제를 지속적으로 추진해야 할 것이다. 그러나 '어린이 안전종합대책'의 목표가 달성되었다고 해서 아동이 충분히 안전한 국가가 되었다고 평가하기에는 아직 이르다. 아동 10만 명당 안전사고 사망자가 급격히 감소하고 있으나 이것도 OECD 국가 평균수준의 달성에 불과한 것이기 때문이다. 그럼에도 불구하고, 빠른 시기 내에 아동안전의 성과가 나타났다는 점에서 아동안전이 성인의 적극적 관심과 노력에 따라 확보될 수 있다는 것을 확인할 수 있었다. 따라서 세계 최고 수준의 스쿨존 만들기, 지역사회 중심 교통예방체험관 설치, 아동통학차량체제 정비, 학교 내 안전교육 강화 등이 지속적으로 추진되어야 한다. 또한 놀이공간의 축소와 인터넷 이용확대, 새로운 아동용품의 출현, 여성의 경제활동 증가로 나홀로 아동의 증가, 인스턴트식품 의존 등에 의한 아동건강 악화 등 아동안전을 위협하는 새로운 요인들이 계속 발생하고 있으므로 아동의 안전한 성장 여건을 마련하는 노력은 앞으로도 계속되어야 할 것이다.

이와 더불어 앞으로는 아동연령별 발달수준에 맞는 맞춤형 안전대책을 개발하고 교육해 나가며, 새로운 안전 위협요소들에 대응하여 특히 취약계층 고위험군 아동의 안전한 성장을 위한 집중적인 정책개발과 지원책이 필요할 것이다.

제2절 실종아동 보호체계

가정은 사회구성의 기본단위이며 아동의 건전한 성장 발달의 기본토대를 이루고 있으므로 아동의 안정된 가정생활은 아동복지 실현의 가장 중요한 기초로서 인식되고 있다. 모든 아동은 누구나 건전하고 안정적인 가정환경에서 보호받고 양육되어야 할 권리를 가지고 있다. 하지만 실종은 이러한 안정된 가정생활을 위협하는 가장 심각한 아동안전 사건 중 하나이다. 실종사건의 발생으로 인해 아동이 원가정에서 이탈되면 안전한 양육의 기회를 박탈당하게 된다. 이처럼 정상적인 발달이 이루어져야 할 성장기의 아동이 어떠한 형태로든 자신의 보호자와 헤어지게 되는 것은 아동 자신이나 그 가족에게 큰 충격이 아닐 수 없다. 따라서 실종문제는 아동안전 등 보편적 서비스의 일환으로 철저하게 다루어야 한다.

우리나라에서는 실종아동 문제가 사회문제로 인식되기보다는 적절한 보호 감독을 제대로 하지 못한 부모 개인의 책임으로 인식되는 경향이 강했으며, 아동학대, 결식 등과 같은 다른 아동 관련 사회문제에 비해서 상대적으로 덜 중요하게 다뤄져 왔고 국가가 적극적으로 대처하지도 못했다. 하지만 실종아동 문제는 비단 한 가정의 문제로 끝나는 것이 아니라 사회적 문제로 발전할 수 있다는 데에 그 심각성이 있다. 따라서 대부분의 선진국에서는 실종아동의 발생을 사회적 문제로 인식하고 국가와 민간단체가 이를 해결하기 위해 체계적인 노력을 기울이고 있다. 우리나라도 이 문제에 대해 더욱 종합적이고 효과적으로 대처하기 위하여 「실종아동등의 보호 및 지원에 관한 법률」(이하 「실종아동법」)을 제정하여 2005년 12월 1일부터 시행하고 있다. 이는 실종아동의 발생을 예방하고, 신속한 가정 복귀를 도모하기 위한 제도적인 기틀을 마련할 뿐만 아니라, 가정 복귀 후 사회적응을 지원함으로써 아동이 안전하고 건강한 성장을 보장하기 위한 보편적 사회적 인프라를 확대하였다는 점에서 큰 의미가 있다.

1. 실종아동의 발생현황

아동이 실종되면 부모들은 경찰청 실종아동찾기센터(국번없이 182)에 신고하고, 실종된 아동 역시 경찰서, 지구대를 통해 실종아동찾기센터에 접수된다. 실종아동의 발생현황은 〈표 15-2〉와 같으며 미발견된 실종아동 숫자는 매년 증가하는 양상을 보인다. 하지만 다행히 실종 후 1일 이내에 대다수가 발견되어 부모에게 인계되고, 1일 이상 찾지 못하는 아동은 아동권리보장원이 관계 자료를 넘겨받아 함께 찾는 작업을 계속 수행하게 된다.

「실종아동법」이 시행되기 전까지 경찰청 실종아동찾기센터에서는 9세 이상 아동은 가출로 보아 8세 이하의 아동만을 실종아동의 범주에 넣었으며, 어린이재단 어린이찾아주기종합센터(실종아동전문기관의 전신)에서는 「아동복지법」 제2조에 근거하여 18세 미만까지 포함하여 실종아동발생의 통계를 산출하였다. 「실종아동법」이 시행된 후에는 대상 연령을 18세 미만으로 통일시켰다.

표 15-2 실종아동 신고접수 및 미발견 현황

구분		2015	2016	2017	2018	2019
아동	신고접수	19,428	19,870	19,956	21,980	21,551
	미발견	1	5	5	10	99
지적장애인 (연령불문)	신고접수	8,311	8,542	8,525	8,881	8,360
	미발견	3	3	7	12	75

출처: 경찰청(2019a). 내부행정자료.

표 15-3 실종기간별 장기 실종아동 현황

구분	1년 미만	1~5년	5~10년	10~20년	20년 이상
장기 실종아동(명)	110	23	19	55	564

출처: 연합뉴스(2020. 5. 24.).

2. 실종 후 파생문제

1) 아동의 문제

아동은 누구나 건강하게 출생하여 안전하게 성장할 수 있도록 적절한 보호를 받을 권리가 있다. 그러나 아직도 우리 사회는 실종문제 등으로 아동의 안전이 늘 위협받고 있다. 아동에게 있어 단기간 혹은 장기간 부모와 떨어져 격리되는 경험은 극도의 불안감, 분노, 스트레스를 야기할 뿐만 아니라 평생토록 지워지지 않는 심리적 충격으로 남게 되고 심한 경우 외상후 스트레스장애(Post-Traumatic Stress Disorder: PTSD)를 경험하게 된다. 장기실종 아동의 경우 극도의 불안감, 분노, 스트레스를 야기하며, 범죄에도 노출될 가능성이 높아진다(정익중, 김성천, 송재석, 2009). 특히 어린 나이에 부모와 생이별을 함으로써 받게 되는 정신적인 고통은 아동의 올바른 성격 형성에 지울 수 없는 상처가 되며 아동들의 건전한 성장과 발달에 지장을 초래하게 된다(정익중, 2006b). 또한 시설에서 보호를 받게 된 아동들은 아기나 아동기의 어린 나이에 친부모와 생이별을 경험하고 새로운 환경에 적응해야 하는 스트레스 속에서 성장하게 된다. 이는 계속적으로 새로운 사람들에게 적응해야 하는 관계의 불연속성을 경험하게 하고 결과적으로 학교부적응과 학교성적의 부진으로 나타날 수 있다. 실종아동은 의도치 않은 실종사건으로 경험하지 않아도 될 가정외보호를 경험하게 되면서 여러 가지 문제가 유발될 수 있다(김종우 외, 2015: 75-76).

2) 가족의 문제

(1) 심리적 · 신체적 문제

실종아동의 가족은 아동에 대한 그리움과 염려, 근심, 걱정 등으로 정서적 불안감을 느끼고 있으며 자신의 실수로 실종되었다고 하는 죄의식, 죄책감 등으로 정신적인 고통을 겪는다. 또한 자녀가 돌아올지도 모른다는 가능성은 가족으로 하여금 완전한 애도의 기간을 가지지 못하게 하며, 불확실한 미래에 대한 희망과 절망의 반복은 끝이 없는 고통으로 다가오게 된다(유정아, 정익중, 남성희, 안은미, 이민주,

2019). 이러한 심리적인 갈등을 해소하기 위해 자학과 과도한 음주, 흡연으로 신체적인 문제까지 유발하게 된다(어린이찾아주기종합센터, 2004). 실종이 장기화될수록 그 부정적인 영향이 가족의 삶에 광범위한 영향을 미치며, 실종의 충격과 감당할 수 없는 고통은 가족 간에 원망과 책임 전가로 이어지게 되고, 갈등의 골이 깊어지면 가족해체를 유발하기도 한다.

(2) 경제적 문제

실종아동가족의 경제상태변화를 살펴보면 아동의 실종이후 경제적으로 '좋아졌다(33.9%)'보다 '나빠졌다(43.5%)'가 많은 것으로 보아 비교적 경제상태가 악화하였음을 볼 수 있다. 또한 그 원인이 실종아동 찾는 비용(69.2%) 때문이라고 대답한 것을 통해 아동의 실종으로 인해 많은 경제적인 문제가 초래된다고 볼 수 있다. 즉, 실종아동을 찾는 데 신경을 쓰다 보니 생업에 지장을 초래하여 경제적인 어려움이 있고, 아동사진 전단지 제작비, 시설방문 교통비, 각종 제보현장 답사 확인비, 무속(점, 굿) 등의 비용, 심지어 실종가족 대상의 사기피해 등 여러 가지 사유로 경제적인 문제를 갖게 된다. 실제로 58.3%의 실종아동 부모가 실종아동 발생 후 직장생활에 소홀해졌다고 응답했으며, 그 이유로 85.7%는 자녀를 찾기 위한 과정을 진행하기 위해서, 14.3%는 자녀를 잃은 후로 의욕이 상실되었기 때문에 직장생활에 소홀해졌다고 응답하였다. 이를 통해 실종발생 후 직장생활에 소홀해지는 원인은 모두 아동실종에 따른 영향 때문으로 파악된다. 이 때문에 실종아동 발생 이후 37.7%의 실종아동 부모가 실직을 경험한 것으로 나타났다. 실종아동 발생 이후 실직을 경험한 원인을 살펴보면 자녀를 찾기 위해 실종아동 부모 스스로 퇴사를 결정한 경우가 60.0%로 나타났으며, 자녀를 찾기 위한 과정을 진행하다가 직장생활에 소홀해지게 되어 퇴사하게 된 경우는 20.0%로 나타나 80.0%의 부모가 실종아동 발생이 원인이 되어 실직함을 알 수 있었다(어린이찾아주기종합센터, 2004).

(3) 가족관계 문제

실종아동을 찾는 것에만 급급하다 보니 다른 가족들에게 서로 신경을 쓰지 못하여 가정불화가 잦아지고 가족관계가 약화된다. 생업에도 지장을 초래하여 가정경제에 악영향을 주어 정상적인 가정생활이 어려워지기 쉽다. 또한 실종에 대한 가족 간 책임을 전가하면서 가족 간 대립관계로 발전하여 별거, 가족해체 등의 문제로까지 악화되는 경우도 존재한다. 또한 실종아동 발생 초기에는 잃어버린 자녀를 찾기 위해서 가족 내 다른 자녀에게는 별로 신경을 쓰지 못하기 쉽다. 따라서 실종아동의 형제자매는 그들의 실종 형제자매 때문에 본인들은 버려졌다는 생각이 들기 쉽고, 아동에 걸맞지 않게 자신의 욕구를 과도하게 제한하는 등의 모습을 보이기도 한다. 이 때문에 그들은 상당한 스트레스를 가지며 이는 다시 우울, 불안, 신체증상, 흥미상실, 행동문제 등으로 이어지기 쉽다(어린이찾아주기종합센터, 2004).

3) 사회의 문제

실종아동이 가정에 복귀하지 못할 경우 보호 양육에 따른 사회적 경비는 물론, 아동의 신체적 · 정신적인 문제 유발에 따른 추가 경비 또한 사회적인 손실이다. 이뿐만 아니라 실종가족의 심리적 · 경제적 문제와 더불어 가족 간의 문제로 인해 가정이 해체되고 별거, 이혼 사례가 속출함에 따라 사회적 손실이 발생하고 그에 따른 사회적인 비용이 늘어날 수밖에 없다. 아동실종을 사회경제적 비용으로 추계한다면, 1명의 장기실종아동이 발생하였을 경우 약 5억 7천만 원 정도의 엄청난 비용이 발생하는 것으로 나타났다(정익중, 김성천, 송재석, 2009).

3. 실종아동 정책의 현황

1) 예방사업

(1) 아동을 대상으로 한 예방교육

아동권리보장원에서는 손인형극, 막대인형극, 탈 인형극, 유괴예방교육체험존 등을 이용한 예방교육 프로그램을 개발하여 어린이집, 유치원, 초등학교 등에 방문하여 미아예방지침, 미아발생시 대처방법, 유괴예방법 등의 내용을 중심으로 교육하고 있다. 그러나 일일이 어린이집이나 유치원을 개별 방문하여 교육하는 데는 한계가 있어(정익중, 2006b), 2008년 6월 개정된「아동복지법」제9조 제3항에 따라 실종·유괴의 예방과 방지 교육을 실시하게 하고, 동법 시행령 제4조 제1항에 안전교육기준을 마련하여 시행하게 하였다. 안전교육기준상 실종·유괴의 예방방지 교육은 3개월에 1회 이상, 연간 10시간 이상 실시해야 한다. 아동실종 발생현황, 장소·상황별 실종·유괴 예방 지침, 유괴·유인 시 대처방법, 유괴·유인 목격 시 신고요령 및 절차에 대하여 강의, 역할극, 시청각교육, 사례 분석 등 다양한 방법으로 교육할 것을 제시하였다. 이렇게 새로운 안전교육 기준이「아동복지법」내에 마련되어 아동복지시설이나 영유아보육시설에서는 의무적으로 실종유괴 예방방지 교육을 실시해야 하며 이를 통해 실종예방사업이 활성화되었다(김종우 외, 2015: 55).

(2) 일반인 및 교사·부모를 위한 예방교육

실종예방의 중요성에 대해 일반인들에게 알리기 위해 실종예방 책자를 발간하여 배포하고, 또한 가정에서 부모와 자녀가 쉽게 예방교육을 할 수 있는 워크북과 교사들을 위한 예방교육 매뉴얼을 제작하여 전국 어린이집, 유치원에 배포하고 있다. 또한 동화책(미아편, 유괴편)을 제작하여 전국 공공도서관에 배포하였으며, 애니메이션을 활용한 실종아동교육 동영상을 제작하여 전국 미취학 아동 실종예방 교육 시 활용하고 있다(아동권리보장원, 2019). 그러나 아직 일반인들은 예방에 대해 그 중요성을 인식하지 못하고 있다. 실종아동 문제는 누구에게 언제 어디서 어떻게 발생할지 아무도 모른다. 어린 자녀를 가진 부모에겐 누구에게나 발생할 수 있는 사회문제라는 국민적인 인식전환이 필요한 것이다. 이에 따라 아동권리보장원에서는 실종아동에 대한 온 국민의 관심과 참여를 독려하기 위해 SNS와 홈페이지를 활용한 온라인 홍보, 언론홍보, 광고 송출 등의 다양한 방법을 활용하여 실종아동을 예방하고 조기 발견을 촉구하기 위한 다양한 노력을 계속해 오고 있다.

(3) 예방 캠페인

예방에 대한 중요성을 일반인들에게 알리기 위해 지하철역이나 놀이공원 등에서 미아예방 이름표 달아 주기 등 실종예방 캠페인을 실시하고 있다. 이렇게 아동권리보장원에서는 아동 찾아 주기를 위한 실종아동 사진전시회 등을 함께하면서 예방 캠페인을 수시로 전개하고 있으며, 또한 각종 행사에 봉사단체나 복지기관, 행정기관 등에서도 자체적으로 미아보호소를 겸하여 이름표 달아 주기 등 예방 캠페인을 전개하고 있다. 또한 실종아동을 기억하고 가정으로 안전하게 돌아오길 희망하는 '세계 실종아동의 날'을 기념하여 매년 5월 25일에 행사를 개최하고 실종아동예방을 위한 가두캠페인을 벌인다. 그러나 이러한 캠페인은 일회성 행사이므로 보다 적극적인 예방 홍보를 위해 정기적이고 지속적인 캠페인 행사가 이루어져야 한다. 최근 2020년 실종아동의 날을 맞아 장기실종아동 발견 및 예방을 위한 호프테이프(Hope Tape) 캠페인이 진행된 바 있다(경찰청, 2020). 호프테이프는 실종아동 정보가 인쇄된 포장용 박스테이프로, 실종아동의 정보, 신체특징, 실종 당시 모습, 나이변환 몽타주로 재현한 현재 모습 등의 내용이 담겨있다. 호프테이프 캠페인은 실종아동 정보가 인쇄된 포장용 박스테이프를 부착한 택배물이 전국 각지로 배송되어 장기실종아동에 대한 관심을 유도하는 임무를 수행하고 있다. 앞으로 더 많은 장기실종아동의 호프테이프를 제작하고 확대함으로써 실종아동에 대한 관심을 환기하고, 실종아동 발견을 위해 노력할 필요가 있다.

(4) 실종아동 예방을 위한 사전등록

'실종아동 예방을 위한 사전등록'이란 아동 등의 지문·사진·보호자 연락처 등을 경찰시스템인 '안전드림' 아동·여성·장애인 경찰지원센터(www.safe182.go.kr)에 미리 등록한 후, 유사시 등록된 정보를 활용하여 신속히 신원을 확인하는 제도로「실종아동법」에 근거해 2012년 7월부터 운영 중이다. 사전지문등록은 본인이 직접 등록하는 '개별등록', 아동 등을 데리고 경찰서를 방문해 등록하는 '방문등록', 경찰관이 어린이집이나 보호시설 등 현장에 나가서 등록을 진행하는 '단체등록' 등 다양한 방법으로 사전등록이 이루어지고 있다. 최근에는 스마트폰 앱 '안전드림'을 통해서 경찰서 방문 없이도 지문과 사진을 촬영하여 손쉽게 등록할 수 있게 되었다. 2018년 사전등록한 아동들은 총 439만 3천 명이며, 이 중 18세 미만 아동이 398만 7,513명을 차지하고 있다(경찰청, 2019c). 사전등록제는 미아 예방 등을 위해 많은 보호자가 활용하고 있으나, 개인정보 유출 위험성이 있다고 지적받아 왔다. 이러한 문제를 해결하기 위해 경찰청은 키보드 보안과 각 데이터 암호화, 지문과 개인정보 분리 저장 등 5단계 보안프로그램을 설치·운용하고 있으며, 업무 담당자 외에는 시스템에 접근할 수 없도록 엄격히 통제하고 있다. 또한 2018년 이후 사전등록 시 작성하는 신청서를 시스템에 등록한 후 파기함으로써 개인정보 보호에 더욱 신경쓰고 있다(경찰청, 2018). 특히 실종예방을 위한 사전지문등록제도는 실종아동의 신원파악과 실종사건 수사 활동에 이용됨으로써 범죄와 사고로부터 취약한 실종아동을 골든타임 내에 발견하도록 하는 것을 돕고 있다(이건수, 2019). 이에 따라 실종예방을 위해 18세 미만, 지적장애인, 치매노인 등을 대상으로 하는 사전지문등록제도를 의무화하는 방안을 검토할 필요가 있다.

2) 실종아동 찾기 사업

경찰청은 전국에서 발생하는 모든 실종아동 등(18세 미만 아동, 치매질환자, 지적·자폐성·정신장애인)에 대한 신고·접수, 조회 및 전산입력 등 찾는 업무를 신속하고 효율적으로 통합관리하기 위해 경찰청에 실종아동찾기센터를 설치하여 운영하고 있다. 실종아동찾기센터는 '실종아동 등 프로파일링시스템' '유괴·실종경보(앰버 경보)발령시스템' '실종아동예방을 위한 사전등록' '유전자(DNA) 활용 가족찾기' 등의 서비스를 제공하고 있다.

(1) 신고접수 상담

실종아동이 발생하면 우선 경찰청 실종아동찾기센터(국번없이 182)에 신고접수한다. 아동권리보장원에서도 유선·내방·인터넷 등으로 신고접수를 받지만, 경찰청과 자료를 통합하여 자료를 공유하고 있다. 이때 24시간 이내에 찾지 못하는 장기실종아동은 아동권리보장원에서 그 자료를 넘겨받아 부모와 상담을 하고 함께 찾는 작업을 계속하게 된다. 그런데 아이를 잃어버린 후 당황한 나머지 어떻게 해야하는지 몰라 주저하다가 신고접수가 늦어지는 경우가 있고, 182센터에 대한 홍보 부족으로 어디에 신고해야 하는지를 몰라 지연신고 되는 경우도 있다.

우리나라는 2007년 제주 양지승 어린이 유괴피살 사건을 계기로 '유괴·실종경보발령시스템'을 도입·운영하고 있다. 이 시스템은 1996년 미국 텍사스에서 납치 · 피살된 앰버 해거먼 사건 이후 도입된 미국의 앰버경보제도를 벤치마킹하여 우리나라 실정에 맞게 도입한 것이다. 유괴나 실종이 의심될 경우 유괴경보(지방경찰청 수사국에서 결정)나 실종경보(지방경찰청 생활안전국에서 결정)를 경찰청은 물론 방송사, 공공기관, 신문사, 이동통신사, 인터넷업체, 금융기관 등 협약기관에 발령하고, 상황을 방송 · 전광판 · 인터넷 · 휴대전화 등을 통해 신속하게 전파하여 실종아동을 찾고 있다.

(2) 실종자 정보(프로파일링) 시스템

실종자 정보 시스템(프로파일링)이란 실종 관련 자료를 데이터베이스로 구축하고, 실종신고 접수 시 축적된 자료와의 비교 검색을 통해 실종자를 추적 · 발견하는 시스템이다(경찰청, 2019c). 경찰청은 효율적인 실종아동 발견 시스템 개발을 위해 2008년 '실종아동 등 프로파일링시스템'을 구축하였다. 이 시스템 구축으로 실종아동의 관련 자료를 발생시간, 장소 및 신체 특징, 병력 등 76개 항목으로 세분화하여 상세 입력이 가능해졌고 이를 정밀 분석, 추적해서 실종아동을 발견할 수 있게 되었다(김학신, 김영식, 2011). 모든 실종아동 등의 발생상황과 신상정보를 등록 · 관리하며 접수 즉시 전국 경찰관서에 수배하고 발생지 경찰서에 하달한다. 탐문수색이 이루어지면 찾는 신고 자료와 보호 신고 자료 간 비교 검색하여 실종자 발견을 용이하게 한다. 프로파일링 기법은 특히 단서가 부족한 실종 사건에서 수사 방향을 잡고 용의자를 선별하여 수사 범위를 축소할 수 있고, 아동 대상 범죄자들의 기초 특성을 나타내는 데이터베이스의 구축으로 체계적인 수사에 기준점을 제시하며, 동종범죄 유형과 동일 유형 전과자 검색을 통해 조속한 사건 해결을 도모할 수 있다는 장점이 있다(강은영, 박지선, 2009).

(3) 장기실종자 추적팀 운영

경찰청에서는 장기실종아동들의 문제 해결을 위해 2014년부터 장기실종자 추적팀을 조직하여 수사하도록 하고 있다. 장기실종사건은 오래전에 발생한 것일수록 증거가 불충분하여 발견에 어려움이 있으며, 지속적인 탐문과 증거확보, 분석작업, 신고자와 연락, 목격자 확보, 시설방문 등 수사를 위한 많은 노력이 필요하다(이범오, 임준태, 2019). 하지만 경찰은 실종아동찾기 이외의 타 업무를 겸직하고 있어 단기간에 성과를 내기 어려운 실종아동관계 업무가 우선순위에서 밀리게 될 수도 있다(정익중, 유정아, 남성희, 안은미, 이민주, 2015). 장기실종아동을 위한 추적팀은 2017년 경북경찰청이 처음 운영하였는데, 괄목할 만한 성과를 보여 다른 지방경찰청에서도 추적팀이 신설될 필요가 있다. 특히 실종사건은 실종아동을 골든타임 내에 발견하는 것이 무엇보다 중요하다. 이에 따라 경찰 내에 충분한 실종 업무 전담 인력을 확보함으로써 실종아동이 빠르게 가족의 품으로 돌아갈 수 있도록 하며, 장기실종아동이 발생하지 않는 환경을 구축하는 것이 필요하다.

(4) 시설보호아동의 신상카드 접수 및 데이터베이스 구축 · 운영

「실종아동법」 제6조 제3항에 의하면 "보호시설의 장 또는 정신의료기관의 장이 보호자가 확인되지 아니한 아동 등을 보호하게 되었을 때는 바로 신상카드를 작성하여 지방자치단체의 장과 아동권리보장원의 장에게 각각 제출하여야 한다."라고 규정하고 있다. 이 법에 따라 아동권리보장원에서는 보호시설이나 정신의료기관에서 생활하고 있는 아동 중 보호자가 확인되지 아니한 아동에 대한 신상카드를 신청받아 데이터베이스를 구축하여 운영하고 있다.

그러나 현재 신상카드에 대한 데이터베이스 구축은 많은 문제점을 내포하고 있다. 법에 따르면 보호자가 미확인된 모든 시설아동에 대해서는 당연히 신상카드가 아동권리보장원에 접수되어야 하지만 현실은 그렇지 못한 실정이다. 그 원인을 대략 정리해 보면 다음과 같다.

- 시설 종사자와 관계 공무원의 잦은 교체에 따른 전 · 후임 직원 간 업무 인수인계가 미비하다.
- 의료기관일 경우 의료관계법의 환자 신상내용 비공개 조항과 이 법의 내용과 상충된다.
- 실종아동이 미신고 및 종교시설 등 제도권 밖의 시설에 입소되어 법령의 사각지대에 있다.

(5) 실종아동 찾기 위한 사진 홍보

신상카드를 접수하여 데이터베이스를 구축 · 운영하는 것과 더불어 실종아동 찾기를 위해 다양한 온라인 및 오프라인 매체를 활용하여 실종아동의 사진을 홍보하는 것은 매우 중요하다. 이러한 사진홍보는 아동을 찾는 효과도 있지만, 실종아동 사진을 널리 홍보하여 실종아동 문제에 대한 일반 국민의 관심과 의식을 고취하는 효과도 있다. 실종전문기관(현 아동권리보장원)에서는 장기실종가족들을 위하여 2019년 한국과학기술원과 업무 협약을 맺어 실종아동의 과거사진과 실종아동가족의 사진을 수집한 후 시간의 흐름에 따라 현재 나이로 재현하여 실종아동의 현재 추정 얼굴을 제작하고 있다. 실종아동을 찾기 위해 사진을 홍보해 주는 준 협력업체가 매년 늘어나고 있다. 더 많은 업체가 참여하고 홍보 효과가 높은 다양한 매체에 사진이 게재될 수 있도록 노력해야 한다.

실종아동 성장 얼굴 변환프로그램(Age Progression Program)

미국 NCMEC(National Center for Missing and Exploited Children)에서 시행 중인 것으로 장기 실종아동을 대상으로 성장 후의 얼굴변화 모습을 추정하는 프로그램이다. 최근 우리나라에서도 실종아동 성장 얼굴 변환프로그램을 활용하고 있으며, 나이 변화에 따른 얼굴 변화 예측 기술인 3D 몽타주 기술까지 활용하고 있다. 이 몽타주 기술은 얼굴 특징과 나이와의 관계를 함수로 표현해 실제 모습과 유사한 얼굴을 유추할 수 있고 어린 시절 사진만 갖고 있어도 나이 변화에 따른 현재 얼굴 모습을 생생하게 만들어낼 수 있다. 장기 미제 사건 및 장기 실종 사건 등에 활용할 수 있으며, 현재 범죄 용의자 검거용 경찰청 과학 수사센터에서 공식적으로 활용하고 있다.

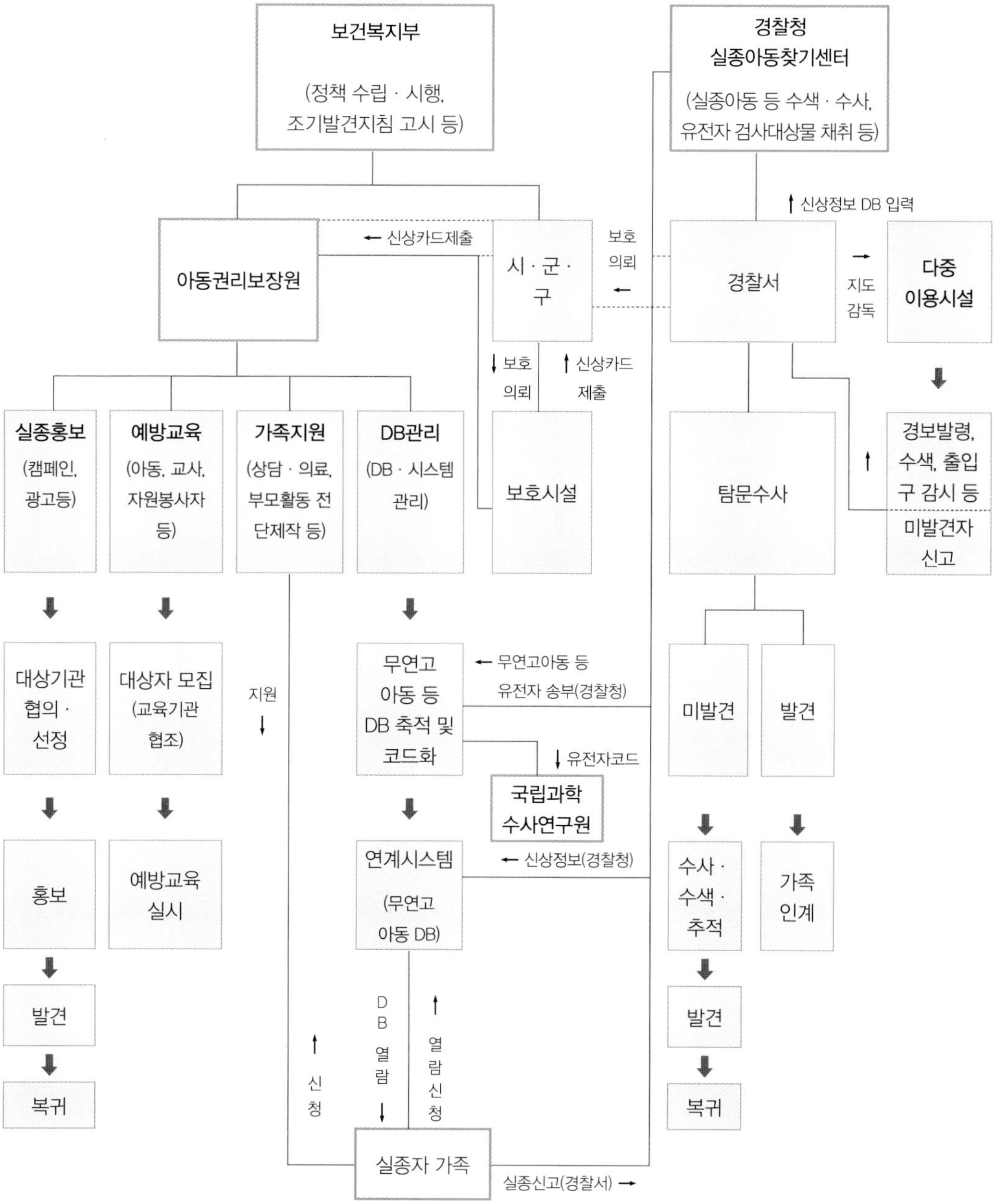

그림 15-2 실종아동 관련 업무 진행도

출처: 보건복지부(2020).

(6) 유전자검사를 통한 실종아동 찾기

'유전자(DNA) 활용 가족찾기'는 어렸을 때 헤어져 가족 사항을 전혀 모르는 실종자를 위해 무료로 유전자검사를 통해 가족을 찾아 주는 방법이다. 관련 내용이 「실종아동법」 제11조에 삽입됨으로써 합법적으로 DNA를 통해 실종아동 등을 찾을 수 있는 계기가 마련되었다. 유전자검사를 통한 실종아동 찾기는 2002년에 어린이재단 어린이찾아주기종합센터(실종아동전문기관의 전신)에서 보건복지부에 제안하여 국내 최초로 보건복지부, 어린이재단, 대검찰청, (주)바이오그란드 등의 4자 협약으로 사업을 시작하였다. 그러나 2004년 인력부족으로 인한 검체 확보의 어려움과 신속한 DNA검사를 요청하는 실종가족 부모들의 요구에 따라 DNA 사업은 경찰청으로 이관되었다. 이관된 사항은 경찰청 여성청소년과에 의해 운영되고 있고, 관련 사항은 사전등록시스템과 유전자검사를 통해 자세히 살펴볼 수 있다. 유전자검사는 경찰청장이 법정대리인의 동의를 받아 유전자검사 대상물을 채취할 수 있으며, 제출되는 유전자검사 결과기록 열람 신청서는 10년간 보관된다. 범죄자가 아닌 일반인의 유전자정보를 수집하는 것은 「실종아동법」이 유일하며(김종우 외, 2015), 현재는 법률에 근거하여 검사시료 채취는 경찰서에서, 신상정보의 데이터베이스 구축은 실종아동전문기관(현 아동권리보장원)에서, 검사시료 분석과 유전정보 데이터베이스 구축은 국립과학수사연구소에서 각각 관리하여 유전자정보가 오·남용되는 것을 방지하고 있다.

2004년부터 보호시설에 있는 무연고 아동들과 실종자 가족의 유전자를 대조·분석하여 가족을 찾아주는 유전자 검사를 통해, 2018년까지 총 35,364명의 유전자 데이터베이스(DB)를 구축하였으며, 이 중 490명의 실종아동 등을 발견하여 가족에게 인계하였다(경찰청, 2019c). 그러나 유전자 검사 도 신상카드 접수 및 데이터베이스화의 문제점과 같이 홍보 부족으로 아직 유전자정보가 부족한 상황이다.

(7) 실종아동을 위한 휴대전화 위치추적제도

실종사건의 특성상 발견을 위한 수색·수사에 많은 인력과 시간이 소요되고 있으며, 그 과정에서 느끼는 실종자와 실종가족의 고통이 크기 때문에 실종 초기 단계에서 신속하고 효과적인 대응을 하는 것이 가장 중요하다. 이를 위해 2012년 「실종아동법」 개정을 통해 경찰의 독자적인 휴대전화 위치추적 요청권을 확보하여 '찾기 업무'에 활용하고 있다(경찰청, 2019c).

휴대전화 위치추적제도는 실종아동 등이 소지하고 있는 휴대전화의 위치정보를 실시간으로 확인할 수 있는 제도로, 무선전화 기지국 기반 위치확인뿐만 아니라 GPS(Global Positioning System) 및 와이파이 정보를 이용해 정확한 위치정보를 확인할 수 있어 실종자의 신속한 발견에 도움을 주고 있다. 그러나 법률상 실종아동 등을 찾기 위한 목적 이외에는 위치추적이 금지되어 있어, 경찰에서는 실종자정보시스템(프로파일링)에 실종 접수되었고, 위치추적 대상자가 신고자인 실종자의 보호자인 경우에 한하여 실종아동의 명의로 등록된 휴대전화를 위치추적 가능하도록 엄격하게 제한하고 있다(경찰청, 2019c).

3) 실종아동 가족지원서비스

(1) 사례관리

사례관리 전문가가 상황적합형 사례관리를 통해 신고접수부터 찾기, 복귀, 사후관리까지 전 과정에 개입하여 부모와 함께하면서 체계적인 지원이 되도록 노력하고 있다. 실종아동 사례를 접수할 때마다 사례관리자를 지정하고 슈퍼바이저와 함께 사례회의를 거쳐 발생원인 파악, 미아 · 가출 여부, 방문상담의 필요성 등 사례개입 방향을 논의한다. 그리고 방문상담이 필요하다고 판단되는 경우 사례관리자는 실종아동 가정을 방문하여 보다 심층적인 상담을 시행하고 아동의 가족, 친척, 주위 이웃뿐 아니라 주변의 경찰서, 파출소, 시 · 군 · 구 등 행정관서, 보호시설, 복지기관, 종교단체, 봉사단체 등 여타 지지 네트워크를 활용할 수 있도록 한다. 또한 수시로 전화 상담을 통해 진행되는 사례들을 점검하고, 정기적 및 비정기적으로 방문상담하면서 필요한 서비스를 제공하고 있다.

이 외에 실종아동 가족 내 여러 가지 문제를 해결하기 위해 지역 내 자원과 연계하여 서비스를 제공하고, 부모들이 실종아동을 찾기 위해 전단지 제작, 시설 방문, 출장조사 등을 실시할 때 그에 따른 경비보조 및 경제적 어려움에 따른 각종 제도를 마련하여 지원하고 있다. 또한 실종아동이 발생하면 그 후유증이 가족 전체로 확대되어 최악의 경우 가정이 해체되는 상황도 빚어짐에 따라 장기실종아동 가족이 겪는 우울증과 알코올중독 등의 장애 극복을 위해서 필요한 경우 상담 치료비와 의료비를 지원하고 있다.

(2) 아동의 복귀 후 사회적응을 위한 상담 및 치료서비스 제공

아동의 복귀 후 원만한 사회적응을 위한 아동의 심리치료나 가족치료 등의 전문적인 상담 및 치료서비스를 제공하고 있다. 또한 부모-자녀 간의 원활한 의사소통을 위한 각종 훈련 및 치료서비스도 제공하고 있다. 2015년에는 신규사업으로 전문가가 매주 정기적으로 실종가족을 상담하는 '아동 상담실'을 운영하고, 실종 가족의 심리 · 정서적 안정과 가족의 역량을 강화하여 안정적 역할을 할 수 있도록 집중 심리치료 캠프를 운영하거나, 장기 실종가족의 화합과 정서적 유대감 증진을 위한 집단프로그램을 운영하는 '만남과 희망가족 프로그램', 실종사례를 유형별, 기간별, 장애유무별 등 다양한 유형의 실종사례에 대해 분석하고 대상자 욕구에 맞는 사례를 희망지원단에 연계하는 '실종가족 사례연계사업', 실종사례에 대한 '사례관리서비스' 등을 통해 실종아동 가족의 심리 · 정서적 서비스를 제공하고 있다(김종우 외, 2015).

이와 같이 복귀 후 여러 가지 서비스를 제공하고 있으나, 서비스를 받아 보았거나 받는 가정의 수는 아직 얼마 되지 않는다. 그 원인을 살펴보면, 첫째, 사후서비스 제공에 대한 홍보 부족, 둘째, 개별화된 서비스 내용의 부족, 셋째, 예산부족으로 지원범위 협소, 넷째, 가정의 경제적 어려움으로 생업에 종사해야 하므로 서비스를 받을 시간의 부족, 다섯째, 주거지 인근 지역의 필요한 자원의 부족 등으로 분석해 볼 수 있다. 이와 같이 상담서비스를 받기 어려운 실종아동가족의 현실을 감안하여, 필요한 경우 주말상담과 방문상담을 진행함으로써 보다 많은 실종아동가족이 상담에 참여할 수 있는 활로를 마련할 필요가 있다(정익중 외, 2015).

4. 실종아동정책의 발전방안

우리나라 실종아동정책의 가장 큰 특징은 실종아동문제의 해결과 예방을 위한 실종아동보호가 단일한 체계가 아니라 아동권리보장원(전 실종아동전문기관)과 경찰청의 이원화된 체계로 구성된 것이다. 이는 경우에 따라서 강점이 될 수도 있고 문제점이 될 수도 있다. 예전에는 실종아동에 대한 경찰청의 자료들은 개인의 사생활 보호와 보안상의 이유로 쉽게 접근하기 어려운 상황에 있었다. 현재는 아동권리보장원과 경찰청이 연계되어 복지시설 무연고자의 신상정보와 실종신고자료가 공유되고 있다. 이러한 전산자료의 공유와 같이 두 체계 간의 상호 연계가 점차 강화되고는 있지만, 여전히 미흡한 것으로 평가된다. 이 때문에 이원화된 체계가 강점이라기보다는 문제점으로 작용하고 있다. 하지만 이러한 이원화된 체계는 실종아동과 관련한 외국의 민관협력 체계를 본다면 이후 충분히 강점으로 작용할 가능성이 크다.

또한 실종아동정책의 발전을 위해서는 아동권리보장원과 경찰청 이외에 지금까지 가장 중요한 당사자이면서 정책에서는 주체로 나서기보다 대상자에 머물러 있었던 실종아동가족도 중요한 관계자로 포함되어야 한다. 아동권리보장원, 경찰청, 실종아동부모 당사자 세 관계자가 협력해야 실종아동과 관련한 문제의 많은 부분을 해결할 수 있을 것이다. 아동권리보장원은 예방과 가족지원사업에 집중하고 경찰청은 실종아동 찾기 사업에 전념한다면 각자의 장점을 최대한 발휘할 수 있을 것이다. 경찰은 실종신고 접수, 초동조치와 장기실종에 대한 수사를 담당하고, 실종아동가족이 아동을 찾기까지 겪는 문제에 대한 사회복지적 측면에서의 사례관리, 실종예방, 홍보 등의 업무는 아동권리보장원에서 담당하도록 하여 실종아동 가족 및 아동이 적절한 서비스를 받도록 해야 할 것이다. 이를 위해서는 실종아동과 관련한 자료 및 정보는 모두 공유되어야 한다. 또한 실종아동 담당경찰관과 아동권리보장원의 사례관리자는 유기적인 협조체계로 파트너십을 형성하여 서로 사례관리 내용을 공유하고, 진행과정을 논의하는 등 긴밀한 관계를 유지하여야 할 것이다. 반면, 실종아동부모는 정책의 발전을 위해 로비활동을 하며 자조모임을 조직화하는 등의 역할을 주도적으로 해 나가야 한다(정익중, 2006b).

1) 아동권리보장원의 역할

실종아동전문기관은 2005년 5월 31일 제정된 「실종아동등의 보호 및 지원에 관한 법률」에 의거하여 실종아동 및 장애인, 그 가족을 지원하는 기관으로 설립되었으며, 2018년부터 아동권리보장원에 통합되어 운영하고 있다.

(1) 예방

실종은 누구에게나 일어날 수 있는 일이며 예방이 찾기보다 훨씬 더 중요하다는 관점에서 예방에 집중할 필요가 있다. 집 근처든, 백화점이든, 놀이동산에서든, 언제 어느 곳에서라도 실종이 발생할 가능성이 존재한다는 것을 국민 모두에게 주지시킬 필요가 있다. 현재 5월 5일이나 5월 25일(실종아동의 날) 연례행사로 진행되는 일회성 캠페인도 중요하지만 정기적인 캠페인과 더불어 각종 전광판 홍보, 온라인 홍보 등을 전개하면서 공익광고 차원에서 캠페인이 수시로 진행되어야 한다. 그뿐만 아니라 다양한 언론 및 방송매체를 활용하여 실종아동에 관한 관심을 촉구하고 실종아동 찾기 사업에 대한 국민적인 인식이 바르게 정립될 수 있도록 하여 예방의 필요성을 함께 느낄 수 있도록 홍보해야 한다.

아동들을 대상으로 전개하는 예방교육은 인형극을 이용한 어린이집 방문 예방교육 수준을 넘어서 애니메이션 영상 프로그램, 로고, 캐릭터 등을 이용한 다양한 홍보와 예방교육 방안을 연구 개발하여 활용해야 한다. 아동실종 예방수첩, 실종예방 워크북, 유괴예방 워크북 등 예방교육 자료를 대량 제작하여 어린이집, 초등학교 등에 배포하거나 인터넷을 통해 활용하여 교육하게 하면 그 효과를 극대화할 수 있을 것이다. 최근에는 어린이집, 유치원 등 교사를 대상으로 아동실종예방 교사교육이 진행되었으며 2016년 실종예방 전문 강사 교육을 진행하고 있다(정익중 외, 2015).

(2) 홍보

2001년 이후 현재까지 실종아동기관에 접수되어 가정에 복귀한 사례를 상봉동기별로 분석해 보면 홍보의 효과가 가장 높게 나타났다. 이처럼 홍보가 실종아동을 찾는 데 대단히 중요함을 알 수 있다. 홍보를 위해 협력하는 업체가 매년 늘어나고 있지만 홍보효과가 높은 홍보방법을 찾아 더 많은 실종아동의 사진이 홍보될 수 있게 해야 한다. 따라서 기존 활용하고 있는 매체들은 지속적으로 협조할 수 있도록 잘 관리해야 할 것이고, 신규로 실종아동의 사진을 홍보해 주기를 희망하는 업체가 쉽게 참여할 수 있도록 신청방법을 간소화하고 전산화해야 한다. 이는 일반적인 규정안, 진행업무 매뉴얼 등을 간결하게 만들어 해당 공공장소의 기관장에게 협조를 얻어 홍보하는 방안을 진행할 수 있다.

또한 새로운 홍보방법들을 구상하고, 다양한 프로그램을 개발하는 등 실종아동을 찾기 위해 보다 적극적인 노력을 해야 한다. 활용 가능한 구체적인 프로그램을 예를 들면 다음과 같다. 이 중 포털사이트 활용, 앰버 경보, 코드 아담 등은 현재 실행 중이다.

- 이메일이나 포털사이트: 유명 포털사이트 화면에 정기적으로 실종아동을 홍보하거나 긴급 발생한 실종아동 사진을 게재하고 홍보하는 방법, 그리고 가입 회원들에게 실종아동의 사진을 발송하여 찾는 프로그램
- 메신저, SNS, 모바일, 앱 등을 활용한 프로그램: 메신저, SNS, 모바일, 앱 등을 이용하는 모든 사용자에게 실종아동 발생을 경보하여 찾는 프로그램
- 유괴 · 실종경보(앰버 경보): 미국의 Amber Alert(America's Missing Broadcast Emergency Response Alert) 프로그램처럼 긴급 실종아동 사건발생 시 사진 등 인적사항을 언론매체에 송출하여 일반인으로부터 신속한 제보를 받아 찾을 수 있게 하는 긴급경고 방송시스템
- 코드 아담 경보(실종아동 등 조기발견 지침): 미국의 Code Adam 제도처럼 대형마트, 백화점, 놀이공원 등 공공장소에서 아동이 실종되면 경보를 발동하여 아동에 대한 인상착의, 특징, 연령 등을 안내방송하고, 신속하게 출입구를 차단하여 외부로 나가는 아동을 확인한 후 나갈 수 있도록 하고, 자체 내에서는 집중적으로 수색하여 아동을 신속하게 찾아 부모에게 인계하는 제도. 미국의 Code Adam은 1981년 미국 플로리다 시어스 백화점에서 실종된 뒤 살해된 채 발견된 아담 월시 사건 이후 만들어졌고, 우리나라에서는 2014년부터 대형마

트, 백화점, 놀이공원 등 다중이용시설에 이를 도입하여 경찰신고 전에 체계적인 미아 찾기가 가능하도록 하고 있음. 현재 국내 코드 아담 제도를 적용받는 시설은 대규모 점포, 놀이기구 시설, 여객터미널 등 전국 1,599개소가 있음(경찰청, 2019c).

(3) 실종아동가족 지원

실종아동가족은 두 번째 피해자다. 이들이 희망을 잃지 않고 일상적인 삶을 살아갈 수 있도록 부모뿐만 아니라 가족 내 다른 형제자매, 조부모 등 갑작스러운 실종으로 인해 상처받은 가족에 대한 심리 · 정서적 지원이 무엇보다 중요하다. 이에 실종아동전문기관(현 아동권리보장원)에서 실종아동가족을 대상으로 상담서비스를 제공하고 있지만, 2014년 기준 1년간 총 5건, 2017년 기준 총 14건으로 매우 낮은 수치를 보이며 상담서비스의 활용 및 효과성을 담보하기 어려운 것으로 보인다(유정아, 정익중, 남성희, 안은미, 이민주, 2019). 또한 시행하고 있는 지원에 대해 신청을 유도하는 소극적 대응에서 더 나아가, 적극적으로 심리 · 정서적 자원과 연결시켜 주는 노력이 있어야 할 것이다. 이를 위해서는 실종아동가족에 대한 체계적인 사례관리가 이루어져야 한다. 하지만 현재 아동권리보장원 내에 실종 담당인력은 소수에 불과해 전국에 산재되어 있는 사례에 대해 심층적으로 관리하기에는 어려움이 있으며, 매년 늘어나는 사례 수를 모두 담당하여 각종 자원을 연결하고 방문상담하기엔 한계가 있다. 그러므로 즉각적인 서비스 지원 및 전국적인 사례관리를 위해 전국 광역시 · 도별로 아동권리보장원을 확대 설치하거나 최소한 사회복지사를 권역별로 한 명씩 추가 배치할 필요가 있다.

(4) 입양영역과의 연계

장기실종아동부모들은 연로하여 찾기 과정에서 실제로 할 수 있는 일이 많지 않았으며 실종된 자녀들이 부모를 직접 찾아오기를 가장 바라고 있었다(정익중 외, 2015). 따라서 실종자녀들이 부모를 찾고자 할 때 효과적인 뿌리찾기를 지원할 수 있는 시스템이 마련되기를 희망하고 있다. 이러한 장기실종아동부모들의 욕구를 고려하여 실종자녀가 부모를 찾아올 수 있도록 입양과 연계한 효과적인 찾기체계를 구축할 필요가 있다. 입양영역에서는 이미 '국외입양인의 뿌리찾기' 프로그램을 실시하고 있으며, 이를 통해 국내외 입양인들의 부모찾기를 지원하고 있다. 따라서 입양영역과의 연계를 통해 실종영역에서도 '뿌리찾기'에 대한 시스템을 구축하고 지원할 필요가 있다.

(5) 연구

아동권리보장원에서는 직접 또는 각계 전문가와 함께 적극적인 연구기능을 수행하고 기초자료를 축적하여 이후 정책이나 서비스에 반영될 수 있도록 해야 한다. 예를 들어, 실종경험이 있는 아동에 대한 조사, 실종아동부모의 삶, 장기실종아동 부모의 상실 및 피해경험, 실종아동의 적응과정, 상봉하는 과정, 실종예방을 위한 정책 제안 등의 연구가 진행되어야 한다.

2) 경찰청의 역할

(1) 실종아동 관련 전문경찰관 양성

경찰청은 실종아동찾기센터를 통해 실종아동 관련 업무를 신속하고 효율적으로 통합관리하기 위해 노력하고 있으나 경찰의 전문성 확보를 위한 전문경찰관 양성의 필요성은 지속적으로 제기되어 왔다. 따라서 경찰의 실종 직무 전문성 향상을 위해 경찰인재개발원에 실종수사과정이 신설되어 여성·청소년 전담 수사부서에 근무하는 수사관들의 업무 이해도 향상을 도모하고 있다(경찰청, 2019c). 아동납치 후 살해의 대부분(74%)은 첫 3시간 이내에 이루어지므로 무고한 희생을 줄이기 위해서는 무조건 빨리 대응하는 것이 필요하다. 실종사건은 범죄 관련성 유무를 판단하고 수사방향을 정리하는 것이 가장 중요하다. 실종아동의 연령, 지적장애, 환각물질 중독성 여부, 가출전력 기록 등의 탐문을 통해 실종 원인을 판단해야 한다. 실종사건 초기에 특정 유형으로 성급히 분류하는 것은 지양되어야 한다. 사건의 성질이 완전히 결정되기까지는 모든 가능성을 고려하여 긴급한 사건으로 가정하고 똑같은 수사를 진행해야 한다. 아무리 상습적 가출청소년이라 하더라도 새로운 위험에 닥칠 수 있음을 명심하고 수사에 착수해야 한다. 장기실종을 예방하기 위해 중요한 것은 실종신고 접수 즉시 약취 · 유인, 사고, 가출, 유기, 또는 단순히 길을 잃은 경우인지를 정확히 판정하는 것이다. 정확한 사례판정에 따라 신속한 초동조치를 취하고, 보다 과학적이고 체계적인 수사를 전개할 수 있도록 실종아동 찾기에 대한 경험과 기술을 겸비한 전문경찰관의 양성이 필요하다. 그럼에도 경찰조직의 성격상 잦은 인사변동으로 인해 실종아동 전문경찰관을 양성할 여건이 마련되지 않고 있다. 이에 대한 철저한 보완이 요구되며, 또한 별도의 실종아동 특별수사팀을 신설하고 경찰청에 배속하여 실종아동찾기 추적 수사에 전담토록 해야 한다. 특히 경찰청 내 실종전문가를 양성해야 할 분야는 지문채취 판독, 얼굴변환 기술, 범죄 심리, 실종아동 추적수사기법, 실종자 홍보 및 협상분야 등이다(김종호, 2013). 이와 더불어 경찰과 사회복지기관의 유기적인 협조 과정을 통해 실종을 예방하고, 이미 발생된 실종사건에 대해서는 실종아동 등과 그 가족이 경험하게 되는 고통을 분담하여 최소화할 수 있도록 다각도로 함께 노력해야 할 것이다(정익중, 유정아, 안은미, 이민주, 남성희, 2018).

(2) 장기실종아동 추적

장기실종사례는 절대 잊히지 않는다는 것을 실종부모는 물론 국민에게 알릴 필요가 있다. 이는 이후 범죄나 실종에 대한 예방적 효과를 동시에 갖는다. 기존 여성청소년과와 형사팀에 분산되어 있던 실종과 관련된 업무 체계가 일원화되어 여성청소년수사팀에서 성폭력, 학교폭력, 가정폭력, 아동학대, 실종수사를 전담하고 있다. 실종업무 외에 여러 업무를 동시에 하고 있어 태생적으로 인력부족이 논의되고 실종아동 찾기를 소홀히 하고 있다고 지적받고 있다. 따라서 현재 지방경찰청 여성청소년수사팀에 배치된 경찰관 중 일부는 실종아동 업무에만 전담할 수 있도록 하는 제도적 장치가 마련되어야 한다. 또한 일선 현장에서는 현재 접수된 실종자에 대해 전력을 기울이고, 장기실종자의 경우 2014년에 신설된 장기실종자 추적팀에서 전담하도록 하는 것이 요구된다. 현시점에 신고받은 실종의 경우와 장기실종의 경우 사건에 대한 접근방식과 수색방법은 현저한 차이가 있을 수밖에 없다. 따라서 일원화된 채널인 장기실종자 추적팀을 통하여 수사 방식과 관리 시스템 등의 전문성을 강화할 필요성이 있다. 하지만 현재 장기실종자 추적팀은 경찰청

본청 내 5명의 적은 인원으로 운영되고 있어 장기실종자 찾기를 효율적으로 해내기에는 한계가 있다. 따라서 지방청에도 장기실종자 추적팀을 신설·운영하고 본청과 긴밀한 공조관계를 구축하여 수색과정을 진행하는 것이 요구된다(정익중 외, 2015). 장기실종자 추적팀은 장기실종아동 수사만을 담당하게 하여 실종아동에 대한 재수사로 미진했던 부분을 보완해 가며, 아동 발견을 위한 추적을 집중적으로 하여야 한다. 이러한 일련의 과정들은 실종아동 부모의 의견을 충분히 수렴하여야 하며 수사 진행과정을 수시로 안내해 주는 등 실종아동 부모의 욕구에 맞게 진행되어야 할 것이다.

(3) 아동안전지킴이 제도

아동안전지킴이집과 아동안전지킴이 제도는 2007년 12월 안양 초등학교 여학생의 유괴, 성폭행·살해사건에 이어 이듬해 3월 일산 초등 여아 납치미수사건 등 아동을 대상으로 한 강력범죄가 잇따라 발생함에 따라 2008년 4월 아동범죄 예방을 위해 지역주민 참여방안의 하나로서 시행되었다(경찰청, 2019c). 아동안전지킴이집은 2008년 초등학교 통학로 주변에 있는 문구점, 약국, 편의점 등 2만 4천여 개소를 아동안전지킴이집으로 위촉하고 운영을 시작하였으며, 2009년부터는 고정된 장소 위주의 아동안전지킴이집을 보완하기 위해 움직이는 아동안전지킴이집이라 할 수 있는 '아동안전수호천사'를 도입하였다. 아동안전수호천사는 골목길, 이면도로, 농어촌 지역 등지에서 아동안전 보호활동은 물론 범죄 신고자 역할까지 수행하고 있다.

아동안전지킴이는 퇴직경찰, 교사 등 은퇴한 노인 전문인력을 아동안전지킴이로 선발하여 평일 취약시간 대 아동의 움직임이 많고 범죄 발생률이 높은 지역에

표 15-4 아동안전지킴이집 현황 (단위: 개소)

구분	총계	편의점	약국	문구점	상가	기타
2017년	15,095	1,841	1,337	2,255	4,942	4,720
2018년	13,567	1,768	1,278	2,116	4,195	4,210

출처: 경찰청(2019c).

배치하여 아동 대상 범죄예방 순찰 활동을 하는 제도이다(경찰청, 2019c). 2018년 기준으로 전국에 9,007명을 선발·배치하여 운영하였으며, 지킴이 1인당 약 1.7개의 지킴이집을 담당하여 연계 순찰 등의 활동을 하고 있다.

3) 실종아동가족단체의 역할

실종아동 관련 당사자로서의 역할을 하기 위해서는 실종아동찾기협회(www.fmca.kr) 등 실종아동가족단체가 제대로 서야 하며, 초기 단계에는 제대로 역할을 해낼 수 있는 상근간사가 1명 이상 필요하다. 상근간사의 임금은 처음에는 국가에서 지원을 받더라도 나중에는 자체 예산으로 가능하도록 역량을 키워야 한다. 또한 당사자들이 보기에 아무리 미진해 보인다고 하더라도 아동권리보장원과 경찰은 파트너라는 생각으로 접근해야 하며 실종아동가족 당사자모임은 불만을 토로하는 집단으로 비쳐서는 안 된다. 또한 이러한 모임은 소수의 희생으로 운영되어서는 안 된다. 실종아동부모만으로는 역량이 부족할 때는 다른 단체와 연대도 생각하고 외연을 어떻게 넓힐 것인가를 고민해야 한다.

(1) 로비활동

실종아동가족단체는 실종아동정책 형성과정에서 가장 의미 있고 영향력 있는 로비집단이다. 실종아동가족단체는 정부의 실종아동 관련 정책결정 과정이나 집행, 국회의 입법과정 등에 영향력을 행사하기 위하여 정책입안자나 결정자 등을 상대로 정보를 제공하거나 로비활동을 할 수 있다. 정책입안자나 결정자들은 다른 사람들의 얘기는 듣지 않더라도 실종부모들의 얘기는 진지하게 듣는다. 따라서 경찰이나 전문기관과 긴밀히 협조하여 법이나 정책상의 개선될 사항을 로비를 통해 이루어 낼 수 있다. 적극적인 정책제안 및 개선사항을 제시하여 실종아동 관련 제도 및 정책에 대해 모니터링의 역할을 수행해야 할 것이다. 또한 이러한 로비를 위해서는 국가로부터 지원을 받지 않고 자체 역량을 길러 나가는 것이 필요하다.

(2) 자조모임의 조직운영

자식을 잃어버린 부모의 마음은 똑같은 경험이 있는 사람이 가장 잘 이해할 수 있다. 동일한 상처가 있는 실종아동가족의 모임에서만 자신의 가정사와 상처를 솔직하게 드러낼 수 있다는 연구(정익중 외, 2015)를 통해 장기실종아동부모들의 모임이 상처를 회복하는 데 크게 도움을 줄 수 있음을 예상할 수 있다. 아마 자식을 찾게 되면 다시는 기억하고 싶지 않은 사건이 되겠지만 실종아동가족으로 구성된 자조모임을 조직하여 상호 간의 지지자가 되고 의사소통의 창구를 마련하며, 그들의 욕구를 파악하여 그에 맞는 서비스를 제공하는 등 실종아동 가족들의 심리적 지지체계를 마련하는 것이 필요하다. 실종아동부모에 대한 정보를 데이터로 구축하여 실종부모들이 가장 가까운 곳에서 실종경험이 있는 부모로부터 도움을 받을 수 있도록 노력해야 한다. 현재 장기실종부모들이 아동권리보장원을 통해 실종가족을 지지하는 리더로 활동하면서 혼란스러운 신규 실종가족들에게 도움을 주고 있다. 또한 정기적인 자조모임을 통해 실종아동 가족 간의 정서적 지지와 더불어 서로의 정보를 공유하고, 접근성을 고려한 지역별 소규모 모임도 조직하여 실종아동 가족의 정서적 문제를 해결하는 것도 필요하다. 지역별로 장기실종아동가족 자조모임을 조직화할 거점 기관과 리더를 발굴하고, 이 모임이 활성화될 수 있도록 정책적 지원을 강화해야 할 것이다.

(3) 간접적인 수사지원

실종아동가족단체의 역량을 더욱 강화한 이후에는 미국의 NCMEC(National Center for Missing and Exploited Children)나 캐나다의 MCSC(Missing Children's Society of Canada)에서처럼 퇴직경찰관이나 사립탐정 등을 고용하여 간접적인 수사지원까지도 고려해 볼 수 있다. 아동권리보장원에서는 홍보를 통한 간접적인 찾기 사업은 가능하지만, 직접적인 찾기 사업을 수행하기는 어렵다. 또한 경찰은 최근 일어난 사례 이외에 장기실종사례에 관한 관심은 시간이 갈수록 떨어지기 쉽다. 따라서 당사자가 직접 나서서 수사지원을 할 수 있는 방법도 장기적으로 검토되어야 한다.

4) 국가의 역할

(1) 신고전화 182번의 적극적인 홍보

자녀가 실종되면 전국 어디서나 '국번없이 182' 전화에 신고하여 체계적인 도움을 받을 수 있다. 182 전화에 신고 · 접수된 사례는 전산등록이 되고 해당 경찰서에 지시하여 적극적인 수색 · 수사로 실종아동을 신속히 발견할 수 있도록 시스템이 구축되어 있다. 그러나 아직 '182 전화번호'에 대한 홍보가 부족한 실정이다. 따라서 아이를 잃었을 경우 '182 전화번호'를 "아이 빨리" 찾아주는 곳이라는 의미를 인식시켜 즉시 신고할 수 있도록 적극적인 홍보가 이루어져야 한다.

(2) 아동 실종된 후 보호체계의 일원화

일반적으로 실종아동은 경찰서, 지구대를 통해 발견되어 시 · 군 · 구를 경유하여 일시보호시설에 입소되었다가 다시 장기보호시설로 전원된다. 그러나 시민들에 의해 바로 일시보호시설이나 장기보호시설로 입소되는 경우도 있고, 불법양육이나 사건과 연루되는 경우도 있다. 또 장기보호시설 중에서 미신고시설, 종교시설 등으로 이동할 수도 있다. 또한 경찰에서 시 · 군 · 구를 경유하지 않고 바로 일시보호시설이나 장기보호시설로 입소되는 경우도 있는데, 특히 해당 시 · 군 · 구 관내에 일시보호시설이나 양육시설이 없을 경우 미신고시설이나 종교시설로 갈 수도 있다.

따라서 아동이 실종되었을 경우 실종아동의 이동경로를 고정화하여, 실종아동이 반드시 일시보호시설의 경유를 의무화하고, 일시보호시설에서는 아동의 신상카드를 작성하여 아동권리보장원에 보내는 시스템을 구축해야만 할 것이다. 이렇게 하면 길을 잃어버려서 실종된 아동들은 일시보호시설에서 모두 찾을 수 있게 된다. 만약 일시보호시설이 없다면 기존 시설 중 일부를 일시보호 기능을 할 수 있게 지정하고, 그 기능을 전문화하여 추후 아동 전원조치 등을 전문적이고 효율적으로 한다면 시설보호가 한 단계 성숙할 수 있을 것이다.

(3) 신상카드 접수 및 데이터베이스화 개선

「국민기초생활보장법」에 의해 아동의 보호자를 확인할 수 없으면 그 아동은 수급권자로 책정되어 정부지원금을 받을 수 있다. 모든 시설에서 보호자가 확인되지 않은 아동을 보호할 경우에는 개별 신상카드를 반드시 지자체와 아동권리보장원에 제출해야만 수급권자로 책정하여 정부보조금이 지원되도록 운영방식이 개선되어야 한다.

실종으로 추정되는 모든 아동의 카드를 접수하여 데이터베이스화한다면 부모들이 시설을 일일이 방문하여 아동을 찾는 번거로움과 수고를 덜 수 있을 뿐만 아니라 신속한 가정 복귀가 가능하게 될 것이다. 그러나 여러 가지 이유로 신상카드 접수와 데이터베이스 구축이 잘 안 되고 있다. 따라서 보호시설 종사자와 시 · 군 · 구 관계 공무원들에게 법률에 규정된 실종아동신고의 의무사항 등을 안내하고 교육하여야 하며 또한 신상카드 접수방법을 전산화하고 간편화하여 쉽게 신상카드의 접수가 가능하도록 해야 할 것이다.

(4) 전국 초 · 중 · 고등학교 실종아동 확인 통보 의무화

실종아동이 제도권 밖의 시설에서 생활하거나 불법 양육되고 있을 경우라도 학령기 아동이라면 아동 연령에 맞게 진학하여 학교에 다닐 수 있다. 초 · 중 · 고등학교 연령대별로 실종아동들의 사진 전단지를 제작하여 각 학교에 우송하고, 각급 학교 담임교사나 학생들을 통해 해당 학교의 재학 여부를 확인한다면 학교에 재학 중인 학령기의 실종아동을 쉽게 찾을 수 있을 것이다.

2006년에 실종아동전문기관(현 아동권리보장원)에서는 초등학교에 해당 연령대에 맞는 실종아동들의 사진이 담긴 책자를 교육부와 각 시 · 도 교육청을 경유하여 각 학교에 우송하고 해당 아동들의 재학여부 확인을 협조 요청했지만 회신이 온 것은 전체학교 6,170개교 중 17개교로 0.27%뿐이었다. 따라서 학년 신학기 때마다 아동권리보장원에서는 전국 초 · 중 · 고등학교에 해당 연령대의 실종아동 사진 전단지를 제작하여 우송하고, 해당 학교장은 학년별 담임교사와 학생들을 통해 해당 학교의 재학여부를 확인하여 교육부를 통해 아동권리보장원에 회신 통보토록 하는 것을 의무화하고, 전단지를 모든 학생이 보고 제보할 수 있게 의무적으로 게시판에 일정 기간 이상 부착하도록 관계 법률을 개정해야 할 것이다.

실종아동문제는 소수의 부주의한 부모 혹은 불운한 아동에게 일어나는 개인적인 문제가 아니다. 즉, 실종아동문제는 모든 아동과 부모에게 언제라도 어느 곳에서든지 발생할 수 있는 사회문제로서, 실종아동 발생 시 아동을 찾아내어 부모와 상봉하게 하고, 나아가 실종아동의 예방을 위한 국가 차원의 사회적 대책 마련이 시급히 요구된다는 점을 전 국민이 인식할 필요가 있다.

현재 아동권리보장원은 경찰청과의 유기적인 협조를 통해 해마다 수만 명씩 발생하는 실종아동을 대부분 발견하여 신속하고 안전하게 귀가시키고 있다. 하지만 짧게는 1~2년 동안, 길게는 20여 년이 지날 때까지 가정으로 돌아가지 못하고 있는 실종아동이 존재한다는 것이 엄연한 현실이다. 이렇게 장기간 찾지 못하는 실종아동은 시간이 지나면 지날수록 찾을 수 있는 확률이 낮아지고, 또한 실종아동 가정에서 발생할 수 있는 문제점은 더욱 심각해진다. 아동이 실종되면 당사자 아동은 물론 가족의 고통은 치명적이며, 사회복지 측면에서도 아동 및 가족의 복지를 저해함은 물론 이에 따른 사회적 비용도 많이 드는 것을 알 수 있다. 다른 사회문제와 마찬가지로 실종아동 문제는 예방하는 것이 가장 중요하다. 따라서 실종아동이 발생하지 않도록 예방하는 것이 최우선으로 이루어져야 하고, 이미 실종아동이 발생했다면 가능한 한 빨리 보호자를 찾아 주는 것이 그다음 우선 과제다(정익중, 2006b).

이렇게 실종아동 문제는 예방하고 실종아동 발생 시 조직적인 체계에 의해 신속하게 찾아 주는 것이 핵심이라 하겠다. 그러나 아무리 완벽한 법과 제도가 있다 하더라도 이를 시행하는 사람의 노력 없이는 무용지물이 될 수밖에 없다. 따라서 실종아동 관련체계의 원활한 운영을 위해서는 관계자들의 관심과 책임감이 매우 중요하다. 실종아동 가정의 당사자들은 물론 신고접수 후 초동 조치하는 경찰관의 책임감, 신고 및 신상카드 송부 의무를 다하는 시·군·구청 담당공무원, 최선을 다해 실종아동 가족을 지원하는 아동권리보장원의 직원, 실종아동 문제를 자기 일처럼 관심을 갖고 도와주는 일반 국민, 이 모든 이의 애정 어린 관심만이 실종아동문제를 예방하고 실종아동을 애타게 찾고 있는 가정으로 신속하게 돌려보낼 수 있을 것이다.

토론 및 연구 주제

1. 아동안전대책처럼 아동과 그 가족에게 보편적 서비스가 될 수 있는 것을 토론해 보자.

2. 세계 여러 나라가 오래전부터 사설탐정제도를 시행하고 있고 이를 통해 공권력이 미치지 못하는 부분에 도움을 받고 있다. 장기실종아동 가족들도 지푸라기라도 잡자는 심정으로 사설탐정을 고용해서라도 실종아동을 찾고자 한다. 우리나라도 2020년 「신용정보의 이용 및 보호에 관한 법률」(신용정보법) 개정으로 탐정 명의 영업은 가능해졌지만, 민·형사 사건에 대한 증거수집 활동이나 잠적한 불법행위자 소재파악 등은 여전히 「개인정보보호법」 위반 가능성이 있다. 장기실종아동 가족은 지금 이 순간에도 고통받고 있다. 이들을 위해 현재 제공하고 있는 서비스는 무엇이고, 이들을 위해 추가되어야 하는 서비스는 무엇이 있을지 생각해 보자. 장기실종아동 가족을 위해 사설탐정이 할 수 있는 역할에 대해서도 토론해 보자.

3. 실종아동예방을 위한 사전등록제도는 실종아동의 조기발견을 도와준다는 장점이 있지만, 개인정보 유출의 위험성을 가지고 있다. 사전등록을 찬성하는 쪽에서는 주민등록이 발급되지 않은 실종아동은 실종된 후 발견되어도 신원을 확인할 수 없기 때문에 사전등록이 반드시 필요하다는 입장이고, 사전등록을 반대하는 쪽에서는 금융거래에서도 지문이 사용되며, 자칫 정보가 유출되는 사고가 발생할 경우 지문을 변경할 수 없기 때문에 문제가 될 수 있다고 주장한다. 실종아동예방을 위해 사전등록제도를 통해 지문 등을 등록하는 것이 바람직할까? 개인정보 유출을 막기 위해 사전등록을 하지 않는 것이 바람직할까? 개인정보를 보호하면서 실종아동을 발견할 수 있는 방안이 있을까? 반복적으로 실종되는 아동이나 장애인의 신속한 발견을 위해 문신, 마이크로칩 등 영구적인 인식표를 만드는 것에 대해 어떻게 생각하는지 토론해 보자.

4. 경찰이 실종아동 찾기 과정에서 가장 우선적으로 시행하는 것은 CCTV 확인이다. CCTV 확인으로 동선을 확보하지 못한 경우 수색범위를 한정하지 못하여 다른 관할지역까지 영역이 넓어지며 찾기과정은 더욱 어려워진다. 하지만 현재 개인정보보호 관련법의 강화로 개인 CCTV를 확인하기 위한 임의제출은 용이하지 아니하며, 영장을 요구하는 경우가 많다. 실종은 범죄가능성을 배제할 수는 없으나 당시 수색과정에서는 범죄로 분류할 수 없어 영장 발급이 어려운 경우가 많다. 따라서 초동수사의 핵심이 될 수 있는 CCTV의 임의적 제출을 강제하는 것이 바람직한지 아니면 개인정보보호를 위해 영장을 통해 정확한 절차를 밟는 것이 바람직한지 생각해 보자.

5. 실종신고에도 오랫동안 아이를 찾지 못한 경찰은 DNA 조사를 하겠다고 나섰다. 그런데 그 아버지는 DNA 채취를 거부했다. 오랜 설득 끝에 DNA를 채취해 조사한 결과, 아이가 한 시설에 있는 것으로 확인됐다. 이 아이는 선천적으로 장애를 가지고 있어서 아버지가 한 종교시설 앞에 아이를 몰래 버려두고 왔던 것이다. 아버지는 경찰의 계속된 조사에 범행을 자백했지만 아동유기죄의 공소시효인 3년이 지난 상태여서 처벌을 받지는 않았다(시사저널, 2016). 이 사례와 같이, 친부모의 유기로 인한 실종의 경우 실제 실종아동을 찾는 것도 쉽지 않으며 사실이 장기간 은폐됨으로 인해 자식을 버린 친부모의 범죄행위에 대한 적절한 처벌이 이루어지지 않을 수 있다. 또한 이러한 실종사례로 실종아동가족에 대한 사회적 편견이 발생되기도 한다. 이러한 사례를 예방하기 위해 사회복지적 차원에서 어떠한 개선방안이 필요한지 생각해 보자.

제16장

아동복지의 전망과 과제

제1절 사회적 안전망의 내실화

1. 보호대상아동에 대한 통합관리체계

그동안 우리나라는 보호대상아동 발생 시, 시 · 군 · 구의 아동복지 담당자에게 의뢰되고 아동복지 담당자가 아동을 가정외보호에 입소시킬 것인지, 보호시설에 배치 시 어느 곳으로 배치할 것인지를 결정한다. 그런데 이후에 보호대상아동의 배치가 적합하게 이루어졌는지, 보호자가 아동을 의뢰할 때 했던 약속들이 제대로 이행되고 있는지 또는 아동을 위해 다른 곳으로의 배치가 더 적합한지 등에 대한 심의는 이루어지지 않았다.

따라서 우리나라는 그동안 보호대상아동이 어느 민간기관에 의해 위탁되느냐에 따라 아동의 운명이 결정되었기에 '아동이익 최우선의 원칙'이라는 관점에서 아동에 대한 각 기관의 보호를 체계적으로 조정하고 모니터링할 수 있는 방안을 고민

해왔다. 이에 아동을 시설에 처음 의뢰할 때는 물론이고 의뢰한 후에도 배치된 보호시설이나 위탁가정 또는 공동생활가정이 아동에게 적합한지, 연고자와의 연계가 어떻게 이루어지고 있는지에 대한 정기적인 모니터링을 실시하는 아동복지심의위원회의 설치가 요구되어 왔다(오정수, 이혜원, 정익중, 2005). 2011년 심의위원회의 설치에 관해 개정된 「아동복지법」에 반영되었고, 2016년에는 실효성을 바탕으로 아동복지심의위원회 사후심의가 인정되기도 하였다. 또한 2016년 3월 「아동복지법」의 양육상황 점검(제15조 제3항)과 사후관리(제16조 제2항) 조항이 신설되고 일부 개정되면서, 보호아동 배치 이후 생활에 대한 모니터링이 개선되며 해결점을 찾아가고 있다. 그럼에도 보호대상 아동에 관한 다양한 문제들은 산발적으로 발생되어 2019년 포용국가 아동정책에서 보호아동을 위한 지자체의 책임을 강화하겠다고 선포하였다. 특히 보호조치 결정부터 관리, 원가정복귀 전 과정에서 지자체 책임하에 시행할 수 있도록 공적 보호체계를 근본적으로 개편하기로 하였으며, 이를 위해 전국 지자체 아동복지 담당과에 아동보호전담요원을 배치하고 있다. 이처럼 지자체 내에 전문전담인력을 배치해 상담과 가정조사를 진행하고, 사례결정을 통해 보호조치 여부를 결정하는 통합된 조직체계를 마련함으로써 아동에 대한 보호와 치료는 물론, 가정위탁 · 입양 · 시설입소 등이 함께 이루어져 아동에 대한 분절 없는 서비스 지원을 할 수 있다(보건복지부, 2019). 여기서 필요한 경우, 지역사회의 아동복지전문가, 민간기관의 사회복지사, 의료인, 법조인 등과 함께 사례를 사정하고 심의할 수 있다(오정수, 이혜원, 정익중, 2005).

2019년 아동권리보장원 출범은 체계적인 공적 아동보호 시스템 구축과 보호필요아동에 대한 국가책임 강화라는 점에서 매우 의미 있다고 볼 수 있다. 이와 같은 체계에서는 보호가 필요한 아동이 발생할 경우 지자체 아동보호전담요원을 중심으로 보호신청 접수가 통합적으로 이루어지며, 욕구사정, 서비스계획, 서비스 제공, 서비스 의뢰, 평가와 종결 등 일련의 서비스 전달과정이 진행되고 보다 심도 있는 사정이 필요한 사례의 경우에는 아동복지심의위원회나 사례결정위원회 사정평가회의를 거칠 수 있다. 사례결정위원회 회의를 거쳐 가정위탁, 입양, 시설보호의 조치가 필요한 경우, 소속 지방자치단체장의 결재를 받아 해당기관이나 시설에 보호 의뢰한다. 사법기관의 조치가 필요한 경우에는 경찰에 보호조치를 요청하며, 친권제한을 위한 법적 조치가 필요한 경우에는 가정법원에 아동보호명령을 신청한다. 이를 통해서 아동과 그 가족에게 욕구에 부합되는 맞춤형 서비스를 통합적인 형태로 제공하고, 보호조치 이후에도 아동과 가족을 주기적으로 최소 6개월에 1회 정도 모니터링하여 현재의 보호체계가 적절한지 지속적으로 검토해서 더 적절한 보호체계로 전환하거나 원가족으로 복귀하게 된다. 또한 시설,가정위탁 아동들이 원가정으로 돌아갈 수 있도록 아동-부모의 정기적 면접을 지원하고 가정의 책임을 강화하기 위해 친부모가 시설이나 가정위탁에 맡겼던 자녀에 대해 시설로부터의 퇴소나 가정위탁 계약해지를 요청할 시에도 무조건 아동을 귀가시키는 것이 아니라 가정의 준비 정도에 대한 심사가 이루어진 후에 귀가조치해야 한다. 만약 아동이 위탁가정에 머물러야 한다면, 아동의 특성에 따른 맞춤형 양육을 위한 전문가정위탁제도를 도입하고 국가와 지자체 책임을 강화하는 입양체계를 마련해 아동이 반복해서 가정외보호되는 경험을 예방해야 한다.

2. 방과후 서비스의 체계화

현재 우리나라도 선진국과 마찬가지로 조기개입서비스와 방과후 서비스에 대한 중요성을 인식하여 여러 중앙부처에서 다양하게 사업을 진행하고 있다. 보건복지부의 다함께 돌봄센터, 지역아동센터 드림스타트, 여성가족부의 방과후아카데미, 청소년안전망(전 CYS-Net), 교육부의 돌봄교실, 방과후 학교, 교육복지우선지원사업, Wee 프로젝트 등이 비슷한 사업내용을 전개하면서 각기 다른 전달체계와 다른 지원체계를 가지고 있다. 그러나 각 사업에 대한 이해관계자의 갈등으로 인해 서로의 다양성을 제대로 인지하지 못하고 있는 부분도 존재하며 서비스 중복 등의 문제를 겪고 있다. 하지만 아직 조기개입서비스와 방과후 서비스를 모두 합쳐도 저소득 지역을 조밀하게 포괄하지는 못하고 있는 실정이므로 단순한 통합논의는 서비스의 위축을 가져올 수 있다. 따라서 기능별 유사성 때문에 단순하게 통합을 강조하기보다 이러한 다양성이 시너지 효과를 발휘하고 장점으로 작용할 수 있도록 여러 가지 가능성을 열어 두고 지역별로 다양한 형태를 채택할 수 있도록 해야 한다. 각 서비스 체계를 인정하되 기본규정을 정립하여 대상자 중복이나 불필요한 경쟁을 막기 위한 장치를 지역종합계획 공동수립, DB구축, 공통평가 등 시스템 차원에서 마련할 필요가 있다(정익중 외, 2009).

또한 보육서비스는 최근 지속적으로 확대되면서 자리를 잡아 가고 있지만, 초등학교 이상 아동을 대상으로 하는 방과후 돌봄서비스는 충분치 않은 것이 현실이다. 게다가 우리 사회는 사회양극화로 인한 빈곤 · 방임의 확대, 이혼의 급증, 경제적 어려움으로 인한 빈곤 맞벌이 가족의 증가 등 아동의 양육환경은 갈수록 악화되고 있다. 이러한 급속한 사회변화로 인해 발생하는 빈곤층 가구의 방과후 아동방치 및 방임의 증가는 심각한 사회문제가 되고 있다. 문재인 정부에서는 초등 방과후 돌봄에 대한 국가 책임성 강화와 인프라 확충을 위해 방과후 온종일돌봄 서비스 확대를 국정과제로 채택하였다(최영, 2019a). 이에 따라 지역돌봄 체계로 다함께돌봄센터가 설치되어 운영 중이다.

빈곤층 가구 내 아동의 방과후 야간방임은 더욱 심각하다. 주 · 야간에 아동이 보호자 없이 혼자 지내는 경우 유괴는 물론 화재, 감전, 익사 등 각종 안전사고에 노출될 가능성이 매우 높다. 성인의 보호 없이 홀로 집에 있는 아동의 경우에는 안전문제뿐 아니라 과도한 인터넷 사용, 게임중독, 부적절한 미디어 시청, 무분별한 간식 등으로 공격적인 행동, 산만함, 학습결손, 운동부족으로 인한 비만 등 복합적인 문제에 노출되어 아동의 성장을 저해하는 요인이 되고 있다(Vanderploeg, 2005; 정익중, 이경림, 2008). 이를 예방하기 위해 「아동복지법」 내 이용시설로서 빈곤 및 맞벌이 가족의 자녀들이 가장 많이 이용하고 있는 지역아동센터는 부분적으로 저녁 8시 이후 야간보호 프로그램을 제공하고 있다. 지역아동센터 운영시간을 살펴보았을 때, 저녁(6시~9시30분)이 3,568개소(86.2%)였고, 밤 10시 이후가 567개소(13.7%)로 대부분의 센터가 늦게까지 운영하고 있는 것으로 나타났다(박선권, 2018).

아동의 방과후 돌봄문제를 해결하기 위한 서비스가 확대되어야 하며, 방과후 서비스는 발달단계별 지원체계가 지속적으로 이루어질 수 있도록 해야 한다. 특히 우리나라의 경우 방과후 서비스가 초등학생 위주의 사업으로 수행되는 측면이 많아 청소년기에 적합한 사업내용이 적절히 지원되지 못하고 있는 실정이다. 따라서 보호가 필요한 초등학교 아동이 성장하여 청소년기에도 지속적인 보호가 필요하게 될 때 발달단계에 맞는 지원체계가 단절되지 않도록 청소년에게 적합한 서비스 지원체계를 마련하는 것이 필요하다. 더불어 아동 조기개입서비스와 방과후 서비스가 급속하게 확대되고 있기 때문에 양적인 팽창과 함께 질적인 수준을 담보할 수 있는 체계적인 관리체계가 시급히 정립되어야 할 것이다(정익중, 박현신, 오승환, 임정기, 2009).

3. 교육복지의 확대

학교는 학령기 아동이 하루 중 가장 많은 시간을 보내는 곳이다. 학교는 아동의 생활 그 자체가 되기도 하고, 따라서 학교는 아동에게 안전하고 행복한 곳이어야 한다. 그러나 입시위주의 교육환경은 각종 교내 문제와 아동의 고민이나 행복에 가질 여력이 없는 것이 현실이다. 여기에 또래 사이의 집단괴롭힘, 가정에서의 빈곤과 학대와 같이 아동을 둘러싼 환경으로 인해 사이버중독 및 습관적인 도벽, 가출 및 등교 거부 등 문제 학생들의 부적절한 행동 및 비행이 증가하고 있지만, 이를 개입하고 치료할 수 있는 체계가 부족하다.

따라서 모든 초 · 중 · 고등학교에 학교사회복지사를 의무적으로 배치하여 학생들의 학교적응력을 향상하고 교내 학생문제(폭력, 왕따, 부적응, 중퇴, 가정문제, 진로문제 등)를 예방하고 해결할 수 있도록 해야 한다. 교내폭력, 왕따, 학업스트레스, 진로고민, 가사고민 등의 문제로 고통받는 아동 · 청소년에 대한 효과적인 전문가의 도움이 필요하다. 학생의 질병관리를 위해 보건교사(간호사)가 배치되고, 영양관리를 위해 영양사가 배치되듯이, 아동청소년의 사회심리적 안전망으로서 사회복지사가 현장에 배치되어야 한다. 그러나 2018년 기준 우리나라 전체 11,636개 학교 중 학교사회복지사업을 시행하는 학교는 3,385개교로, 시행비율이 29%에 불과하다(한국학교사회복지사협회, 2019). 이에 따라 「학교사회복지법」을 제정하거나 학교사회복지사를 의무적으로 배치하는 정책이 마련될 필요가 있다. 현재 진행 중인 교육부의 교육복지우선지원사업은 빈곤지역을 중심으로 진행되고 있으며, 이를 전 학교로 확대하는 방안이 마련되어야 한다. 교육복지우선지원사업에 배치된 지역사회교육전문가 1명으로는 문제해결이 어렵기 때문에 학교사회복지사, 청소년상담사, 청소년지도사 등 다양한 전문가들이 팀을 이루어서 협업할 수 있는 방안이 마련되어야 한다. 이는 한 학교에 근무하는 전담형이나 여러 학교를 담당하는 순회형 모두 가능하리라 판단된다. 2008년부터 정서불안, 학교폭력(성폭력), 학교 부적응, 일탈행동, 학습부진 등 위기학생에 대한 3단계 안전망을 구축하는 Wee 프로젝트도 이러한 맥락에서 도입된 것인데, 이를 좀 더 포괄적으로 적용하려는 노력이 필요하다.

학교는 교사들만의 공간이 아니라 지역사회전문가들이 함께 학생의 성장과 발달을 고민하는 장이 될 수 있도록 열려야 하고 이를 위해 교육복지우선지원사업, Wee 프로젝트, 학교사회복지 등이 충분히 활용되어야 할 것이다. 모든 교육복지 사업들이 학교를 지역사회에 열고 다른 분야의 전문가와 함께 학생의 성장발달을 고민하기 위한 것이므로 단순히 적체된 예비교사를 해소하려는 방안으로 활용되는 것을 경계해야 한다.

4. 아동보호체계의 다층화

지금까지 보호대상아동은 원가정에서 분리되면 가정외보호를 받아 왔고, 그 후 특수한 이상행동과 문제행동이 발생할 시에만 추가적인 치료적 개입이 이루어져 왔다. 아동양육시설에 입소하거나 위탁가정에서 돌봄을 받는 아동들은 이미 주요 애착 대상인 부모와의 분리를 겪은 상처가 있는 아동들로, 빈곤이나 가정폭력 등의 중복적인 트라우마를 경험한 아동들이 대부분이다. 유년기에 겪은 충격적인 트라우마(Aduerse Childhood Experiences: ACE)가 아동의 신체적·정서적·인지적 발달에 결정적인 영향을 미치고 그 영향은 성인기에까지 미친다는 사실은 여러 연구에서 이미 밝혀진 바가 있음에도 불구하고, 지금까지 우리나라는 아동이 경험한 유년기 트라우마에 대한 초기개입과 대응보다는 문제가 심각해지고 난 후의 치료적 개입에 집중해 온 것이 사실이다. 지적 기능이 경계선 수준에 머물러 있는 시설아동의 수가 증가하고 있다는 사실이 이를 증명해 준다.

아동의 생존을 위한 보호조치에서 더 나아가 상처받은 아동들의 마음까지 돌보며 아동의 발달이 정체된 부분에 힘을 실어주는 보다 촘촘한 돌봄이 필요하다. 이를 위해서는 아동의 전반적 발달의 기능회복과 치료를 위한 아동보호체계의 다층화가 필요하다. 아동의 생활하는 일상공간에 치료적 개입이 가능한 시설과 전문인력을 배치하여 기존의 아동양육시설을 일반양육시설과 치료형시설, 그룹홈과 치료형 그룹홈시설, 가정위탁과 전문가정위탁으로 분류하고, 시설에 입소한 아동에게 필요한 치료적 개입을 조기에 평가 · 실시 · 예방하고 아동의 예후를 장기적으로 사례관리할 수 있는 환경을 조성해야 한다(정익중, 2017, 2018; 윤민석, 장익현, 정익중 외, 2020).

아동보호체계 다층화로 인한 치료형시설에 대한 낙인과 편견이 발생해서는 안 된다. 이러한 낙인과 편견은 아동들에게 2차적인 상처를 줄 수 있기 때문이다.

제2절 보편적 서비스의 확대

사회적 투자라는 아동정책의 방향성을 유지 · 발전시키기 위해서는 아동정책의 방향이 양질의 보편적 서비스로 설정되어야 한다. 우리나라 「아동복지법」은 아동을 어떠한 종류의 차별도 받지 않고, 안정된 가정환경에서 행복하게 자라나야 하며, 모든 활동에 아동의 이익이 최우선으로 고려되어야 한다는 이념 아래 아동복지를 보장하는 것을 목적으로 하고 있지만, 실제로는 요보호아동 중심의 선별적 서비스를 전개하고 있다(오정수, 이혜원, 정익중, 2005). 이제부터는 모든 아동이 「아동복지법」에 명시된 이념과 목적에 따라 충분히 존중받을 수 있도록 아동정책을 재설계해야 한다.

정부는 모든 아동과 그들의 부모들을 대상으로, 아동권리에 관한 국제협약과 어린이헌장, 청소년헌장에서 규정하는 아동의 생존권 · 발달권 · 보호권 · 참여권 등 제반 권리보장에 필요한 포괄적 아동정책을 제공해야 한다. 아동정책이 아동의 보호자까지 그 대상으로 삼아야 하는 이유는 부모가 자녀에 대해 전적으로 책임져야 하기 때문이 아니라 아동의 일차적 보호자인 부모들이 아동에게 가장 직접적인 영향을 미치는 존재이기 때문이다. 따라서 부모의 양육능력을 강화하는 것이 아동의 건강한 삶을 유지시키는 것은 물론 아동문제를 예방하는 데 도움이 된다. 동일한 맥락에서 아동이 다니는 보육시설 · 학교나 거주하는 지역사회도 중요한 정책대상으로 간주되어야 한다(박보희, 2002).

일반적으로 빈곤아동을 위한 정책만으로는 빈곤아동의 문제를 완전히 해결하기 어렵다. 따라서 빈곤아동을 위한 사회적 안전망을 내실화하는 작업과 함께 일반아동을 위한 보편적 서비스를 확충하는 작업이 동시에 이루어져야 한다. 이를 통해 빈곤아동의 복지를 증진함과 동시에 일반아동이 위기아동으로 전락하는 것을 예방할 수 있다. 특히 아동의 사회적 양육개념을 실현하는 가장 대표적인 제도인 아동수당이 우리나라에는 2018년 9월에 도입되었다. 아동이 있는 가족의 경제적 안정을 통해 미래의 주역으로서 아동들이 건강하고 바람직하게 자라나는 것은 개별 가족의 책임일 뿐 아니라 국가의 책임이기도 하다. 아동수당은 아동양육을 위해 가족이 부담할 수밖에 없는 기본적인 비용에 대한 사회적인 분담을 위한 것이며, 미래세대의 재생산을 위한 기존 세대의 사회적 연대의 제도적 표현이다(정익중, 2007b). 아동수당은 자산조사형으로 지급되는 경우도 있지만 행정비용이 훨씬 더 소요되기 때문에 대부분의 선진복지국가에서는 보편적인 형식으로 도입했고, 현재 우리나라도 만 7세 미만 아동가구를 대상으로 자산조사 없이 아동수당이 지급된다.

아동양육비용의 부담은 중산층을 포함한 대다수 자녀양육 가정의 공통적인 어려움으로 작용하므로 부모부담이 상당한 자녀양육에 대한 국가적 지원을 체계화할 필요가 있다. 즉, 보편적 아동수당을 기본으로 하고 소득수준과 보육서비스 이용 욕구에 따라 보육·교육비 지원과 양질의 보육서비스 확충 등을 병행하여 자녀양육에 대한 지원을 체계화해야 한다.

정부의 지원을 받는 국공립시설은 2016년 2,859개소(6.9%), 2017년 3,157개소(7.8%), 2018년 3,602개소(9.2%), 2019년 4,324개소(11.6%)로 점점 증가추세로 나타나, 우리나라 보육서비스의 공공성이 점점 확대되는 것으로 판단된다(보건복지부, 2020). 그러나 국공립어린이집의 개인위탁 비율이 점차 증가하는 추세이므로 이 기관들의 공공성 역시 담보되어야 할 것이다(유해미 외, 2018). 이 밖에도 초등학교 0학년 무상 의무교육 실시, 가정방문서비스, 부모교육 등도 보편적 서비스와 공공성 맥락에서 추진되어야 한다.

1. 아동보육과 교육의 사회적 책임 강화

우리나라 「헌법」과 「교육기본법」은 초등학교 6년, 중학교 3년을 의무교육으로 명시하고 있다. 또한 1959년부터 시작된 초등학교 무상 의무교육 실시 이후 점차 확대되어 2019년 2학기부터는 고등학교 3학년을 대상으로 무상교육이 시작되었고, 2021년에는 고등학교 전학년까지 모두 무상교육이 실시될 것이다(관계부처합동, 2019).

한편, 2012년 3월부터 만 5세 아동을 대상으로 한 의무교육이 시행되고, 그 일환으로 유치원과 어린이집의 교육과정이 '누리과정'이라는 명칭으로 통합되었다. 이는 그동안 대립하던 보육계와 유아교육계가 합심하여 국가 수준의 의무교육 공통과정을 마련하였다는 점에서 보육과 유아교육의 질적 수준이 한 단계 발전된 것이라고 할 수 있다.

아동보육과 교육에 대한 정부의 책임을 강화하기 위해서는 학습에 어려움을 겪는 학생들의 기초학력이 보장되도록 하고, 4차혁명 시대에 발생할 수 있는 교육격차를 완화하기 위해 국민 누구나 필요한 역량을 개발할 수 있는 교육의 기회를 확대해야 할 것이다. 또한 아동을 어린이집이나 유치원에 보내지 않고 가정에서 돌보는 가정양육수당의 경우, 아동에게 아무런 발달적 자극과 교육을 제공하지 않은 상태에서 보호자가 가정양육수당을 다른 용도로 사용하는 등 악용하는 사례가 발생할 여지가 있다. 가정양육수당은 의무교육 확대정책과 반하게 아동을 초등학교 입학 전까지 방임하는 사태가 야기될 수 있으므로 취학 전까지 지급되는 가정양육수당 수혜 연령을 0~2세로 하향화하는 개편방안을 마련하는 등 정부의 관리감독 역할을 강화하여야 한다.

2. 가정방문과 일시적 돌봄수요 해결을 위한 양육지원

아동의 발달단계 중 생애초기가 매우 중요하고, 이때 아동의 삶을 형성하는 데 핵심적인 요소가 바로 부모의 역할이다. 따라서 영유아 자녀를 둔 부모들이 적절한 양육태도를 가질 수 있도록 지원할 필요가 있다. 임신기와 출산 직후는 아동과 가족이 도움을 가장 필요로 하는 시기로 이때 가족이 도움을 받기 위해 기관에 찾아오기를 기대하기보다는 직접 그들이 사는 곳으로 찾아가 서비스를 제공하는 것이 가장 효과적이다. 가족이 생활하는 거주 환경을 직접 관찰하여 가족의 욕구에 보다 적절히 부응하는 서비스를 제공할 필요성이 있다. 임신, 출산 직후를 포함한 영유아기의 건강이 아동의 인지, 정서, 사회적 발달에 중요한 기반이 되므로 가정방문(home visitation) 서비스를 통해 아동의 발달 지원 및 부모의 양육기술을 촉진할 수 있을 것이다.

아동역량을 초기에 최대화하는 가정방문 서비스는 가정방문자(home visitor)들이 임신 중 혹은 출산 가정을 방문하여 부모들의 태도, 지식, 행동상의 변화를 통해 아동의 삶을 향상시키는 것을 목적으로 한다. 이는 주로 가정방문간호사와 사회복지사들이 담당하게 된다. 부모들에게 사회적 지지, 물질적 도움(아기용품, 기저귀, 분유, 이유식 등), 사례관리 서비스를 제공하고, 부모들에게 부모역할 및 아동발달에 대한 아동양육 기술을 훈련시키며 아동학대 및 방임을 예방한다. 또한 조기검진을 통하여 장애, 건강상의 문제 등에 대한 조기개입을 가능케 하고, 저소득 부모의 경우 일부 서비스는 부모의 삶을 향상시키기 위해 지역사회 자활사업 등과 연계를 시도할 수 있다(이봉주, 곽금주, 박현선, 양수, 2009).

또한 0~2세의 경우 가정보육의 비율이 높고, 이 시기 부모의 양육스트레스는 증가하기 때문에 찾아가는 서비스를 통해 양육부담을 경감시켜 줄 필요가 있다. 가정방문 서비스를 통해 아동은 부모와 안정적인 애착을 형성하고 친밀한 유대관계를 맺을 수 있으며, 이를 통해 건전한 정서적 · 사회적 발달을 이룰 수 있게 된다. 아동이 가정 내에서 다양한 장난감과 책을 접할 수 있는 기회를 제공해 아동의 신체적 · 정서적 · 사회적 · 지적 발달을 촉진하거나, 산전 · 산후 보호, 예방접종, 소아청소년과 검진 등과 같은 예방차원의 건강서비스 이용률을 높임으로써 아동의 건강을 향상시킬 수 있다. 이러한 생애초기의 포괄적인 지원과 개입은 아동이 학교에 갈 준비가 되도록 도우며, 나아가 아동의 전반적인 발달에 중요한 영향을 미치게 된다. 영국은 가정방문 서비스를 보편적 서비스로 전 국민에게 제공하고 있으며, 미국의 경우는 주로 저소득층을 대상으로 하고 있다. 우리나라 또한 가정방문 서비스가 보편적 서비스로 정립될 경우, '찾아가는' 복지서비스의 대표적인 유형으로 국민의 복지 체감도를 직접적으로 높일 수 있는 획기적인 서비스로 정립될 수 있다.

한편, 정부에서는 일시 보육 필요 발생 시 탄력적 서비스를 제공할 수 있는 시간제보육서비스 및 긴급보육바우처를 운영하고 있다. 시간제보육은 6~36개월 미만의 영아를 가정에서 양육하며 양육수당을 수급 중인 가구에서 긴급·일시적으로 보육시설 이용이 필요한 경우 시간당 일정 비용을 지불하고 이용할 수 있는 서비스이다(보건복지부, 2020). 긴급보육바우처는 어린이집 맞춤반 이용 아동이 정해진 보육시간 외에 월 15시간까지 어린이집을 이용할 수 있도록 지원하는 제도이다(아이사랑 홈페이지). 이와 같은 일시돌봄서비스를 통해 부모의 양육부담을 경감하고, 아동의 돌봄공백 문제를 어느 정도 해결할 수 있다는 장점이 있다(이선미, 박원영, 2018). 그러나 홍보가 부족하여 일시돌봄서비스를 이용하지 못하거나, 지리적 접근성이 낮아 효율성이 떨어진다는 것은 한계로 지적된다(이선미, 박원영, 2018). 이용자가 많은 경우는 전담시설을 설치하거나 이용아동 규모에 따라 보육시설 내의 전용실을 마련하거나 기존반에서 통합보육하는 등 다양한 형태로 제공함으로써 서비스 효과성을 높일 수 있을 것이다. 이 서비스를 통해 저출산 문제에 대응하고 더 많은 보육인력을 고용함으로써 일자리 창출 효과도 기대할 수 있다.

3. 부모교육의 제도화

위탁아동 등 취약계층 아동은 부모의 사망, 이혼, 가출, 수감, 장기질병 등 생활사건이나 아동기 부정적 생애경험(Adverse Childhood Experiences: ACE)을 평균적으로 3.8회 정도 경험하고, 최대 9회를 경험한 아동이 있을 정도로 최고 수준의 고위험 집단이다(김경민, 정익중, 2009). 그럼에도 부정적인 생활사건의 경험보다 긍정적인 양육방식이 미치는 상대적 영향력이 더 크기 때문에 부정적인 생활사건을 수차례 경험하더라도 친부모의 양육태도를 긍정적으로 변화시키고 학대를 중단시킬 수 있다면 아동의 심리사회적 적응에 긍정적인 결과를 가져올 수 있다. 따라서 친가정 복귀를 위해서는 이들의 친부모에게 양육태도를 개선하고 학대를 중단시킬 수 있는 개입방안이 마련되어야 한다. 이에 따라 친부모의 양육방식 개선을 위해 사전 부모교육을 강제로 이수하도록 규정하여 부모책임을 강화하는 것은 하나의 방안이 될 수 있다.

또한 친부모들에게는 교육내용도 중요하지만 어떻게 교육을 필수적으로 받을 수 있도록 할 것인가 하는 방안을 마련하는 것도 매우 중요하다(김경민, 정익중, 2009). 아동양육시설, 가정위탁지원센터에 따라서는 부모교육 참여와 주기적인 자녀면접에 동의하는 서약서를 친부모와 함께 작성하기도 하지만, 강제적이지 않고 부모의 자율에 맡기기 때문에 지켜지지 않는 경우가 많다. 위탁부모의 교육은 법적으로 정해져 있지만 아직 친부모의 교육은 필수가 아니다. 또한 친부모는 연락이 끊기거나 사망한 경우가 많아 이러한 교육을 실시하기 어려운 것이 현실이다. 학대부모의 경우 수강명령으로 강제적인 교육이 가능할 수 있지만 다른 유형의 친부모들에게는 강제할 방안이 없다. 따라서 친부모의 책임을 강화하고 연락 두절을 예방할 수 있는 방안이 마련되어야 한다. 아동을 아동양육시설이나 위탁가정에 맡긴 친부모는 시설이나 가정위탁제도에 대한 양육의존감이 생길 수 있고 아동에 대한 애착이 감소되어 연락을 두절할 수 있다. 아동양육에 대한 친부모의 의지를 감소시키지 않도록 하기 위해서는 아동과 친부모와의 만남을 정기적으로 추진하거나 친부모의 상황을 고위험과 일반으로 구분하여 사례관리하고, 시설의 사회복지사나 가정위탁지원센터의 상담원이 정기적인 방문과 상담, 취업연계를 하는 등의 친부모에 대한 개입을 더욱 강화해야 할 것이다.

여러 가지 방안에도 불구하고 극단적으로 부모의 책임을 무시하는 경우는 최후의 수단으로 부모의 권리를 박탈하는 것도 고려하여야 한다. 현재 가정위탁의 약 90%는 대리양육 · 친인척가정위탁으로서 친부모와 연락이 두절된 경우가 많다. 이러한 상황에서 부모의 책임을 다하지 않고 아동의 친가정 복귀가 장기간 이루어지지 않을 때는 친권을 정리하는 방안도 마련되어야 할 것이다. 친권관계가 정리되면 조부모나 친인척들은 물론 일반인도 입양할 수 있는 기반이 조성되는 것이다. 하지만 이렇게 부모권리를 박탈하거나 수강명령, 가족참여 등을 통해 부모의 책임을 강화하는 것이 국가의 책임을 회피하기 위한 목적으로 활용되어서는 안 된다. 이는 단지 국가의 서비스 확대가 자칫 부모의 의존성 증가로 연결되지 않도록 하기 위한 것이지 부모의 책임만을 강조하기 위한 것이 아니다.

또한 일반부모들이 갖고 있는 양육의 어려움과 제한점 등을 극복하기 위해 가족, 부모역할에 적합한 사회적 지원이 그 어느 때보다도 요구되고 있으며, 부모교육은 그 일환이라고 볼 수 있다. 최근 한 연구에서 부모 또는 예비부모의 대부분은 부모교육 제도화의 필요성에 동의하고, 참여할 의지 역시 높은 것으로 나타났다(이미화 외, 2016). 어린이집, 유치원, 학교는 물론 다양한 지역사회기관에서 부모교육을 제공하고 있지만, 부모교육이 꼭 필요한 부모들은 여러 가지 이유로 수강하지 않고 있는 것이 현실이다. 따라서 이러한 부모교육을 부모가 공권력에 접촉할 때 의무화하는 방안을 생각해 볼 수 있다. 예를 들어, 아이의 출생신고를 할 때, 아이를 어린이집이나 유치원에 처음 보낼 때, 아이를 초등학교에 처음 입학시킬 때, 아이를 중학교에 처음 입학시킬 때 등 국가에서 아동에게 지원하는 대신 부모도 그에 걸맞은 책임을 다할 수 있도록 하는 것이 중요하다. 어린이집에 대한 국가지원이 확대되고 있고 2012년부터 5세 누리과정도 의무교육화되면서 5세부터 고등학교까지 의무교육이 시행되므로 이러한 국가지원에 대한 부모의 책임을 강화하는 방안이 마련되어야 한다. 가족은 사회의 기초단위로 아동의 성장발달에 가장 중요한 영향을 미치는 인접환경으로서의 기능을 하고 있다. 특히 아동기는 가족의 구조와 기능에 의한 영향을 그 어느 때보다도 크게 받는 때인 만큼 이들의 건전한 발달을 위해 최소한의 조건을 확보할 필요가 있으며, 가족은 이들 아동보호의 보루라는 점에서 그 기능을 다 할 수 있도록 부모교육을 통해 지원해야 할 필요가 있다.

4. 아동의 행복감과 삶의 만족도 향상

아동의 삶의 질에 대한 개선도 필요하다. 아동에 대한 'OECD 아동 삶의 질 보고서'에 따르면, 대부분의 시간을 학교와 학원에서 보내는 아동들은 부모와 하루 중 함께 보내는 시간이 OECD 국가 평균이 2시간 30분인 데 반해, 우리나라는 48분에 불과해 가족과 친구들과 시간을 보내거나 놀이를 하는 시간과 관계에 있어 큰 결핍을 느끼고 있는 것으로 나타났다. 2018년 아동실태조사에 따르면, 2018년 기준 아동의 삶의 만족도가 6.57점으로 2013년 6.10점보다 소폭 상승했으나 여전히 OECD 최하위 수준에 머물러 있으며(보건복지부, 2019), 인터넷 · 스마트폰 과몰입으로 인한 매체중독 연령이 낮아지고 있다. 또한 9~17세 아동의 3.6%가 심각하게 자살을 고려한 경험이 있다고 보고되어 우울감 등 정신건강을 포함한 아동들의 건강위험요인은 오히려 증가하고 있다.

우리나라는 아동과 관련된 많은 지표들 중에서 특히 '행복' 지표는 세계 최하위에 머무르고 있어 이에 대한 개선이 절실한 상황이다(정익중, 정선영, 이수진, 정수정, 2019). 아동의 생활시간이 불균형할수록 긍정적인 발달은 낮아지고 부정적인 발달은 높아진다는 연구결과들을 감안했을 때(정익중, 박현선 외, 2016) 아동의 몸과 마음이 건강하고 균형있게 성장하여 행복감을 느끼고, 삶의 만족도가 향상되도록 노력하는 것은 필요하다. 아동들의 일상생활에서 적절한 휴식과 놀이, 사회적 관계형성의 기회를 보장하고, 아동의 인지와 정서, 창의성과 사회성 발달과 아동의 행복감 및 삶의 만족도를 함께 고려한 가정적 · 사회적 지원이 필요하다.

5. 아동에 대한 인식 변화

아직까지는 아동 관련 정책이나 의사결정하는 과정에서 아동의 입장에서 의견을 청취하거나 반영하는 절차가 미흡하다. 이에 아동에 대한 우리 사회의 인식에도 변화가 필요하다. 우리나라는 전통적으로 장유유서의 유교문화 속에서 아동을 성인보다 서열이 낮은 것으로 간주하여 아동은 동등한 사회구성원으로서의 위상을 갖지 못한 채 성인의 결정에 순응하는 수동적이고 의존적인 존재로 인식되어 왔으며(정익중, 오은찬, 2014), 신체적 · 심리적 · 사회적으로 미성숙하다는 이유로 아동의 권리와 책임은 매우 제한되어 왔다. 이렇게 아동기는 의존이나 유희의 단계로만 인식되어 아동의 주체적인 삶의 책임과 권리에 관한 논의가 충분하게 이루어지지 못해 왔으며(정익중, 2016). 연령기준에 의한 이러한 비합리적인 편견과 선입견으로 인한 연령차별은 아동의 기본적 권리를 오랫동안 침해했다(김영지, 2005; 정익중, 2016에서 재인용).

아동에 대한 체벌의 필요성에 대한 2019년 국민인식조사에서는 응답자의 76.8%가 체벌이 필요하다고 응답하여, 대다수 국민들이 아동을 성인과 같이 권리와 자유를 누리는 시민으로 보기보다는 양육과 훈육의 대상으로만 인식하는 경향이 매우 강하다는 것이 확인되었다. 논란이 된 일정 연령 미만 아동의 입장을 원천적으로 배제하는 '노키즈존'은 아동을 그저 불편한 존재로 인식할 뿐만 아니라 그러한 시선이 아동에 대한 사회적 차별이 분명함에도 사회적으로 용인하고 있어 우리 사회가 아동을 얼마나 낮은 존재로 인식하고 있는지 다시 한번 확인할 수 있다.

국가인권위원회가 2006년, 2011년, 2016년에 걸쳐 '국민인권의식조사'를 수행한 결과 성적이 높은 학생일수록 가정 내에서 인권 침해나 차별을 경험할 가능성이 더 낮게 나타났다. 제5, 6차 유엔아동권리협약 이행에 대한 대한민국 아동보고서에서도 학생임원 선출 시 아동의 성적에 따라 참여권이 제한되거나 아동의 시험성적이 학교 내에서 노골적으로 공개되고 있는 것으로 나타나 우리나라는 학업성취를 아동기의 주요 발달과업으로 인지하는 경향이 큰 것으로 확인되었다. 아동의 주체성이나 권리가 하루아침에 획득되는 것이 아니라 연속적이고 점진적으로 이루어질 수 있음에도 불구하고, 아동기에 있어 경험해야 할 많은 과업과 책임이 학업에 떠밀려 대학입학 이후로 유보되는 것이다. 아동에 대한 잘못된 편견과 차별은 아동의 권리와 주체성을 뒤로 밀려나게 하고, 결국에는 아동의 사회적 성숙을 지연시켜 아동의 잠재력과 가능성을 효과적으로 이끌어 내지 못하는 결과를 양산하고 있다(정익중, 2016).

한편, 아동권리 인식은 아동청소년 발달에 긍정적인 것으로 나타나 아동권리 인식이 높아질수록 친사회성, 보호자 태도, 학교생활 긍정인식 수준은 증가하는 반면, 결핍지수, 가해경험 등 부정적 인식수준은 감소하는 것으로 나타나 아동양육과 교육은 아동권리를 통해 향상될 수 있음이 확인되고 있다(정익중, 강지영, 이수진, 2020). 이제는 아동을 미숙한 존재, 성인에게 의존하는 대상으로만 보아서는 안 되는 이유가 여기에 있다. 아동들이 건강한 성인이자 시민으로 성장하길 바란다면 인권감수성을 가진 사회와 인권친화적 환경을 기반으로 충분한 지원과 통합적 접근이 함께 맞물려 나가야 한다(정익중, 강지영, 이수진, 2020).

인식개선을 통해 아동을 동시대에 함께 살아가는 사회의 구성원으로 인식하는 것과 더불어 아동이 살아가는 데 필요한 책임과 권한을 행사할 수 있도록 하는 아동참여의 기회를 확대할 필요가 있다. 아동의 참여권 확대는 유엔아동권리협약 및 아동복지의 궁극적 목표인 아동 최선의 이익을 실현하기 위한 필수조건이라고 할 수 있으며, 아동을 사회구조에 통합하고 아동의 사회적 영향력과 역량을 강화하는 수단이 되어 이들이 독립적이며 책임감 있는 시민으로 발달하도록 기회를 제공할 수 있기 때문이다(Winter, 1997; 오은찬, 정익중, 2015에서 재인용).

만약 정책결정 과정에 아동의 참여가 보장되지 않으면 아동정책이 수요자 중심이 아니라 공급자 위주의 정책이 만들어지게 된다(김유리, 고주애, 정익중, 2015). 아동들이 참여하지 않는 생존 · 발달 · 보호권은 성인의 관점만이 반영된 반쪽짜리일 수밖에 없을 것이다(정익중, 강지영, 이수진, 2020). 아동은 더 이상 보호의 대상만이 아니라 권리의 주체다. 아동은 보호와 돌봄만 받음으로써 행복해지는 대상이 아니라, 스스로 참여하고 주도하면서 행복감과 삶의 만족감을 얻을 수 있는 주체임을 잊지 말아야 한다.

제3절 아동정책 추진기반의 조성

1. 아동정책 예산의 확보

아동정책의 공급 주체로서 국가의 역할이 강화되어야 한다. 구체적으로는 아동정책 예산의 확충이 무엇보다도 요구된다. 우리나라 아동 1인당 복지비 지출은 대략적으로 계산하여도 다른 OECD 국가들과 비교하여 매우 열악한 수준이다. 보다 적극적이고 보편적 · 예방적인 서비스 체계의 수립을 위해서는 아동정책에 대한 예산의 획기적인 증가가 선결되어야 한다. 정부와 민간의 역할분담은 각각의 사업에 따라 약간의 편차가 있을 수 있지만, 민간 주도적으로 이루어지고 있는 아동관련 사업이 향후 양질의 보편적 아동서비스의 목적을 달성하기 위해서는 국가가 아동정책의 핵심 공급 주체로서 기능하여야 한다. 아동정책에 대한 국가책임의 강화란 정부가 아동정책의 기획, 집행, 재원확보에 책임 있는 역할을 다해야 한다는 의미다.

2005년에 아동정책 관련 예산뿐 아니라 많은 예산이 중앙정부에서 지방정부로 이양되었다. 이와 같은 예산의 이양은 지자체의 상황에 맞추어 예산을 활용하도록 함으로써 지방자치단체의 자율권을 증대하는 것에 목적이 있다. 그러나 아동정책은 다른 어떤 정책보다도 지자체장의 가치관이나 태도에 따라 크게 영향을 받는 문제가 있다. 아동은 자신의 권리를 주장할 수 있는 기회가 부족하고, 보호가 필요한 아동들의 부모 역시 정부에서 시행하는 아동정책에 대해 무관심한 경우가 많다. 따라서 중앙정부에서 권고하는 아동정책 중 아주 기본적인 정책에 대해서만 제한적으로 사업을 수행하는 지자체도 많은 실정이다. 아동정책은 국가가 장기계획을 세워서 일관적으로 추진해야 할 사업으로서 아동들이 지역과 관계없이 동일한 혜택을 받을 수 있도록 추진되어야 한다. 아울러 지자체의 아동정책을 기존 '보호대상아동 중심의 보호체계'로부터 '사전예방적 조기개입서비스 체계'로 전환시켜 나갈 수 있도록 지자체 아동정책 평가척도를 새로 개발・시행하는 등 중앙정부 차원의 모니터링 역할도 충실히 수행해 나가는 것이 필요할 것이다. 경우에 따라서 아동정책은 기존의 지방이양사업에서 국고지원사업으로의 환수도 고려할 수 있을 것이다.

2. 전문인력의 양성 및 확보

보편적・예방적 의미의 적극적인 서비스는 그 서비스의 내용이 상대적으로 복잡하고 전문적이어서 서비스 전달이 전문인력을 통하여 전달되어야 한다. 서비스 전문인력의 양성과 확대 방침이 없이는 적극적이고 보편적인 서비스 체계로의 변화는 불가능하다. 서비스 전문인력의 양성에 대한 정부의 적극적인 대책이 필요하다(이봉주, 김경륜, 황옥경, 2006). 그동안 분절적으로 이루어진 보호대상아동 지원체계를 통합적으로 지원하기 위해 '아동권리보장원'도 설립되었다. 이를 통해 아동복지 전달체계 및 정책 총괄 지원, 사업평가, 아동중심의 이력관리 전산시스템 관리 등의 국가 역할을 강화하고 있다. 이 역할이 실제로 빛을 발하려면 지자체 책임의 공적 보호체계와 예산을 확충해야 하고 그 체계 내에 전문인력들이 충분히 포진되어야 한다. 또한 지자체 공무원의 전문성을 강화할 수 있도록 순환보직을 제한하고 평생 아동분야에서만 전문성을 쌓을 수 있는 '전문직공무원' 제도도 도입될 필요가 있다. 또한 시・군・구당 요보호아동은 2019년 4월 기준 평균 192명인 반면, 지자체 공무원 담당인력은 1.2명에 불과하여 시설관리, 서류절차 등을 담당하기에도 벅찬 현실이다. 과중한 업무부담은 보호대상아동을 한 명씩 개별적으로 살피기엔 어려움이 있다(보건복지부, 2019). 지자체 내 돌봄공백이 큰 요보호아동은 안전과 발달, 정서적인 부분에 있어 지속적인 사례관리와 모니터링이 필요한 대상이기 때문에 관련된 지자체 내 전문인력에 대한 확충이 요구된다.

아동학대 피해아동이 부모로부터 분리되어 돌봄은 새롭게 시작된다. 위기아동들이 많이 이용하는 지역아동센터, 쉼터 등도 마찬가지이다. 가장 고위험집단에 해당하는 시설아동이 거주하는 아동복지시설이나 빈곤아동이 이용하는 지역아동센터 등은 저임금, 장시간 노동 등 근무여건이 열악하여 전문성을 갖춘 인력을 유인하지도, 장기간 근무를 유지하기도 어려운 실정이다(정익중, 2006). 이러한 열악한 근무 조건에서는 실무자들의 소진을 유발하기 쉬우며, 이직이 많아 업무의 연속성도 떨어진다. 이러한 인력의 유출과 소진이 아동에게 심각한 문제를 야기할 수 있다. 소진은 부모의 우울 등 정신건강 문제처럼 아동·청소년에게 부정적인 영향을 미치기 쉽고(정익중, 이경림, 이정은, 2010; 정익중, 이정은, 이상균, 2011), 실무자의 잦은 인력 교체는 주양육자의 변경처럼 아동청소년의 정서불안이나 기본적 신뢰감의 상실 등 심리적 외상을 일으키기 쉽고 심리정서적 적응에 부정적인 효과를 가져온다(정익중, 이정은 외, 2011). 이렇게 전문인력의 근무시간과 임금 등이 위기상황에 빠져 있다면, 위기아동에 대한 안전망 역시 신뢰하기 어려울 것이다. 따라서 적정한 수의 전문인력이 배치되고 생활임금이 보장됨으로써 근무여건을 개선할 수 있는 획기적 조치가 무엇보다 먼저 마련되어야 한다. 교육이 교사의 질을 넘을 수 없듯이, 아동정책은 아동인력의 질을 절대 넘을 수 없다.

무엇보다 예전과 달리 정부에서 아동정책에 대한 사회적 관심이 커지고 있다. 하지만 아동정책이 제대로 집행되기 위해서는 아동인력을 바로 세워야 하고, 예산의 획기적인 증가가 선결되어야 한다.

3. 아동전담 행정기구의 설립

아동정책은 보건복지부, 교육부, 여성가족부, 고용노동부, 법무부, 행정안전부, 문화체육관광부, 경찰청, 소방청, 식품의약품안전처, 국무조정실 등의 다수의 부처 및 관계기관이 관련되어 있다. 각 과제별로 추진 주무부처가 있고, 협력부처가 나뉘어 있어 서로 협력하고 조정하고 있다. 그러나 사실상 주무부처가 아닌 협력부처에서는 상대적으로 과제추진을 위한 관심과 지원에 있어 소극적일 수 있다. 현행 우리나라의 체계는 보건복지부 인구정책실에 인구아동정책관을 두어 아동정책을 총괄하고, 여성가족부 청소년가족정책실에 청소년정책관을 설치하여 청소년정책을 총괄하는 구조이다. 그리고 아동의 보육과 복지는 보건복지부에서, 교육에 관한 정책은 교육부에서 담당하는 등 주무부처가 분절적으로 구성되어 있다. 「아동복지법」상 아동 연령(만 18세 미만)과 「청소년기본법」의 청소년 연령(9~24세)이 중첩되며, 아동발달과정을 고려할 때 아동과 청소년기의 정책이 상호 연계되어야 할 것이다. 따라서 보다 효과적이고 원활한 과제추진을 위해 주무부처의 관장하에 상호 협력 및 조정을 위한 빈번한 교류가 필요하고, 각 부처의 활동은 아동의 필요를 충족시키기 위해 통합적으로 이루어져야 한다. 무엇보다도 아동정책을 담당하는 전담기구 혹은 부처의 필요성과 통합적 조정의 필요성이 더욱 부각된다. 따라서 보건복지부, 교육부, 여성가족부 등을 포괄하는 아동청소년가족부(가칭)의 통합부처가 만들어질 필요가 있다. 또 다른 방안으로 이전의 청소년위원회의 경우처럼 국무총리실 산하기구로 아동청(가칭)을 설치하는 것도 고려해 볼 만하다.

4. 아동정책조정위원회의 정책조정기능 강화

일관적인 아동정책 수립을 위해서는 관련부처의 행정업무가 하나의 주무부처로 통합되는 것이 가장 바람직하다. 하지만 긍정적인 의미에서의 각 부처의 전문성이나 부정적인 의미에서의 부처 이기주의를 염두에 둔다면 이는 쉽지 않은 일이다. 집단이기주의적 행태로 인한 문제는 다원주의적 민주체제를 운영하기 위한 비용이므로, 그 자체를 막는다는 것은 어려운 일이며 바람직하지도 않다. 그러므로 정책의 일관성을 유지하고 집단이기주의로 인한 정책의 표류를 막기 위해서는 정부의 정책조정기능 강화가 무엇보다 필요하다. 이러한 맥락하에서 종합적인 아동정책의 수립과 관계부처의 의견 조정을 위하여 2004년 「아동복지법」이 개정되어 국무총리 소속하에 아동정책조정위원회가 신설되었다. 그럼에도 아동정책조정위원회는 취지와는 달리 부처 간 아동정책을 조정하는 기구로서의 실질적인 권한과 독립성을 갖는 기구라 하기에는 그 위상과 권한이 미흡하다(황옥경, 2005).

일반적으로 확대요인이 발생한 것은 적극적으로 홍보하고, 축소요인은 감춰서 조직의 외형적 규모를 유지 · 팽창시키려고 하는 경향은 어느 조직에서나 나타난다. 이것은 정부조직에서도 예외가 아니다. 따라서 정책의 조정 가능성에 대해 평가를 하고, 그에 의거하여 각 부처의 아동정책에서의 역할 축소나 확대를 강력하게 추진할 수 있는 체제가 확립되어야 한다. 정책조정 권한이 제대로 발휘되기 위해서는 조정력을 뒷받침하는 예산권이나 부처정원 및 조직 편성권 등의 실질적 힘이 있어야 하는데, 현재 그러한 뒷받침이 전혀 없는 상황이다. 따라서 향후 위원회가 실질적 정책조정권을 행사할 수 있도록 조정력을 뒷받침할 수 있는 실질적 권한부여가 필요하다. 또한 향후 위원회가 실질적 정책조정이 가능하도록 분과위원회 활성화, 과제별 실무조정그룹 운영 등 부처 간 협의 기능을 강화해 나가는 것이 필요하다.

이를 현실화하기 위해서는 아동정책조정위원회가 현재의 비상설 협의체 구조에서 사무국을 가진 상설기구로 재정비되어야 한다(이봉주, 김경륜, 황옥경, 2006). 정부는 국무총리가 위원장인 청소년육성위원회와 청소년육성실무위원회를 체계적으로 지원하기 위하여 전문위원제도를 활용한 바 있다. 이처럼 아동정책조정위원회와 그 실무위원회를 뒷받침할 사무국을 설치하고 그 활동을 전문적으로 지원해 줄 수 있는 전문위원을 두어 사업의 전문성과 효과성을 높일 수 있을 것으로 예상된다. 이럴 경우 아동정책조정위원회 사무국은 아동정책 개발을 지원하는 동시에 각 부처 간 정책조정업무를 효율적으로 담당할 수 있을 것으로 보인다. 이는 아동정책의 관련 부처가 다양하고 아동 관련 정책 개발을 유도할 전담 연구기관이 없는 상황에서 실효성 있는 방안이 될 수 있다.

5. 아동권리보장원 기능 강화

적극적인 아동정책은 단순한 현물 · 현금급여 위주의 프로그램에서 탈피하여 사회서비스를 통한 인간의 기능향상을 목적으로 하는 다양한 프로그램과 전문인력의 개발을 필요로 한다. 이러한 다양한 프로그램과 전문인력의 개발에는 많은 자원과 시간이 소요되어 정부의 적극적인 지원이 요구되나, 현행 아동정책 체계에서는 이에 대한 구체적인 방안을 찾아볼 수 없다. 또한 효과적이고 효율적인 아동정책의 수립을 위해서는 기초 데이터의 구축과 그에 따른 연구가 필수적이다. 정확한 실태 파악 없이 마련되는 방안은 한계를 가질 수밖에 없다. 따라서 아동상황에 대한 기초 역학조사와 주기적인 실태조사를 실시해야 한다. 이를 통해 동향이나 실태를 파악하는 동시에 보다 효율적인 정책을 수립하기 위하여 기초 통계자료를 생산해야 한다. 이와 같은 필요성에 따라 2019년 7월에 아동권리보장원을 설립하여 공공과 민간에서 각기 운영해 온 아동복지사업을 통합하고, 아동복지 관련 사업의 효과적인 추진을 위해 사업평가 및 정책수립을 지원하는 업무를 수행하고 있다(아동권리보장원 홈페이지). 이 업무를 강화하기 위한 인력과 예산 보강이 시급하다.

6. 「헌법」상 아동기본권 보장 및 아동투표권 확대

「헌법」 제34조 제4항은 노인과 청소년의 복지향상에 대한 국가 의무를 규정하고 있다. 그러나 이 조항뿐만 아니라 「헌법」 그 어디에도 아동이라는 단어를 찾을 수 없다. 「헌법」에서 노인, 청소년도 사회정책의 수동적인 수혜자로만 다루고 있을 뿐 주체로서 그들의 사회통합을 모색하고 있지 않다(함께하는 시민행동, 2007). 아동도 국민의 한 사람이자 권리의 주체이므로 아동의 권리보호를 위한 규정을 「헌법」에 둘 필요가 있다. 「일본헌법」 제27조 제3항에 "아동을 혹사시켜서는 안 된다."라고 규정하고 있으며, 「스위스헌법」 제11조 제1항에 "아동 및 청소년은 특히 온전하게 보호받고 그 성장발달을 지원받을 권리를 가진다."라고 규정하고 있다(정극원, 2010). 사회적 약자 중에서도 가장 취약한 아동의 동등한 사회적 구성원으로서의 지위를 「헌법」으로부터 보장받기 위해 공동체 구성원과 국가의 노력 의무를 명시하는 것이 반드시 필요하다. 이를 통해 아동은 주체로서 국가에 보호를 요구할 수 있고 아동의 복지를 위한 대책을 요청할 수 있다.

또한 민주사회에서 국민의 가장 높은 시민적 권리이자 의무는 투표하는 것이다(정익중, 2016). 우리나라는 「공직선거법」 개정으로 2020년부터 선거권 연령기준을 기존 만 19세에서 만 18세로 낮추었다. 설령 아동들의 정치적 판단능력이 다소 부족하더라도 국가는 이들의 투표권을 막연히 제한할 것이 아니라 정치적 판단능력을 증진시키기 위한 환경을 조성해야 한다. 따라서 현행 18세에서 더 나아가 만 16세로 선거권 연령기준을 점차 낮춤으로써 세계적 변화의 추세에 동참할 필요가 있다. 정부가 선거연령 하향과 관련하여 개정이 부담스럽다면 선거의 성격에 따라 투표권을 차별적으로 부여하는 방법에 대해 고려해 볼 수 있다. 다수의 아동은 교육정책이나 학교 운영과 관련하여 가장 직접적으로 영향을 받기 때문에 교육감 선거와 같이 아동과 관련이 깊은 공직 선거부터 참정권을 차별적으로 부여하는 방안에 대해 적극적인 검토가 필요하다.

투표연령 하향은 오랫동안 무시되었던 아동 문제들을 개선하는 데 매우 효과적일 것이다. 아동정책이 제대로 시행되지 않는 것은 단지 예산문제가 아니다. 가장 근본적인 문제는 정치 체제가 아동의 이익을 대변할 수 있는 메커니즘을 제공하지 못했기 때문이다. 심각한 아동학대 사건이 터질 때마다 여야 정치권이 이구동성으로 아동학대 근절이라는 의제에 동의했다. 그러나 지금까지 이 의제는 제대로 실행되지 않았고 빈 약속으로 끝나고 말았다. 결국, 더 강력한 집단들의 요구가 산재해 있기 때문에 정치권력이 부족한 아동들의 문제는 우선순위에서 뒤처지게 된다. 아동투표권이 실현된다면 정치인들도 더 아동친화적으로 변화할 수 있을 것이다.

아동투표권은 우리 사회가 그동안 고수해 온 아동의 미성숙에 대한 우려와 전통적인 질서 유지의 보수적인 시각에 대한 도전이 되리라 생각된다. 여전히 아동의 투표 참여가 너무 이른 것은 아닌지에 대해 우려하는 입장도 이해된다. 그럼에도 불구하고 성숙은 결과가 아닌 과정이며, 책임감 있는 민주 시민은 한순간에 획득되는 자질이 아니라 다양한 배움과 기회를 통해 얻어지는 것임을 상기해 볼 때 더 이상 연령을 이유로 아동의 투표권 참여를 제한하는 일은 없어야 한다. 아동이 학교와 사회의 문제에 대해 그들의 의견을 자유롭게 표현하고 이를 반영할 수 있는 환경이 가정, 학교, 지역사회 수준에서 조성되어야 한다. 설령 아동의 정치적 판단능력이 다소 부족하더라도 국가는 아동투표권을 막연히 제한할 것이 아니라 이 판단능력을 증진시키기 위한 환경을 조성해야 한다.

[그림 16-1]과 같이 정부에서 추진해 나가야 할 3대 정책목표를 제시해 보았다.

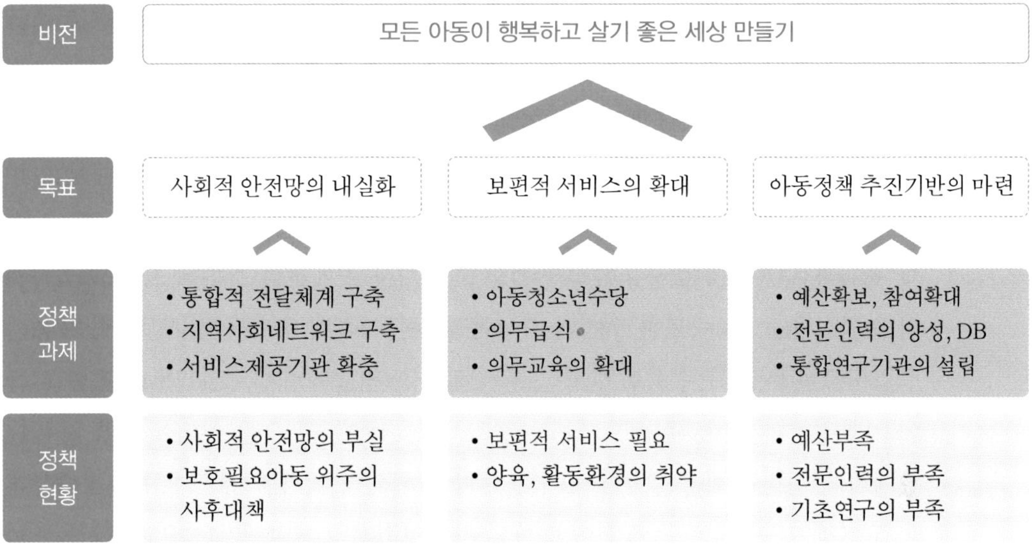

그림 16-1 아동정책의 향후 과제

출처: 정익중(2008)을 수정 · 보완함.

향후 아동정책의 방향은 사회적 안전망의 형성에서 한 걸음 나아가 사회적 안전망의 내실화는 물론 보편적 서비스의 확대를 통해 사회적 투자기반을 공고히 구축하는 것으로 변화되어야 할 것이다. 즉, 아동의 안전하고 건강한 성장을 지원 · 보호하는 지역사회 네트워크를 형성하여 건강, 교육, 복지 등 아동에게 필요한 맞춤형 지원을 통해 모든 아동에게 공평한 출발기회를 보장하고 미래사회 주역으로 도약할 수 있도록 전 사회적인 투자를 하는 것에 중점을 두어야 할 것이다. 드림스타트, 아동발달지원계좌, 영유아건강검진, 신생아의 선천성대사이상검사 무료실시 등 아동에 대한 조기투자를 확대하고, 아동과 그 가족에 초점을 둔 통합지원체계를 구축함으로써, 모든 아동을 대상으로 하는 적극적인 아동정책을 추진해 나가야 할 것이다. 아울러 아동청소년수당 등 아동에 대한 보편적 서비스 확대 등을 통해 인적자본에 대한 사회적 투자 개념으로서 아동정책 예산을 확대해 나가는 노력을 기울여야 할 것이다. 또한 체계적으로 계획된 아동정책이 제대로 추진될 수 있는 기반의 조성을 위해 전담행정기구를 설립하고 전문인력을 양성하며 정책수립을 위한 기초연구를 수행해 나가야 한다.

아동정책 패러다임의 변화에도 불구하고 정부의 아동정책의 구체적인 시책이나 제도들은 아직까지 이러한 기조변화에 부응하지 못하고 있는 부분이 많다. 현재 시행하고 있는 세부시책의 상당부분은 여전히 과거 방식에서 벗어나지 못하고 있고, 그 때문에 과거와 차별화된 성과들을 못 내고 있다. 이는 아동정책이 제대로 집행되기 위한 전제조건이 충분히 충족되지 않았기 때문이다. 정부는 이러한 전제조건의 조속한 충족과 인구통계학적 변화와 지식기반 경제로의 전환에 맞는 세부시책의 수정이 요구된다. 또한 우리나라 아동정책은 체계적이고 장기적인 계획을 통해 수립된 것이 아니라 수시로 발생한 문제에 대한 땜질식 처방으로 만들어졌기 때문에 아동정책이 일관적이기보다는 분절적이다. 정부에서는 분야 내에서 혹은 분야 간에서 분절적인 아동정책이 아니라 국가 전체의 인적자원 개발계획과 경제정책을 고려하여 통합적 아동정책이 수립되도록 전면적인 재설계가 필요하다. 물론 이러한 재설계에도 국민의 사회적 합의가 전제되어야 한다(정익중, 2008).

일반적으로 아동정책에 대해서는 격렬한 반대도 적극적 찬성도 없는 경우가 많다. 다른 사회정책들은 상당한 정치적 갈등을 불러오고 그로 인해 사회적 관심이 집중되는 데 반해, 아동정책은 아동인구의 감소로 정책결정의 우선순위가 높지 않다는 점, 초기 투자비용과 비교하면 그 효과가 늦게 나타난다는 점, 아동 스스로 자신의 권리를 주장할 수 없어서 제삼자에 의해 대변될 수밖에 없다는 점, 다른 인구집단과는 달리 투표권이 없다는 점 등 때문에 아동정책은 구체적인 추진세력도 없고, 사회적 무관심으로 점철되어 왔다. 정치적 갈등은 사회적 관심을 불러오고 이를 통해 발전의 과정을 모색하는 데 반해, 사회적 무관심은 정책과정에서의 소외로 이어져 정체의 과정을 경험하게 된다. 먼저, 사회적 관심을 촉발하기 위해서는 사회적 이슈화 작업이 선행되어야 한다. 이러한 문제를 해결하기 위해서는 아동정책에 대한 사회적 합의와 이를 통한 장기적 비전 제시가 매우 중요하다.

'모든 아동이 행복하고 살기 좋은 세상 만들기'라는 아동정책의 목표를 달성하기 위해서는 아동보호와 양육을 가족뿐만이 아니라 사회도 더불어 책임을 지는 것에 대한 사회적 합의가 이루어져야 하고 그 합의의 단초는 전 국민의 관심을 불러일으킬 수 있는 사회적 합의기구에서 시작하는 것이 바람직할 것으로 생각된다. 이 기구는 아동시설단체 및 학회뿐만 아니라 정부부처, 재계, 노동계, 시민사회단체 등 전 영역을 망라하는 것이어야 한다. 왜냐하면 국민의 아동정책에 대한 인식을 고양시키는 동시에 사회적 관심을 불러오고 재원확보에 대한 전 사회적인 합의를 끌어내기 위해서는 사회의 보다 많은 구성원을 포괄하는 절차가 반드시 필요하기 때문이다(정익중, 2008, 2009b).

한 나라의 아동 상황은 그 나라의 사회적 · 문화적 수준을 가장 적나라하게 보여주는 척도다. 우리나라를 한 차원 향상시키기 위해서는 아동정책의 획기적인 변화가 있어야 한다. 지금까지 아이디어가 없었던 것이 아니라 이를 실천하기 위한 사회적 합의나 재원이 부족했다고 볼 수 있다. 이제는 '사회적 합의를 어떻게 도출할 것인지'에서부터 먼저 시작하여 '구체적으로 재원 마련을 어떻게 할지, 국가에서 모든 부분을 책임질 수 없다면 민간자원을 어떻게 끌어들일지'를 고민해야 할 것이다. 아동은 사회 모두의 책임이라는 사회적 합의만 가능하다면 가장 난해하게 보이는 재원 마련의 문제는 생각보다 쉽게 해결될 수 있을 것이다. 또한 높은 수준의 안정적인 아동정책 예산의 확보를 위해서는 경제개발예산의 상당부분을 사회개발예산으로 전환하는 국가예산의 전면적인 재편성을 시도하거나 특수 목적세나 부담금의 신설이든지, 아동복지기금의 마련 등 다양한 방안에 대한 검토가 필요할 것으로 생각된다. 이러한 사회적 합의나 재원에 대한 고민이 없다면 무의미한 논의만 계속될 뿐 실질적인 진전은 없을 것이다.

제4절 새로운 사회환경 변화와 아동보호

과학기술의 급속한 발달로 우리나라는 4차 산업혁명의 변화위기에 직면해 있다. 앞으로의 10년은 지난 100년보다 그 변화의 격차가 커질 것이라는 두려움이 섞인 예측에 비해, 그에 대한 대비책은 얼마나 준비되어 있는지 되돌아봐야 할 때다. 극단적 불확실성의 시대에서 아동 스스로 변화를 온전히 감당해 낼 수 없기 때문에 앞으로 일어날 사회변화가 아동에게 어떤 영향을 끼칠지에 대해 미리 이해하고 준비하지 못한다면 눈덩이처럼 커진 사회문제들은 우리 사회를 이끌어갈 현재의 아동들의 몫이 될 것이다.

동영상 콘텐츠의 확산으로 기존의 미디어 규제방안만으로는 부족한 실정이다. 또한 매일 아침 미세먼지 농도를 확인한 후 외출하고 여행하는 것이 습관이 되어 버렸다. 2000년대에 들어와 2002년 사스(중증급성호흡기증후군, Severe Acute Respiratory Syndrome: SARS), 2012년 메르스 코로나바이러스(Middle East Respiratory Syndrome Coronavirus: MERS-CoV)에 이어 최근 코로나바이러스 감염증-19(Coronavirus Disease 2019: COVID-19)까지 새롭게 등장하는 전염병은 우리 사회뿐만 아니라 전 세계를 강타해 혼란에 빠뜨리고 있다.

이 절에서는 최근 우리 사회에 큰 영향을 미치고 있는 사회환경 변화들이 아동에게 어떻게 위험요인으로 작용할 수 있는지를 파악하고, 그 영향으로부터 아동을 보호하기 위해서는 어떻게 해결하고 대비해야 하는지를 논의하고자 한다. 앞으로의 미래사회는 더 급변할 것이고, 그에 따라 아동에게 다각적인 영향을 미칠 것이다. 아동복지는 이러한 사회변화를 기민하게 대응하여 아동에게 필요한 사회적 보호망을 제공하기 위해 노력해야 할 것이다.

1. 새로운 미디어 출현과 아동보호

스마트폰 보급이 일상화되면서 스마트폰에서 쉽게 접속 가능한 온라인 동영상 콘텐츠(OTT)에 대한 아동들의 접근이 증가하고 있다. 그중에서 유튜브는 모바일을 통한 접속이 수월하고 유튜브가 기존 미디어와 비교했을 때 진입장벽이 낮으며 수익을 창출할 수 있다는 점(Craig & Cunningham, 2017)에서 많은 구독자를 보유하고 있다. 그러나 최근 키즈 유튜버로 하여금 부모 지갑에서 몰래 돈을 훔치게 하거나 성인이 먹기에도 매운 자극적인 음식을 먹게 하는 영상, 아동의 입소리 ASMR(Autonomous Sensory Meridian Response) 콘텐츠를 제작하는 등 키즈 유튜버에 대한 학대로 판단될 수 있는 다양한 유튜브 영상이 생성되고 있다(강희주, 정익중, 2020). 이러한 유튜브 영상은 채널을 시청하는 아동뿐만 아니라 직접 출연하는 아동들에게도 부정적인 영향을 미쳐 키즈 유튜버와 유튜브 시청 아동에 대한 보호조치가 시급하게 마련될 필요가 있다. 또한 유튜브에 출연하는 아동들은 신상정보의 유출, 사생활 침해, 아동성애자에게 무방비하게 노출되고 있으며, 사이버폭력

피해도 당하고 있기 때문에 이에 대한 적극적인 제재가 필요하다. 또한 키즈 유튜버가 벌어들이는 수익을 부모가 모두 소유함으로써 더 자극적인 콘텐츠 제작에 몰두하는 현상이 벌어져, 키즈 유튜버의 권리와 수익에 대한 보호가 절실히 필요하다. 미국에는 「아동배우법(California Child Actor's Bill)」이 있으며, 이는 「쿠건법」으로도 불리고 있다. 아역배우가 벌어들인 수익의 15%를 신탁회사가 관리한 후 성인이 되었을 때 돌려주는 법으로 아역배우의 수입을 보호하는 법이다(남기연, 권오석, 2017). 국내에서도 한국판 쿠건법을 만들기 위한 노력을 계속해 왔다. 그러나 키즈 유튜버나 SNS에서 활동하는 아동에게까지는 적용되지 않고 있어 법률 적용 대상 범위를 확대할 필요가 있다.

또한 키즈 유튜버 보호를 위한 가이드라인은 국가 차원이 아닌 민간주도로 이루어지고 있으며, 권고사항에 그치고 있어 키즈 유튜버 보호의 실효성이 있는지에 대한 의문이 제기되고 있다. 또한 가이드라인 내용 역시 아동이 콘텐츠의 잠재고객인지 아닌지를 사전에 분류하는 정도로 머무르고 있고, 개인정보 도용 및 사이버폭력에 대해서는 피해자가 신고기능과 차단기능을 이용해 신고하도록 권고하는 데 그치고 있다. 현재 유튜브 가이드라인 및 아동학대 예방지침은 이용자들에게 먼저 책임을 부여한 후 신고내용에 대한 사후검열로 유통을 중단시키는 것에 그치고 있는 것이다. 아동출연 영상의 촬영자이자 부모에 대한 가이드라인 역시 '성적으로 암시적이거나, 폭력적이거나, 위험해서는 안 된다.'라고만 언급되어 현재 유튜브에서 발생하고 있는 다양한 아동학대 내용에 대한 충분한 제재를 포함하고 있다고 판단하기 어렵다.

이와 관련해 유튜브 측은 1만 명 이상의 검토인력이 신고영상에 대해 24시간 동안 모니터링을 한다고 밝혔지만 해당인력은 전 세계 유튜브를 검토하는 글로벌 인력이고 한국어로 번역하여 모니터링할 수 있는 인력의 존재 여부는 아직 파악하지 못하고 있다. 구글 코리아의 경우는 아동 콘텐츠는 물론 일반적인 콘텐츠의 불법성 여부를 확인하는 모니터링 조직은 아예 부재한 것으로 밝혀졌다(뉴스핌, 2019. 08. 12.).

국내 방송통신위원회 모니터링의 경우 유튜브를 포함한 모든 영상콘텐츠를 감시하는 아르바이트 형식으로 진행되고 있으며, 관련 인력은 37명 모니터링 요원과 이들을 관리하는 직원 1명에 불과하다. 경찰 역시 아동학대 컨텐츠에 대한 신고 동영상에 대해서만 수사만 진행할 뿐, 아동학대 예방을 위한 선제적 대응은 사실상 이루어지지 못하고 있다(뉴스핌, 2019. 08. 12.). 이러한 현실을 감안했을 때 방송통신위원회가 보고한 1분당 400시간, 1일 57만 6,000시간 분량을 생성하는 동영상(뉴스핌, 2019. 08. 12.)의 홍수 속에서 유튜브에 출연하는 아동을 학대로부터 보호하고 문제 동영상에 대한 개별적인 권고와 조치사항을 전달할 수 있을지에 대해 우려가 생길 수밖에 없다. 키즈 유튜버에 대한 안전대책이 절실한 데 비해 법과 제도는 아직 뒤따라오지 못하고 있다.

문제는 정제된 형태로 보여지는 유튜브에서 아동학대가 이루어지고 있음에도 불구하고 아동의 보호자와 채널 수용자 모두 이를 '놀이'로 인지하고 있다는 것이다. 영상 자체에서뿐만 아니라 유튜브 촬영을 위해 아동이 얼마나 많은 시간을 투자하는지, 그 과정에서 어떤 아동학대를 추가적으로 받고 있는지, 촬영시간 이외에 아동의 다른 권리(쉴 권리, 교육의 권리, 놀 권리)들이 보장되고 있는지는 부모 이외에 그 누구도 알 수 없다는 것도 심각한 문제다. 유튜브에 대한 아동참여율이 증가하고 있음을 감안할 때, 아동권리에 대한 보호와 권한을 부모에게만 넘겨 주기보다는 정부의 적극적 정책에 근거한 공적 개입이 필요한 시점이다. 정부는 유튜브 영상 내용 자체에 대한 모니터링, 준비과정에서 일어나는 아동학대 경향성에 대한 경고지침, 아동인권을 보장하는 최소한의 촬영준비 시간과 업로드 기간 준수, 아동의 주도하에 이루어지지 않는 놀이에 대한 제재 등 유튜브에서 발생하는 아동학대 예방 및 처벌을 위한 지침과 가이드라인을 제공해야 한다(강희주, 정익중, 2020).

2. 기후변화와 아동보호

기후변화로 인해 아동을 위협하는 새로운 건강위험 요인이 증가하고 있다. 성인과 비교해 아동은 육체적으로 극심한 더위, 가뭄 그리고 자연재해의 직접적인 영향에 더 취약하다. 아동은 사회에서 가장 취약한 구성원으로서, 기후변화에 수반될 수 있는 사회의 급격한 변화에 심각하게 영향 받을 가능성이 있다(Future of Children, 2016). 그렇다면 기후변화의 영향은 아동의 실생활에서 어떻게 나타나고 있는 것일까? 전 세계적으로 기후변화가 심화되면서 온난화 현상, 공기 오염, 물(식수) 부족, 식량 공급 불균형, 해수면 상승이나 극단적인 기후변화 사건 등으로 나타나고 있다. 우리나라의 경우 최근 아동의 실생활에서 밀접하게 영향을 미치고 있는 기후변화로서 미세먼지를 대표적으로 살펴보고자 한다.

미세먼지(PM10)의 연평균 오염도는 정체되었으나 초미세먼지(PM2.5)의 고농도 발생은 2015년 72회에서 2017년 92회로 증가하고 있는 추세다(보건복지부, 2019). 미세먼지는 세계보건기구(WHO)가 지정한 1급 발암물질이며 호흡기질환의 악화와 발병원인으로 밝혀졌다(KHIDI, 2007). 우리나라 역시 미세먼지 농도에 따라 국민의 외출과 여가가 달라질 정도로 일상생활에 막대한 영향을 주는 요인이 되고 있다. 아동은 환경 노출의 대표적 민감계층으로, 동일한 오염 수준에도 아동의 신체 구조와 행동 및 발달 특성에 의해 성인보다 더 큰 피해를 받을 수 있으므로, 아동은 미세먼지 취약계층이라 할 수 있다(김시아 외, 2020). 그러므로 아동기는 신체적 · 심리적 · 정서적 · 사회적으로 성장이 극적으로 이루어지는 시기라는 점에서 미세먼지를 포함한 기후변화가 아동에게 어떠한 영향을 끼치고 있는지에 대한 다각적인 관심과 지속적인 연구가 필요하다.

WHO(2018)에 따르면, 대기오염은 환경적으로 가장 큰 위험요인으로 전 세계 93%의 아이들이 WHO 기준치 이상의 대기오염 환경에서 살고 있으며, 이러한 대기오염 상태가 지속된다면 오염에 노출되어 자란 5세 이하 아동의 사망률이 2050년에는 2배 이상이 될 것으로 예측했다(UNICEF News, 2017; 김시아 외, 2020에서 재인용). OECD(2016) 대기오염 경제적 영향 보고서에 따르면, 우리나라는 2060년까지 초미세먼지 등 대기오염으로 인한 GDP 감소 등 경제적 피해비용이 OECD 국가 중 1위로 분석되며, 조기사망률 증가, 질환 증가 등으로 인한 건강 비용은 5배 증가할 것으로 전망되고 있다. 또한 대기오염의 농도가 높은 지역에 거주할수록 정신건강에도 부정적인 영향을 끼친다는 연구결과가 보고되면서(Oudin et al., 2016; Roberts et al., 2019; Vert et al., 2017; 김시아 외, 2020) 미세먼지가 아동에게 가져올 위협에 대한 선제적 예방과 대응이 필요하다. 미세먼지와 같은 기후변화로부터 가장 많은 영향을 받을 아동을 대상으로 환경에 대한 관심과 인식을 높이기 위한, 아동의 눈높이에 맞는 환경교육이 실시되도록 법적 제도를 마련해야 하며, 아동의 신체 및 건강피해와 관련한 지속적인 모니터링을 통해 통합적 관리가 필요하다(김시아 외, 2020). 미세먼지를 포함한 기후변화의 영향은 당장 눈으로 확인할 수 없지만 아동의 성장과정을 지나 성인이 되었을 때 발현될 수 있으므로 미세먼지로 인한 아동들의 건강신호에 관심을 가져야 한다. 특히 원가정이나 부모로부터 보호를 받지 못하여 아동양육시설, 공동생활가정, 가정위탁 등의 형태로 대리보호를 받는 아동들은 부모의 보호를 받는 일반아동에 비해 보살핌이나 유익한 자원이 부족하므로 가정외보호 체계차원의 노력이 필요할 것이다. 미세먼지에 대한 아동행동강령에 대한 교육자료 및 교육의 기회 제공, 가정외보호 기관 차원의 쾌적한 실내환경으로의 개선을 통해 실외활동 제약으로 인한 위해요인 감소, 미세먼지 악화 시 이용할 수 있는 지역사회 실내활동 대체 및 서비스 발굴 등을 진행할 필요가 있다(우석진 외, 2019).

3. 재난과 아동보호

아동은 재난이 발생할 때 성인과 같이 능동적으로 대처하지 못함에 따라 신체적 · 정서적 · 교육적으로 큰 타격을 받는다. 재난으로 인해 다치거나 사망하기도 하지만, 재난 시 부모에 의해 충분히 돌봄받지 못할 경우 영양실조 문제나 안전한 식수를 확보하지 못해 탈수, 설사병같이 생존을 위협받는 추가적인 질병으로 고통받게 된다. 게다가 아동은 부모의 도움 없이 주도적으로 의료서비스에 접근하기가 어렵기 때문에 성인에 비해 적절할 치료를 받는 것은 더 어렵다(Future of Children, 2016). 아동은 재난 자체가 주는 스트레스나 공포감에 적응하는 것도 성인에 비해 미숙할 뿐만 아니라 부모와 분리되거나 사랑하는 사람을 잃게 됨으로써 경험하는 트라우마에서 벗어나는 것에도 취약하다. 또한 재난으로 인해 스트레스를 받고 있는 보호자 곁에 있음으로써 아동학대의 피해자가 될 수도 있다. 사회적 보호망이자 연결망인 이웃과 지역경제, 가정의 붕괴는 아동을 범죄의 표적이 되게 만들고, 재난으로 인해 예방과 보호가 적절하게 제공되지 못할 경우 장기적이고 심각한 심리정서적 피해를 입을 수 있다. 재난으로 인한 직접적인 피해와 가정의 경제적 붕괴가 아동의 보호자에게 일차적인 타격을 준다면, 아동은 일차적 타격을 받은 보호자의 돌봄에 의존함에 따라 재난 자체가 주는 피해 이외에도 돌봄의 질과 관련한 이차적인 피해까지 받게 되는 것이다. 이와 같이 재난 상황에서 아동의 기본 권리인 생존권과 보호권, 발달권이 지켜지기 어렵고, 아동에 대한 학대 여부나 아동이 부모로부터 충분히 돌봄을 받고 있는지 여부를 판단하기 어려우므로 재난상황에서 아동의 충분한 돌봄을 보장하는 것에도 한계가 있다. 아동이 가진 이러한 재난에 대한 취약성은 재난 시 아동에 대한 우선적이고 밀착된 돌봄이 필요하다는 것을 시사해 준다. 그러나 아직 재난상황에서 아동이 취약대상으로 인식되지 못하고 있으며, 재난사태가 발생했을 때 아동을 대상으로 어떠한 돌봄을 제공해야 하는지에 대해 합의나 제도적 장치도 마련되지 못했다.

코로나19로 전 세계적인 팬데믹이 선포됐다. 감염성 질병인 코로나19에 대한 방역대책으로 '사회적 거리두기'가 실시되면서 학생들의 개학이 연기되고 다중이용시설에 대해서는 휴관 권고조치가 이루어져 기존의 지역사회 돌봄서비스는 중지 · 제한되는 사태에 이르렀다. 아동들의 돌봄공백을 해결하고자 긴급돌봄제도를 실시했으나, 전염 위험성 우려로 긴급돌봄을 신청한 초등학생들은 소수에 불과한 것으로 나타났다. 이는 재난상황 시 기존의 돌봄서비스 체계에 의존하는 것으로는 충분히 아동을 보호하고 아동권리를 옹호할 수 없음을 보여 주고 있다. 이에 따라 코로나19 이후에 또 언제 찾아올지 모르는 국가재난 상황에서 아동이 효과적으로 보호받을 수 있는 아동돌봄정책을 마련하는 것이 필요하다.

초록우산 어린이재단에서 실시한 '코로나19와 아동일상변화' 설문조사(정익중, 2020)에 따르면, 코로나19 이후 평일 낮 동안 보호자 없이 집에 머무는 아동은 46.8%로 나타나 절반가량 아동들이 돌봄공백에 놓여 있는 것으로 나타났다. 이뿐만 아니라 코로나19는 아동들의 일상에도 급격한 변화를 주었다. 아동들의 수면시간은 평소보다 증가했고, 자정이 넘는 시간에 자는 비율이 코로나19 이전의 35.1%에서 62.3%로 급격히 증가했다. 집 안에만 머물다 보니 운동과 신체활동 시간도 충분하지 못한 반면 스마트폰과 태블릿 PC로 노는 시간이 하루 평균 3시간 이상이라고 응답한 비율이 16.1%에서 46.2%로 상승해 코로나19로 인해 아동들이 친구관계와 신체활동의 욕구를 적절히 채우지 못하고 있으며, 그 시간을 스마트폰과 인터넷에 몰두하는 것으로 나타났다(정익중, 2020). 코로나19로 나타난 아동들의 일상의 급격한 변화는 단지 아동에 대해서 돌봄공백을 양적으로 채워 줘야 하는 돌봄 수혜의 대상으로만 볼 것이 아니라, 코로나19 이외의 다른 재난적 상황에서도 경험할 수 있는 일상변화와 그에 따른 아동들의 신체적 · 정서적 욕구, 또래관계, 교육 등 전반적인 아동의 일상과 활동에 대한 개입과 대책 마련이 필요하다는 것을 보여 준다.

사회적 재난은 건강불평등, 소득불평등, 인종불평등, 주거불평등과 연결되어 사회적 재난을 경험한 사람들 사이에서도 '재난위기의 불평등한 재분배' 현상이 일어나고 있는데, 최근 'BBC뉴스'에 의하면 다수가 밀집되어 있는 난민촌의 경우 코로나19 사태로 인한 위기에 더 취약할 수 있다고 하였다. 우리나라도 빈곤아동, 가정폭력 가정의 아동, 거리 청소년 등 사회적 지원이 필요함에도 이에 대한 현실적인 개선책은 여전히 부족하다. 재난 상황에서 더 소외를 경험할 수밖에 없는, 가장 영향을 크게 받게 되는 집단에 대한 지속적인 관심과 지원책도 필요하다. 따라서 이러한 재난상황은 아동의 일상에 큰 변화를 주기 때문에 재난으로 인한 일차적 피해 이외에도 아동의 삶에 영향을 주는 다른 변화요인이 없는지 살펴보는 것은 아동권리 차원에서 중요하다. 그런 면에 있어 성인들이 '돌봐주기 위해 시간을 내야 하는' 개념인 기존의 돌봄정책만으로는 부족하다. 재난으로 인한 큰 변화 속에서도 아동의 건강한 발달과 일상생활을 담보해 줄 수 있는 가족돌봄휴가와 육아휴직과 같은 가족친화적인 제도와 노동정책 등 이를 위한 사회 전반적인 변화와 노력이 함께 뒷받침되어야 한다.

토론 및 연구 주제

1. 일반아동을 위한 보편적 서비스의 종류를 가능한 다양하게 생각해 보자.

2. 빠르게 변화하는 사회 속에서 가족구성원의 감소, 다양한 가족형태의 출현, 여성의 경제활동 참가 등의 이유로 가족체계는 변화하고 있으며 가족 기능도 흔들리고 있는 실정이다. 점점 아동과 부모가 함께 할 수 있는 시간이 적어지고 있으며 국가를 통한 공보육, 의무교육 등이 확대되어 가고 있어 가족이 전적으로 아동양육을 전담하고 있다고 보이지 않는다. 아동양육에서 가족의 역할은 어디까지이고 국가의 역할은 어디까지인지 토의해 보자.

3. 이혼 등의 가족해체 현상으로 많은 아동이 시설이나 가정에 위탁되고 있고, 그 보호기간 또한 장기간 보호되거나 아예 돌아갈 수 없는 아동들이 날이 갈수록 늘어 가고 있는 추세다. 이는 가족이라는 개념이 점점 약화되어 가고 있는 현실을 보여 준다. 하지만 이런 문제에 대해 아동들이 원가정에서 이탈하는 것을 막고 시설이나 위탁 후에도 빠른 시일 내에 원가정으로 돌아갈 수 있도록 하는 대안이 부족하다고 생각된다. 과연 아동들이 안정적인 원가정으로 돌아갈 수 있도록 하는 대안에는 무엇이 있을지 생각해 보자.

4. 최근 키즈 유튜브 시장이 급성장하면서 키즈 유튜버에 대한 아동학대 문제가 대두되고 있다. 조회수를 높이기 위해 아이에게 무리한 행동을 시키거나 아동학대 소지가 있는 영상을 게재하게 하는 등 키즈 유튜버는 부모에 의한 아동학대 위험에 고스란히 노출되어 있다. 키즈 유튜버를 보호하기 위한 방안에는 무엇이 있을지 생각해 보자.

5. 아이의 사생활은 부모의 권리가 될 수 있는가? 유튜브나 방송 등 상업적 이용이 아니더라도 자녀 사진이나 동영상을 소셜미디어에 올리는 경우가 있다. 이는 육아를 타인과 공유한다는 의미의 '셰어런팅'(공유를 뜻하는 'share'와 육아를 뜻하는 'parenting'을 합친 신조어)이라 불린다. 부모가 애정과 재미로 올린 사진이지만, 아이들이 자라서 그 사진을 보고 창피함을 느낄 수 있고 심지어 자녀의 초상권, 사생활을 침해한 것일 수 있다. 실제 2016년 10월 캐나다의 13세 아동은 자신을 창피하게 만드는 유아 시절 사진을 올렸다는 이유로 부모를 고소했다. 또한 부모가 온라인에 올린 자녀 사진이나 정보는 범죄에 이용될 수도 있다. 셰어런팅 때문에 아이들이 악성 댓글로 성희롱과 모욕을 당할 수 있고, 사이버폭력의 표적이 될 수도 있다. 우리나라에서는 부모의 셰어런팅에 대해 어떻게 접근해야 할지 생각해 보자.

6. 최근 코로나19의 확산으로 '사회적 거리두기'가 확산되면서, 어린이집과 유치원은 휴원하고 초 · 중 · 고 휴업이 길어지고 있다. 이에 따라 아동에 대한 돌봄은 부모의 몫으로 넘겨져 아동의 돌봄공백 문제가 대두되고 있다. 사회적 돌봄기관의 운영이 중지됨에 따라 부모는 감염병으로 인한 재난상황과 아동에 대한 돌봄 부담까지 감당하는 이중고를 경험하고 있다. 재난 상황에 아동과 그 가족을 보호하기 위해서는 무엇이 필요할까? 코로나19 이후 아동돌봄에 대한 정책과 패러다임은 어떻게 변화하게 될지 생각해 보자.

참고문헌

강은영, 박지선(2009). 아동 실종 및 유괴범죄의 실태와 대책. 한국형사정책연구원.

강지영(2020). 아동수당도입이 아동가구의 소득과 빈곤에 미친 영향 연구. **한국사회복지학, 72**(1), 63-87.

강태인(2014). 해외입양인 친생부모의 생애사 연구: 자녀찾기 경험을 중심으로. **가족과 문화, 26**(3), 105-144.

강현아, 정익중, 강향숙(2019). 2019 가정위탁아동 패널연구. 중앙가정위탁지원센터, 숙명여자대학교 산학협력단.

강현아, 정익중, 장화정, 강현주, 심의선, 최윤희(2019). 아동학대 사망사건의 유형 및 특성. **한국아동복지학, 68**, 51-86.

강현아, 정익중(2015). 친가정외 보호아동의 친권 및 후견직무 관련 현황 및 개선방안. **제10회 가정위탁 세미나 자료집.**

강희주, 정익중(2020). 아동 출연 유튜브에 나타난 아동학대 현황. **아동과 권리, 23**(4), 585-613.

경찰청(2018. 4. 23.). 인터넷 주소 접근기록 확보로 실종아동 빨리 찾는다. 경찰청 브리핑 자료.

경찰청(2019a). **아동지킴이 운영현황.**

경찰청(2019b). 경찰청, 실종자 가족을 위한 심리치료 프로그램 운영.

경찰청(2020c). 경찰청, 장기실종아동 발견 및 예방을 위한 호프테이프 캠페인.

고용노동부(2018). **2018 고용형태별 근로실태조사 보고서.**

고용노동부(2019a). 2018년 고용노동백서.

고용노동부(2019b). 소중하고 확실한 행복, 아빠 육아휴직 1만 7천명 돌파.

공계순, 박현선, 오승환, 이상균, 이현주(2006). 아동복지론(2판). 서울: 학지사.

관계부처 합동(2018). 아동학대 방지 보완대책: 아동학대 대책 실효성 제고 방안. **국정현안점검 조정회의 보도자료.**

관계부처 합동(2019a). 2020 국민의 삶이 달라집니다. 국민 전 생애 기본생활 보장.

관계부처 합동(2019b). 아동에 대한 국가 책임을 확대합니다.

관계부처 합동(2019c). 2015년생 우리 아이 잘 지내나요?

관계부처 합동(2019d). 아동권리보장원 출범에 맞춰 아동권리보장원에서 수행할 사업 등 규정.
관계부처 합동(2020a). 2019년에 처음 실시한 '만3세 아동 소재 · 안전 전수조사' 완료.
관계부처 협동(2020b). 제2차 아동정책기본계획(20~24).
교육과학기술부(2010). 학생의 푸른 성장 지원을 위한 Wee 프로젝트 추진계획.
교육과학기술부(2011. 2. 17.). 학생정신건강서비스지원 확대.
교육과학기술부, 한국교육개발원(2012). 교육복지우선지원사업 이렇게 합니다.
교육부(2018). 교육부 2019년도 예산안 주요사업비 설명자료.
교육부(2020. 3. 9.). 2019년 초중고 사교육비 조사결과 발표.
교육인적자원부, 한국교육개발원(2004). 교육복지 투자우선지역 지원사업 편람.
구인회(2003a). 경제적 상실과 소득수준이 청소년의 교육성취에 미치는 영향. **한국사회복지학**, 53, 7-30.
구인회(2003b). **경제위기와 청소년 발달: 경제적 상실이 청소년 교육성취에 미치는 영향**. 서울: 집문당.
국립정신건강센터(2020). **국가 정신건강현황 보고서 2018**.
국세청(2019). **2019년 국세통계연보**.
국세청(2020). 근로장려금 · 자녀장려금 안내.
권덕철(2003). **자활사업 강화를 통한 저소득층의 빈곤해소**. 보건복지부.
권중돈(2000). 빈곤가족의 기능 효과성에 영향을 미치는 요인. **목원대학교 논문집**, 38(1), 141-169.
권지성, 정익중(2013). 가정위탁 당사자들의 경험에 대한 질적 사례연구. 37(2), 35-77.
권지성, 정익중, 민성혜, 신혜원(2012). 위탁아동 입양부모의 양육경험에 관한 질적 사례연구. **한국아동복지학**, 40, 73-107.
기획재정부(2020. 2. 7.). 나라살림 예산개요.
김경래(2014). 미국의 아동친화적 사업체계 사례: 법원임명특별옹호자 프로그램을 중심으로. **한국아동권리학회 춘계학술대회 자료집: 대한민국 아동의 권리를 말하다**, 91-115.
김경민, 정익중(2009). 위탁아동의 친가족경험이 심리사회적 적응에 미치는 영향. **한국가족사회복지학**, 25, 93-120.
김규수, 서영미(2018). 아동권리에 관한 아동영향평가 지표 개발. **열린유아교육연구**, 23(5), 157-184.
김근혜(2020). 아버지의 자아존중감과 행복감이 양육효능감에 미치는 영향. **한국영유아보육학**, 120, 1-17.
김기환(2000). 저소득층 아동을 위한 포괄적 보육서비스: 사회복지서비스 모델개발. 2000년 사업보고서. 삼성복지재단.
김대일(2004). 빈곤의 정의와 규모. 유경준, 심상달 편. **취약계층 보호정책의 방향과 과제**. 한국개발연구원.
김동광 역(2003). **인간에 대한 오해**. 서울: 사회평론.
김미숙, 배화옥, 정익중, 조성호, 박명숙, 김지민(2016). **아동학대 피해아동 지원체계 구축방안 연구**. 한국보건사회연구원.

김미숙, 이주연, 김지민, 정윤경, 서울대학교병원(2015). 국민건강과 안전을 위한 아동안전전략 구축방안: 아동손상예방 전략을 중심으로. 한국보건사회연구원.

김민선, 구철회, 손병덕(2019). 텍스트마이닝(Text Mining)을 통한 교육복지우선지원사업의 효과성 인식에 관한 연구. 청소년학연구, 26(2), 313-332.

김복순, 임용빈(2020). 2019년 비정규직 규모와 특징: 2019년 8월 경제활동인구조사 부가조사를 중심으로. 노동리뷰, 2020(1), 125-143.

김상곤, 고윤순, 정익중(2007). We Start 마을만들기 사업에서 학교사회복지실천 모형. 2007년도 한국학교사회복지학회 춘계학술대회 자료집.

김상찬, 신준연(2019). 우리나라 입양제도의 개선방안에 관한 연구. 국제법무, 11(2), 87-113.

김성식, 송지훈, 이광현, 이덕난, 이봉주, 유기웅, 정익중, 홍승애(2019). 교육복지 마스터 플랜 개발 연구. 교육복지정책중점연구소.

김수정, 정익중(2016). 아동학대의 사회경제적 비용 추계. 한국아동복지학, 53, 25-50.

김수정, 정익중(2017). 아동 빈곤의 사회경제적 비용 추계. 한국사회복지학, 69(3), 9-33.

김수진(2003). 장애아동의 효과적인 통합교육: 발달장애아동 관련 전문가 교육. 한국어린이육영회 부설 치료교육연구소.

김시아, 박지혜, 한다영, 정익중(2020). 미세먼지와 아동의 신체 및 정신건강 관계: 빈곤과 녹지지역비율의 조절효과. 한국방재학회논문집, 20(1), 163-171.

김영명(1997). 어머니 및 보육교사에 대한 유아의 애착안정성에 따른 정서적 행동문제. 서울대학교 대학원 석사학위논문.

김영삼(2003). 교육복지투자우선지역사업의 현황. 청소년자활지원관 정책세미나 자료집. 한국자활후견기관협회.

김영일(2021). 가정외보호 아동의 배치변경 경험. 이화여자대학교 대학원 박사학위논문.

김영지(2005). 청소년 참여의 동향과 실제. 도시와 빈곤, 73, 18-47.

김원정, 최유정(2018). 아동친화도시 조성을 위한 아동참여 확산 방안 마련. 서울시여성가족재단.

김유경, 변미희, 임성은(2010). 국내입양실태와 정책방안 연구. 한국보건사회연구원.

김유리, 고주애, 정익중(2015). 2014년 6 · 4 지방선거 주요 정당 및 시도당선자의 아동정책 공약 분석. 학교사회복지, 31, 333-355.

김은정, 이상정, 박신아, 김주일(2018). 아동정책영향평가제도 도입방안 연구. 한국보건사회연구원.

김은정, 이수진, 손주영, 김미숙, 최은진(2017). 아동가구 의료비 과부담 실태분석: 중증 · 희귀난치성 아동가구를 중심으로. 초록우산 어린이재단 아동복지연구소.

김응석(1995). 아동복지수용시설 운영평가 및 개선방안. 한국보건사회연구원.

김인규(2011). Wee 프로젝트 사업 중장기 발전방안 연구. 한국교육개발원.

김인숙(1994). 빈곤여성의 사회환경적 요인과 심리적 디스트레스와의 관계. 서울대학교 대학원 박사학위논문.

김재진, 박능후(2005). 한국형 EITC 도입 타당성에 관한 정책토론회 자료집. 한국조세연구원.

김종우(2006). 한국의 실종아동 찾기사업의 발전방안 연구. 2006년 아시아대회 아동권리와 가정위탁.

김진용(1988). 자아개념과 학교생활적응에 관한 연구. 충남대학교 교육대학원 석사학위논문.

김진희, 이상록(2012). 빈곤과 청소년 문제행동의 관계에서 주거환경, 이웃환경, 양육행동의 매개효과. 청소년복지연구, 14(2), 365-387.

김춘진(2011. 9. 10.). 보건교사 배치율 도농간 격차.

김태성, 손병돈(2002). 빈곤과 사회복지정책. 서울: 청목출판사.

김태성, 손병돈(2016). 빈곤론. 서울: 형지사.

김한나, 장덕호(2017). 메타분석을 통한 교육복지우선지원사업의 효과 검증 연구. 학교사회복지, 38, 173-199.

김한영 역(2004a). 본성과 양육. 경기: 김영사.

김한영 역(2004b). 빈 서판. 서울: 사이언스북스.

김현수, 박혜영, 김선옥 공역(2001). 빈곤가족과 일하기. 서울: 나눔의 집.

김현용(1994). 아동복지 증진을 위한 새로운 방향. 1994년 한국아동복지학회 춘계학술대회 자료집.

김현용, 윤현숙, 노혜련, 김연옥, 이배근(2001). 현대사회와 아동: 아동복지의 시각에서(개정판). 서울: 소화.

김현진(2020). 양육비이행과 면접교섭권 행사의 긴장관계: 양육비이행확보를 위한 개선방안에 관한 연구. 법학연구, 23(1), 291-324.

김형모, 조정아(2003). 한국 미아보호체계의 현황과 구축방안. 2003년 한국아동복지학회 춘계학술대회 자료집.

김혜련(2012). 취약계층 빈곤아동의 비만·저체중 양상과 아동기 건강형평성 제고를 위한 정채과제. 복지로. http://www.bokjiro.go.kr/nwel/welfareinfo/livwelnews/news/retireveExpertDetail.do?srchListType=&dataSid=5815551

김호현(1998). 우리나라 국내입양실태. 홀트소식, 98. 홀트아동복지회.

김희주, 서정아(2020). 아동·청소년 친화도시 조성 사례연구. 한국콘텐츠학회논문지, 20(3), 584-599.

남기연, 권오석(2017). 미성년 연예인의 재산권 보장을 위한 방안: 미국 쿠건법을 예로. 스포츠엔터테인먼트와 법, 20(1), 183-202.

노국향, 진경애, 김왕규, 신동희, 박경미, 민선영(2000). OECD 학업성취도 국제비교연구. 한국교육과정평가원.

노충래(2011). 헤이그 입양협약 가입 관련 아동복지의 과제. 헤이그 국제아동입양협약 가입을 위한 토론회 자료집. 중앙입양정보원.

노충래, 신혜령, 박은미, 강현아(2007). 가정위탁보호 활성화 방안 연구. 보건복지부.
노충래, 정익중, 강현아, 오승환(2015). 아동보호서비스 매뉴얼 개발 연구. 보건복지부, 이화여자대학교 산학협력단.
노충래, 정익중, 전종설(2012). 아동학대 조기발견체계 구축을 통한 아동학대 발생방지 방안. 법무부.
노충래, 정익중, 전종설, 김정화(2012). 법집행담당자의 아동학대 인식. 사회과학연구논총, 27, 77-106.
노혜련(2001). 아동복지서비스. 김현용, 윤현숙, 노혜련, 김연옥, 이배근 편. 현대사회와 아동: 아동복지의 시각에서(개정판, pp. 187-415). 서울: 소화.
노혜련, 조소연(2018). 한국 입양 실천의 문제점과 개선방안: 대구 · 포천 입양아동 학대 사망 사건을 중심으로. 아동과 권리, 22(4), 559-585.
뉴스투데이(2020. 3. 25.). 민식이법 오늘 시행… 스쿨존 조심 또 조심. https://imnews.imbc.com/replay/2020/nwtoday/article/5676016_32531.html
뉴스핌(2019. 8. 12.). 키즈유튜버가 위험하다 국내모니터링 '전무' 관리감독 구멍.
대한민국정부(2006). 제1차 저출산고령사회 기본계획 2006-2010. 새로마지플랜 2010.
대한민국정부(2011). 유엔아동권리협약 제3, 4차 국가보고서 및 권고사항 자료집.
대한민국정부(2017a). 100대 국정과제.
대한민국정부(2017b). 제 5 · 6차 유엔권리협약 국가보고서.
로이슈(2019. 8. 21.). 민병두 의원, 아역배우 보호 위한 봉준호법 발의.
류연규, 최현수(2003). 우리나라 아동빈곤율 수준과 변화경향: 1982~2002년 도시근로자가구를 중심으로. 한국아동복지학, 제16호, 135-165.
류정희(2019). 포용국가 아동정책과 아동보호체계의 개편. 월간 복지동향, 249, 5-15.
류정희, 전진아, 이상정, 이주연, 정익중, 유민상(2018). 생애주기별 학대 경험 연구: 아동기 학대 · 폭력의 중복적 경험과 정책적 대응. 한국보건사회연구원.
메디컬투데이(2020. 5. 8.). 보건교사, 학교 내 배치율 85.4%, 보건교사 인력 부족.
문선화(2002a). 소년소녀가장세대와 아동복지법. 한국의 아동복지법. 서울: 소화.
문선화(2002b). 우리나라 아동복지정책의 연대별 평가: 정부와 정당의 정책을 중심으로. 2002년 한국아동복지학회 춘계학술대회 자료집.
문화체육관광부(2018). 2018년 꿈의 오케스트라 운영 현황. https://www.mcst.go.kr/kor/s_policy/dept/deptView.jsp?pDataCD=0417000000&pSeq=1184
문화체육관광부(2020). 2020 문화예술교육 시행계획.
박경호, 김지수, 김창환, 남궁지영, 백승주, 양희준, 김성식, 김위정, 하봉운(2017). 교육격차 실태 종합분석. 한국교육개발원.
박능후(2003). EITC 특성과 소득보장기능. 보건복지포럼, 78. 보건사회연구원.

박능후, 여유진, 김계연, 임완섭, 송연경, 박소연(2003). 탈빈곤정책 현황과 발전방안 연구: 소득보장정책을 중심으로. 한국보건사회연구원 연구보고서, 2003-11.

박보희(2002). 한국 아동정책의 회고와 전망. 2002년 한국아동복지학회 춘계학술대회 자료집.

박복순(2016). 양육비이행관리원의 역할 강화 방안. 한국가족법학회 학술대회 논문집, 97-126.

박상진, 김양희, 어성연, 박정윤, 장영은, 정진희(2009). 이혼숙려제도 활성화를 위한 기초연구: 자발적으로 이혼관련상담기관을 내방한 기혼남녀를 중심으로. 한국가족자원경영학회지, 13(3), 157-180.

박선권(2019). 지역아동센터 지원사업의 현황과 과제. 국회입법조사처.

박성혜(2018). 한국에서의 미국 CASA프로그램 적용 가능성 탐색: 미국과 한국의 아동보호서비스 비교를 중심으로. 한국심리학회지: 문화 및 사회문제, 24(3), 473-489.

박소연, 홍성만, 임채홍(2011). 학교문화예술교육의 속성에 대한 정책 이해관계자들의 인식 탐색. 문화예술교육연구, 6(4), 111-132.

박소혜(1995). 국민학교 아동의 가정환경과 학교생활 적응 및 만족도의 관계. 건국대학교 대학원 석사학위논문.

박영균, 조홍식(2014). 아동 · 청소년 영향평가제도 도입 방안 연구. 한국청소년정책연구원.

박영애, 유가효, 최영희, 박인전, 문현주, 이미경 공역(2001). 인지행동놀이치료. 서울: 나눔의 집.

박은미, 정익중(2012). 사례관리의 이해: 영유아 보육과 사회복지의 통합적 접근. 서울: 박영사.

박천식(2000). 하지 말라고 하면 하고 싶고. 서울: 교육과학사.

박현선(1998). 빈곤청소년의 위험 및 보호요소가 학교 적응유연성에 미치는 영향. 사회복지연구, 11, 23-52.

박현선, 정익중, 구인회(2006). 빈곤과 아동의 사회정서적 발달 간의 관계: 성인역 부담의 역할을 중심으로. 한국사회복지학, 58(2), 303-330.

배나래(2017). 지역아동센터의 문화예술교육프로그램에 대한 효과 연구: 전통춤 프로그램 중심으로. 한국산학기술학회, 18(8), 115-123.

배태순(1989). 한국입양부모들의 입양태도에 관한 연구. 사회과학연구, 1. 경남대학교 사회과학연구소.

배태순(2000). 현대사회에서의 입양의 이해와 입양의 성공. 경남: 경남대학교 출판부.

배화숙(2019). 근로장려금제도의 근로유인효과에 대한 비판적 검토. 인문논총, 50, 127-154.

백선희(2003). 노무현 참여정부시대 아동복지정책의 방향. 2003년 한국아동복지학회 춘계학술대회 자료집.

백학영, 구인회(2010). 비정규 노동과 근로빈곤의 관계: 임금차별과 근로시간의 영향을 중심으로. 노동정책연구, 10(3), 87-117.

법제처(2012). 모자보건법(법률 제11441호), 실종아동 등의 보호 및 지원에 관한 법률(법률 제11001호), 아동복지법(법률 제11002호), 영유아보육법(법률 제11382호), 입양특례법(법률 제11007호), 한부모가족지원법(법률 제10582호).

법제처(2020). 민법(법률 제14965호), 아동복지법(법률 제17206호), 입양특례법(법률 제16248호), 입양

촉진 및 절차에 관한 특례법(법률 제9932호), 가족관계의 등록 등에 관한 법률(법률 제14963호), 소득세법(법률 제13797호), 형법(법률 제14415호).
변미희, 백경숙(2001). 공개입양부모를 위한 사전 · 사후서비스 프로그램 개발을 위한 기초조사연구. **아동권리연구, 5**(2), 81-95.
변주수, 진미정(2018). 2000년 이후 이혼법 개정과 지역 이혼율 변동의 관계. **가족과 문화, 30**(1), 1-26.
보건복지가족부(2009). 한국아동청소년 종합실태조사.
보건복지부(1998). **통계연감**.
보건복지부(2008). 2009년 청소년동반자 프로그램 운영지침.
보건복지부(2009). 2009년 전국 보육실태 조사보고서.
보건복지부(2010). 제2차 저출산 · 고령사회 기본계획. 새로마지플랜 2015.
보건복지부(2012). 사회복지관 운영관련 업무처리안내. 보건복지부 사회서비스자원과.
보건복지부(2017). 2018년 기준 중위소득 및 생계 · 의료급여 선정기준과 최저보장수준. 보건복지부 고시 제2017-139호.
보건복지부(2019). **2018년 말 기준 전국 지역아동센터 통계조사보고서**.
보건복지부(2019. 12. 13.). 포용국가 아동정책과 아동권리 보장원 설립. 지역순회 정책토론회.
보건복지부(2019. 2. 19.). 포용국가 아동정책 추진방향.
보건복지부(2019. 5. 23.). 아동에 대한 국가책임을 확대합니다.
보건복지부(2020a). 가정복귀 한 학대 피해아동의 안전을 확인한다.
보건복지부(2020b). 2020 입양실무매뉴얼.
보건복지부(2020c). 2020 다함께돌봄 사업안내.
보건복지부(각 연도). 국민기초생활보장 사업안내.
보건복지부(각 연도). 보건복지백서.
보건복지부(각 연도). **보건복지통계연보**.
보건복지부(각 연도). 보육사업안내.
보건복지부(각 연도). **보육통계**.
보건복지부(각 연도). 아동분야사업안내.
보건복지부(각 연도). 아동수당사업안내.
보건복지부(각 연도). 자활사업안내.
보건복지부(각 연도). 정신건강사업안내.
보건복지부(각 연도). 지역아동센터 지원 사업안내.
보건복지부, 지역아동센터중앙지원단(2012). **전국 지역아동센터 실태조사 보고서**.
보건복지부, 한국아동단체협의회, 한국아동권리학회(2006). **한국의 유엔아동권리협약 이행 모니터링**.

부스러기사랑나눔회(2003). **빈곤가정 아동의 위기개입 사례연구**. 부스러기사랑나눔회, 사회복지공동모금회.
빈부격차 차별시정위원회(2004). 빈곤대물림 차단을 위한 희망투자전략.
서문희, 조애저, 박세경, 안현애(2004). **어린이 보호육성 종합계획 평가 및 아동백서 발간에 관한 연구**. 보건복지부, 한국보건사회연구원.
서봉연 역(2007). **발달의 이론**. 서울: 중앙적성출판사.
서영숙, 김경혜(2003). **보육학개론**. 경기: 양서원.
서울시(2014. 3. 28.). 서울시, 국내 입양가정에 입양축하금 및 교육비 본격 지원.
서울신문(2020. 6. 4.). 민식이법 재논의하나, 입법조사처 적정성 검토 해야. https://www.seoul.co.kr/news/newsView.php?id=20200604500044&wlog_tag3=naver
서울특별시(2018). 2017 우리동네 예술학교 사업실적 및 정산 결과보고. http://opengov.seoul.go.kr/sanction/14595238
서정화(2003). 저소득 가정 청소년의 자립과 자활을 위한 진로지원사업: 청소년자활지원관 사업을 중심으로. **청소년자활지원관 정책세미나 자료집**. 한국자활후견기관협회.
서지혜, 조은아(2010). **우리동네오케스트라 기본계획 및 실행방안 수립연구**. 서울시립교향악단.
석광현(2011). 헤이그 국제(아동)입양협약 가입과 개정 입양특례법. **헤이그 국제아동입양협약 가입을 위한 토론회 자료집**. 중앙입양정보원.
성명재(2018). 소득이동성의 구조변화 가설검정과 인구고령화의 영향 분석. **한국재정학회 학술대회 논문집**, 1-30.
성주헌(2003). 취약계층의 빈곤, 건강의 이중위협. 김창엽 편. **빈곤과 건강**(pp. 137-163). 서울: 한울아카데미.
소득보장정책연구실(2019). **2019년 빈곤통계연보**. 한국보건사회연구원.
소라미(2018). 대구, 포천 입양아동 학대 사망 사건 진상조사 결과를 바탕으로 한 입양 특례법 전부 개정 제안. **입양아동 학대 사망 사건 후 정책변화와 과제 발표 토론회 자료집**, 53-71.
손병덕, 문순영, 허계형, 오혜정(2019). 문화예술교육 지원 프로그램 온드림스쿨 초등교실이 교육소외지역 아동의 창의적 문제해결력 개발에 미치는 영향요인 분석. **청소년학연구, 26**(7), 197-220.
손치훈, 박미란(2003). 청소년자활지원관 운영실태 조사연구보고서. **자활정보센터 보고서, 2003-4**.
송다영(2011. 5. 13.). 보육서비스 정책설계와 쟁점. 일과복지포럼 발표문.
송영혜, 윤지현 공역(2001). **놀이치료 입문**. 서울: 시그마프레스.
송영혜, 이승희 공역(2000). **놀이치료: 이론과 실제**. 서울: 시그마프레스.
송이은(2017). **서울시 아동영향평가 지표 개발**. 서울시여성가족재단.
송이은(2018). **아동친화예산 수립 방안 마련 연구**. 서울시여성가족재단.
송이은, 최유정(2018). **아동 권리 보호 및 아동친화도시 조성을 위한 서울특별시 아동 영향평가 체계 구축**. 서울특별시, 서울시여성가족재단.

신윤정, 임지혜(2019). 입양 체계의 재구조화에 따른 비용 지원 개편 방안 연구. 아동권리보장원, 한국보건사회연구원.

신익현(2003). 교육복지투자우선지역 지원사업의 의의와 추진방향. 도시와 빈곤. 61. 한국도시연구소.

신혜령(2004). 아동복지시설의 쟁점과 과제. 2004년도 한국아동복지학회 추계학술대회 자료집.

신혜원, 민성혜, 정익중, 권지성(2011). 행복한 부모, 건강한 자녀: 부모-자녀 관계증진 프로그램. 서울: 학지사.

신혜원, 정익중, 민성혜, 권지성(2011). 연장입양아 가족의 부모-자녀 애착증진 프로그램 개발 및 효과 연구. 대한가정학회지, 49(2), 85-95.

심정연(2017). Wee 클래스 효과 분석: 서울특별시 중학교를 중심으로. 서울대학교 대학원 교육학석사학위논문.

심창학(2001). 사회적 배제 개념의 의미와 정책적 함의. 한국사회복지학, 44, 178-208.

아동권리보장원(2019). 실종아동전문기관 2018 · 2019 사업보고서.

아리사 H. 오(2019). 왜 그 아이들은 한국을 떠나지 않을 수 없었나. 이은진 역. 뿌리의 집.

아산사회복지사업재단(1997). 아동복지편람.

안상훈 외(2007). 지속가능한 한국의 복지국가 비전과 전략. 보건복지부, 서울대학교 사회과학연구원.

안순덕, 변화순, 윤영숙, 강선애, 서영준(1988). 영세지역 아동보육 및 환경에 관한 연구. 서울: 한국여성개발원.

안승철 역(2004). 우리 아이의 머리에선 무슨 일이 일어나고 있을까. 서울: 궁리.

안은미(2016). 지역사회 오케스트라 교육 활동과 빈곤아동 발달. 한국사회복지학, 68(1), 225-248.

양심영, 이효진(2009). 가정위탁정책제언보고서: 일반가정위탁아동의 영구 계획 및 배치의 실태. 보건복지가족부, 중앙가정위탁지원센터.

어린이찾아주기종합센터(2004). 미아가정실태조사보고서. 한국복지재단.

여성가족부(2006). 보육통계.

여성가족부(2018). 2018년 한부모가족 실태조사.

여성가족부(각 연도). 청소년백서.

여성가족부(각 연도). 청소년사업안내.

여성가족부(각 연도). 한부모가족지원사업안내.

여유진(2018). 아동빈곤의 현황과 정책과제. 보건복지포럼, 259, 25-39.

여유진, 김미곤, 류정희, 정은희, 강지원, 정희선 (2017). 아동의 빈곤예방을 위한 정책연구. 보건복지부, 한국보건사회연구원.

연진영(1992). 아동학대 실태 및 영향. 서울: 한국형사정책연구원.

연합뉴스(2020. 5. 24.). 실종아동 신고 현황. https://www.yna.co.kr/view/GYH20200524001400044

오승환(2000). 소년소녀가장의 심리사회적 특성에 관한 비교 연구: 일반아동과의 비교를 중심으로. 한국아동복지학, 9, 99-126.

오은찬, 정익중(2015). 아동의 참여활동 경험: 줄세워신 아이들의 함께 사는 법 배우기. 학교사회복지, 21, 217-246.

오정수(2004). 한국아동복지의 도전: 제도환경과 정책평가. 한국아동복지학, 17, 131-150.

오정수(2005). 아동복지제도모형의 비교연구. 사회과학연구, 16, 129-153.

오정수, 이혜원, 이호균, 정익중(2006). 피학대아동의 권리보장과 공적 친권개입을 위한 탐색적 연구. 한국아동복지학, 21, 29-57.

오정수, 이혜원, 정익중(2005). 선진복지국가 아동정책 비교와 21세기 한국아동정책의 발전방안. 보건복지부. 한국아동복지학회.

오정수, 이혜원, 정익중(2006). 세계의 아동복지서비스: 미국, 영국, 일본을 중심으로. 서울: 나눔의 집.

우석진, 강현아, 노충래, 전종설, 이상정, 정익중(2019). 미세먼지가 가정외보호 아동의 심리정서 발달에 미치는 효과. 사회보장연구, 35(3), 129-151.

우정자, 김문섭, 최종혁(2003). 선진 각국의 청소년 보호체계 사례조사. 청소년보호위원회.

원영미, 전지혜 (2018). 장애아 통합어린이집 일반교사의 장애인식 및 보육경험에 관한 연구. 한국보육학회, 18(1).

유니세프한국위원회(2019a). 알기 쉬운 유니세프 아동친화도시 길라잡이.

유니세프한국위원회(2019b). 유엔아동권리협약.

유엔아동권리위원회(2003). 대한민국에 대한 유엔아동권리위원회의 최종견해. 복지동향, 53, 참여연대 사회복지위원회.

유정아, 정익중, 남성희, 안은미, 이민주(2019). 장기실종아동 부모의 노년기 삶과 찾기 경험. 한국사회복지학, 71(3), 175-197.

유튜브(2020. 3. 8.). 어린이 컨텐츠에 대한 향후 변경사항. https://support.google.com/ youtube/answer/9383587?hl=en&ref_topic=9386940

유해미, 강은진, 권미경, 박진아, 김동훈, 김근진, 김태우, 이유진, 이민경(2018). 2018년 전국보육실태조사 보고서-어린이집조사 보고. 육아정책연구소, 보건복지부.

유희정, 이옥, 서문희, 윤선영, 최영신, 강정희, 주재선, 이미화(2003). 보육사업의 공공화 및 다양화 실행방안 연구. 여성부, 한국여성개발원.

육아정책연구소(2016). 돌봄 취약계층 맞춤형 육아지원방안 II: 입양아동을 중심으로.

윤미혜(2005). 학교사회복지 서비스 연계에 영향을 미치는 요인. 경성대학교 사회복지대학원 석사학위논문.

윤민석, 장익현, 신인철, 김해란, 이영주(2020). 서울시 아동권리보호 및 아동친화도시 조성을 위한 2019년 아동영향평가 (시범) 용역. 서울연구원.

윤민석, 장익현, 정익중 외(2020). 서울시 아동복지정책 기본계획 마련을 위한 학술용역.

윤성주(2018). 소득계층이동 및 빈곤에 대한 동태적 고찰. 재정학연구, 11(1), 21-48.

이건수(2019). 사전 지문등록 의무화 필요성에 관한 법적연구. 법학연구, 19(3), 435-453.

이경우(1988). 도시 저소득층 탁아프로그램 실시 사례: H유아원을 중심으로. 여성학논집, 5, 이대한국여성연구소.

이경은(2017). 국제입양에 있어서 아동권리의 국제법적 보호. 서울대학교 대학원 박사학위논문.

이경희, 민인식(2018). 아동수당이 기혼여성 노동공급에 미치는 영향: 마이크로 시뮬레이션 활용. 조사연구, 19(2), 25-49.

이규미, 이은경, 주영아, 지승희 공역(2005). 아동 및 청소년 상담. 서울: 시그마프레스.

이명숙(2003). 한부모가족의 자녀양육비지원 법제화에 대하여. 한국아동복지학회 정책포럼.

이미선(2006). 국내입양서비스 개선을 위한 제언: 공개입양 논의를 중심으로. 계간 사회복지(통권 제171호).

이미화, 김은설, 김길숙, 이진화, 윤지연(2016). 영유아기 부모교육 제도화를 위한 전달체계 시스템 구축 방안 연구. 육아정책연구, 10(3), 1-24.

이범오, 임준태(2019). 공인탐정의 도입 필요성에 관한 연구: 실종자 수사를 중심으로. 한국민간경비학회보, 18(3), 175-198.

이봉주(2003). 통합적 한국 아동복지서비스 전달체계 모델의 모색: 범주화된 전달체계를 넘어서. 2003년 한국아동복지학회 추계학술대회 자료집.

이봉주(2005). 한국 아동보호체계의 딜레마: 신고, 조사와 서비스 기능 간의 역할 갈등. 아동학대예방센터 개소 5주년 기념세미나 자료집. 한국복지재단.

이봉주, 곽금주, 박현선, 양수(2009). 유망사회서비스 수요공급조사: 아동분야 유망사회서비스 시장조사 중심. 보건복지가족부.

이봉주, 김경륜, 황옥경(2006). 한국의 중장기 아동정책 방안. 중장기 아동정책과 국가행동계획. 보건복지부, 서울대학교 사회복지연구소.

이봉주, 김기현, 안재진(2015). 아동보호 예방 및 보호를 위한 아동보호체계의 개선방안 연구: 아동보호전문기관의 기능과 역할을 중심으로. 굿네이버스 아동권리연구소.

이봉주, 김세원(2005). 아동학대와 방임의 사회구조적 요인: 빈곤과의 상관관계를 중심으로. 아동권리연구, 9(3), 347-373.

이봉주, 양수, 김명순(2006). 경기도 We Start 마을 만들기 사업추진 길잡이. 경기도청, 서울대학교 사회복지연구소.

이비안(2019). 양육비 지급이행 강제 수단으로서의 운전면허제한에 대한 행정법적 검토: 미국의 CES Program(자녀양육이행제도)를 중심으로. 미국헌법연구, 30(3), 223-270.

이상균(2017). 드림스타트, 지난 10년의 성장과 향후 10년을 위한 과제. **한국아동복지학, 59**, 115-150.

이상은, 김희찬(2017). 한국의 낮은 아동빈곤과 저출산의 역설 그리고 정부 가족지출. **사회보장연구, 33**(3), 113-137.

이상은, 정찬미(2017). 한국 아동수당 도입에 따른 이슈와 정책방향. **입법과 정책, 9**(3), 409-432.

이상정, 강현아, 노충래, 우석진, 전종설, 정익중(2017). 가정외보호 아동의 보호 만족도에 관한 종단적 연구: 양육시설, 그룹홈, 가정위탁 보호의 비교. **한국사회복지학, 69**(3), 97-119.

이선미, 박원영(2018). 저에게 안심할 수 있는 자유시간을 주었어요: 시간제 보육 이용 경험 이야기. **미래유아교육학회지, 25**(4), 285-306.

이선주(2012). Wee센터의 네트워크 활동에 관한 사례 연구. 경상대학교 대학원 사회복지학과 석사학위논문.

이설아(2021). "입양이 이런 줄 알았다면" 고백하는 이유 http://h21.hani.co.kr/arti/society/society_general/49829.html

이수연 역(2009). **입양아 부모되기**. 서울: 궁리.

이수진, 정익중(2020). 청소년의 일상생활과 행복 간의 관계: 빈곤과 비빈곤 청소년의 비교. **학교사회복지, 49**, 175-200.

이순형 외(2006a). **보육학개론**(2판). 서울: 학지사.

이순형 외(2006b). **아동복지: 이론과 실천**(3판). 서울: 학지사.

이양희, 정병수, 김미성, 김상원, 김희진, 이승미, 강수철, 류준범, 정금숙, 오주석, 정미경, 전재현(2019). **아동정책영향평가 시범운영 및 매뉴얼 개발 연구**. 국제아동인권센터, 도로교통공단.

이영, 신은주, 나종혜(1995). 영유아 양육환경에 대한 생태학적 연구(2). **대한가정학회지, 33**(3), 165-178.

이영, 이봉주, 채재은, 정익중(2009). **아동 · 청소년 방과후 돌봄서비스 사업 심층평가**. 한국개발연구원.

이영석, 조용태, 김경중, 신현기, 임명희, 이경선, 이승은(1999). 어린이집에서의 장애아동 보육에 대한 교사와 부모의 요구분석. **정서 · 학습장애연구, 15**(1), 23-41.

이영안, 한연주, 백서연, 손보현(2019). **수원시 아동영향평가 연구**. 수원시정연구원.

이옥(2005). 한국의 보육시설과 유아교육기관 실태 비교연구. **아동권리연구, 9**(3), 527-554.

이윤로, 이미선 역(2007). **입양의 생애주기**. 서울: 도서출판 신정.

이인재(2003). 저소득층 가정 청소년 빈곤정책에 관한 연구. **청소년자활지원관 정책세미나 자료집**. 한국자활후견기관협회.

이재연, 백정재(1997). 빈곤아동이 지각한 가정의 심리적 환경과 부적응 행동과의 관계. **숙명여자대학교 생활과학연구지, 12**(1), 71-93.

이재완, 최영선(2006). **세계의 아동수당제도**. 경기: 양서원.

이주리(1994). 아동의 역량지각과 관련변인들 간의 인과모형분석. **대한가정학회지, 32**(4), 193-208.

이준일(2011). 친권포기각서의 위헌성. 헌법논총, 22, 177-206.

이태수, 김민, 이혜숙(2010). 방과후 서비스 역할분담 모형 개발에 관한 연구. 아동복지교사중앙지원센터, 꽃동네현도사회복지대학교 산학협력단.

이태진(2011). 2011년도 기초생활보장정책의 변화와 전망. 보건복지포럼, 171, 42-49.

이현주(2020). 소득보장 정책의 현황과 과제. 보건복지포럼, 279, 37-48.

이현주, 박현선, 정익중(2011). 학업성취와 학교만족도의 종단적 상호 관계: 빈곤 및 비빈곤 집단 차이를 중심으로. 사회복지연구, 42(3), 183-206.

이혜영(2003). 빈곤계층을 위한 교육복지정책의 방향. 한국교육개발원.

이혜원(2006). 아동권리와 아동복지. 서울: 집문당.

이희연, 김경희, 이정은, 김지혜, 정익중(2014). 아동보호전문기관 상담원의 아동학대 사망사례 개입경험에 관한 현상학적 연구. 한국아동복지학, 45, 1-38.

임현규(2019). 아동의 보편적 권리, 아동수당. 육아정책포럼, 61, 25-30.

장인협, 오정수(2000). 아동 · 청소년복지론(개정 2판). 서울: 서울대학교출판부.

장인협, 이혜경, 오정수(2007). 사회복지학. 서울: 서울대학교출판부.

장혜경(2003). 한부모가정의 자녀양육비지원 법제화. 한국아동복지학회 정책포럼.

장호윤, 정우열, 최인규(2019). 한국의 자활지원제도 변화와 활성화에 관한 연구. 한국행정사학지, 45, 51-66.

전홍기혜, 이경은, 제인 정 트렌카(2019). 아이들 파는 나라: 한국의 국제입양 실태에 관한 보고서. 오월의 봄.

정경웅, 박은숙, 나현민, 박정연(2005). 실종아동 보호 및 지원에 관한 방안 연구. 보건복지부, 한국복지재단.

정기섭, 손미란, 윤혜성(2017). 교육복지사의 경험에서 본 교육소외계층 지원사업의 개선과제: 교육복지우선지원사업을 중심으로. 교육문화연구, 23(4), 87-112.

정은희(2019). 아동가구 소득지원제도의 불평등 완화 효과. 보건 · 복지 Issue&Focus, 368, 1-8.

정은희, 박세경, 류정희, Haijime Takeuch, 정희선(2016). 아동학대 방지를 위한 정보의 효율적 연계방안. 한국보건사회연구원.

정은희, 백승호, 김성아(2018). 아동가구 소득지원제도의 소득재분배 효과. 한국보건사회연구원.

정익중(2002). 빈곤 편모가족을 위한 이세대(二世代) 프로그램. 사회과학연구, 8, 231-258.

정익중(2003). 빈곤아동의 문화생활과 박탈. 빈곤아동과 삶의 질: 기회와 보장. 2003 한국아동복지학회 춘계학술대회 자료집.

정익중(2004). 미국의 복지개혁이 아동발달에 미친 영향. 한국아동복지학, 18, 181-216.

정익중(2005). 빈곤아동과 문화예술교육: 프로젝트 I[아이]의 성과와 가능성. 사회과학연구, 11, 99-119.

정익중(2006a). 실종아동 장애인의 인권과 보호. 실종아동 장애인의 조속한 발견 및 복귀를 위한 방안 모색. 2006년 전국 시설담당공무원 연찬회.

정익중(2006b). 한국의 실종아동 · 장애인 정책의 현황과 발전방안. 실종아동전문기관 개관 1주년 기념

학술세미나.

정익중(2006c). 새로운 아동복지서비스의 수요와 전문인력 개발의 과제. **사회과학연구**, 12, 95-115.

정익중(2007a). 생명존중, 아동존중을 위한 정책제언. 미래사회가 요구하는 국가정책: 2007 대선주자들에게 바란다. (사)미래포럼 정책특별 공개포럼.

정익중(2007b). 사회복지서비스 분야 정책과제. **민간사회복지계 현안 정책과제 개발 정책토론회 자료집**. 국회복지사회포럼, 한국사회복지협의회.

정익중(2008). 참여정부 아동정책 평가와 차기 정부의 정책과제. **한국사회정책**, 14(2), 282-313.

정익중(2009a). 가정위탁 내 친가정 복귀의 현황과 과제. **제3회 가정위탁정책세미나 자료집**.

정익중(2009b). 아동청소년정책 전달체계의 통합방안에 대한 비판적 고찰. **사회복지연구**, 40(1), 297-322.

정익중(2011a). 초중고 사교육비의 사회계층적 예측요인과 성적에 미치는 영향. **한국아동복지학**, 35, 73-98.

정익중(2011b). 위스타트 및 드림스타트의 현황과 과제. **2011년도 학교사회복지학회 추계 학술대회 자료집**.

정익중(2011c). 아동방임의 재조명: 방임의 사회적 방임을 넘어서. **동광**, 107, 1-33.

정익중(2014). 진상조사위원회 제도개선안과 그에 근거한 정부 종합대책 평가. **진상조사위원회 최종 제도개선책 발표와 정부 대책 긴급 토론회 발표자료**.

정익중(2016). 참여권 확보를 위한 아동투표권에 대한 소고. **동광**, 111, 2-30.

정익중(2017). 우리나라 가정위탁보호제도의 현황 분석과 개선방안: 도돌이표에 갇힌 정책제안 벗어나기. **한국아동복지학회 추계학술대회**.

정익중(2018). 2017 아동공동생활가정 실태조사연구. **아동공동생활가정 실태조사 발표 및 발전방향 정책세미나 발표자료**, 23-123.

정익중(2019). 위기 가정에는 가정 위탁이 있다. 서울신문 기고(2019. 11. 12.). https://www.seoul.co.kr/news/newsView.php?id=20191113033003#csidx80609fe91d065c0a28e13318f7ff58e.

정익중(2020). 아동정책의 기초는 전문인력이다. 노컷뉴스 기고(2020. 3. 31.).

정익중, 강지영, 이수진(2020). **한국아동권리의 현주소**. 초록우산어린이재단.

정익중, 강현아, 장혜림, 이화조, 신지현(2019). **전문가정위탁 보호활성화 연구**. 세이브더칠드런, 이화여자대학교 산학협력단.

정익중, 권은선, 박현선(2011). 아동의 학업성취 발달궤적의 예측요인과 발달산물. **한국아동복지학**, 34, 63-93.

정익중, 권지성, 민성혜, 신혜원(2010). 연장입양 가족의 경험에 관한 질적 연구. **한국가족복지학**, 29, 55-83.

정익중, 권지성, 민성혜, 신혜원(2011). 연장입양가족의 적응과정에 대한 질적 연구: 주 양육자인 입양모의 입장에서. **사회복지연구**, 42(1), 399-432.

정익중, 김미숙, 김철민, 조은경, 김승형, 이화미(2011). **대국민 입양홍보 중장기 전략연구**. 보건복지부, 중앙입양정보원.

정익중, 김서현, 임혜림(2015). 문화예술 진로교육으로 꿈을 찾은 아이들. 한국아동복지학, 52, 241-278.

정익중, 김성천, 송재석(2009) 아동실종으로 인한 사회경제적 비용 분석. 한국사회복지학, 61(2), 371-389.

정익중, 김주현(2019). 가정위탁종결청소년의 자립경험. 한국가족복지학, 64, 131-163.

정익중, 김혜란, 홍순혜, 박은미, 허남순, 오정수(2005). 사회복지서비스 이용이 빈곤아동의 심리사회적 적응에 미치는 영향. 한국사회복지학, 57(3), 105-131.

정익중, 박현선, 구인회(2006). 피학대아동이 비행에 이르는 발달경로. 한국사회복지학, 58(3), 223-244.

정익중, 박현선, 오승환, 임정기(2009). 아동청소년 방과후 서비스의 현황과 과제: 지역아동센터를 중심으로. 서울: 공동체.

정익중, 박현선, 최은영, 이수진, 정수정, 최선영, 김기태(2016). 아동권리지표 개발 연구보고서: 아동균형 생활시간 권장기준 활용 및 분석. 초록우산어린이재단 아동복지연구소.

정익중, 안은미, 주영선(2019). 지역아동센터 교사 · 아동의 자원 욕구와 아동 발달 조사. CJ나눔재단, 이화여자대학교.

정익중, 유정아, 안은미, 이민주, 남성희(2018). 실종아동등의 보호 및 지원에 관한 법률 운영에 대한 탐색적 연구. 비판사회정책, 59, 415-454.

정익중, 이경림(2008). 야간요보호 아동 통합 지원사업 성과분석보고서. 사회복지공동모금회.

정익중, 이경림, 이정은(2010). 지역아동센터 종사자 소진이 아동의 심리사회적 적응에 미치는 영향. 한국아동복지학, 31, 205-234.

정익중, 이봉주, 윤준영, 정영모, 길은배, 양계민(2014). 부처종합 방과후돌봄 중장기 정책 연구: 부처연계를 통한 돌봄서비스 효율성 제고 방안. 보건복지부, 교육부, 여성가족부, 지역아동센터중앙지원단, 이화여자대학교.

정익중, 이정은, 이상균(2011). 지역아동센터 야간보호교사의 소진과 이직이 아동의 학교적응 및 학업성취에 미치는 영향. 한국지역사회복지학, 37, 137-163.

정익중, 이태수, 박현선, 임정기, 이정은, 이은지(2011). 지역아동센터 평가사업 연구. 보건복지부, 지역아동센터중앙지원단, 이화여자대학교 산학협력단.

정익중, 장혜림(2012). 빈곤과 가족구조 결손이 아동의 학교생활적응에 영향을 미치는 발달경로. 한국가족복지학, 37, 111-142.

정익중, 정선영, 이수진, 정수정(2019). 초록우산어린이재단 아동행복생활지수, 초록우산어린이재단.

정익중, 조은아, 안은미(2011a). 2011년도 〈꿈의 오케스트라〉 학습영향평가모델 개발 연구. 인컬쳐 컨설팅.

정익중, 조은아, 안은미(2011b). 우리동네 오케스트라 학습영향평가 연구. 서울시립교향악단.

정익중, 최선영, 정수정, 박나래, 김유리(2016). 아동학대 사망사건 판결의 양형 분석. 한국사회복지학, 68(2), 131-160.

정익중, 홍나미, 강지원(2018). 지역아동센터 공공성 확대를 위한 발전방안 연구. 보건복지부, 지역아동센터 중앙지원단, 이화여자대학교.

정효정(2011). 이명박 정부의 보육정책 쟁점과 과제. 한국영유아보육학, 67, 327-352.

조선일보(2020. 12. 19). BJ철구 방송에 출연한 딸, 그 미래는 누가 책임지나. https://www.chosun.com/national/weekend/2020/12/19/BSBBYHXZBFAF3PC5URB7YOWXOQ/

조영현, 김근세(2019). 공공기관 비정규직 근로자의 정규직화에 있어 변화관리 연구: 퍼지셋 질적비교연구방법을 중심으로. 한국행정논집, 31(2), 149-177.

주영선, 정익중(2019). 주거빈곤과 지역빈곤의 이중위험이 청소년 비행에 미치는 영향: 부모 양육행동의 매개효과를 중심으로. 한국사회정책, 26(4), 3-26.

주정일(2007). 한국의 딥스: 영수이야기. 서울: 샘터사.

중앙가정위탁지원센터(2008). 2008년 가정위탁지원센터 평가결과 보고서.

중앙가정위탁지원센터(2011). 2011년 가정위탁지원센터 평가결과 보고서.

중앙가정위탁지원센터(2016). 가정위탁 업무 안내서(공무원용).

중앙가정위탁지원센터(각 연도). 가정위탁보호 현황보고서.

중앙아동보호전문기관(2012). 아동보호전문기관 상담원의 스트레스 반응에 미치는 요인에 관한 연구.

중앙아동보호전문기관(2019). 2018 아동학대 주요통계. 보건복지부, 중앙아동보호전문기관.

중앙아동보호전문기관(각 연도). 전국 아동학대 현황보고서.

지역아동정보센터(2010). 지역아동센터 현황.

진영란, 강미경, 이윤정(2018). 학생정신건강사업 현황 및 관련 교육 요구도: 초중고 보건교사와 상담교사 대상. 한국학교보건학회지, 31(2), 117-126.

청와대 정책기획위원회(2007). 참여정부의 아동정책.

최상근, 양수경, 남기곤, 권경림, 연보라(2010). 학업중단위기학생의 실태와 지원방안 연구 (RR 2010-12). 서울: 한국교육개발원.

최영(2019a). 문재인 정부 방과후 초등돌봄 정책의 개편 내용 및 방향. 월간 복지동향, 252, 5-12.

최영(2019b). 보편적 아동수당의 시작과 향후 발전 방향. 월간 복지동향, 244, 31-35.

최용길(2020). 우리나라 입양제도의 개선방안에 관한 연구. 제주대학교 대학원 법학과 박사학위논문.

최은영, 김순주, 김민수(2013). 아동 주거빈곤의 현황과 과제. 월간 복지동향, 179, 29-35

최일섭(2000). 빈곤문제. 최일섭, 최성재 편. 사회문제와 사회복지(pp. 81-108). 경기: 나남.

최현수, 오미애, 류정희, 전진아, 전지수, 천미경, 이주연, 정익중, 김경희, 김희균, 권솔지(2018). 빅데이터를 활용한 e아동행복지원시스템 구축 및 운영방안. 보건복지부, 한국보건사회연구원.

최효식, 윤해옥, 연은모(2015). 어머니-아버지간 아버지 양육참여 지각차이와 유아의 상호작용적 또래놀이 간의 관계: 부부갈등, 우울, 긍정적 양육태도의 매개효과. 유아교육연구, 35(1), 153-174.

통계청(2018a). 사망원인통계.
통계청(2018b). 사고에 의한 어린이 사망: 1996-2016년.
통계청(2019). 경제활동인구조사.
통계청(2020). 2019년 인구주택총조사결과.
통계청(각 연도). 인구동향조사.
통계청(각 연도). 한국의 사회지표.
표갑수(2010). 아동청소년복지론(개정2판). 경기: 나남.
한국가정법률상담소(2001). 이혼가정과 자녀양육: 양육비 제대로 받고 있는가. 한국가정법률상담소 창립 45주년 기념 심포지엄 자료집. 한국가정법률상담소.
한국교육개발원(2008). 교육복지투자우선지역 지원사업 백서.
한국교육개발원(2010). 2011년 교육복지우선지원사업 발전방안 포럼 자료집.
한국노동연구원(2010). 근로빈곤의 실태와 지원정책.
한국보건사회연구원(2010). 빈곤통계연보.
한국아동단체협의회, 한국아동권리학회(2006). 한국의 유엔아동권리협약 이행모니터링포럼.
한국여성민우회(2002). 한부모자녀 학교생활 적응지원을 위한 심포지움 자료집.
한국여성연구소(2003). 보육정책의 새로운 관점 정립 및 개선 방안 연구.
한국여성정책연구원(2011). 협의이혼제도의 운용실태 및 개선방안.
한국은행(2012). 한국의 경제성장과 사회지표의 변화.
한국자활후견기관협회(2003). 2002년 전국 청소년자활지원관 사업보고서.
한국청소년정책연구원(2011). 아동 청소년 정신건강 증진을 위한 지원방안 연구1(총괄 보고서).
한국학교사회복지사협회(2019). 2019 전국 학교사회복지사업 운영현황 자료.
한미현(2006). 아동보호서비스의 실제: 아동학대의 사정 및 사례판정. 서울: 집문당.
한승주, 최충(2019). 아동수당과 합계출산율: OECD 국가를 중심으로. 한국경제포럼, 12(1), 27-55.
한정섭, 신혜원(2019). 아동의 자아존중감 발달을 위한 지역협력 문화예술교육 활동 개발 및 효과연구. 문화예술교육연구, 14(3), 75-98.
허남순, 오정수, 홍순혜, 김혜란, 박은미, 정익중(2005). 빈곤아동과 삶의 질. 서울: 학지사.
현정환(2003). 아동문제행동의 이해와 지도. 서울: 창지사.
홍나미, 정익중(2019). 지역아동센터의 공공성 확대를 위한 시론. 사회복지연구, 50(3), 5-31.
홍성희, 김준범, 홍현주(2019). 교육부의 학교기반 자살예방정책에 대한 현장전문가의 요구 탐색 및 향후 방향성 모색. 교육문화연구, 25(5), 5-31.
홍영남 역(2006). 이기적 유전자. 서울: 을유문화사.
황덕순(2001). 경제위기 이후 빈곤에 대한 동태분석. 노동정책연구, 2001년 가을호, 31-59.

황수경(2011. 4. 29.). 일-생활 균형(Work-Life Balance)과 단시간근로. 일과복지포럼 발표문.

황옥경(2005). 아동정책 전달체계분석: 전담부서의 체계화 방안을 중심으로. 2005년 한국아동권리학회 춘계학술대회 자료집.

황준성, 이희현(2019). 온종일 돌봄체계 구축을 위한 범정부 공동 수요조사 개선 연구. 교육정치학연구, 26(4), 107-130.

고용노동부홈페이지. http://www.moel.go.kr/

국세청 홈페이지. https://www.nts.go.kr

다함께돌봄사업 홈페이지. https://dadol.or.kr

법제처 홈페이지. https://www.moleg.go.kr

보건복지부 홈페이지. http://www.mw.go.kr/

복지로 홈페이지. http://www.bokjiro.go.kr

삼성아동교육문화센터 홈페이지. http://child.samsungfoundation.org

실종아동전문기관 홈페이지. http://www.missingchild.or.kr/

아동권리보장원 홈페이지. http://www.ncrc.or.kr/

아이사랑 홈페이지. http://www.childcare.go.kr

양육비이행관리원 홈페이지. http://www.childsupport.or.kr

여성가족부 홈페이지. http://www.mogef.go.kr

중앙아동보호전문기관 홈페이지. http://www.korea1391.org

찾기쉬운 생활법령정보 홈페이지. http://www.easylaw.go.kr/

통계청 홈페이지. http://kostat.go.kr

통계청, e-나라지표. http://www.index.go.kr/

한국보육진흥원 홈페이지. http://www.kcpi.or.kr/

홀트아동복지회 홈페이지. https://www.holt.or.kr

Adler, N. E., Boyce, T., Chesney, M. A., Folkman, S., & Syme, S. L. (1993). Socioeconomic inequalities in health: No easy solution. *Journal of the American Medical Association, 269*, 3140-3145.

Ahnert, L., Gunnar, M. R., Lamb, M, E., & Barthel, M. (2004). Transition to child care: Associations with infant-mother attachment, infant negative emotion and cortisol elevations. *Child Development, 75*, 639-650.

Allen, D. M., & Tarnowski, K. J. (1989). Depressive characteristics of physically abused children. *Journal of Abnormal Child Psychology, 17*, 1-11.

Americans for the Arts. (2009). Fact sheet about the benefits of arts education for children from http://www.americansforthearts.org/get_involved/ advocacy/ funding_ resources/default_005.asp

Barker, R. (1987). *The Social Work Dictionary.* NASW.

Bates, J. E., Marvinney, D., Kelley, T., Dodge, K. A., Bennett, D. S., & Pettit, G. S. (1994). Child-care history and kindergarten adjustment. *Developmental Psychology, 30,* 690-700.

Beckett, C., & Sonuga-Barke, E. (2008). The experience of adoption (2): The association between communicative openness and self-esteem in adoption. *Adoption & Fostering*, *32*(1), 29-39.

Belsky, J. (2001). Developmental risks (still) associated with early child care. *Journal of Child Psychology and Psychiatry, 42,* 845-859.

Belsky, J., & Eggebeen, D. (1991). Early and extensive maternal employment and young children's socioemotional development: Children of National Longitudinal Survey of Youth. *Journal of Marriage and the Family, 53,* 1083-1098.

Bierman, K. L. (1983). Cognitive development and clinical interviews with children. In Lahey, B. & Kazdin, A. (Ed.), *Advances in clinical psychology* (6th ed.). New York: Plenum.

Binggeli, N. J., Hart, S. N., & Brassard, M. R. (2001). *Psychological maltreatment of children.* Thousand Oaks, CA: Sage.

Bower, B. (1995). Child Sex Abuse Leaves Mark on Brain. *Science News, 137*(22), 340-341.

Briere, J. (1992). *Child abuse trauma.* Newbury Park, CA: Sage Publications.

Brooks-Gunn, J., & Duncan, G. J. (1997). The effect of poverty on children. *The Future of Children,* 7(2), 55-71.

Brown, K. (2019, August 9). What is the Difference between a GAL and a CASA?. CASA for Children of DC. https://www.casadc.org/post/what-is-the-difference-between-a-gal-and-a-casa.

Casey Family Programs. (2003). Assessing the effects of foster care: Early results from the Casey National Alumni Study. http://www.casey.org/Resources/Publications/pdf/CaseyNationalAlumniStudy_FullReport.pdf

Casey Family Programs. (2003). Family, Community, Culture: Roots of Permanency.

Cerezo, M. A., & Frias, D. (1994). Emotional and cognitive adjustment in abuse children. *Child Abuse and Neglect, 18,* 923-932.

Chambers, R. M., Crutchfield, R. M., Willis, T. Y., Cuza, H. A., Otero, A., Goddu Harper, S. G., & Carmichael, H. (2018). 'It's just not right to move a kid that many times': A qualitative study of how foster care alumni perceive placement moves. *Children and Youth Services Review, 86,* 76-83.

Chidren's Defense Fund. (1993). A manual for building a local Child Watch program. http://www.

childrensdefense.org/child-research-data-publications/archives/ child-watch-visitation-program-manual-1993-1.html

Child Welfare League of America. (1989). *Standards for services for abused and neglected children and their families.* Washington, DC: Author.

Chung, I.-J. (2004). A conceptual framework for understanding the relationship between poverty and antisocial behavior: Focusing on psychosocial mediating mechanisms. *Journal of Primary Prevention, 24,* 355-380.

Chung, I.-J., Nagin, D. S., Hawkins, J. D., & Hill, K. G. (2001). A didactic example of mixture modeling applicable to the study of development in adolescent offending. *Korean Journal of Social Welfare Studies, 17,* 197-218.

Chung, I.-J., Hawkins, J. D., Gilchrist, L. D., Hill, K. G., & Nagin, D. S. (2002). Identifying and predicting offending trajectories among poor children. *Social Service Review, 76,* 663-685.

Chung, I.-J., Hill, K. G., Hawkins, J. D., Gilchrist, L. D., & Nagin, D. (2002). Childhood predictors of offense trajectories. *Journal of Research in Crime and Delinquency, 39,* 60-90.

Cicchetti, D., & Toth, S. L. (1998). The development of depression in children and adolescents. *American Psychologist, 53,* 221-241.

Cohen, D. (1975). *Day care: Serving preschool children.* Washington DC: US Department of Health, Education, and Welfare.

Cohen, S., Janicki-Deverts, D., Chen, E., & Matthews, K. A. (2010). Childhood socioeconomic status and adult health. *Annals of the New York Academy of Sciences, 1186,* 37-55.

Compton, B. R. (1980). *Introduction to Social Welfare and Social Work.* New York: The Dorsey Press.

Conger, R. D., Conger, K. J., & Elder, G. H. (1997). Family economic hardship and adolescent adjustment: Mediating and moderating processes. In G. J. Duncan & J. Brooks-Gunn (Eds.), *Consequences of growing up poor* (pp. 288-310). New York: Russell Sage Foundation.

Connell, J. P., Spencer, M. B., & Aber, J. L. (1994). Educational risk and resilience in African-American youth: Context, seif, action, and outcomes in school. *Child Development, 65,* 493-506.

Costin, L. B. (1972). *Child Welfare: Policies and Practice.* New York: McGraw-Hill.

Coulton, C., & Chow, J. (1995). Poverty. In R. L. Edwards, et al. (Eds.), *Encyclopedia of Social Work* (vol. 3, 19th ed.), 1867-1878. Washington, DC: National Association of Social Workers.

Craig, D., & Cunningham, S. (2017). Toy Unboxing: Living In a (n unregulated) material world. *Media International Australia, 163*(1), 77-86.

Crick, N. R., & Dodge, K. A. (1994). A review and reformulation of social information-processing mechanisms in children's social adjustment. *Psychological Bulletin, 115,* 74-101.

Crittenden, P. M., & Ainsworth, M. D. S. (1989). In Child maltreatment: Theory and research on the causes and consequences of child abuse and neglect. In D. Cicchetti & V. Carlson (Eds.), *Child maltreatment and attachment theory.* pp. 432-463. New York: Cambridge University Press.

Crosson-Tower, C. (2010). *Understanding child abuse and neglect* (8th ed.). Boston: Allyn & Bacon.

Daly, M. J., & Burton, R. L. (1983). Self-esteem and irrational beliefs: An exploratory investigation with implications for counseling. *Journal of Counseling Psychology, 30*(3), 361-366.

Dembo, R., Williams, L., Wothke, W., Schmeidler, J., & Brown, C. H. (1992). Examining a structural model of the role of family factors, physical abuse and sexual victimization experiences in a sample of high risk youths' alcohol/other drug use and delinquency/crime overtime. *Violence and Victims, 7,* 245-266.

DeMulder, E, K., Denham, S., Schmidt, M., & Mitchell, J. (2000). Q-sort assessment of attachment security during the preschool years: Links from home to school. *Developmental Psychology, 36,* 274-282.

Department of Health. (2000). *Framework for the Assessment of Children in Need and their Families: Practice and Guidance.* London, UK: Department of Health.

Dodge, K. A. (1991). Emotion and social information processing. In J. Garber & K. A. Dodge (Eds.), *The development of emotion regulation and dysfunction* (pp. 159-181). New York: Cambridge University Press.

Dodge, K. A. (1993). Social-cognitive mechanisms in the development of conduct disorder and depression. *Annual Review of Psychology, 44,* 559-584.

Dodge, K. A., & Coie, J. D. (1987). Social information-processing factors in reactive and proactive aggression in children's playgroups. *Journal of Personality and Social Psychology, 53,* 1146-1158.

Dodge, K. A., & Feldman, E. (1990). Issues in social cognition and sociometric status. In S. R. Asher & J. D. Coie (Eds.), *Peer rejection in childhood* (pp. 119-155). Cambridge, England: Cambridge University Press.

Dodge, K. A., & Newman, J. P. (1981). Biased decision making processes in aggressive boys. *Journal of Abnormal Psychology, 90,* 375-379.

Dodge, K. A., Bates, J. E., & Pettit, G. S. (1990). Mechanisms in the cycle of violence. *Science, 250,* 1678-1683.

Downs, S. W., Costin, L. B., & McFadden, E. J. (1996). *Child Welfare and Family Services: Policies and Practice.* White Plains, NJ: Longman.

Downs, S., Moore, E., McFadden, E. J., Michaud, S., & Costin, L. B. (2004). *Child Welfare and Family Services: Policy and Practice.* Boston: Allyn & Bacon.

Dubois, D. L., Eitel, S. K., & Felner, R. D. (1994). Effects of family environment and parent-child relationship on school adjustment during the transition to early adolescence. *Journal of Marriage and the Family, 56,* 405-414.

Dubow, E. F., & Ippolito, M. F. (1994). Effects of poverty and quality of the home environment on changes in the academic and behavioral adjustment of elementary school-age children. *Journal of Clinical Child Psychology, 23,* 401-412.

Duncan, G. J., Ziol-Guest, K. M., & Kalil, A. (2010). Early-childhood poverty and adult attainment, behavior, and health. *Child Development, 81*(1), 306-325.

Dweck, C. S. (1986). Motivational processes affecting learning. *Journal of Personality and Social Psychology, 41*(10), 1040-1048.

English, D. J. (1998). The extent and consequences of child maltreatment. *The Future of Children, 8*(1), 39-53.

English, D. J., Wingard, T., Marshall, D., Orme, M., & Orme, A. (2000). Alternative responses to child protective services: Emerging issues and concerns. *Child Abuse and Neglect, 24*(3), 375-388.

Erickson, M. F., & Egeland, B. (2011). Child neglect. In J. E. B. Myers (Ed.). *The APSAC handbook on child maltreatment* (3rd ed.) (pp. 103-124). Thousand Oaks, CA: Sage.

Eubanks, V. (2018). *Automating inequality: How high-tech tools profile, police, and punish the poor.* New York: St. Martin's Press.

Evans, G. W., & Kim P. (2007). Childhood poverty and health: Cumulative risk exposure and stress dysregulation, *Psychological Science, 18*(11), 953-957.

Farber, E. A., & Egeland, B. (1987). Invulnerability among abuse and neglected children. In E. J. Anthony & B. J. Cohen. (Eds.), *The invulnerable child* (pp. 253-288). New York: Guilford Press.

Fergusson, D. M., Horwood, L. J., & Nagin, D. S. (2000). Offending Trajectories in a New Zealand Birth Cohort. *Criminology, 38,* 525-551.

Fink, D. B. (1986). *Latch-Key Children and School-Age Child Care: A background briefing.* Wellesley, MA: Wellesley College Center for Research on Women.

Fisher, P. A., Kim, H. K., & Pears, K. C. (2009). Effects of Multidimensional Treatment Foster Care for Preschoolers (MTFC-P) on reducing permanent placement failures among children with placement instability. *Children and Youth Services Review, 31*(5), 541-546.

Frederickson, H. (1957). *The Child and His Welfare* (2nd ed.). San Francisco: Freeman.

Freeman, M. D. (1992). The limits of children's rights. In M. Freeman. & P. Veerman (Eds.), *The Ideologies of children's Rights*. 9-46. Kluwer Academic Publiches.

Friedlander, W., & Apte, R. (1980). *Introduction to Social Welfare*. Englewood Cliffs: Prentice-Hall.

Future of Children. (2016). Children and climate change (Vol. 26, No. 1). Available online at: http://www.jstor.org/stable/i40151846

Garbarino, J., & Collins, C. (1999). Child neglect: The family with the hole in the middle. In H. Dubowitz (Ed.). *Neglected children: Research, practice, and policy* (pp. 1-23). Thousand Oaks, CA: Sage.

Garber, J., Quiggle, N. L., Panak, W., & Dodge, K. A. (1991). *Aggression and depression in children: Comorbidity, specificity, and cognitive processing*. Hillsdale, NJ: Lawrence Erlbaum Associates.

Garces, E., Thomas, D., & Currie, J. (2002). Longer-term effects of Head Start. *American Economic Review, 92*(4), 999-1012.

Garmezy, N. (1991). Resiliency and vulnerability to adverse developmental outcomes associated with poverty. *American Behavioral Scientist, 34*, 416-430.

Goldstein, J., Freud, A., & Solnit, A. (1973). *Beyond the Best Interests of the Child*. New York: Free Press.

Gouze, K. R. (1987). Attention and social problem solving as correlates of aggression in preschool males. *Journal of Abnormal Child Psychology, 15*, 181-197.

Green, A. H. (1985). In Posttraumatic Stress Disorder in Children. In S. Eth & R. S. Pynoos. (Eds.), *Children traumatized by physical abuse*. Washington, DC: American Psychiatric Press.

Gutman L. M., & Eccles, J. S. (1999). Financial strain, parenting behaviors, and adolescents' achievement: Testing model equivalence between African American and European American single- and two-parent families. *Child Development, 70*(6), 1464-1476.

Hamner, T. J., & Turner, P. H. (2001). *Parenting in Contemporary Society* (4th ed.). Boston: Allyn and Bacon.

Harding, L. (1991). *Perspectives in Child Care Policy*. New York: Longman.

Harter, S. (1986). The determinant and mediational role of global self-worth in the children. In N. Eisenberg (Ed.). *Contemporary topic of developmental psychology*. New York: Wiley.

Hartinger-Saunders, R. M., Trouteaud, A., & Matos Johnson, J. (2015). Post adoption service need and use as predictors of adoption dissolution: Findings from the 2012 National Adoptive Families Study. *Adoption Quarterly*, *18*(4), 255-272.

Hendrick, H. (2005). *Child Welfare and Social Policy*. Bristol, UK: The Policy Press.

Hernandez, L. P. (1993). The role of protective factors in the school resilience of Mexican American high school students. *Doctoral dissertation*. Stanford University.

Holland, S. (2004). *Child and Family Assessment in Social Work Practice*. London, UK: Sage Publications.

Horwath, J. (2001). *The Child's World. Department of Health*. London, UK: JKP.

Houston, A. C. (1991). *Children in Poverty: Child Development and Public Policy*. New York: Cambridge University Press.

Howes, C. (1988). The peer interactions of young children. Monographs of the *Society for Research in Child Development, 53*(1), Serial No. 217.

Howes, C., & Hamilton, C. E. (1992). Children's relationships with child care teachers: Stability and concordance with parental attachments. *Child Development, 63*, 867-878.

Ingley, G., & Earley, L. (2008). One in, one out? The dilemma of having multiple children in foster placements. *Adoption and Fostering, 32*(3), 73-85.

International Adoption: Statistics: Holt international. http://www.holtinternational.org/insstats.shtml.

Kadushin, A. (1981). *Child Welfare Services*. (3rd ed.). New York: Macmillan Publishing.

Kadushin, A., & Martin, J. A. (1988). *Child welfare services* (4th ed.). Macmillan Publishing Company.

Karoly, L. A., Greenwood, P. W., Everingham, S. S., Hoube, J., Kilburn, R., Sanders, M., & Chiesa, J. (1998). *Investing in Our Children: What We Know and Don't Know about the Costs and Benefits of Early Childhood Intervemtions*. Rand Corporation, Santa Monica, CA.

Kazdin, A. E. (1995). *Conduct Disorder in Childhood and Adolescence* (2nd ed.). Thousand Oaks, CA: Sage.

Kochenderfer, B. J., & Ladd, G. W. (1996). Peer victimization: Cause or consequence of school maladjustment?. *Child Development, 67*, 1305-1317.

Korea Health Industry Development Institute (KHIDI). (2007). Recognized as the world's first mechanism of respiratory disease caused by fine dust. Material World. *Media International Australia 163*(1), 77-86.

Laird, J., & Hartman, L. (1985). *A Handbook of Child Welfare*. New York: Free Press.

Lamb, M. E., & Tamis-LeMonda, C. S. (2004). The role of the father: An Introduction Lamb (Ed.), *The role of the father in child development* (4th ed.). NY: Wiley.

Lipsky, D., & Gartner, A. (1995). The evaluation of inclusive education programs. *National Center on Educational Restructuring and Inclusion Bulletin, 2*(2), 1-7.

Luthar, S. S. (1999). *Poverty and children's adjustment*. Thousand Oaks, CA: Sage Publications.

Lynch, L. M. (2005). Reorienting training policies to meet the challenge of information and communication technologies. In L. Paganetto (Ed.), *The knowledge economy, information technologies and growth.* Aldershot, UK: Ashgate Publishing.

MacDonald, M., & McSherry, D. (2011). Open adoption: adoptive parents' experiences of birth family contact and talking to their child about adoption. *Adoption & Fostering, 35*(3), 4-16.

Mahoney, G., Robinson, C., & Fewell R. R. (2001) The effects of early motor intervention on children with Down syndrome or cerebral palsy: A field-based study. *Journal of Developmental and Behavioral Pediatrics, 22*(3), 153-162.

Maluccio, A. N. (1995). *Children: Direct Practice. Encyclopedia of Social Work* (19th ed.). NASW.

Mason, D. A., & Burns, R. B. (1996). Simply no worse and no better may simply be wrong: A critique of Veenman's conclusions about multi-grade classes. *Review of Educational Research, 66,* 307-322.

Mather, J. H., & Lager, P. B. (2000). *Child welfare: A unifying model of practice.* Pacific Grove, CA: Brooks/Cole.

Mayer, S. E. (1997). *What money can't buy: Family income and children's life chances.* Cambridge, MA: Harvard University Press.

McCarthy, K. (2002). Building an understanding of the benefits of participation in the arts. Unpublished proposal submitted by the RAND Corporation to the Wallace-Reader's Digest Funds.

McCormick, M. C., & Brooks-Gunn, J. (1989). Health care for children and adolescents. In H. Freeman & S. Levine (Eds.), *Handbook of Medical Sociology* (pp. 347-380). Englewood Cliffs, NJ: Prentice Hall.

McLoyd, V. C. (1989). Socialization and development in a changing economy: The effects of paternal job and income loss on children. *American Psychologist, 44,* 293-302.

McLoyd, V. C. (1990). The impact of economic hardship on black families and children: Psychological distress, parenting, and socioemotional development. *Child Development, 61,* 311-346.

McLoyd, V. C. (1998). Socioeconomic Disadvantage and Child Development. *American Psychologist, 53,* 185-204.

McLoyd, V. C., & Wilson, L. (1991). The strain of living poor: Parenting, social support, and child mental health. In A. C. Huston (Ed.), *Children in poverty: Child development and public policy* (pp. 105-135). Cambridge, MA: Cambridge University Press.

Meyer, C. (1985). Institutional Context of Child Welfare. In J. Hartman (Ed.), *A Handbook of Child Welfare.* New York: Free Press.

Miller, C. (2005). Stability and change in child care and employment: Evidence from three states. *Next Generation Working Paper, 17.* New York: MDRC.

Moffitt, T. E. (1993). Adolescence-limited and life-course-persistent antisocial behavior: A developmental taxonomy. *Psychological Review, 100,* 674-701.

Mukerjee, M. (1995). Hidden Scars: Sexual and Other Abuse May Alter a Brain Region. *Scientific American, 273*(4), 14-34.

Murrey, R. (2014). Best Interest Advocates for Children. Retrieved December 19, 2020, from https://www.wacita.org/benchbook/chapter-8-court-appointed-special-advocates-casa-and-guardians-ad-litem-gal/

NASW. (1995). *Encyclopedia of Social Work* (19th ed.). Washington, DC: National Association of Social Workers.

Neubauer, P. B. (1996). Current issues in psychoanalytic child development. *Psychoanalytic Study of the Child, 51,* 35-45.

NICHD Early Child Care Research Network. (1999). Child care and mother-child interaction in the first three years of life. *Developmental Psychology, 35,* 1399-1413.

NICHD Early Child Care Research Network. (2003). Does amount of time spent in child care predict socioemotional adjustment during the transition to kindergarten? *Child Development, 74,* 976-1005.

NISW. (1988). *Residential Care: A Positive Choice.* London, UK: HMSO.

Noh, H.(1989). Identity development in Korean adolescent adoptees: Eriksonian ego identity and racial/ethnic identity, University of California, Berkeley.

Oates, R. K., Forrest, D., & Peacock, A. (1985). Self-esteem and abused children. *Child Abuse and Neglect, 9,* 159-163.

OECD. (2016). The Economic Consequences of Outdoor Air Pollution. OECD Publishing, Paris, https://dx.doi.org/10.1787/9789264257474-en.

OECD. (2018). Employment Outlook. (통계청, e-나라지표에서 재인용).

OJJDP. (1999). Juvenile Mentoring Program (JUMP), OJJDP Annual Report 1998. Office of Juvenile Justice and Delinquency Prevention, U.S. Department of Justice.

Olweus, D. (1993). *Bullying at school: What we know and what we can do.* Oxford, England: Blackwell.

Oudin, A., Bråbäck, L., Åström, D.O., Strömgren, M., & Forsberg, B. (2016). Association between neighbourhood air pollution concentrations and dispensed medication for psychiatric disorders in a large longitudinal cohort of Swedish children and adolescents. *BMJ Open, 6*(6).

Owens, T. J. (1994). Two dimensions of self-esteem: Reciprocal effects of positive self-worth and self-deprecation on adolescent problems. *American Sociological Review, 59,* 391-407.

Palusci, V., Wirtz, S. J., & Covington, T. M. (2010). Using capture-recapture methods to better ascertain the incidence of fatal child maltreatment. *Child Abuse & Neglect 34,* 396-402.

Parker, S., Greer, S., & Zucherman, B. (1988). Double jeopardy: The impact of poverty on early child development. *The Pediatric Clinics of North America, 35,* 1227-1240.

Patterson, G. R. (1996). Some characteristics of a developmental theory for early-onset delinquency. In M. F. Lenzenweger & J. J. Haugaard (Eds.), *Frontiers of developmental psychopathology* (pp. 81-124). New York: Oxford University Press.

Patterson, G. R., & Yoerger, K. (1997). A developmental model for late-onset delinquency. In R. Dienstbier & D. W. Osgood (Eds.), *The Nebraska symposium on motivation, vol. 44: Motivation and delinquency* (pp. 119-177). Lincoln: University of Nebraska Press.

Patterson, G. R., Reid, J. B., & Dishion, T. J. (1992). A social interactional approach: Vol. 4. *Antisocial boys.* Eugene, OR: Castalia.

Pecora, P., Whittaker, J., Barth, R., Borja, S., & Vesneski, W. (2019). *The Child Welfare Challenge: Policy, Practice, and Research* (4th ed.). New York: Routledge.

Petr, C. (1998). *Social Work with Children and their Families.* New York: Oxford University Press.

Plotnick, R. (2000). Economic security for families with children. In P. J. Pecora, J. K. Whittaker, A. N. Maluccio, R. P. Barth, & R. Plotnick. *The Child welfare challenge* (2nd ed., pp. 95-127). New York: Aldine de Gruyter.

Pollite, E., Soemantri, A. G., Yunis, F., & Scrimshaw, N. S. (1985). Cognitive effects of iron deficiency anemia. *The Lancet, 325,* 158-159.

Prodromidis, M., Lamb, M. E., Sternberg, K., Hwang, C. P., & Broberg, A. G. (1995). Aggression and noncompliance among Swedish children in center-based care, family day care, and home care. *International Journal of Behavioural Development, 18,* 43-62.

Racusin, R., Maerlender, A. C., Sengupta, A., Isquith, P. K., & Straus, M. B. (2005). Psychosocial treatment of children in foster care: A review. *Community Mental Health Journal*, *41*(2), 199-221.

Roberts, S., Arseneault, L., Barratt, B., Beevers, S., Danese, A., Odgers, C. L., et al. (2019). Exploration of NO2 and PM2.5 air pollution and mental health problems using high-resolution data in London-based children from a UK longitudinal cohort study. *Psychiatry Research, Vol. 272,* 8-17.

Sampson, R. J., & Wilson, W. J. (1994). Toward a theory of race, crime, and urban inequality. In J.

Hagan & R. D. Peterson (Eds.), *Crime and inequality* (pp. 37-54). Stanford: Stanford University Press.

Sampson, R. J., Raudenbush, S. W., & Earls, F. (1997). Neighborhoods and violent crime: A multilevel study of collective efficacy. *Science, 277,* 918-924.

Schweinhart, L. J., Barnes, H. V., & Weikart, D. P. (1993). Significant Benefits: The High/Scope Perry Preschool Study Through Age, 27. London: Auburn House Research Foundation, Ypsilanti, MI.

Sedlak, A., & Broadhurst, D. D. (1996). *Third National Incidence Study of Child Abuse and Neglect: Final Report.* Washington, DC: US Dept. of Health and Human Services.

Seligson, M., & Allenson, M. (1993). *School-age child care.* Auburn House, London.

Shireman, J. (2003). *Critical Issues in Child Welfare.* New York: Columbia University Press.

Smith, A, B., Tsylor, N. J. & Gollp, M. (2000). Children's Voices. Research. *International of Children Rights, 10,* 73-88.

Social Security Administration. (2018). Social Security Programs Throughout the World: Europe.

Social Security Administration. (2019). Social Security Programs Throughout the World: Asia and the Pacific.

Starr, R. H., MacLean, D. J., & Keating, D. P. (1991). Life-span development outcomes of child maltreatment. In R. H. Starr & D. A. Wolfe (Eds.), *The effects of child abuse and neglect: Issues and research* (pp. 1-32). New York: Guilford Press.

The Casey Outcome and Decision-Making Project. (1998). Assessing Outcomes in Child Welfare Services: Principles, Concepts, and a Framework of Core Indicators. http://www.caseyoutcomes.org.

Turner, P. J., & Welch, K. J. (2012). *Parenting in Contemporary Society* (5th ed.). Boston: Pearson.

Tursz, A., Crost, M, Gerbouin-Rerolle, P., & Cook, J. M. (2009). Underascertainment of child abuse fatalities in France: Retrospective analysis of judicial data to assess underreporting of infant homicides in mortality statistics. *Child Abuse & Neglect, 34,* 534-544.

UNICEF News (2017). What happens to children who are exposed to air pollution every day (May 11, 2017). Retrieved from https://www.unicef.or.kr/news/news_ view.asp?page=9&sKey=&sWord=&sType=l&searchCode=&idx=64214.

UNICEF. (2007). Implementation Handbook for the Convention on the Rights of the Child. Fully Revised Third Edition with CD-ROM, Geneva.

Vaithianathan, R., Putnam-Hornstein. E., Chouldechova, A., Benavides-Prado, D., & Berger, R. (2020). Hospital injury encounters of children identified by a predictive risk model for screening child maltreatment referrals: Evidence From the Allegheny Family Screening Tool. *JAMA*

Pediatrics, 174(11), e202770.

Vandell, D. L., & Corasaniti, M. A. (1990). Variations in early child care: Do they predict subsequent social, emotional, and cognitive differences? *Early Childhood Research Quarterly, 5,* 555-572.

Vanderploeg, J. J. (2005). *An after-school program for elementary school aged children: Academic and socio-emotional outcomes.* Bowling Green State University.

Veenman, S. (1995). Cognitive and non-cognitive effect of multi-grade and multi-age classes: A best-evidence synthesis. *Review of Educational Research, 65,* 319-381.

Vert, C., Sánchez-Benavides, G., Martínez, D., Gotsens, X., Gramunt, N., Cirach, M., et al. (2017). Effect of long-term exposure to air pollution on anxiety and depression in adults: A cross-sectional study. *International Journal of Hygiene and Environmental Health, Vol. 220, No. 6,* pp. 1074-1080.

Wadsworth, B. (1989). *Piaget's theory of cognitive and affective development.* New York: Longman.

Wagner Report (1988). *Residential Care: A Positive Choice. National Institute for Social Work.* London: HMSO.

Waldfogel, J. (1998). *The future of child protection: How to break the cycle of abuse and neglect.* Cambridge: Harvard University Press.

Waldfogel, J. (2009). Differential response. In K. A. Dodge & D. L. Coleman (Eds.), *Preventing child maltreatment: Community approaches* (pp. 139-155). New York: Guilford Press.

Webb, N. B. (2011). *Social Work Practice with Children* (3rd. ed.). New York: Guilford Press.

Werner, E. E., & Smith, R. S. (1992). *Overcoming the odds: High risk children from birth to adulthood.* Ithaca, NY: Cornell University Press.

Wilensky, H., & Lebeaux, C. (1965). *Industrial Society and Social Welfare.* New York: The Free Press.

Wilson, L., & Conroy, J. (1999). *Satisfaction of Children in Out-of-Home Care. In Family Foster Care in the Next Century.* New Brunswick, USA and London, UK: Transaction Publishers.

Wilson, W. J. (1987). *The truly disadvantaged: The inner city, the underclass, and public policy.* Chicago: University of Chicago Press.

Wilson, W. J. (1991). Studying inner-city social dislocations: The challenge of public agenda research. *American Sociological Review, 56,* 1-14.

Winter, M. (1997). *Children as fellow citizens: Participation and commitment.* Oxford: Radcliffe Medical Press.

Wolock, I., & Horowitz, B. (1984). Child maltreatment as a social problem: The neglect of neglect. *American Journal of Orthopsychiatry, 54*(4), 530-543.

World Health Organization (WHO). (2018). Air pollution and child health, prescribing clean air: Summary.

Zietz, D. (1969). *Child Welfare: Services and Perspectives*. New York: John Wiley. & Sons.

Zuckerman, E. (1983). *Child Welfare*. New York: The Free Press.

찾아보기

ㅇ

저자 소개

정익중(Chung, Ick-Joong)

서울대학교 사회복지학과 졸업

미국 University of Washington 졸업(사회복지학박사)

한국아동복지학회장 역임

현 이화여자대학교 사회복지학과 교수

(e-mail) ichung@ewha.ac.kr

> 저서

사회조사론(공저, 박영스토리, 2016)

가정외 아동보호와 경제성 평가(공저, 학지사, 2015)

아동실종의 이해(공저, 양서원, 2015)

빈곤영유아의 발달과 적응(공저, 집문당, 2013)

오정수(Oh, Jeong-Soo)

서울대학교 사회복지학과 졸업

서울대학교 대학원 사회복지학과 졸업(문학박사)

한국사회복지연구회장, 한국아동복지학회장 역임

현 충남대학교 사회복지학과 교수

(e-mail) jeongsoh@cnu.ac.kr

> 저서

사회복지학개론(3판, 공저, 양서원, 2020)

지역사회복지론(5판, 공저, 학지사, 2016)

사회복지총서

아동복지론

Child Welfare

2021년 2월 20일 1판 1쇄 인쇄
2021년 2월 25일 1판 1쇄 발행

지은이 • 정익중 · 오정수
펴낸이 • 김진환
펴낸곳 • ㈜ 학지사
04031 서울특별시 마포구 양화로 15길 20 마인드월드빌딩
대표전화 • 02-330-5114 팩스 • 02-324-2345
등록번호 • 제313-2006-000265호

홈페이지 • http://www.hakjisa.co.kr
페이스북 • https://www.facebook.com/hakjisa

ISBN 978-89-997-2306-3 93330

정가 24,000원

저자와의 협약으로 인지는 생략합니다.
파본은 구입처에서 교환해 드립니다.